Utilize este código QR para se cadastrar de forma mais rápida:

Ou, se preferir, entre em:

www.moderna.com.br/ac/livroportal

e siga as instruções para ter acesso aos conteúdos exclusivos do Portal e Livro Digital

CÓDIGO DE ACESSO:
A 00039 VERDGRA1E 1 06753

Faça apenas um cadastro. Ele será válido para:

Thelma de Carvalho Guimarães

Bacharela em Letras pela Universidade de São Paulo (USP).
Mestre em Linguística Aplicada pela Universidade
Federal do Rio de Janeiro (UFRJ).

GRAMÁTICA
UMA REFLEXÃO SOBRE A LÍNGUA

VOLUME ÚNICO

1ª edição

© Thelma de Carvalho Guimarães, 2017

Coordenação editorial: Mônica Franco Jacintho, Aurea Regina Kanashiro, Debora Silvestre Missias Alves
Edição de texto: Debora Silvestre Missias Alves, Luiz Carlos Oliveira, Pedro Paulo da Silva
Leitura técnica: Luiz Antônio dos Prazeres
Assistência editorial: Daniel Maduar Carvalho Mota, Solange Scattolini
Preparação de texto: Anabel Ly Maduar
Gerência de *design* e produção gráfica: Sandra Botelho de Carvalho Homma
Coordenação de produção: Everson de Paula
Suporte administrativo editorial: Maria de Lourdes Rodrigues (coord.)
Coordenação de *design* e projetos visuais: Marta Cerqueira Leite
Projeto gráfico: Daniel Messias, Otávio dos Santos
Capa: Otávio dos Santos.
    Ícone 3D da capa: Diego Loza
Coordenação de arte: Wilson Gazzoni Agostinho
Edição de arte: Renata Susana Rechberger
Editoração eletrônica: APIS design integrado
Coordenação de revisão: Elaine C. del Nero
Revisão: Dirce Y. Yamamoto, Laila Santocchi, Renato da Rocha Carlos, Simone Garcia, Tatiana Malheiro
Coordenação de pesquisa iconográfica: Luciano Baneza Gabarron
Pesquisa iconográfica: Cristina Mota, Tempo Composto
Coordenação de *bureau*: Rubens M. Rodrigues
Tratamento de imagens: Denise Feitoza Maciel, Joel Aparecido, Luiz Carlos Costa, Marina M. Buzzinaro
Pré-impressão: Alexandre Petreca, Denise Feitoza Maciel, Everton L. de Oliveira, Marcio H. Kamoto, Vitória Sousa
Coordenação de produção industrial: Wendell Monteiro
Impressão e acabamento: Gráfica Elyon
Lote: 756346
Código: 12106881

Dados Internacionais de Catalogação na Publicação (CIP)
(Câmara Brasileira do Livro, SP, Brasil)

Guimarães, Thelma de Carvalho
  Gramática : uma reflexão sobre a língua / Thelma de Carvalho Guimarães. — 1. ed. — São Paulo : Editora Moderna, 2017. — (Vereda digital)

  Bibliografia.

  1. Gramática (Ensino Médio) 2. Português (Ensino médio) I. Título. II. Série.

17-01594   CDD-469.507

Índices para catálogo sistemático:
1. Gramática : Português : Ensino médio 469.507

ISBN 978-85-16-10688-1 (LA)
ISBN 978-85-16-10689-8 (LP)

Reprodução proibida. Art. 184 do Código Penal e Lei 9.610 de 19 de fevereiro de 1998.
Todos os direitos reservados
EDITORA MODERNA LTDA.
Rua Padre Adelino, 758 – Belenzinho
São Paulo – SP – Brasil – CEP 03303-904
Vendas e Atendimento: Tel. (0_ _11) 2602-5510
Fax (0_ _11) 2790-1501
www.moderna.com.br
2022
Impresso no Brasil

1 3 5 7 9 10 8 6 4 2

APRESENTAÇÃO

Parabéns! Você acaba de entrar em uma nova etapa de sua vida escolar, o Ensino Médio. Agora é o momento de consolidar o que aprendeu no Ensino Fundamental e avançar rumo a novos conhecimentos.

Preparamos esta obra com a intenção de ajudá-lo nesse caminho, para que você consiga, com cada vez mais segurança e autonomia, usar e compreender todos os recursos de seu idioma pátrio. Temos, ainda, outra pretensão: despertar sua paixão pela língua portuguesa. Escolhemos os textos e preparamos as atividades com critério e carinho, na expectativa de que você, ao ler as tiras, os poemas, as crônicas e os anúncios selecionados, possa refletir, aprender e também se divertir.

Além disso, preparamos seções especiais para desenvolver habilidades específicas. Na seção *A língua da gente*, você vai refletir sobre certos jeitos de falar o português brasileiro, muito naturais em nosso cotidiano, mas nem sempre admitidos na norma-padrão. Na seção *A língua em contexto*, vamos colocar em prática seus estudos de gramática: você vai fazer atividades de aplicação voltadas à interpretação e à produção de textos.

Por fim, na seção *Aprender a aprender*, você vai encontrar orientações para estudar com mais eficiência. Vai descobrir, por exemplo, como produzir resumos, tomar notas, revisar suas redações, etc.

Esperamos que a jornada que se inicia agora não apenas o conduza à plena formação como estudante e cidadão, mas que também seja desafiadora e prazerosa.

Bons estudos!

A autora

ORGANIZAÇÃO DO LIVRO

Este livro é um curso de Gramática em volume único, dividido em três partes, sete unidades, com um total de vinte e oito capítulos.

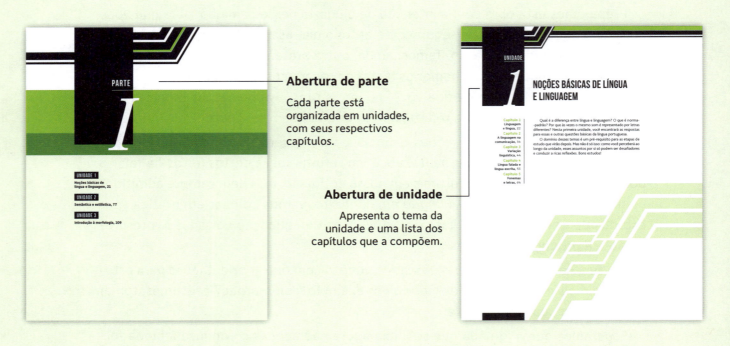

Abertura de parte
Cada parte está organizada em unidades, com seus respectivos capítulos.

Abertura de unidade
Apresenta o tema da unidade e uma lista dos capítulos que a compõem.

Abertura de capítulo
O início do estudo do capítulo é marcado pela observação e análise de diferentes gêneros textuais que introduzem o conteúdo que será abordado.

Objetivos de aprendizagem
Boxe que lista os conhecimentos a serem apropriados ao longo do estudo do capítulo.

Competências e habilidades do Enem
Boxe que indica diferentes competências e habilidades do Enem que serão desenvolvidas ao longo de cada capítulo.

Pense e responda

Seção que aborda diferentes aspectos gramaticais relacionando-os ao conteúdo estudado.

Saiba mais

Informações importantes que ampliam o conteúdo estudado.

Boxes conceituais

Apresentam definições e conceitos referentes ao assunto do capítulo.

Para... (assistir / ler / navegar)

Indicações de filmes, documentários, livros e endereços eletrônicos que dialogam com algum aspecto estudado do capítulo.

Trocando ideias

Atividades que promovem a exposição, a discussão e a reflexão de ideias que ultrapassam os limites do ambiente escolar.

Boxes informativos

No decorrer do capítulo, esses boxes apresentam informações que complementam o assunto estudado.

ORGANIZAÇÃO DO LIVRO

Atividades

Atividades contextualizadas, acompanhadas de textos de diferentes gêneros (tiras, poemas, charges, crônicas, anúncios, notícias), que permitem a reflexão e a aplicação do conteúdo do capítulo.

Enem e vestibulares

Questões do Enem e dos principais vestibulares do país atualizadas e relacionadas ao conteúdo do capítulo.

De olho na escrita

Ao final de cada unidade, há um conjunto de exercícios que trabalham aspectos ortográficos da escrita.

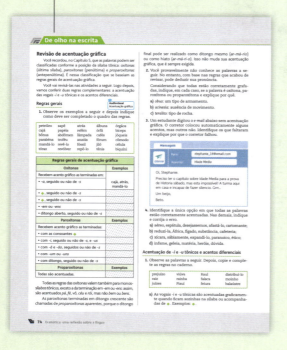

Aprender a aprender

Seção que apresenta orientações para um estudo mais eficiente: como tomar notas, produzir resumos, revisar as produções de texto, etc.

A língua da gente

Seção que apresenta estruturas típicas do português brasileiro, nem sempre admitidas na norma-padrão.

A língua em contexto

Seção que analisa como aspectos linguísticos se articulam em textos de diferentes gêneros. Ao final, é apresentada uma proposta de aplicação prática.

Veja como estão indicados os materiais digitais no seu livro:

- **O ícone conteúdo digital**

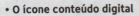 Tipologia e nome do material digital

Remissão para animações, atividades interativas e trechos de vídeos que complementam o estudo de alguns temas dos capítulos.

 Material complementar
Texto integral

Mais questões: no livro digital, em **Vereda Digital Aprova Enem** e **Vereda Digital Suplemento de revisão e vestibulares**; no *site*, em **AprovaMax**.

ORGANIZAÇÃO DOS MATERIAIS DIGITAIS

A coleção *Vereda Digital* apresenta um *site* exclusivo com ferramentas diferenciadas e motivadoras para seu estudo. Tudo integrado com o livro-texto para tornar a experiência de aprendizagem mais intensa e significativa.

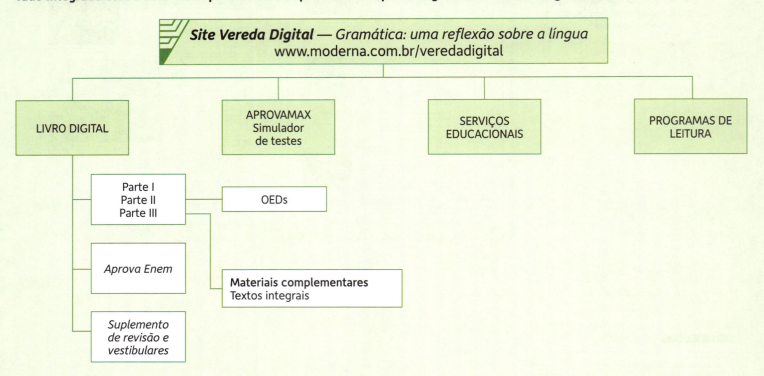

Livro digital com tecnologia HTML5 para garantir melhor usabilidade, enriquecido com objetos educacionais digitais que consolidam ou ampliam o aprendizado; ferramentas que possibilitam buscar termos, destacar trechos e fazer anotações para posterior consulta. No livro digital você encontra o livro com OEDs, materiais complementares, o *Aprova Enem* e o *Suplemento de revisão e vestibulares*. Você pode acessá-lo de diversas maneiras: no seu *tablet* (Android ou iOS), no Desktop (Windows, MAC ou Linux) e *on-line* no *site* www.moderna.com.br/veredadigital

OEDs – objetos educacionais digitais que consolidam ou ampliam o aprendizado.

AprovaMax – simulador de testes com dois módulos de prática de estudo — Atividade e Simulado —, você se torna o protagonista de sua vida escolar. Você pode gerar testes customizados para acompanhar seu desempenho e autoavaliar seu entendimento.

Aprova Enem – um caderno digital com questões comentadas do Enem e outras questões elaboradas de acordo com as especificações desse exame de avaliação. Nosso foco é que você se sinta preparado para os maiores desafios acadêmicos e para a continuidade dos estudos.

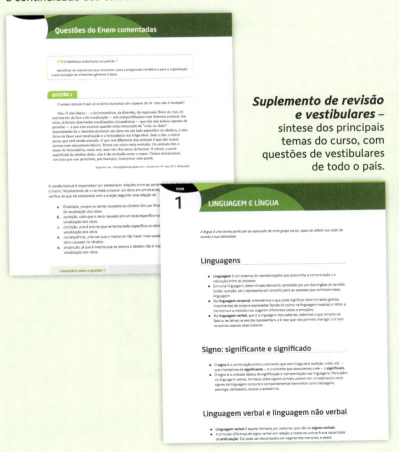

Suplemento de revisão e vestibulares – síntese dos principais temas do curso, com questões de vestibulares de todo o país.

VEREDA APP

Aplicativo que permite a busca de termos e conceitos da disciplina e **simulações** com questões de vestibulares associadas. Você relembra o conceito e realiza uma **autoavaliação**. É uma ferramenta que auxilia você a desenvolver sua **autonomia**.

CONTEÚDO DOS MATERIAIS DIGITAIS

Lista de OEDs

Parte	Capítulo	Título do OED	Tipo
I	1	*O circo*	atividade interativa
I	1	Breve história da língua portuguesa	linha do tempo
I	4	Conversa Griô	vídeo
I	5	Ditongo e hiato	audiovisual
I	5	Acentuação gráfica	audiovisual
I	6	Precisão vocabular	atividade interativa
I	7	Figuras de linguagem	atividade interativa
I	8	Estrutura das palavras	audiovisual
I	8	Compostos eruditos	atividade interativa
I	9	Formação de palavras	audiovisual
II	10	Substantivo	audiovisual
II	10	Adjetivo	audiovisual
II	11	Artigo	audiovisual
II	13	Verbo (I)	audiovisual
II	14	Verbo (II)	audiovisual
II	15	Advérbio	audiovisual
III	22	Orações subordinadas adjetivas	audiovisual
III	23	Orações subordinadas adverbiais	audiovisual
III	24	Orações coordenadas	audiovisual
III	27	Partes da gramática	atividade interativa

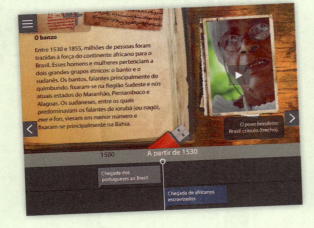

Aprova Enem

- **Apresentação**
- **Organização do *Aprova Enem***
- **Sumário**
- **Matriz de referência da área de Linguagens, Códigos e suas Tecnologias**
- **Questões do Enem comentadas**
- **Questões do tipo Enem**

Suplemento de revisão e vestibulares

1. Linguagem e língua
2. A linguagem na comunicação
3. Variação linguística
4. Língua falada e língua escrita
5. Fonemas e letras
6. Introdução à semântica
7. Figuras de linguagem
8. Estrutura das palavras
9. Formação das palavras
10. Substantivo e adjetivo
11. Artigo e numeral
12. Pronome
13. Verbo I: modos e tempos
14. Verbo II: locução verbal e vozes verbais
15. Advérbio
16. Preposição, conjunção e interjeição
17. Construção da oração I: o sujeito
18. Construção da oração II: o predicado
19. Termos ligados ao verbo
20. Termos ligados ao nome: vocativo
21. Orações subordinadas substantivas
22. Orações subordinadas adjetivas
23. Orações subordinadas adverbiais
24. Orações coordenadas
25. Concordância
26. Regência e crase
27. Colocação pronominal
28. Pontuação

MATRIZ DE REFERÊNCIA DA ÁREA DE LINGUAGENS, CÓDIGOS E SUAS TECNOLOGIAS

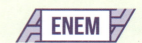

C1 — Competência de área 1
Aplicar as tecnologias da comunicação e da informação na escola, no trabalho e em outros contextos relevantes para sua vida.

- **H1** Identificar as diferentes linguagens e seus recursos expressivos como elementos de caracterização dos sistemas de comunicação.
- **H2** Recorrer aos conhecimentos sobre as linguagens dos sistemas de comunicação e informação para resolver problemas sociais.
- **H3** Relacionar informações geradas nos sistemas de comunicação e informação, considerando a função social desses sistemas.
- **H4** Reconhecer posições críticas aos usos sociais que são feitos das linguagens e dos sistemas de comunicação e informação.

C2 — Competência de área 2
Conhecer e usar língua(s) estrangeira(s) moderna(s) como instrumento de acesso a informações e a outras culturas e grupos sociais.

- **H5** Associar vocábulos e expressões de um texto em LEM ao seu tema.
- **H6** Utilizar os conhecimentos da LEM e de seus mecanismos como meio de ampliar as possibilidades de acesso a informações, tecnologias e culturas.
- **H7** Relacionar um texto em LEM, as estruturas linguísticas, sua função e seu uso social.
- **H8** Reconhecer a importância da produção cultural em LEM como representação da diversidade cultural e linguística.

C3 — Competência de área 3
Compreender e usar a linguagem corporal como relevante para a própria vida, integradora social e formadora da identidade.

- **H9** Reconhecer as manifestações corporais de movimento como originárias de necessidades cotidianas de um grupo social.
- **H10** Reconhecer a necessidade de transformação de hábitos corporais em função das necessidades cinestésicas.
- **H11** Reconhecer a linguagem corporal como meio de interação social, considerando os limites de desempenho e as alternativas de adaptação para diferentes indivíduos.

C4 — Competência de área 4
Compreender a arte como saber cultural e estético gerador de significação e integrador da organização do mundo e da própria identidade.

- **H12** Reconhecer diferentes funções da arte, do trabalho da produção dos artistas em seus meios culturais.
- **H13** Analisar as diversas produções artísticas como meio de explicar diferentes culturas, padrões de beleza e preconceitos.
- **H14** Reconhecer o valor da diversidade artística e das inter-relações de elementos que se apresentam nas manifestações de vários grupos sociais e étnicos.

C5 — Competência de área 5
Analisar, interpretar e aplicar recursos expressivos das linguagens, relacionando textos com seus contextos, mediante a natureza, função, organização, estrutura das manifestações, de acordo com as condições de produção e recepção.

- **H15** Estabelecer relações entre o texto literário e o momento de sua produção, situando aspectos do contexto histórico, social e político.

H16 Relacionar informações sobre concepções artísticas e procedimentos de construção do texto literário.

H17 Reconhecer a presença de valores sociais e humanos atualizáveis e permanentes no patrimônio literário nacional.

C6
Competência de área 6

Compreender e usar os sistemas simbólicos das diferentes linguagens como meios de organização cognitiva da realidade pela constituição de significados, expressão, comunicação e informação.

H18 Identificar os elementos que concorrem para a progressão temática e para a organização e estruturação de textos de diferentes gêneros e tipos.

H19 Analisar a função da linguagem predominante nos textos em situações específicas de interlocução.

H20 Reconhecer a importância do patrimônio linguístico para a preservação da memória e da identidade nacional.

C7
Competência de área 7

Confrontar opiniões e pontos de vista sobre as diferentes linguagens e suas manifestações específicas.

H21 Reconhecer, em textos de diferentes gêneros, recursos verbais e não-verbais utilizados com a finalidade de criar e mudar comportamentos e hábitos.

H22 Relacionar, em diferentes textos, opiniões, temas, assuntos e recursos linguísticos.

H23 Inferir em um texto quais são os objetivos de seu produtor e quem é seu público-alvo, pela análise dos procedimentos argumentativos utilizados.

H24 Reconhecer no texto estratégias argumentativas empregadas para o convencimento do público, tais como a intimidação, sedução, comoção, chantagem, entre outras.

C8
Competência de área 8

Compreender e usar a língua portuguesa como língua materna, geradora de significação e integradora da organização do mundo e da própria identidade.

H25 Identificar, em textos de diferentes gêneros, as marcas linguísticas que singularizam as variedades linguísticas sociais, regionais e de registro.

H26 Relacionar as variedades linguísticas a situações específicas de uso social.

H27 Reconhecer os usos da norma-padrão da língua portuguesa nas diferentes situações de comunicação.

C9
Competência de área 9

Entender os princípios, a natureza, a função e o impacto das tecnologias da comunicação e da informação na sua vida pessoal e social, no desenvolvimento do conhecimento, associando-o aos conhecimentos científicos, às linguagens que lhes dão suporte, às demais tecnologias, aos processos de produção e aos problemas que se propõem solucionar.

H28 Reconhecer a função e o impacto social das diferentes tecnologias da comunicação e informação.

H29 Identificar, pela análise de suas linguagens, as tecnologias da comunicação e informação.

H30 Relacionar as tecnologias de comunicação e informação ao desenvolvimento das sociedades e ao conhecimento que elas produzem.

SUMÁRIO DO LIVRO

PARTE I

UNIDADE 1
NOÇÕES BÁSICAS DE LÍNGUA E LINGUAGEM

CAPÍTULO 1 — Linguagem e língua 22
Linguagens 24
- Signo: significante e significado 24
- Linguagem verbal e linguagem não verbal 25

Língua 25
A língua da gente: Breve história da língua portuguesa; Formação do português brasileiro 26
Atividades 28
Enem e vestibulares 30
A língua em contexto: Textos multimodais: um roteiro de análise 32

CAPÍTULO 2 — A linguagem na comunicação 34
Teoria da comunicação 35
Funções da linguagem 36
- Função referencial ou informativa 36
- Função emotiva ou expressiva 36
- Função conativa ou apelativa 37
- Função fática 37
- Função metalinguística 37
- Função poética 38

Crítica contemporânea à teoria da comunicação 39
Aprender a aprender: Quadros-síntese 40
Atividades 40
Enem e vestibulares 42

CAPÍTULO 3 — Variação linguística 44
O dinamismo das línguas 45
Variação regional 45
Variação sociocultural 46
Variação situacional ou estilística 47
Norma-padrão 48
- Preconceito linguístico: a noção de "erro" na língua 49

A língua da gente: A norma-padrão e o uso real no português brasileiro 51
Atividades 52
Enem e vestibulares 53

CAPÍTULO 4 — Língua falada e língua escrita 55
Fala e escrita 56
Interação oral e interação escrita 57
Retextualização: da fala para a escrita 58
Aprender a aprender: Resumos esquemáticos 60
Atividades 61
Enem e vestibulares 62

CAPÍTULO 5 — Fonemas e letras 64
Fonema 65
- Classificação dos fonemas 65
- Sílaba e acento tônico 65
- Encontros vocálicos e consonantais 66

Ortoépia e prosódia 66
A convenção ortográfica 68
- Por que temos dúvidas de ortografia 69
- Regularidades e irregularidades da ortografia 70

Atividades 71
Enem e vestibulares 72
De olho na escrita: Revisão de acentuação gráfica 74

UNIDADE 2
SEMÂNTICA E ESTILÍSTICA

CAPÍTULO 6 — Introdução à semântica 78
Sentido e coerência 79
Sinonímia, antonímia, hiperonímia 79
Polissemia e homonímia 79
Sentido denotativo e sentido conotativo 82
Ambiguidade 82
Aprender a aprender: Mapas conceituais 83
Atividades 84

Enem e vestibulares 86

A língua em contexto: Semântica na construção da coesão e da coerência 88

CAPÍTULO 7 Figuras de linguagem 90
Estilística e figuras de linguagem 90
- Figuras de palavra 91
- Figuras de pensamento 93

Atividades 96
- Figuras de sintaxe ou de construção 97

A língua da gente: Anacoluto: um jeito bem brasileiro de falar 102

Atividades 103
Enem e vestibulares 104

De olho na escrita: Homônimos homófonos; uso de parônimos 107

UNIDADE 3
INTRODUÇÃO À MORFOLOGIA

CAPÍTULO 8 Estrutura das palavras 110
Morfema 111
- Classificação dos morfemas 111

Aprender a aprender: Resumos lineares 114
Atividades 115
Enem e vestibulares 117

CAPÍTULO 9 Formação das palavras 119
Formação e renovação do léxico 120
Derivação e composição 121
- Derivação 122
- Composição 124

Estrangeirismos 126
Outros processos de formação de palavras 127
Atividades 127
Enem e vestibulares 129

A língua em contexto: Neologismos na imprensa 131

De olho na escrita: Algumas regularidades de nossa ortografia; uso do hífen 132

PARTE II

UNIDADE 4
CLASSES GRAMATICAIS

CAPÍTULO 10 Substantivo e adjetivo 140
Classe e função 140
Substantivo 142
- Classificação dos substantivos 143
- Flexão dos substantivos 144
- Substantivação 147

Adjetivo 147
- Classificação dos adjetivos 148
- Flexão dos adjetivos 149
- Locução adjetiva 151

A língua da gente: Diminutivo e aumentativo no português brasileiro 152
Atividades 154
Enem e vestibulares 157

CAPÍTULO 11 Artigo e numeral 158
Artigo 159
- Emprego do artigo definido 159
- Emprego do artigo indefinido 161
- Combinação do artigo com a preposição 161

Numeral 162
- Classificação dos numerais 162
- Flexão dos numerais 163

Aprender a aprender: Anotações: o método Cornell 164
Atividades 165
Enem e vestibulares 166

CAPÍTULO 12 Pronome 168
Pronome substantivo e pronome adjetivo 169
Pronomes pessoais 170
- Emprego dos pronomes pessoais retos 171
- Emprego dos pronomes pessoais oblíquos 172

Pronomes de tratamento 173
- Emprego dos pronomes de tratamento 174

Pronomes possessivos 174

- Emprego dos pronomes possessivos 175
- Pronomes demonstrativos 176
  - Emprego dos pronomes demonstrativos 177
  - Valores subjetivos dos pronomes demonstrativos 179
  - *O(s)* e *a(s)* como demonstrativos 179
- **A língua da gente:** Pronomes pessoais no português brasileiro 180
- **Atividades** 182
- Pronomes indefinidos 184
  - Emprego dos pronomes indefinidos 184
- Pronomes relativos 185
  - Emprego dos pronomes relativos 186
- Pronomes interrogativos 189
- **A língua da gente:** *Onde* ou *em que* 190
- **Atividades** 191
- **Enem e vestibulares** 193

CAPÍTULO 13 — Verbo I: modos e tempos 194
- Conceito 195
- Flexão dos verbos 195
- Formas nominais 197
  - Infinitivo: pessoal e impessoal 198
  - Formas nominais compostas 199
- Conjugação dos verbos 199
  - Classificação dos verbos quanto à conjugação 200
  - Formação dos tempos verbais simples 200
- Os tempos do Indicativo e seu emprego 201
  - O presente do Indicativo e seu emprego 201
  - Os pretéritos do Indicativo e seu emprego 202
  - Os futuros do Indicativo e seu emprego 204
- **Atividades** 206
- Os tempos do Subjuntivo e seu emprego 207
  - O presente do Subjuntivo e seu emprego 208
  - Os pretéritos do Subjuntivo e seu emprego 208
  - Os futuros do Subjuntivo e seu emprego 209
- As formas do Imperativo e seu emprego 210
  - Substitutos do Imperativo 211
- Correlação de modos e tempos 211
- **A língua da gente:** O Imperativo e a uniformidade de tratamento 212
- **Aprender a aprender:** Estilos de aprendizagem 213
- **Atividades** 214
- **Enem e vestibulares** 216

CAPÍTULO 14 — Verbo II: locução verbal e vozes verbais 218
- Locução verbal 219
- Verbos auxiliares 219
  - Emprego dos verbos auxiliares 219
- Vozes verbais 222
  - Voz ativa 223
  - Voz passiva 223
  - Voz reflexiva 225
- **Atividades** 226
- **Enem e vestibulares** 228
- **A língua em contexto:** Voz passiva e estratégias de impessoalização 229

CAPÍTULO 15 — Advérbio 231
- Advérbio e locução adverbial 232
  - Classificação dos advérbios e locuções adverbiais 233
  - Advérbios e palavras denotativas na expressão do ponto de vista 236
- Gradação dos advérbios 236
  - Grau comparativo 236
  - Grau superlativo 237
- **A língua da gente:** Adjetivo ou advérbio? 238
- **Aprender a aprender:** O método SQ3R 239
- **Atividades** 239
- **Enem e vestibulares** 242

CAPÍTULO 16 — Preposição, conjunção e interjeição 244
- Preposição 245
  - Preposições essenciais e acidentais 246
  - Valores semânticos das preposições 246
  - Locução prepositiva 248
- **Atividades** 249
- Conjunção 250
  - Locução conjuntiva 251
  - Classificação das conjunções 251
- **Atividades** 255
- Interjeição 257
- **Atividades** 258
- **Enem e vestibulares** 259
- **De olho na escrita:** Plural dos nomes; flexão de alguns verbos irregulares 261

UNIDADE 5
SINTAXE DO PERÍODO SIMPLES

CAPÍTULO 17 Construção da oração I: o sujeito 264
Frase 265
Frase nominal, oração, período 266
Análise sintática: os termos da oração 268
Sujeito 270
- Ordem direta e ordem indireta da oração 271

Atividades 272
- Tipos de sujeito 273
- Oração sem sujeito 276

A língua da gente: Sujeito indeterminado
ou voz passiva sintética? 278
Aprender a aprender: Participação na aula I 280
Atividades 281
Enem e vestibulares 282
A língua em contexto: Retomada do sujeito e
coesão textual 284

CAPÍTULO 18 Construção da oração II: o predicado 287
Predicado 288
Verbos de ligação e verbos significativos 289
Tipos de predicado 290
- Predicado nominal 290
- Predicado verbal 291
- Predicado verbo-nominal 291

Atividades 294
Enem e vestibulares 297

CAPÍTULO 19 Termos ligados ao verbo 298
Transitividade verbal 299
- Verbo intransitivo 299
- Verbo transitivo 300

Adjunto adverbial 305
- Circunstâncias expressas pelos adjuntos adverbiais 306

A língua da gente: Isso "lhe" atrai ou isso "o" atrai? 307
Aprender a aprender: Participação na aula II 308
Atividades 309
Enem e vestibulares 310

CAPÍTULO 20 Termos ligados ao nome e vocativo 313
Complemento nominal 314
Adjunto adnominal 316
- Adjunto adnominal ou complemento nominal? 317
- Adjunto adnominal ou predicativo do objeto? 318

Aposto 319
Vocativo 320
Atividades 321
Enem e vestibulares 324
De olho na escrita: Palavras e expressões
que provocam dúvida I 325

PARTE III
UNIDADE 6
SINTAXE DO PERÍODO COMPOSTO

CAPÍTULO 21 Orações subordinadas substantivas 332
Período composto por subordinação 333
Características das orações subordinadas substantivas 334
Classificação das orações subordinadas substantivas 335
- Oração subordinada substantiva subjetiva 335
- Oração subordinada substantiva predicativa 336
- Oração subordinada substantiva objetiva direta 337
- Oração subordinada substantiva objetiva indireta 338
- Oração subordinada substantiva completiva nominal 339
- Oração subordinada substantiva apositiva 340

Orações subordinadas substantivas reduzidas 342
Aprender a aprender: Como revisar sua redação I 343
Atividades 345
Enem e vestibulares 348

CAPÍTULO 22 Orações subordinadas adjetivas 349
Características das orações subordinadas adjetivas 350
Classificação das orações subordinadas adjetivas 351
- Oração subordinada adjetiva restritiva 351
- Oração subordinada adjetiva explicativa 353
- Orações subordinadas adjetivas reduzidas 355

Atividades 356
Enem e vestibulares 359

CAPÍTULO 23 Orações subordinadas adverbiais 361
Características das orações subordinadas adverbiais 362
Classificação das orações subordinadas adverbiais 362
- Oração subordinada adverbial causal 362
- Oração subordinada adverbial condicional 363
- Oração subordinada adverbial temporal 364
- Oração subordinada adverbial final 365
- Oração subordinada adverbial concessiva 366

- Oração subordinada adverbial conformativa 366
- Oração subordinada adverbial comparativa 367
- Oração subordinada adverbial consecutiva 368
- Oração subordinada adverbial proporcional 369

Orações subordinadas adverbiais reduzidas 370

Aprender a aprender: Como revisar sua redação II 371

Atividades 373

Enem e vestibulares 376

CAPÍTULO 24 Orações coordenadas 378

Período composto por coordenação 379

Orações coordenadas assindéticas 380
- Orações intercaladas 381

Orações coordenadas sindéticas 382
- Classificação das orações coordenadas sindéticas 383

Coordenação interfrástica 387

Atividades 388

Enem e vestibulares 390

A língua em contexto: Período composto na organização do texto 392

De olho na escrita: Palavras e expressões que provocam dúvida II 394

UNIDADE 7
A CONSTRUÇÃO DO ENUNCIADO

CAPÍTULO 25 Concordância 398

Concordância nominal 400
- Casos especiais 400

Concordância verbal 403
- Casos especiais de concordância com o sujeito simples 404
- Casos especiais de concordância com o sujeito composto 407

A língua da gente: Concordância e variação linguística 409

Aprender a aprender: Como responder a questões de múltipla escolha 410

Atividades 412

Enem e vestibulares 414

CAPÍTULO 26 – Regência e crase 416

Regência nominal 417

Regência verbal 420
- Agradecer 422
- Aspirar 422
- Assistir 422
- Chegar, ir, voltar 422
- Cheirar 423
- Esquecer 423
- Obedecer, desobedecer 423
- Pedir 423
- Preferir 423
- Responder 423

A língua da gente: As preposições e os pronomes relativos 424

Crase 426
- Quando empregar o acento indicativo de crase 427
- Quando não empregar o acento indicativo de crase 428
- Casos especiais 428

Atividades 429

Enem e vestibulares 432

CAPÍTULO 27 – Colocação pronominal 434

Colocação pronominal com formas verbais simples 435
- Emprego da ênclise 435
- Emprego da próclise 436
- Emprego da mesóclise 438

Colocação pronominal com locuções verbais 439

A língua da gente: Colocação dos pronomes oblíquos átonos no português brasileiro 440

Aprender a aprender: Como responder a questões discursivas 441

Atividades 443

Enem e vestibulares 445

A língua em contexto: Colocação pronominal: passado e presente 446

CAPÍTULO 28 – Pontuação 448

Sinais de pontuação 449
- Vírgula 449
- Ponto final 454
- Ponto e vírgula 455
- Ponto de exclamação 456
- Ponto de interrogação 457

Atividades 458
- Dois-pontos 460
- Travessão 461
- Reticências 462
- Parênteses 463
- Aspas 463

Atividades 464

Enem e vestibulares 466

De olho na escrita: Paralelismo semântico 468

REFERÊNCIAS BIBLIOGRÁFICAS 470

PARTE I

UNIDADE 1
Noções básicas de língua e linguagem, 21

UNIDADE 2
Semântica e estilística, 77

UNIDADE 3
Introdução à morfologia, 109

UNIDADE 1
NOÇÕES BÁSICAS DE LÍNGUA E LINGUAGEM

Capítulo 1
Linguagem e língua, 22

Capítulo 2
A linguagem na comunicação, 34

Capítulo 3
Variação linguística, 44

Capítulo 4
Língua falada e língua escrita, 55

Capítulo 5
Fonemas e letras, 64

Qual é a diferença entre língua e linguagem? O que é norma-padrão? Por que às vezes o mesmo som é representado por letras diferentes? Nesta primeira unidade, você encontrará as respostas para essas e outras questões básicas da língua portuguesa.

O domínio desses temas é um pré-requisito para as etapas de estudo que virão depois. Mas não é só isso: como você perceberá ao longo da unidade, esses assuntos por si só podem ser desafiadores e conduzir a ricas reflexões. Bons estudos!

CAPÍTULO 1

LINGUAGEM E LÍNGUA

OBJETIVOS DE APRENDIZAGEM
- Definir linguagem e signo.
- Distinguir linguagem verbal e linguagem não verbal.
- Conceituar língua.
- Identificar os principais momentos da história da língua portuguesa.

Observação

No início do cinema, os filmes eram mudos, pois ainda não havia tecnologia para reproduzir as falas dos atores juntamente com as cenas. Você tem ideia de que recursos eram utilizados para que os espectadores entendessem a história?

A seguir, você verá algumas cenas do filme *The circus* (*O circo*), de 1928, de Charlie Chaplin, um dos mestres do cinema mudo. Observe-as e responda às questões.

Saiba mais

O inglês Charlie Chaplin (1889-1977) foi ator, cineasta, dançarino e músico. Com seu jeito peculiar de atuar, tornou-se o ícone do cinema mudo e é considerado um dos artistas mais ilustres da história cinematográfica. Na comédia *The circus*, o personagem de Chaplin é confundido com um ladrão e, ao fugir da polícia, vai parar em um circo, onde acaba sendo contratado para atuar nos espetáculos.

Capítulo 1 • Linguagem e língua

Análise

1. Onde se passam as cenas? Que elementos ajudaram na identificação?

2. O que ocorre entre as cenas 8 e 10?

3. Nas cenas 12 e 13, o que a expressão corporal do personagem indica? Como o ator fez para comunicar essa ideia?

4. Qual outro gesto e/ou expressão facial o ator poderia ter feito nessas cenas 12 e 13? Demonstre para a turma o que você imaginou. Lembre-se de ser coerente com o que ocorre nas cenas.

5. Na cena 14, o diretor usou um enquadramento diferente com a câmera, denominado *zoom* (aproximação do foco). Explique a função do *zoom* nessa cena.

6. Além da interpretação dos atores e dos movimentos da câmera, os filmes do cinema mudo também podiam recorrer a letreiros, como o mostrado abaixo.

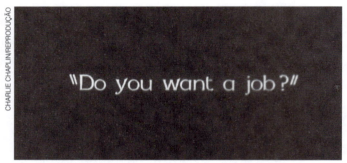

Tradução: "Você quer um trabalho?".

- No caderno, escreva um letreiro que poderia aparecer após a cena 14 da sequência de Chaplin. Ele pode conter uma fala ou pensamento do personagem ou, ainda, um comentário do narrador.

Atividade interativa
O circo

7. Leia uma das definições da palavra *linguagem* em um dicionário de português.

> **linguagem.** [Do provenç. *lenguatge*.] *S. f.* [...] 8. *E. Ling.* Todo sistema de signos que serve de meio de comunicação entre indivíduos e pode ser percebido pelos diversos órgãos dos sentidos, o que leva a distinguir-se uma linguagem visual, uma linguagem auditiva, uma linguagem tátil, etc., ou, ainda, outras mais complexas, constituídas, ao mesmo tempo, de elementos diversos. [...]
>
> FERREIRA, Aurélio Buarque de Holanda. *Dicionário Aurélio da língua portuguesa*. 5. ed. Curitiba: Positivo, 2010. p. 1271. (Fragmento).

a) Considerando a definição acima, você diria que a expressão facial e corporal dos atores no cinema mudo é uma linguagem? Por quê?

b) Quais outras linguagens são empregadas no cinema mudo?

Linguagens

Como você pôde perceber, o cineasta recorreu a vários recursos para comunicar suas ideias e interagir com quem assistia ao filme. Esses recursos são o que chamamos de **linguagens**.

Em uma linguagem, determinado elemento percebido por um dos órgãos do sentido (visão, audição, etc.) representa um conceito para as pessoas que conhecem essa linguagem. Por exemplo, se estamos vendo um filme e a câmera se aproxima de certo personagem ou objeto, no movimento de *zoom*, entendemos o que isso significa: aquele personagem ou objeto é importante para a construção da cena. Sabemos disso porque assistimos a vários filmes ao longo da vida e por isso dominamos a maioria dos "sinais" usados na linguagem cinematográfica.

O mesmo vale para outras linguagens: na *linguagem corporal*, entendemos o que significam os gestos, os movimentos do corpo, as expressões faciais do outro; na *linguagem musical*, o ritmo, a harmonia e a melodia nos sugerem diferentes ideias e emoções. E, na linguagem das palavras – a *linguagem verbal* –, sabemos o que os sons da fala (ou as letras na escrita) representam, por isso somos capazes de interagir uns com os outros usando esse sistema.

> **Linguagem** é todo e qualquer sistema de representações que possibilita a comunicação e a interação entre as pessoas.

Signo: significante e significado

Na definição do dicionário apresentada, aparece a palavra *signo*: segundo o dicionário, a linguagem é um "sistema de signos". De fato, **signo** é a combinação entre o elemento que nos chega pela audição, visão, etc., denominado **significante**, e o conceito que associamos a ele, o **significado**. O signo é, portanto, a unidade básica de significação e representação nas linguagens.

Em nossa sociedade, a sirene da ambulância é um *signo*: ela associa um *significante* (o som alto e estridente) a um *significado* ("estamos em uma emergência e precisamos que nos deem passagem").

Trocando ideias

Observe estas imagens. Depois, discuta com o professor e os colegas as questões propostas.

1. Explique por que tatuagens, *piercings*, penteados, roupas e acessórios são signos.
2. Quais significados você acredita que os portadores desses signos querem comunicar por meio deles?

Linguagem verbal e linguagem não verbal

Ao observar a sequência cômica de Charlie Chaplin, você percebeu que, entre as linguagens empregadas para construir os sentidos do filme, estavam as palavras dos letreiros. A linguagem das palavras é chamada de **linguagem verbal**, e os signos que a formam, de **signos verbais**.

Assim como os outros, o signo verbal associa um significante a um significado. Nesse caso, o significante é a sequência de sons que formam as palavras, e o significado é o conceito a que essa sequência remete. Por exemplo, a sequência de sons que compõem a palavra *leão* (significante) nos remete à ideia de *grande felino predador de pelagem alaranjada que habita a África e a Ásia* (significado).

A principal diferença do signo verbal em relação a todos os outros é sua capacidade de *articulação*. Ele pode ser decomposto em segmentos menores, e esses segmentos podem ser recombinados de inúmeras maneiras, permitindo que se comunique, por meio deles, uma quantidade virtualmente infinita de significados. Pense na palavra *enjaulado*, por exemplo. Ela pode ser decomposta em pedaços menores (*en* + *jaul* + *ado*) que, combinados a outros, podem formar uma enorme quantidade de palavras: *jaulinha*, *jaulão*, *enjaular*, *enturmado*, *enlatado*.

Por conta de sua versatilidade, o signo verbal é o único que pode "traduzir" todos os outros. Isso significa que podemos contar em palavras a sequência do filme que você analisou no início deste capítulo, ou descrever em palavras um quadro, uma escultura, uma fotografia. Em contrapartida, não seria possível expressar todo o conteúdo que você está lendo aqui apenas por meio de mímica, música ou desenhos.

> **Linguagem verbal** é aquela formada por palavras, que são os **signos verbais**. Estes se distinguem dos demais por serem articulados, o que os torna os mais versáteis de todos.
>
> **Linguagem não verbal** é toda aquela composta por outros signos que não os verbais. A pintura, a música e a dança, por exemplo, são linguagens não verbais.

Língua

Todas as sociedades do mundo, atuais ou antigas, desenvolveram naturalmente uma língua. Podemos definir **língua** como um conjunto de elementos linguísticos (sons da fala, palavras, etc.) e de regras para combiná-los que os seus usuários reconhecem. O português, o espanhol, o guarani e o árabe são algumas das seis mil línguas existentes no mundo.

A princípio, poderíamos pensar que cada língua é só um "conjunto de etiquetas" que cada povo aplica às coisas do mundo. Por exemplo, em português usamos as palavras *cavalo*, *cachorro* e *gato* para designar esses três mamíferos, enquanto os falantes de língua inglesa usam as palavras *horse*, *dog* e *cat* para nomear os mesmos bichos.

Mas nem sempre a correspondência é tão simples assim. Pense na palavra *porco*: em português, podemos usá-la tanto para nomear o mamífero doméstico ("Meu tio cria porcos") quanto a carne que se extrai dele ("Esse porco está delicioso!"). Já em inglês existe uma palavra para o animal, *pig*, e outra palavra para sua carne servida como alimento, *pork*. Tanto em Portugal quanto na Inglaterra existem porcos e sua carne é consumida pelas pessoas: a realidade é a mesma, mas cada povo – e consequentemente cada língua – interpreta e recorta essa realidade à sua maneira.

Percebemos, então, que, muito mais do que um instrumento de comunicação, uma língua é a forma de expressão particular de certo grupo social, que reflete sua visão do mundo e sua identidade. Por esse motivo, cada língua deve ser vista como um fenômeno ao mesmo tempo: *cultural*, pois faz parte do conjunto de referências compartilhadas por um povo; *histórico*, porque reflete a trajetória desse povo e as influências que ele sofreu ao longo do tempo; e *político*, porque é uma das instituições políticas das nações, ao lado do hino, da bandeira e outros.

> **Língua** é um conjunto de elementos linguísticos (sons da fala, palavras, etc.) e de regras para combiná-los, reconhecido por certo grupo social. Mais do que um instrumento de comunicação, a língua é um patrimônio cultural, histórico e político do povo que a utiliza.

Capítulo 1 • Linguagem e língua

A língua da gente

Breve história da língua portuguesa

- **A partir do séc. IV a.C.** — Roma conquista grandes partes da Europa, Ásia Menor e norte da África. Entre esses territórios está a *Península Ibérica*, região hoje correspondente a Espanha e Portugal.

  As populações conquistadas aprendem o *latim vulgar*, uma variedade popular do latim falada por soldados, comerciantes, peregrinos, escravos.

- **A partir do séc. III d.C.** — No Ocidente, o Império Romano entra em colapso. Aos poucos, as ex-colônias voltam à vida rural e ao isolamento. Sem a presença romana para uniformizar o idioma, o povo modifica intensamente o latim que aprendeu.

  Com o tempo, em várias ex-colônias romanas da Europa já não se usa o latim, mas sim os *romances*, línguas locais de origem latina.

- **A partir de 711 d.C.** — O sul da Península Ibérica é conquistado pelos mouros, povo que falava árabe e praticava o islamismo.

  Uma comunidade cristã resiste no norte da Península. Nessa região, forma-se o romance *galego-português*.

- **1064 a 1249 d.C.** — Os cristãos do norte retomam o território ocupado pelos mouros. O processo termina com a reconquista da cidade de Faro, no extremo sul, e dá a Portugal limites quase idênticos aos atuais.

  À medida que rumam para o sul, os cristãos difundem o galego-português. É nessa língua que são compostas as *cantigas trovadorescas*, consideradas a primeira manifestação da literatura portuguesa.

- **A partir do séc. XIV** — O português separa-se do galego e é adotado como língua oficial de Portugal.

- **Séc. XV e XVI** — Com as grandes navegações, a língua portuguesa é levada para a Ásia, África e América do Sul.

- **Séc. XIX e XX** — O português se torna a língua oficial do Brasil quando este se torna autônomo (1822). O mesmo ocorre nas colônias africanas – Angola, Moçambique, Guiné-Bissau, Cabo Verde e São Tomé e Príncipe –, que só alcançam a independência entre 1974 e 1975.

- **1996** — Portugal, Brasil e os cinco países africanos lusófonos criam a *Comunidade de Países de Língua Portuguesa* (*CPLP*).

- **2002** — A CPLP ganha um oitavo membro: o Timor-Leste, um pequeno território na parte oriental da ilha de Timor, no Sudeste Asiático.

- **Atualidade** — Com aproximadamente 250 milhões de falantes nesses oito países (e em comunidades de imigrantes no mundo todo), a língua portuguesa é um dos dez idiomas mais utilizados do planeta.

Ruínas do templo construído pelos romanos na atual cidade de Évora, Portugal, no século I d.C.

Autor desconhecido. *Alfonso X de Castela, Cantigas de Santa Maria*, século XIII.

Timorenses em trajes tradicionais. Um dos resquícios da presença lusitana na Ásia, o português se tornou língua oficial do Timor-Leste em 2002, juntamente com o tétum.

Formação do português brasileiro

Uma primeira e relevante influência sobre o português brasileiro veio do tupi, a língua falada pelos povos indígenas da costa brasileira. São de origem tupi uma boa parte de nossos **topônimos**, isto é, nomes que designam lugares: *Itanhaém, Itapetininga, Taubaté, Curitiba, Paraíba, Uberaba*. A herança indígena também é marcante no vocabulário relacionado à fauna, à flora e à culinária: *abacaxi, maracujá, paçoca, jiboia, piranha, siri, capim*.

Outro fator que determinou decisivamente a formação de nossa língua foi a chegada, entre 1530 e 1855, de vários milhões de africanos escravizados. Capturados em pontos diferentes da África, esses homens e mulheres pertenciam a dois grandes grupos culturais, o banto e o sudanês. Os *bantos*, que falavam principalmente o quimbundo, chegaram primeiro e se fixaram nos estados do Rio de Janeiro, São Paulo, Minas Gerais, Maranhão, Pernambuco e Alagoas. Os *sudaneses*, entre os quais predominavam os falantes de iorubá (ou nagô), *ewe* e fon, vieram em menor número e fixaram-se principalmente na Bahia. *Caçula, moleque, quitute, cochilar, quindim* e *xingar* são alguns dos três a quatro mil vocábulos que as línguas africanas legaram ao português brasileiro.

A partir de meados do século XIX, o português brasileiro recebe um novo ingrediente: imigrantes italianos, espanhóis, japoneses e de tantas outras nacionalidades chegam ao país, para trabalhar primeiro na lavoura de café e depois na indústria paulista. No século XX a vinda de imigrantes diminui, mas a migração interna cresce muito, formando basicamente dois fluxos: um do campo para a cidade, e outro da região Nordeste para as metrópoles Rio de Janeiro e São Paulo.

Todas essas mudanças deixaram marcas profundas no português brasileiro. E, enquanto elas ocorriam, do outro lado do Atlântico o português europeu e o de cada país africano lusófono continuavam sofrendo suas próprias influências e modificando-se também, já que toda língua se altera com o tempo. O resultado é que, hoje em dia, existem notáveis diferenças entre o português brasileiro – foco desta obra – e o falado em outros países.

A história e a distribuição geográfica do português são temas frequentes no vestibular. Veja como um exame recente abordou o assunto.

Umbu (foto), cajá e maracujá são alguns dos inúmeros nomes de frutas derivados do tupi.

O iorubá continua vivo na cultura afro-brasileira. Ele é empregado nos cânticos do Filhos de Gandhy, um afoxé criado em 1949 e muito popular em Salvador.

Linha do tempo
Breve história da língua portuguesa

(Fuvest-SP) A exploração da mão de obra escrava, o tráfico negreiro e o imperialismo criaram conflitivas e duradouras relações de aproximação entre os continentes africano e europeu. Muitos países da África, mesmo depois de terem se tornado independentes, continuaram usando a língua dos colonizadores. O português, por exemplo, é língua oficial de

a) Camarões, Angola e África do Sul.
b) Serra Leoa, Nigéria e África do Sul.
c) Angola, Moçambique e Cabo Verde.
d) Cabo Verde, Serra Leoa e Sudão.
e) Camarões, Congo e Zimbábue.

ATIVIDADES

1. Leia a tira a seguir, que retrata o cotidiano do adolescente Jeremy e seus pais.

ZITS — JERRY SCOTT E JIM BORGMAN

a) Considere os signos não verbais presentes na fala de Jeremy e sua namorada e explique por que a mãe acredita que eles estão brigando.

b) Na tira, as linguagens verbal e não verbal ajudam na construção dos sentidos ao sugerir um conflito entre gerações. Explique como isso acontece.

▸ Leia o cartum de Andy Singer a seguir para responder às questões de 2 a 4.

SINGER, Andy. *CARtoons*. Praga: Car Busters, 2001.

2. Concentre-se somente na *linguagem não verbal* do cartum e responda às perguntas.

a) Quais elementos compõem o cenário do primeiro quadro? Descreva o homem que aparece nesta cena.

b) Agora, observe o homem do segundo quadro. Como ele poderia ser caracterizado?

3. Leve em conta a *linguagem verbal* e a *não verbal* apresentadas no texto para responder às próximas questões.

a) Em sua opinião, os dizeres *bem-sucedido* e *fracassado* descrevem adequadamente os dois homens do cartum? Por quê?

b) Considere o que a sociedade atual define como características de pessoas bem-sucedidas e explique como isso contribui para a construção de sentido do cartum.

28 Gramática: uma reflexão sobre a língua

4. Escolha a alternativa adequada.

O cartum de Andy Singer é...

a) conservador, pois reforça os valores predominantes na sociedade.

b) irônico, ao chamar de "bem-sucedido" um homem que, na verdade, considera fracassado.

c) contraditório, ao chamar de "bem-sucedido" um homem que vive mal e estressado.

5. Observe este cartum de Luli Penna.

a) Qual dos "objetos" que as mulheres carregam parece mais pesado? Justifique sua resposta com base na linguagem visual.

b) Os "objetos" formam signos verbais. Em sua opinião, o que o significado de cada um desses signos tem a ver com a forma como foram visualmente representados no cartum? Leve em conta as observações que fez no item anterior.

6. Leia um texto sobre a origem do termo *embora*.

VAMOS "EMBORA"

A palavra é uma corruptela da expressão "em boa hora", termo carregado de superstições medievais – os europeus da época acreditavam que o bem e o mal tinham suas preferências ao longo do dia. Em 1517, o escritor português Gil Vicente escreveu em *A Barca do Inferno*: "Esteis vós em hora má, Senhora Brísida Vaz!". O personagem estava praguejando contra ela, uma alcoviteira (que, na história, vai para o inferno). Se dissesse: "Vá em boa hora", estaria desejando sorte ao se despedir da mulher. Com o tempo, a expressão contraiu-se para "embora", significando "em ocasião própria, adequada; em momento favorável; oportunamente".

Aventuras na História, ed. 99, out. 2011, p. 23.

Glossário

Corruptela: alteração em um vocábulo realizada pelo povo.

Alcoviteira: mulher que faz arranjos para que um casal de amantes possa se encontrar secretamente.

De acordo com as informações sobre a origem da palavra *embora*, podemos concluir que:

a) muitas palavras da língua portuguesa vêm de corruptelas nascidas na Idade Média.

b) quanto mais supersticioso é um povo, mais ele modifica a forma das palavras.

c) a formação cultural de um povo deixa marcas relevantes na língua por ele falada.

d) o significado dos termos pouco se altera com o passar do tempo.

e) as crenças de um povo não têm impacto significativo no vocabulário de sua língua.

ENEM E VESTIBULARES

1. (Enem)

Casados e independentes

Um novo levantamento do IBGE mostra que o número de casamentos entre pessoas na faixa dos 60 anos cresce, desde 2003, a um ritmo 60% maior que o observado na população brasileira como um todo...

...e um fator determinante é que cada vez mais pessoas nessa idade estão no mercado de trabalho, o que lhes garante a independência financeira necessária para o matrimônio.

Fontes: IBGE e Organização Internacional do Trabalho (OIT)
*Com base no último dado disponível, de 2008

Veja, São Paulo, 21 abr. 2010 (adaptado).

Os gráficos expõem dados estatísticos por meio de linguagem verbal e não verbal. No texto, o uso desse recurso

a) exemplifica o aumento da expectativa de vida da população.
b) explica o crescimento da confiança na instituição do casamento.
c) mostra que a população brasileira aumentou nos últimos cinco anos.
d) indica que as taxas de casamento e emprego cresceram na mesma proporção.
e) sintetiza o crescente número de casamentos e de ocupação no mercado de trabalho.

2. (Enem)

O léxico e a cultura

Potencialmente, todas as línguas de todos os tempos podem candidatar-se a expressar qualquer conteúdo. A pesquisa linguística do século XX demonstrou que não há diferença qualitativa entre os idiomas do mundo – ou seja, não há idiomas gramaticalmente mais primitivos ou mais desenvolvidos. Entretanto, para que possa ser efetivamente utilizada, essa igualdade potencial precisa realizar-se na prática histórica do idioma, o que nem sempre acontece. Teoricamente, uma língua com pouca tradição escrita (como as línguas indígenas brasileiras) ou uma língua já extinta (como o latim ou o grego clássicos) podem ser empregadas para falar sobre qualquer assunto, como, digamos, física quântica ou biologia molecular. Na prática, contudo, não é possível, de uma hora para outra, expressar tais conteúdos em camaiurá ou latim, simplesmente porque não haveria vocabulário próprio para esses conteúdos. É perfeitamente possível desenvolver esse vocabulário específico, seja por meio de empréstimos de outras línguas, seja por meio da criação de novos termos na língua em questão, mas tal tarefa não se realizaria em pouco tempo nem com pouco esforço.

BEARZOTI FILHO, P. *Miniaurélio*: o dicionário da língua portuguesa. Manual do professor. Curitiba: Positivo, 2004. (Fragmento).

Estudos contemporâneos mostram que cada língua possui sua própria complexidade e dinâmica de funcionamento. O texto ressalta essa dinâmica, na medida em que enfatiza

a) a inexistência de conteúdo comum a todas as línguas, pois o léxico contempla visão de mundo particular específica de uma cultura.
b) a existência de línguas limitadas por não permitirem ao falante nativo se comunicar perfeitamente a respeito de qualquer conteúdo.
c) a tendência a serem mais restritos o vocabulário e a gramática de línguas indígenas, se comparados com outras línguas de origem europeia.
d) a existência de diferenças vocabulares entre os idiomas, especificidades relacionadas à própria cultura dos falantes de uma comunidade.
e) a atribuição de maior importância sociocultural às línguas contemporâneas, pois permitem que sejam abordadas quaisquer temáticas, sem dificuldades.

3. (Unifesp) Leia a charge.

É correto afirmar que a charge visa

a) apoiar a atitude dos alunos e propor a liberação geral da frequência às aulas.
b) enaltecer a escola brasileira e homenagear o trabalho docente.

c) indicar a deflagração de uma greve e incentivar a adesão a ela.
d) recriminar os alunos e declarar apoio à política educacional.
e) criticar a situação atual do ensino e denunciar a evasão escolar.

4. (Enem)

A forte presença de palavras indígenas e africanas e de termos trazidos pelos imigrantes a partir do século XIX é um dos traços que distinguem o português do Brasil e o português de Portugal. Mas, olhando para a história dos empréstimos que o português brasileiro recebeu de línguas europeias a partir do século XX, outra diferença também aparece: com a vinda ao Brasil da família real portuguesa (1808) e, particularmente, com a Independência, Portugal deixou de ser o intermediário obrigatório da assimilação desses empréstimos e, assim, Brasil e Portugal começaram a divergir, não só por terem sofrido influências diferentes, mas também pela maneira como reagiram a elas.

ILARI, R.; BASSO, R. *O português da gente*: a língua que estudamos, a língua que falamos. São Paulo: Contexto, 2006.

Os empréstimos linguísticos, recebidos de diversas línguas, são importantes na constituição do português do Brasil porque

a) deixaram marcas da história vivida pela nação, como a colonização e a imigração.
b) transformaram em um só idioma línguas diferentes, como as africanas, as indígenas e as europeias.
c) promoveram uma língua acessível a falantes de origens distintas, como o africano, o indígena e o europeu.
d) guardaram uma relação de identidade entre os falantes do português do Brasil e os do português de Portugal.
e) tornaram a língua do Brasil mais complexa do que as línguas de outros países que também tiveram colonização portuguesa.

5. (Enem)

Disponível em: www.portaldapropaganda.com.br. Acesso em: 28 jul. 2013.

Essa propaganda defende a transformação social e a diminuição da violência por meio da palavra. Isso se evidencia pela

a) predominância de tons claros na composição da peça publicitária.
b) associação entre uma arma de fogo e um megafone.
c) grafia com inicial maiúscula da palavra "voz" no slogan.
d) imagem de uma mão segurando um megafone.
e) representação gráfica da propagação do som.

A língua em contexto

Textos multimodais: um roteiro de análise

Em seu cotidiano de estudante e cidadão, você encontra muitos textos *multimodais*, isto é, compostos por mais de uma linguagem. Em vários deles, como em tiras, charges e anúncios publicitários, as linguagens combinadas são a verbal e a visual.

Para interpretar adequadamente esses textos, você pode seguir um roteiro como o que vamos lhe sugerir nesta seção. Como exemplo, vamos analisar esta charge de João Montanaro.

MONTANARO, João. *Folha de S.Paulo*. São Paulo, 4 abr. 2015.

Primeiro passo: analise detalhadamente a linguagem visual

Concentre-se primeiro no texto visual. Considere linhas, cores, o cenário, os elementos representados. Se houver pessoas retratadas, observe sua aparência, gestos e vestimenta. Pense que categoria de pessoas ou que grupo social elas representam. Leve em conta todos os detalhes, pois nada está ali sem um propósito.

Na charge sob análise, alguns elementos permitem identificar que a cena se passa na cela de uma prisão. À direita há uma grade e à esquerda um catre (cama rústica, típica de penitenciárias). O ambiente parece descuidado, com paredes sujas e deterioradas.

Quanto aos personagens, pela constituição física percebemos que os dois em pé são adultos, enquanto os dois sentados são crianças ou adolescentes. Um dos personagens adultos está com a mão no ombro de um dos garotos, em um gesto paternal.

Outro detalhe a observar é que os quatro detentos usam apenas bermudas, sem camisa nem calçados, o que revela as condições precárias em que vivem. Além disso, parecem estar ociosos, em vez de envolvidos em atividades de ressocialização, como seria adequado.

Segundo passo: relacione o texto visual ao verbal

Nos textos multimodais, as linguagens não podem ser consideradas isoladamente, pois é da articulação entre elas que emerge o sentido. Nessa charge, se houvesse apenas a linguagem visual, teríamos várias possibilidades de interpretação; contudo, os elementos verbais (o título e a fala de um dos garotos) nos orientam rumo a uma leitura específica, mais coerente com as intenções do autor.

Pelo título, fica claro que o texto se refere a uma discussão frequente no Brasil: a redução da maioridade penal, por meio da qual menores infratores a partir de certa idade passariam a responder pelos crimes como adultos. Já a fala do garoto revela que os adultos da cena são vistos como "professores". Evidentemente, o tipo de "lição" que vão ensinar relaciona-se a atividades ilegais, já que parecem criminosos experientes.

Terceiro passo: identifique como o texto utiliza as linguagens verbal e visual para atingir seus objetivos

Todo texto tem um objetivo. Ao interpretar um texto que combina linguagens verbal e visual, você precisa pensar em como elas contribuem para o alcance desse objetivo. No caso que estamos analisando, o texto é uma charge – gênero que tem como principal intenção fazer uma interpretação crítica de um fato social ou político da atualidade. Trata-se, portanto, de um gênero *argumentativo*, que assume certo ponto de vista diante dos acontecimentos.

A charge de Montanaro foi publicada em abril de 2015, quando estava em votação na Câmara dos Deputados um projeto de lei para redução da maioridade penal. Diante desse tema polêmico, o chargista usa os elementos visuais e verbais como argumentos para defender seu ponto de vista.

Nesse caso, podemos afirmar que a charge se posiciona *contrariamente à redução da maioridade*, pois seus desenhos e palavras sugerem que o sistema prisional brasileiro é precário e não oferece condições para que os detentos se ressocializem. Ao serem inseridos nesse sistema, os menores vão entrar em contato com comportamentos criminosos ensinados pelos mais velhos. Além disso, o cartunista insinua que a verdadeira causa da delinquência juvenil é a falta de acesso à educação para certas camadas da população. Esse último argumento fica claro na fala do garoto: na frase "Pelo menos aqui a gente sempre tem professor", está subentendida a ideia de que fora dali, isto é, nas ruas ou no bairro onde vivem, os garotos não têm professor.

Desse modo, além de defender posição contrária à redução da maioridade, a charge também critica nossas políticas educacionais. O artista denuncia aquilo que, a seu ver, é uma contradição do Estado: punir com a cadeia jovens que tiveram o direito à educação negado e, por isso, entraram na criminalidade.

Na prática

Agora é sua vez de interpretar um texto multimodal. Sua tarefa será escrever uma análise em três passos, semelhantes aos que apresentamos aqui: 1) análise da linguagem visual; 2) relação entre texto visual e verbal; 3) descrição de como o texto usa as linguagens para atingir seus objetivos. O alvo de seu estudo será o anúncio publicitário reproduzido a seguir.

Um anúncio publicitário sempre tem uma intenção persuasiva (fazer com que o interlocutor adquira determinado produto ou serviço, adote uma atitude, vote em certo candidato). Dessa forma, para começar a análise é preciso identificar qual o propósito do anúncio e a reação que se pretende provocar nos interlocutores.

Além disso, você precisa levar em conta um aspecto essencial desse texto: embora se trate de um anúncio, ele imita a estrutura e a linguagem de outro gênero textual, o folheto promocional distribuído nos supermercados. Considere qual é a intenção dos folhetos promocionais, por que os anunciantes decidiram imitar esse gênero e como a escolha dessa estratégia os ajudou a atingir seus objetivos argumentativos.

Quando terminar sua análise, troque-a com um colega e verifique se chegaram às mesmas conclusões. Depois, compartilhem suas ideias com o resto da turma.

Akatu. Disponível em: <http://mod.lk/6u5an>. Acesso em: 3 mar. 2017.

A LINGUAGEM NA COMUNICAÇÃO

OBJETIVOS DE APRENDIZAGEM

- Reconhecer a influência da teoria da comunicação nos estudos da linguagem.
- Identificar situações em que a linguagem exerce função predominantemente referencial, emotiva, conativa, fática, metalinguística ou poética.

Observação

Ao interagirmos uns com os outros por meio da linguagem verbal, podemos ter os mais diversos objetivos: transmitir informações, expressar nossos sentimentos, convencer nosso interlocutor a fazer algo, entre várias outras possibilidades. A linguagem pode exercer, então, diferentes funções dentro da comunicação humana.

Nesta unidade, vamos analisar uma das mais conhecidas teorias que buscam explicar as funções da linguagem. Para começar, leia esta tira de Garfield.

Análise

1. Com que intenção Garfield pergunta aos interlocutores "Como é que vocês estão?", no primeiro quadrinho?

2. No último quadrinho, ao definir sua pergunta inicial, Garfield confirma sua intenção. Com base na tira, explique o que é uma "pergunta retórica".

3. O humor da tira é construído a partir do conflito entre o objetivo da pergunta de Garfield e a reação dos seus interlocutores. Explique como isso acontece.

Teoria da comunicação

Durante muito tempo, acreditava-se que informar era, se não a única, pelo menos a mais importante função da linguagem verbal. Afinal, parecia óbvio que desde os primórdios nossos antepassados haviam usado a linguagem para informar os companheiros sobre a localização de alimentos, ou a aproximação de inimigos. Mas como explicar, então, uma pergunta como a feita pelo personagem Garfield na tira? Quando encontramos um conhecido na rua, perguntamos "Como vai?", ele nos responde "Tudo bem, e você?" e seguimos em frente, não podemos dizer que houve transmissão de informações.

Na primeira metade do século XX, um grupo de linguistas decidiu investigar detalhadamente as funções que a linguagem verbal cumpre na vida das pessoas. Um desses estudiosos era o linguista russo Roman Jakobson (1896-1982).

Com base em uma teoria anterior, que descrevia a transmissão de dados entre telégrafos e outros aparelhos de comunicação, Jakobson criou um modelo para descrever a comunicação humana, o qual se tornaria muito conhecido nas décadas seguintes. De acordo com esse modelo, em qualquer ato de comunicação estão presentes seis elementos:

- **Mensagem**: o conjunto de informações que se quer transmitir.
- **Emissor** ou **remetente**: aquele de quem parte a mensagem.
- **Receptor** ou **destinatário**: aquele a quem se destina a mensagem.
- **Código**: um sistema de signos que emissor e receptor precisam compartilhar, total ou parcialmente, para que haja a comunicação.
- **Canal** ou **contato**: o meio físico pelo qual emissor e receptor se comunicam (por exemplo, o telefone, o papel ou o próprio ar, quando se fala).
- **Referente** ou **contexto**: o assunto da mensagem, aquilo a que ela se refere.

Para Jakobson, a relação entre o modelo descritivo e as funções da linguagem é a seguinte: em cada ato comunicativo, a ênfase recai sobre um dos elementos do modelo e, consequentemente, a linguagem exerce uma função relacionada a tal elemento. Por exemplo, quando Garfield pergunta "Como é que vocês estão?", a ênfase está no *canal*: o gato pretende apenas abrir o canal de comunicação e indicar aos interlocutores que começará a falar.

Como há seis elementos na comunicação, a linguagem pode exercer seis funções diferentes, de acordo com o elemento enfatizado. Observe:

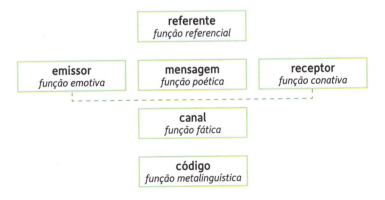

As **funções da linguagem** são definidas conforme o elemento da comunicação enfatizado a cada momento: **função fática** (ênfase no canal), **conativa** ou **apelativa** (ênfase no receptor), **emotiva** ou **expressiva** (ênfase no emissor), **referencial** ou **informativa** (ênfase no referente), **poética** (ênfase na mensagem) e **metalinguística** (ênfase no código).

Funções da linguagem

Antes de começarmos a examinar as funções da linguagem, precisamos fazer duas ressalvas:

- As funções *não aparecem isoladamente* nos textos. Várias (às vezes todas) podem estar presentes, mas uma delas sobressai ou predomina em relação às outras.
- Para alcançar o objetivo que almejam em cada ato comunicativo, as pessoas escolhem e combinam as palavras de um jeito específico. Desse modo, sempre podemos identificar *marcas linguísticas* das funções da linguagem nos textos.

Preste atenção a esses dois aspectos ao estudar os tópicos a seguir.

Função referencial ou informativa

A linguagem exerce **função referencial** ou **informativa** quando a ênfase do ato comunicativo está no referente, no assunto tratado. Essa função predomina quando o objetivo é criar um efeito de neutralidade e impessoalidade no texto. É frequente, portanto, em gêneros textuais das esferas jornalística, jurídica, didática e científica.

Observe, por exemplo, como um guia médico define a insônia:

> **Insônia**
>
> A insônia é o distúrbio do sono mais prevalente na população geral na prática clínica diária. Ocorre em 33 a 50% da população adulta, enquanto sintomas de insônia, como estresse ou dificuldade (distúrbio da insônia geral), ocorrem em 10 a 15%. [...]
>
> É definida como uma percepção subjetiva de dificuldade em iniciar e/ou manter o sono, afetando sua consolidação ou qualidade. Ocorre apesar da oportunidade de dormir e resulta em alguma forma de prejuízo durante o dia. [...]
>
> FAGUNDES, Sayonara; CARVALHO, Luciane B. C. de; PRADO, Gilmar F. In: BERTOLUCCI, Paulo et al. (coord.). *Guia de neurologia*. Barueri, SP: Manole, 2011. p. 891. (Fragmento).

Tipicamente, as marcas linguísticas da função referencial são:

- o emprego da 3ª pessoa do discurso: "A insônia é o distúrbio... *É* definida...";
- a apresentação de dados quantificáveis: "ocorre em *33 a 50%* da população"; e
- o emprego de vocabulário objetivo, sem palavras que denotem juízo de valor.

Note que esses procedimentos permitem ao emissor "apagar" sua presença no texto. É como se ele tentasse encobrir a própria voz, dando a entender que os fatos se apresentam por si mesmos aos olhos do receptor.

Função emotiva ou expressiva

Ao contrário do que ocorre na função referencial, o emissor pode escolher deixar as marcas de sua subjetividade explícitas no texto. Nesse caso, a linguagem exerce **função emotiva** ou **expressiva**, pois a ênfase está no próprio emissor. Sua intenção é usar a linguagem para extravasar sentimentos, experiências pessoais e pensamentos íntimos.

Veja como o mesmo assunto do texto anterior, a insônia, foi abordado em uma produção na qual predomina a função emotiva:

> **Insônia**
>
> Não durmo, nem espero dormir.
> Nem na morte espero dormir.
>
> Espera-me uma insônia da largura dos astros,
> E um bocejo inútil do comprimento do mundo.
>
> Não durmo; não posso ler quando acordo de noite,
> Não posso escrever quando acordo de noite,
> Não posso pensar quando acordo de noite —
> Meu Deus, nem posso sonhar quando acordo de noite!
> [...]
>
> PESSOA, Fernando. In: GALHOZ, Maria Aliete (Org.). *Fernando Pessoa*: obra poética. Rio de Janeiro: Nova Aguilar, 1999. p. 374. (Fragmento).

Entre as marcas características da função emotiva está o uso:

- da 1ª pessoa do singular: "não *durmo*, nem *espero* dormir";
- de interjeições: "*Meu Deus*"; e
- de sinais de pontuação que conferem subjetividade ao texto, como reticências e ponto de exclamação: "nem posso sonhar quando acordo de noite*!*".

Para externar suas emoções, o emissor também pode recorrer à *linguagem figurada*: note que o eu lírico faz comparações exageradas para descrever sua experiência: "Espera-me uma insônia da largura dos astros, / E um bocejo inútil do comprimento do mundo".

Pense e responda

A função emotiva é bastante comum em poemas, como no exemplo visto. De acordo com as características dessa função, em quais destes outros gêneros textuais você esperaria encontrá-la?

a) diário íntimo
b) relato de viagem
c) notícia
d) manual de instruções
e) autobiografia
f) verbete de dicionário

Função conativa ou apelativa

A linguagem exerce **função conativa** ou **apelativa** quando o emissor focaliza sua atenção no receptor, com o objetivo de agir sobre ele, levando-o a tomar determinada atitude, como comprar um produto, mudar de hábitos, votar em certo candidato. Essa função é típica de anúncios publicitários, mas também aparece em textos que objetivam dar conselhos ou instruções.

Observe a predominância da função conativa neste cartaz do Ministério da Saúde, que busca persuadir a população a combater o mosquito *Aedes aegypti*:

Combata o mosquito periodicamente:

 Tampe os tonéis e caixas-d'água.

 Mantenha as calhas sempre limpas.

 Deixe garrafas sempre viradas.

 Coloque areia nos vasos de plantas.

 Retire sempre água dos pneus.

 Mantenha a lixeira bem fechada.

Ministério da Saúde. Disponível em: <http://mod.lk/jSzXC>. Acesso em: 16 jan. 2017. Agência: Camisa 10. Criação: Victor Vicente e Bruno Richter. Direção de Criação: Bruno Richter e Victor Vicente. Atendimento: Bruno Richter. Aprovação: Paula Johns. Cliente: Act +.

A marca linguística mais característica da função conativa é o verbo no imperativo, já que o objetivo é dar ordens ou conselhos ao interlocutor: "*Tampe* os tonéis... *Mantenha* as calhas...". Também pode haver pronomes que se refiram à 2ª pessoa do discurso (*você*, *o senhor*, *seu*) e vocativos ("Arrume logo seu quarto, *filho*").

Função fática

Como você observou nas atividades iniciais, a linguagem exerce **função fática** quando o foco está em estabelecer ou manter aberto o canal de comunicação. É o que ocorre quando empregamos fórmulas prontas para iniciar ou encerrar uma interação, como *Alô*; *Oi, bom dia!*; *A gente se fala*; *Até mais*. Também se observa essa função em expressões como *aham...*, *sei*, *entendo*, usadas para demonstrar ao interlocutor que estamos prestando atenção ao que ele diz.

A função fática, que é característica da comunicação oral, pode aparecer em textos escritos, quando se pretende criar proximidade com o leitor, ou então dar naturalidade às falas de personagens. Em uma crônica humorística, veja como essa função foi empregada para mostrar o medo que certo personagem sentia de falar com desconhecidos ao telefone:

> – Alô?
> – Quem fala?
> – Quem quer saber?
> – Quem é, por favor?
> – Diga você quem é.
> – O Dr. Márcio está?
> – Quem quer saber?
> – Está ou não está?
> – Depende.
> – Depende do quê?
> – De quem quer saber.
> [...]
>
> VERISSIMO, Luis Fernando. Linguiças calabresas. In: *Mais comédias para ler na escola*. Rio de Janeiro: Objetiva, 2008. p. 99. (Fragmento).
> © by Luis Fernando Verissimo.

Função metalinguística

A linguagem exerce **função metalinguística** quando a ênfase do ato comunicativo recai sobre o próprio código: emprega-se o código para falar sobre ele mesmo. Isso acontece sempre que discutimos o uso de palavras ou expressões de nossa língua, como nestes exemplos:

> – *Professora, o que significa "prepotência"?*
> – *O que você quer dizer com "meu pai"? Ele é "nosso pai"!*
> – *"De" e "contra" são preposições; "mas" e "embora" são conjunções.*

Assim como a fática, a função metalinguística pode ocorrer apenas em trechos de um texto no qual predomine outra função. Contudo, existem textos exclusivamente metalinguísticos, como os verbetes de dicionário. Um livro didático sobre língua portuguesa, como este que você está lendo, também é metalinguístico.

A metalinguagem em diferentes linguagens

A metalinguagem pode ocorrer em outros códigos que não a língua. A tira de José Aguiar reproduzida abaixo, por exemplo, é considerada metalinguística porque brinca com a linguagem dos próprios quadrinhos.

NADA COM COISA ALGUMA   JOSÉ AGUIAR

Função poética

Por fim, a linguagem exerce **função poética** quando a ênfase do ato comunicativo recai sobre a própria mensagem. O emissor procura elaborá-la de maneira original, a fim de criar efeitos expressivos e estéticos. As palavras são selecionadas não apenas de acordo com os conceitos a que remetem, mas também por sua sonoridade, extensão, estrutura silábica.

Observe, por exemplo, a estrofe inicial de um poema de Castro Alves (1847-1871):

> Era uma tarde triste, mas límpida e suave...
> Eu — pálido poeta — seguia triste e grave
> A estrada, que conduz ao campo solitário,
> Como um filho, que volta ao paternal sacrário,
> [...]
>
> ALVES, Castro. A boa vista. *Espumas flutuantes*. 20. ed. Rio de Janeiro: Ediouro, 1996. p. 53. (Fragmento).

Evidentemente, as palavras *suave* e *grave*, no primeiro e no segundo versos, e *solitário* e *sacrário*, no terceiro e no quarto, foram escolhidas não somente pelo que significam, mas também porque rimam entre si. De modo análogo, a expressão *pálido poeta*, no segundo verso, não foi formada por casualidade: as palavras foram selecionadas e combinadas porque se iniciam com o mesmo som.

Ver "Figuras fônicas ou sonoras", no Capítulo 7: "Figuras de linguagem".

Como o nome sugere, a função poética está sempre presente em poemas, podendo aparecer também em produções literárias em prosa, como romances e contos. Mas essa função não é exclusividade da esfera literária. Na propaganda, por exemplo, os recursos poéticos são usados para criar mensagens expressivas e marcantes, capazes de se fixar na memória do consumidor.

No anúncio ao lado, o *slogan* "Roupa boa a gente doa." aproveita-se da função poética: além de apresentar rima (*boa/doa*), é formado por duas partes com o mesmo número de sílabas, o que lhe dá um ritmo regular e, portanto, fácil de memorizar.

Para assistir

Capa do DVD do filme.

Muitos filmes são metalinguísticos, pois falam sobre a própria arte de fazer cinema. Um deles é *A invenção de Hugo Cabret* (de Martin Scorsese, Estados Unidos, 2011). A adaptação do livro homônimo de Brian Selznick narra a história de um garoto órfão que vive em uma estação de trem em Paris e tenta descobrir, com a ajuda de uma amiga, um mistério que envolve seu pai e um boneco deixado por ele. A trama tem como pano de fundo várias citações cinematográficas que apresentam a história do cinema.

Glossário

Sacrário: no catolicismo, caixa ou pequeno armário onde são guardadas as hóstias; por extensão, lugar reservado, onde se pode ter privacidade.

Crítica contemporânea à teoria da comunicação

Pense e responda

Leia, ao lado, um anúncio publicitário da Unicef, órgão das Nações Unidas dedicado à infância e à juventude. Depois, responda às perguntas.

1. O texto no alto da foto é uma descrição objetiva da pessoa retratada? O que esse texto representa? Explique.

2. Segundo a lógica do anúncio, o texto da parte superior é o tipo de pensamento que o público deve ter ao olhar a foto. O texto inferior sugere, porém, que algumas pessoas têm outras ideias diante da foto de um menino como esse.
   - Quais seriam essas ideias? Justifique sua resposta com uma passagem do texto inferior.

3. Com base na análise que fez nas questões anteriores, explique o *slogan* do anúncio: "Em um mundo de diferenças, enxergue a igualdade".

Carlos Pataxicoré, aos 36 anos, médico e o futuro todo pela frente.

O Brasil tem 31 milhões de crianças negras e indígenas. A maioria sofre com a discriminação racial, sem ter acesso à educação, à saúde e ao desenvolvimento.
Ajude a mudar essa realidade. Contribua para uma infância sem racismo.

Para criar esse anúncio, os redatores consideraram que, ao ver um menino indígena como o da foto, nem todos os brasileiros enxergam seu potencial, e é preciso incentivar essas pessoas a mudar seu ponto de vista. Isso nos mostra que, ao nos comunicarmos, levamos em conta as características da sociedade em que vivemos, os valores e as ideias que acreditamos que nosso interlocutor tem, entre outros fatores. Com o tempo, percebeu-se que aspectos como esses não eram contemplados no modelo proposto por Jakobson e, portanto, ele era insuficiente para explicar toda a complexidade da comunicação humana.

A principal limitação do modelo é que ele desconsiderava o *contexto* em que ocorrem nossas interações verbais. Quando falamos ou escrevemos algo, isso sempre acontece em certo momento histórico, em certo lugar, dentro de certa cultura, com certa intenção, e tudo isso influencia a forma como os textos são construídos e interpretados.

Hoje, em linhas gerais, a ideia de uma mensagem sendo transmitida de um receptor a um emissor foi substituída pela ideia de um **enunciado** – uma mensagem situada em um contexto específico – produzido por um **enunciador** para seus **interlocutores**. Estes, em vez de terem o papel passivo de receptores, participam ativamente da (re)construção dos sentidos daquele enunciado.

No entanto, apesar de o modelo descritivo ter se tornado obsoleto, a ideia de que a linguagem desempenha diferentes funções na interação social continua sendo válida. E, embora seja possível descrever tais funções de várias maneiras, é comum que se utilize a terminologia criada por Jakobson – daí a importância de conhecê-la.

> **Enunciado** é um texto produzido em determinado contexto (histórico, cultural, situacional, etc.) e com intenções definidas. Esse conceito veio substituir a antiga ideia de uma "mensagem", que seria transmitida mecanicamente de um emissor a um receptor.

Capítulo 2 • A linguagem na comunicação

Aprender a aprender

Quadros-síntese

Fazer resumos é uma poderosa técnica de estudo. Você pode produzi-los de várias maneiras: escrevendo frases completas, organizadas em parágrafos; desenhando esquemas; ou, ainda, dispondo as informações em tabelas ou listas. Nesta seção, você vai elaborar um resumo na forma de tabela, ou seja, um *quadro-síntese* a respeito do capítulo que acabou de ler.

Esse tipo de resumo é útil quando temos tópicos que estão na mesma categoria e podem ser comparados – como é o caso das funções da linguagem. Observe que as categorias são expressas em colunas, e as informações, organizadas de acordo com elas. Vamos exercitar essa técnica?

- Copie o modelo no caderno (ou no computador, se preferir) e complete-o com as informações estudadas no capítulo.

Funções da linguagem	Elemento enfatizado	Principais marcas linguísticas	Exemplos de gêneros textuais em que a função predomina
	referente		
	emissor	• 1ª pessoa; • interjeições; • exclamação, reticências; • linguagem figurada.	• Poema. • Diário íntimo. • Relato de viagem. • Autobiografia.
	receptor		
	canal		• Geralmente, predomina apenas em gêneros orais.
	código		• Verbete de dicionário.
	mensagem		

ATIVIDADES

- Leia o anúncio para responder às questões de 1 a 5.

De tanto fumar, es"traguei" os meus pulmões.

Quem fuma sempre acaba mal. Mas só percebe depois. 27 de novembro. Dia Nacional do Combate ao Câncer.

Camisa 10. Disponível em: <http://mod.lk/egesl>. Acesso em: 16 jan. 2017.

1. O anúncio marca o Dia Nacional de Combate ao Câncer. Qual é a relação entre o tema do anúncio e o câncer?

2. O anúncio permite duas leituras. Identifique quais são elas e qual recurso gráfico foi usado para produzir essa duplicidade.

3. Como essa dupla leitura se relaciona ao texto na parte inferior: "Quem fuma sempre acaba mal. Mas só percebe depois."?

4. A dupla leitura do anúncio se tornou possível devido à escolha das palavras. Explique essa afirmação.

5. Qual é a função da linguagem predominante nesse anúncio? Justifique sua resposta e explique como essa função ajuda a atingir os objetivos da campanha.

▸ Observe a obra do artista surrealista René Magritte (1898-1967) para responder às questões 6 e 7.

MAGRITTE, René. *A condição humana*. Óleo sobre tela, 1933.

6. Descreva a obra de arte.

7. Leia um trecho de uma análise sobre essa obra.

> [...] A princípio, a gente automaticamente pressupõe que a tela no cavalete corresponde à parte da paisagem que está oculta. Após um momento de reflexão, porém, percebemos que esse pressuposto se baseia em uma falsa premissa: que a paisagem na pintura de Magritte é real, ao passo que a tela no cavalete é uma representação dessa realidade. Na verdade, não há diferença entre elas. [...]
>
> The Human Condition, 1933, by René Magritte. Disponível em: <http://mod.lk/sx8ul>. Acesso em: 16 jan. 2017. (Tradução livre). (Fragmento).

a) Dê continuidade ao raciocínio do texto: por que não há diferença entre a paisagem atrás da janela e a tela no cavalete?

b) Qual função da linguagem (no caso, não verbal) predomina nessa obra de Magritte? Por quê?

c) Em sua opinião, por que a tela se chama *A condição humana*?

▸ Leia o texto a seguir para responder às questões 8 e 9.

Resenha da redação:
A culpa é das estrelas

A primeira coisa que eu tenho que falar sobre este livro é: LEIA. É uma leitura superfácil e rápida – é possível que você acabe num dia só! O fato de ser um texto leve não desvaloriza o material literário de forma alguma; pelo contrário: o autor conseguiu contar uma das mais lindas e delicadas histórias de amor escritas para jovens sem cair na pieguice (ufa!) e com referências superpertinentes, como a que dá o título do livro, inclusive.

Cada pessoa sairá diferente dessa leitura. É mesmo uma obra que te transforma em algum aspecto. A principal lição que aprendi com Hazel e Augustus foi a de dar às diferentes situações da vida a importância que elas de fato merecem – priorizar o que realmente importa, pensar menos no que não está sob nosso controle.

O livro fala de pessoas que têm câncer, mas ao olhar para trás e fazer uma resenha, não é disso que eu lembro, mas sim de como ele retrata personalidades sensíveis e incrivelmente maduras. Uma inspiração, realmente. Ou seja: comece a ler AGORA! :)

DANTAS, Julia. In: MARQUES, Melissa. Ler é TDB. *Todateen*, São Paulo, jan. 2014. Disponível em: <http://mod.lk/t0q15>. Acesso em: 16 jan. 2016.

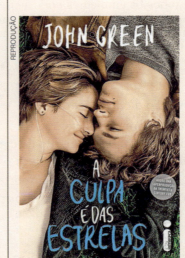

Lançado em 2012, o livro *A culpa é das estrelas*, do norte-americano John Green, foi um sucesso de vendas no mundo todo. Em 2014, foi adaptado para o cinema pelo diretor Josh Boone.

8. No caderno, transcreva trechos da resenha em que ficam evidentes:
   a) a função conativa da linguagem;
   b) a função referencial;
   c) a função emotiva.

9. A resenha é um gênero textual que busca descrever e avaliar criticamente determinada produção cultural (livro, filme, *game*) para ajudar o público a decidir se vale a pena consumi-la.
   • Levando em conta o objetivo desse gênero, justifique a presença das três funções da linguagem na construção do texto.

Capítulo 2 • A linguagem na comunicação **41**

ENEM E VESTIBULARES

1. (Enem)

Desabafo

Desculpem-me, mas não dá pra fazer uma cronicazinha divertida hoje. Simplesmente não dá. Não tem como disfarçar: esta é uma típica manhã de segunda-feira. A começar pela luz acesa da sala que esqueci ontem à noite. Seis recados para serem respondidos na secretária eletrônica. Recados chatos. Contas para pagar que venceram ontem. Estou nervoso. Estou zangado.

CARNEIRO, J. E. *Veja*, 11 set. 2002 (fragmento).

Nos textos em geral, é comum a manifestação simultânea de várias funções da linguagem, com o predomínio, entretanto, de uma sobre as outras. No fragmento da crônica *Desabafo*, a função da linguagem predominante é a emotiva ou expressiva, pois

a) o discurso do enunciador tem como foco o próprio código.
b) a atitude do enunciador se sobrepõe àquilo que está sendo dito.
c) o interlocutor é o foco do enunciador na construção da mensagem.
d) o referente é o elemento que se sobressai em detrimento dos demais.
e) o enunciador tem como objetivo principal a manutenção da comunicação.

2. (Enem)

A biosfera, que reúne todos os ambientes onde se desenvolvem os seres vivos, se divide em unidades menores chamadas ecossistemas, que podem ser uma floresta, um deserto e até um lago. Um ecossistema tem múltiplos mecanismos que regulam o número de organismos dentro dele, controlando sua reprodução, crescimento e migrações.

DUARTE, M. *O guia dos curiosos*. São Paulo: Companhia das Letras, 1995.

Predomina no texto a função da linguagem

a) emotiva, porque o autor expressa seu sentimento em relação à ecologia.
b) fática, porque o texto testa o funcionamento do canal de comunicação.
c) poética, porque o texto chama a atenção para os recursos de linguagem.
d) conativa, porque o texto procura orientar comportamentos do leitor.
e) referencial, porque o texto trata de noções e informações conceituais.

3. (Enem)

14 coisas que você não deve jogar na privada

Nem no ralo. Elas poluem rios, lagos e mares, o que contamina o ambiente e os animais. Também deixa mais difícil obter a água que nós mesmos usaremos. Alguns produtos podem causar entupimentos:

- cotonete e fio dental;
- medicamento e preservativo;
- óleo de cozinha;
- ponta de cigarro;
- poeira de varrição de casa;
- fio de cabelo e pelo de animais;
- tinta que não seja à base de água;
- querosene, gasolina, solvente, tíner.

Jogue esses produtos no lixo comum. Alguns deles, como óleo de cozinha, medicamento e tinta, podem ser levados a pontos de coleta especiais, que darão a destinação final adequada.

MORGADO, M.; EMASA. Manual de etiqueta. Planeta Sustentável, jul.-ago. 2013 (adaptado).

O texto tem objetivo educativo. Nesse sentido, além do foco no interlocutor, que caracteriza a função conativa da linguagem, predomina também nele a função referencial, que busca

a) despertar no leitor sentimentos de amor pela natureza, induzindo-o a ter atitudes responsáveis que beneficiarão a sustentabilidade do planeta.

b) informar o leitor sobre as consequências da destinação inadequada do lixo, orientando-o sobre como fazer o correto descarte de alguns dejetos.

c) transmitir uma mensagem de caráter subjetivo, mostrando exemplos de atitudes sustentáveis do autor do texto em relação ao planeta.

d) estabelecer uma comunicação com o leitor, procurando certificar-se de que a mensagem sobre ações de sustentabilidade está sendo compreendida.

e) explorar o uso da linguagem, conceituando detalhadamente os termos utilizados de forma a proporcionar melhor compreensão do texto.

4. (Enem)

Quadrinho quadrado

XAVIER, C. Disponível em: www.releituras.com.
Acesso em: 24 abr. 2010.

Os objetivos que motivam os seres humanos a estabelecer comunicação determinam, em uma situação de interlocução, o predomínio de uma ou de outra função de linguagem. Nesse texto, predomina a função que se caracteriza por

a) tentar persuadir o leitor acerca da necessidade de se tomarem certas medidas para a elaboração de um livro.

b) enfatizar a percepção subjetiva do autor, que projeta para sua obra seus sonhos e histórias.

c) apontar para o estabelecimento de interlocução de modo superficial e automático, entre o leitor e o livro.

d) fazer um exercício de reflexão a respeito dos princípios que estruturam a forma e o conteúdo de um livro.

e) retratar as etapas do processo de produção de um livro, as quais antecedem o contato entre leitor e obra.

Mais questões: no livro digital, em **Vereda Digital Aprova Enem** e **Vereda Digital Suplemento de revisão e vestibulares**; no *site*, em **AprovaMax**.

CAPÍTULO 3

VARIAÇÃO LINGUÍSTICA

OBJETIVOS DE APRENDIZAGEM
- Reconhecer as diferentes variações linguísticas.
- Concluir que o emprego adequado dessas variações está ligado ao contexto.
- Definir norma-padrão.
- Identificar ações que revelam preconceito linguístico.
- Constatar particularidades da norma-padrão no português brasileiro.

ENEM
C1: H4
C8: H25, H26, H27

Observação

Como qualquer língua, o português expressa a identidade de diferentes grupos e, por isso, apesar de ser um só, apresenta variações. Neste capítulo, vamos nos aprofundar nesse assunto.

Observe este anúncio publicitário, que circulou em 2015 nas redes sociais, e responda às perguntas.

Tribunal Superior Eleitoral. Disponível em: <http://mod.lk/ddi0e>. Acesso em: 11 jan. 2017.

Análise

1. Qual instituição produziu o anúncio? Com que objetivo?
2. O anúncio imita um gênero textual comum nas redes digitais, o meme.
   - Frases curtas, informais e recursos visuais, como imagens e cores, fazem com que os memes chamem a atenção e ganhem espaço na internet. É possível reconhecer algumas dessas características no anúncio? Justifique sua resposta.
3. Explique por que a opção de imitar esse gênero textual contribui para que o anunciante alcance seus objetivos.

Frase, imagem ou vídeo engraçado que se populariza na internet.

O dinamismo das línguas

A língua é viva, dinâmica e está em constante evolução. Algumas décadas atrás, um anunciante que quisesse se comunicar com os jovens usaria uma expressão diferente de "bora lá", assim como, daqui a alguns anos, provavelmente outras expressões serão utilizadas para esse fim.

Além de transformar-se ao longo do tempo, a língua apresenta variações em um mesmo momento histórico. Seus avós ou outras pessoas mais idosas talvez não usem a expressão "bora lá". E você mesmo, embora possa empregá-la em memes e outros gêneros digitais, certamente não fará isso em uma avaliação da escola ou outra situação formal.

As diferentes maneiras de usar a língua, relacionadas ao perfil do falante (sua idade, origem geográfica, sua escolaridade, etc.) ou à situação comunicativa em que ele se encontra, são denominadas **variações linguísticas**. Elas incidem não apenas sobre o vocabulário, mas também sobre a pronúncia, a sintaxe (combinação das palavras nas frases), enfim, sobre todos os aspectos da língua.

Com o passar do tempo, algumas das variações podem tornar-se mais comuns entre os falantes, predominando sobre outras formas de falar ou escrever.

Foi o que ocorreu com o pronome *você*, hoje tão habitual: ele se origina de *vossa mercê*, uma forma de tratamento inicialmente usada apenas para nobres, mas que, com o tempo, passou a ser empregada no trato com qualquer pessoa. À medida que se popularizou, a expressão foi encurtando para *vossemecê*, *vosmecê* e finalmente *você*. As diferentes formas conviveram por várias décadas, mas no fim prevaleceu *você*, e as demais caíram em desuso.

Quando esse tipo de transformação definitiva ocorre, dizemos que houve uma **mudança linguística**.

Variação linguística é a coexistência, em um mesmo momento histórico, de diferentes formas de usar a língua. Resulta de diferenças no perfil dos falantes (faixa etária, origem, escolaridade, etc.) e na situação comunicativa em que se encontram.

Mudança linguística é a transformação da língua ao longo do tempo. Ocorre quando certos usos tornam-se mais comuns e passam a predominar sobre outras formas.

Variação regional

Uma primeira diferença entre os falantes vem de sua origem geográfica. Certos usos da língua são típicos de certa região e, por isso, recebem o nome de **regionalismos**. O personagem Bode Gaiato, criado pelo jovem pernambucano Breno Melo, faz sucesso na internet apresentando vários regionalismos do Nordeste. Observe uma de suas tiras:

Bode Gaiato. Disponível em: <http://mod.lk/9ps2u>. Acesso em: 11 jan. 2017.

Nessa criação humorística, vemos marcas regionais no vocabulário (*oxe*, *peste*, *mainha*) e no emprego dos pronomes: a mãe se dirige ao filho usando o pronome de 2ª pessoa ("*te* vira"), ao passo que em outras partes do país seria mais comum o de 3ª pessoa ("*se* vira"). Além disso, o autor grafou certas palavras de forma diferente do usual, a fim de reproduzir a pronúncia regional (sotaque), como em *már lindo* (mais lindo) e *armaria* (contração de Ave Maria).

Capítulo 3 • Variação linguística **45**

Variação linguística regional é aquela relacionada à origem geográfica do falante. Os usos característicos de certa região são denominados **regionalismos**.

Para assistir

A comédia *Cine Holliúdy* (de Halder Gomes, Brasil, 2013), que se passa no interior do Ceará na década de 1970, conta a luta de Francisgleydisson (Edmilson Filho) para vencer a concorrência da TV e continuar atraindo público para seu pequeno cinema. Anunciado como "o primeiro filme da história falado em cearensês", *Cine Holliúdy* ganhou até legendas para ser entendido em outras partes do país.

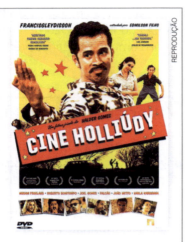

Variação sociocultural

Como dissemos no início do capítulo, a expressão "bora lá" dificilmente seria usada por seus avós ou outros idosos. Além da origem geográfica, o *perfil social* do falante – isto é, sua faixa etária, gênero, nível socioeconômico, grau de escolaridade, entre outros fatores – influencia a forma com que ele usa a língua.

Os agrupamentos sociais e culturais dos quais fazemos parte também podem nos levar a adotar um linguajar específico. Nesse sentido, a profissão tem um papel relevante, pois muitas categorias profissionais usam um vocabulário técnico distinto, denominado **jargão**. São exemplos de jargões o "informatiquês" (da área de tecnologia), o "economês" (da economia) e o "juridiquês" (do Direito).

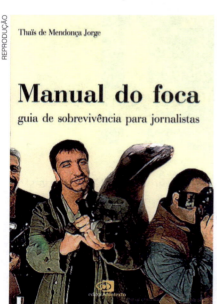

No título deste livro, aparece um termo do jargão jornalístico: *foca* é o repórter novato, pouco experiente.

Por fim, existe um caso particular de variação sociocultural que você certamente conhece: as gírias. **Gírias** são palavras ou expressões associadas, a princípio, a um agrupamento social específico. Há, por exemplo, as gírias dos *skatistas*, dos homossexuais, dos *rappers*, dos torcedores de futebol, dos policiais, dos criminosos.

Às vezes, esses termos podem ultrapassar as fronteiras do grupo em que surgiram e ter seu uso disseminado na sociedade. Frequentemente, esse linguajar é influenciado por variações regionais: adolescentes do Recife não falam as mesmas gírias que adolescentes de Porto Alegre, por exemplo. Por serem adotadas com mais intensidade pelos jovens, as gírias costumam ser *efêmeras*, ou seja, duram pouco, pois dificilmente são repassadas à geração seguinte.

EM EQUIPE

Glossário de gírias

Recentemente, o jornal *Correio Braziliense* publicou uma relação das gírias mais comuns entre os jovens do Distrito Federal. Leia-as; depois, reúna-se em grupo e faça o que se pede.

Glossário
Gírias e expressões novas

Se pley: coisa boa
Se pá: talvez
Recalque: inveja
Pop: coisa ou pessoa popular
Tô gudi: estar numa boa, bonito
Tô numa bad: ruim, estar triste
Só que não: termo usado no fim de uma frase para dar ideia contrária. Exemplo: você está bonita, só que não.
Hashtag: utilizado como complemento de uma gíria, como hashtag chateado, hashtag partiu
Mandar a real: falar a verdade
Novela: novidade
Serião: algo muito importante
É tóis: estamos juntos
Só que sim: óbvio
Só que claro: mais óbvio ainda
Get: festinha

OLIVEIRA, Sheila. Geração traduzida em gírias. *Correio Braziliense*, Brasília, p. 25, 5 out. 2013. Cidades.

1. Discutam no grupo: algumas das gírias apresentadas pelo jornal são comuns também entre os jovens de sua região? Quais?

2. Em uma folha avulsa, vocês farão um glossário semelhante ao do jornal. Primeiro, copiem as gírias usadas também em sua região. Depois, completem a lista de quinze itens com outras gírias que vocês utilizam, acompanhadas de seu significado.

3. No final, comparem seu glossário com os dos outros grupos. Vocês escolheram as mesmas gírias? Há palavras que apenas alguns na sala conhecem? O que poderia explicar esse fato?

Variações linguísticas socioculturais são aquelas relacionadas ao perfil social do falante (idade, gênero, nível socioeconômico, etc.) e aos grupos de que ele faz parte, seja no campo profissional, seja na área do lazer ou da cultura.

Dois tipos importantes de variação sociocultural são o **jargão**, um linguajar típico de certa profissão, e as **gírias**, que começam em um grupo específico, mas podem se disseminar pela sociedade.

Variação situacional ou estilística

Pense e responda

Um leitor perguntou a uma revista de divulgação científica se algum dia seria possível nadar no Tietê, um rio muito poluído na cidade de São Paulo. Leia o fragmento inicial da resposta dada pela revista:

> Provavelmente, não. Mesmo que a despoluição seja um sucesso, dar um tibum no Tietê continuará sendo uma aventura arriscada. Estamos falando, claro, da região em que o rio é um tremendo nojo, próximo à cidade de São Paulo. Depois de 300 quilômetros, em Barra Bonita, a autodepuração natural do rio já consegue eliminar boa parte das impurezas, e a galera nada no Tietê sem problemas [...]. Pelas bandas da capital, as braçadas seguirão proibidas por uma razão bem simples: sairia muito caro limpar o rio para a natação. [...]
>
> TIZIANI, Giovana. Disponível em: <http://mod.lk/owofz>.
> Acesso em: 11 jan. 2017. (Fragmento).

Até meados dos anos 1940, era possível nadar no rio Tietê, na cidade de São Paulo.

1. Em geral, publicações de divulgação científica adotam uma linguagem que busca aproximar o leitor leigo dos fatos da ciência, facilitando sua compreensão.
   - Mencione três palavras ou expressões usadas nesse trecho que sejam exemplos dessa linguagem descontraída, próxima do cotidiano do leitor.

   Sem conhecimentos avançados em certa área técnica ou científica.

2. Por outro lado, como essas publicações apresentam fatos científicos, em alguns momentos precisam utilizar linguagem técnica e precisa. Identifique no trecho lido um termo que exemplifique esse uso de linguagem.

3. Imagine que você tenha de adaptar esse texto para publicação em uma revista dirigida a cientistas, a qual não admite linguagem descontraída.
   - Volte à questão 1 e substitua as palavras e expressões que você deu como resposta por opções mais formais e precisas.

Até agora, falamos de variações linguísticas observadas entre diferentes grupos: de diversas regiões do país, com idades distintas, ligados a grupos culturais particulares, etc. Já as **variações linguísticas situacionais** ou **estilísticas** são observadas na maneira como a mesma pessoa se expressa em diferentes situações.

Todos nós alteramos o estilo de linguagem de acordo com a situação comunicativa em que nos encontramos. Quando interagimos com alguém com quem estamos familiarizados, como amigos ou parentes, usamos uma linguagem descontraída, denominada **linguagem informal** ou **registro informal**. Nesse caso, podemos empregar termos coloquiais e gírias e não nos preocupamos em seguir à risca as regras gramaticais que aprendemos na escola. Isso também ocorre quando o enunciador pretende criar *proximidade* com o interlocutor – foi o que você observou no texto da revista de divulgação científica, no qual apareciam expressões coloquiais, como *galera* e *dar um tibum*.

Por outro lado, quando nos comunicamos com alguém com quem não temos intimidade, ou então quando estamos em uma situação comunicativa formal – ao apresentar um seminário ou escrever uma solicitação a um órgão público, por exemplo –, monitoramos nossa fala ou escrita com cuidado e evitamos coloquialismos. Esse estilo de linguagem mais monitorado é denominado **linguagem formal** ou **registro formal**.

Palavras e expressões usadas em situações comunicativas informais, como *valeu*, *falou*, *peraí* e *tô*. Em geral, seu emprego é mais disseminado e duradouro que o das gírias.

Capítulo 3 • Variação linguística **47**

Questão de estilo

As variações estilísticas não dizem respeito apenas ao grau de formalidade, mas também a estilos que variam conforme a situação: técnico, infantil, romântico, entre outros.

Nesta tira, o remetente da carta empregou um estilo de linguagem "meloso", típico de quem se dirige a animais de estimação. Observe:

Variações linguísticas situacionais ou **estilísticas** são aquelas relacionadas à situação comunicativa em que se encontra o falante.

Norma-padrão

Conforme vimos desde o início deste capítulo, todas as línguas variam. No entanto, há situações de comunicação em que é necessário seguir um padrão, um modelo, de modo que as diferentes variantes não sejam misturadas e não se prejudique a compreensão do que se fala ou escreve. Isso ocorre, por exemplo, em documentos, leis, livros e outros textos de ampla circulação.

Dá-se o nome de **norma-padrão** ao conjunto de usos de uma língua que, em certo momento histórico, se considera um ideal ou modelo a ser seguido. Ele é ensinado nas escolas, porque é exigido em vários contextos comunicativos, especialmente nas esferas pública, acadêmica e profissional.

A norma-padrão é expressa em obras de referência, como dicionários e gramáticas normativas (livros que estabelecem normas ou regras sobre o uso da língua).

Veja um exemplo de uso determinado pela norma-padrão: em contextos nos quais se exige obediência à norma, devemos falar ou escrever "ela é meio distraída", em vez de "ela é *meia* distraída", já que *meio* nesse caso é um advérbio e, portanto, uma palavra invariável.

Norma-padrão ou norma culta?

Às vezes, a norma-padrão é chamada de **norma culta**, porque ela reflete os hábitos linguísticos da camada mais culta da população, ou seja, da mais escolarizada.

Essa denominação, porém, não é muito adequada, já que todos os grupos sociais – inclusive os que usam variedades diferentes da padrão – têm a sua cultura, portanto todos podem ser considerados igualmente cultos.

Norma-padrão é o conjunto de usos de uma língua que, em determinado momento histórico, definiu-se como um padrão ou modelo a ser seguido.

Preconceito linguístico: a noção de "erro" na língua

Pense e responda

Leia o cartum e responda às perguntas.

Mulher de 30 — Cibele Santos

[Cartum: personagem de azul diz "AMIGA! NÃO VALE A PENA CHORAR POR ALGUÉM QUE TE DISPENSOU POR MENSAGEM!"; personagem de verde, chorando, responde "TÔ CHORANDO PORQUE PERDI 3 MESES COM UM BABACA QUE ESCREVE 'SEJE FELIZ'!!!"]

SANTOS, Cibele. *Mulher de 30*. Disponível em: <http://mod.lk/hg3v6>. Acesso em: 11 jan. 2017.

1. O humor desse cartum é construído a partir da divergência entre o motivo atribuído pela moça de azul para o choro da amiga e o real motivo do choro. Explique essa divergência.

2. Como argumento para demonstrar que o ex-namorado era um "babaca", a personagem de verde diz que ele escrevia "seje feliz". Em sua opinião, existe relação entre ser "babaca" e escrever "seje feliz"? Por que a personagem estabelece essa relação?

Todas as variedades de uma língua são igualmente funcionais e legítimas. No entanto, certas pessoas projetam em algumas delas as ideias que já têm previamente sobre seus falantes, como representado no cartum que você acabou de analisar. Assim, essas pessoas tendem a considerar "errado" e "feio" o jeito de falar e escrever dos mais pobres, dos que moram em regiões rurais ou em bairros periféricos, dos que estudaram menos e exercem profissões pouco prestigiadas.

Essa avaliação não tem nada de científica e se baseia exclusivamente em ideias preconcebidas sobre os falantes. Damos a isso o nome de **preconceito linguístico**, uma atitude a ser evitada e combatida.

Todos têm o direito de conhecer a norma-padrão, pois a maioria dos gêneros textuais que permitem a participação cidadã, bem como a atuação no mundo da produção científica e do trabalho, exige o domínio dessa variedade.

Isso não significa, porém, que essa norma deva ser tratada como superior às demais. O importante é reconhecer as variedades linguísticas considerando seu contexto e empregá-las adequadamente em qualquer situação, seja formal ou informal.

Para ler

12 faces do preconceito, Jaime Pinsky (org.). (São Paulo: Contexto, 2006)
Se você nunca tinha pensado na existência do preconceito linguístico, não se sinta mal. Há várias formas de preconceito que se encontram tão enraizadas em nossa sociedade que mal nos damos conta delas. Nesse livro, especialistas falam dessas formas de discriminação: além da linguística, pode existir a sexual, a racial ou até contra idosos, jovens, obesos, etc.

Leia o trecho de uma notícia e discuta as questões com os colegas.

Estudante da UFRJ comove a internet com declaração do pai semianalfabeto

A declaração de amor de um pai à filha comoveu a internet nesta semana. O "eu te amo" foi seguido por um pedido de desculpas por ele não saber escrever. [...]

Pouco mais de 24 horas depois, a postagem já tinha mais de 200 mil curtidas e 32 mil compartilhamentos. [...]

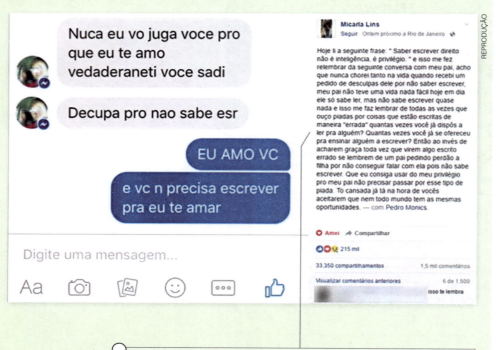

Hoje li a seguinte frase: "Saber escrever direito não é inteligência, é privilégio." e isso me fez relembrar da seguinte conversa com meu pai, acho que nunca chorei tanto na vida quando recebi um pedido de desculpas dele por não saber escrever, meu pai não teve uma vida nada fácil hoje em dia ele só sabe ler, mas não sabe escrever quase nada e isso me faz lembrar de todas as vezes que ouço piadas por coisas que estão escritas de maneira "errada" quantas vezes você já dispôs a ler pra alguém? Quantas vezes você já se ofereceu pra ensinar alguém a escrever? Então ao invés de acharem graça toda vez que virem algo escrito errado se lembrem de um pai pedindo perdão a filha por não conseguir falar com ela pois não sabe escrever. Que eu consiga usar do meu privilégio pro meu pai não precisar passar por esse tipo de piada. Tô cansada já tá na hora de vocês aceitarem que nem todo mundo tem as mesmas oportunidades.

SILVEIRA, Daniel. *G1*, 22 set. 2016. Disponível em: <http://mod.lk/pbfam>. Acesso em: 17 jan. 2017.

1. Qual sua opinião sobre esta frase: "Saber escrever direito não é inteligência, é privilégio"?

2. Você já viu alguém rindo porque outra pessoa havia escrito algo de maneira "errada"? Em caso positivo, conte como foi e o que pensou ou sentiu no momento.

3. A estudante fala em usar, de formas construtivas, o privilégio de dominar a escrita. Quais seriam essas formas? Além das mencionadas no texto, você consegue pensar em outras? Compartilhe suas ideias com os colegas.

A língua da gente

A norma-padrão e o uso real no português brasileiro

As manchetes a seguir foram publicadas recentemente em *sites* de notícias brasileiros:

> **Com discrição e pouca torcida, seleção começa a chegar em Natal**
> *Recepção morna contrasta com alta procura por ingressos*
>
> *O Estado de S. Paulo*. São Paulo, 2 out. 2016. Disponível em: <http://mod.lk/vwk5p>. Acesso em: 17 jan. 2017.

> **Rick Bonadio: Têm pessoas que são predestinadas**
> *Produtor revela segredos para engrenar na carreira musical*
>
> *Entretenimento R7*, 25 set. 2016. Disponível em: <http://mod.lk/jsorb>. Acesso em: 17 jan. 2017.

> **"Me sinto meio adolescente", diz Joana Fomm sobre participação em *Malhação***
>
> *Boa Informação*, 5 out. 2016. Disponível em: <http://mod.lk/ktdw8>. Acesso em: 17 jan. 2017.

Você vê algum problema gramatical nessas manchetes? Provavelmente não. No entanto, nenhuma delas está de acordo com nossa norma-padrão. Pelas regras fixadas em nossas gramáticas normativas, as frases deveriam ser refeitas da seguinte forma:

- *Com discrição e pouca torcida, seleção começa a chegar **a** Natal.*
- *Rick Bonadio: **Há** pessoas que são predestinadas.*
- *"**Sinto-me** meio adolescente", diz Joana Fomm.*

Nossa norma-padrão não admite o uso da preposição *em* com verbos de movimento (*chegar em Natal*), nem o emprego do verbo *ter* com sentido de "existir" (***têm** pessoas*), tampouco a colocação de pronome oblíquo no início da frase (***me** sinto*). No lugar dessas construções, ela propõe as formas acima – que, na verdade, soam até estranhas para os brasileiros.

A explicação para esses fatos é que a norma-padrão do português brasileiro está *desatualizada* e já não reflete o jeito como realmente usamos a língua. Muitas formas empregadas por jornalistas, professores, cientistas – enfim, por pessoas consideradas "cultas" – não estão de acordo com o padrão.

Para diminuir a distância entre o uso real e a norma idealizada, vários linguistas e gramáticos brasileiros vêm propondo uma *atualização* dessa norma. Enquanto isso não acontece, devemos continuar estudando todas as regras da gramática normativa. Mas é bom estar atento a essa questão do descompasso entre uso real e norma-padrão, pois o tópico é abordado em vestibulares e outros exames.

Veja, por exemplo, a questão a seguir, proposta em uma edição do Exame Nacional do Ensino Médio (Enem). Leia-a e discuta as alternativas com os colegas. Vocês saberiam apontar a opção correta?

(Enem)

> Há certos usos consagrados na fala, e até mesmo na escrita, que, a depender do estrato social e do nível de escolaridade do falante, são, sem dúvida, previsíveis. Ocorrem até mesmo em falantes que dominam a variedade padrão, pois, na verdade, revelam tendências existentes na língua em seu processo de mudança que não podem ser bloqueadas em nome de um "ideal linguístico" que estaria representado pelas regras da gramática normativa. Usos como *ter* por *haver* em construções existenciais (*tem* muitos livros na estante), o do pronome objeto na posição de sujeito (para *mim* fazer o trabalho), a não-concordância das passivas com *se* (*aluga-se* casas) são indícios da existência, não de uma norma única, mas de uma pluralidade de normas, entendida, mais uma vez, norma como conjunto de hábitos linguísticos, sem implicar juízo de valor.
>
> CALLOU, D. Gramática, variação e normas. In: VIEIRA, S. R.; BRANDÃO, S. (orgs). *Ensino de gramática*: descrição e uso. São Paulo: Contexto, 2007 (fragmento).

Considerando a reflexão trazida no texto a respeito da multiplicidade do discurso, verifica-se que:

a) estudantes que não conhecem as diferenças entre língua escrita e língua falada empregam, indistintamente, usos aceitos na conversa com amigos quando vão elaborar um texto escrito.

b) falantes que dominam a variedade padrão do português do Brasil demonstram usos que confirmam a diferença entre a norma idealizada e a efetivamente praticada, mesmo por falantes mais escolarizados.

c) moradores de diversas regiões do país que enfrentam dificuldades ao se expressar na escrita revelam a constante modificação das regras de emprego de pronomes e os casos especiais de concordância.

d) pessoas que se julgam no direito de contrariar a gramática ensinada na escola gostam de apresentar usos não aceitos socialmente para esconderem seu desconhecimento da norma-padrão.

e) usuários que desvendam os mistérios e sutilezas da língua portuguesa empregam formas do verbo *ter* quando, na verdade, deveriam usar formas do verbo *haver*, contrariando as regras gramaticais.

ATIVIDADES

■ Leia um anúncio publicitário veiculado em 1939 para responder às perguntas 1 e 2.

A Sra. já pensou que é tempo perdido esse trabalho seu, de todos os dias, disfarçar ou encobrir os defeitos da pelle? Porque não adopta o caminho mais certo, que é o de tratar de sua pelle para corrigir e acabar de uma vez com todas as espinhas, sardas, cravos e manchas? Use diariamente Leite de Colonia. Leite de Colonia limpa, alveja e amacia a pelle, removendo e corrigindo todas as imperfeições.

1. Identifique a forma de tratamento dirigida à leitora. Que pronome seria empregado se o anúncio fosse veiculado hoje? Explique os motivos que levariam o redator a fazer essa mudança.

2. Transcreva do texto uma palavra ou frase que não seria empregada hoje em um anúncio de cosméticos. Explique por que essa forma não seria usada atualmente.

■ Leia a seguir o trecho de uma crônica para responder às questões de 3 a 5.

> Gênero textual que transita entre o jornalismo e a literatura. Trata de temas do cotidiano sob um olhar literário, com abordagem bem-humorada, reflexiva ou poética.

Comidinha

Foi o meu irmão mais velho, avô de três, que me chamou a atenção. Os pais de hoje só alimentam os seus filhos com o diminutivo.

– Quer um purezinho?

– Quer um bifinho?

– Quer um arrozinho com feijãozinho?

Minha mãe, mãe de cinco, era uma dona de casa que todos os dias por volta das nove e pouco da manhã, parava tudo para fazer o nosso almoço. Começava catando os marinheiros do arroz e depois retirando as pedras do feijão. Arroz com feijão era sagrado naquela casa.

Depois, ela picava e refogava a verdura, os legumes: Um dia era quiabo, outro chuchu, outro jiló. Tinha vagem torta, taioba, couve e mostarda, essas coisas bem brasileiras.

Minha mãe fazia angu todos os dias. Em Minas, ninguém dizia polenta naqueles anos 60 e comia angu de segunda a sexta. Por fim, ela passava o bife. Pois é, lá na minha terra ninguém fritava o bife, passava.

Tudo pronto, ela chegava na porta da cozinha e dava um grito de guerra para o terreiro inteiro ouvir. Em Minas, quintal é terreiro.

– Tá na mesa!

Vinha filho de tudo quanto é lado. Aquele que estava lavando a gaiola do porquinho-da-índia, aquele que estava consertando a roda do velocípede, aquela que estava brincando de casinha, pulando corda ou jogando Ludo Real. Isso, na época de férias, porque nos dias de aula, a história era outra.

Minha mãe colocava a comida na mesa e os cinco filhos sentavam-se em volta. A gente dava uma espiada nas travessas e ia enchendo o prato. Claro que no dia de jiló eu colocava só um tiquinho. Quiabo, a mesma coisa. Lembro bem que era um bife pra cada um e acabou.

Enchíamos e raspávamos os pratos para enfrentar a tarde de mais brincadeiras. De sobremesa, sempre tinha uma goiabada, uma pessegada, uma figada, uma marmelada ou tudo junto numa lata de 4 em 1 da Cica.

Minha mãe nunca perguntou a filho nenhum se queria ou não queria um jilozinho, um quiabinho ou uma abobrinha. Nem nunca obrigou ninguém a comer nada. Ela simplesmente colocava na mesa e pronto. E foi assim que hoje, os cinco filhos, todos adultos, comem de tudo, inclusive jiló. [...]

VILLAS, Alberto. Comidinha. *Carta Capital*. Disponível em: <http://mod.lk/ukigp>. Acesso em: 11 jan. 2017. (Fragmento).

3. Segundo o cronista, sua mãe começava a preparação do almoço "catando os marinheiros do arroz".

a) O que são "os marinheiros do arroz"? Se não souber, pergunte a pessoas mais velhas ou pesquise na internet.

b) A expressão "catar os marinheiros do arroz" é pouco usada hoje e, em breve, provavelmente desaparecerá. Deduza: o que provocou essa mudança na língua?

52 Gramática: uma reflexão sobre a língua

4. Identifique dois regionalismos empregados no texto. Esses termos são usados também na região onde você mora? Em caso negativo, quais são os equivalentes em sua região?
   - Levante hipóteses: por que esses regionalismos foram incluídos no texto? Que efeito eles provocam?

5. Releia o parágrafo final do fragmento.

> Minha mãe nunca perguntou a filho nenhum se queria ou não queria um jilozinho, um quiabinho ou uma abobrinha. Nem nunca obrigou ninguém a comer nada. Ela simplesmente colocava na mesa e pronto. E foi assim que hoje, os cinco filhos, todos adultos, comem de tudo, inclusive jiló.

   a) Quando um adulto usa o diminutivo ao dirigir-se aos filhos durante as refeições, ocorre qual tipo de variação linguística?
   b) O uso dessa variação é fundamental para a construção de sentido do texto, pois revela certa atitude dos pais modernos em relação aos filhos. Qual seria essa atitude e sua consequência?
   c) O cronista desenvolve o texto a partir de uma comparação entre épocas e comportamentos e, nesse último parágrafo, sugere ter uma opinião a respeito do assunto. Explique como isso acontece e qual seria essa opinião.

6. Em uma coluna sobre dúvidas de língua portuguesa de determinada revista, uma leitora divulgou que um professor havia lhe dito que a palavra *cadê* estava errada e deveria ser substituída por *onde está*. Ela sentia-se confusa, pois sempre havia dito e ouvido *cadê*.
   - Imagine que você seja o responsável por essa coluna e responda à dúvida da leitora. Em sua resposta, considere: a) a noção de erro na língua; b) a importância de saber usar diferentes variedades linguísticas, conforme o contexto.

7. Em qual das manchetes a seguir as aspas foram usadas com a finalidade de destacar um termo informal?

   a) Barcelona chama de "escandalosa" lista dos melhores da Europa
   Lance!. Rio de Janeiro, 6 ago. 2016. Disponível em: <http://mod.lk/husfd>. Acesso em: 17 jan. 2017.

   b) Emendas ao Plano Diretor propõem a "paulistanização" do trânsito em Curitiba
   Gazeta do Povo. Curitiba, 4 out. 2015. Disponível em: <http://mod.lk/l8ww7>. Acesso em: 17 jan. 2017.

   c) Adolescente é apreendido cobrando "pedágio" na porta de escola
   Correio Braziliense. Brasília, 5 out. 2015. Disponível em: <http://mod.lk/17dfk>. Acesso em: 17 jan. 2017.

   d) Casinha de cachorro com ar-condicionado vira "ponto turístico"
   O Popular. Goiânia, 25 set. 2015. Disponível em: <http://mod.lk/2j088>. Acesso em: 17 jan. 2017.

   e) Alunos de escola pública fazem "vaquinha" para participar de competição de ciências na Índia
   Marie Claire, 25 set. 2015. Disponível em: <http://mod.lk/4hk7p>. Acesso em: 17 jan. 2017.

   - Responda: por que jornais geralmente colocam termos informais entre aspas?

> Ver Capítulo 28: "Sinais de pontuação".

ENEM E VESTIBULARES

1. (Enem)

As diferentes esferas sociais de uso da língua obrigam o falante a adaptá-la às variadas situações de comunicação. Uma das marcas linguísticas que configuram a linguagem oral informal usada entre avô e neto neste texto é

   a) a opção pelo emprego da forma verbal "era" em lugar de "foi".
   b) a ausência de artigo antes da palavra "árvore".
   c) o emprego da redução "tá" em lugar da forma verbal "está".
   d) o uso da contração "desse" em lugar da expressão "de esse".
   e) a utilização do pronome "que" em início de frase exclamativa.

BESSINHA. Disponível em: <http://pattindica.files.wordpress.com/2009/06bessinha458904- jpg-image_1245119001858.jpeg>. (adaptado)

ENEM E VESTIBULARES

2. (Enem)

> Gerente – Boa tarde. Em que eu posso ajudá-lo?
> Cliente – Estou interessado em financiamento para compra de veículo.
> Gerente – Nós dispomos de várias modalidades de crédito. O senhor é nosso cliente?
> Cliente – Sou Júlio César Fontoura, também sou funcionário do banco.
> Gerente – Julinho, é você, cara? Aqui é a Helena! Cê tá em Brasília? Pensei que você inda tivesse na agência de Uberlândia! Passa aqui pra gente conversar com calma.
>
> BORTONI-RICARDO, S. M. *Educação em língua materna*.
> São Paulo: Parábola, 2004 (adaptado).

Na representação escrita da conversa telefônica entre a gerente do banco e o cliente, observa-se que a maneira de falar da gerente foi alterada de repente devido

a) à adequação de sua fala à conversa com um amigo, caracterizada pela informalidade.

b) à iniciativa do cliente em se apresentar como funcionário do banco.

c) ao fato de ambos terem nascido em Uberlândia (Minas Gerais).

d) à intimidade forçada pelo cliente ao fornecer seu nome completo.

e) ao seu interesse profissional em financiar o veículo de Júlio.

3. (Enem)

> Só há uma saída para a escola se ela quiser ser mais bem-sucedida: aceitar a mudança da língua como um fato. Isso deve significar que a escola deve aceitar qualquer forma da língua em suas atividades escritas? Não deve mais corrigir? Não!
>
> Há outra dimensão a ser considerada: de fato, no mundo real da escrita, não existe apenas um português correto, que valeria para todas as ocasiões: o estilo dos contratos não é o mesmo do dos manuais de instrução; o dos juízes do Supremo não é o mesmo do dos cordelistas; o dos editoriais dos jornais não é o mesmo do dos cadernos de cultura dos mesmos jornais. Ou do de seus colunistas.
>
> POSSENTI, S. *Gramática na cabeça*.
> *Língua Portuguesa*, ano 5, n. 67, maio 2011 (adaptado).

Sírio Possenti defende a tese de que não existe um único "português correto". Assim sendo, o domínio da língua portuguesa implica, entre outras coisas, saber

a) descartar as marcas de informalidade do texto.

b) reservar o emprego da norma-padrão aos textos de circulação ampla.

c) moldar a norma-padrão do português pela linguagem do discurso jornalístico.

d) adequar as formas da língua a diferentes tipos de texto e contexto.

e) desprezar as formas da língua previstas pelas gramáticas e manuais divulgados pela escola.

(Fuvest-SP) Texto para as questões 4 e 5.

> Todas as variedades linguísticas são estruturadas, e correspondem a sistemas e subsistemas adequados às necessidades de seus usuários. Mas o fato de estar a língua fortemente ligada à estrutura social e aos sistemas de valores da sociedade conduz a uma avaliação distinta das características das suas diversas modalidades regionais, sociais e estilísticas. A língua padrão, por exemplo, embora seja uma entre as muitas variedades de um idioma, é sempre a mais prestigiosa, porque atua como modelo, como norma, como ideal linguístico de uma comunidade. Do valor normativo decorre a sua função coercitiva sobre as outras variedades, com o que se torna uma ponderável força contrária à variação.
>
> Celso Cunha. *Nova gramática
> do português contemporâneo*. Adaptado.

4. Depreende-se do texto que uma determinada língua é um

a) conjunto de variedades linguísticas, dentre as quais uma alcança maior valor social e passa a ser considerada exemplar.

b) sistema de signos estruturado segundo as normas instituídas pelo grupo de maior prestígio social.

c) conjunto de variedades linguísticas cuja proliferação é vedada pela norma culta.

d) complexo de sistemas e subsistemas cujo funcionamento é prejudicado pela heterogeneidade social.

e) conjunto de modalidades linguísticas, dentre as quais algumas são dotadas de normas e outras não o são.

5. De acordo com o texto, em relação às demais variedades do idioma, a língua padrão se comporta de modo

a) inovador.

b) restritivo.

c) transigente.

d) neutro.

e) aleatório.

Mais questões: no livro digital, em **Vereda Digital Aprova Enem** e **Vereda Digital Suplemento de revisão e vestibulares**; no *site*, em **AprovaMax**.

CAPÍTULO 4

LÍNGUA FALADA E LÍNGUA ESCRITA

OBJETIVOS DE APRENDIZAGEM

- Compreender a relação entre fala e escrita.
- Reconhecer as principais características da interação oral e da interação escrita.

ENEM
C6: H19, H20
C8: H25, H26
C9: H28, H29, H30

Observação

No capítulo anterior, estudamos as variações no emprego da língua ocasionadas por diferenças no perfil social dos falantes, em sua origem geográfica e na situação comunicativa em que se encontram. Neste capítulo, vamos falar sobre as modalidades em que ocorre a interação verbal: oral e escrita.

Leia a tira a seguir e responda às perguntas.

GOMES, Clara. *Bichinhos de jardim*. Disponível em: <http://mod.lk/izurt>. Acesso em: 19 jan. 2017.

Análise

1. Segundo a personagem, a enquete diz respeito à "comunicação nos dias de hoje". A quais formas de comunicação atuais ela provavelmente se refere?
2. Com que intenção as pessoas escrevem "kkk", "haha", "rss" ou "hauhueshs" ao interagir por esses meios?
3. Como você responderia à enquete proposta pela personagem? Compare sua resposta com a dos colegas.
    - Por que, segundo a personagem, essa enquete seria "polêmica"? Como isso se relaciona à construção do humor da tira?
4. Provavelmente você já deve ter visto ou utilizado estes símbolos:

:-(:-P

São os *emoticons* ou *emojis*, muito populares em textos veiculados na internet.
- Que papel eles exercem na interação?

Capítulo 4 • Língua falada e língua escrita **55**

Fala e escrita

Na tira que você acabou de ler, a personagem refere-se à linguagem dos bate-papos por internet e das postagens em redes sociais. Esses gêneros textuais digitais, embora se realizem por escrito, contam com vários recursos que nos lembram a comunicação oral, como as risadas. Por conta disso, eles desafiam as noções tradicionais de fala e escrita.

Podemos definir **fala** e **escrita** como duas modalidades da língua que se diferenciam na maneira como são realizadas: no primeiro caso, através dos sons; no segundo, por meio de letras e demais sinais gráficos. Outra diferença fundamental é que a fala é uma capacidade inata do ser humano, ao contrário da escrita, que pode ou não ser adquirida. A técnica da escrita surgiu na história da humanidade somente há cinco mil anos e, em muitas culturas, nunca se desenvolveu.

> **Fala** e **escrita** são duas modalidades da língua. Diferentemente da fala, que se manifesta de forma natural, a escrita é uma técnica que pode ou não ser adquirida pelo ser humano.

Tabuleta de argila com escrita cuneiforme. Museu de Aleppo, Síria.
Ao lado dos hieróglifos egípcios, os caracteres cuneiformes dos sumérios são considerados o primeiro sistema de escrita da humanidade. O nome foi dado porque as inscrições eram feitas com instrumentos na forma de cunha.

Saiba mais

Você sabe a diferença entre *emoticons* e *emojis*? Os *emoticons* são símbolos compostos com caracteres da escrita para indicar emoções. A palavra vem de *emotion* (emoção) + *icon* (ícone). Por exemplo, o *smiley*, criado em 1982, era formado por dois-pontos, hífen e parêntese :-) .

Os *emojis* indicam emoções ou ideias, só que por meio de imagens digitais e ícones. O termo é uma junção das palavras japonesas *e* (imagem) + *moji* (caractere). Eles surgiram no Japão na década de 1990 e alcançaram popularidade quando começaram a ser usados na telefonia móvel.

"Chorando de rir" foi o *emoji* escolhido como "Palavra do ano" em 2015 pelo *Dicionário Oxford*.

Interação oral e interação escrita

Pense e responda

Leia a transcrição de uma conversação espontânea ocorrida em 2009, em Portugal, entre uma senhora brasileira (L1) e uma jovem portuguesa (L2). Antes, observe no quadro ao lado significado dos sinais que aparecerão no texto.

> L1 boa tarde... por favor... você poderia me dizer onde fica a Capela dos Ossos?
>
> L2 deixe-me ver:::... desça essa RUa/não... a próxima rua... vire a primeira à esquerda e::: já estará na igreja de São Francisco... PRONto... a Capela é ao lado...
>
> L1 certo... muito obrigada...

FÁVERO, Leonor L.; ANDRADE, Maria Lúcia C. V. O.; AQUINO, Zilda. Reflexões sobre oralidade e escrita no ensino de língua portuguesa. In: ELIAS, Vanda Maria (Org.). *Ensino da língua portuguesa*: oralidade, escrita e leitura. São Paulo: Contexto, 2011. p. 15.

Alguns sinais usados na transcrição de conversas

O sinal ::: indica o alongamento de uma vogal. Se a pessoa disse, por exemplo, "meu cabelo tá beeeem longo", a transcrição ficará assim: *Meu cabelo tá be:::m longo*.

As letras **MAIÚSCULAS** indicam que certa sílaba ou palavra foi pronunciada com maior ênfase. Por exemplo: *Neste Natal quero CHOCOtone, não PANEtone*.

1. Quais expressões faciais e corporais você acredita que tenham acompanhado a primeira fala da senhora brasileira (L1)?

2. Identifique o momento em que a jovem (L2) se corrige. Na sua opinião, por que correções como essa são comuns na conversação espontânea?

3. Observe como a jovem inicia sua resposta à pergunta da brasileira: "deixe-me ver:::...".

   a) Pensando nas funções da linguagem que você estudou no Capítulo 2, que função essa expressão exerce na comunicação entre as duas mulheres?

   b) Em Portugal, a colocação do pronome oblíquo após o verbo (*deixe-me ver*) é comum. Para cumprir a mesma função na conversa, você usaria essa expressão ou outra? Explique.

   c) Como você viu no quadro, uma sequência de dois-pontos (:::) indica o alongamento da vogal. O que pode indicar esse alongamento no trecho "deixe-me ver:::..."?

4. O que poderia explicar a ênfase dada pela jovem nas palavras *RUa* e *PRONto*?

Durante a análise da conversação espontânea, você identificou algumas marcas características da **interação oral**. Nem todas elas estão presentes na **interação escrita**, que dispõe de seus próprios recursos e estratégias.

Em uma conversa face a face, podemos nos valer não apenas do sistema linguístico, mas também de uma série de **recursos não verbais** (gestos, expressões faciais, olhares, risos). Um desses recursos é a **entonação**, ou seja, a forma como pronunciamos as palavras e frases – com mais ênfase, em ritmo mais pausado ou lento, em tom de pergunta ou exclamação, etc.

Você notou, por exemplo, que a jovem portuguesa enfatizou as sílabas nas palavras *RUa* e *PRONto*, provavelmente para sinalizar que estava, respectivamente, começando e terminando sua explicação. A entonação também pode ajudar a intensificar uma ideia, demonstrar a atitude do falante em relação ao que diz (ironia, raiva, dúvida, etc.), entre várias outras possibilidades.

A língua escrita, por sua vez, tem seus próprios meios para cumprir essas funções. Além daqueles que você analisou nas atividades iniciais ("risadas escritas", *emoticons*, *emojis*), podemos pensar nos sinais de pontuação, em recursos gráficos como negrito ou itálico e até no emprego do próprio alfabeto. Veja, a seguir, como o cartunista usou a repetição da letra *e* para marcar o alongamento da vogal, assim como o sublinhado para enfatizar a palavra *bem*. No fim da frase, inseriu o ponto de exclamação para expressar o espanto do cliente.

SIEBER, Allan. Disponível em: <http://mod.lk/162lc>.
Acesso em: 19 jan. 2017.

A intenção, como se percebe, é brincar com dois possíveis sentidos do adjetivo *leve*: relaxado, aliviado, conforme prometido pelo massagista, e literalmente com menos peso, já que o cliente teve de desembolsar uma boa quantidade de dinheiro pelo serviço.

Correções, hesitações, repetições

Outro aspecto que merece destaque na análise das interações oral e escrita é a maneira como os textos são elaborados. Enquanto, ao escrever, podemos planejá-los com antecedência, depois redigi-los e revisá-los quantas vezes quisermos (e o leitor jamais saberá das palavras que apagamos ou trocamos), na interação face a face dispomos de meros instantes para processar as informações e compor os enunciados. Isso justifica, na oralidade, a presença de certas marcas, como correções ou hesitações. Para ganhar tempo enquanto busca as palavras e para sinalizar ao outro que vai continuar a falar, a pessoa pode valer-se de estratégias como:

- **marcadores conversacionais**: palavras e expressões que ajudam a manter a interação oral, tais como *deixe-me ver*, *peraí*, *né?*, *ã-hã*, *hum*;
- **alongamento da vogal**: além de enfatizar certas palavras, o alongamento da vogal serve para preencher a hesitação, como você observou na conversação transcrita ("deixe-me ver::::....").

Evidentemente, essas correções e hesitações são mais frequentes em uma conversação espontânea do que em conferências, palestras e outros gêneros orais que permitem preparação prévia. Nesses casos, como o orador tem tempo para se planejar, a fala costuma ser mais fluente.

Por fim, uma característica marcante da oralidade em geral são as *repetições* de palavras. Observe como alguns termos são repetidos neste trecho de uma entrevista com um especialista em jogos educativos:

toda vez que você propõe uma brincadeira... você tá propondo que o aluno ou a pessoa que tá participando da brincadeira... interaja diretamente com o tema... e a brincadeira... com suas regras próprias... eh... leva você a participar daquilo ativamente. [...]

ABBONDATI JÚNIOR, Lúcio. In: *Conexão Futura*: jogos e aprendizado. Disponível em: <http://mod.lk/dkh7z>. Acesso em: 19 jan. 2017. (Fragmento).

As repetições são essenciais na interação oral porque ajudam a manter a **coesão**, ou seja, a encadear as frases e ideias, de modo que o interlocutor acompanhe o pensamento do outro. Na interação escrita, tanto quem escreve quanto quem lê têm mais tempo para processar o texto e, por isso, geralmente são usados mecanismos coesivos mais sofisticados, como a substituição das palavras por sinônimos.

Retextualização: da fala para a escrita

Resumir um texto didático ou escrever seu próprio texto com base em uma pesquisa na internet são práticas frequentes no cotidiano de um estudante. Esse processo de produzir um texto a partir de um ou mais textos-base é chamado de **retextualização**.

Um tipo bastante comum de retextualização é o que envolve a passagem do texto oral para o escrito. Vamos ver como isso funciona na prática. Para começar, você lerá a transcrição de trechos de um relato pessoal feito por Divanilde de Paula, presidente do Conselho da Comunidade Negra de Rio Claro (SP), em que ela aborda a importância da oralidade para sua família e comunidade.

> Gênero textual em que o enunciador tem como objetivo compartilhar suas memórias e história de vida. Pode ser oral ou escrito; suas marcas típicas são o uso da 1ª pessoa do singular e de verbos no passado.

o contar... faz parte da história do negro, né? por conta de... de ele vir de lá de um... ser tirado, né? do lugar onde ele viveu e trazido pra um lugar estranho... e a história... se não fosse os contador de história, a gente não tinha... mu-muita coisa que a gente ficou sabendo tudo foi através disso... ainda mais aqui no-no Brasil que a gente não tem documento, né? da-da história... então, eu faço isso até hoje na família, porque a minha mãe fazia, as minhas tias faziam... contar a história da-do passado [...] algumas histórias de lá de África não podia contar, né? não podia... por isso que elas contavam... a minha bisavó contava que elas COCHIchavam a história... [...] ela... ela contava que eles vieram assim num grupo de escravos... só que assim, que-que eram... foram comprados, só que, por exemplo, passava em um lugar, pegava, pegava... então mesmo, então eles eram solitários, ela dizia, porque aquele grupo de escravos não... não conseguia se comunicar com o outro, porque eles eram de... vinham de lugares às vezes diferente... até pegar intimidade, né? e às vezes quando pegava afinidade com uma pessoa que... aí já era vendido de novo lá... sabe? então ela dizia que a escravidão do negro foi a mais cruel... porque muitos povos foram escravos, mas, ela dizia, a escravidão do negro separou... as família e os amigos, né? [...]

PAULA, Divanilde de. Disponível em: <http://memoriaviva.sp.gov.br/site/conversa-grio-diva-e-angela-2011/>. Acesso em: 19 jan. 2017. (Fragmento).

Vídeo
Conversa Griô – Trecho do documentário

Agora, imagine que um jornalista esteja colhendo relatos como o de Divanilde de Paula para produzir uma reportagem sobre a comunidade negra de Rio Claro. Primeiro ele gravará o relato, depois vai transcrevê-lo e, por fim, adaptá-lo para publicação no meio escrito.

Essa adaptação engloba uma série de procedimentos específicos. Leia, a seguir, como poderia começar uma versão adaptada do relato.

Versão oral	Versão escrita
o contar... faz parte da história do negro, né? por conta de... de ele vir de lá de um... ser tirado, né? do lugar onde ele viveu e trazido para um lugar estranho... e a história... se não fosse os contador de história, a gente não tinha... mu-muita coisa que a gente ficou sabendo tudo foi através disso... ainda mais aqui no--no Brasil que a gente não tem documento, né? da-da história... [...]	O "contar" faz parte da história do negro, por conta de ele ter sido tirado do lugar onde viveu e trazido para um lugar estranho. Se não fosse pelos contadores, a gente não teria acesso à história. Muito do que a gente soube sobre nosso passado foi através disso. Ainda mais aqui no Brasil, onde a gente não tem documentação da nossa história.

Observe as mudanças realizadas da versão oral para a escrita:

a) Eliminação de marcadores conversacionais, hesitações, repetições, correções e outras marcas que poderiam diminuir a fluidez do texto escrito:

| o contar... faz parte da história do negro, né? por conta de... de ele vir de lá de um... ser tirado, né? do lugar onde ele viveu e trazido para um lugar estranho... | O "contar" faz parte da história do negro, por conta de ele ter sido tirado do lugar onde viveu e trazido para um lugar estranho. |

b) Construção de frases lineares, sem truncamentos:

| e a história... se não fosse os contador de história, a gente não tinha... | Se não fosse pelos contadores, a gente não teria acesso à história. |

c) Inserção de palavras ou expressões para deixar as frases mais claras e completas:

| mu-muita coisa que a gente ficou sabendo tudo foi através disso... | Muito do que a gente soube **sobre nosso passado** foi através disso. |

d) Substituição de certas palavras por outras mais precisas, ou gramaticalmente mais adequadas:

| ainda mais aqui no-no Brasil **que** a gente não tem **documento**, né? da-da história... | Ainda mais aqui no Brasil, **onde** a gente não tem **documentação** da nossa história. |

Todas essas alterações têm como objetivo deixar o texto fluente e claro, preservando, porém, as ideias e o estilo do falante.

EM EQUIPE

Retextualização

Atividades de retextualização são excelentes para desenvolver as habilidades de editar, revisar e reescrever. Agora é sua vez de executar essa tarefa. Junte-se a um colega e termine de adaptar à modalidade escrita o relato de Divanilde de Paula. Sigam estas instruções.

1. Releiam os procedimentos de retextualização apresentados. Lembrem que o objetivo é deixar o texto claro e fluente, porém preservando o estilo e o conteúdo originais. Se quiserem, vocês podem aproveitar o trecho inicial já retextualizado.

2. Ao concluírem a produção, troquem-na com outra dupla e comparem os resultados. Em que aspectos eles se diferenciam? Quais foram as estratégias de retextualização mais eficientes que cada dupla utilizou?

Capítulo 4 • Língua falada e língua escrita

Trocando ideias

Releia o relato de Divanilde e discuta com os colegas:

1. Em sua opinião, por que era vetado, aos escravos, contar "histórias de lá de África"?
2. Com base nesse relato, comentem a relação entre as práticas orais e a preservação da identidade do negro, especialmente durante o período da escravidão.

DEBRET, Jean-Baptiste. *Negros vendedores de aves*. 1835. Litografia de Thierry Frères, Succrs, de Elgelmann e Cie; 14,4 × 21,2 cm.

Aprender a aprender

Resumos esquemáticos

No Capítulo 2, você produziu um quadro-síntese. Nesta seção, você vai receber algumas dicas para criar um tipo um pouco mais elaborado de resumo, o *resumo esquemático*. Ele é útil quando temos várias informações relacionadas entre si de diferentes maneiras. Siga as instruções para criar seu esquema.

1. Localize os *conceitos-chave* deste capítulo, orientando-se pelas palavras destacadas em negrito e pelos subtítulos.
2. Identifique a *relação lógica* entre esses conceitos. Os dois principais tipos de relação lógica são:
   - *coordenação*: os conceitos estão no mesmo nível, pertencem à mesma categoria;
   - *subordinação*: um conceito faz parte do outro, ou é um desdobramento do outro.
3. Organize os conceitos de forma que fiquem claras tais relações. Uma maneira simples de fazer isso é colocar os conceitos coordenados um ao lado do outro, e os subordinados um abaixo do outro. Veja um exemplo:

4. Vá completando o esquema com definições de cada conceito ou seus desdobramentos. Por exemplo:

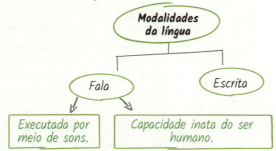

5. Quando terminar seu esquema, troque-o com um colega e comparem os trabalhos. Quais as semelhanças? Quais as diferenças? O que pode explicá-las?

ATIVIDADES

■ Para responder às questões de 1 a 4, leia o trecho da transcrição de uma palestra sobre felicidade, ministrada por Clóvis de Barros Filho.

> haverá quem diga que felicidade é você TER o que você QUER... eis aí a primeira dificuldade... não é possível... porque quando você QUER, é porque você não tem ainda... e quando você TEM, aí você já não quer mais... o desejo é sempre por aquilo que FALta, por aquilo que nos faz FALta, e a energia mobilizada para ir atrás daquilo que queremos sempre encontra na FALta a sua GRANde motivação... mas aí, é claro, um dia, como nem tudo é tão cruel e tão difícil, você consegue o que você tanto queria... e quando você consegue, você não deseja mais, você não ama mais... [...]
>
> FILHO, Clóvis de Barros. Felicidade é aqui e agora. In: TEDxSão Paulo, São Paulo, 6 jun. 2016. Disponível em: <https://www.youtube.com/watch?v=HsQx02JdZ2Q>. Acesso em: 19 jan. 2017. (Fragmento).

Clóvis de Barros Filho é doutor em Ciências da comunicação, autor de vários livros e conhecido por suas palestras motivacionais.

1. Indique a alternativa correta: nesse trecho, o palestrante:
   a) estimula os espectadores a tentar conseguir aquilo que lhes falta.
   b) desconstrói o senso comum de que felicidade é ter o que se deseja.
   c) define felicidade como a busca incessante de novos objetivos.

2. Identifique três palavras repetidas várias vezes nesse trecho e explique por que elas ajudam a manter a coesão.

3. Qual outra função a repetição de palavras pode cumprir em uma palestra como essa? Indique as opções corretas.
   a) Enfatizar ideias.
   b) Envolver o ouvinte na reflexão.
   c) Conferir credibilidade ao orador.

4. Pensando nas condições de produção de uma palestra, ou seja, como é concebida, com que objetivo, etc., explique por que não vemos correções ou hesitações nessa transcrição.

■ Observe o cartaz a seguir e responda às questões de 5 a 8.

Cartaz da campanha do Projeto Dedica (Curitiba, PR).

5. Concentre-se no texto principal do cartaz. Que tipo de autoquestionamento esse texto pretende provocar nos pais ou em outros responsáveis?

6. Considerando sua resposta anterior, explique o *slogan* "Conecte-se ao que importa".

7. De que forma a linguagem visual contribui para o objetivo da campanha?

8. Embora tenha sido produzido na modalidade escrita, o cartaz simula uma interação oral. Explique como esse efeito foi obtido.
   • Qual pode ter sido a intenção do anúncio ao apresentar características típicas da interação oral?

9. Leia esta notícia sobre uma descoberta arqueológica.

MARTON, Fábio. *Aventuras na História*, São Paulo, p. 9, out. 2016.

a) Que recurso característico da modalidade escrita foi utilizado para enfatizar qual era o brinquedo?

b) Explique como a ênfase apontada no item anterior é fundamental para que o leitor seja surpreendido pelo fato noticiado.

Capítulo 4 • Língua falada e língua escrita

ENEM E VESTIBULARES

1. (Enem)

eu acho um fato interessante... né... foi como meu pai e minha mãe vieram se conhecer... né... que... minha mãe morava no Piauí com toda família... né... meu... meu avô... materno no caso... era maquinista... ele sofreu um acidente... infelizmente morreu... minha mãe tinha cinco anos... né... e o irmão mais velho dela... meu padrinho... tinha dezessete e ele foi obrigado a trabalhar... foi trabalhar no banco... e... ele foi... o banco... no caso... estava... com um número de funcionários cheio e ele teve que ir para outro local e pediu transferência prum local mais perto de Parnaíba que era a cidade onde eles moravam e por engano o... o... escrivão entendeu Paraíba... né... e meu... e minha família veio parar em Mossoró que era exatamente o local mais perto onde tinha vaga pra funcionário do Banco do Brasil e:: ela foi parar na rua do meu pai... né... e começaram a se conhecer... namoraram onze anos... né... pararam algum tempo... brigaram... é lógico... porque todo relacionamento tem uma briga... né... e eu achei esse fato muito interessante porque foi uma coincidência incrível... né... como vieram a se conhecer... namoraram e hoje... e até hoje estão juntos... dezessete anos de casados...

CUNHA, M. A. F. (Org.). *Corpus discurso & gramática:* a língua falada e escrita na cidade do Natal. Natal: EdUFRN, 1998.

Na transcrição de fala, há um breve relato de experiência pessoal, no qual se observa a frequente repetição de "né". Essa repetição é um(a)

a) índice de baixa escolaridade do falante.
b) estratégia típica de manutenção da interação oral.
c) marca de conexão lógica entre conteúdos na fala.
d) manifestação característica da fala regional nordestina.
e) recurso enfatizador da informação mais relevante da narrativa.

2. (Enem)

XAVIER, C. Disponível em: http://www.releituras.com. Acesso em: 03 set. 2010.

Considerando a relação entre os usos oral e escrito da língua, tratado no texto, verifica-se que a escrita

a) modifica as ideias e intenções daqueles que tiveram seus textos registrados por outros.
b) permite, com mais facilidade, a propagação e a permanência de ideias ao longo do tempo.
c) figura como um modo comunicativo superior ao da oralidade.
d) leva as pessoas a desacreditarem nos fatos narrados por meio da oralidade.
e) tem seu surgimento concomitante ao da oralidade.

3. (Enem)

As narrativas indígenas se sustentam e se perpetuam por uma tradição de transmissão oral (sejam as histórias verdadeiras dos seus antepassados, dos fatos e guerras recentes ou antigos; sejam as histórias de ficção, como aquelas da onça e do macaco). De fato, as comunidades indígenas nas chamadas "terras baixas da América do Sul" (o que exclui as montanhas dos Andes, por exemplo) não desenvolveram sistemas de escrita como os que conhecemos, sejam alfabéticos (como a escrita do português), sejam ideogramáticos (como a escrita dos chineses) ou outros. Somente nas sociedades indígenas com estratificação social (ou seja, já divididas em classes), como foram os astecas e os maias, é que surgiu algum tipo de escrita. A história da escrita parece mesmo mostrar claramente isso: que ela surge e se desenvolve – em qualquer das formas – apenas em sociedades estratificadas (sumérios, egípcios, chineses, gregos etc.). O fato é que os povos indígenas no Brasil, por exemplo, não empregavam um sistema de escrita, mas garantiram a conservação e continuidade dos conhecimentos acumulados, das histórias passadas e, também, das narrativas que sua tradição criou, através da transmissão oral. Todas as tecnologias indígenas se transmitiram e se desenvolveram assim. E não foram poucas: por exemplo, foram os índios que domesticaram plantas silvestres e, muitas vezes, venenosas, criando o milho, a mandioca (ou macaxeira), o amendoim, as morangas e muitas outras mais (e também as desenvolveram muito; por exemplo, somente do milho criaram cerca de 250 variedades diferentes em toda a América).

D'Angelis, W. R. *Histórias dos índios lá em casa:* narrativas indígenas e tradição oral popular no Brasil. Disponível em: <www.portalkaingang.org>. Acesso em: 5 dez. 2012.

A escrita e a oralidade, nas diversas culturas, cumprem diferentes objetivos. O fragmento aponta que, nas sociedades indígenas brasileiras, a oralidade possibilitou

a) a conservação e a valorização dos grupos detentores de certos saberes.
b) a preservação e a transmissão dos saberes e da memória cultural dos povos.

c) a manutenção e a reprodução dos modelos estratificados de organização social.

d) a restrição e a limitação do conhecimento acumulado a determinadas comunidades.

e) o reconhecimento e a legitimação da importância da fala como meio de comunicação.

4. (Enem)

Texto 1

Entrevistadora — Eu vou conversar aqui com a professora A.D. ... o português então não é uma língua difícil?

Professora — Olha se você parte do princípio... que a língua portuguesa não é só regras gramaticais... não se você se apaixona pela língua que você... já domina que você já fala ao chegar na escola se o teu professor cativa você a ler obras da literatura... obra da/ dos meios de comunicação... se você tem acesso a revistas... é... a livros didáticos... a... livros de literatura o mais formal o e/ o difícil é porque a escola transforma como eu já disse as aulas de língua portuguesa em análises gramaticais.

Texto 2

Entrevistadora — Vou conversar com a professora A. D. O português é uma língua difícil?

Professora — Não, se você parte do princípio que a língua portuguesa não é só regras gramaticais. Ao chegar à escola, o aluno já domina e fala a língua. Se o professor motivá-lo a ler obras literárias, e se tem acesso a revistas, a livros didáticos, você se apaixona pela língua. O que torna difícil é que a escola transforma as aulas de língua portuguesa em análises gramaticais.

MARCUSCHI, L. A. *Da fala para a escrita:* atividades de retextualização. São Paulo: Cortez, 2001 (adaptado).

O Texto I é a transcrição de uma entrevista concedida por uma professora de português a um programa de rádio. O Texto II é a adaptação dessa entrevista para a modalidade escrita. Em comum, esses textos

a) apresentam ocorrências de hesitações e reformulações.

b) são modelos de emprego de regras gramaticais.

c) são exemplos de uso não planejado da língua.

d) apresentam marcas da linguagem literária.

e) são amostras do português culto urbano.

5. (Unifesp)

Chove chuva, chove sem parar

O óbvio, o esperado. Nos últimos dias, o comentário que teimou e bateu ponto em qualquer canto de Curitiba, principalmente nos botecos, foi um só:

– Mas que chuvarada, né?

De olho no nível das águas do pequeno riacho que passa junto à mansão da Vila Piroquinha, Natureza Morta procurou o lado bom de tanta chuva ininterrupta.

Concluiu que, pelo excesso de uso, dispositivo sempre operante, o tempo fez a alegria do pessoal que conserta limpador de para-brisa. Desse pessoal e, nem tanto, de quem vende guarda-chuva. Afinal, do jeito que a coisa andava, agravada pelo frio, a freguesia – de maneira compulsória – praticamente desapareceu das ruas.

(*Gazeta do Povo*, 02.08.2011.)

Analise as afirmações, com base na frase – *Mas que chuvarada, né?*

I. O termo *chuvarada*, conforme o sufixo que o compõe, indica chuva em grande quantidade, da mesma forma como ocorre com os substantivos papelada e criançada.

II. No contexto, o termo *Mas* deve ser entendido como um marcador de oralidade, sem valor adversativo.

III. A frase não é, de fato, uma pergunta, pois traz a constatação de uma situação vivida. Portanto, funciona com valor fático, principalmente.

Está correto o que se afirma em

a) I, apenas.
b) III, apenas.
c) I e II, apenas.
d) II e III, apenas.
e) I, II e III.

6. (Enem)

eu gostava muito de passeá... saí com as minhas colegas... brincá na porta di casa di vôlei... andá de patins... bicicleta... quando eu levava um tombo ou outro... eu era a::... a palhaça da turma... ((risos))... eu acho que foi uma das fases mais... assim... gostosas da minha vida foi... essa fase de quinze... dos meus treze aos dezessete anos...

A.P.S., sexo feminino, 38 anos, nível de ensino fundamental. *Projeto Fala Goiana*, UFG, 2010 (inédito).

Um aspecto da composição estrutural que caracteriza o relato pessoal de A.P.S. como modalidade falada da língua é

a) predomínio de linguagem informal entrecortada por pausas.

b) vocabulário regional desconhecido em outras variedades do português.

c) realização do plural conforme as regras da tradição gramatical.

d) ausência de elementos promotores de coesão entre os eventos narrados.

e) presença de frases incompreensíveis a um leitor iniciante.

Mais questões: no livro digital, em **Vereda Digital Aprova Enem** e **Vereda Digital Suplemento de revisão e vestibulares**; no *site*, em **AprovaMax**.

Capítulo 4 • Língua falada e língua escrita

CAPÍTULO 5

FONEMAS E LETRAS

ENEM
C1: H1, H2, H4
C8: H25, H26, H27
C9: H28, H29, H30

OBJETIVOS DE APRENDIZAGEM

- Conceituar fonema e classificá-lo.
- Recordar as noções de sílaba e acento tônico.
- Entender em que consistem as regras de ortoépia e prosódia da norma-padrão.
- Compreender o papel da convenção ortográfica.

Observação

Neste capítulo, vamos nos dedicar à *fonologia*, uma das grandes áreas da gramática, ao lado da semântica, da morfologia e da sintaxe. A fonologia estuda os sons da língua, sua classificação, articulação e como participam da composição das sílabas e palavras. Além de rever os conceitos básicos dessa área, você vai refletir sobre as diferentes pronúncias dos fonemas e como eles são representados graficamente em nossa língua.

Leia a seguir um texto poético ilustrado, publicado pelo autor Pedro Gabriel em uma rede social.

GABRIEL, Pedro. *Eu me chamo Antônio.* Disponível em: <http://mod.lk/e9f5p>. Acesso em: 20 jan. 2017.

64 Gramática: uma reflexão sobre a língua

Análise

1. Esse texto nos faz lembrar uma expressão comum na linguagem cotidiana. Identifique-a e explique o que significa.
   - Como a ilustração se relaciona a essa expressão?
2. A expressão que você identificou no item anterior e a utilizada nessa criação têm diferenças no plano da forma (como é constituída) e no plano do conteúdo (significado). Que diferenças são essas?
3. Como essas diferenças constroem o sentido nessa criação poética? Em sua opinião, que ideias o texto pretende sugerir ao leitor?

Fonema

No exemplo analisado, você observou que a troca de apenas um som (representado por uma letra na escrita) foi responsável por diferenciar duas palavras – o substantivo *passo* e a forma verbal *posso* –, o que conferiu um efeito sugestivo e original ao texto.

Isoladamente, o som /a/ de *passo* e o som /ɔ/ de *posso* não teriam significado. No entanto, na posição em que estão colocados dentro da sequência de sons, criam um contraste entre as palavras, fazendo com que reconheçamos nelas diferentes sentidos. Cada som da língua responsável por criar contraste de sentido entre as palavras é denominado **fonema**.

> **Fonema** é a menor unidade sonora que cria diferenças de sentido dentro de determinada língua.

Observe que o valor distintivo dos fonemas não se refere apenas ao contraste entre palavras. Eles também permitem distinguir entre singular e plural (em português, acrescentamos o fonema /s/ aos nomes para indicar que estão no plural), entre feminino e masculino (acrescentamos o fonema /a/ para indicar o feminino em *professora*, por exemplo) e vários outros elementos da língua.

Outro ponto importante a considerar sobre os fonemas é que eles são abstratos; existem na mente do falante, mas sua realização concreta pode variar. Um bom exemplo disso é o *sotaque*: em várias regiões do país, pronuncia-se *arroz* com som de [s] ao final, mas em algumas regiões o som final é [ʃ], como em *chave*. Não se trata de fonemas diferentes, pois os falantes do português sabem que tanto "arroz" quanto "arrosh" (com som "chiado" ao final) se referem ao mesmo alimento – o que muda é apenas a pronúncia do /s/. As pronúncias podem variar conforme a região, a classe social, o estilo pessoal e outros fatores de variação linguística.

Ver Capítulo 3: "Variação linguística".

> **Representação dos fonemas**
>
> Nos estudos linguísticos, há algumas peculiaridades na representação dos fonemas. Em primeiro lugar, eles são transcritos entre barras inclinadas /s/, e as suas realizações concretas, entre colchetes [s] ou [ʃ]. Outro detalhe é que usamos, na sua representação, o Alfabeto Internacional de Fonética, que além das letras do alfabeto latino contém alguns símbolos especiais, como o ʃ.

Classificação dos fonemas

Os fonemas classificam-se em três categorias:

- **Consoantes**: são os sons produzidos quando a corrente de ar encontra algum bloqueio. Por exemplo, para realizar o som inicial de *lata*, você encosta a língua no céu da boca, atrás dos dentes superiores, impedindo parcialmente a passagem do ar. No português, fonemas consonantais jamais constituem sílaba sozinhos.
- **Vogais**: são os sons produzidos quando a corrente de ar passa livremente pelo aparelho fonador. No português, o fonema vocálico é sempre a base da sílaba. Na palavra *caqui*, por exemplo, as bases das sílabas são respectivamente as vogais /a/ e /i/.
- **Semivogais**: são sons que têm características de vogais, mas não podem constituir sozinhos uma sílaba, por isso se assemelham também às consoantes. Na primeira sílaba de *faixa*, por exemplo, a vogal /a/ está acompanhada da semivogal /ɪ/, que é pronunciada mais rapidamente e com menos força. No português, há somente duas semivogais: /ɪ/, presente em palavras como *mãe* e *pai*, e /ʊ/, presente em palavras como *pão* e *mau*.

Sílaba e acento tônico

Quando falamos, emitimos o ar em pequenos jatos, pronunciando um ou mais fonemas de cada vez. Cada uma dessas emissões de voz corresponde a uma **sílaba**.

Toda palavra com duas ou mais sílabas tem **acento tônico**, isto é, tem uma vogal pronunciada com mais força que as demais. Como a vogal é sempre a base da sílaba, isso significa que toda palavra com duas ou mais sílabas tem uma **sílaba tônica**. Conforme a posição em que ela ocorre, as palavras classificam-se em:

- **oxítonas**: a sílaba tônica é a última – sucu**ri**, pas**tel**, a**mor**;
- **paroxítonas**: a sílaba tônica é a penúltima – fu**sí**vel, hidra**tan**te, sutil**men**te;
- **proparoxítonas**: a sílaba tônica é a antepenúltima – **lâm**pada, bi**ô**nico, **É**rica.

Em relação às palavras de uma sílaba só, os **monossílabos**, eles podem ser *átonos* ou *tônicos*. São átonos os artigos, as preposições, as conjunções e os pronomes oblíquos (*as*, *de*, *mas*, *se*), e são tônicos as formas verbais, os pronomes retos, os substantivos e os adjetivos (*há*, *nós*, *sal*, *mel*, *más*).

Capítulo 5 • Fonemas e letras

Como você percebe pelos exemplos dados, não se deve confundir acento tônico com *acento gráfico* (agudo ou circunflexo): todas as palavras, exceto os monossílabos átonos, têm acento tônico, mas apenas parte delas recebe acento gráfico. A colocação do acento é determinada por regras ortográficas que você poderá conferir na seção "De olho na escrita", ao final desta unidade.

> **Sílaba** é o fonema (ou grupo de fonemas) que pronunciamos de uma vez só, em uma única emissão de voz. Em toda palavra com duas ou mais sílabas, uma delas é a **sílaba tônica**, isto é, aquela pronunciada com mais força.

Encontros vocálicos e consonantais

Quando há uma sequência de dois ou mais segmentos vocálicos em uma palavra, dizemos que há um **encontro vocálico**. Existem três tipos de encontro vocálico na língua portuguesa:

Encontro vocálico	Definição	Exemplos
Ditongo	Uma vogal e uma semivogal na mesma sílaba. O ditongo pode ser crescente ou decrescente.	**ditongos crescentes** (semivogal + vogal) série estacionar mágoa **ditongos decrescentes** (vogal + semivogal) gaita boi véu põe
Tritongo	Três segmentos vocálicos – semivogal-vogal-semivogal – na mesma sílaba.	Uruguai saguão averiguei
Hiato	Duas vogais seguidas. Como a vogal sempre ocupa a base da sílaba, elas ficam, obviamente, em sílabas diferentes.	sa-í-da Gra-ja-ú se-a-ra

Audiovisual
Ditongo e hiato

Já os **encontros consonantais** ocorrem quando há dois fonemas consonantais seguidos. Eles podem estar na mesma sílaba (*blusa*, *pedra*) ou em sílabas diferentes (*pasta*, *afta*).

Ortoépia e prosódia

Pense e responda

A tira ao lado brinca com um episódio ocorrido em janeiro de 1996: três moradoras da cidade de Varginha, no sul de Minas Gerais, disseram ter visto um ser alienígena, que se tornou conhecido como o "ET de Varginha". Leia a tira e responda às perguntas.

1. Transcreva, da fala do personagem, dois exemplos de expressões que podem ser consideradas regionalismos.

   a) Explique por que a última fala do ET foi representada como uma única e longa palavra.

   b) Aponte como essas marcas linguísticas regionais contribuem para o humor da tira.

A ARTE DE ZOAR — REINALDO

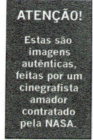

* TRADUÇÃO: Você sabe se esse ônibus espacial passa em Saturno?

66 Gramática: uma reflexão sobre a língua

2. Na fala do ET aparece a forma *praneta*. Esse modo de pronunciar a palavra está de acordo com a norma-padrão? Por quê?

a) Compare estas palavras do latim e do português:

Latim	Português
blandus	brando
clavus	cravo
obligāre	obrigar

A diferença entre a pronúncia do ET e a norma-padrão reflete uma mudança observada na passagem do latim para o português. Explique essa afirmação.

b) Em sua opinião, é possível afirmar que mudanças fonológicas, como as observadas do latim para o português, continuam acontecendo nos dias de hoje? Explique sua resposta.

A língua é viva e heterogênea, e isso se aplica também, evidentemente, aos seus aspectos fonológicos. Durante um mesmo momento histórico, as pessoas pronunciam as palavras de modo diferente por diversas razões.

A troca do /l/ nos encontros consonantais por /r/ (planeta → *praneta*), por exemplo, pode ser explicada porque esses dois sons são articulados de modo semelhante. Como você percebeu nas atividades, essa tendência está presente há muito tempo na história do português, e não é de surpreender que, em algumas variedades da língua, continue a acontecer.

Assim como ocorre em outros aspectos da língua, nem todas as variações fonológicas são admitidas pela norma-padrão. Sob essa perspectiva, pronunciar as palavras em desacordo com a norma implica cometer erros de **ortoépia** – palavra que vem do grego *orto* ("correto") + *épos* ("discurso"). Veja, no quadro a seguir, os principais tipos de desvio em relação às regras atuais de ortoépia.

Principais tipos de desvio em relação às regras de ortoépia	
Inserção de um ou mais fonemas	*freiada* (freada), *asterístico* (asterisco), *beneficiência* (beneficência)
Omissão de um ou mais fonemas	*abóbra* (abóbora), *prostado* (prostrado)
Troca de um ou mais fonemas	*previlégio* (privilégio), *tóchico* (tóxico), *cabeçário* (cabeçalho)
Troca de posição de um ou mais fonemas	*cardeneta* (caderneta), *estrupo* (estupro), *largato* (lagarto), *mulçumano* (muçulmano)
Nasalização das vogais	*mendingo* (mendigo), *sombrancelha* (sobrancelha)
Alteração no timbre (pronúncia de vogal aberta como fechada, ou vice-versa)	*esméro* (esmero, com ê fechado), *crósta* (crosta, com ô fechado)

A ortoépia tem uma subdivisão: a *prosódia*, que se dedica especificamente à colocação do acento tônico. As regras de prosódia do português determinam, por exemplo, que ao pronunciar a palavra *ruim* devemos colocar o acento tônico no *i*, e não no *u*. Ou seja, o encontro vocálico deve ser lido como hiato (*ru-im*), não como ditongo (*ruim*).

> **Ortoépia** é a parte da gramática normativa que estabelece regras para a pronúncia das palavras e dos fonemas.
>
> A **prosódia** estabelece regras para a colocação do acento tônico.

Capítulo 5 • Fonemas e letras **67**

A convenção ortográfica

Pense e responda

Leia a tira e responda às questões a seguir.

WILLTIRANDO 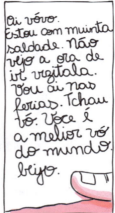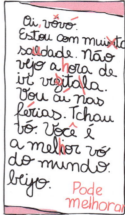 WILLIAN LEITE

LEITE, Willian. Disponível em: <http://mod.lk/mxcnu>. Acesso em: 20 jan. 2017.

1. No penúltimo quadrinho, não fica claro por que o menino chora ao receber a resposta da avó. Dentro do relacionamento esperado entre avós e netos, qual seria o motivo mais provável?

2. O último quadrinho surpreende o leitor ao revelar o conteúdo da carta enviada ao neto. Como essa quebra de expectativa, combinada à representação visual da avó, constrói o humor da tira?

3. Observe estas palavras corrigidas pela avó e responda: o que teria levado o menino à grafia equivocada?

> "saldade" – saudade   "ora" – hora   "vizitala" – visitá-la

4. Você diria que o menino da tira não sabe escrever? Justifique sua resposta.

Nosso sistema de escrita é **alfabético**, o que significa que os sons da fala são representados pelas letras de um alfabeto – no nosso caso, o alfabeto latino. No processo de alfabetização, as pessoas tomam consciência dos fonemas que formam as palavras e, além disso, entendem que cada um será representado por uma letra na escrita.

Amor

O alfabeto latino é o mais utilizado no mundo, mas existem vários outros, como o grego e o árabe, empregado na parte de cima da placa (1). Além dos sistemas de escrita alfabéticos, há os *ideográficos*, como o chinês (2); neles, em vez de letras usam-se *ideogramas*, que representam conceitos.

O menino da tira está alfabetizado porque já entendeu a lógica do sistema. Ele ainda não domina, porém, todas as convenções da *ortografia*, as quais determinam, por exemplo, que o substantivo *hora* deve ser grafado com *h*, enquanto a forma *ora* do verbo *orar* deve ser grafada sem *h*.

A **ortografia** – palavra grega que significa "escrita correta" – é um acordo firmado entre os usuários de uma língua para neutralizar as variações de pronúncia e padronizar a escrita, de modo que documentos, livros, jornais, revistas e quaisquer outros textos de grande circulação possam ser entendidos por todos. No Brasil, a ortografia é decidida pela Academia Brasileira de Letras (que procura entrar em consenso com as academias de letras dos outros países lusófonos) e oficializada por meio de lei.

> **Ortografia** é uma convenção social que determina como as palavras da língua devem ser escritas. Por ser uma convenção, pode mudar com o tempo.

Linha do tempo
Principais momentos da ortografia no Brasil

Por que temos dúvidas de ortografia?

Dificuldades como as reveladas na carta do menino surgem porque a equivalência entre sons e letras em nosso sistema ortográfico não é perfeita. Em primeiro lugar, nem todas as palavras têm o mesmo número de fonemas e letras. Observe:

bala	4 letras, 4 fonemas [bala]	mesmo número de letras e fonemas
melhor	6 letras, 5 fonemas [meʎɔr]	duas letras, um fonema: dígrafo
banco	5 letras, 4 fonemas [bãkʊ]	
táxi	4 letras, 5 fonemas [taksi]	dois fonemas, uma letra: dífono
hora	4 letras, 3 fonemas [ɔra]	uma letra, nenhum fonema: consoante muda

No quadro, há casos em que um único fonema é representado por um conjunto de duas letras, o **dígrafo**. Em português, há *dígrafos consonantais* (te*lh*ado, ba*nh*a, a*ch*ado, e*xc*eto) e *dígrafos vocálicos* (t*am*pa, s*em*pre, t*in*ta, corc*un*da). Observe que todos os dígrafos vocálicos representam **vogais nasais**, isto é, vogais pronunciadas com passagem de ar pela cavidade nasal.

Também pode ocorrer de uma única letra – denominada **dífono** – representar uma sequência de dois fonemas. Em português, isso só ocorre com a letra *x*, que em palavras como *táxi* e *reflexo* representa os sons /k/ e /s/ de uma só vez.

Por fim, a última linha do quadro refere-se à situação em que uma letra não representa nenhum som. No português atual, apenas a consoante *h* se insere nessa categoria. Embora ela não seja pronunciada, aparece no início de algumas palavras por motivos históricos (*hora*, *hoje*, *homem*), além, é claro, de fazer parte dos dígrafos *lh*, *nh* e *ch*.

> **Dígrafos e encontros consonantais**
>
> Atenção: não confunda dígrafos com encontros consonantais. Um encontro consonantal, como vimos, é uma sequência de dois fonemas consonantais em uma palavra, seja na mesma sílaba (*bloco*) ou não (*ritmo*). Diferentemente do que ocorre no caso do dígrafo, ambas as consoantes são pronunciadas.
>
> Outra observação importante sobre os dígrafos é que, embora correspondam a um único som, alguns deles são separados quando se faz a *divisão silábica* no meio escrito. Recorde os dígrafos que devem ser separados:
>
> mas-sa car-ro pis-ci-na nas-ça ex-ce-to

Além de haver essa divergência entre o número de letras e fonemas em várias palavras, existem mais dois fatores que podem levar a dúvidas de ortografia. O primeiro é que, como dissemos, o mesmo fonema pode ser realizado de formas diferentes conforme a região, classe social, etc. Isso explica a confusão feita pelo menino, na tira, com a palavra *saudade*: em muitas variedades linguísticas do português atual, pronuncia-se da mesma forma a sílaba inicial de <u>sau</u>*dade* e <u>Sal</u>*vador*, embora a representação gráfica seja distinta.

O último fator que causa dúvidas de ortografia é que, no português, o mesmo fonema pode ser representado por letras diferentes. É o caso do fonema /z/, grafado com *z* em *vizinho*, mas com *s* em *visitar*, por exemplo. Essas diferentes representações devem-se a regras do sistema ortográfico ou simplesmente à tradição.

Regularidades e irregularidades da ortografia

Nos casos em que o mesmo fonema pode ser representado por letras diferentes, nossa ortografia estabelece regras segundo critérios:

- **contextuais**: o uso de certas letras é determinado de acordo com o contexto, isto é, a posição que o fonema ocupa na palavra. Por exemplo: antes de *p* e *b*, usamos *m* (*pombo*, *tampa*), mas antes das outras consoantes usamos *n* (*tonto*, *tenda*).
- **morfológico-gramaticais**: esses critérios estão relacionados à classificação da palavra (se é adjetivo, substantivo, verbo) e outros fatores gramaticais. Veja um exemplo: adjetivos que terminam com som de /ozo/ são *sempre* grafados com *s*: *gostoso*, *feioso*, *nebuloso*, *maravilhoso*.

Os padrões ortográficos determinados por esses dois critérios formam as chamadas *regularidades* da ortografia. Recebem esse nome porque existe uma regra clara para a representação dos fonemas, que, uma vez assimilada pelo usuário da língua, pode ser aplicada a todas as situações semelhantes.

> Ver De olho na escrita: "Algumas regularidades de nossa ortografia", ao final da Unidade 3.

Nosso sistema ortográfico também apresenta muitos casos de *irregularidades*. Pense, por exemplo, nestas palavras: *estender* e *extensão*. Por que a primeira se escreve com *s* e a segunda com *x*? A resposta está na **etimologia**, isto é, na origem histórica da palavra. *Estender* tem origem popular: vinda do latim vulgar, ela começou a ser usada pelo povo da Península Ibérica ainda na época da ocupação romana e, no século XIII, já aparecia nos primeiros documentos do Estado português. Já *extensão* só entrou para nosso léxico mais tarde, durante a Renascença, e foi criada diretamente a partir do latim clássico *extensiōnis*, preservando o *x* da palavra original.

Conforme se vê, existe um motivo para a grafia. Contudo, como só se pode chegar a ele após uma pesquisa histórica, parece que não há regra alguma.

Para lidar com os casos de irregularidade ortográfica, só resta aos usuários da língua *memorizar* a grafia correta. É claro que devemos nos concentrar nas palavras mais usadas; quanto às outras, podemos procurá-las no dicionário sempre que houver dúvidas.

Outra atitude que ajuda muito é levar em conta as **palavras cognatas**, isto é, palavras que pertencem à mesma família, por compartilharem o mesmo radical. Assim, sabendo que *extensão* se escreve com *x*, você automaticamente saberá que suas cognatas *extenso*, *extensor* e *extensivo* também se grafam com essa letra.

> **radical.** Parte da palavra que contém seu significado básico.

Para navegar

Dúvidas na hora de escrever as palavras? Você pode consultar o *Vocabulário ortográfico da língua portuguesa* (*Volp*). Elaborado pela Academia Brasileira de Letras, o *Volp* representa o padrão oficial de nossa ortografia. Está disponível no *site* <http://www.academia.org.br/nossa-lingua/busca-no-vocabulario> e em aplicativo gratuito para instalar em seu *smartphone* ou *tablet*.

ATIVIDADES

▸ Leia a tira para responder às questões 1 e 2.

Glossário

Zine: abreviatura de *fanzine*, uma revista independente, feita por e para fãs de uma arte, como música, cinema ou quadrinhos.

1. Quais características a tira atribui à geração atual de jovens? Justifique sua resposta com elementos do texto.

2. O quadrinista reproduziu, na escrita, uma realização diferenciada dos fonemas de uma palavra. Explique como isso foi feito e como contribuiu para a construção de sentido do texto.

▸ Mais conhecido como jornalista e autor de comédias teatrais, o escritor Artur Azevedo também teve uma pequena produção poética, quase toda satírica. Leia os versos a seguir, publicados entre 1892 e 1893, época em que morou na rua dos Junquilhos, no bairro de Santa Teresa, Rio de Janeiro. Depois, responda às questões 3 e 4.

Artur Azevedo (1855-1908).

> Ó tu
> Que és presidente
> Do Conselho Mu-
> Nicipal,
>
> Se é que tens mu-
> Lher e filhos,
> Manda tapar os bu-
> Racos da rua dos Junquilhos.

AZEVEDO, Artur. In: COSTA E SILVA, Alberto da.
O pardal na janela. Rio de Janeiro:
Academia Brasileira de Letras, 2002. p. 29.

3. Além do sexto e do oitavo versos, terminados respectivamente em *filhos* e *Junquilhos*, quais outros versos do poema rimam?

- As rimas que você identificou foram construídas de maneira diferente do convencional. Explique como elas foram elaboradas e o porquê dessa escolha.

4. Para persuadir o presidente do Conselho Municipal, o eu lírico usa um argumento baseado na honra familiar. Identifique esse argumento e responda: em sua opinião, ele faria sentido hoje?

5. Observe a capa de um CD do *rapper* brasileiro Emicida.

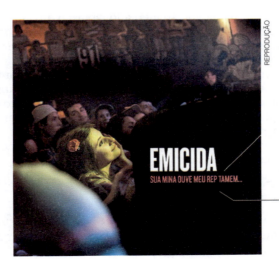

Sua mina ouve meu rep tamém...

Sobre a grafia das palavras no título, é correto afirmar que se buscou reproduzir:

a) uma forma idealizada de articulação dos fonemas.

b) a realização dos fonemas característica das variedades populares.

c) a pronúncia real, independentemente da convenção ortográfica.

d) problemas de ortografia comuns entre pessoas não escolarizadas.

ATIVIDADES

6. Uma forma simples de resolver dúvidas de ortoépia é consultar dicionários ou *sites* de língua portuguesa. Utilize essas fontes para realizar as atividades a seguir.

a) Descubra a pronúncia destas palavras de acordo com as regras de ortoépia e prosódia:

> dolo – inexorável – subsídio – gratuito – nesga – lobo (animal) – lobo (parte do crânio) – fortuito

b) E no caso das palavras a seguir? Existe uma forma correta?

> • lista ou listra?   • coringa ou curinga?
> • assobiar ou assoviar?   • aterrizar ou aterrissar?

▶ Leia o anúncio publicitário e responda às questões de 7 a 9.

7. O texto explora um jogo de sentido entre duas palavras. Identifique-as e explique como o significado delas se relaciona ao objetivo do anúncio.

8. Do ponto de vista fonológico, qual é a diferença entre essas palavras?

9. Explique por que a linguagem visual do anúncio é fundamental para sua compreensão.

ENEM E VESTIBULARES

1. (Enem)

> Quando vou a São Paulo, ando na rua ou vou ao mercado, apuro o ouvido; não espero só o sotaque geral dos nordestinos, onipresentes, mas para conferir a pronúncia de cada um; os paulistas pensam que todo nordestino fala igual; contudo as variações são mais numerosas que as notas de uma escala musical. Pernambuco, Paraíba, Rio Grande do Norte, Ceará, Piauí têm no falar de seus nativos muito mais variantes do que se imagina. E a gente se goza uns dos outros, imita o vizinho, e todo mundo ri, porque parece impossível que um praiano de beira-mar não chegue sequer perto de um sertanejo de Quixeramobim. O pessoal do Cariri, então, até se orgulha do falar deles. Têm uns tês doces, quase um *the*; já nós, ásperos sertanejos, fazemos um duro *au* ou *eu* de todos os terminais em *al* ou *el* – *carnavau, Raqueu*... Já os paraibanos trocam o *l* pelo *r*. José Américo só me chamava, afetuosamente, de *Raquer*.
>
> Queiroz, R. *O Estado de São Paulo*. 9 maio 1998 (fragmento adaptado).

Raquel de Queiroz comenta, em seu texto, um tipo de variação linguística que se percebe no falar de pessoas de diferentes regiões. As características regionais exploradas no texto manifestam-se

a) na fonologia.
b) no uso do léxico.
c) no grau de formalidade.
d) na organização sintática.
e) na estruturação morfológica.

2. (FGV-SP)

A fôrma e as ideias

Restringe-se quase apenas à classe dos linguistas a expectativa pela estreia, hoje, de mais uma reforma ortográfica no Brasil. As mudanças por ora são ignoradas pela maioria da população brasileira e terão impacto reduzido no cotidiano: a cada mil palavras utilizadas, cinco serão alteradas.

Pensado para unificar a linguagem escrita nos países lusófonos, o Acordo Ortográfico produz muito barulho por quase nada. Seu impacto estará concentrado na burocracia diplomática – não será mais necessário "traduzir" documentos para as diversas grafias nacionais do idioma – e no mercado editorial, que vai movimentar-se nos próximos anos para adaptar livros e dicionários ao novo padrão.

A ortografia que está sendo substituída não constitui barreira para a compreensão de textos escritos no padrão de outro país. Dificuldades maiores são oferecidas pela construção das frases e pelo vocabulário mobilizado nas diversas regiões em que se fala o idioma.

Somente a experiência da leitura sistemática e a exposição constante a textos e tradições nacionais, regionais e históricas diversas podem levar à superação desses obstáculos. A nova ortografia altera algumas fôrmas das ideias, jamais seu conteúdo.

Folha de S. Paulo, 01/01/2009. Adaptado.

Segundo o texto, as mudanças propiciadas pelo Acordo Ortográfico afetam, de maneira mais evidente, além do mercado editorial, a

a) sintaxe e o léxico de cada dialeto do português.
b) leitura das principais obras do mundo lusófono.
c) teoria linguística formulada pelos cientistas da língua.
d) pronúncia das pessoas que têm pouca escolaridade.
e) comunicação oficial entre os países de língua portuguesa.

3. (Enem)

Dúvida

Dois compadres viajavam de carro por uma estrada de fazenda quando um bicho cruzou a frente do carro. Um dos compadres falou:
— Passou um largato ali!
O outro perguntou:
— Lagarto ou largato?
O primeiro respondeu:
— Num sei não, o bicho passou muito rápido.

Piadas coloridas. Rio de Janeiro: Gênero, 2006.

Na piada, a quebra de expectativa contribui para produzir o efeito de humor. Esse efeito ocorre porque um dos personagens

a) reconhece a espécie do animal avistado.
b) tem dúvida sobre a pronúncia do nome do réptil.
c) desconsidera o conteúdo linguístico da pergunta.
d) constata o fato de um bicho cruzar a frente do carro.
e) apresenta duas possibilidades de sentido para a mesma palavra.

Mais questões: no livro digital, em **Vereda Digital Aprova Enem** e **Vereda Digital Suplemento de revisão e vestibulares**; no *site*, em **AprovaMax**.

De olho na escrita

Revisão de acentuação gráfica

Você recordou, no Capítulo 5, que as palavras podem ser classificadas conforme a posição da sílaba tônica: *oxítonas* (última sílaba), *paroxítonas* (penúltima) e *proparoxítonas* (antepenúltima). É nessa classificação que se baseiam as regras gerais de acentuação gráfica.

Você vai revisá-las nas atividades a seguir. Logo depois, vamos conferir duas regras complementares: a acentuação das vogais *-i* e *-u* tônicas e os acentos diferenciais.

Regras gerais

Audiovisual
Acentuação gráfica

1. Observe os exemplos a seguir e depois indique como deve ser completado o quadro das regras.

petróleo	sapê	atrás	álbuns	órgãos
cajá	papéis	refém	órfã	bíceps
bônus	abdômen	lâmpada	cafés	jóqueis
parabéns	troféu	anzóis	fórum	cômodo
mandá-lo	revê-lo	fóssil	jiló	célula
tórax	revólver	repô-lo	tênis	biquíni

Regras gerais de acentuação gráfica	
Oxítonas	**Exemplos**
Recebem acento gráfico as terminadas em:	
• *-a*, seguido ou não de *-s*	cajá, atrás, mandá-lo
• ◆, seguido ou não de *-s*	
• ◆, seguido ou não de *-s*	
• *-em* ou *-ens*	
• ditongo aberto, seguido ou não de *-s*	
Paroxítonas	**Exemplos**
Recebem acento gráfico as terminadas:	
• com as consoantes ◆	
• com *-i*, seguido ou não de *-s*, e *-us*	
• com *-ã* e *-ão*, seguidos ou não de *-s*	
• com *-um* ou *-uns*	
• com ditongo, seguido ou não de *-s*	
Proparoxítonas	**Exemplos**
Todas são acentuadas.	

Todas as regras das oxítonas valem também para monossílabos tônicos, exceto a da terminação em *-em* ou *-ens*: assim, são acentuados *pá*, *fé*, *vô*, *céu* e *rói*, mas não *bem* ou *bens*.

As paroxítonas terminadas em ditongo crescente são chamadas de *proparoxítonas aparentes*, porque o ditongo final pode ser realizado como ditongo mesmo (*ar-má-rio*) ou como hiato (*ar-má-ri-o*). Isso não muda sua acentuação gráfica, que é sempre exigida.

2. Você provavelmente não conhece as palavras a seguir. No entanto, com base nas regras que acabou de revisar, pode deduzir sua pronúncia.

Considerando que todas estão corretamente grafadas, indique, em cada caso, se a palavra é oxítona, paroxítona ou proparoxítona e explique por quê.

a) *obus*: um tipo de armamento.

b) *acinesia*: ausência de movimento.

c) *teralito*: tipo de rocha.

3. Um estudante digitou o *e-mail* abaixo sem acentuação gráfica. O corretor colocou automaticamente alguns acentos, mas outros não. Identifique os que faltaram e explique por que o corretor falhou.

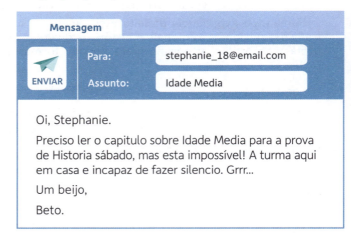

4. Identifique a única opção em que todas as palavras estão corretamente acentuadas. Nas demais, indique e corrija o erro.

a) aéreo, espátula, desejassemos, afastá-lo, cartomante;

b) reduzí-la, África, fígado, substância, cafeteria;

c) xícara, sàbiamente, expandi-lo, paranoico, ético;

d) infame, geleia, matéria, heróis, dúvida.

Acentuação de *-i* e *-u* tônicos e acentos diferenciais

1. Observe as palavras a seguir. Depois, copie e complete as regras no caderno.

prejuízo	viúva	Raul	distribuí-lo
raiz	rainha	faísca	moinho
juízes	Piauí	feiura	balaústre

a) As vogais *-i* e *-u* tônicas são acentuadas graficamente quando ficam sozinhas na sílaba ou acompanhadas de ◆. Exemplos: ◆.

b) As vogais -i e -u tônicas *não* são acentuadas graficamente quando ficam na sílaba com ♦ (ex.: ♦), quando são seguidas por ♦ (ex.: ♦), ou quando são precedidas por ditongo (ex.: *feiura*). Essa última regra não vale, porém, se a palavra for oxítona, como *Piauí*.

2. Na ortografia atual, os acentos diferenciais são obrigatórios apenas em algumas formas verbais. Revise as regras abaixo.

Acentos diferenciais		
Ter e *vir* no presente: levam acento circunflexo na 3ª pessoa do plural.	Ele tem. Ele vem.	Eles t**ê**m. Eles v**ê**m.
Derivados de *ter* e *vir* no presente: levam acento agudo na 3ª pessoa do singular e circunflexo na 3ª pessoa do plural.	Ele ret**é**m, det**é**m, mant**é**m. Ele conv**é**m, prov**é**m, adv**é**m.	Eles ret**ê**m, det**ê**m, mant**ê**m. Eles conv**ê**m, prov**ê**m, adv**ê**m.
Verbo *poder* no pretérito perfeito: leva acento circunflexo na 3ª pessoa do singular.	Ele pode hoje. (presente)	Ele p**ô**de ontem. (pretérito perfeito)
Verbo *pôr*: leva acento circunflexo para distinguir-se da preposição *por*.	Soube da notícia por Joana. (preposição)	Devemos p**ô**r um fim ao problema. (verbo)

Os casos do quadro são obrigatórios. Opcionalmente, também se pode acentuar:

- *fôrma* (de bolo) para diferenciá-la de *forma* (aparência e verbo *formar*);
- *dêmos* (presente do subjuntivo – *proponho que dêmos início ao jogo*) para diferenciá-lo de *demos* (pretérito perfeito – *acho que demos sorte*).

Agora, com base nas regras, copie as manchetes a seguir, acentuando-as quando necessário. Atenção: eliminamos todos os acentos gráficos, não apenas os diferenciais.

a) Com procura baixa, hoteis tem agora desafio de atrair hospedes
   O Globo, Rio de Janeiro, 10 set. 2016. Disponível em: <http://mod.lk/usihw>. Acesso em: 20 jan. 2017.

b) Oceanos retem 93% do calor global
   Isto É, 6 set. 2016. Disponível em: <http://mod.lk/vvmqf>. Acesso em: 20 jan. 2017.

c) Turquia detem editor de jornal por ligação com tentativa de golpe
   Folha de S.Paulo, São Paulo, 30 ago. 2016. Disponível em: <http://mod.lk/araju>. Acesso em: 20 jan. 2017.

d) Negociação avança e pode por fim à greve na educação
   O Progresso, Dourados, 10 set. 2016. Disponível em: <http://mod.lk/ibzjw>. Acesso em: 20 jan. 2017.

e) Irã garante à Arabia Saudita que confronto não convem a ninguem
   UOL, 20 jan. 2016. Disponível em: <http://mod.lk/jdzmm>. Acesso em: 20 jan. 2017.

3. Agora você vai reunir tudo que você revisou sobre acentuação gráfica. No descritivo turístico a seguir, eliminamos alguns dos acentos gráficos. Identifique as palavras que sofreram essa supressão e copie-as, acentuando-as adequadamente.

Sul da Bahia em grande estilo

Com sua preservada Mata Atlantica, é cenario dos sonhos de qualquer turista, mesmo que sua motivação de viagem seja realizar negocios. Centenas de quilometros de praias belissimas, para todos os gostos, são "beijadas" pelo mar azul-turquesa dos tropicos, onde o sol brilha o ano inteiro. O visitante encontra cachoeiras despejando aguas limpidas e minerais direto no mar ou em meio a arvores centenarias [...] viveiro natural de exuberante fauna, onde se destacam passaros multicoloridos com seu canto relaxante e inspirador. Trilhas mata adentro conduzem a santuarios naturais, grutas, lagoas e praias pouco visitadas, muitas ainda desertas.

A região dispõe de completa e moderna infraestrutura turistica, equipamentos hoteleiros de luxo, bares, restaurantes e cabanas de praia de alta qualidade. Este conforto todo, em harmonia com paisagens paradisiacas. Os esportes de aventura tem aqui seu local magico, onde estão as melhores praias para o *surf*, vela, pesca esportiva, canoagem, mergulho, arvorismo, *sandboard* e tantos outros. Cidades historicas como Ilheus pontuam este roteiro e oferecem, alem de serviços de ponta, atrativos que contam a saga da capitania, do cacau, da religiosidade popular e exalam a altura impar de seu rico folclore e os recantos descritos pelo seu mais ilustre escritor, Jorge Amado, criador de Gabriela – o simbolo maior do jeito bonito e hospitaleiro de sua gente [...].

Bahia Turismo. Disponível em: <http://mod.lk/m1ruj>. Acesso em: 22 jan. 2017. (Fragmento adaptado).

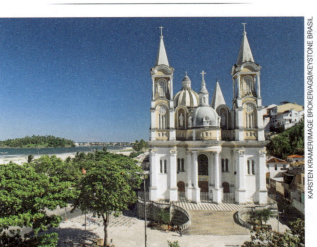

Catedral de São Sebastião, Ilhéus, Bahia.

UNIDADE 2

SEMÂNTICA E ESTILÍSTICA

Capítulo 6
Introdução à semântica, 78

Capítulo 7
Figuras de linguagem, 90

Nesta segunda unidade, o dicionário será seu grande aliado. Você vai consultá-lo com frequência e entender melhor as informações que ele fornece sobre cada palavra da língua.

Mas, como você sabe, o dicionário é apenas um repositório de palavras: elas só ganham vida de verdade quando são utilizadas em frases e textos. É por isso que você também refletirá, nesta unidade, sobre a importância do contexto para o sentido das palavras. Por fim, vai conhecer os efeitos expressivos que podemos obter ao utilizá-las com propriedade. Bons estudos!

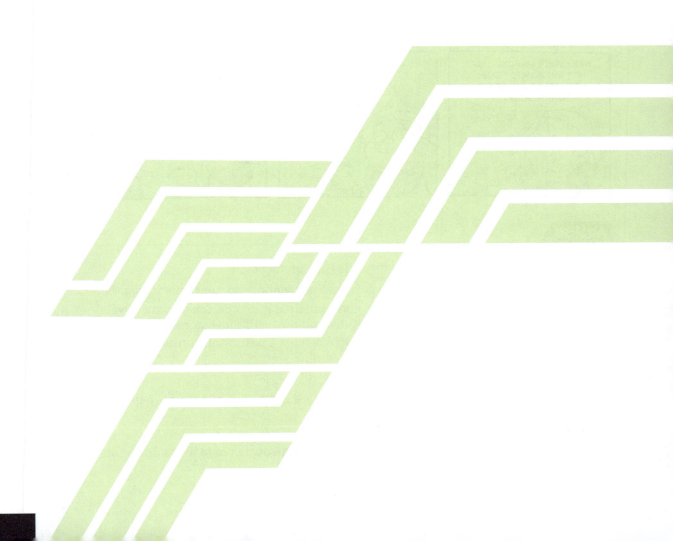

CAPÍTULO 6
INTRODUÇÃO À SEMÂNTICA

ENEM
C6: H18
C7: H21, H22

OBJETIVOS DE APRENDIZAGEM

- Definir campo semântico e entender sua relação com a coerência do texto.
- Conceituar sinonímia, antonímia e hiperonímia.
- Definir polissemia e homonímia.
- Distinguir sentido denotativo e sentido conotativo.
- Identificar situações em que a ambiguidade compromete a clareza do enunciado.

Observação

Você já observou que, dependendo do contexto, a mesma palavra pode assumir sentidos variados? Às vezes, explorar diferentes interpretações faz parte da intenção do interlocutor, mas há situações em que isso pode gerar confusão. Neste capítulo, vamos estudar aspectos relacionados ao sentido das palavras e dos enunciados. Leia a tira a seguir.

MULHER DE 30 — CIBELE SANTOS

SANTOS, Cibele. *Mulher de 30*. Disponível em: <http://mulher30.com.br/2012/07/filha-prendada.html>. Acesso em: 2 fev. 2017.

Análise

1. Por que a tira se intitula "Outros erros de interpretação..."?
2. Como você percebe, a tira brinca com dois possíveis sentidos do substantivo *tanquinho*.
   a) Qual palavra do primeiro quadro contextualiza o uso de *tanquinho* e revela o sentido que a filha atribui a esse substantivo? Justifique sua resposta.
   b) Considerando que o outro significado é o mais tradicional, como você acha que esse sentido atribuído pela jovem surgiu?
   c) Por que a palavra *tanquinho* foi colocada entre aspas?
3. A reação da mãe à fala da filha reflete certa expectativa quanto ao papel da mulher na sociedade.
   a) Explique qual é essa expectativa.
   b) Em sua opinião, a cartunista toma posição diante do discurso revelado na fala da mãe? Explique.

Sentido e coerência

Para compreender a tira, você precisou analisar os possíveis *sentidos* do substantivo *tanquinho*. A área dos estudos gramaticais que investiga o sentido das palavras e dos enunciados é a **semântica**.

Como você percebeu, só é possível determinar o sentido de uma palavra levando em conta o *contexto* em que ela aparece. Na tira, uma série de indícios direcionava o leitor para a interpretação adequada: o próprio fato de tratar-se de uma tira, gênero textual que costuma apresentar gírias e brincar com o duplo sentido das palavras; o título "Outros erros de interpretação..."; o emprego de aspas em *tanquinho*, indicando que o termo foi usado com um sentido diferente do usual.

Havia, ainda, outro fator decisivo para estabelecer o sentido da palavra na fala da filha: a presença do substantivo *academia*. Embora *tanquinho* possa ter múltiplos significados, apenas um deles se relaciona a academias de ginástica. Quando duas ou mais palavras se relacionam a determinada atividade ou assunto, dizemos que elas pertencem ao mesmo **campo semântico**. Por exemplo, *academia, ginástica, halter, musculação* e *abdômen* "tanquinho" fazem parte do mesmo campo semântico. A presença, em um texto, de palavras relacionadas dessa forma ajuda a construir a *coerência*, pois todas convergem para o mesmo sentido.

> **Semântica** é a área da gramática que investiga o sentido das palavras e dos enunciados. Para determiná-lo adequadamente, é necessário considerar o **contexto**.
>
> **Campo semântico** é um conjunto de palavras e expressões relacionadas entre si pelo significado, por remeterem a certa atividade ou assunto.

Sinonímia, antonímia, hiperonímia

As palavras e expressões mantêm entre si diferentes tipos de relações semânticas (de sentido). Vamos observar como tais relações foram exploradas nesta charge de Duke.

O personagem de terno verde usa vários adjetivos para caracterizar a atuação pública do outro: *velhas, arcaicos, antigos, ultrapassadas*. No contexto da charge, esses adjetivos mantêm relação de **sinonímia**, pois seu sentido é semelhante – todos remetem à ideia de algo pertencente ao passado.

É um consenso entre estudiosos da língua que não existem sinônimos perfeitos, pois cada um tem conotações ou usos que o distinguem dos outros. Por exemplo, o adjetivo *arcaico* é mais formal e rebuscado do que *velho* ou *antigo*; portanto, em outros contextos, poderia não ser um substituto adequado para esses dois últimos.

> **Sinonímia** é a relação semântica em que duas palavras ou expressões, denominadas **sinônimas**, têm significado semelhante em dado contexto.

Trocando ideias

1. Compare estas duas manchetes de jornal e, depois, discuta as questões com os colegas e o professor.

   Estudantes invadem de novo Escola Estadual Fernão Dias

   O Estado de S. Paulo, São Paulo, 30 abr. 2016. Disponível em: <http://mod.lk/lejeg>. Acesso em: 2 fev. 2017.

   Estudantes ocupam escola de BH em protesto

   Estado de Minas, Belo Horizonte, 6 jan. 2016. Disponível em: <http://mod.lk/pzrjo>. Acesso em: 2 fev. 2017.

   a) Em sua opinião, o uso dos verbos *invadir* ou *ocupar* leva o leitor a construir diferentes imagens sobre a atitude dos estudantes? Explique sua resposta.

   b) Analise estes outros pares de palavras e expressões que, em alguns contextos, podem ser sinônimas.

   > velhice / terceira idade
   > agrotóxico / defensivo agrícola
   > menor / adolescente

   - Essas palavras e expressões carregam juízos de valor? Explique.

2. Com base no debate, escreva um pequeno comentário crítico sobre a influência da seleção das palavras na forma como representamos determinados grupos e problemas da sociedade. Não se esqueça de avaliar, em seu comentário, se essas escolhas são neutras ou carregam juízos de valor.

Capítulo 6 • Introdução à semântica **79**

Outro tipo de relação semântica explorado na charge de Duke é a **antonímia**, aquela existente entre palavras que remetem a conceitos opostos ou incompatíveis.

O adjetivo *novo*, usado para caracterizar o partido no qual o homem de azul ingressará, é um antônimo em relação aos adjetivos que caracterizam suas práticas (*velhas*, *ultrapassadas*, etc.), pois comunica uma ideia oposta.

Esse contraste surpreende o leitor, já que a reação esperada do homem de verde seria rejeitar um político tão antiquado, em vez de convidá-lo para ingressar em seu novo partido – e é justamente isso que produz o humor do texto.

Além de divertir, a charge faz uma crítica: nem sempre a criação de novos partidos corresponde de fato a uma renovação na forma de fazer política.

> **Antonímia** é a relação semântica em que dois termos, denominados **antônimos**, mantêm significado oposto ou incompatível em certo contexto.

Por fim, um último tipo de relação semântica que pode se estabelecer entre palavras é aquele em que uma delas tem sentido mais genérico que a outra.

Damos o nome de **hiperonímia** a essa relação: *hiperônimo* é o termo mais genérico; *hipônimo*, o mais específico. O substantivo *partido*, por exemplo, encaixa-se na categoria das *associações*, portanto *associações* é um hiperônimo em relação a *partido*.

Observe:

> [...] São exemplos de **associações** os **clubes** recreativos, os **sindicatos**, os **partidos** políticos, as **entidades religiosas**, **caritativas** etc. [...]
>
> FIUZA, César. *Direito civil*: curso completo. Belo Horizonte: Del Rey, 2008. p. 149. (Fragmento).

Visualmente, poderíamos representar essa relação assim:

> **Hiperonímia** é a relação semântica em que uma palavra, o **hiperônimo**, tem sentido mais genérico que a outra, seu **hipônimo**.

Polissemia e homonímia

Pense e responda

Observe o cartaz publicitário a seguir e responda às questões.

Centro de Referência Especializado de Assistência Social, prefeitura de João Dourado, Bahia. Disponível em: <http://mod.lk/hjpoa>. Acesso em: 7 abr. 2017.

1. Qual é o objetivo desse cartaz?

2. Observe o verbete *pena* apresentado em um dicionário.

> ¹**pena**   *Datação*: 935
>
> ■ substantivo feminino
>
>   **1** sanção aplicada como punição ou como reparação por uma ação julgada repreensível; castigo, condenação, penitência
>
>   **2** sofrimento; aflição
>
>   **3** compaixão, piedade, comiseração
>
>   **4** tristeza, amargura, pesar
>
>   [...]
>
> INSTITUTO ANTÔNIO HOUAISS. *Dicionário eletrônico Houaiss da língua portuguesa*. Rio de Janeiro: Objetiva, 2009. (Fragmento).

a) Em "Pena de 1 a 12 anos de prisão", com qual das quatro acepções mostradas no verbete o substantivo *pena* foi usado?

b) E na frase "Exploração sexual infantil dá pena"? Qual sentido atribuímos a *pena*, pelo menos em um primeiro momento?

3. Explique como os múltiplos sentidos da palavra *pena* foram usados para criar um efeito persuasivo no cartaz publicitário.

4. A exploração sexual infantil é um tema delicado. Explique como a imagem foi montada a fim de abordar o assunto, sem chocar o público, e ajudar no propósito persuasivo do cartaz.

Assim como na tira que abriu este capítulo, nesse cartaz foram explorados os múltiplos significados de uma palavra. Damos o nome de **polissemia** (do grego *poli*, muitos + *sêma*, sinal) ao fenômeno semântico em que uma palavra pode adquirir mais de um sentido conforme o contexto. A maioria das palavras da língua é polissêmica; em geral, apenas termos específicos e técnicos – como *sulfito* ou *estenografia* – têm um único significado.

Observe que os sentidos de *pena* explorados no cartaz estão conectados: quem recebe um castigo ou punição (acepção 1) passa por sofrimento, aflição (acepção 2), e o sofrimento alheio costuma nos causar compaixão (acepção 3), bem como tristeza, pesar (acepção 4). Contudo, provavelmente você deve ter se lembrado de que também usamos *pena* para nos referir às estruturas que recobrem o corpo das aves. Esse sentido não parece ter qualquer relação com os anteriores. É por isso que o dicionário o apresenta em um verbete separado, como indica o número 2 no início da definição abaixo. Observe:

²**pena**   Datação: sXIII
■ substantivo feminino
1 Rubrica: anatomia zoológica.
   cada uma das estruturas ceratinizadas que revestem o corpo de uma ave, formada tipicamente por um eixo ou raque e pelas barbas, que, reunidas, formam o vexilo
   [...]

INSTITUTO ANTÔNIO HOUAISS. *Dicionário eletrônico Houaiss da língua portuguesa*. Rio de Janeiro: Objetiva, 2009. (Fragmento).

Para entender a diferença entre essas duas "penas", precisamos analisar suas origens. A pena associada a castigo e piedade deriva do grego *poiné* – que, por sua vez, vem do sânscrito *punya*, "purificar, limpar", ligado à ideia da purificação por meio do castigo ou do sofrimento. Já a pena dos pássaros vem do latim *penna*, que sempre se referiu a isto mesmo: a estrutura que recobre o corpo das aves.

> Originário do norte da Índia e hoje praticamente extinto, o sânscrito é uma das mais antigas línguas da família indo-europeia, à qual pertence boa parte dos idiomas ocidentais, inclusive o português.

Ao longo da evolução da língua portuguesa, as duas palavras acabaram assumindo a mesma forma: *pena*. Nesse caso, acontece um fenômeno denominado **homonímia** (do grego *homós*, igual + *ónoma*, nome).

De acordo com o tipo de semelhança que os une, os homônimos são classificados em:
- **Homônimos homófonos ou imperfeitos** – têm a mesma pronúncia, mas grafias distintas. Exemplos: *cesta* e *sexta*, *concerto* e *conserto*, *nós* e *noz*, *trás* e *traz*.
- **Homônimos homógrafos ou perfeitos** – têm pronúncia e grafia idênticas. Exemplos: *pena* (dó) e *pena* (das aves), *cabo* (de vassoura) e *cabo* (militar). Além desses casos envolvendo substantivos, que são relativamente raros, existem inúmeras ocorrências de homônimos perfeitos entre um substantivo e uma forma verbal: *verão* (estação do ano) e *verão* (do verbo *ver*), *vão* (fresta) e *vão* (do verbo *ir*). A tira a seguir brinca com esse tipo de homonímia: o humor nasce de um jogo entre o substantivo *mente* e a forma verbal *mente* (do verbo *mentir*). Observe:

MUNDO MONSTRO   ADÃO ITURRUSGARAI

ITURRUSGARAI, Adão. Disponível em: <http://mod.lk/na4ow>.
Acesso em: 2 fev. 2017.

Ver De olho na escrita: "Homônimos homófonos", ao final da Unidade 2.

> **Polissemia** é a propriedade que certa palavra tem de adquirir sentidos diferentes conforme o contexto. Trata-se de fenômeno muito frequente, que atinge a maioria das palavras da língua.
>
> **Homonímia** é a relação existente entre duas palavras de sentido e origem diferentes, cuja forma (fônica e/ou gráfica) coincide em certo momento histórico.

Sentido denotativo e sentido conotativo

Pense e responda

Observe a logomarca de uma organização não governamental (ONG) que promove aulas de balé para crianças e adolescentes em bairros populares da cidade do Rio de Janeiro.

> Conjunto formado pelo nome de certa empresa ou entidade, grafado em um traço específico que o caracteriza, e seu símbolo visual.

1. Cada uma das duas ocorrências do verbo *dançar* no nome da ONG remete a um sentido diferente. Identifique os dois sentidos.

   a) Explique como esses dois sentidos se relacionam aos objetivos da entidade.

   b) Qual dos sentidos é representado na imagem?
   - Em sua opinião, essa imagem é adequada para ser o símbolo visual da ONG? Por quê?

2. Pense nos dois sentidos do verbo *dançar* que você identificou na questão anterior e responda: em sua opinião, qual deles é o mais antigo e básico? Levante hipóteses para explicar como o outro teria surgido.

Dentro do conjunto de sentidos que as palavras polissêmicas podem assumir, distinguimos um mais básico e usual – o chamado **sentido denotativo** ou **literal**. O verbo *dançar*, por exemplo, tem seu sentido literal ligado à ideia de movimentar o corpo de forma ritmada. Esse sentido é o esperado em gêneros textuais que usam linguagem neutra e objetiva, tais como leis, documentos, notícias, textos didáticos, verbetes de dicionário ou de enciclopédia. O verbo *dançar* é usado com sentido literal, por exemplo, neste trecho de um verbete enciclopédico sobre o bailarino Klauss Vianna:

> [...]
> Formado no balé clássico, Klauss Vianna começa a **dançar** aos 15 anos e, no início da década de 50, frequenta curso da bailarina russa Maria Olenewa. [...]
>
> *Enciclopédia Itaú Cultural.* Disponível em: <http://mod.lk/zsxgq>. Acesso em: 2 fev. 2017. (Fragmento).

Em outros contextos, diferentes sentidos podem ser atribuídos às palavras, em geral por guardarem relação de semelhança ou interdependência com o literal. Podemos imaginar que, em certo momento, determinado grupo de pessoas viu semelhança entre o ato de dançar e a ideia de ficar vulnerável, podendo escorregar ou cair. Surgiu, assim, um outro sentido para *dançar* – o de sair-se mal ou fracassar.

Esses sentidos que são acrescentados ao sentido literal por guardarem alguma relação com ele são denominados **sentidos conotativos** ou **figurados**. A linguagem figurada está presente tanto em expressões do cotidiano, como *dançar* (sair-se mal), *gato* (homem bonito), *mala* (pessoa chata), quanto na redação de textos publicitários, letras de canção, poemas, crônicas. Nesses gêneros textuais, geralmente a linguagem figurada é explorada de forma mais criativa, a fim de produzir enunciados que chamem a atenção do interlocutor, como é o caso do nome da ONG que você analisou.

> **Sentido denotativo** ou **literal** é o significado mais básico e usual de uma palavra ou expressão.
>
> **Sentido conotativo** ou **figurado** é cada um dos sentidos que se acrescentam ao literal, por guardarem certa relação com ele. Como aparece em contextos específicos, também é chamado de **contextual**.

Ambiguidade

Ao longo deste capítulo, você observou enunciados que exploravam diferentes sentidos de uma palavra, como a fala da jovem na tira de Cibele Santos ("o 'tanquinho' que arrumei na academia") ou o cartaz da Polícia Rodoviária Federal ("Exploração sexual infantil dá pena"). Esses enunciados são **ambíguos**, porque permitem no mínimo duas interpretações.

Nos casos analisados, a *ambiguidade* é proposital e cumpre certa função discursiva, como produzir humor ou provocar impacto no leitor. Há situações, contudo, em que a ambiguidade não é intencional e representa um obstáculo à comunicação. Observe, a seguir, o título de uma notícia:

Deputado afirma que falou com bombeiro preso em gravação

G1, 9 fev. 2012. Disponível em: <http://mod.lk/5whwh>. Acesso em: 2 fev. 2017.

Esse título permite não apenas duas, mas três interpretações, pois podemos ligar a expressão *em gravação* a três diferentes componentes da frase. Veja:

- *Deputado [afirma] que falou com bombeiro preso [em gravação]* – o deputado, em uma gravação, afirma que falou com o bombeiro preso.
- *Deputado afirma que [falou] com bombeiro preso [em gravação]* – o deputado afirma que era ele quem falava, em certa gravação, com o bombeiro preso.
- *Deputado afirma que falou com bombeiro [preso] [em gravação]* – o deputado afirma que falou com o bombeiro, e este foi preso durante uma gravação.

Lendo a notícia toda no *link* indicado, concluímos que a alternativa válida é a segunda: o bombeiro foi preso após a divulgação de gravações nas quais pressionava uma autoridade pública; mais tarde, um deputado afirmou que era com ele que o bombeiro falava.

Para evitar a ambiguidade, o jornalista poderia ter redigido a manchete assim, por exemplo: "Deputado afirma que, na gravação, era ele quem conversava com o bombeiro preso".

Nesse caso, temos um exemplo de **ambiguidade sintática**, pois o problema surge da colocação dos termos na frase. Geralmente, esse tipo de ambiguidade pode ser desfeito eliminando-se palavras ou trocando-as de lugar.

Também existe a **ambiguidade lexical**, provocada pelo emprego de uma palavra polissêmica ou que tenha homônimos. Na frase "Encontramos um macaco no porta-malas", por exemplo, o termo *macaco* pode se referir tanto ao mamífero primata quanto a um aparelho para levantar o veículo.

Por fim, um último tipo de ambiguidade é a denominada **ambiguidade por correferência**, que ocorre quando uma palavra ou expressão pode ter dois antecedentes possíveis.

Veja um exemplo: na frase "Vi o João com sua irmã", não sabemos se o enunciador se refere à irmã do João ou à irmã do interlocutor, pois o pronome *sua* pode se referir a ambos.

> **Ambiguidade** é o fenômeno semântico em que um enunciado pode ter duas ou mais interpretações. Às vezes esse fenômeno é proposital e visa produzir certo efeito de sentido, mas outras vezes não é intencional e apenas prejudica a clareza do texto.

Aprender a aprender

Mapas conceituais

No Capítulo 4, você compôs um resumo esquemático. Agora, vamos dar um passo adiante e aprender a elaborar uma síntese visual um pouco mais complexa. Trata-se do *mapa conceitual*: uma representação gráfica de informações que busca incorporar a flexibilidade da linguagem verbal, de modo que seja possível estabelecer vários tipos de relações entre os dados. Siga estas dicas para compor seu mapa:

1. Assim como no caso do resumo esquemático, o primeiro passo é identificar os *conceitos-chave* do capítulo. Na hora de agrupá-los, porém, considere outras relações além da subordinação e da coordenação; as ideias podem manter relações de causa-consequência ou contraste, por exemplo. Você também pode querer incluir detalhes e exemplos. Como o mapa é flexível, muitos arranjos são possíveis.

2. Posicione o conceito mais importante no centro do mapa. Organize os outros ao seu redor, de acordo com a relação que mantêm com ele. Insira setas e, se necessário, pequenas frases de ligação entre as ideias. Veja um exemplo de como poderia ser iniciado o mapa conceitual deste capítulo:

3. Quando terminar seu trabalho, compartilhe-o com os colegas e confira também o que eles fizeram. Vocês podem realizar essa troca virtualmente, em um aplicativo para compartilhamento de imagens, por exemplo. Ao final, discutam: o mapa conceitual foi útil para organizar e revisar o conteúdo do capítulo? Das técnicas de resumo que conheceram até agora, qual lhes pareceu a mais eficaz ou prática?

ATIVIDADES

▪ Leia este cartum para responder às questões de 1 a 3.

1. Qual expressão polissêmica aparece no cartum? Explique como o jogo entre o sentido literal e o figurado dessa expressão foi usado para produzir humor.

2. Explique como a linguagem visual desfaz a possível ambiguidade na fala da mulher.

3. Como é usual em criações humorísticas, o cartum apresenta situações absurdas, ilógicas. Identifique dois exemplos disso, um na linguagem verbal e outro na linguagem visual.

4. Nos fragmentos a seguir, um substantivo, representado pelo símbolo ◆, retoma o termo sublinhado na frase anterior, com o qual mantém certa relação semântica. Deduza o substantivo em cada caso, considerando a coerência do texto.

a) "Considerada por muitos uma 'fiel companheira' para combater o cansaço, a <u>cafeína</u> também pode ser vilã. Quando ingerida em quantidades exageradas, a ◆ pode causar danos graves à saúde ou até mesmo ser fatal."

BBC Brasil, 4 jan. 2016. Disponível em: <http://mod.lk/pdein>. Acesso em: 2 fev. 2017.

b) "Depois de quase três anos de reforma, o antigo Hotel Cineasta, um <u>prédio</u> histórico no Centro de São Paulo, foi reaberto. Quem vai ocupar os apartamentos do novo ◆, rebatizado de Palacete dos Artistas, serão 50 cidadãos com mais de 60 anos que dedicaram sua vida às artes [...]."

Sorria, p. 18, jul./ago. 2015.

c) "A <u>descoberta</u> de um barco funerário em Sutton Hoo, costa leste da Inglaterra, revelou um tesouro da época do período posterior à saída dos romanos, entre os séculos 5 e 10 d.C. O ◆ revela detalhes da Alta Idade Média na Inglaterra."

Aventuras na História, jul. 2016. Disponível em: <http://mod.lk/fi91i>. Acesso em: 2 fev. 2017.

d) "Um ataque inesperado de <u>gafanhotos</u> surpreendeu três províncias do noroeste da Argentina nos últimos meses. É o pior ataque do ◆ em mais de cinquenta anos."

BBC Brasil, 16 jan. 2016, adaptado. Disponível em: <http://mod.lk/xgloj>. Acesso em: 2 fev. 2017.

e) "A Organização Mundial da Saúde estima que 4 milhões de pessoas nas Américas poderão contrair <u>zika</u>. A ◆ já foi registrada em 23 países e territórios do mundo."

Folha de S.Paulo, São Paulo, 31 jan. 2016, adaptado. Disponível em: <http://mod.lk/yl2ng>. Acesso em: 2 fev. 2017. ©Folhapress.

5. Volte à questão anterior e responda:

a) Qual é, em cada caso, a relação semântica entre o substantivo que você inseriu e a expressão sublinhada?

b) Por que, nos trechos, optou-se por não repetir os termos sublinhados? Qual é a importância das substituições feitas?

▪ Leia o fragmento inicial de uma notícia e responda às questões a seguir.

Chuva de prata no céu do Japão

1   A abertura das Olimpíadas de 2020, em Tóquio, promete ser brilhante. Uma empresa japonesa, a Star-ALE, quer colorir o céu da capital japonesa com uma chuva artificial de meteoros. A ideia
5   é lançar um satélite que chegue a até 80 km de altitude. Lá em cima, mil bolinhas coloridas de madeira serão liberadas e, ao entrarem na atmosfera, vão queimar e produzir luzes iguais à de meteoros naturais. Aqui debaixo, o brilho dessas
10 partículas, que deve ser maior que o de Sirius, a estrela mais luminosa do céu, poderá ser visto a até 100 km de Tóquio por 30 milhões de pessoas. Mas o satélite não vagará para sempre na órbita terrestre. Em 25 anos, ele entrará novamente na
15 atmosfera e deve virar uma estrela luminosa. [...]

Efeitos espaciais.

CARBONARI, Pâmela. *Superinteressante*. São Paulo: Abril, p. 11, jul. 2016. (Fragmento).

6. O adjetivo *brilhante*, empregado na primeira frase do texto, foi usado com sentido literal ou figurado? Explique.

7. Identifique o trecho em que a jornalista usou expressões de valor semântico oposto (antônimas) para criar coesão no texto e explique como isso foi feito.

8. O substantivo próprio *Tóquio* (l. 1) é retomado adiante por uma expressão sinônima, o que também contribui para a coesão. Identifique essa expressão.

9. Proponha sinônimos que poderiam substituir os termos *ideia* (l. 4), *liberadas* (l. 7), *entrarem* (l. 7), *vagará* (l. 13) e *virar* (l. 15), sem prejuízo para o sentido geral das frases.

▸ Os textos abaixo foram reproduzidos de avisos dispostos em lugares públicos. Leia-os e responda às questões de 10 a 13.

Texto 1

É EXPRESSAMENTE PROIBIDO O COMÉRCIO AMBULANTE NESTE MUNICÍPIO SEM ALVARÁ

Texto 2

É PROIBIDO ESTACIONAR. SE INSISTIR, CHAMO POLÍCIA E GUINCHO.

10. Qual é, provavelmente, o sentido pretendido pelo autor de cada aviso?

11. Ambos os avisos dão margem a uma leitura diferente, que não corresponde à intenção original. Qual é essa segunda leitura, em cada caso?

12. Que tipo de ambiguidade ocorre em cada caso? Explique.

13. Reescreva os avisos de acordo com a intenção pretendida, evitando a ambiguidade.

▸ Leia este cartaz publicitário e responda às questões a seguir.

Campanha sobre os limites de velocidade, do projeto Vida no Trânsito.

14. Qual palavra provoca ambiguidade no texto do cartaz? Por quê?

15. De que forma a linguagem visual do cartaz se relaciona à ambiguidade do texto verbal?

16. Explique o objetivo do cartaz e como a ambiguidade é fundamental para que o sentido do texto seja construído.

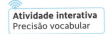
Atividade interativa
Precisão vocabular

ENEM E VESTIBULARES

1. (Uerj)

O sentido da charge se constrói a partir da ambiguidade de determinado termo. O termo em questão é:

a) fora b) agora c) sistema d) protestar

2. (Unifesp – Adaptado)

O silêncio é a matéria significante por excelência, um *continuum* significante. O real da comunicação é o silêncio. E como o nosso objeto de reflexão é o discurso, chegamos a uma outra afirmação que sucede a essa: o silêncio é o real do discurso.

O homem está "condenado" a significar. Com ou sem palavras, diante do mundo, há uma injunção à "interpretação": tudo tem de fazer sentido (qualquer que ele seja). O homem está irremediavelmente constituído pela sua relação com o simbólico.

[...]

(Eni Orlandi. *As formas do silêncio*, 1997.)

No segundo parágrafo do texto, empregam-se as aspas no termo "condenado" para

a) atribuir-lhe um segundo sentido, equivalente a culpado.
b) reforçar-lhe o sentido contextual, equivalente a predestinado.
c) marcá-lo com sentido conotativo, equivalente a reprovável.
d) enfatizar-lhe o sentido denotativo, equivalente a desgraçado.
e) destituí-lo do sentido literal, equivalente a buliçoso.

3. (Enem)

Disponível em: <http://www.ivancabral.com/2011/06/charge-do-dia-rede-social.html>. Acesso em: 27 fev. 2012.

O efeito de sentido da charge é provocado pela combinação de informações visuais e recursos linguísticos. No contexto da ilustração, a frase proferida recorre à

a) polissemia, ou seja, aos múltiplos sentidos da expressão "rede social" para transmitir a ideia que pretende veicular.

b) ironia para conferir um novo significado ao termo "outra coisa".

c) homonímia para opor, a partir do advérbio de lugar, o espaço da população pobre e o espaço da população rica.

d) personificação para opor o mundo real pobre ao mundo virtual rico.

e) antonímia para comparar a rede mundial de computadores com a rede caseira de descanso da família.

4. **(Fuvest-SP)** Leia o seguinte texto, que faz parte de um anúncio de um produto alimentício:

> *Em respeito a sua natureza,*
> *só trabalhamos com o*
> *melhor da natureza*
>
> *Selecionamos só o que a natureza tem de melhor para levar até a sua casa. Porque faz parte da natureza dos nossos consumidores querer produtos saborosos, nutritivos e acima de tudo, confiáveis.*
>
> www.destakjornal.com.br, 13/05/2013. Adaptado.

Procurando dar maior expressividade ao texto, seu autor

a) serve-se do procedimento textual da sinonímia.

b) recorre à reiteração de vocábulos homônimos.

c) explora o caráter polissêmico das palavras.

d) mescla as linguagens científica e jornalística.

e) emprega vocábulos iguais na forma, mas de sentidos contrários.

5. **(Fuvest-SP)**

> E Jerônimo via e escutava, sentindo ir-se-lhe toda a alma pelos olhos enamorados.
>
> Naquela mulata estava o grande mistério, a síntese das impressões que ele recebeu chegando aqui: ela era a luz ardente do meio-dia; ela era o calor vermelho das sestas da fazenda; era o aroma quente dos trevos e das baunilhas, que o atordoara nas matas brasileiras; era a palmeira virginal e esquiva que se não torce a nenhuma outra planta; era o veneno e era o açúcar gostoso; era o sapoti mais doce que o mel e era a castanha do caju, que abre feridas com o seu azeite de fogo; ela era a cobra verde e traiçoeira, a lagarta viscosa, a muriçoca doida, que esvoaçava havia muito tempo em torno do corpo dele, assanhando-lhe os desejos, acordando-lhe as fibras embambecidas pela saudade da terra, picando-lhe as artérias, para lhe cuspir dentro do sangue uma centelha daquele amor setentrional, uma nota daquela música feita de gemidos de prazer, uma larva daquela nuvem de cantáridas que zumbiam em torno da Rita Baiana e espalhavam-se pelo ar numa fosforescência afrodisíaca.
>
> Aluísio Azevedo, *O cortiço*.

O conceito de hiperônimo (vocábulo de sentido mais genérico em relação a outro) aplica-se à palavra "planta" em relação a "palmeira", "trevos", "baunilha" etc., todas presentes no texto. Tendo em vista a relação que estabelece com outras palavras do texto, constitui também um hiperônimo a palavra

a) "alma". d) "cobra".

b) "impressões". e) "saudade".

c) "fazenda".

6. **(Insper-SP – Adaptado)** Utilize o texto abaixo para responder à questão.

> *Aquela olhadinha despretensiosa no Facebook pode consumir horas de trabalho. Segundo uma pesquisa divulgada recentemente, 62% das pessoas admitem que navegar na internet faz com que elas procrastinem (...).*
>
> *Na pesquisa, 71% dos entrevistados disseram deixar tudo para a última hora. "Eles reclamam de falta de tempo, mas perdem tempo em redes sociais", diz Barbosa. A internet não é a única culpada, mas é como se ela juntasse a fome com a vontade de comer: a preguiça com a oferta de algo divertido que exige pouco esforço. "Procrastinação sempre existiu, mas antigamente não tinha Skype e Facebook. Hoje a luta é mais severa, há mais coisas para nos sabotar", afirma Barbosa.*
>
> (http://www1.folha.uol.com.br/equilibrioesaude/1124603- internet-e-a-maior-causa-de-procrastinacao-diz-estudo.shtml)

O termo "procrastinem", empregado no primeiro parágrafo, tem significado novamente explorado no texto em

a) "navegar na internet".

b) "deixar tudo para a última hora".

c) "juntasse a fome com a vontade de comer".

d) "a luta é mais severa".

e) "coisas para nos sabotar".

Mais questões no livro digital, em **Vereda Digital Aprova Enem** e **Vereda Digital Suplemento de revisão e vestibulares**; no *site*, em **AprovaMax**.

A língua em contexto

Semântica na construção da coesão e da coerência

Em algumas atividades deste capítulo você pôde observar a importância dos campos semânticos para o estabelecimento da coesão e da coerência em um texto. Vamos, agora, analisar mais de perto como as palavras semanticamente afins formam o universo de referências de um texto e nos ajudam a construir seus sentidos. Para tanto, leia os parágrafos iniciais de uma biografia de João Cândido, o "Almirante Negro".

> Gênero textual cujo objetivo é relatar a vida de uma pessoa que se destacou de alguma forma na sociedade. Geralmente se organiza em ordem cronológica e é composto na 3ª pessoa do discurso.

Em 1910, quando tinha 30 anos, João Cândido (no centro) (1880-1969) liderou a Revolta da Chibata, uma rebelião contra os castigos corporais empregados na Marinha brasileira.

Galeria de imagens
Revolta da Chibata

A infância em Rio Pardo e o ingresso na Marinha

1 São nove horas de uma manhã de 1890. Na fazenda de João Felipe Corrêa,
2 em Rio Pardo, interior do Rio Grande do Sul, boiadeiros juntam o gado
3 que deveria ser embarcado para venda. Muitos deles são ex-escravos que
4 permaneceram na propriedade mesmo depois da abolição, há dois anos.
5 O pequeno João Cândido Felisberto, de 10 anos, filho de um desses ex-
6 escravos, assiste à lida com os animais. Com uma pequena vara, vai dese-
7 nhando no chão: bois, cavalos e tudo que compõe a cena de trabalho do
8 pai. Até que é repreendido pelo neto de João Felipe Corrêa, um arrogante
9 garoto de 15 anos, que também se encontra no curral.
10 "Negrinho tinhoso, aqui não se brinca, só se trabalha", diz o jovem
11 descendente de barões. Nesse instante, João Cândido atira a vara que está
12 em sua mão direita sobre o neto do patrão. Sai correndo, esconde-se em
13 uma gruta nos fundos da propriedade e lá permanece o dia inteiro, para
14 fugir do castigo.
15 [...]

GRANATO, Fernando. *João Cândido*. São Paulo: Selo Negro, 2010. p. 13.

Logo na primeira leitura, percebemos que os vocábulos se agrupam em diferentes campos semânticos. Entre eles, podemos destacar o formado por palavras (**em verde**) que ajudam a compor o cenário rural no qual se passa a ação, bem como o integrado por palavras (**em marrom**) que se referem à etapa da vida de João Cândido relatada neste momento – a infância. Percebe-se que o biógrafo pinçou esse episódio da infância de Cândido porque, nele, já se revela o senso de justiça do biografado, que reagiu à humilhação do outro garoto.

Dentro de cada campo, as palavras mantêm diferentes relações semânticas. Por exemplo: os substantivos *garoto* e *jovem* são sinônimos, ambos designando o neto de João Felipe Corrêa. Com referência a João Cândido, são usados os termos *pequeno* e *negrinho* – este último com clara intenção pejorativa, sintetizando a discriminação racial e social praticada pelo outro garoto.

Já o substantivo *propriedade* é um hiperônimo em relação a *fazenda*, pois tem sentido mais genérico do que este último. Esse hiperônimo exerce um importante papel coesivo, ao retomar, nas linhas 4 e 13, o referente *fazenda*, que só apareceu no início do texto. Desse modo, o autor consegue manter a conexão entre as frases e os parágrafos sem repetir excessivamente as palavras.

A mesma relação de hiperonímia se observa entre *animais* (l. 6) e *bois* e *cavalos* (l. 7). Há, ainda, palavras que não são necessariamente hiperônimas ou sinônimas de outras, mas pertencem ao mesmo campo semântico: *interior*, *boiadeiros*, *curral*. Todas essas palavras semanticamente afins formam uma rede ao longo do texto, conferindo-lhe *unidade temática* e dando ao leitor a sensação de que há começo, meio e fim.

Para assistir

Já imaginou como seria se o "Almirante Negro" João Cândido, o líder da Revolta da Chibata, fosse entrevistado em um programa de televisão?

Pois é justamente isso que acontece em um episódio do programa *Retrovisor*, apresentado pelo jornalista Paulo Markun, ao qual você pode assistir no *site* da TV Escola.

Basta fazer o *login* e curtir o programa, disponível em: <http://tvescola.mec.gov.br/tve/video?idItem=11730>.

Na prática

Agora é sua vez de analisar as relações semânticas em um texto.

Primeiro, selecione um texto de extensão semelhante ao apresentado aqui. Pode ser uma crônica, um artigo de opinião, um texto didático ou alguma opção recomendada pelo professor.

Tal como no exemplo dado, destaque em cores diferentes palavras pertencentes a campos semânticos distintos. Você não precisa marcar todos os campos, nem todos os vocábulos em cada campo; concentre-se apenas nos mais importantes para o sentido geral do texto.

Depois, defina se há relações semânticas de sinonímia, hiperonímia ou antonímia entre as palavras que destacou. Anote também se há alguma com valor afetivo diferenciado (pejorativo, carinhoso, irônico, etc.).

Por fim, redija um pequeno comentário crítico sobre como as palavras destacadas contribuem para a coesão e a coerência do texto. Quando tiver terminado o trabalho, compare seus resultados com o dos colegas.

CAPÍTULO 7

FIGURAS DE LINGUAGEM

OBJETIVOS DE APRENDIZAGEM

- Identificar as principais figuras de linguagem.
- Explicar os diferentes efeitos de sentido que elas produzem nos enunciados.

Observação

No capítulo anterior, você estudou o conceito de linguagem figurada. Vamos, agora, nos aprofundar nesse tema. Para começar, leia uma tira de Hagar, o Horrível, um guerreiro *viking* sempre envolvido em batalhas.

BROWNE, Dik. Hagar. *Folha de S.Paulo*. São Paulo, 20 dez. 2014.

Análise

1. Releia a fala do monge no segundo quadrinho: "A pena é mais poderosa do que a espada".
   a) O que quer dizer essa frase?
   b) Reescreva-a de um modo que não causaria dúvidas ao guerreiro.
   c) Agora, compare a frase original com a frase reescrita. Em sua opinião, por que o monge escolheu se comunicar com Hagar daquela maneira? Que efeitos ele pretendia obter?

2. Explique o humor da tira com base nos conceitos de sentido literal e sentido figurado que você aprendeu no capítulo anterior.

Estilística e figuras de linguagem

Quando compomos um enunciado, podemos fazê-lo de maneira previsível, comum. Mas também podemos chamar a atenção do interlocutor por meio de um arranjo diferenciado dos elementos linguísticos, como fez o personagem da tira.

Damos o nome de **figuras de linguagem** aos recursos estilísticos que exploram as diversas dimensões da linguagem verbal (sentido das palavras, construções das frases, aspectos sonoros) a fim de produzir efeitos estéticos particulares. A **estilística** – área que investiga tais recursos – reconhece que as figuras não são meros enfeites da linguagem, mas participam da construção dos sentidos do texto, contribuindo para o alcance dos objetivos comunicativos. Na tira, por exemplo, o monge usa linguagem figurada para tornar seu conselho ao guerreiro mais expressivo e marcante e, assim, aumentar seu poder persuasivo.

As figuras de linguagem dividem-se nas seguintes categorias básicas: de palavra; de pensamento; de sintaxe ou de construção; e sonoras ou fônicas. Neste capítulo, estudaremos as principais figuras de cada categoria e como elas contribuem para que o enunciador atinja suas intenções comunicativas.

> **Figuras de linguagem** são recursos estilísticos empregados pelo enunciador para elaborar seus textos de forma particular, incomum, a fim de comunicar suas ideias com mais intensidade ou expressividade.

Figuras de palavra

Figuras de palavra são aquelas que dão às palavras um sentido diferente do usual. A seguir vamos analisar as principais figuras desse grupo.

Comparação ou símile

A **comparação** consiste na equiparação de dois elementos por meio da conjunção *como* ou similares (*tal como*, *tal qual*, *feito*). Algumas comparações estão tão presentes na linguagem cotidiana que não provocam efeito expressivo relevante: *comer como um leão*, *dormir feito pedra*. Outras, porém, aproximam elementos aparentemente distintos e, com isso, criam associações originais. Veja como uma comparação deu vivacidade à descrição de certo personagem em um conto:

> No primeiro plano, estava o caçador de arco retesado, apontando para uma touceira espessa. Num plano mais profundo, o segundo caçador espreitava por entre as árvores do bosque, mas esta era apenas uma vaga silhueta, cujo rosto se reduzira a um esmaecido contorno. Poderoso, absoluto era o primeiro caçador, **a barba violenta como um bolo de serpentes**, os músculos tensos, à espera de que a caça levantasse para desferir-lhe a seta.
>
> TELLES, Lygia Fagundes. A caçada. In: *Os cem melhores contos brasileiros do século*. Seleção de Ítalo Moriconi. Rio de Janeiro: Objetiva, 2001. p. 266. © by Lygia Fagundes Telles.

Metáfora

A **metáfora** é uma comparação implícita, ou seja, as características de certo elemento são projetadas diretamente ao que se pretende definir ou descrever, sem o emprego de *como* ou outros conectivos. Veja a tira a seguir:

MALVADOS — ANDRÉ DAHMER

DAHMER, André. Malvados. *Folha de S.Paulo*. São Paulo, 29 jan. 2016.

O personagem usa metáforas para definir o casamento e os filhos, e sugere, humoristicamente, que criar estes últimos exige muito mais paciência do que manter o primeiro.

As metáforas não aparecem apenas em construções com o verbo *ser* ("O casamento é uma aula de paciência"); na verdade, sempre que usamos determinada expressão para nos referir a um elemento normalmente designado por outra, com base em alguma semelhança simbólica entre elas, empregamos uma metáfora.

> Expressões cristalizadas em certa língua, cujo sentido só pode ser entendido em sua totalidade, pois não corresponde ao significado isolado das palavras que as compõem.

Muitas expressões idiomáticas do português são metafóricas, como *colocar o dedo na ferida*, *ter minhocas na cabeça*, *pisar em ovos*, *meter os pés pelas mãos*, entre outras. Observe a manchete a seguir:

Seis dicas para não pisar na bola nas redes sociais

Isto é dinheiro. Disponível em: <http://mod.lk/yar2q>. Acesso em: 20 fev. 2017. © Três Editorial Ltda.

Na manchete, a expressão *pisar na bola* foi empregada em sentido metafórico, remetendo à ideia de cometer uma falha. Esse sentido surge pela semelhança simbólica entre a atitude do jogador de futebol, que ao pisar na bola comete um erro, e a ideia de enganar-se ou errar.

Catacrese

Catacrese é um tipo de metáfora que já foi incorporado à língua e não é mais percebido como tal. Geralmente, a catacrese supre um termo técnico no vocabulário cotidiano, considerando algum tipo de semelhança. São exemplos: *barriga da perna*, *cabeça do alfinete*, *dentes do garfo*, etc.

Você já deve ter ouvido a expressão *pés de galinha*, empregada popularmente com referência às rugas na região dos olhos. A tira a seguir vale-se dessa catacrese para produzir o humor. Observe:

ARMANDINHO — ALEXANDRE BECK

Metonímia

Ocorre **metonímia** quando uma palavra é usada no lugar de outra por haver entre elas uma relação de coexistência ou implicação mútua.

Na tira lida no início do capítulo, o monge vale-se de uma metonímia para aconselhar Hagar: "A pena é mais poderosa do que a espada". A pena representa a comunicação escrita porque é com ela que se redige, e a espada representa a guerra porque é com que ela que se batalha. Nesse caso, os instrumentos (*pena* e *espada*) foram usados no lugar das atividades com eles praticadas. Veja outros tipos de metonímia:

- a parte no lugar do todo:
  Um grupo de sem-teto (= sem moradia) *ocupou a área.*
- o todo no lugar da parte:
  Brasil vence Argentina. (= a seleção do Brasil vence a seleção da Argentina);
- o recipiente no lugar do conteúdo:
  Já comi dois pratos. (= o conteúdo dos pratos);
- o autor no lugar da obra:
  Levei o Jorge Amado para casa. (= um livro do Jorge Amado).

Antonomásia

Um tipo específico de metonímia é a **antonomásia**, que consiste em substituir um nome próprio por um nome comum, ou vice-versa. Por exemplo, na manchete a seguir, a expressão *Maluco Beleza* é usada para designar o cantor Raul Seixas. Veja:

> Artistas cultuam obra do Maluco Beleza em DVD

A Tarde. Salvador, 25 maio 2015. Disponível em: <http://mod.lk/mbdx8>. Acesso em: 20 fev. 2017.

Figuras de pensamento

Figuras de pensamento são aquelas que interferem no raciocínio que seguimos habitualmente para compreender os enunciados. As principais figuras desse grupo são: *hipérbole, gradação, personificação* ou *prosopopeia, sinestesia, ironia, eufemismo, antítese* e *paradoxo*.

Hipérbole

A **hipérbole** acontece quando o texto apresenta expressão exagerada de uma ideia ou emoção, a fim de intensificá-la. Observe:

Exageros de mãe

Já te disse **mais de mil vezes** que não quero ver você descalço. **Nunca vi uma criança tão suja** em toda a minha vida. [...]

MILLÔR FERNANDES. Exageros de mãe. Disponível em: <http://mod.lk/urwuw>. Acesso em: 20 fev. 2017. (Fragmento).
© by Ivan Rubino Fernandes.

Por esse trecho inicial do miniconto "Exageros de mãe", de Millôr Fernandes, já percebemos que o texto trata dos excessos das mães em relação aos cuidados com os filhos. Expressões como "mais de mil vezes" ou "nunca vi uma criança tão suja" não são descrições denotativas, mas representações figuradas, que amplificam as ideias para comunicá-las com mais intensidade.

Trocando ideias

Leia esta charge e discuta as questões com os colegas e o professor.

1. A charge trata de uma situação recorrente no sistema educacional brasileiro. Qual é essa situação e o posicionamento do texto a respeito dela?
2. O chargista valeu-se da hipérbole tanto no plano verbal como no plano visual para conferir expressividade ao texto. Explique como isso foi feito.
3. Como o semblante dos alunos contribui para a construção do sentido da charge?
4. Você concorda com a crítica apresentada pela charge? Por quê? Conhece os argumentos daqueles que pensam de maneira diferente? Qual é sua opinião a respeito?

MOA. *Jornal do Comércio*. Porto Alegre, 6 ago. 2007.

Gradação

Gradação é o emprego, em uma sequência, de palavras ou expressões que exprimem a ideia de progressão. Veja um exemplo nesta tira:

GOMES, Clara. *Bichinhos de jardim*. Disponível em: <http://mod.lk/9klcb>. Acesso em: 20 fev. 2017.

Glossário

Bestseller: livro que vende bem; por extensão, autor(a) de livros que vendem bem.

A personagem Joaninha pretende tornar-se autora de livros de autoajuda, isto é, livros que buscam deixar o leitor mais animado e motivado. Porém, ao começar a escrever o primeiro capítulo, ela percebe que não consegue ser tão otimista assim. Para criar o efeito humorístico, foi usada uma sequência de expressões que revelam, gradativamente, o pensamento cada vez mais pessimista da Joaninha:

Tudo vai melhorar!

A maioria das coisas pode melhorar!

Uma coisa ou outra pode melhorar!

Personificação ou prosopopeia

Como o nome sugere, a **personificação** ou **prosopopeia** (palavra de origem grega com o mesmo significado) é a atribuição de características ou atitudes humanas a seres inanimados ou a animais irracionais. Observe a capa desta revista:

No título da chamada, afirma-se que o mosquito *Aedes aegypti* está zombando dos países que não conseguem combatê-lo – o que, obviamente, não pode ser compreendido em sentido literal. Ao atribuir ao mosquito a ação de "zombar", o título questiona como esse inseto minúsculo pode escapar ao controle de nossa sociedade, mesmo em meio a tanta tecnologia e modernidade.

Veja. São Paulo: Abril, 3 fev. 2016.

Pequeno texto na capa de um jornal ou revista que resume uma matéria apresentada.

Por que a nossa orgulhosa civilização tecnológica do século XXI está perdendo a guerra para o inseto transmissor do temido vírus zika.

Sinestesia

A **sinestesia** refere-se à associação de sensações percebidas pelos órgãos dos sentidos. Por exemplo, no parágrafo inicial do romance *Um lugar ao sol*, de Erico Verissimo, o narrador mistura uma sensação auditiva (*silêncio*) a uma característica tátil (*espesso*) para descrever, com grande expressividade, o ambiente opressivo de um velório. Observe:

> O defunto dominava a casa com a sua presença enorme. Anoitecia, e os homens que cercavam o morto ali na sala ainda não se haviam habituado ao seu **silêncio espesso**.
>
> VERISSIMO, Erico. *Um lugar ao sol*. São Paulo: Companhia das Letras, 2006. (Fragmento).

Ironia

Quando um enunciado é composto de tal modo que o interlocutor é levado a compreender o oposto do que se declara, dizemos que ocorre **ironia**. Vejamos como isso acontece no exemplo a seguir.

CALVIN BILL WATTERSON

WATTERSON, Bill. Calvin. *O Estado de S. Paulo*. São Paulo, 5 ago. 2016.

O menino Calvin provoca o pai, lembrando que este precisa trabalhar, enquanto ele pode ficar em casa e "fazer o que bem entender". No terceiro quadro, o pai emite uma interjeição que normalmente denota alegria ("Irra."), mas o leitor entende que, na verdade, ele *não* está alegre; pelo contrário, está chateado por ter de ir trabalhar e, ainda, aguentar a irreverência do filho.

No texto, vários fatores levam à compreensão adequada da fala do pai: seu semblante carrancudo, a ausência do ponto de exclamação (que normalmente indicaria um tom de voz animado: "Irra!") e o próprio contexto, já que as falas anteriores do garoto têm a clara intenção de irritá-lo, como se confirma no último quadrinho. Concluímos, então, que, em um texto irônico, a verdadeira intenção do enunciador é contrária ao que ele declara, mas pode ser identificada pelo contexto.

Eufemismo

O **eufemismo** consiste no uso de palavras ou expressões mais amenas para designar um fato trágico ou constrangedor. Na linguagem cotidiana, são comuns eufemismos com referência à morte: *partir desta para melhor*; *descansar*; *dar um adeus eterno*.

Na manchete a seguir, os jornalistas usaram uma expressão eufemística para referir-se à expulsão de um pai do fraldário em certo *shopping center* carioca. Observe o emprego das aspas, para deixar claro que se trata de uma figura de linguagem:

> **Pai é 'convidado a se retirar' de fraldário enquanto cuidava de bebê e mãe critica: 'Retrocesso'**

Extra. Rio de Janeiro, 5 maio 2016. Disponível em: <http://mod.lk/0x2zq>. Acesso em: 20 fev. 2017.

Antítese

A **antítese** consiste no emprego de palavras ou expressões de valor semântico oposto (antônimos) de forma muito próxima no enunciado – na mesma frase ou no mesmo verso, por exemplo. Veja como Tostão, ex-jogador de futebol e atualmente cronista, valeu-se das antíteses para expressar as emoções contraditórias que envolvem esse esporte:

> [...]
> Um jogo de futebol é um espetáculo, uma metáfora da vida. Estão presentes a **alegria e a tristeza, a glória e o ocaso, a razão e a paixão, a ganância e a solidariedade, o invisível e o previsível, o evidente e o contraditório, o real e o simbólico, a ternura e a agressividade** e outras ambivalências que fazem parte da alma humana.
> [...]
>
> TOSTÃO. O futebol repete a vida. *Folha de S.Paulo*. São Paulo, 4 maio 2003. Disponível em: <http://mod.lk/2z2lk>. Acesso em: 20 fev. 2017. (Fragmento). © Tostão/Folhapress.

Paradoxo

Pense e responda

Observe ao lado o título de um livro do educador e psicanalista Rubem Alves (1933-2014).

1. Explique por que o título parece, a princípio, conter uma ideia falsa ou ilógica.
2. Em sua opinião, ao compor o título dessa forma, o que o autor quis nos sugerir quanto ao conteúdo do livro?

Certos enunciados são compostos de forma tal que parecem contrariar, em um primeiro momento, o senso comum ou aquilo que consideramos lógico e verdadeiro. Essa elaboração inusitada, porém, tem como objetivo comunicar certas ideias com mais expressividade e vigor, como faz o título do livro de Rubem Alves. Tal recurso estilístico recebe o nome de **paradoxo** – palavra grega que significa "bizarro ou extraordinário".

Atividade interativa
Figuras de linguagem

ATIVIDADES

▸ Leia a tira a seguir para responder às questões de 1 a 3.

1. Identifique a figura de linguagem da qual Hagar se vale e como ele a utiliza para construir sua argumentação.
2. Explique quais informações sobre a mãe do garoto ficam subentendidas na última fala de Hagar.
3. Os fatos implícitos sobre a mãe do garoto brincam com certos estereótipos de gênero de nossa cultura. Quais seriam esses estereótipos? Em sua opinião, a referência a tais estereótipos contribui para o humor da tira?

> estereótipos: Ideias preconcebidas sobre determinado grupo social ou determinado perfil de pessoa.

▸ Leia um fragmento de um artigo de divulgação científica para responder às questões 4 e 5.

A mágica maionese

Contra todas as leis da química, a maionese existe. Ela junta duas substâncias que, em condições naturais, não se embaralhariam jamais: água e óleo. A receita todo mundo conhece – gema de ovo (que é 50% água), um pouco de suco de limão (90% de água) e óleo de cozinha. O óleo é formado por átomos de carbono e hidrogênio, bastante antissociais, que não reagem com a água. Por isso, os líquidos se dividem em duas fases, com a água abaixo e o óleo boiando em cima, tentando diminuir a superfície de contato entre os dois, num não me toque constante. Para juntar esses dois inimigos mortais, entra em cena um diplomata químico. É uma molécula da gema do ovo, a lecitina, que tem um lado simpático à água e outro aderente ao óleo. Ela cobre as gotas de óleo para que não fujam mais da água. Resta ao cozinheiro, então, transformar o óleo em pequenas bolhas, batendo a mistura o tempo inteiro. [...]

HUECK, Karin. Ciência na cozinha. *Superinteressante*. São Paulo: Abril, ed. 363, ano 30, n. 8, p. 30, jul. 2016. (Fragmento).

ATIVIDADES

4. Qual figura de linguagem recebe destaque nesse trecho? Justifique sua resposta com passagens do texto.

5. Considerando que o texto foi publicado em uma revista de circulação nacional e com leitores heterogêneos, explique por que se escolheu a linguagem figurada, em vez da denotativa.

▶ O cartum abaixo refere-se às questões de 6 a 10.

JOTA A. Disponível em: <http://mod.lk/07x8a>. Acesso em: 20 fev. 2017.

6. Descreva a ilustração apresentada no cartum.

7. O que representam, respectivamente, o edifício e as árvores?

8. A que objeto o edifício lançado pelo avião é comparado? Qual é a semelhança simbólica entre eles?

9. No cartum há ocorrência de duas figuras de linguagem: metáfora e metonímia. Explique como cada uma dessas figuras é construída pelos elementos visuais.

10. A partir das análises feitas para responder às questões anteriores, explique a crítica realizada nesse cartum.

Figuras de sintaxe ou de construção

Vamos conhecer agora outro grupo de figuras de linguagem, que está relacionado ao modo como as palavras são combinadas na frase para criar efeitos expressivos. As principais figuras desse grupo são: *silepse, polissíndeto, assíndeto, anáfora, anacoluto, pleonasmo* e *elipse*.

Silepse

Pense e responda

Observe com atenção a primeira página de jornal reproduzida ao lado.

1. Qual seria a forma usual de compor o título da chamada principal?

2. Relacione o texto verbal à linguagem visual empregada na capa. Com base nisso, explique qual a intenção do jornal ao redigir a chamada dessa maneira e qual interpretação é sugerida ao leitor.

> [...] Criador de tipos inesquecíveis que marcaram o rádio, os palcos, a TV e a alma dos brasileiros, Chico Anysio nos deixou ontem, às 14h52, vítima de infecção originada no pulmão. Tinha 80 anos. O velório vai ser hoje no Theatro Municipal. [...]

O Dia. Rio de Janeiro, 24 mar. 2012.

Em algumas situações, as regras tradicionais de concordância são violadas para produzir certos efeitos de sentido. Essa concordância irregular entre os termos da oração, denominada **silepse**, ocorre no título da chamada do jornal *O Dia*: como o substantivo próprio *Chico Anysio* é singular, o verbo *morrer* usualmente seria mantido no singular (*Morreu Chico Anysio*); contudo, para aludir à versatilidade do humorista, os redatores optaram por flexionar o verbo no plural (*Morreram Chico Anysio*).

Nesse caso, temos uma *silepse de número*, porque foi violada a regra para flexão no singular ou no plural. Existem, ainda, outros dois tipos de silepse: a *de gênero*, quando se usa masculino no lugar do feminino ou vice-versa (por exemplo, "a gente fica *irritado*", em vez de "a gente fica *irritada*"); e a *de pessoa*, quando se faz a concordância em uma pessoa do discurso no lugar de outra (por exemplo, "os brasileiros *somos* descontraídos", na 1ª pessoa do plural, em vez de "os brasileiros *são* descontraídos", na 3ª pessoa). Observe que, nos três casos, o enunciador concorda os verbos e os nomes de acordo com a *ideia* da frase, por isso essa figura também é chamada de **concordância ideológica**.

Polissíndeto

Dá-se o nome de *síndeto* à presença de conjunção coordenativa (*e*, *nem*, *ou*) entre palavras ou orações. *Poli*, como você sabe, significa "muitos". Logo, **polissíndeto** é o emprego de múltiplas conjunções coordenativas em um enunciado.

Neste trecho de um romance, o narrador-personagem vale-se dessa figura de construção para salientar a frequência com que pensou na garota por quem estava apaixonado, Emma:

> [...] Fui tomar um banho **e** pensei em Emma. Então escovei os dentes **e** pensei em Emma **e** lavei o rosto **e** pensei em Emma. [...]
>
> RIGGS, Ramson. *O orfanato da Srta. Peregrine para crianças peculiares*.
> 4. ed. São Paulo: Leya, 2015. p. 192. (Fragmento).

Para ler

O orfanato da Srta. Peregrine para crianças peculiares, de Ramson Riggs (São Paulo: Leya, 2015).

Aos 15 anos, o rico adolescente Jacob Portman está conformado a ter uma vida banal e previsível. Mas, após testemunhar a morte violenta do avô, resolve partir para uma ilha remota na costa do País de Gales, onde o avô passara a infância em um "orfanato para crianças peculiares". Lá, Jacob tem aventuras inesquecíveis na companhia de seres extraordinários, entre eles a garota Emma, com quem vive também seu primeiro amor.

Assíndeto

O prefixo de origem grega *a-* tem o sentido de "ausência, negação". Deduzimos, então, que **assíndeto** é a ausência da conjunção coordenativa onde seria habitualmente usada, entre palavras e orações. Veja um exemplo disso na tira a seguir:

WALKER, Mort. Recruta Zero. *O Estado de S. Paulo*. São Paulo, 15 mar. 2015.

Na segunda fala do Recruta Zero, não foi usada qualquer conjunção entre as ações enumeradas. Graças a esse recurso, a lista de coisas que ele *não* pretende fazer quando sair do Exército parece longa, exaustiva, quase infinita – tanto que a amiga o interrompe, irritada. O objetivo é dar graça à história, mostrando o desagrado do recruta com suas tarefas cotidianas na corporação.

Anáfora

Anáfora é a repetição de uma palavra ou grupo de palavras no início de frases ou versos. No parágrafo a seguir, extraído de uma crônica, a preposição *a* aparece várias vezes no começo das frases, ressaltando as ações repetitivas e negligentes das pessoas do nosso tempo. Veja:

> [...]
> A gente se acostuma a acordar de manhã sobressaltado porque está na hora. **A** tomar o café correndo porque está atrasado. **A** ler o jornal no ônibus porque não pode perder o tempo da viagem. **A** comer sanduíche porque não dá para almoçar. **A** sair do trabalho porque já é noite. **A** cochilar no ônibus porque está cansado. **A** deitar cedo e dormir pesado sem ter vivido o dia.
> [...]
>
> COLASANTI, Marina. "Eu sei, mas não devia". Disponível em: <http://mod.lk/1JPpi>. Acesso em: 23 fev. 2017. (Fragmento). © by Marina Colasanti.

Anacoluto

Para enfatizar certo termo, o enunciador pode deslocá-lo para o início da frase sem obedecer às regras sintáticas tradicionais, dando a impressão de que o texto é interrompido. Essa quebra na construção do enunciado recebe o nome de **anacoluto**. É o que ocorre neste fragmento de prosa poética, no qual a expressão destacada sofre tal processo:

> Na rua passa um operário. [...] Para onde vai ele, pisando assim tão firme? Não sei. A fábrica ficou lá atrás. Adiante é só o campo, com algumas árvores, o grande anúncio de gasolina americana e os fios, os fios, os fios. **O operário** não lhe sobra tempo de perceber que eles levam e trazem mensagens, que contam da Rússia, do Araguaia, dos Estados Unidos. [...]
>
> ANDRADE, Carlos Drummond de. O operário no mar. *Sentimento do mundo*. Rio de Janeiro: Mediafashion, 2008. p. 21. (Fragmento). Carlos Drummond de Andrade © Graña Drummond (www.carlosdrummond.com.br).

Se organizada de forma tradicional, a oração poderia ficar assim: "Não sobra ao operário tempo de perceber [...]". Com o deslocamento intencional para o início da frase, o autor garante, nesse momento da narrativa, o destaque pretendido à figura do operário.

> Ver A língua da gente: "Anacoluto, um jeito bem brasileiro de falar".

Para assistir

O filme *Vida e Verso de Carlos Drummond de Andrade: uma leitura* (2014, dir.: Eucanaã Ferraz) apresenta a vida e a obra desse que é considerado um de nossos maiores escritores. Para conduzir a cinebiografia, quatro autores brasileiros contemporâneos relatam episódios da vida do poeta e leem alguns de seus textos.

Pleonasmo

Damos o nome de **pleonasmo** a formas redundantes de construir os enunciados, nas quais se repetem informações ou se fornecem detalhes óbvios. Observe abaixo como Orlando Pedroso recorre ao pleonasmo a fim de conferir expressividade ao seu texto.

PEDROSO, Orlando. Disponível em: <www.orlandopedroso.com.br>. Acesso em: 27 out. 2016.

No texto verbal, a informação de que o minuto vira 60 segundos é aparentemente redundante; mas, no contexto, serve para enfatizar a agonia vivida pela pessoa que cai, representada no texto visual.

Pleonasmo vicioso

Às vezes, a redundância não tem a intenção de produzir efeito estilístico. É o que ocorre em expressões como *sair para fora*, *subir para cima*, *há dez anos atrás*. Esse tipo de construção, considerado um **pleonasmo vicioso**, deve ser evitado, sobretudo em contextos formais.

> Ver De olho na escrita: "Expressões redundantes", ao final da Unidade 6.

Elipse

Há casos em que a expressividade não se dá pela redundância, mas por meio de termos subentendidos. Vejamos como isso acontece no trecho da crônica reproduzido a seguir.

> [...] em Brasília o amor pode virar pó; no Rio, frivolidade; em Belo Horizonte, remorso; em São Paulo, dinheiro [...].
>
> CAMPOS, Paulo Mendes. O amor acaba. *O homem que odiava ilhas*. São Paulo: Cia. das Letras, 2013. (Fragmento). © by Joan A. Mendes Campos.

Observe que a locução verbal *pode virar* só aparece na primeira oração, ficando subentendida nas demais. Esse recurso confere mais fluidez e dinamismo ao texto, ao sugerir que o amor pode se transformar em diferentes coisas, de acordo com a cidade onde é vivido.

Quando um ou mais termos da oração são suprimidos, de modo que o interlocutor possa recuperá-los pelo contexto, dizemos que ocorre **elipse**. Se o termo suprimido é um verbo, geralmente a elipse é marcada por vírgula, como se observa no exemplo.

Figuras fônicas ou sonoras

Por fim, um último grupo de figuras de linguagem é aquele que explora a dimensão sonora da língua. As principais figuras desse grupo são: *paronomásia*, *aliteração*, *assonância* e *onomatopeia*.

Paronomásia

Pense e responda

O autor paulistano Zack Magiezi é conhecido por divulgar seus poemas datilografados em redes sociais. Leia um deles e responda às perguntas.

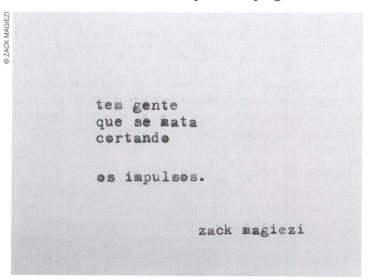

MAGIEZI, Zack. Disponível em: <http://mod.lk/e8f88>. Acesso em: 20 fev. 2017.

1. Um dos recursos expressivos utilizados pelo poema é a quebra da previsibilidade. Em uma redação convencional, qual seria, provavelmente, a última palavra do texto?
2. Qual é a diferença entre a palavra que você identificou e a que foi usada no poema? E a semelhança?
   - Como o eu lírico usou esses aspectos na construção de sentidos do texto?

Parônimos são palavras com forma semelhante (não idêntica) e sentido distinto. Por exemplo: *cumprimento* (saudação) e *comprimento* (extensão), *tráfego* (trânsito) e *tráfico* (comércio ilegal). A paronomásia é justamente a exploração estilística dos parônimos, como fez o eu lírico no poema lido: como você percebeu, foi construído um jogo criativo entre os substantivos *pulsos* e *impulsos*, que surpreende o leitor e confere subjetividade ao texto.

Ver De olho na escrita: "Uso dos parônimos", ao final da Unidade 2.

Aliteração e assonância

Aliteração é a repetição de um ou mais *fonemas consonantais*. Ela ocorre, por exemplo, no título da chamada desta capa de revista.

Época. São Paulo: Globo, 24 jun. 2016.

A classe média insatisfeita tira o Reino Unido da União Europeia – e o novo nacionalismo se torna o maior desafio para os líderes mundiais

Observe que os termos *brado* e *britânico* apresentam a mesma sequência *br* em sua composição, atribuindo mais destaque ao texto.

Também é possível explorar os *fonemas vocálicos* na construção de enunciados. Nesse caso, o recurso utilizado é a **assonância**. Veja como isso acontece na manchete reproduzida a seguir.

A v**a**i**a** que l**a**v**a**

Zero Hora. Porto Alegre, 22 ago. 2016. Disponível em: <http://mod.lk/bgzsi>. Acesso em: 20 fev. 2017.

Onomatopeia

A **onomatopeia** é uma figura sonora muito comum nos textos multimodais, principalmente nos quadrinhos. Trata-se de palavras ou expressões que buscam reproduzir sons naturais, como ruídos e vozes dos animais. Veja como a onomatopeia aparece na tira a seguir e tem papel fundamental na construção do humor.

GARFIELD   JIM DAVIS

DAVIS, Jim. Garfield. *Folha de S.Paulo*. São Paulo, 28 abr. 2016.

A tira é engraçada, pois Garfield trata com indiferença a queda de Odie e reporta o episódio a Jon como se o cachorro soubesse o que estava acontecendo – o que não convence o leitor, pois está claro que o cãozinho foi pego de surpresa e ficou desesperado ao cair.

Duas expressões são fundamentais para que essa interpretação seja possível: as onomatopeias "Au!", que reproduz o latido de susto que o cão dá, e "Fuup", que representa o barulho que ele faz ao cair de repente, no buraco feito pelos cupins no assoalho.

EM EQUIPE

Figuras de linguagem em letras de canções

Compositores de todos os tempos têm explorado as figuras de linguagem em suas produções. Considere, por exemplo, a letra deste samba de 1933, na qual Noel Rosa denunciava, com muito bom humor, o enriquecimento suspeito de certos cidadãos de sua época. Duas figuras de linguagem foram empregadas na composição da letra:

Onde está a honestidade?

Você tem palacete reluzente
Tem joias e criados à vontade
Sem ter nenhuma herança nem parente
Só anda de automóvel na cidade

[refrão]

E o povo já pergunta com maldade:
"Onde está a honestidade?
Onde está a honestidade?"

O seu dinheiro nasce de repente
E embora não se saiba se é verdade — ironia
Você acha nas ruas diariamente
Anéis, dinheiro e até felicidade

[repete refrão]

Vassoura dos salões da sociedade
Que **v**arre o que encontrar em sua frente — aliteração
Promo**v**e festi**v**ais de caridade
Em nome de qualquer defunto ausente

[repete refrão]

ROSA, Noel. In: CHEDIAK, Almir (Org.). Onde está a honestidade? *Songbook Noel Rosa*. Rio de Janeiro: Lumiar, 1991. p. 91-92. v. 1.

Para fixar melhor os conteúdos estudados neste capítulo e observar, na prática, o emprego das figuras de linguagem, você e os colegas vão realizar uma pesquisa intitulada "Figuras de linguagem na música". Siga estas orientações.

1. Junte-se a dois ou três colegas. Pesquisem e selecionem três letras de canção brasileiras nas quais apareçam figuras de linguagem. A seleção do grupo deve contemplar, pelo menos: uma figura de palavra ou de pensamento, uma de construção e uma figura sonora.

2. Para cada canção escolhida, identifiquem: o nome do(s) compositor(es) e do(s) intérprete(s) e o ano de produção. Além disso, conversem sobre as músicas: se as apreciam e por que, quais efeitos de sentido as figuras de linguagem provocam, etc. Tomem nota da discussão, pois esses dados farão parte dos resultados da pesquisa.

3. Sob a coordenação do professor, decidam como os grupos se apresentarão. Vocês podem gravar um pequeno vídeo, fazer uma breve exposição oral acompanhada de reproduções das músicas, ou mesmo uma apresentação por escrito, na forma de um painel.

4. Seja qual for o formato escolhido, é importante que no trabalho de cada grupo fique claro: por que foram selecionadas as letras, quais figuras elas empregam e quais efeitos de sentido vocês acham que essas figuras provocam. Incluam também os dados artísticos: compositor, intérprete e ano.

5. Depois que cada grupo tiver feito sua apresentação, discutam: foi difícil encontrar e nomear as figuras de linguagem? A pesquisa foi útil para vocês compreenderem melhor os conceitos estudados?

A língua da gente

Anacoluto: um jeito bem brasileiro de falar

No tópico "Figuras de sintaxe ou de construção", você viu que o anacoluto consiste no deslocamento de certo termo para o início da frase, a fim de enfatizá-lo. Na continuação da frase, esse termo é retomado, mas sem obediência às regras sintáticas tradicionais. É o que acontece neste trecho de uma prosa poética de Carlos Drummond de Andrade, conforme vimos: "**O operário** não lhe sobra tempo de perceber [...]".

Além de aparecer na literatura para produzir efeitos estéticos particulares, essa maneira de elaborar a frase está muito presente na linguagem cotidiana do brasileiro. Observe, por exemplo, o *outdoor* a seguir, exibido em uma capital nordestina:

Disponível em: <http:mod.lk/zhxpc>. Acesso em: 11 abr. 2017.

Essa forma de construir a frase também é chamada de **estrutura tópico-comentário**, porque primeiro se apresenta o tópico, isto é, o tema que se vai abordar, e depois se faz um comentário sobre ele:

Homem que bate em mulher, *delegacia nele.*
        tópico   comentário

Segundo alguns linguistas, a forte presença da estrutura tópico-comentário na fala brasileira pode ser uma influência africana: em muitas línguas do grupo banto, usadas pela maior parte dos africanos trazidos ao Brasil durante o período da escravidão, a frase é construída dessa maneira, com o elemento mais importante primeiro. Isso comprova a riqueza cultural do português brasileiro, que absorveu vários ingredientes durante sua formação.

Muito natural na fala, a estrutura tópico-comentário também é utilizada em textos escritos que permitem linguagem informal e buscam comunicação direta com o público, como é o caso do anúncio exibido no *outdoor*. Contudo, na escrita formal convém substituir essa estrutura pela mais tradicional, geralmente formada por **sujeito-verbo-complementos**. Veja como fazer essa transformação quando necessário:

Esse aluno novo, eu conheço o pai dele.   tópico-comentário

Eu conheço o pai desse aluno novo.   estrutura tradicional
 sujeito verbo   complemento

Em alguns casos, pode ser necessário ajustar a concordância verbal e acrescentar preposições. Observe:

Os capacetes mais baratos entram vento.

Entra vento nos capacetes mais baratos.

Se você quiser dar destaque ao termo que era o tópico, pode mantê-lo no início da frase. Mas, nesse caso, deve verificar se a concordância e o uso das preposições estão adequados. Veja um exemplo:

Aqueles quartos só cabem uma pessoa.

Naqueles quartos só cabe uma pessoa.

ATIVIDADES

▸ Leia a tira e responda às questões de 1 a 3.

A CABEÇA É A ILHA — ANDRÉ DAHMER

DAHMER, André. A cabeça é a ilha. *O Globo*. Rio de Janeiro, 8 jun. 2016.

1. Na tira, fica subentendido que o verdadeiro alvo da crítica não são as câmeras atuais, mas o comportamento de seus usuários. Explique essa afirmação.

2. Qual figura de sintaxe foi utilizada na tira? Justifique sua resposta.

3. O humor da tira é construído pela quebra de uma regularidade no sentido e na construção das frases. Explique como a figura que você identificou contribui para isso.

▸ Leia o fragmento inicial de um conto de Clarice Lispector e responda às questões de 4 a 9.

O búfalo

Mas era primavera. Até o leão lambeu a testa glabra da leoa. Os dois animais louros. A mulher desviou os olhos da jaula, onde só o cheiro quente lembrava a carnificina que ela viera buscar no Jardim Zoológico. Depois o leão passeou enjubado e tranquilo, e a leoa lentamente reconstituiu sobre as patas estendidas a cabeça de uma esfinge. "Mas isso é amor, é amor de novo", revoltou-se a mulher tentando encontrar-se com o próprio ódio mas era primavera e dois leões se tinham amado. Com os punhos nos bolsos do casaco, olhou em torno de si, rodeada pelas jaulas, enjaulada pelas jaulas fechadas. Continuou a andar. [...]

LISPECTOR, Clarice. O búfalo. *Laços de família*.
Rio de Janeiro: Francisco Alves, 1990. p. 177. (Fragmento).

Glossário
Glabra: sem pelos.

4. A conjunção *mas* estabelece contraste entre ideias. Considere as atitudes e emoções da mulher e responda: nesse fragmento, a qual elemento se contrapõe a estação da primavera, introduzida por *mas* em duas passagens do trecho?

5. Que tipo de conflito a personagem parece estar vivendo: familiar, amoroso, existencial ou de outra natureza? Justifique sua resposta com base no próprio texto.

6. Qual fonema consonantal aparece repetidamente na descrição dos leões? Dê exemplos que justifiquem sua resposta.

7. No contexto, a quais sensações ou noções poderíamos relacionar esse som? Indique as alternativas cabíveis.

   a) umidade
   b) seriedade
   c) sensualidade
   d) amargura
   e) timidez
   f) calor

8. Em qual outra parte do parágrafo ocorre uma repetição de sons? Nesse caso, que efeito de sentido a repetição produz?

9. Você diria que os sons das palavras ajudam a construir os sentidos nessa parte inicial do conto? Por quê?

ATIVIDADES

■ O poema "Coleirinho", do abolicionista Luís Gama (1830-1882), trata da situação dos escravos no Brasil. Leia a estrofe inicial e responda às questões de 9 a 12.

Coleirinho

Canta, canta Coleirinho,
Canta, canta, o mal quebranta;
Canta, afoga mágoa tanta
Nessa voz de dor partida;
Chora, escravo, na gaiola
Terna esposa, o teu filhinho,
Que, sem pai, no agreste ninho,
Lá ficou sem ti, sem vida.
[...]

GAMA, Luís. In: FARIA, Antônio A. M. de; PINTO, Rosalvo G. (Org.). *Poemas brasileiros sobre trabalhadores*. Belo Horizonte: Fale/UFMG, 2011. p. 59. (Fragmento).

Material complementar
Texto integral

Glossário
Coleirinho: espécie de pássaro que habita grande parte do território brasileiro.
Quebranta: vence, domina.

10. O poema é construído com base em uma comparação entre duas imagens. Como se dá essa comparação?
- Dentro da comparação que você descreveu, o que o "agreste ninho" a que o poema se refere poderia representar?

11. Qual vogal se repete do primeiro ao terceiro versos? E qual se repete do quarto verso em diante?

12. Podemos relacionar essas diferentes assonâncias (repetições de sons vocálicos) à mudança na temática dos dois grupos de versos e nas emoções que se pretende expressar em cada um deles. Explique essa afirmação.

ENEM E VESTIBULARES

1. (Enem)

Disponível em: www.portaldapropaganda.com.br. Acesso em: 29 out. 2013 (adaptado).

Os meios de comunicação podem contribuir para a resolução de problemas sociais, entre os quais o da violência sexual infantil. Nesse sentido, a propaganda usa a metáfora do pesadelo para

a) informar crianças vítimas de abuso sexual sobre os perigos dessa prática, contribuindo para erradicá-la.

b) denunciar ocorrências de abuso sexual contra meninas, com o objetivo de colocar criminosos na cadeia.

c) dar a devida dimensão do que é o abuso sexual para uma criança, enfatizando a importância da denúncia.

d) destacar que a violência sexual infantil predomina durante a noite, o que requer maior cuidado dos responsáveis nesse período.

e) chamar a atenção para o fato de o abuso infantil ocorrer durante o sono, sendo confundido por algumas crianças com um pesadelo.

104 Gramática: uma reflexão sobre a língua

2. (Uerj – Adaptado)

Ciência e Hollywood

Infelizmente, é verdade: explosões não fazem barulho algum no espaço. Não me lembro de um só filme que tenha retratado isso direito. Pode ser que existam alguns, mas se existirem não fizeram muito sucesso. Sempre vemos explosões gigantescas, estrondos fantásticos. Para existir ruído é necessário um meio material que transporte as perturbações que chamamos de ondas sonoras. Na ausência de atmosfera, ou água, ou outro meio, as perturbações não têm onde se propagar. Para um produtor de cinema, a questão não passa pela ciência. [...]

MARCELO GLEISER. Adaptado de www1.folha.uol.com.br.

No título do texto, a palavra *Hollywood* é empregada por causa da identificação entre a indústria cinematográfica e uma localidade dos Estados Unidos que concentra empresas do ramo. Esse emprego, portanto, configura uma figura de linguagem conhecida como:

a) metáfora b) hipérbole c) metonímia d) eufemismo

3. (FGV-SP)

Escrevo neste instante com algum prévio pudor por vos estar invadindo com tal narrativa tão exterior e explícita. De onde no entanto até sangue arfante de tão vivo de vida poderá quem sabe escorrer e logo se coagular em cubos de geleia trêmula. Será essa história um dia o meu coágulo? Que sei eu. Se há veracidade nela – e é claro que a história é verdadeira embora inventada –, que cada um a reconheça em si mesmo porque todos nós somos um e quem não tem pobreza de dinheiro tem pobreza de espírito ou saudade por lhe faltar coisa mais preciosa que ouro – existe a quem falte o delicado essencial.

Clarice Lispector, *A hora da estrela*.

Dos efeitos expressivos presentes nos trechos do texto reproduzidos abaixo, o único que NÃO está corretamente identificado é:

a) "prévio pudor" (aliteração).
b) "o meu coágulo" (metáfora).
c) "de geleia trêmula" (antítese).
d) "é verdadeira embora inventada" (paradoxo).
e) "coisa mais preciosa que ouro" (símile).

4. (Insper-SP – Adaptado)

Sempre desconfiei

[...] Me lembro de que, quando menino, minha gente acusava-me de inventar os sonhos. O que me deixava indignado.

Hoje creio que ambas as partes tínhamos razão.

[...]

(Mario Quintana. *A vaca e o hipogrifo*. São Paulo: Globo, 1995)

Em "Hoje creio que ambas as partes tínhamos razão", o autor recorre a uma figura de construção, que está corretamente explicada em

a) silepse, por haver uma concordância verbal ideológica.
b) elipse, por haver a omissão do objeto direto.
c) anacoluto, por haver uma ruptura na estrutura sintática da frase.
d) pleonasmo, por haver uma redundância proposital em "ambas as partes".
e) hipérbato, por haver uma inversão da ordem natural e direta dos termos da oração.

5. (Unifesp)

(www.iturrusgarai.com.br)

O efeito de humor da tira advém, dentre outros fatores, da

a) ironia, verificada na fala da personagem como intenção clara de afirmar o contrário daquilo que está dizendo.

b) paronomásia, verificada pelo emprego de palavras parecidas na escrita e na pronúncia, à moda de um trocadilho.

c) metáfora, verificada pelo emprego de termos que podem se cambiar como formas sinônimas no enunciado.

d) metonímia, verificada pelo emprego de uma palavra em lugar de outra por uma relação de contiguidade.

e) onomatopeia, verificada pelo recurso à sonoridade das palavras, que atribui outros sentidos ao enunciado.

6. (Unesp – Adaptado)

Esta questão toma por base um fragmento de *Glória moribunda*, do poeta romântico brasileiro Álvares de Azevedo (1831-1852).

> [...]
> Agora tudo é cinza. Resta apenas
> A caveira que a alma em si guardava,
> Como a concha no mar encerra a pérola,
> Como a caçoula a mirra incandescente.
> [...]
>
> (*Poesias completas*, 1962.)

Como a concha no mar encerra a pérola,

Como a caçoula a mirra incandescente.

Nos versos em destaque, após a palavra *caçoula*, está subentendida, por elipse, a forma verbal

a) teme.

b) queima.

c) brilha.

d) seca.

e) encerra.

Mais questões: no livro digital, em **Vereda Digital Aprova Enem** e **Vereda Digital Suplemento de revisão e vestibulares**; no *site*, em **AprovaMax**.

Homônimos homófonos

Conforme você estudou no Capítulo 6, homônimos homófonos são palavras com a mesma pronúncia, porém com grafia e sentido diferentes. É importante conhecer os principais casos desse tipo de homonímia para não cometer equívocos na hora da escrita. Vamos recordá-los nas atividades a seguir.

1. No caderno, indique como devem ser completadas as palavras das manchetes. Escolha entre as letras e dígrafos do quadro.

c	ch	s	ss	x

a) Prefeito ca◆ado é condenado por porte ilegal de munição em MT

G1, 27 set. 2016. Disponível em: <http://mod.lk/ehgif>. Acesso em: 20 fev. 2017.

b) MEC divulga dados preliminares do ◆enso Escolar 2016

Agência Brasil. Brasília, 29 set. 2016. Disponível em: <http://mod.lk/zortv>. Acesso em: 20 fev. 2017.

c) Irmã gêmea do último ◆á do Irã morre aos 96 anos

G1, 9 jan. 2016. Disponível em: <http://mod.lk/22qcl>. Acesso em: 20 fev. 2017.

d) Bandidos roubam dinheiro e ◆eque em branco em casa

Folha da Região. Araçatuba, 18 out. 2016. Disponível em: <http://mod.lk/tmkkh>. Acesso em: 20 fev. 2017.

e) Fiscalização no Rio verifica se lei que reserva a◆entos em ônibus é cumprida

Agência Brasil. Brasília, 28 maio 2015. Disponível em: <http://mod.lk/rhsjl>. Acesso em: 20 fev. 2017.

f) Orquestra Sinfônica Jovem da Paraíba apresenta con◆erto com alunos do Prima

PB Agora. João Pessoa, 17 out. 2016. Disponível em: <http://mod.lk/ju0lz>. Acesso em: 20 fev. 2017.

2. Identifique o homônimo homófono de cada uma das palavras que você completou na questão anterior. Se necessário, consulte um dicionário. Em seguida, crie uma frase com cada um desses homônimos, de acordo com seu significado.

3. Copie a manchete a seguir, substituindo o símbolo por s ou z.

Bienal de cinema tra◆ índios na frente e atrá◆ da câmera

Folha de S.Paulo. São Paulo, 9 out. 2016. Ilustrada, p. C8.

4. Agora, copie e complete as manchetes a seguir com palavras cognatas (que têm o mesmo radical) das que você completou na questão anterior.

a) O que está por ◆ da redução das mortes no trânsito de SP

Exame, 17 out. 2016. Disponível em: <http://mod.lk/wpitq>. Acesso em: 20 fev. 2017.

b) Chuvas ◆ preocupação para a colheita de trigo no Brasil

Notícias Agrícolas, 19 out. 2016. Disponível em: <http://mod.lk/0jhqv>.
Acesso em: 20 fev. 2017.

c) Motociclista fica ferido ao bater na ◆ de carro em Cuiabá

FolhaMax. Cuiabá, 18 out. 2016. Disponível em: <http://mod.lk/qqffx>.
Acesso em: 20 fev. 2017.

d) ◆ do Enem 2015: Candidatos perdem a hora para o exame nacional

UOL Educação, 24 out. 2015. Disponível em: <http://mod.lk/wrjqs>.
Acesso em: 20 fev. 2017.

5. Os substantivos homônimos homófonos do quadro causam dúvidas a muitas pessoas. Consulte seu significado no dicionário e crie uma frase com cada um deles.

| cessão | seção | sessão |

Uso de parônimos

No Capítulo 7 você estudou sobre a **paronomásia**, uma figura de linguagem que explora os parônimos – palavras semelhantes na forma, mas com sentidos distintos. Quando não tem valor estilístico, porém, a troca de um parônimo por outro pode gerar erros na expressão verbal, especialmente por escrito. Vamos rever os principais casos na atividade a seguir.

1. Copie e complete as frases com uma das opções oferecidas entre parênteses. Consulte o dicionário sempre que necessário.

   a) Estávamos diante de um perigo ◆. (eminente/iminente)

   b) O quarto estava tão quente que comecei a ◆. (soar/suar)

   c) O ministro foi acusado de fazer ◆ de influência. (tráfego/tráfico)

   d) Não quero que ninguém saiba desse segredo. Conto com sua ◆. (descrição/discrição)

   e) O mal que me ◆ voltará para eles. (infligiram/infringiram)

   f) O juiz emitiu um ◆ de busca e apreensão contra o réu. (mandado/mandato)

   g) Se você fez pré-inscrição no curso de teatro e tem interesse em participar, vá à secretaria para ◆ sua matrícula. (ratificar/retificar)

2. (FGV-SP – Adaptado)

   Ex-estrela em ◆ (ascensão / acensão / assenção) no obscurantista Partido Comunista que governa a China, o então líder Bo Xilai foi condenado na semana passada à prisão perpétua ◆ (sob/sobre) acusação de corrupção.

   Ainda que a classe média chinesa continue a ver "motivação política" na condenação, a prisão perpétua pareceu satisfazer uma nação na qual impera o autoritarismo burocrático no poder.

   (*IstoÉ*, 02.10.2013. Adaptado)

- Transcreva, dentre os termos em parênteses, aqueles que completam corretamente as lacunas do texto.

UNIDADE 3
INTRODUÇÃO À MORFOLOGIA

Capítulo 8
Estrutura das palavras, 110

Capítulo 9
Formação das palavras, 119

Na unidade anterior você refletiu sobre o sentido das palavras. Agora chegou a hora de descobrir como elas são formadas.

Você vai entender por que, mesmo diante de palavras desconhecidas – como *agatologia* ou *caçadeiro* –, é possível deduzir algo a respeito delas. Também refletirá sobre como e por que estamos sempre criando novas palavras na língua. Bons estudos!

CAPÍTULO 8
ESTRUTURA DAS PALAVRAS

OBJETIVOS DE APRENDIZAGEM
- Conceituar morfema.
- Identificar radicais, afixos, desinências e vogais temáticas.
- Compreender o papel que tais partículas exercem na composição das palavras.

Observação

Se alguém lhe dissesse "Já tergusei", você não entenderia exatamente o sentido da frase, mas saberia que a pessoa se refere a uma ação que praticou. Você sabe disso porque, como falante de português, reconhece que palavras terminadas em *-ei* quase sempre expressam ações tomadas no passado por aquele que fala: *andei*, *cantei*, *chorei*. Essa relação entre a forma e o sentido das palavras é estudada por uma área da gramática chamada *morfologia*, à qual passaremos a nos dedicar a partir deste capítulo.

A tira a seguir faz parte de uma série em que o personagem sempre faz uma reflexão filosófica antes de se jogar de um precipício. Leia-a e responda às questões.

ITURRUSGARAI, Adão. Mundo monstro. *Folha de S.Paulo*, São Paulo, 17 set. 2013.

Análise

1. O personagem sugere que os substantivos apresentados no 1º quadrinho se referem a coisas nas quais se pode ou não acreditar. Com base nisso, explique o que esses substantivos têm em comum, do ponto de vista do significado.

2. O humor das tiras muitas vezes se baseia em uma quebra de expectativas.
   a) De acordo com o que é dito no 1º quadrinho, qual sentido o leitor é levado a atribuir à frase "Só acredito em um 'ismo'..."?
   b) Explique como a quebra de expectativa acontece no último quadrinho e é responsável pelo humor do texto.

Morfema

A tira brinca com as partículas que entram na composição das palavras e carregam significados – os **morfemas**. A terminação *-ismo* que aparece em *iluminismo*, *teocentrismo*, *empirismo*, *socialismo* e *existencialismo* forma substantivos e lhes confere o significado de doutrina ou movimento (intelectual, social, etc.). Trata-se, portanto, de um morfema.

Apesar de ter a mesma forma, a sequência *-ismo* que aparece em *abismo* não é um morfema, porque, isoladamente, ela não tem qualquer significado. Esse substantivo é composto pelos morfemas *abism-* (que aparece também em *abismado* e *abismal*, por exemplo) e *-o*. Como você percebeu, é dessa diferença entre os dois "ismos" que nasce o humor da tira.

Neste capítulo, vamos refletir sobre os morfemas e os sentidos que eles conferem às palavras.

> **Morfema** é uma partícula que carrega significados e entra na composição das palavras. É, portanto, a unidade mínima de significado na língua.

Classificação dos morfemas

Conforme seu papel na construção das palavras, os morfemas se classificam em: radicais, afixos, desinências e vogais temáticas. Veja, a seguir, as características de cada um desses elementos mórficos.

Radical e afixos

Observe estas palavras:

> co**exist**ir   **exist**ir   **exist**ência   in**exist**ente   **exist**encialismo

É fácil perceber que todas elas compartilham um sentido comum, ligado à ideia de ser, viver ou estar presente. O morfema responsável por esse sentido básico é o **radical** *exist-*.

Palavras que possuem o mesmo radical, como as que estão no quadro, são denominadas **cognatas**. Também se diz que pertencem à mesma **família de palavras**.

Certos radicais podem compor sozinhos a palavra, como é o caso de *mal*, *raiz* ou *capim*. No entanto, em muitos casos, como os do quadro acima, são agregados outros morfemas ao radical, antes ou depois dele. Esses morfemas que se agregam ao radical e formam novas palavras são denominados **afixos**.

Os afixos que aparecem antes do radical são os **prefixos**, e os que aparecem depois, os **sufixos**. Veja:

Observe que cada afixo acrescenta um significado específico ao radical. O prefixo *pre-* traz a ideia de anterioridade, portanto sabemos que *preexistente* é aquilo que existia antes. O prefixo *co-*, por sua vez, significa "junto", então sabemos que *coexistência* é o ato de existir junto.

O sufixo é especialmente importante porque, além de trazer um sentido específico, indica a classe da palavra: o sufixo *-ente* forma adjetivos, como em *crescente* (aquele que cresce) ou *sobrevivente* (aquele que sobrevive); logo, sabemos que *preexistente* é aquele que preexiste. Já o sufixo *-ência* forma substantivos abstratos, como *adolescência* e *violência*; ao ouvir uma palavra terminada com esse sufixo, sabemos, então, que seu significado está relacionado a "ação de" ou "qualidade de".

Radicais são os morfemas que carregam o significado básico da palavra.

Palavras cognatas são aquelas que possuem o mesmo radical.

Afixos são morfemas que se juntam ao radical para formar novas palavras, carregando significados específicos. Os afixos que aparecem antes do radical são os **prefixos**, e os que aparecem depois dele são os **sufixos**.

Desinências

Pense e responda

Leia a tira.

ARMANDINHO — ALEXANDRE BECK

Quadrinho 1 (pai): NÃO ADIANTA SÓ "QUERER MUITO", FILHO...

Quadrinho 2 (pai): EU TAMBÉM QUERIA UM GATO QUANDO ERA PEQUENO, MAS...

Quadrinho 3 (mãe): COMO ASSIM "QUEREMOS DOIS GATOS"?!

BECK, Alexandre. *Armandinho dois*. Florianópolis: A. C. Beck, 2014. p. 63.

1. As duas falas do pai terminam com reticências (...). Responda: em cada balão de fala, o sinal indica, respectivamente:

a) que a fala vai continuar – que o homem mudou de ideia

b) que a fala vai continuar – que o homem quer criar suspense

c) que o homem mudou de ideia – que a fala vai continuar

2. O último quadrinho apresenta uma cena surpreendente tanto para o leitor quanto para a mãe de Armandinho.

a) Explique por que essa cena é surpreendente e como a linguagem visual é importante para que o leitor a compreenda.

b) Ao fazer seu primeiro pedido aos pais, Armandinho provavelmente disse: "Quero um gato". Do ponto de vista da *forma* das palavras, o que mudou dessa fala para: "Queremos dois gatos"?

c) Como a mudança na forma do verbo *querer* e do substantivo *gato* se relaciona à mudança de sentido? Você diria que, nesse caso, os elementos mórficos responsáveis pela mudança são afixos? Por quê?

Ao analisar a tira de Armandinho, você observou que mudanças na forma de palavras variáveis – o verbo *querer* e o substantivo *gato* – foram capazes de expressar mudanças no número: as formas *quero* e *gato* indicam o singular (um falante só, um animal só), enquanto *queremos* e *gatos* indicam o plural (mais de um falante, mais de um animal). A noção de número é obrigatória para verbos e substantivos, ou seja, essas palavras sempre podem ser usadas no singular (*ama*, *bicho*) ou no plural (*amam*, *bichos*). Além da noção de número, também são consideradas obrigatórias as noções de pessoa, modo e tempo, no caso dos verbos, e gênero (masculino ou feminino) no caso dos substantivos, adjetivos, pronomes, artigos, numerais.

Os elementos mórficos responsáveis por exprimir tais noções são as **desinências**. Desse modo, as terminações *-emos* em *queremos* e *-s* em *gatos* são desinências. Elas realizam a **flexão** das palavras variáveis, ou seja, as mudanças na forma dessas palavras

112 Gramática: uma reflexão sobre a língua

para que se exprimam aquelas noções de número, pessoa, gênero, etc. Observe que as desinências se distinguem dos sufixos, pois estes formam novas palavras e trazem para elas noções específicas, não obrigatórias, como origem (*baiano*) ou profissão (*leiteiro*).

Veja com mais detalhes como as desinências realizam a flexão das palavras variáveis:

> **Desinências** são elementos mórficos que realizam as **flexões** das palavras variáveis, como gênero, número ou pessoa.

Vogal temática

Veja novamente a análise mórfica da forma verbal *adotaremos*:

adot a re mos
/ | /
radical   desinências

O radical da palavra é *adot-*, o mesmo que aparece em ***adot**ivo* e ***adot**ante*, por exemplo. Entre ele e as desinências, aparece uma partícula que não é nem desinência nem sufixo, a vogal *a*. Trata-se da **vogal temática**, um elemento mórfico que se junta ao radical para formar a base sobre a qual são agregados sufixos ou desinências.

Em português, as vogais temáticas são verbais (referentes a verbos) ou nominais (referentes a nomes, isto é, substantivos e adjetivos). As vogais temáticas verbais são *-a*, *-e* e *-i*, as quais têm, também, a função de distinguir os três paradigmas de conjugação: *adot**a**r* (primeira conjugação), *viv**e**r* (segunda conjugação) e *exist**i**r* (terceira conjugação). Já as vogais temáticas nominais são as átonas *-a* (*mes**a***), *-e* (*class**e***) e *-o* (*abism**o***).

> ### Apagamento da vogal temática
> A vogal temática, muitas vezes, não aparece na palavra porque sofre um processo fonológico de apagamento, ou seja, uma outra vogal (do sufixo ou da desinência) sobrepõe-se a ela. Por exemplo: *abism(o) + al = abismal*; *exist(i) + o = existo*.

> **Vogal temática** é um elemento mórfico que se junta ao radical para formar a base sobre a qual são acrescentados sufixos ou desinências. Nos verbos, a vogal temática distingue as três conjugações.

Vogais e consoantes de ligação

Observe estas palavras:

| facilidade | cafezal | chaleira |

Capítulo 8 • Estrutura das palavras

Note que as letras destacadas não se encaixam em nenhuma das categorias de morfemas que examinamos; aliás, elas nem parecem morfemas, pois não têm significado nem servem para categorizar as palavras.

Esses elementos que aparecem em algumas palavras são denominados **vogais** ou **consoantes de ligação** e servem, como o nome indica, apenas para ligar o radical ao sufixo, a fim de facilitar a pronúncia. Se não houvesse a consoante *l* em *chaleira*, por exemplo, seria formada uma sequência sonora difícil de pronunciar ("chaeira").

Aprender a aprender

Resumos lineares

Ao longo deste volume, você recebeu dicas para preparar quadros-sínteses, resumos esquemáticos e mapas conceituais. Todas essas formas de resumo têm em comum a organização visual das informações.

Agora, você vai receber orientações sobre como elaborar um tipo de resumo no qual as informações não são arranjadas espacialmente, e sim de forma linear, em parágrafos.

1. Para começar, faça uma lista dos principais conceitos do capítulo. Por exemplo:

   - Morfologia é a área da gramática que estuda a relação entre a forma e o sentido das palavras.
   - Morfemas são partículas que entram na composição das palavras e carregam significados.
   - Morfemas podem ser classificados em: radicais, afixos, desinências e vogais temáticas.
   - Radicais são os morfemas que apresentam o significado básico das palavras.

2. Depois, analise sua lista e planeje como organizar as informações em parágrafos. Leve em conta a relação entre elas e sua ordem de importância.
3. Comece a redigir o resumo, relacionando as frases e os parágrafos por meio de expressões como *porque*, *além disso*, *também*, *mas*, etc. Para evitar a repetição de palavras, use pronomes, sinônimos ou outros recursos. Insira exemplos sempre que achar necessário.
4. Quando terminar, releia o texto e verifique se ele está coerente, claro e se contém as principais informações do capítulo. Não se esqueça de inserir um título que identifique o resumo.

Veja um exemplo de como poderia se iniciar o seu resumo:

Resumo do Capítulo 8 – "Estrutura das palavras"

Morfologia é a área da gramática que estuda a relação entre a forma e o sentido das palavras. Um de seus objetos de análise são os morfemas, partículas que entram na formação das palavras e carregam significados. A sequência "-ismo" que aparece em "iluminismo" e "existencialismo", por exemplo, é um morfema, porque dá a esses substantivos a ideia de doutrina ou movimento (intelectual, social, etc.).

Conforme o papel que exercem na composição das palavras, os morfemas são classificados em: radicais, afixos, desinências e vogais temáticas. Radicais são os morfemas que apresentam o significado básico da palavra. Por exemplo, as palavras "planta", "plantação", "plantar" e "replantar" têm o mesmo radical, "plant-".

Audiovisual
Estrutura das palavras

ATIVIDADES

▶ Você lerá, a seguir, um trecho de *Dom Casmurro* (1899), um dos mais célebres romances de Machado de Assis (1839-1908). Nesse trecho, o narrador-protagonista, Bentinho, fala sobre José Dias, um agregado, isto é, uma pessoa que mora de favor na casa de sua família.

Capítulo XXIV – De mãe e de servo

José Dias tratava-me com extremos de mãe e atenções de servo. A primeira cousa que consegui logo que comecei a andar fora, foi dispensar-me o pajem; fez-se pajem, ia comigo à rua. Cuidava dos meus arranjos em casa, dos meus livros, dos meus sapatos, da minha higiene e da minha prosódia. Aos oito anos os meus plurais careciam, alguma vez, da desinência exata, ele a corrigia, meio sério para dar autoridade à lição, meio risonho para obter o perdão da emenda. [...]

ASSIS, Machado de. Dom Casmurro. In: COUTINHO, Afrânio (Org.). *Obra completa*. Rio de Janeiro: Nova Aguilar, 1992. p. 834. v. 1. (Fragmento).

Glossário
Prosódia: pronúncia; expressão verbal.
Careciam: não tinham (algo necessário).
Emenda: correção.

1. O narrador recorda que, quando tinha oito anos, seus "plurais careciam, alguma vez, da desinência exata". Dê exemplo de uma frase que poderia ilustrar o jeito de falar do narrador, quando criança, de acordo com essa descrição.

2. Por que José Dias "corrigia" Bentinho? O que essa atitude nos permite deduzir sobre a formação intelectual do agregado?

3. A última frase do trecho possibilita ao leitor deduzir como era a relação de José Dias com Bentinho. Explique essa afirmação e relacione-a à posição social que José Dias ocupava.

▶ Leia o fragmento inicial de um artigo de opinião e responda às questões 4 e 5.

Meu filho, você não merece nada

Ao conviver com os bem mais jovens, com aqueles que se tornaram adultos há pouco e com aqueles que estão tateando para virar gente grande, percebo que estamos diante da geração mais preparada — e, ao mesmo tempo, da mais despreparada. Preparada do ponto de vista das habilidades, despreparada porque não sabe lidar com frustrações. Preparada porque é capaz de usar as ferramentas da tecnologia, despreparada porque despreza o esforço. Preparada porque conhece o mundo em viagens protegidas, despreparada porque desconhece a fragilidade da matéria da vida. E por tudo isso sofre, sofre muito, porque foi ensinada a acreditar que nasceu com o patrimônio da felicidade. E não foi ensinada a criar a partir da dor.
[...]

BRUM, Eliane. Meu filho, você não merece nada. *Época*. São Paulo: Globo, 11 jul. 2011. (Fragmento).
© by Eliane Brum.

4. Nesse trecho, a análise das novas gerações é feita por meio de um contraste de ideias. Explique como isso acontece.
   a) Identifique as duas palavras que se destacam na construção desse contraste e aponte o elemento mórfico responsável pela oposição.
   b) No trecho, há a presença de outras palavras que apresentam o mesmo elemento mórfico que você destacou no item anterior. Identifique-as e explique qual sentido esse morfema expressa.

5. Considerando o que você analisou na questão anterior, explique o título do artigo.

ATIVIDADES

6. Conforme o contexto, alguns sufixos podem atribuir um juízo de valor negativo ao nome aos quais são acrescentados. Identifique em quais das manchetes a seguir isso ocorre e indique o sufixo responsável pela conotação negativa.

a) Consultores aconselham jovens a evitar modismos e aprender a poupar

> *Estado de Minas.* Belo Horizonte, 21 dez. 2014.
> Disponível em: <http://mod.lk/vyfbx>. Acesso em: 6 mar. 2017.

b) Chega de politicagem com a nossa saúde

> *Época,* 13 maio 2016. Disponível em:
> <http://mod.lk/hqkit>. Acesso em: 6 mar. 2017.

c) As crianças são naturalmente altruístas?

> *Crescer,* 13 jan. 2015. Disponível em:
> <http://mod.lk/ttnwp>. Acesso em: 6 mar. 2017.

d) Médico baiano ganha prêmio por filantropia na área oncológica

> *Folha de S.Paulo.* São Paulo, 27 out. 2016.
> Disponível em: <http://mod.lk/4xhli>. Acesso em: 6 mar. 2017. © Folhapress.

e) Ajuda ao Haiti: bondade ou oportunismo eleitoreiro?

> *Jornal Grande Bahia.* Feira de Santana, 19 jan. 2010.
> Disponível em: <http://mod.lk/nnr1z>. Acesso em: 6 mar. 2017.

▸ Leia o poema a seguir para responder às questões 7 a 9.

Letra amarga para modinha

Gosto de ti com desgosto.
Quando contemplo teu rosto
nele vejo um rosto outro
com o qual maduras teu gosto.
Por um mandamento imposto
sofro de ti em meu corpo
quando contemplo teu rosto.

Quando contemplo teu rosto
este amor a contragosto
fermenta de ácido mosto
e no meu rosto de couro,
no meu cavername rouco

um dó de mim, um a-gosto
que punge, queima de agosto.

Se te contemplo, em teu rosto
não me contemplo a meu gosto
pois teu semblante está posto
numa linha de sol-posto
em que por dentro me morro.
Morro de ver em teu rosto
o fel de teu antirrosto.

Quando contemplo teu rosto
meu gosto é puro desgosto.

> ANDRADE, Carlos Drummond de. *Poesia completa.* Rio de Janeiro: Nova Aguilar, 2002. p. 358. Carlos Drummond de Andrade © Graña Drummond (www.carlosdrummond.com.br).

Glossário

Modinha: tipo de canção popular, normalmente executado por um cantor acompanhado apenas de violão.
Maduras: amadureces.
Mosto: na produção do vinho, caldo extraído das uvas que ainda não foi fermentado.
Cavername: estrutura de uma embarcação; por extensão, a estrutura do corpo humano, esqueleto.
Punge: fere com objeto pontiagudo.
Fel: bile, a substância amarga secretada pelo fígado; por extensão, sabor amargo, emoções amargas.

7. Releia estes versos e responda às perguntas.

> "um dó de mim, um a-gosto
> que punge, queima de agosto."

a) A palavra *a-gosto* foi criada pelo eu lírico por meio da junção do prefixo *a* a *gosto*. Observe estas outras palavras formadas com o prefixo *a* e deduza, então, o significado de *a-gosto*, no contexto do poema.

> anormal   amoral   acéfalo

b) Explique por que o eu lírico usou um hífen para separar o prefixo.

c) A palavra *a-gosto* estabelece um jogo sonoro com o substantivo *agosto*, que aparece no verso seguinte. Em sua opinião, também há uma relação de sentido entre essas palavras? Por quê?

8. No poema, aparecem outras palavras com prefixos de sentido semelhante ao *a* de *a-gosto*.

   a) Transcreva essas palavras e destaque seus prefixos.

   b) Que sentimentos do eu lírico *a-gosto* e as palavras que você transcreveu expressam?

   c) Mencione outras cinco palavras do poema que, em sua opinião, reforçam a ideia desses sentimentos.

9. O título do poema remete a uma sensação do paladar.

   a) Indique a palavra do título responsável por essa sugestão e transcreva outras três palavras do poema que também se relacionam ao paladar.

   b) Qual figura de pensamento está presente no título? Justifique sua resposta e explique como essa figura se relaciona ao sentido geral do poema.

Ver Capítulo 7: "Figuras de linguagem".

ENEM E VESTIBULARES

1. **(Insper-SP)** Utilize o texto abaixo para responder à questão.

Caulos. *Só dói quando eu respiro*. Porto Alegre: L&PM, 2001. p. 54.

A originalidade do cartum acima decorre da representação gráfica de um recurso linguístico de caráter

a) fonológico, pela oposição de sílabas tônicas e átonas na divisão silábica.

b) lexical, pelo antagonismo resultante da formação de sinônimos.

c) morfológico, pelo efeito de confronto obtido a partir da segmentação dos morfemas.

d) sintático, pela relação conflituosa de dependência ou independência dos termos da oração.

e) estilístico, pela possibilidade de mudança de classes gramaticais conforme os contextos.

2. **(Unifesp)** Examine a tira.

DAHMER, André. *Folha de S.Paulo*, 26 dez. 2011.

O efeito de humor na situação apresentada decorre do fato de a personagem, no segundo quadrinho, considerar que "carinho" e "caro" sejam vocábulos

a) cognatos.
b) derivados de vocábulos distintos.
c) híbridos.
d) formados por composição.
e) derivados de um mesmo verbo.

3. (Uerj – Adaptado)

Há alguns meses fui convidado a visitar o Museu da Ciência de La Coruña, na Galícia. Ao final da visita, o curador[1] anunciou que tinha uma surpresa para mim e me conduziu ao planetário[2]. Um planetário sempre é um lugar sugestivo, porque, quando se apagam as luzes, temos a impressão de estar num deserto sob
5 um céu estrelado. Mas naquela noite algo especial me aguardava.
   De repente a sala ficou inteiramente às escuras, e ouvi um lindo acalanto de Manuel de Falla. Lentamente (embora um pouco mais depressa do que na realidade, já que a apresentação durou ao todo quinze minutos) o céu sobre minha cabeça se pôs a rodar. Era o céu que aparecera sobre minha cidade natal — Alessandria, na Itália —
10 na noite de 5 para 6 de janeiro de 1932, quando nasci. Quase hiper-realisticamente vivenciei a primeira noite de minha vida.
   [...]

UMBERTO ECO. Adaptado de *Seis passeios pelos bosques da ficção*. Tradução: Hildegard Feist. São Paulo: Companhia das Letras, 1994.

[1] curador – responsável pelo museu
[2] planetário – local onde é possível reproduzir o movimento dos astros

"Quase hiper-realisticamente vivenciei a primeira noite de minha vida." (l. 10)

Na palavra destacada, o acréscimo do prefixo *hiper* indica ideia de:

a) ampliação
b) hierarquia
c) proporção
d) simultaneidade

4. (Unesp – Adaptado)

Pensar em nada

[...] "O esporte é bom pra gente", disse minha avó, num almoço de domingo. "Fortalece o corpo e emburrece a mente."
Hoje, dez anos depois daquele almoço, tenho certeza de que ela estava certa. [...]

Antonio Prata. Pensar em nada. *Runner's World*, n.° 7, São Paulo: Editora Abril, maio/2009.

No período "Hoje, dez anos depois daquele almoço, tenho certeza de que ela estava certa", o cronista poderia ter evitado o efeito redundante devido ao emprego próximo de palavras cognatas (*certeza – certa*). Leia atentamente as quatro possibilidades abaixo e identifique as frases em que tal efeito de redundância é evitado, sem que sejam traídos os sentidos do período original:

I. Hoje, dez anos depois daquele almoço, estou certo de que ela acertou.
II. Hoje, dez anos depois daquele almoço, estou convencido de que ela estava certa.
III. Hoje, dez anos depois daquele almoço, tenho certeza de que ela tinha razão.
IV. Hoje, dez anos depois daquele almoço, acredito que ela poderia estar certa.

a) I e II.
b) II e III.
c) I, II e III.
d) I, III e IV.
e) II, III e IV.

CAPÍTULO 9

FORMAÇÃO DAS PALAVRAS

OBJETIVOS DE APRENDIZAGEM

- Definir léxico e entender por que ele é constantemente renovado.
- Identificar os diferentes tipos de derivação e composição.
- Refletir sobre a incorporação de estrangeirismos ao léxico do português.
- Distinguir outros processos de formação de palavras.

Observação

Você já deve ter ouvido falar em *empoderamento*, *crush* ou *chocólatra*. Essas palavras não existiam algum tempo atrás; por outro lado, termos usados por seus bisavós e tataravós talvez não sejam mais utilizados hoje. Neste capítulo, você vai estudar de onde vêm as palavras que usamos no dia a dia e por que seu conjunto está sempre se modificando. Isso vai ajudá-lo a compreender melhor o sentido delas e a empregá-las com mais propriedade em diferentes situações.

No *outdoor* a seguir, a figura do animal foi montada com garrafas de plástico rígido. Observe o anúncio e responda às perguntas.

Análise

1. Qual é o objetivo do anúncio exibido no *outdoor*?
2. Uma palavra é fundamental para o jogo de sentidos pretendido no texto. Identifique essa palavra e os sentidos que podemos atribuir a ela.

Capítulo 9 • Formação das palavras **119**

- Os diferentes sentidos que você identificou constituem um caso de polissemia (a mesma palavra tem mais de um significado) ou de homonímia (duas palavras com a mesma forma, mas origem e sentido distintos)? Justifique sua resposta.

3. Explique como o jogo de sentidos que você identificou na questão anterior é explorado no texto não verbal do anúncio.

4. Troque ideias com os colegas e levante hipóteses para as questões a seguir.
   a) Em que década você acha que o termo *garrafa* PET, ou simplesmente PET, entrou para o vocabulário da língua portuguesa? Justifique sua resposta.
      - 1920
      - 1950
      - 1990
   b) A palavra inglesa *pet* é usada no Brasil com o sentido de "animal de estimação". Se já há um termo em português com o mesmo significado, por que você acha que se utiliza uma palavra estrangeira?

Formação e renovação do léxico

Damos o nome de **léxico** ao conjunto de palavras de certa língua. Como o português é uma língua neolatina, nosso léxico tem como base uma grande quantidade de palavras herdadas do latim. *Férias*, por exemplo, origina-se diretamente de *fēriae*, "dia de descanso".

A essa base latina foram — e continuam sendo — acrescentadas, ao longo do tempo, inúmeras outras palavras. Afinal, assim como os demais aspectos da língua, o léxico reflete o dinamismo da sociedade e está em constante evolução. Quando, por exemplo, uma nova tecnologia se desenvolve, surge a necessidade de nomeá-la. Foi o que você observou nas atividades iniciais: quando as garrafas de plástico rígido se popularizaram no Brasil, foi preciso incorporar um termo para nomeá-las, *garrafa PET* ou simplesmente *PET*.

Nesse caso, o termo veio de outra língua: PET é a sigla para *polyethylene terephthalate*, o nome desse tipo de plástico em inglês. Mas as novas palavras também podem ser criadas com recursos do português. É o caso de *descartável*, formada a partir de *descartar*, com acréscimo do sufixo *-ável*.

A palavra *descartável* ilustra também outro tipo de necessidade que a criação de palavras pode suprir: às vezes, palavras são incorporadas ao léxico para permitir que o sentido de certo termo seja transferido para outras classes gramaticais. Nesse exemplo, o sentido do verbo *descartar* pôde ser transferido para um adjetivo, *descartável*.

Damos o nome de **neologismos** às palavras e expressões novas no léxico, sejam elas tomadas de outros idiomas, sejam formadas com recursos da própria língua. Também podemos considerar como neologismos os novos sentidos atribuídos a palavras já existentes. Por exemplo, o verbo *postar*, que significava "pôr uma correspondência no correio", hoje é quase sempre utilizado com o sentido de "veicular uma mensagem na internet".

Léxico é o conjunto de palavras de uma língua. Ele é constantemente renovado por meio de **neologismos**, isto é, novas palavras e expressões, ou novos sentidos atribuídos às já existentes.

Evidentemente, todas as palavras quando surgem são neologismos. Com o tempo, alguns podem se generalizar e ser incorporados definitivamente ao léxico, perdendo o caráter de novidade.

Em muitas situações, porém, os neologismos ficam restritos a alguns grupos sociais, ou mesmo jamais chegam a ser replicados. Isso é bastante comum na literatura e em gêneros que se valem da linguagem criativa, como tiras, cartuns e anúncios publicitários. No anúncio a seguir, por exemplo, aparece o neologismo *Marervilha*: assim como a Mulher Maravilha dos quadrinhos combate os malfeitores, a "Mulher Marervilha" é uma ervilha superpoderosa, que combate o mau colesterol. Um neologismo como esse dificilmente será repetido em outros contextos, pois foi criado para um propósito específico — produzir um efeito humorístico e chamar a atenção do consumidor.

Hortifruti. Liga da Saúde.
Disponível em: <http://mod.lk/wbjhv>.
Acesso em: 3 abr. 2017.

Derivação e composição

Pense e responda

Leia a tira.

Níquel Náusea   Fernando Gonsales

1. O último quadrinho atribui um sentido inesperado a uma das palavras da tira. Identifique a palavra e explique como esse sentido inesperado produz o humor no texto.
2. Qual é o radical da palavra *verdadeiro*, que compõe o enunciado desse último quadrinho? Como se chama o tipo de elemento mórfico que se agregou ao radical para formar a palavra?
3. A palavra que você identificou na questão 1 é formada da mesma maneira que *verdadeiro*? Explique.

Ao refletir sobre as palavras da tira, você identificou os dois principais processos de formação de palavras da língua portuguesa: com um único radical, como em *verdadeiro*, e com mais de um radical, como em *Homem-Aranha*. O primeiro processo denomina-se **derivação** e o segundo, **composição**. Vamos estudá-los com mais detalhes a seguir.

Derivação

Derivação é o processo de formação de palavras a partir de outras já existentes por meio da junção de afixos (prefixos ou sufixos) a um radical. Por exemplo: de *verdade*, surge por derivação *verdadeiro*. As palavras constituídas dessa forma são denominadas **derivadas**.

Palavras que não apresentam sufixos nem prefixos e que dão origem às palavras derivadas são chamadas de **primitivas**. É o caso da palavra *verdade*, por exemplo.

Existem cinco tipos de derivação: prefixal, sufixal, parassintética, regressiva e imprópria. Vamos analisá-los a seguir.

> **Derivação** é a formação de palavras pela agregação de afixos (prefixos ou sufixos) a um radical. **Palavras derivadas** são as que resultam desse processo a partir das **palavras primitivas**.

Derivação prefixal

Derivação é o processo em que prefixos são acrescentados ao radical, atribuindo-lhe um novo sentido. Observe alguns exemplos de prefixos e os significados que trazem para as palavras que formam:

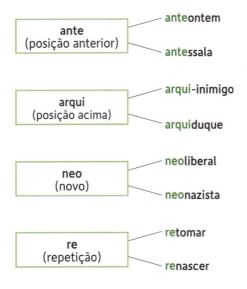

▸ Ver De olho na escrita: "Uso do hífen", ao final da Unidade 3.

Uma característica interessante da derivação prefixal é que muitas vezes o prefixo tem existência relativamente autônoma na língua. Os prefixos *ex* e *super*, por exemplo, entram em composições como *ex-presidente* e *superproteção*, mas também é possível dizer: "Meu *ex* me telefonou" ou "Esse filme foi *super*".

> **Derivação prefixal** é o processo em que um prefixo é acrescentado ao radical para lhe dar um novo significado.

Derivação sufixal

Pense e responda

A Prefeitura de João Pessoa (PB) criou um projeto que promove atividades culturais para jovens às sextas-feiras. Observe um cartaz que divulga o projeto.

Prefeitura Municipal de João Pessoa. Disponível em: <http://mod.lk/1d8aq>. Acesso em: 3 abr. 2017.

1. O nome do projeto se baseia em uma gíria comum entre os jovens da região. Deduza qual é a gíria e seu possível significado.
2. De qual palavra a gíria deriva?
    a) A que classe gramatical essa palavra pertence (substantivo, adjetivo, verbo, etc.)?
    b) Qual é a classe gramatical da gíria?

A **derivação sufixal** consiste na agregação de sufixos ao radical. Esse processo de formação de palavras é essencial para o funcionamento da língua porque permite que os falantes transfiram o sentido de uma palavra pertencente a certa classe gramatical para outras classes.

Por exemplo, do substantivo *sexta* criou-se, pelo acréscimo do sufixo formador de verbos -*ar*, a gíria *sextar*. Assim, quem ouve ou lê o neologismo *sextar* sabe que se trata de um verbo, ou seja, de uma palavra que exprime ações ou processos, e que seu sentido está relacionado a *sexta-feira*: fazer algo típico de sexta-feira, como relaxar ou divertir-se.

Os sufixos não apenas criam palavras de outras classes gramaticais, como também acrescentam significados específicos às palavras que formam. Veja um exemplo de como um substantivo primitivo do português deu origem, pela derivação sufixal, a diversas palavras com significados distintos, pertencentes tanto à classe dos substantivos quanto a outras classes.

Derivação sufixal é o processo em que afixos são colocados depois do radical, alterando seu significado e, muitas vezes, sua classe gramatical.

Derivação parassintética

Observe estes verbos:

| amanhecer | enlouquecer | despistar |

Se tentarmos destacar o prefixo ou o sufixo de cada um deles, chegaremos a formas inexistentes na língua: "*manhecer*", "*enlouco*" ou "*pistar*". A explicação para isso é que tais verbos foram formados pelo acréscimo *simultâneo* de um prefixo e um sufixo ao radical — um processo denominado **derivação parassintética**. Esse tipo de derivação é frequente em verbos iniciados por *a-*, *des-*, *en-*, *es-*. Observe:

*a*joelh*ar* — prefixo / sufixo
*des*figur*ar* — prefixo / sufixo
*en*gavet*ar* — prefixo / sufixo
*es*farel*ar* — prefixo / sufixo

Derivação prefixal e sufixal

A derivação parassintética não deve ser confundida com situações em que a palavra apresenta prefixo e sufixo que não foram acrescentados simultaneamente. Por exemplo, em *deslealdade*, não ocorre parassíntese porque existem as formas *desleal* e *lealdade*. Nesse caso, dizemos que a palavra é formada por **derivação prefixal e sufixal**.

Derivação parassintética é a agregação simultânea de um prefixo e um sufixo ao radical.

Derivação regressiva

Leia esta manchete:

Preço e gasto reduzem intenção de compra no Dia das Crianças

Exame. São Paulo: Abril, 6 out. 2016. Disponível em: <http://mod.lk/mysru>. Acesso em: 3 abr. 2017.

As palavras destacadas derivam respectivamente de *gastar* e *comprar*. Observe, porém, que nesse caso não houve acréscimo de afixos, e sim supressão. Quando uma palavra surge pela eliminação da parte final de outra, dizemos que ocorre **derivação regressiva**.

Esse processo normalmente gera substantivos abstratos e adjetivos a partir de verbos. Por causa de sua origem, tais substantivos e adjetivos são chamados de **deverbais**. Veja alguns exemplos:

| *atacar → ataque* | *enxugar → enxuto* | *morrer → morto* |
| *aumentar → aumento* | *isentar → isento* | *perder → perda* |

Derivação regressiva é aquela em que uma nova palavra é formada pela eliminação da parte final de uma palavra já existente.

Derivação imprópria

Criado pelos cartunistas Arnaldo Branco e Claudio Mor, o personagem Agente Zerotreze enfrenta diversos vilões. Leia ao lado a tira que apresenta um deles.

Esse "vilão" se torna engraçado porque não é nada assustador, já que sua indecisão o impede de executar qualquer plano maléfico. Para ficar mais cômico, o personagem foi batizado de Dr. Talvez. Em geral, *talvez* é um advérbio, como na frase: "Talvez haja aula sábado". Mas, na tira, a palavra foi transformada em substantivo próprio, dando nome a uma pessoa.

O processo de ampliação do léxico no qual se empregam as palavras, em certos contextos, como se pertencessem a classes ou subclasses gramaticais diferentes das originais é denominado **derivação imprópria**. Veja outros exemplos (note que, além da alteração na classe, há também mudança no sentido):

BRANCO, Arnaldo; MOR, Claudio. *Agente Zerotreze*. Disponível em: <http://mod.lk/fxtxj>. Acesso em: 3 abr. 2017.

*Ouço o **roçar** do vento nas árvores.*
　　verbo passa a substantivo

*Meu primo não é **burro**.*
　　substantivo passa a adjetivo

*Paulo era um verdadeiro **dom-juan**.*
　　substantivo próprio passa a comum

> **Derivação imprópria** é o processo pelo qual se empregam as palavras, em certos contextos, como se pertencessem a classes ou subclasses gramaticais diferentes das originais.

Composição

Quando analisou a palavra *Homem-Aranha* na tira de Níquel Náusea, você observou que ela não era formada pela adição de afixos a um radical, mas sim pela junção de dois radicais.

Damos o nome de **composição** ao processo em que dois ou mais radicais se unem para a criação de uma nova palavra. Veja outros exemplos: *porta-malas*, *guarda-chuva*, *ciclovia*. Palavras formadas desse modo são chamadas de **compostas**; em contrapartida, palavras que contêm um só radical são consideradas **simples**.

Há dois tipos de composição:

- por **justaposição**: os radicais são colocados lado a lado, sem perda de fonemas. Exemplos: *passatempo*, *laranja-lima*, *louva-a-deus*.
- por **aglutinação**: pelo menos em um dos radicais ocorre supressão ou alteração de um ou mais fonemas. Exemplos: *pernalta* (*perna* + *alta*), *noroeste* (*norte* + *oeste*), *embora* (*em* + *boa* + *hora*).

Novas palavras, novos sentidos

O significado das palavras compostas nem sempre corresponde à soma de seus radicais. Às vezes, processos metafóricos e metonímicos dão um novo sentido à combinação. Veja a tira a seguir.

URBANO, O APOSENTADO   A. SILVÉRIO

SILVÉRIO, A. *O Globo*. Rio de Janeiro, 15 ago. 2016.

Na tirinha, o substantivo *pão-duro* é uma metáfora para designar o personagem avarento.

Composição é a formação de palavras pela união de dois ou mais radicais.

Palavras simples são aquelas que contêm um só radical, enquanto **palavras compostas** são as que contêm dois ou mais radicais. A composição pode ser por **justaposição** (sem perda de fonemas) ou por **aglutinação** (com perda ou alteração de fonemas).

Radicais gregos e latinos em compostos eruditos

Na língua portuguesa, muitas palavras são formadas por radicais gregos e latinos. Boa parte delas não entrou na língua por via popular, mas, em vez disso, foi criada por intelectuais que precisavam nomear fatos específicos da ciência, da arte e da literatura; são os chamados **compostos eruditos**. Veja alguns exemplos:

Compostos eruditos com radicais gregos		
Radical / sentido	Radical / sentido	Exemplos
cali (bonito)	+ *grafia* (escrita, descrição)	caligrafia
taqui (rápido)		taquigrafia
xilo (madeira)		xilografia
anemo (vento)	+ *metro* (que mede)	anemômetro
hidro (água)		hidrômetro
quilo (mil)		quilômetro
Compostos eruditos com radicais latinos		
Radical / sentido	Radical / sentido	Exemplos
arbori (árvore)	+ *cola* (que habita ou que cultiva)	arborícola
silvi (selva)		silvícola
frater (irmão)	+ *cida* (que mata)	fratricida
sui (a si mesmo)		suicida
herbi (erva)	+ *voro* (que come)	herbívoro
oni (tudo)		onívoro

Geralmente, os compostos eruditos são formados por *dois* radicais gregos ou latinos. Mas esse arranjo não é obrigatório: o radical erudito pode combinar-se a radicais ou afixos populares, formando palavras como *hipermercado* (radical grego *hiper* + *mercado*) ou *camelódromo* (*camelô* + radical grego *dromo*).

EM EQUIPE

Decifrando compostos eruditos

A seguir, você vai encontrar alguns parágrafos extraídos de editoriais, crônicas e outros textos jornalísticos. Em todos eles, substituímos os compostos eruditos por suas definições, entre colchetes.

1. Com um colega, sua tarefa será identificar o composto erudito em cada caso. Se necessário, consultem um dicionário ou pesquisem na internet.

   a) O enfraquecimento da [*forma de governo em que o poder é exercido por poucos*] agrária marcou o fim da República Velha; o país deu início ao processo de industrialização e urbanização impulsionadas pelo Estado.

   b) As crianças podem ter o chamado glaucoma congênito ou glaucoma infantil ou de desenvolvimento. Ambos são raros e podem se instalar após o nascimento ou até mesmo intraútero. As manifestações clínicas aparecem geralmente no decorrer do primeiro ano de vida e se caracterizam pelo globo ocular aumentado, alterações na transparência da córnea, que fica branco-azulada, lacrimejamento e [*aversão à luz*]. Não necessariamente estão presentes todos esses sinais.

   c) Exemplos de [*mania de grandeza*] e desperdício de dinheiro público não se restringiram às arenas de futebol construídas para a Copa de 2014.

   d) Viver é muito perigoso, disse o Guimarães Rosa. A [*forma de governo em que o poder emana do povo*], como a vida, também é ótima, mas tem seus riscos.

   [*Aqueles que dizem representar o povo, mas no fundo têm interesses particulares*] se aproveitam da desinformação e do desinteresse do povo para vender suas soluções simplistas. Há uma clara tendência para a direita no futuro político da Europa, onde [*ódio aos estrangeiros*] e ideias fascistas prosperam, em reação à invasão de refugiados e à impotência da esquerda.

2. Cada um dos compostos apontados é formado por dois radicais gregos. No caderno, escrevam outro composto erudito no qual apareça um dos radicais de cada palavra identificada na atividade anterior. Anotem, também, o significado desse composto.

3. Apresentem seus compostos à turma e expliquem o significado de cada um. Depois, discutam: na opinião de vocês, por que é importante conhecer radicais gregos e latinos?

Atividade interativa
Compostos eruditos

Estrangeirismos

O contato com outras culturas e a influência que determinados povos exercem fazem com que palavras estrangeiras sejam incorporadas na língua. Esse processo é denominado **estrangeirismo**. No *outdoor* do início deste capítulo, você observou um exemplo desse fenômeno: no Brasil, o termo inglês *pet* é usado em certos contextos para designar "animal de estimação".

Esses empréstimos podem ou não sofrer aportuguesamento. *Cappuccino* (do italiano) e *réveillon* (do francês) são exemplos de palavras introduzidas sem modificação. Já *sutiã* (do francês *soutien*), *escâner* (do inglês *scanner*) e *espaguete* (do italiano *spaghetti*), entre outras palavras, foram adaptadas às características fonológicas e morfológicas do português.

> **Estrangeirismos** ou **empréstimos linguísticos** são palavras estrangeiras que se incorporam à língua, com ou sem adaptações.

Trocando ideias

Vitrine de loja em São Paulo, 2015. Nos últimos anos, tornou-se comum no Brasil a Black Friday (do inglês, "sexta-feira negra"), um dia especial de promoções que ocorre na quarta sexta-feira do mês de novembro.

Para matar a fome, você pode pedir uma *pizza* pelo *delivery*, optar por um *hot dog* em um *drive-thru* ou mesmo escolher uma coxinha *gourmet* no *food truck*. Para fazer compras, talvez vá ao *shopping center* e fique feliz ao encontrar avisos de *off* (desconto) ou *sale* (promoção).

1. Discuta com os colegas e o professor: em sua opinião, por que os comerciantes optam com tanta frequência por termos estrangeiros na divulgação de seus produtos e serviços?

2. Já houve tentativas, no Brasil, de proibir o uso de estrangeirismos por meio de leis, com a intenção de "preservar a língua portuguesa". O que vocês pensam sobre essas iniciativas? É necessário (ou mesmo possível) deter os empréstimos linguísticos?

Outros processos de formação de palavras

Observe a capa de revista ao lado.

Na chamada principal, há um neologismo que você provavelmente conhece: *mimimi*, cujo sentido é "excesso de reclamações". Esse substantivo foi formado por processos diferentes dos que examinamos até agora: a onomatopeia e a duplicação. Veja mais detalhes sobre esses e outros processos menos comuns de formação de palavras:

- **Onomatopeia**: no Capítulo 7, você estudou que a onomatopeia é uma figura de linguagem pela qual se busca reproduzir, com os recursos da língua, sons naturais, como ruídos e vozes de animais. Esse processo também pode levar à criação de palavras; por exemplo: *tique-taque*, *cacarejo*, *zum-zum*.
- **Duplicação**: representação de uma repetição, que pode ser de natureza onomatopaica (*reco-reco*, *bangue-bangue*) ou não (*corre-corre*, *oba-oba*). A duplicação também pode ser apenas de sílabas, como em *xixi*, *mimimi* e *chororô*.
- **Redução**: eliminação de uma parte fonética da palavra, seja em seu início, no meio ou no fim. Exemplos: *facul* (no lugar de *faculdade*), *parça* (no lugar de *parceiro*), *fone* (no lugar de *telefone*).
- **Siglonimização**: processo em que a sigla de certo elemento passa a nomeá-lo costumeiramente. A sigla pode tanto vir de outros idiomas, como vimos no caso da garrafa *PET*, que vem do nome do plástico em inglês, quanto do português, como em *TV* (*televisão*). Às vezes, a sigla dá origem a palavras formadas por derivação: *celetista*, por exemplo, designa o funcionário contratado pelo regime da Consolidação das Leis do Trabalho (CLT).
- **Hibridismo**: processo em que se formam palavras com elementos extraídos de línguas diferentes. Exemplos: *gourmetização* (francês *gourmet* + português *-ização*), *blogueiro* (inglês *blog* + português *-eiro*), *neolatino* (grego *neo* + latim *latino*).

Vida simples. São Paulo: Abril, ed. 121, ago. 2012.

O mundo anda muito reclamão. Não entre nessa e saiba como levar a vida com mais leveza.

ATIVIDADES

Leia o fragmento inicial de uma crônica humorística e responda às questões de 1 a 3.

Lerdeza

A frase que o Everton mais ouvia da mãe era "Levanta e vai buscar", geralmente seguida de um epíteto, como "Seu preguiçoso" ou, pior, "Lerdeza".

Porque o que o Everton mais fazia, atirado no sofá na frente da TV na sua posição de costume (que a mãe chamava de "estrapaxado"), era pedir para lhe trazerem coisas. Uma Coca. Uns salgadinhos...

— Levanta e vai buscar!

— Pô, mãe.

— Lerdeza!

O Everton já estava com 15 anos e era uma luta convencê-lo a sair do sofá e ir fazer o que os garotos de 15 anos fazem. Correr. Jogar bola. Namorar. Ou pelo menos ir buscar sua própria Coca.

— Esse menino um dia ainda vai se fundir com o sofá...

Everton não queria outra coisa. Ser um homem-sofá. Um estofado humano, alimentado sem precisar sair do lugar. E sem tirar os olhos da TV. [...]

VERISSIMO, Luis Fernando. *Mais comédias para ler na escola*. Rio de Janeiro: Objetiva, 2008. p. 95. (Fragmento). © by Luis Fernando Verissimo.

ATIVIDADES

1. Com base no contexto, explique o significado da palavra *epíteto*.
2. Identifique o neologismo utilizado pela mãe.
   a) Levando em conta a coerência do texto, indique palavras existentes no léxico que poderiam ser usadas no lugar desse neologismo.
   b) Por que, no texto, optou-se por um neologismo, em vez de uma das palavras que você indicou no item anterior?
3. Identifique outro neologismo do texto e o processo de formação de palavras que lhe deu origem.
   - Explique como esse neologismo contribui para a caracterização do personagem Everton e, assim, para o humor do texto.

▶ Leia o poema visual a seguir e responda às questões de 4 a 6.

GRÜNEWALD, José Lino. In: CORREA, José Guilherme (Org.). *Escreviver*. 2. ed. São Paulo: Perspectiva, 2008. p. 111.

4. Identifique, no poema, duas palavras derivadas e indique qual processo de derivação as formou.
   - Observe a sequência de versos do poema. Explique por que, em sua opinião, essas palavras foram colocadas nos versos em que estão.
5. O poema também apresenta um neologismo. Identifique-o, explique como foi formado e qual sentido podemos lhe atribuir, no contexto em que aparece.
6. Em poemas visuais como esse, a disposição gráfica dos versos também contribui para a construção dos sentidos.
   - Levando isso em conta, explique por que os versos foram alinhados à direita, e não à esquerda, como é usual.
7. Leia a tira.

GALHARDO, Caco. *Chico Bacon*. Disponível em: <http://mod.lk/1ipkf>. Acesso em: 3 abr. 2017.

Na tira, o humor produzido pelo estrangeirismo baseia-se na ideia de que:
a) não há equivalentes em português para nomear certas realidades.
b) existe exagero na adoção de palavras estrangeiras.
c) o mais correto, no comércio, é usar palavras em português.
d) os brasileiros em geral desconhecem termos do próprio idioma.
e) o povo adota estrangeirismos quando são necessários à comunicação.

> Devido à violência ocorrida em algumas partidas de futebol, a proibição da entrada de torcidas organizadas em estádios tem sido um assunto frequentemente discutido no Brasil. Leia um trecho de um artigo de opinião sobre esse tema e responda às questões de 8 a 10.

Proibir ou não, eis a não questão

Na primeira versão deste texto, o título era "Proibir ou não, eis a questão". E obviamente a proibição seria em relação às torcidas organizadas. Mas pensei, escrevi, repensei, reescrevi e cheguei a este novo título, pois acho que a proibição é uma falsa questão.

Não adianta proibir uma torcida de assistir aos jogos. Pois basta que os mesmos sujeitos entrem com camisas brancas e pronto, a proibição está contornada.

A questão é mais complicada, e tem ressalvas, confissões, críticas, soluções, avisos e enfins.

[...]

TORERO, José Roberto. *Carta Maior*, 3 abr. 2012. Disponível em: <http://mod.lk/ekboj>. Acesso em: 3 abr. 2017. (Fragmento).

8. Por que, de acordo com o articulista, a proibição é uma "não questão"?

9. Identifique, no texto, palavras formadas por derivação prefixal e explique como foram usadas pelo autor para construir sua argumentação.

10. No terceiro parágrafo, o termo *enfins* resultou de um processo de formação de palavras. Identifique esse processo, justifique sua resposta e explique qual sentido esse termo adquire no contexto.

ENEM E VESTIBULARES

1. (Enem)

Texto I

Um ato de criatividade pode contudo gerar um modelo produtivo. Foi o que ocorreu com a palavra sambódromo, criativamente formada com a terminação -(ó)dromo (= corrida), que figura em hipódromo, autódromo, cartódromo, formas que designam itens culturais da alta burguesia. Não demoraram a circular, a partir de então, formas populares como rangódromo, beijódromo, camelódromo.

AZEREDO, J. C. *Gramática Houaiss da língua portuguesa*. São Paulo: Publifolha, 2008.

Texto II

Existe coisa mais descabida do que chamar de sambódromo uma passarela para desfile de escolas de samba? Em grego, -dromo quer dizer "ação de correr, lugar de corrida", daí as palavras autódromo e hipódromo. É certo que, às vezes, durante o desfile, a escola se atrasa e é obrigada a correr para não perder pontos, mas não se desloca com a velocidade de um cavalo ou de um carro de Fórmula 1.

GULLAR, F. Disponível em: www1.folha.uol.com.br. Acesso em: 3 ago. 2012.

Há nas línguas mecanismos geradores de palavras. Embora o Texto II apresente um julgamento de valor sobre a formação da palavra sambódromo, o processo de formação dessa palavra reflete

a) o dinamismo da língua na criação de novas palavras.
b) uma nova realidade limitando o aparecimento de novas palavras.
c) a apropriação inadequada de mecanismos de criação de palavras por leigos.
d) o reconhecimento da impropriedade semântica dos neologismos.
e) a restrição na produção de novas palavras com o radical grego.

2. (FGV-SP)

A ideia de que as letras se destinam, exclusivamente, à motivação de fatos emocionais ou ao prazer lúdico do homem domina o juízo comum a respeito. No entanto, isso é um grande erro. As letras enriquecem o conhecimento com a mesma força, ainda que sob ângulos diversos, com que se apresentam os recursos científicos e os aperfeiçoamentos tecnológicos. Hoje, o estudo das letras se coloca na mesma posição intelectual que faz a justa glória dos pesquisadores e professores da área científica.

Afrânio Coutinho

Constitui exemplo de parassíntese – adição simultânea de prefixo e sufixo a um dado radical – a seguinte palavra do texto:

a) "destinam".
b) "enriquecem".
c) "científicos".
d) "aperfeiçoamentos".
e) "tecnológicos".

3. (FGV-SP – Adaptado) Leia a tira para responder à questão.

(Dik Browne. Hagar, o Horrível.
Folha de S.Paulo, 09.08.2015)

O processo pelo qual deriva a palavra "colaterais" e o sentido que ela expressa são, respectivamente:

a) prefixação e concomitância.
b) sufixação e abundância.
c) parassíntese e cooperação.
d) prefixação e oposição.
e) sufixação e meio.

4. (Insper-SP)

Os selfies enriquecem a vida

Os autorretratos por smartphone ensinam que a mesmice não existe – e oferecem uma jornada de autoconhecimento

Não há gesto intelectualmente mais correto que criticar os selfies, como são conhecidos os autorretratos via smartphones que se popularizaram com a disseminação dos celulares com recursos avançados de captação de imagem. Hipsters e acadêmicos se ocupam em associar as fotos em que modelo e fotógrafo se confundem com o fenômeno do narcisismo da era das celebridades. Os selfies são a abreviatura em inglês que surgiu do diminutivo de self-portrait. São os autorretratinhos e, por extensão, poderiam ser vertidos para o neologismo em português "autinhos" – ou melhor ainda, "mesminhos". Os selfies seriam uma chaga contemporânea, o sintoma da decadência dos valores da humildade e da decência.

Seriam mesmo? O estigma aos selfies tornou-se uma caça às bruxas da egolatria. Mas essa nova cruzada parece mais ingênua e pervertida que a própria prática que as pessoas adotaram de tirar fotos de si próprias. Atire a primeira farpa quem nunca fez um selfie. Ou selfie do selfie, posando diante de um espelho para criar um abismo infinito.

(Luís Antônio Giron, http://epoca.globo.com/colunas-e-blogs/
luis-antonio-giron/noticia/2014/04/os-bselfiesb-enriquecem-vida.html)

No primeiro parágrafo, ao fazer referência aos "*selfies*" o autor

a) explica a origem do termo que indica esse modo de fotografar.
b) condena o uso de estrangeirismos e defende o uso do termo "autinhos".
c) acredita que o neologismo seja sintoma da decadência da língua portuguesa.
d) pretende desmistificar a ideia de que os diminutivos sejam incompatíveis com popularidade.
e) sinaliza que há uma relação intrínseca entre a megalomania e a prática de usar smartphones.

A língua em contexto

Neologismos na imprensa

Jornais, revistas, *sites* de notícias e outros veículos da imprensa são importantes criadores e divulgadores de neologismos. Os jornalistas recorrem às inovações para dar expressividade a seus textos e também para comunicar ideias de forma mais direta e concisa. Veja exemplos desses usos:

Após agressão de jovem com saia, grupo faz 'saiaço' no Centro de BH
Objetivo do ato, além de denunciar a violência sofrida em junho por rapaz de 23 anos, é defender o direito de uma moda sem gênero

CAMILO, José Vítor. *O Tempo*. Belo Horizonte, 3 abr. 2016. Disponível em: <http://mod.lk/b8wlt>. Acesso em: 3 abr. 2017.

Processo: derivação sufixal (*saia* + *-aço*)

Contexto: em anos recentes, o sufixo aumentativo *-aço* vem sendo usado com o sentido de manifestação coletiva, geralmente para apoiar determinada causa. Dessa forma, já foram criados *beijaço*, *mamaço*, *tuitaço*, etc.

O que leva alguém a stalkear o companheiro no Facebook
Visitar a página do ex? Monitorar todos os passos online? Estudo investiga razões psicológicas da vigilância nas redes sociais

RONCOLATO, Murilo. *Galileu*. São Paulo: Globo, 3 abr. 2013. Disponível em: <http://mod.lk/5yqjr>. Acesso em: 3 abr. 2017.

Processo: hibridismo (inglês *stalk* + português *-ear*).

Contexto: o termo foi criado com base no verbo inglês *to stalk*, que designa a ação de perseguir alguém. Para que a palavra fosse entendida como verbo em português, foi acrescentado o sufixo formador de verbos *-ear*.

Na prática

Para colocar em prática o que aprenderam sobre formação de palavras, você e os colegas vão montar um painel intitulado "Neologismos na imprensa brasileira". Cada aluno deve identificar dois exemplos e analisá-los como fizemos aqui: primeiro, transcreva o exemplo e indique a fonte de onde o extraiu; em seguida, identifique o processo de formação que deu origem ao neologismo. Por fim, explique o sentido do neologismo e o contexto em que ele surgiu.

Quando todos tiverem localizado e analisado seus exemplos, combinem como vão organizar o painel. Vocês podem agrupar os neologismos pelo processo de formação ou pelo assunto a que dizem respeito (política, esporte, comportamento, etc.), entre outras possibilidades.

Montem o painel na sala de aula ou em outra parte da escola, para que colegas das demais turmas também possam vê-lo. Depois, discutam: quais parecem ser os processos mais comuns de criação de neologismos? Vocês conheciam os termos trazidos pelos colegas? O que aprenderam com esta atividade?

De olho na escrita

Algumas regularidades de nossa ortografia

Conforme você já estudou, nossa convenção ortográfica contempla algumas regularidades, ou seja, algumas regras simples que, uma vez assimiladas, podem ser aplicadas em todas as situações semelhantes, ajudando a resolver dúvidas. Nesta seção, você vai recordar algumas delas.

-ÊS, -ESA ou -EZ, -EZA

1. Indique em que parte do quadro deve entrar cada uma das palavras a seguir, conforme a categoria a que pertença. Indique, também, como o título das colunas deve ser completado com os sufixos.

rapidez	chinês	moleza	-ês/-esa	escocesa
presa	baronesa	gentileza	acidez	-ez/-eza

Usam-se as terminações ◆	Usam-se as terminações ◆
Em substantivos abstratos derivados de adjetivos: ◆.	Em adjetivos pátrios ou gentílicos, isto é, aqueles que designam a origem de uma pessoa ou objeto: ◆.
	Em títulos de nobreza: ◆.
	Em alguns substantivos não derivados de adjetivos: ◆.

2. Indique qual letra deve ser usada nas palavras das manchetes a seguir.

   a) Economia alemã mostra solide◆ e cresce mais do que previsto
   Exame. São Paulo: Abril, 12 ago. 2016. Disponível em: <http://mod.lk/pf2yg>. Acesso em: 3 abr. 2017.

   b) Empre◆ários da construção estão mais confiantes no futuro
   Portal Brasil, 22 ago. 2016. Disponível em: <http://mod.lk/9xx3t>. Acesso em: 3 abr. 2017.

   c) Congole◆a que ajuda vítimas da violência ganha prêmio da ONU
   G1, 17 set. 2013. Disponível em: <http://mod.lk/munxq>. Acesso em: 3 abr. 2017.

   d) Estrelas do cinema e reale◆a britânica vão à pré-estreia do novo filme de 007
   G1, 27 out. 2015. Disponível em: <http://mod.lk/h0ltz>. Acesso em: 3 abr. 2017.

   e) Na Inglaterra, antiga fortale◆a naval vira hotel de luxo
   Deutsche Welle, 11 ago. 2016. Disponível em: <http://mod.lk/prrcu>. Acesso em: 3 abr. 2017.

   f) ONU manifesta preocupação com condenação de campone◆es no Paraguai
   Nações Unidas no Brasil, 27 jul. 2016. Disponível em: <http://mod.lk/vgl2l>. Acesso em: 3 abr. 2017.

3. Volte à questão anterior e justifique, em cada item, a grafia da palavra com *s* ou *z*.

4. Leia o fragmento inicial de uma notícia.

Magistrado faz sentença em linguagem coloquial para combater "juridiquês"

[...]

O mundo das leis não precisa ser um universo indecifrável. Para provar isso, um magistrado gaúcho redigiu uma sentença trocando o tom pomposo do Direito pela linguagem do dia a dia. O resultado foi um texto de fácil compreensão e uma repercussão maior do que ele imaginava: virou notícia no meio jurídico — e fora dele.

[...]

SCIREA, Bruna. *Zero Hora*. Porto Alegre, 5 jun. 2015. Disponível em: <http://mod.lk/fq9xd>. Acesso em: 3 abr. 2017. (Fragmento).

a) O jornal relata a atitude do juiz gaúcho de forma favorável ou crítica? Justifique com passagens do texto.

b) O que significa *juridiquês*, no contexto dessa notícia?

c) Por que essa palavra foi colocada entre aspas?

d) Outros termos formados da mesma maneira são *economês*, *informatiquês*, *psicologuês*. Deduza: por que essas palavras são grafadas com -ês, e não -ez?

-ISAR ou -IZAR

1. Observe estes verbos e responda às perguntas a seguir.

| alfabetizar | analisar | avisar | contextualizar | higienizar |
| improvisar | motorizar | priorizar | simbolizar | viabilizar |

a) Identifique o substantivo ou adjetivo cognato (pertencente à mesma família) de cada um dos verbos. Por exemplo, o cognato de *alfabetizar* é *alfabeto*.

b) Observe como são grafados os substantivos e adjetivos que você identificou. Com base nessa observação, deduza a regra que determina, nesses casos, a grafia dos verbos com s ou z.

2. Veja a etimologia do verbo *hipnotizar* em um dicionário de português.

> **hipnotizar** v. (1899) [...] ⬤ Etim *hipnótico* + *-izar* [...]
>
> Dicionário Houaiss eletrônico da língua portuguesa. Rio de Janeiro: Objetiva, 2009. (Fragmento).

a) Embora o substantivo *hipnose* contenha *s* na sílaba final, *hipnotizar* grafa-se com *z*. Explique por quê.

b) De acordo com esse raciocínio, deduza de quais palavras derivam os verbos abaixo.

| enfatizar | poetizar | sintetizar |

3. Com base nas regularidades que analisou e na regra das palavras cognatas, indique qual letra deve substituir o símbolo em cada palavra a seguir.

a) Bancários confirmam parali◆ação nacional

> Rádio Cultura Foz, 31 ago. 2016. Disponível em: <http://mod.lk/lzysm>. Acesso em: 3 abr. 2017.

b) Pesqui◆adores identificam potenciais tratamentos para o zika

> Opinião & Notícia, 30 ago. 2016. Disponível em: <http://mod.lk/u1nrs>. Acesso em: 3 abr. 2017.

c) Estudantes se mobili◆am em ato pela valorização do Parque Floresta Fóssil

> Portal Governo do Estado do Piauí, 26 ago. 2016. Disponível em: <http://mod.lk/gfe1a>. Acesso em: 3 abr. 2017.

d) Greves atra◆am calendário de universidades federais e estaduais

> G1, 26 ago. 2016. Disponível em: <http://mod.lk/lfpls>. Acesso em: 3 abr. 2017.

e) Acordo pode agili◆ar embate entre acu◆ação e defesa

> Agência Senado, 29 ago. 2016. Disponível em: <http://mod.lk/0mmwh>. Acesso em: 3 abr. 2017.

Uso do hífen

Entre os empregos do hífen na língua portuguesa, podemos destacar o uso em algumas palavras constituídas por derivação prefixal e por composição. Observe no quadro a seguir as principais regras que determinam a inclusão do hífen nesses casos. Depois, coloque-as em prática nas atividades.

De olho na escrita

Uso do hífen na derivação prefixal	
Prefixos terminados em *vogal*: ante, anti, arqui, auto, bi, contra, entre, extra, homo, infra, macro, mega, micro, mini, mono, multi, neo, pluri, poli, semi, supra, etc.	**1)** Usa-se o hífen quando o segundo elemento se inicia por vogal igual à vogal final do prefixo: *arqui-inimigo*, *micro-ondas*, *supra-axilar*. **2)** Não se usa o hífen se o segundo elemento começa com vogal diferente da vogal final do prefixo (*autoestrada*, *extraescolar*), nem se o segundo elemento se inicia pelas consoantes *r* ou *s*, que são duplicadas (*minissaia*, *microrradiografia*). **3)** Usa-se o hífen se o segundo elemento inicia-se com *h*: *mini-hospital*, *neo-helênico*.
Prefixos terminados em *-r*: hiper, inter, super	Usa-se o hífen se o segundo elemento começa com *h* ou *r*: *inter-racial*, *super-homem*.
Sub	Usa-se o hífen se o segundo elemento começa com *b*, *h* ou *r*: *sub-bosque*, *sub-hemisfério*, *sub-rogado*.
Pós-, pré-, pró-	Usa-se o hífen quando esses prefixos preservam sua autonomia: *pós-graduação*, *pré-operatório*, *pró-democracia*. Porém: *predeterminado*, *preexistente*, *posposto*.
Uso do hífen na composição	
Palavras compostas por justaposição, sem elemento de ligação	Usa-se o hífen: *azul-escuro*, *primeiro-ministro*, *sexta-feira*. **Exceções:** *girassol*, *mandachuva*, *pontapé*, etc.
Palavras compostas por justaposição, com elemento de ligação	**1)** Em geral, não se usa o hífen: *dia a dia*, *ponto e vírgula*, *pé de moleque*. **2)** Usa-se o hífen se o composto designar nome de planta ou animal: *erva-de-passarinho*, *louva-a-deus*, *jacaré-de-papo-amarelo*. **Exceções:** *água-de-colônia*, *cor-de-rosa*, *mais-que-perfeito*, *pé-de-meia*.

1. Nas manchetes a seguir, escolha a alternativa que apresenta a grafia correta da palavra.

   a) Plano Diretor cria fundo para (infraestrutura – infra-estrutura)
   TEIXEIRA, Fábio. O Globo. Rio de Janeiro, 3 abr. 2016. p. 3. Niterói.

   b) Democratas encerram protesto (anti-armas – antiarmas) nos EUA.
   Zero Hora. Porto Alegre, 23 jun. 2016. Disponível em: <http://mod.lk/Yi4OD>. Acesso em: 3 abr. 2017.

   c) Mineradora promete que metade de sua (mão de obra – mão-de-obra) será feminina
   Folha de S.Paulo. São Paulo, 23 out. 2016. p. 2. Mercado. © Folhapress.

   d) Hamilton promete (contraatacar – contra-atacar) rival em busca da vitória
   Tribuna do Norte. Natal, 8 jun. 2014. p. 5. Esportes.

   e) Cidades buscam levar rede elétrica para o (subsolo – subssolo)
   Diário Indústria & Comércio. Curitiba, 18-19 dez. 2016. p. A6.

2. Copie as frases a seguir, acrescentando à palavra entre colchetes um prefixo que faça sentido no contexto. Decida se o prefixo deve ou não ser separado por hífen, conforme as regras estudadas.

   a) Compartilhar pratos e talheres pode ser [higiênico].

   b) Damos o nome de [Reforma] ao conjunto de ações executadas pela Igreja católica, no século XVI, para tentar deter o avanço da Reforma protestante.

   c) Acredita-se que o uso indiscriminado de [bióticos] pode levar ao desenvolvimento de bactérias [resistentes], muito mais difíceis de serem combatidas.

   d) Alguns teóricos consideram o poeta brasileiro Álvares de Azevedo [romântico], pois levava ao extremo a idealização amorosa do Romantismo.

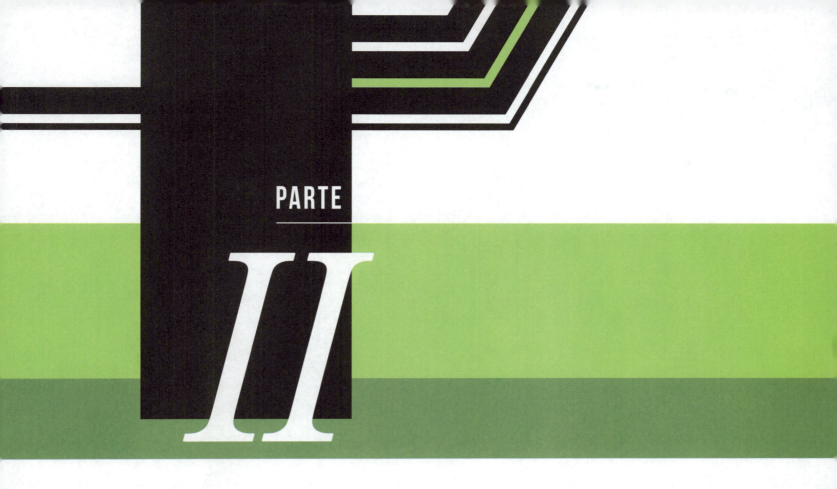

PARTE II

UNIDADE 4
Classes gramaticais, 139

UNIDADE 5
Sintaxe do período simples, 265

UNIDADE 4
CLASSES GRAMATICAIS

Capítulo 10
Substantivo e adjetivo, 140

Capítulo 11
Artigo e numeral, 158

Capítulo 12
Pronome, 168

Capítulo 13
Verbo I: modos e tempos, 194

Capítulo 14
Verbo II: locução verbal e vozes verbais, 218

Capítulo 15
Advérbio, 231

Capítulo 16
Preposição, conjunção e interjeição, 244

Você certamente já ouviu falar em substantivos, adjetivos, pronomes, verbos, conjunções. E é provável, aliás, que saiba identificar se certa palavra é um substantivo ou verbo, por exemplo.

Nesta unidade vamos rever todas essas categorias e dar um passo além em relação ao que você já sabe. Vamos refletir sobre como podemos empregar cada uma dessas classes gramaticais para relatar fatos, expressar emoções, defender ideias – enfim, usar com propriedade nossa língua portuguesa. Bons estudos!

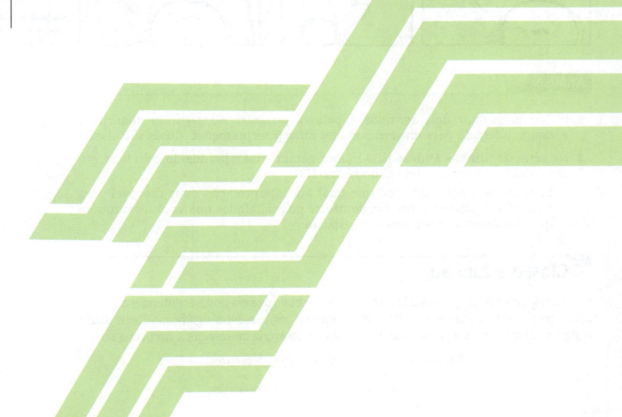

CAPÍTULO

10

SUBSTANTIVO E ADJETIVO

ENEM
C1: H1
C5: H16
C6: H18
C8: H25

OBJETIVOS DE APRENDIZAGEM

- Distinguir as noções de classe e função.
- Reconhecer substantivos e adjetivos e compreender seu papel na construção dos enunciados.
- Identificar os valores expressivos da flexão de grau no português brasileiro.

Observação

Podemos analisar as palavras da língua sob diferentes perspectivas. Uma delas nos permite classificá-las como substantivos, adjetivos, pronomes, verbos, etc. Nesta unidade, vamos estudar essa classificação. Para começar, leia a tira a seguir.

MALVADOS   ANDRÉ DAHMER

DAHMER, André. Malvados. *Folha de S.Paulo*. São Paulo, 4 set. 2015.

Análise

1. Podemos atribuir dois sentidos à palavra *presentes* no segundo quadrinho e, assim, a fala do personagem pode ter duas interpretações. Quais são elas?

2. Na série de tirinhas Malvados, o humor geralmente é produzido com base em uma visão crítica e pessimista do século XXI.
   - Levando isso em conta, indique qual é a interpretação mais provável para a fala do segundo quadrinho, dentre as possibilidades que você levantou na questão anterior. Justifique sua resposta.

Classe e função

Ao responder às perguntas sobre a tira, você percebeu que era possível entender a palavra *presentes* de duas maneiras. Em uma das interpretações, *presentes* significaria "bens dados a alguém". Nesse caso, a palavra estaria na mesma categoria que *amigos* e nomearia seres:

Preciso de amigos próximos e [de] presentes.

nomeia seres   nomeia seres

140 Gramática: uma reflexão sobre a língua

Na outra interpretação possível, a palavra *presentes* significaria "que estão por perto"; nesse caso, *presentes* qualificaria os seres nomeados pela palavra *amigos*:

No primeiro caso, quando nomeia seres, a palavra *presentes* é considerada um *substantivo*. No segundo, quando qualifica seres, é um *adjetivo*. Ao categorizar as palavras dessa maneira, estamos definindo sua **classe gramatical**.

A definição das classes gramaticais faz parte dos estudos de **morfologia** da língua. Ela leva em conta o *tipo de significado* que as palavras carregam (se nomeiam seres, se qualificam seres, se expressam ações, etc.) e o fato de elas serem *variáveis* ou *invariáveis*. Substantivos, por exemplo, são variáveis (temos as formas *amigo*, *amiga*, *amigos* e *amigas*), mas um advérbio como *não* ("Você *não* está nos anos 90") tem sempre a mesma forma, portanto é invariável. Existem dez classes gramaticais no português:

Classes de palavras variáveis	substantivo adjetivo artigo numeral pronome verbo
Classes de palavras invariáveis	advérbio preposição conjunção interjeição

Separar as palavras da língua em classes gramaticais é um dos dois caminhos possíveis para examiná-las. O outro é analisar as palavras quanto à **função** que exercem na composição dos enunciados. Observe:

Nessa oração, a palavra *eu* exerce a função de *sujeito*, pois é a ela que o verbo *precisar* se refere. A palavra *preciso* exerce a função de núcleo do *predicado*, pois indica o processo no qual o sujeito está envolvido. Por fim, a expressão *de amigos* é o *complemento verbal*, porque completa o sentido do verbo, indicando do que o sujeito precisa.

Esse tipo de análise que define a função das palavras na formação do enunciado é realizado por uma área da gramática denominada **sintaxe**, à qual nos dedicaremos nas próximas unidades.

> **Classe de palavras** ou **classe gramatical** é uma categorização das palavras que leva em conta o tipo de significado que elas carregam (se nomeiam seres, se qualificam seres, se expressam ações, etc.) e se são variáveis ou não. A **morfologia** é a área da gramática responsável por essa classificação, bem como pelo estudo da estrutura e formação das palavras (assuntos que você estudou na Unidade 3).
>
> Já a **sintaxe** analisa a **função** das palavras na composição dos enunciados, como sujeito, predicado, complemento, etc.

Morfossintaxe

Na tirinha Malvados, você notou que a classificação da palavra *presentes* como adjetivo ou substantivo dependia da interpretação. Isso nos leva a concluir que a perspectiva da morfologia e a da sintaxe são, na verdade, inseparáveis. Muitas palavras podem pertencer a classes gramaticais diferentes, e apenas considerando o enunciado todo é que podemos categorizá-las corretamente. Esse tipo de análise, que leva em conta tanto a classificação gramatical quanto a função das palavras na frase, é denominado **morfossintático**.

Agora que você já estudou a diferença entre classe e função das palavras, morfologia e sintaxe, vamos analisar cada uma das classes gramaticais, iniciando pelo substantivo e pelo adjetivo.

Substantivo

Pense e responda

Leia a tira e responda às perguntas.

MACANUDO   LINIERS

[Tirinha: Personagem deitado olhando as estrelas. — "O que está fazendo aqui fora?" — "Estou olhando as estrelas." — "Quando gosto de alguma constelação que vejo, coloco um nome que me pareça adequado..." — "Para?" — "Por exemplo?" — "Aquela se chama: 'Um monte de pontinhos que me fazem lembrar do Madariaga'." — "Aah..."]

LINIERS. Macanudo. *Folha de S.Paulo*. São Paulo, 22 set. 2011. Disponível em: <http://mod.lk/xxsqu>. Acesso em: 20 abr. 2017. © Folhapress

1. Em sua opinião, quem é Madariaga? Por quê?
2. Diga o nome de três constelações que você conheça. Se não souber, pesquise ou pergunte aos colegas.
3. Qual é a diferença entre esses nomes de constelações e o nome dado pela personagem? Explique como essa diferença produz o humor da tira.
4. Seguindo a lógica da personagem, crie nomes para os itens a seguir:

a) [celular]   b) [barata]   c) [cachecol]

Como você percebeu, se todos os usuários da língua seguissem a lógica da personagem para dar nomes às coisas, seria bem difícil se comunicar. Para nomear os seres, não usamos frases longas como "um monte de pontinhos que me fazem lembrar do Madariaga", e sim palavras pertencentes à classe dos **substantivos**, tais como *Órion*, *Andrômeda*, *constelação*, *estrela*, *menina*, *celular*, *barata*, *cachecol*. Além de nomear seres de existência própria, real ou imaginária, os substantivos também podem nomear noções ou ações tomadas como seres: *lembrança*, *carinho*, *amizade*, *conversa*.

> **Substantivo** é uma classe de palavras variáveis que nomeiam seres concretos, de existência autônoma, ou noções, ações, estados e qualidades.

Sintagma nominal

Nos enunciados, os substantivos normalmente vêm cercados por outras palavras que os determinam e especificam. Observe esse fato nas frases abaixo, nas quais alguns substantivos foram destacados em vermelho:

A **constelação** de **Gêmeos** mostra duas **estrelas** mais brilhantes, Pollux e Castor, que correspondem às **cabeças** dos gêmeos. Esses **nomes** têm origem na **mitologia** grega.

PANZERA, Arjuna C. *Planetas e estrelas*: um guia prático da carta celeste. 2. ed. Belo Horizonte: Ed. da UFMG, 2008. p. 45. (Fragmento).

Observe as palavras e expressões em verde. Elas pertencem à classe dos adjetivos e locuções adjetivas (*mitologia grega*, *cabeças dos gêmeos*), dos artigos (*a constelação*), dos numerais (*duas estrelas*) e dos pronomes (*esses nomes*). Essas quatro classes gramaticais são chamadas de **determinantes do substantivo** porque dão informações sobre ele, determinando-o, especificando-o ou qualificando-o.

O conjunto formado pelo substantivo e seus determinantes é chamado de **sintagma nominal** ou **grupo nominal**. A expressão "a mitologia grega", por exemplo, é um sintagma nominal, e seu núcleo é o substantivo *mitologia*. Os sintagmas nominais são fundamentais na construção dos textos, pois apresentam as referências, isto é, os elementos dos quais se fala.

Classificação dos substantivos

Os substantivos podem ser classificados quanto à significação e à estrutura. Em relação à sua *significação*, podem ser concretos ou abstratos, próprios ou comuns e, dentro dessa última categoria, podem ainda ser coletivos.

Classificação quanto à significação		
Substantivos concretos	Nomeiam seres de existência própria, real ou imaginária.	*gato, sereia, estrela*
Substantivos abstratos	Nomeiam seres de existência dependente, como noções, estados, qualidades, sentimentos.	*satisfação, amor, injustiça*
Substantivos próprios	Nomeiam um ser determinado, diferenciando-o de outros de sua classe.	*Enriqueta, Andrômeda, Argentina*
Substantivos comuns	Nomeiam seres pertencentes a certa espécie ou conceitos abstratos.	*menina, país, julgamento*
	Os **substantivos coletivos** referem-se a seres considerados em seu conjunto.	*constelação* (de estrelas), *elenco* (de atores), *enxame* (de abelhas), *rebanho* (de ovelhas)

Quanto à sua *estrutura*, os substantivos podem ser primitivos ou derivados e simples ou compostos.

Classificação quanto à estrutura		
Substantivos primitivos	São formados pelo radical, acompanhado ou não de vogal temática.	*capim, dente, análise*
Substantivos derivados	São formados por radical e afixos (prefixos ou sufixos).	*capinzal, dentista, pré-análise*
Substantivos simples	São formados por um único radical.	*mala, castanha, massagem*
Substantivos compostos	São formados por mais de um radical.	*porta-malas, castanha-do-pará, hidromassagem*

Flexão dos substantivos

Os substantivos variam em gênero, número e grau. Vamos examinar, a seguir, cada uma dessas possibilidades de flexão.

Gênero dos substantivos

Os **gêneros** do substantivo em português são **masculino** e **feminino**. Observe que essa noção gramatical não necessariamente corresponde ao sexo dos seres: o substantivo feminino *criança*, por exemplo, pode designar uma pessoa do sexo masculino ou feminino.

Muitos substantivos têm uma forma para o masculino e outra para o feminino. São os chamados **substantivos biformes**. Nesse caso, o feminino pode ser indicado de duas maneiras:

- Por meio de um radical diferente: *bode – cabra, pai – mãe*.
- Por uma terminação diferente: *aluno – aluna, barão – baronesa*.

Os **substantivos uniformes**, por sua vez, são aqueles que têm uma única forma para o masculino e o feminino. Observe a tira a seguir:

AGENTE ZEROTREZE — ARNALDO BRANCO E CLAUDIO MOR

BRANCO, Arnaldo; MOR, Claudio. Agente Zerotreze. *O Globo*. Rio de Janeiro, 10 jan. 2014.

Apesar de o Agente Zerotreze ser um homem, o monstro de poluição usa um substantivo do gênero feminino para referir-se a ele: "vai ser *uma vítima* colateral". Se o agente fosse uma mulher, seria empregada a mesma forma: *uma vítima*. Substantivos uniformes desse tipo, que têm um só gênero gramatical para designar pessoas de ambos os sexos, são denominados **sobrecomuns**. Veja outros exemplos: *a criança, a testemunha, o indivíduo, o cônjuge*.

Dentro da categoria dos substantivos uniformes, há também os **comuns de dois gêneros**, que têm a mesma forma, mas distinguem o masculino do feminino pelo artigo ou outro determinante. Por exemplo: *o agente – a agente, o policial – a policial, um fã – uma fã, esse jovem – essa jovem*.

Por fim, os substantivos uniformes que designam animais são chamados de **epicenos**: *a cobra, o jacaré, a ariranha, o tubarão*.

Caso seja necessário indicar o sexo, acrescenta-se *macho* ou *fêmea*, como foi feito nesta manchete jornalística:

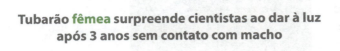

Tubarão fêmea surpreende cientistas ao dar à luz após 3 anos sem contato com macho

BBC Brasil, 18 jan. 2017. Disponível em: <http://mod.lk/icjgp>. Acesso em: 20 abr. 2017.

Os **gêneros** do substantivo são **masculino** e **feminino**. O substantivo pode ser **biforme** (uma forma para o masculino, outra para o feminino) ou **uniforme** (uma forma para ambos os gêneros).

Entre os uniformes, existem os **sobrecomuns** (um só gênero gramatical para pessoas do sexo masculino e feminino), os **comuns de dois gêneros** (distinguem-se pelo artigo ou outro determinante) e os **epicenos**, que designam animais.

Mudança de sentido na mudança de gênero

Leia esta tira:

SILVÉRIO, A. Urbano, o aposentado. *O Globo*. Rio de Janeiro, 29 ago. 2016.

O humor vem da atitude inconveniente do personagem Urbano, que resolve fazer um discurso quando todos estão com pressa.

Para reforçar essa ideia de pressa, foi colocada na tira uma indicação de "caixa rápido". Note que *caixa*, neste caso, é um substantivo masculino (por isso o adjetivo *rápido* está no masculino) e refere-se ao local do estabelecimento onde são feitos pagamentos.

Se pensarmos na frase "coloque os papéis na *caixa amarela*", o substantivo feminino *caixa* terá um sentido diferente, pois designará um receptáculo para guardar objetos. Há, portanto, uma mudança de sentido com a mudança de gênero.

Veja outros exemplos em que ocorre esse fenômeno: *a estepe* (tipo de vegetação) x *o estepe* (pneu extra); *a cisma* (desconfiança) x *o cisma* (divisão), *a capital* (sede administrativa) x *o capital* (montante de dinheiro).

Número dos substantivos

Quanto à flexão de **número**, os substantivos podem estar no **singular** ou no **plural**. Na língua portuguesa, o plural é indicado pela desinência -s (roup*as*, degra*us*, mã*es*) ou suas variantes -es e -is (mar*es*, portõ*es*, pã*es*, cana*is*).

Os substantivos paroxítonos terminados em -s são invariáveis, de modo que só podemos reconhecer seu número pelo artigo ou outro determinante: *os* pires, *esses* atlas, *vários* lápis.

Há, ainda, certos substantivos usados apenas no plural. No título deste romance do escritor mineiro Mário Palmério (1916-1996) aparece um deles: *confins*. Veja outros exemplos: *parabéns, núpcias, víveres, belas-artes, pêsames*.

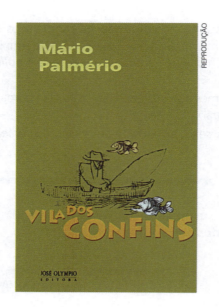

▸ Ver De olho na escrita: "Plural dos nomes", ao final da Unidade 4.

> Quanto à flexão de **número**, o substantivo pode estar no **singular** ou no **plural**. Alguns substantivos são usados apenas no plural.

Grau dos substantivos

Por fim, os substantivos também podem se flexionar em **grau**.

Estão no grau **diminutivo** quando recebem terminações como *-inho, -zinho, -acho, -icho, -ola, -ote, -ucho*, entre outras: urs*inho*, aviã*ozinho*, ri*acho*, rab*icho*, rapaz*ola*, menin*ote*, gord*ucho*.

Por outro lado, estão no grau **aumentativo** quando recebem terminações como *-ão, -zão, -ona, -zona, -aça, -aço, -arra, -orra*, entre outras: cachorr*ão*, tren*zão*, moç*ona*, mãe*zona*, barc*aça*, ric*aço*, boc*arra*, cabeç*orra*.

Em princípio, o grau indica uma variação no *tamanho* dos seres nomeados pelo substantivo. É o que ocorre, por exemplo, nesta tira:

URBANO, O APOSENTADO   A. SILVÉRIO

SILVÉRIO, A. Urbano, o aposentado. *O Globo*. Rio de Janeiro, 16 nov. 2016.

O personagem Urbano se transforma em "super-herói" após ouvir um ruído estranho. No último quadro, para surpresa do leitor, revela-se que o ruído nada mais é do que o rangido de uma *portinhola*, isto é, uma porta pequena, que faz parte de um móvel. Nesse caso o diminutivo indica, de fato, tamanho pequeno. Contudo, existem muitas situações em que a flexão de grau expressa sentidos bem diferentes, sem relação com o tamanho dos seres. Estudaremos essas situações com mais detalhes na seção "A língua da gente", ao final deste capítulo.

> Os **graus** do substantivo são o **diminutivo** e o **aumentativo**, que, em princípio, expressam diferenças de tamanho do ser nomeado.

146 Gramática: uma reflexão sobre a língua

Substantivação

Tudo que estudamos até agora sobre substantivos vale também para **palavras substantivadas**, isto é, palavras de outras classes gramaticais empregadas como substantivos. O processo de **substantivação** normalmente é feito pela anteposição de um artigo (*o*, *um*) ou outro determinante à palavra. Veja estes exemplos:

Referendo da Colômbia não é <u>um "sim"</u> à guerra
advérbio substantivado

Notícias ao Minuto. Lisboa, 3 out. 2016.
Disponível em: <http://mod.lk/tkalu>. Acesso em: 20 abr. 2017.

<u>O estar</u> juntos, frequentemente, é uma forma terrível de solidão [...].
verbo substantivado

ALVES, Rubem. A solidão amiga. *As melhores crônicas de Rubem Alves*.
Campinas: Papirus, 2008. p. 107. (Fragmento).

Uma vez substantivada, a palavra pode ser flexionada como um substantivo. É possível dizer, por exemplo, "já ouvi muitos *nãos* na vida" ou "tirei um *cinquinho* na prova de Matemática".

Adjetivo

Pense e responda

Leia a tira e responda às questões.

LILI, A EX — CACO GALHARDO

GALHARDO, Caco. Lili, a ex. *Folha de S.Paulo*. São Paulo, 19 abr. 2015. Ilustrada, p. E7. © Folhapress.

1. Nos dois primeiros quadrinhos, Lili, a personagem de cabelos escuros, contrasta dois estados emocionais para comunicar à amiga a situação que está vivendo. Quais palavras nos mostram a diferença entre esses estados?
2. Das palavras que você transcreveu, algumas estão no feminino e outras no masculino. Explique por quê.
3. No último quadro, certa palavra expressa uma avaliação. Identifique a palavra e explique como ela produz o humor da tira.
4. Essa avaliação também permite ao leitor deduzir alguns traços da personalidade de Lili. Mencione três palavras que poderiam descrever Lili, com base na tira lida.

As palavras que você identificou na tira, assim como aquelas que você sugeriu para descrever Lili, expressam características ou propriedades dos seres: *louca, descontrolada, calmo, quieto*. Palavras como essas pertencem à classe dos **adjetivos**.

Na tira, os adjetivos referiam-se às palavras *eu* e *tudo*, que são pronomes substantivos, isto é, pronomes que substituem substantivos. Adjetivos sempre se referem a um substantivo ou a um pronome substantivo:

Lili é uma moça divertida.
            substantivo adjetivo

Eles estão pirados.
  pronome substantivo adjetivo

Geralmente, o adjetivo vem depois do substantivo a que se refere: *moça **divertida***. Quando o enunciador antepõe o adjetivo ao substantivo, pretende realçá-lo ou atribuir-lhe um valor subjetivo. Observe a diferença:

Era um homem grande.
(avaliação objetiva)

Era um grande homem.
(avaliação subjetiva)

O adjetivo e o substantivo são duas classes bastante próximas. Tanto é que a substantivação do adjetivo é um processo comum: *o tímido não gosta de falar em público*; *é verdade que os mineiros adoram queijo?*. E o oposto também pode ocorrer, isto é, substantivos podem atuar como adjetivos: *plástico **bolha**, sequestro **relâmpago***.

> **Adjetivo** é uma classe de palavras variáveis que expressam características ou propriedades dos seres nomeados pelos substantivos.

Classificação dos adjetivos

Assim como os substantivos, os adjetivos podem ser classificados quanto à **estrutura** em primitivos ou derivados e em simples ou compostos.

Classificação dos adjetivos quanto à estrutura		
Adjetivos primitivos	Designam a qualidade por si só, sem remeter a certo substantivo ou verbo. São relativamente raros na língua.	*pequeno, liso, largo, verde*
Adjetivos derivados	São formados a partir de um substantivo, um verbo ou outro adjetivo.	*anual* (de ano), *friorento* (de frio), *confiante* (de confiar), *grandioso* (de grande)
Adjetivos simples	São formados por um único radical.	*surdo, azul*
Adjetivos compostos	São formados por mais de um radical. O segundo elemento pode ser outro adjetivo ou um substantivo.	*surdo-mudo, azul-piscina*

Adjetivos pátrios ou gentílicos

Entre os adjetivos derivados de substantivos, destacam-se, pela significação, aqueles que indicam o país, região, estado ou cidade de origem de uma pessoa ou coisa. Esses adjetivos são denominados **pátrios** ou **gentílicos**.

Muitos adjetivos pátrios são formados pelo acréscimo dos sufixos *-aco, -ano, -eno, -ão, -eiro, -ês, -ense, -eu*. Observe:

eslovaco	chileno	brasileiro	catarinense
angolano	alemão	português	europeu

Contudo, também há adjetivos pátrios com formações específicas, como *cairota* (do Cairo) e *húngaro* (da Hungria). Há, ainda, um pequeno grupo que constitui uma exceção porque não deriva de substantivo, tendo surgido por motivos históricos; é o caso dos adjetivos pátrios *capixaba* (do Espírito Santo), *carioca* (da cidade do Rio de Janeiro) e *potiguar* (do Rio Grande do Norte), todos originários do tupi.

Quando queremos relacionar certo substantivo a mais de uma origem, usamos um **adjetivo pátrio composto**, como *afro-brasileiro*. O primeiro elemento do composto geralmente é uma forma reduzida: em vez de *africano*, *afro*. Veja outros exemplos: *luta* **greco-romana**, *guerra* **sino-japonesa**, *Império* **Austro-Húngaro**, *congresso* **luso-brasileiro**.

Flexão dos adjetivos

Da mesma forma que os substantivos, os adjetivos podem flexionar-se em número, gênero e grau. A flexão de grau do adjetivo é, porém, diferente da sofrida pelo substantivo, como veremos mais adiante.

Na qualidade de determinantes do substantivo, os adjetivos concordam com ele em **número** e **gênero**. Observe como isso acontece:

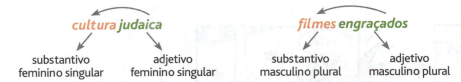

Em relação ao gênero, alguns adjetivos são **uniformes**, ou seja, têm uma única forma para o masculino e o feminino. Nesse caso, a concordância com o substantivo segue apenas o número:

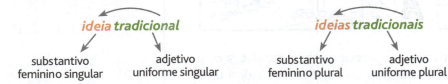

Graus do adjetivo

O adjetivo pode estar no grau **comparativo** ou no **superlativo**.

Grau comparativo

Leia esta tira:

GONSALES, Fernando. Níquel Náusea. *Folha de S.Paulo*. São Paulo, 17 jan. 2016.

O último quadrinho dá à frase inicial um sentido surpreendente e engraçado: normalmente, achamos que as raposas são mais espertas do que os cães porque caçam melhor, e não porque saibam resolver provas de escola. Naquela frase inicial, dois substantivos são comparados: *raposa* e *cães*. O termo usado para compará-los é um adjetivo, *esperta*. Observe:

Quando o adjetivo é utilizado para fazer comparações como essa, dizemos que está no **grau comparativo**. Adjetivos nesse grau são usados para comparar tanto seres diferentes no que diz respeito à mesma qualidade, como ocorre na tira, quanto diferentes qualidades do mesmo ser: *cães são mais* **leais** *do que* **espertos**.

Capítulo 10 • Substantivo e adjetivo   **149**

O grau comparativo pode ser:

- **de superioridade**: *O cachorro é **mais leal que** a raposa.*
  *Meu cachorro é **mais guloso do que** arteiro.*
  *A cauda do cão é **menor que** a da raposa.*

- **de inferioridade**: *O cachorro é **menos esperto que** a raposa.*
  *A raposa é **menos leal do que** esperta.*

- **de igualdade**: *O gato é **tão esperto quanto** a raposa.*
  *O gato é **tanto esperto quanto** carinhoso.*

Grau superlativo

Leia esta outra tira.

ALINE   ADÃO ITURRUSGARAI

Neste caso, a personagem flexiona o adjetivo para expressar certa característica com muita intensidade: "Tô ficando *apaixonadíssima*!". O grau do adjetivo que indica uma característica marcadamente superior ou inferior é denominado **grau superlativo**.

O superlativo pode ser absoluto ou relativo. O **superlativo absoluto** indica que o ser tem certa característica em alto grau. Pode ser:

- **sintético**: é formado pelo adjetivo + sufixo *-íssimo* ou semelhantes: *A moça está apaixonad**íssima**. A prova foi dific**ílima**.*
- **analítico**: é formado por uma palavra que indique intensidade + adjetivo: *A moça está **muito** apaixonada. Esta música é **extraordinariamente** bela.*

Por fim, o **superlativo relativo** indica que o ser tem grau maior ou menor de certa característica em relação a outros de sua espécie. Pode ser:

- **de superioridade**: *Sou **o** aluno **mais** participativo da turma.*
  *Este foi **o pior** filme que já vi.*
- **de inferioridade**: *A pizza de calabresa é **a menos** saborosa das que provei.*

Noção de superioridade

Note que a ideia de *superioridade* no grau dos adjetivos está ligada à intensidade da característica, e não à característica em si. Quando se diz, por exemplo, que "a cauda do cão é *menor* que a da raposa", o comparativo é de superioridade porque *menor* significa "mais pequeno", ou seja, a característica do adjetivo *pequeno* é intensificada. O mesmo ocorre em *o pior filme* = "o mais ruim".

O adjetivo está no **grau comparativo** quando é usado para comparar diferentes seres quanto à mesma característica, ou diferentes características do mesmo ser. O comparativo pode ser de **superioridade, inferioridade** ou **igualdade**.

O adjetivo está no **grau superlativo** quando é modificado para mostrar certa característica com intensidade marcadamente superior ou inferior. O superlativo pode ser **absoluto sintético** (*belíssima*), **absoluto relativo** (*extremamente bela*), **relativo de superioridade** (*a mais bela*) ou **de inferioridade** (*a menos bela*).

Locução adjetiva

Observe os títulos dos três primeiros livros da série de ficção *As crônicas de gelo e fogo*, criada pelo escritor estadunidense George R. R. Martin.

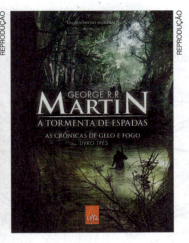

Todos os títulos são formados por um substantivo cercado por determinantes, ou seja, por um sintagma nominal: *A guerra dos tronos*, *A fúria dos reis*, *A tormenta de espadas*. Note que as características dos substantivos *guerra*, *fúria* e *tormenta* são expressas por mais de uma palavra: *dos tronos*, *dos reis* e *de espadas*.

Expressões que exercem o papel de adjetivos, caracterizando os seres nomeados por substantivos, são denominadas **locuções adjetivas**. Elas são formadas por preposição + substantivo (*guerra dos tronos*) ou verbo no infinitivo (*água de beber*).

Em alguns casos, existem adjetivos equivalentes à locução: *trono do rei* = *trono real*; *comida sem sal* = *comida insossa*. Mas, em muitas outras situações, não há um equivalente, ou a locução adquire um sentido próprio: *tormenta de espadas*, *loja de roupas*, *organização sem fins lucrativos*.

> **Locução adjetiva** é uma expressão que caracteriza os seres nomeados pelos substantivos. É formada por uma preposição seguida de substantivo ou verbo no infinitivo.

Audiovisual
Adjetivo

EM EQUIPE

Adjetivos eruditos

Algumas locuções adjetivas têm como equivalentes **adjetivos eruditos**. Por exemplo: *água da chuva* equivale a *água pluvial*. Adjetivos como *pluvial* são denominados eruditos porque não entraram para o nosso léxico por via popular; em vez disso, foram criados por estudiosos diretamente a partir da raiz latina ou grega. Nesse caso, por exemplo, o latim *plŭvia*, que na evolução natural do português havia resultado em *chuva*, deu origem mais tarde ao adjetivo erudito *pluvial*. Junte-se a um ou dois colegas para fazer uma atividade sobre esse tipo de adjetivo.

1. Copiem as expressões a seguir no caderno, substituindo as locuções destacadas por um adjetivo erudito. Consultem o dicionário ou pesquisem na internet sempre que precisarem.

indústria **da guerra**	nariz **de águia**
abraço **de irmão**	espaço **dos astros**
atmosfera **de sonho**	tempos **de ouro**
organização **de estudantes**	quadro **de professores**
águas **do rio**	peixe **do lago**
céu **com cor de chumbo**	cólica **do fígado**

2. Após a correção das respostas pelo professor, discutam com o resto da turma:
   a) Em que contextos vocês usariam ou esperariam encontrar esses adjetivos?
   b) Vocês conheciam todos esses adjetivos eruditos? Por que é importante conhecê-los?

Capítulo 10 • Substantivo e adjetivo

A língua da gente

Diminutivo e aumentativo no português brasileiro

Neste capítulo você estudou que o grau do substantivo expressa, em princípio, variações no tamanho dos seres: o diminutivo indicaria tamanho pequeno, e o aumentativo, tamanho grande. Basta, porém, uma breve observação no uso que fazemos do grau para perceber que seus sentidos vão muito além do tamanho. Leia esta charge, por exemplo:

AQUI NA ESQUINA   LULI PENNA

[Charge: QUE É ISSO? NÃO VAI ENCARAR A SEGUNDONA? / ACHO QUE VOU ESPERAR MAIS UM POUCO]

PENNA, Luli. Aqui na esquina. *Folha de S.Paulo*. São Paulo, 6 out. 2014. Ilustrada, p. E9. © Folhapress.

Pelo texto visual, deduzimos que no dia anterior houve eleições; afinal, há vários cavaletes de propaganda política espalhados pelo chão. A cidade está suja, bagunçada, e talvez o resultado da votação não tenha agradado às personagens. Assim, quando uma delas pergunta à outra se vai "encarar a segundona", entendemos que *segundona* obviamente não designa uma segunda-feira grande, mas um dia intimidante, desanimador.

Veja outros exemplos nas manchetes a seguir, extraídas de *sites* jornalísticos brasileiros:

"**Filhinhos** de papai" aprontam **bafão** em boate de luxo, mas acabam presos

24 Horas News. Cuiabá, 14 nov. 2016. Disponível em: <http://mod.lk/s7qcf>. Acesso em: 20 abr. 2017.

Maradona e Verón se desentendem e geram "**climão**" no Jogo da Paz

Extra. Rio de Janeiro, 12 out. 2016. Disponível em: <http://mod.lk/eydgt>. Acesso em: 20 abr. 2017.

152 Gramática: uma reflexão sobre a língua

Justin Bieber escreve carta explicando piti, mas deleta **rapidinho**

Veja, 31 out. 2016. Disponível em: <http://mod.lk/ku9va>. Acesso em: 20 abr. 2017.

Para salvar filhote, "fêmea **valentona**" luta com dois hipopótamos na África

G1, 9 abr. 2014. Disponível em: <http://mod.lk/jxcml>. Acesso em: 20 abr. 2017.

Nesses exemplos, é possível observar as duas mais notáveis características do grau no português brasileiro. A primeira é que seu uso é extremamente comum em nossa fala e escrita, atingindo tanto substantivos (*filhinhos*) quanto adjetivos (*valentona*) e até adjetivos usados como advérbios (*rapidinho*). A segunda é que, com frequência, tais palavras adquirem um sentido sem relação com tamanho menor ou maior. Tanto o diminutivo quanto o aumentativo podem expressar valores subjetivos, tais como afeto (*benzinho*, *paizão*) ou depreciação (*filhinho de papai*, *bobalhão*). Em alguns casos, chegam a ter um novo significado: *bafão* e *climão*, por exemplo, são gírias que designam, respectivamente, um escândalo e um clima de briga entre as pessoas.

É por esse motivo que, segundo alguns gramáticos, o grau não é exatamente uma flexão, porque, ao contrário das flexões de gênero e número, que não alteram o sentido do substantivo em si, as terminações de grau levam praticamente à formação de uma nova palavra. Sob essa ótica, o grau seria uma *derivação*, ou seja, as formações no diminutivo seriam palavras derivadas.

O tema do grau no português brasileiro é frequentemente abordado em exames vestibulares. Veja, por exemplo, a questão a seguir, extraída de uma prova do Insper (SP). Discuta as opções com os colegas e identifiquem a alternativa correta.

(Insper-SP – Adaptado)

O diminutivo que aumenta

O diminutivo virou uma espécie de divisor de águas para o brasileiro. Em Portugal, onde a ambiguidade linguística tem menor voltagem e toda conversa arrisca-se a seguir o pé da letra, as pessoas tendem a flexionar o grau do substantivo com a consciência de que pão é pão, queijo é queijo – posto que um diminutivo serve é para diminuir e um aumentativo, para aumentar. Além-mar a ênfase é outra. Quando convém, o diminutivo funciona como aumentativo no Brasil, porque exploramos, como ninguém, o uso dos adjetivos com flexão típica do diminutivo, mas com função superlativa. [...]

Disponível no nosso armazém de secos e molhados que é a língua, o adjetivo superlativo ficou reservado para ocasiões propícias. Comparado ao brasileiro, o português usa o recurso com imenso recato.

(Adaptado, *Revista Língua*, nº 1)

Segundo o texto, o diminutivo com função superlativa é uma construção tipicamente brasileira, diferentemente do que ocorre em Portugal. Identifique a alternativa que apresenta essa construção.

a) Aguarde só mais um minutinho, por favor.
b) Para as moças, esconder a verdade era apenas uma brincadeirinha.
c) Nada melhor do que um café quentinho no meio de uma tarde fria.
d) É apenas um presentinho, você merece muito mais.
e) Esperava ver um jardim bonitinho e encontrou uma aula de paisagismo.

ATIVIDADES

▸ Leia a tira e responda às perguntas de 1 a 3.

BIFALAND, A CIDADE MALDITA   ALLAN SIEBER

1. Na frase da direita, em azul, qual palavra é substantivo e qual é adjetivo? Justifique sua resposta.

2. Quais justificativas a tira apresenta para caracterizar o ser com o adjetivo que você identificou?

3. O texto expressa um ponto de vista favorável ou contrário ao discurso do personagem? Justifique sua resposta com elementos visuais e verbais presentes na tira.

Trocando ideias

Discuta com os colegas e o professor:

1. O que você acha da caracterização de um "jovem velho" feita nessa tira? Você concorda com essa caracterização? Por quê?

2. Você conhece "velhos jovens"? Se sim, quem são eles e o que fazem ou dizem para que você os avalie assim?

▸ Nos últimos anos, guerras, miséria e outros problemas levaram milhares de pessoas a tentarem migrar do Oriente Médio e do Norte da África para a Europa. Leia o título e a linha-fina de uma notícia sobre esse tema. Depois, responda às questões 4 e 5.

linha-fina: Frase colocada logo após o título de uma matéria jornalística para detalhá-lo.

Cameron provoca polêmica ao chamar imigrantes de "bando"

Premiê britânico falou de um "bando" ao se referir aos milhares de refugiados e imigrantes acampados em condições precárias no norte da França

Exame, 27 jan. 2016. Disponível em: <http://mod.lk/bszx7>. Acesso em: 20 abr. 2017.

Glossário
Cameron: David Cameron, político londrino que foi primeiro-ministro (premiê) do Reino Unido de 2010 a 2016.

4. Classifique a palavra *bando* do ponto de vista morfológico, inclusive quanto à significação e à estrutura.

5. Levando em conta o contexto, explique por que o fato de Cameron ter usado esse termo provocou "polêmica". Se necessário, consulte o dicionário.

O artista contemporâneo André Vallias produziu uma série de poemas visuais sobre o desmatamento na região amazônica e os conflitos sociais que ele gera. Leia o poema "Madeira de lei" e responda às perguntas de 6 a 9.

Para navegar

Leia mais poemas visuais de André Vallias na revista *Piseagrama*: <www.piseagrama.org/grafictos>. Saiba mais sobre outros trabalhos do artista em <http://andrevallias.com/>.

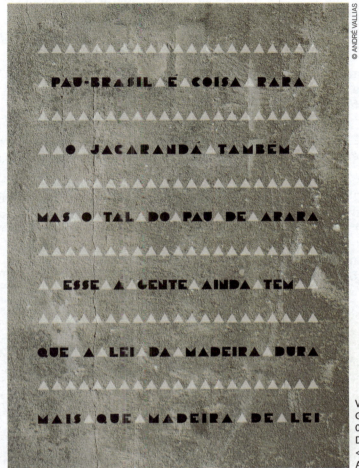

VALLIAS, André. Grafictos. *Piseagrama*, 08 Extinção. Disponível em: <http://mod.lk/wce52>. Acesso em: 20 abr. 2017.

6. O poema contrapõe o *pau-brasil* e o *pau de arara*.

  a) Analise a palavra *pau-brasil* sob o ponto de vista morfológico, inclusive quanto à significação e à estrutura.

  b) Classifique morfologicamente a expressão *de arara* e explique qual sentido ela adquire em *pau de arara*, no contexto do poema. Se necessário, consulte o dicionário.

7. Nesse poema, o *pau-brasil* e o *pau de arara* são elementos de alto valor simbólico.

  a) No contexto histórico e cultural brasileiro, quais das ideias abaixo podem ser associadas a *pau-brasil* e quais podem ser associadas a *pau de arara*?

  - barbárie
  - identidade
  - riqueza
  - atraso

  b) De acordo com o poema, um desses símbolos está se perdendo. Qual é ele e qual adjetivo indica isso?

8. Os últimos versos do poema apresentam um jogo de sentidos entre os sintagmas nominais *lei da madeira* e *madeira de lei*.

  a) O que é *madeira de lei*? Se necessário, pesquise no dicionário ou na internet.

  b) Qual palavra poderia substituir a conjunção *que*, no penúltimo verso, sem prejuízo para o sentido geral do poema?

  - qual
  - mas
  - pois
  - ou

ATIVIDADES

c) Nesse penúltimo verso, a palavra *dura* admite, a princípio, duas classificações morfológicas. Quais são elas?
- adjetivo e verbo
- adjetivo e substantivo
- substantivo e verbo

d) Qual dessas classificações é mais coerente com o verso seguinte? Por quê?

e) O eu lírico quebrou o verso após a palavra *dura* justamente para que o leitor percebesse a outra classificação possível. Com a outra classificação, qual sentido o verso adquire?

f) Considerando todas as análises que fez até agora, explique o que seria *lei da madeira*, no contexto do poema.

9. Nos poemas visuais, o arranjo gráfico contribui para a construção dos sentidos. Em sua opinião, qual é a relação entre a aparência desse poema e as ideias que ele comunica?

▸ Leia este cartaz da organização não governamental Anistia Internacional e responda às questões de 10 a 13.

10. Indique a classe gramatical das palavras que formam o *slogan* da campanha, *Jovem Negro Vivo*, e explique o objetivo do cartaz com base nesse *slogan*.

11. Escolha a alternativa que completa adequadamente a frase. Em seguida, justifique sua resposta.

    As quatro primeiras estatísticas ("30.000 por ano, 2.500 por mês, 82 por dia, 7 a cada duas horas") referem-se especificamente:
    a) ao total de homicídios no Brasil.
    b) aos homicídios de jovens no Brasil.
    c) aos homicídios de jovens negros no Brasil.

12. Qual é o adjetivo utilizado na frase principal do cartaz? Em que grau ele se encontra? Justifique sua resposta.

13. Escreva essa frase principal na ordem direta, ou seja, começando com "Só a indiferença". Então, responda: por que as palavras foram dispostas em uma ordem diferente?

▸ Leia a tira e responda às questões a seguir.

RYOT. *RYOTiras*. Disponível em: <http://mod.lk/jd1zh>. Acesso em: 20 abr. 2017.

14. Qual grau do adjetivo se destaca no texto? Justifique sua resposta com três exemplos.

15. Um dos personagens utiliza o adjetivo *hiperbólico* para caracterizar o amigo. O que significa esse adjetivo? Considere o que você já aprendeu sobre figuras de linguagem para responder à questão.

16. Explique como os adjetivos e a maneira como foram empregados produzem o humor na tira.

Anistia Internacional. Jovem Negro Vivo. Disponível em: <http://mod.lk/tqxs6>. Acesso em: 20 abr. 2017.

ENEM E VESTIBULARES

1. (Unesp – Adaptada) Instrução: A questão 1 toma por base o soneto *Acrobata da dor*, do poeta simbolista brasileiro Cruz e Sousa (1861-1898):

Acrobata da dor

Gargalha, ri, num riso de tormenta,
como um palhaço, que desengonçado,
nervoso, ri, num riso absurdo, inflado
de uma ironia e de uma dor violenta.

Da gargalhada atroz, sanguinolenta,
agita os guizos, e convulsionado
Salta, gavroche, salta *clown*, varado
pelo estertor dessa agonia lenta...

Pedem-te bis e um bis não se despreza!
Vamos! retesa os músculos, retesa,
nessas macabras piruetas d'aço...

E embora caias sobre o chão, fremente,
afogado em teu sangue estuoso e quente,
ri! Coração, tristíssimo palhaço.

(João da Cruz e Sousa. *Obra completa*.
Rio de Janeiro: Editora Aguilar, 1961.)

O soneto *Acrobata da dor* revela, entre outras, uma das características notáveis do estilo poético de Cruz e Sousa, que é a grande presença de adjetivos, colocados antes ou após os substantivos a que se referem. Observe estes cinco exemplos retirados do texto:

I. Riso absurdo.
II. Gargalhada atroz.
III. Agonia lenta.
IV. Macabras piruetas.
V. Tristíssimo palhaço.

Aponte os dois exemplos em que o adjetivo precede o substantivo:

a) I e II.   b) II e III.   c) I e III.   d) II e IV.   e) IV e V.

2. (Unicamp-SP)

Há notícias que são de interesse público e há notícias que são de interesse do público. Se a celebridade "x" está saindo com o ator "y", isso não tem nenhum interesse público. Mas, dependendo de quem sejam "x" e "y", é de enorme interesse do público, ou de um certo público (numeroso), pelo menos.

As decisões do Banco Central para conter a inflação têm óbvio interesse público. Mas quase não despertam interesse, a não ser dos entendidos.

O jornalismo transita entre essas duas exigências, desafiado a atender às demandas de uma sociedade ao mesmo tempo massificada e segmentada, de um leitor que gravita cada vez mais apenas em torno de seus interesses particulares.

(Fernando Barros e Silva, O jornalista e o assassino. Folha de São Paulo (versão *on line*), 18/04/2011. Acessado em 20/12/2011.)

a) A palavra *público* é empregada no texto ora como substantivo, ora como adjetivo. Exemplifique cada um desses empregos com passagens do próprio texto e apresente o critério que você utilizou para fazer a distinção.

b) Qual é, no texto, a diferença entre o que é chamado de *interesse público* e o que é chamado de *interesse do público*?

Mais questões no livro digital, em **Vereda Digital Aprova Enem** e **Vereda Digital Suplemento de revisão e vestibulares**; no *site*, em **AprovaMax**.

Capítulo 10 • Substantivo e adjetivo   **157**

CAPÍTULO 11
ARTIGO E NUMERAL

OBJETIVOS DE APRENDIZAGEM
- Reconhecer os principais empregos do artigo definido e do artigo indefinido.
- Identificar os diferentes tipos de numeral e seu papel na composição dos enunciados.

ENEM
C1: H1
C5: H16
C6: H18

Observação

Neste capítulo estudaremos mais dois determinantes do substantivo: o artigo e o numeral. Você perceberá que essas palavras fornecem informações importantes sobre os elementos de que falamos e, por isso, são essenciais para nos comunicarmos com precisão e clareza.

Para começar, leia a tira.

Níquel Náusea — Fernando Gonsales

Análise

1. O humor da tira nasce do duplo sentido que se pode atribuir a esta fala do anjinho: "É apenas uma garotinha".
    a) A princípio, qual sentido o leitor é levado a atribuir à fala? Por quê?
    b) No último quadro, entendemos o verdadeiro sentido da fala. Qual é ele?
2. Qual palavra é responsável pelo duplo sentido na fala do anjinho?
    - Explique qual papel essa palavra parece ter na frase, na primeira leitura, e qual papel ela realmente tem, de acordo com o último quadrinho.

Como você percebeu, o responsável pelo humor na tira é um determinante do substantivo *garotinha*: a palavra *uma*. Na primeira leitura, ela parece simplesmente apresentar uma referência, a garotinha. Nesse caso, seria considerada um *artigo*. Contudo, no último quadrinho percebemos que, na verdade, a palavra tinha sido empregada para indicar uma quantidade, portanto deveria ser classificada como um *numeral*. Neste capítulo, vamos aprender mais sobre essas duas classes gramaticais.

Artigo

Pense e responda

▲ Leia o fragmento inicial de um conto do folclore brasileiro. Em seguida, responda às questões.

O mestre das artes mágicas

◆ senhor muito pobre tinha tantos filhos que já não sabia quem convidar para ser padrinho do caçula. Ficou pensando no assunto, pois o menino devia ser batizado.

— Se escolher um bom padrinho, ele poderá ajudar meu filho no futuro, pois eu nada tenho e, mesmo que tivesse, seriam tantos para dividir que pouco restaria para cada um.

Ouviu o trote de um cavalo. Aproximou-se ◆ homem bem vestido, montado num ginete negro. Parou para descansar bem em frente à casa. ◆ senhor aproveitou a oportunidade e perguntou:

— Aceita ser padrinho do meu filho mais novo?

◆ homem concordou, mas disse que não poderia ir à igreja para o batizado e pediu a um irmão do bebê que o representasse. Entretanto, antes de partir, deixou uma bolsa cheia de moedas de ouro para o menino.

[...]

CARRASCO, Walcyr. *O negrinho do pastoreio e outros contos do folclore brasileiro.* 2. ed. São Paulo: Moderna, 2013. p. 38. (Fragmento adaptado.)

Glossário
Ginete: cavalo adestrado e de boa aparência.

1. Reescreva as frases em que aparecem losangos substituindo-os pelas palavras *um* ou *o*. Depois, justifique sua escolha em cada situação.

2. Releia: "[...] disse que não poderia ir à igreja para o batizado e pediu a um irmão do bebê que o representasse. Entretanto, antes de partir, deixou uma bolsa cheia de moedas de ouro para o menino".

    - Se antes do substantivo *menino* fosse usada a palavra *um* ("deixou uma bolsa cheia de moedas de ouro para *um* menino"), o sentido dessa frase seria diferente? Por quê?

Ao responder às perguntas, você identificou o uso básico do **artigo**: sempre colocado antes do substantivo, ele serve para indicar se o enunciador se refere a esse substantivo de forma genérica ou particular.

No primeiro caso (referência genérica), usa-se o **artigo indefinido**: "Aproximou-se *um* homem bem vestido [...]". No segundo caso (referência particular), usa-se o **artigo definido**: "*O* homem concordou [...]".

A seguir, vamos ver esses e outros usos com mais detalhes.

> **Artigo** é uma classe de palavras variáveis que aparecem antes do substantivo, indicando se o enunciador se refere a ele de maneira genérica (**artigo indefinido**) ou particular (**artigo definido**).

Saiba mais

Na continuação desse conto, o menino cresce e o padrinho o leva para educá-lo em sua casa. O rapaz descobre, então, que o homem misterioso é o próprio diabo – o que explica por que não quis ir à igreja. Lançando mão de esperteza e magia, o jovem consegue enganar o falso padrinho e escapar de seu domínio.

Na literatura popular brasileira, são comuns as histórias em que certo personagem astucioso engana o diabo. Esse é um tema bastante explorado, por exemplo, no **cordel** – uma produção literária impressa em folhetos, geralmente ilustrada de forma artesanal. Aqui vemos o tema em uma obra de José Antonio Torres, conhecido como Zé Catolé.

Emprego do artigo definido

De modo geral, o **artigo definido** (*o, a, os, as*) é usado para indicar que o elemento é conhecido pelo interlocutor por já ter sido mencionado ("um *senhor* muito pobre" → "*o senhor* aproveitou a oportunidade") ou porque foi referido antes por meio de um sinônimo ou palavra semanticamente afim. Você constatou essa última situação ao responder

Capítulo 11 • Artigo e numeral

à questão 2: na frase "antes de partir, deixou uma bolsa cheia de moedas de ouro para o menino", é graças ao artigo definido que entendemos que o menino a que o narrador se refere não é um menino qualquer, e sim o afilhado mencionado antes. Observe:

"[...] disse que não poderia ir à igreja para o batizado e pediu a um irmão do bebê que o representasse. Entretanto, antes de partir, deixou uma bolsa cheia de moedas de ouro para o menino".

O artigo definido indica ao leitor que o substantivo retoma um elemento referido antes.

O artigo definido também é usado com referência a elementos que são conhecidos do interlocutor por sua experiência de mundo, mesmo que não tenham sido citados no texto. Por exemplo: *O batizado é uma cerimônia importante para muitas famílias. O inverno é uma estação fria e seca. Albert Einstein formulou a teoria da relatividade.*

Leia a tira a seguir para identificar outro uso do artigo definido:

GARFIELD   JIM DAVIS

Diante de *nomes próprios*, o artigo definido geralmente é usado para indicar familiaridade com a pessoa mencionada. Jon e Garfield referem-se a Liz como "a Liz" porque convivem com ela de modo próximo. Mesmo quando não há familiaridade, usa-se o artigo antes do nome próprio se este vem acompanhado por certa expressão que o particulariza; por exemplo: *Este livro não mostra o verdadeiro Getúlio Vargas.*

Observe mais um emprego do artigo definido nesta manchete:

O brasileiro lê os rótulos dos alimentos que compra?

NAVAJAS, Laura. *Consumidor moderno*. São Paulo, 10 ago. 2016.
Disponível em: <http://mod.lk/doxyt>. Acesso em: 5 maio 2017.

Evidentemente, o texto não se refere a um brasileiro em particular, mas a todos os brasileiros. Nesse caso, ocorre uma figura de linguagem que você estudou no Capítulo 7, a *metonímia*, pois o enunciador se refere ao todo pela parte.

Por fim, um último emprego do artigo definido pode ser observado no título do livro ao lado.

Pela frase *Meu pai é o cara*, entendemos que o protagonista considera seu pai um homem especial, que se distingue positivamente dos outros. Quando empregado dessa forma, o artigo definido é denominado **artigo de notoriedade**. Em geral, o artigo de notoriedade recebe uma entonação especial na fala, ou aspas na escrita. Veja outro exemplo: *Esta não é uma bicicleta qualquer; é "a" bicicleta.*

> **O artigo definido e o pronome possessivo**
>
> O uso do artigo definido antes do pronome possessivo é opcional. Assim, conforme o estilo que se queira adotar, pode-se dizer:
>
> *Se escolher um bom padrinho, ele poderá ajudar **meu** filho no futuro.*
>
> ou
>
> *Se escolher um bom padrinho, ele poderá ajudar o **meu** filho no futuro.*

Emprego do artigo indefinido

De modo geral, o **artigo indefinido** (*um, uma, uns, umas*) é usado para indicar que o enunciador está se referindo a certo ser pela primeira vez ("Aproximou-se *um* homem bem vestido") ou que pretende caracterizá-lo como algo genérico, indeterminado: "deixou *uma* bolsa cheia de moedas de ouro".

Quando usados no plural, os artigos indefinidos também podem indicar *cálculo aproximado*: *O desconhecido devia ter uns trinta anos.*

Assim como o artigo definido, o indefinido pode, ainda, ser empregado na *substantivação* de palavras de outras classes gramaticais, conforme você viu no capítulo anterior: *Não me contentarei com um talvez.*

Combinação do artigo com a preposição

Quando o artigo definido é precedido por uma das preposições *de, em, por* e *a* combina-se com ela. Observe:

- *Não sabia quem convidar para ser padrinho **do** (**de** + **o**) caçula.*
- *Havia muitas moedas de ouro **na** (**em** + **a**) bolsa.*
- *O padrinho foi representado **pelo** (**por** + **o**) irmão do bebê.*
- *O senhor perguntou **ao** (**a** + **o**) desconhecido se aceitava ser padrinho.*
- *O homem disse que não poderia ir **à** (**a** + **a**) igreja.*

Como se nota pelo último exemplo, a **crase**, marcada pelo acento grave (à), resulta da combinação entre a preposição *a* e o artigo *a(s)*. Levando isso em conta, fica mais fácil entender esse fato linguístico: a crase não ocorre antes de *um, uma, esse, essa*, etc. nem antes de substantivos masculinos, pois depende da presença do artigo definido *a(s)*. Você verá mais detalhes sobre a crase no Capítulo 26.

O artigo indefinido também pode se combinar com as preposições *de* e *em*, o que resulta nas formas **dum, duma, duns, dumas, num, numa, nuns, numas**. Essas combinações, porém, não são obrigatórias e vêm caindo em desuso na atualidade.

Quando o artigo definido ou indefinido faz parte de um nome próprio, como o nome de uma empresa ou o título de uma obra, não se faz a combinação com a preposição. Observe:

> **HBO produzirá filme sobre os bastidores de 'O Poderoso Chefão'**

DONEDA, Priscila. *M de Mulher*. Disponível em: <http://mod.lk/gj9t2>. Acesso em: 5 maio 2017.

Por fim, na escrita formal não é recomendável combinar a preposição com o artigo quando o substantivo é sujeito de um verbo. Por exemplo:

*Já estávamos na fila antes **de o** estádio abrir.*

O substantivo *estádio* é sujeito do verbo *abrir*.

> **EM EQUIPE**
>
> **O artigo nos títulos de notícia**
>
> Sob a coordenação do professor, reúna-se com dois ou três colegas e faça o que se pede.
>
> ▪ Na versão impressa ou *on-line* do principal jornal de sua região, selecionem dez notícias e copiem seus títulos. Em seguida, examinem-nos e respondam:
>
> 1. Qual padrão vocês percebem quanto ao emprego de artigos nos títulos?
> 2. Compartilhem suas descobertas com os outros grupos e respondam: o que pode explicar o padrão que vocês observaram quanto ao uso dos artigos nos títulos de notícia?

Numeral

Pense e responda

Leia a tira e responda às perguntas.

SCHULZ, Charles M. Minduim. *O Estado de S. Paulo*. São Paulo, 27 abr. 2016.

1. Identifique o neologismo no texto, indique seu significado e explique como foi criado.

2. Na expressão *trezentos e oitenta e quatro dias*, quais palavras determinam o substantivo *dias*? Que tipo de informação fornecem sobre ele?
   a) Explique como as diferentes impressões de Lucy e Snoopy em relação a essa expressão dão graça ao texto.
   b) Se, na tira, a expressão *trezentos e oitenta e quatro dias* fosse representada como *384 dias*, o efeito humorístico teria sido o mesmo?

A classe de palavras que determinam o substantivo indicando quantidade exata e outras noções numéricas é a dos **numerais**. Nas falas de Lucy e de Snoopy, a expressão *trezentos e oitenta e quatro* é um numeral.

Os numerais podem ser determinantes do substantivo, como em ***quatro*** *dias*, mas podem também equivaler a substantivos. É o que ocorre em: ***quatro*** *é* ***o dobro*** *de* ***dois***.

> **Numeral** é a classe de palavras variáveis que indicam noções numéricas, como quantidade exata ou posição em uma série. Podem determinar o substantivo ou equivaler a ele.

Classificação dos numerais

Os numerais se dividem em quatro categorias:

Tipo de numeral	Uso	Exemplos
Cardinal	Indica quantidades.	*dois, cinco, trezentos, milhão*
Ordinal	Indica posição em uma série.	*primeiro, quinto, septuagésimo*
Multiplicativo	Indica aumento proporcional da quantidade.	*dobro, triplo, quádruplo*
Fracionário	Indica diminuição proporcional.	*metade, dois terços, décimo*

Há, ainda, aqueles que se classificam em uma categoria à parte, a dos *numerais coletivos*. Assim como os substantivos coletivos, os **numerais coletivos** referem-se a um conjunto de seres, com a diferença de que fazem essa referência de forma exata. Observe, por exemplo, o título do filme ao lado.

O numeral coletivo *quarteto* refere-se à quantidade exata de quatro seres – nesse caso, os quatro super-heróis dos quadrinhos que passaram a estrelar, também, histórias de aventura no cinema. Veja outros exemplos de numerais coletivos: *ambos*, *par*, *dezena*, *dúzia*, *quinzena*, *década*, *cento*, *milhar*, *milênio*.

Numeral e algarismo

Na gramática, damos o nome de numerais às *palavras* que expressam noções numéricas, como *doze*, *quinquagésimo* ou *três quartos*. Em muitos casos, é claro, essas noções também podem ser indicadas por *algarismos* (12, 50º, ¾).

A opção por uma ou outra forma de representação depende de uma série de fatores, tais como o gênero textual que se está produzindo, o espaço disponível e, em certas situações, até mesmo o efeito de sentido que se pretende provocar. Você observou isso ao analisar a tira do Snoopy na página anterior: representar a quantidade por meio de numerais, e não de algarismos, foi decisivo para expressar tanto a alegria de Lucy com a "bipada" quanto a irritação do cachorrinho.

Um, *uma*: artigo e numeral

As palavras *um* e *uma* são classificadas como *artigos* quando apresentam o ser nomeado pelo substantivo de forma genérica, indeterminada, e como *numerais* quando indicam sua quantidade. Conforme você observou ao analisar a tira do Níquel Náusea que abre este capítulo, para fazer a classificação adequada é necessário levar em consideração o contexto. Veja mais estes exemplos:

Classifica-se como **artigo**, porque apresenta o substantivo de forma indeterminada.

Qual é a melhor alimentação para um hipertenso?

HELITO, Alfredo Salim. Médico de família. *Jovem Pan*, 21 jan. 2016.
Disponível em: <http://mod.lk/bfikp>. Acesso em: 5 maio 2017.

Um em cada quatro brasileiros é hipertenso, mostra pesquisa

VERDELIO, Andrea. *Agência Brasil*, 29 jun. 2016.
Disponível em: <http://mod.lk/zayyd>. Acesso em: 5 maio 2017.

Classifica-se como **numeral**, porque indica quantidade.

Flexão dos numerais

Os numerais **cardinais**, de modo geral, são invariáveis (*cinco* meninas). Há exceções nos seguintes casos:

- os cardinais *um* e *dois* e as centenas a partir dos *duzentos*, que variam em gênero: **duas** moças, **duzentas** pessoas;
- *milhão*, *bilhão*, *trilhão*, etc., que variam em número: **três milhões** de pessoas.

Os numerais **ordinais** variam em gênero e número: *a primeira*, *os segundos*.

Os **multiplicativos** são invariáveis quando empregados como substantivos (*corri o triplo da distância prevista*), mas variáveis em gênero e número quando empregados como determinantes do substantivo (*ganhar essa corrida foi uma vitória dupla*).

Os numerais **fracionários** concordam com o cardinal que indica o número de partes:

Um quinto da classe votou contra.   *O menino guloso comeu as duas metades do bolo.*

Por fim, o fracionário *meio* concorda em gênero com o elemento que fraciona, que geralmente fica subentendido:

Comprou dois quilos e meio [quilo] de carne.   *Era meia-noite e meia [hora].*

Aprender a aprender

Anotações: o método Cornell

Tomar notas durante a aula é uma importante etapa de sua aprendizagem. As anotações não só o ajudam a concentrar-se, como também facilitam encontrar e rememorar uma informação importante posteriormente.

Você sabia que existem métodos para tornar essa atividade mais eficiente? Um dos mais conhecidos é o *método Cornell*, criado por Walter Pauk, um professor da Universidade de Cornell, nos Estados Unidos. Nesta seção, você e seus colegas vão aprender a tomar notas de acordo com as sugestões de Pauk.

1. O primeiro passo no método Cornell é dividir, horizontalmente, em duas partes a folha de papel onde você fará as anotações. Na parte de cima, que deve ser maior, faça duas colunas, sendo a da direita mais larga que a da esquerda. Veja o modelo:

```
                  Artigo e numeral          Data:         Professor:

                          • Artigo definido: refere-se a um elemento já conhecido.
                          • Artigo indefinido: refere-se a um elemento apresentado pela primeira
                            vez ou tomado de forma genérica.
                          • Numeral: classifica-se em cardinal, ordinal, multiplicativo e fracionário.
```

2. Durante a aula, faça anotações na forma de frases curtas, conforme exemplificado acima.

3. Quando terminar a aula, você terá apenas a parte superior direita preenchida. Então, ao rever suas anotações em casa, escreva, na coluna da esquerda, perguntas relacionadas ao conteúdo da direita. Por exemplo: *Quando se emprega o artigo definido? Quando se emprega o artigo indefinido? Como se classificam os numerais?*

4. Para estudar o conteúdo, cubra a coluna da direita com um pedaço de papel e tente responder às perguntas da esquerda. Depois, retire o papel e verifique se acertou.

5. Por fim, use a parte inferior da folha para fazer um resumo linear do que estudou. Se necessário, reveja o que aprendeu sobre resumos lineares no Capítulo 8.

6. No final do processo, sua folha de anotações ficará, então, aproximadamente desta forma:

```
                  Artigo e numeral          Data:         Professor:

   • Quando se emprega o artigo definido?    • Artigo definido: refere-se a um elemento já conhecido.
   • Quando se emprega o artigo indefinido?  • Artigo indefinido: refere-se a um elemento apresentado
                                               pela primeira vez ou tomado de forma genérica.
   • Como se classificam os numerais?        • Numeral: classifica-se em cardinal, ordinal, multiplicativo
                                               e fracionário.

   Os artigos antecedem o substantivo e indicam se a referência que se faz a ele é genérica (artigo indefinido)
   ou particular (artigo definido). Já os numerais...
```

ATIVIDADES

■ Leia o fragmento inicial de uma resenha crítica. Depois, responda às questões de 1 a 3.

Resenha – Eu sou Malala

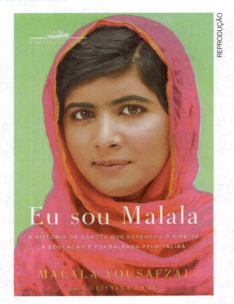

1 Malala Yousafzai tornou-se famosa ao lutar por seu direito à educação no Paquistão. Moradora do vale do Swat, local tomado pelo Talibã, Malala seguiu
5 os ensinamentos do pai e continuou indo à escola. O preço pela atitude foi alto: quase pagou com a vida. Em 9 de outubro de 2012, Malala estava no ônibus no qual voltava da escola quan-
10 do representantes do Talibã atiraram contra ela à queima-roupa.

Em *Eu sou Malala*, a adolescente conta sua história desde que era apenas uma criança e de como levou a vida
15 para que tudo chegasse onde ela está agora. Aos 16 anos, Malala foi a candidata mais jovem da história a receber o Prêmio Nobel da Paz. É dela a frase "uma criança, um professor, um livro e
20 uma caneta podem mudar o mundo".

[...]

LUDWIG, Amanda Garcia. Leituras & Cia. *Portal Engeplus*.
Disponível em: <http://mod.lk/pzurz>. Acesso em: 5 maio 2017. (Fragmento).

1. Explique o emprego do artigo em "*a* adolescente" e "*uma* criança" (l. 12 e 14).

2. Releia a declaração de Malala citada no fim do texto (l. 19 e 20). Nessa frase, podemos dizer que as palavras *um* e *uma* foram usadas:
   a) para que os substantivos representem todo o grupo a que pertencem.
   b) para substantivar palavras pertencentes a outras classes gramaticais.
   c) para apresentar referências que são desconhecidas do interlocutor.
   d) para apresentar referências que são conhecidas do interlocutor.

3. Explique, com suas palavras, o sentido da frase de Malala.

■ Leia a tira e responda às perguntas 4 e 5.

BROWNE, Dik. Hagar. *Folha de S.Paulo*. São Paulo, 13 dez. 2014.

4. Por que o artigo definido foi utilizado antes do nome próprio *Hagar*?

5. Antes de *Ben*, o artigo definido foi usado pelo mesmo motivo que você identificou no item anterior, mas também para produzir o humor da tira. Explique essa afirmação.

Capítulo 11 • Artigo e numeral **165**

ATIVIDADES

■ Leia a charge e responda à questão a seguir.

BLACK FRIDAY   AMARILDO

AMARILDO. *Blog do Amarildo*. Disponível em: <http://mod.lk/zcyja>. Acesso em: 5 maio 2017.

6. A charge é um gênero textual que faz uma leitura crítica de fatos da atualidade. Nesse caso, a crítica é construída pelo emprego de dois numerais

  a) de sentido equivalente, para mostrar a dificuldade dos brasileiros com a matemática.
  b) de sentido oposto, para denunciar a falta de ética de alguns comerciantes.
  c) de sentido complementar, para satirizar a ingenuidade do consumidor brasileiro.
  d) multiplicativos, para condenar o abuso de estrangeirismos no comércio.
  e) fracionários, para contradizer ironicamente o título da charge.

■ Leia este poema da escritora Orides Fontela (1940--1998) e responda às perguntas de 7 a 9.

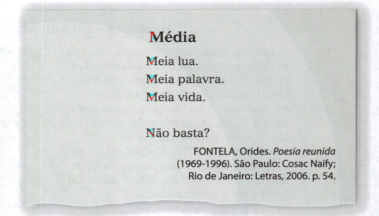

Média

Meia lua.
Meia palavra.
Meia vida.

Não basta?

FONTELA, Orides. *Poesia reunida* (1969-1996). São Paulo: Cosac Naify; Rio de Janeiro: Letras, 2006. p. 54.

7. Qual palavra se destaca na composição do poema? Classifique-a sob o ponto de vista morfológico.

8. Por que essa palavra está flexionada no feminino?

9. Em certos contextos, a palavra que você identificou pode ser associada a uma avaliação negativa das pessoas ou coisas.

  a) Dê exemplo de uma frase em que essa palavra expresse um juízo negativo sobre algo ou alguém.
  b) Se o último verso terminasse com ponto final (.), o eu lírico concordaria com essa conotação negativa das palavras mencionadas? Por quê?
  c) Ao finalizar o verso com um ponto de interrogação, qual posicionamento o eu lírico parece tomar diante dos elementos que apresenta?

ENEM E VESTIBULARES

1. (Unifesp – Adaptado)

Você conseguiria ficar 99 dias sem o Facebook?

Uma organização não governamental holandesa está propondo um desafio que muitos poderão considerar impossível: ficar 99 dias sem dar nem uma "olhadinha" no Facebook. O objetivo é medir o grau de felicidade dos usuários longe da rede social.

[...]

(http://codigofonte.uol.com.br. Adaptado.)

Examine estas passagens do texto:

- "**Uma** organização não governamental holandesa está propondo um desafio"
- "O objetivo é medir o grau de felicidade dos usuários longe d**a** rede social."

A utilização dos artigos destacados justifica-se em razão

a) da retomada de informações que podem ser facilmente depreendidas pelo contexto, sendo ambas equivalentes semanticamente.

b) de informações conhecidas, nas duas ocorrências, sendo possível a troca dos artigos nos enunciados, pois isso não alteraria o sentido do texto.

c) da generalização, no primeiro caso, com a introdução de informação conhecida, e da especificação, no segundo, com informação nova.

d) da introdução de uma informação nova, no primeiro caso, e da retomada de uma informação já conhecida, no segundo.

e) de informações novas, nas duas ocorrências, motivo pelo qual são introduzidas de forma mais generalizada.

2. (Unesp – Adaptado)

A questão toma por base um fragmento de uma crônica de Eça de Queirós (1845-1900) escrita em junho de 1871.

Uma campanha alegre, IX

Há muitos anos que a política em Portugal apresenta este singular estado:

Doze ou quinze homens, sempre os mesmos, alternadamente possuem o Poder, perdem o Poder, reconquistam o Poder, trocam o Poder... O Poder não sai duns certos grupos, como uma pela* que quatro crianças, aos quatro cantos de uma sala, atiram umas às outras, pelo ar, num rumor de risos.

Quando quatro ou cinco daqueles homens estão no Poder, esses homens são, segundo a opinião, e os dizeres de todos os outros que lá não estão — os corruptos, os esbanjadores da Fazenda, a ruína do País!

[...]

Mas, coisa notável! — os cinco que estão no Poder fazem tudo o que podem para continuar a ser os esbanjadores da Fazenda e a ruína do País, durante o maior tempo possível! [...]

Ora como todos os ministros são tirados deste grupo de doze ou quinze indivíduos, não há nenhum deles que não tenha sido por seu turno esbanjador da Fazenda e ruína do País...

[...]

(Eça de Queirós. *Obras*.
Porto: Lello & Irmão-Editores, [s.d.].)

(*) Pela: bola.

Assinale a alternativa cuja frase contém um numeral cardinal empregado como substantivo.

a) Há muitos anos que a política em Portugal apresenta...

b) Doze ou quinze homens, sempre os mesmos, alternadamente possuem o Poder...

c) ... os cinco que estão no Poder fazem tudo o que podem para continuar...

d) ... são tirados deste grupo de doze ou quinze indivíduos...

e) ... aos quatro cantos de uma sala...

Mais questões: no livro digital, em **Vereda Digital Aprova Enem** e **Vereda Digital Suplemento de revisão e vestibulares**; no *site*, em **AprovaMax**.

CAPÍTULO 12

PRONOME

ENEM
C1: H1
C6: H18
C8: H25, H26, H27

OBJETIVOS DE APRENDIZAGEM

- Identificar o papel dos pronomes na construção dos enunciados.
- Reconhecer pronomes pessoais, de tratamento, possessivos, demonstrativos, indefinidos, relativos e interrogativos.
- Observar particularidades quanto ao uso dos pronomes pessoais e do pronome relativo *onde* no português brasileiro.

Observação

Nos capítulos anteriores, você estudou o substantivo e três de seus determinantes, o adjetivo, o artigo e o numeral. Agora, vamos examinar mais uma classe gramatical que pode determinar o substantivo, o pronome. Como você verá, os pronomes são versáteis e desempenham vários outros papéis. Eles podem, por exemplo, ajudar na retomada e no encadeamento das ideias, algo fundamental para a coesão e a coerência do texto.

Leia este anúncio publicitário e responda às questões.

Para que a água continue sempre correndo pelos encanamentos, enchendo copos, caindo pelo chuveiro, todos precisam se conscientizar da sua importância e, principalmente, que ela não é um recurso infinito. Apesar de toda a água presente no mundo, uma parte muito pequena é própria para o consumo. Por isso, cuide bem dela. Porque só assim ela vai poder continuar cuidando de você. **22 de março. Dia Mundial da Água**.

Anúncio da agência D/Araújo para a Prefeitura de Joinville.

168 Gramática: uma reflexão sobre a língua

> **Análise**

1. Qual é o objetivo do anúncio?
2. A quem o texto principal do anúncio se dirige: a idosos ou a jovens e adultos? Quais são as duas palavras essenciais para entendermos isso? Por quê?
3. Explique por que a linguagem visual é necessária para a compreensão do anúncio.
4. Releia esta frase, extraída do texto na parte inferior:

    "Para que a água continue sempre correndo pelos encanamentos, enchendo copos, caindo pelo chuveiro, todos precisam se conscientizar da **sua** importância e, principalmente, que **ela** não é um recurso infinito."

    a) As palavras destacadas referem-se a um substantivo mencionado antes na frase. Qual é ele?
    b) Reescreva a frase substituindo as palavras destacadas pelo substantivo que você identificou. Faça todas as adaptações necessárias.
    c) Compare sua frase com a original e responda: qual a importância do emprego das palavras destacadas?
    d) Essas duas palavras exercem diferentes papéis na construção da frase. Qual delas é um determinante do substantivo? E qual delas equivale a um substantivo?

Pronome substantivo e pronome adjetivo

As palavras que você analisou classificam-se como **pronomes**: *eu, você, ela, sua*. O emprego dessas palavras no anúncio nos permite reconhecer os principais papéis que os pronomes exercem na construção do texto:

- eles identificam diretamente as pessoas que participam da interação: "**Eu** não estarei aqui se a água realmente acabar. **Você** sim";
- retomam termos ou ideias já mencionados antes: "**ela** não é um recurso infinito" (= a água não é um recurso infinito);
- especificam ou determinam o substantivo: "todos precisam se conscientizar da **sua** importância".

Nos dois primeiros casos, os pronomes equivalem a substantivos, por isso são chamados de **pronomes substantivos**. Observe:

"Eu não estarei aqui se a água realmente acabar.
   |
pronome substantivo

[...] ela não é um recurso infinito."
   |
pronome substantivo

Por outro lado, quando determinam o substantivo, os pronomes são considerados **pronomes adjetivos**. Veja:

"[...] todos precisam se conscientizar da sua importância [...]."
                                          |
                                    pronome adjetivo

> **Pronome** é uma classe de palavras variáveis que identificam os participantes da interação e retomam termos ou ideias mencionados antes. Nesse caso, equivalem a substantivos, por isso são denominados **pronomes substantivos**.
>
> Os pronomes também podem aparecer junto a um substantivo, determinando-o ou especificando-o; nesse caso, são **pronomes adjetivos**.

Conforme o tipo de informação que fornecem sobre o substantivo e de acordo com o papel que exercem na construção do enunciado, os pronomes são classificados em sete categorias: pessoais, de tratamento, possessivos, demonstrativos, indefinidos, relativos e interrogativos. Vamos examinar essas categorias com mais detalhes a seguir.

Pronomes pessoais

Leia a tira.

BROWNE, Dik. Hagar. *Folha de S. Paulo*. São Paulo, 10 ago. 2014. Ilustrada, p. E11. © Folhapress.

Nessa tirinha, o guerreiro Hagar foi enganado por um comerciante desonesto. Para compreendermos o diálogo entre os personagens e, assim, o humor do texto, as palavras destacadas são fundamentais. Essas palavras são chamadas de **pronomes pessoais** porque identificam diretamente as **pessoas do discurso**, isto é, aquelas que participam da interação:

a) aquele que fala – *1ª pessoa do discurso* ("Quando a espada **me** trará riquezas?");

b) aquele com quem se fala – *2ª pessoa do discurso* ("Quando **você** vendê-la");

c) aquele ou aquilo de que se fala – *3ª pessoa do discurso* ("Dou-lhe um saco de ouro por **ela**").

Os pronomes pessoais são sempre pronomes substantivos e classificam-se de acordo com a função desempenhada no enunciado. Conforme a *função sintática* que exercem, eles podem ser do caso reto ou do caso oblíquo.

> Ver "Classe e função", no Capítulo 10: "Substantivo e adjetivo".

Os **pronomes pessoais do caso reto** são, em geral, sujeitos dos verbos:

"Quando **você** vendê-la."
sujeito de *vender*

Os **pronomes pessoais do caso oblíquo** são complementos de verbos ou nomes:

"Quando você vendê-**la**."
complemento de *vender*

Observe o quadro dos pronomes pessoais retos e oblíquos do português brasileiro:

Pronomes pessoais do português brasileiro				
		Retos	Oblíquos	
			Átonos	Tônicos
Singular	1ª pessoa	eu	me	mim, comigo
	2ª pessoa	tu, você	te	ti, contigo
	3ª pessoa	ele, ela	o, a, se, lhe	si, consigo, ele, ela
Plural	1ª pessoa	nós	nos	nós, conosco
	2ª pessoa	vós, vocês	vos	vós, convosco
	3ª pessoa	eles, elas	os, as, se, lhes	si, consigo, eles, elas

Pronomes pessoais são aqueles que se referem diretamente às pessoas do discurso. Em geral, os pronomes pessoais do caso **reto** são empregados como sujeito dos verbos, e os do caso **oblíquo**, como complemento de verbos ou nomes.

Para eu fazer ou *para mim fazer*?

Tanto *para eu fazer* quanto *para mim fazer* (ou outro verbo) são construções aceitas pela norma-padrão do português, mas é preciso observar o contexto para optar pelo pronome adequado.

De acordo com o que acabamos de estudar, a construção *para eu fazer* deve ser usada quando o pronome é o sujeito do verbo, já que *eu* é um pronome do caso reto. Por exemplo:

O professor deu essas tarefas para eu fazer.
sujeito de *fazer*

Falta pouco para eu terminar a prova.
sujeito de *terminar*

Por outro lado, a construção *para mim fazer* estará correta quando o pronome for complemento de um verbo ou nome (substantivo ou adjetivo).

É difícil para mim fazer tantos cálculos.
complemento de *difícil*

Emprego dos pronomes pessoais retos

Existem duas observações importantes a respeito dos pronomes da 2ª pessoa do discurso no português brasileiro. A primeira é que o pronome reto *tu* só é empregado em algumas regiões, enquanto na maior parte do país predomina o uso de *você*.

Originalmente, *você* era considerado apenas um pronome de tratamento, por ter se originado de *Vossa Mercê* – forma com que se tratavam, antigamente, os membros da nobreza. Hoje, porém, *você* é plenamente reconhecido como pronome pessoal no português brasileiro.

Já o pronome reto *vós* está praticamente extinto na escrita e na fala atuais, sobrevivendo apenas em situações comunicativas específicas, geralmente na esfera religiosa ou cerimoniosa. Em todos os outros contextos, usa-se *vocês* com referência à 2ª pessoa do plural.

Em relação à 1ª pessoa do plural, há outra variação característica do português brasileiro: na fala e na escrita informais, o pronome pessoal reto *nós* é frequentemente substituído por *a gente*. Veja, por exemplo, o título deste livro:

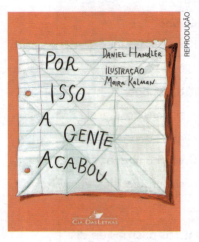

Esse romance estadunidense conta o fim do namoro entre dois adolescentes. Na tradução do título, o pronome *nós* não soaria tão natural ("Por isso nós acabamos"). Foi empregada, então, a expressão *a gente*, mais comum na linguagem dos jovens. Observe que, apesar de *a gente* referir-se à 1ª pessoa do plural, o verbo fica na 3ª pessoa do singular: "Por isso a gente *acabou*".

Emprego dos pronomes pessoais oblíquos

Como apresentado no quadro, os pronomes pessoais oblíquos dividem-se em **átonos** e **tônicos**. Os tônicos são aqueles utilizados com preposição: *dou-lhe um saco de ouro por ela*, *tenha pena de mim*, *discutiam entre si*. As formas tônicas *comigo*, *contigo*, *consigo* e *conosco* equivalem à combinação entre a preposição *com* e os pronomes correspondentes.

Em relação aos oblíquos átonos *o, a, os, as*, é importante ressaltar que, de acordo com a terminação do verbo que os antecede, eles podem assumir formas diferentes:

- *lo, la, los, las*, quando a forma verbal termina em consoante, a qual desaparece: *vender* + *as* → *vendê-las*; *encontramos* + *os* → *encontramo-los*; *faz* + *o* → *fá-lo*;
- *no, na, nos, nas*, se a forma verbal terminar em ditongo nasal: *transformam* + *a* → *transformam-na*; *dão* + *os* → *dão-nos*; *põe* + *as* → *põe-nas*.

Oblíquos átonos como objetos diretos ou indiretos

O emprego dos oblíquos átonos de 3ª pessoa depende da relação que eles mantêm com o verbo. Os oblíquos *o, a, os, as* são empregados como **objetos diretos** dos verbos, enquanto os oblíquos *lhe* e *lhes* são **objetos indiretos**, ou seja, correspondem a *a + ele(a)* ou a *a + você, para + ele(a), para + você, em + ele(a)*, etc. Veja essa diferença na tira de Hagar:

"Esta espada mágica **lhe** trará riquezas!"

"Dou-**lhe** um saco de ouro por ela."

"Quando você vendê-**la**."

Foi usado o oblíquo **lhe** porque o objeto é **indireto**, ou seja, é introduzido por preposição:
*Esta espada mágica **lhe** trará riquezas!*
(= trará riquezas **para** **você**)
*Dou-**lhe** um saco de ouro.*
(= dou um saco de ouro **para** **você**)

Foi usado o oblíquo **a** (na forma variante **la**) porque o objeto é **direto**, ou seja, é introduzido sem preposição:
*Quando você vendê-**la**.*
(= quando você vender **a espada**)

Pronomes de tratamento

Na tira a seguir, o Recruta Zero é submetido a um teste psicológico. Leia.

Recruta Zero — Greg e Mort Walker

WALKER, Greg e Mort. Recruta Zero. *O Estado de S. Paulo.* São Paulo, 29 maio 2015.

> **Saiba mais**
>
> Você sabia que o teste que aparece na tira existe de verdade? É o *teste de Rorschach*, desenvolvido pelo psiquiatra e psicanalista suíço Hermann Rorschach (1884-1922). Esse teste é chamado de *projetivo* porque seu objetivo é observar o que a pessoa projeta em manchas de tinta aparentemente indefinidas. Com base nessa observação, identificam-se traços da personalidade da pessoa.

O humor vem da resposta surpreendente do recruta, que não entende o objetivo do teste. Percebemos que há uma diferença hierárquica entre os personagens não só por sua idade e seu uniforme, mas também pela forma como se tratam: o oficial mais graduado trata o recruta por *você* ("[...] o que esses dois borrões de tinta se parecem pra *você*?"), enquanto Zero trata o outro por *senhor* ("*O senhor* tem de admitir [...]").

Palavras e expressões como *você* e *o senhor* são consideradas **pronomes de tratamento** porque indicam o modo como nos dirigimos às pessoas com quem falamos. *Você* indica um tratamento familiar; aliás, como vimos no tópico anterior, essa forma é hoje tão comum no Brasil a ponto de ser considerada pronome pessoal, equivalente a *tu*. Já *o senhor* indica um tratamento mais cerimonioso, por isso foi usado, na tira, pelo Recruta Zero para dirigir-se a seu superior hierárquico.

Veja os principais pronomes usados no tratamento cerimonioso, suas abreviaturas e emprego:

Principais pronomes de tratamento cerimonioso		
Tratamento	Abreviatura	Usado para
o(a) senhor(a)	o sr.; a sra.	Qualquer pessoa por quem se queira manifestar respeito ou distanciamento.
Vossa Alteza	V. A.	Príncipes e duques.
Vossa Eminência	V. Em.ª	Cardeais.
Vossa Excelência	V. Ex.ª	Juízes, parlamentares, generais e outras autoridades.
Vossa Magnificência	V. Mag.ª	Reitores de universidades.
Vossa Majestade	V. M.	Reis e imperadores.
Vossa Santidade	V. S.	Papa.
Vossa Senhoria	V. S.ª	Funcionários públicos graduados, militares de alta patente; qualquer pessoa a quem se queira manifestar respeito, sobretudo na correspondência escrita.

Capítulo 12 • Pronome 173

Pronomes de tratamento são palavras e expressões usadas no lugar dos pronomes pessoais retos de 2ª pessoa, geralmente para indicar trato mais polido ou cerimonioso.

Emprego dos pronomes de tratamento

Alguns pronomes de tratamento podem se referir também à pessoa de quem se fala (3ª pessoa do discurso). Nesse caso, o pronome *vossa* é substituído por *sua*. Veja a diferença:

Pronome de tratamento com referência à 2ª pessoa do discurso	Pronome de tratamento com referência à 3ª pessoa do discurso
Vossa Excelência pode me receber agora? (o enunciador dirige-se diretamente à pessoa)	*Entre, por favor. Sua Excelência vai recebê-lo.* (o enunciador refere-se a uma terceira pessoa)

Seja ao dirigir-se diretamente à pessoa, seja ao referir-se a ela, a concordância dos pronomes de tratamento é sempre feita na 3ª pessoa: *Vossa Senhoria* **deve** *comparecer à audiência*. É por isso que, apesar de *você* ter perdido o caráter de tratamento cerimonioso e ser hoje usado como pronome pessoal, a norma-padrão continua exigindo que sua concordância seja feita com verbos e pronomes da 3ª pessoa: *Você* **comprou** *essa espada achando que* **lhe** *traria riquezas*.

Pronomes possessivos

Pense e responda

■ Leia a tira e responda às perguntas a seguir.

DAHMER, André. A cabeça é a ilha. *O Globo*. Rio de Janeiro, 20 set. 2016.

1. O profissional de saúde retratado cuida de transtornos físicos ou psicológicos? Justifique sua resposta.

2. Considerando sua resposta anterior, explique por que esse profissional considera uma "infantilidade" o pedido do paciente.

3. A fala do profissional torna-se engraçada ao contrastar ideias. Para criar o contraste, ele usa duas palavras que indicam um vínculo entre certo substantivo e uma das pessoas do discurso.

a) Identifique essas palavras, os substantivos a que se referem e também a pessoa do discurso com a qual estabelecem o vínculo. Que tipo de vínculo as palavras indicam?

b) Explique por que o contraste entre as ideias, criado por essas palavras, produz o humor na tira.

Palavras como *meu* e *sua*, que criam um vínculo de posse ou propriedade entre certo substantivo e uma das pessoas do discurso, são consideradas **pronomes possessivos**. Observe o quadro dos pronomes possessivos:

	Pronomes possessivos			
	Um possuidor		Mais de um possuidor	
	Masculino	Feminino	Masculino	Feminino
1ª pessoa	meu(s)	minha(s)	nosso(s)	nossa(s)
2ª pessoa	teu(s)	tua(s)	vosso(s)	vossa(s)
3ª pessoa	seu(s)	sua(s)	seu(s)	sua(s)

Pronomes possessivos são aqueles que indicam um vínculo, geralmente de posse, entre certo elemento e uma das pessoas do discurso.

Emprego dos pronomes possessivos

Os pronomes possessivos geralmente são adjetivos ("Posso caçar pokémons no **seu** consultório?"), mas também podem ser usados como pronomes substantivos: *Este caderno é o **meu**. Pedrinho aprontou mais uma das **suas***.

Ambiguidade no emprego dos possessivos de 3ª pessoa

Como vimos, no português brasileiro se usa o pronome *você* com referência à 2ª pessoa do discurso, mas a concordância desse pronome é realizada na 3ª pessoa. No caso dos pronomes possessivos, isso pode gerar ambiguidades, pois os pronomes *seu*, *sua*, *seus* e *suas* podem indicar que o ser nomeado pelo substantivo pertence tanto ao interlocutor ("Posso caçar pokémons em **seu** consultório, doutor?") quanto a uma terceira pessoa, aquela de quem se fala (*Joana caça pokémons com **seu** celular*).

A fim de evitar a ambiguidade, muitas vezes se usam as formas *dele*, *dela*, *deles* e *delas* com referência à 3ª pessoa: *Joana caça pokémons com o celular **dela**. Joana e o irmão caçam pokémons com os celulares **deles***.

Valores subjetivos dos pronomes possessivos

Conforme o contexto, os pronomes possessivos também podem exprimir valores subjetivos, tais como:
- carinho: ***Meu** velho, que bom que você veio!*
- ironia ou desdém: *Saiba, **minha** senhora, que é falta de educação furar a fila.*
- depreciação: *Levante daí e lave a louça, **seu** preguiçoso!*
- simpatia ou interesse: *Viu o último episódio da **nossa** série? Foi demais, né?*

Pronome átono com valor possessivo

Os pronomes oblíquos átonos *me*, *te*, *lhe*, *nos*, *vos* e *lhes* podem ser usados com sentido possessivo – ou seja, podem equivaler a *meu*, *minha*, *teu*, *tua*, *nosso*, *nossa*, etc. Veja um exemplo: *Aproximou-se da namorada. Então pegou-**lhe** as mãos* [= pegou as mãos **dela**] *e beijou-as*.

Pronomes demonstrativos

Pense e responda

▲ Leia a tira e responda às perguntas.

WATTERSON, Bill. O melhor de Calvin. *O Estado de S. Paulo*. São Paulo, 13 jan. 2015.

1. Geralmente, as pessoas brincam na neve da mesma maneira que Calvin? Por quê?
2. Explique como o comportamento do menino ajuda a criar um efeito humorístico na tira.
3. A que ou a quem Calvin se refere quando diz "Aquele ali já era"?
4. Se Calvin dissesse "*Este* aqui já era", para onde o tigre olharia? Por quê?

Palavras como *aquele* e *este* são **pronomes demonstrativos**, uma categoria de pronomes que situam os seres em relação às pessoas do discurso. Quando Calvin diz "*Aquele* ali já era", sabemos que está se referindo a um ser (o boneco de neve) distante dele, por causa do pronome usado. Se o menino dissesse "*Este* aqui já era", a referência seria a algo próximo, como o bolo de neve em suas mãos.

Os demonstrativos podem ser variáveis ou invariáveis. Veja o quadro completo desses pronomes:

	Pronomes demonstrativos		
	Variáveis		Invariáveis
	Masculino	Feminino	
1ª pessoa	este(s)	esta(s)	isto
2ª pessoa	esse(s)	essa(s)	isso
3ª pessoa	aquele(s)	aquela(s)	aquilo

> **Pronomes demonstrativos** são aqueles que situam as referências em relação às pessoas do discurso, no que diz respeito não apenas ao espaço, mas também ao tempo e ao próprio texto.

Emprego dos pronomes demonstrativos

Os pronomes demonstrativos variáveis podem ser usados tanto como substantivos ("**Aquele** ali já era") quanto como adjetivos (*aquele* boneco já era). Já os invariáveis são sempre pronomes substantivos: *Isso* é uma loucura!

O emprego mais básico dos demonstrativos é a referência espacial, como vimos na tira de Calvin. Mas eles também podem ser usados para situar elementos no tempo e no próprio texto. Confira esses aspectos nos tópicos a seguir.

Emprego de *este*, *esta* e *isto*

Conforme apresentado no quadro, os pronomes *este*, *esta* e *isto* relacionam-se à **1ª pessoa do discurso**. Geralmente são usados com referência:

- a elementos que se encontram espacialmente próximos daquele que fala: *Esta camisa está me pinicando*;
- ao tempo presente, em relação à pessoa que fala: *Estou ocupado esta semana*;
- a elementos que o enunciador ainda vai apresentar: *Quero lhe dizer isto: conte sempre comigo*.

Emprego de *esse*, *essa* e *isso*

Por sua vez, os pronomes *esse*, *essa* e *isso* relacionam-se à **2ª pessoa do discurso**, aquela com quem se fala. Em geral, são empregados com referência:

- a elementos que se encontram próximos da pessoa com quem se fala, ou distantes, mas não muito, dos dois interlocutores: *Gostei dessa sua camisa amarela. Essa porta deve ficar sempre fechada*;
- ao tempo futuro ou passado (principalmente quando pouco distante): *Nessa semana que passou estávamos fechados, mas agora estamos funcionando normalmente*;
- a elementos ou ideias mencionados antes. Veja um exemplo desse emprego na tira a seguir:

KELLEY, Steve; PARKER, Jeff. Dustin. *O Globo*. Rio de Janeiro, 11 maio 2015.

O humor da tira vem do desfecho surpreendente: o irmão mais velho está preocupado porque a irmã está fazendo algo "estranho" – está estudando. Até que o leitor chegue a esse final, o pronome *isso* exerce uma importante função coesiva, pois retoma, na fala da mãe, as informações dadas pelo filho, permitindo que o diálogo entre eles flua de modo coerente.

Capítulo 12 • Pronome 177

Observe:

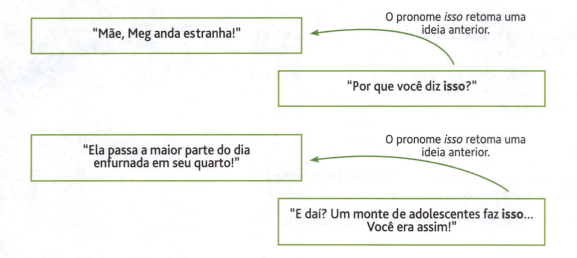

Emprego de *aquele*, *aquela* e *aquilo*

Por fim, os pronomes *aquele*, *aquela* e *aquilo* relacionam-se à **3ª pessoa**. Em geral, eles conferem aos enunciados uma ideia de distanciamento. São usados, portanto, com referência:

- a elementos que se encontram espacialmente distantes da 1ª e da 2ª pessoa: *Aquele boneco ali já era.*
- ao tempo passado, principalmente quando distante: *Quando eu era criança, datilografava meus trabalhos escolares; afinal, naquela época não havia computadores.*
- a elementos relacionados ao passado, ou dos quais o enunciador se sinta distanciado: *Você se lembra daquele comercial de chocolate com uma música irritante?*
- em uma sequência de elementos, ao mais distante: *O avô levou Pedro e Paulo à lanchonete. Este* [= Paulo] *pediu sanduíche de queijo, aquele* [= Pedro] *preferiu um milk-shake.*

Valor dêitico, anafórico ou catafórico dos demonstrativos

Quando os pronomes demonstrativos são usados na referência espacial, dizemos que têm valor **dêitico**. Essa palavra vem do verbo grego *deíknumi*, que significa "apontar, mostrar".

Quando empregados para situar algo espacialmente, os demonstrativos, de fato, "apontam" para elementos que fazem parte da interação. Ao dizer, por exemplo, "*Aquele* ali já era", o menino Calvin "aponta" para um elemento longe de si.

Já quando os demonstrativos são utilizados para retomar uma ideia anterior, como na tira de Dustin, dizemos que têm valor **anafórico** – termo também derivado de uma palavra grega, *anaphorá*, que significa "repetição". Ao perguntar a Dustin "Por que você diz *isso*?", a mãe repete, por meio do pronome, uma ideia mencionada antes.

Por fim, dizemos que os demonstrativos têm valor **catafórico** (do grego *kataphorá*, "ato de lançar para a frente") quando antecipam algo que ainda será dito. Por exemplo, na frase "Lá em casa era sempre *aquilo*: minha mãe mandava, e a gente obedecia", o pronome *aquilo* se refere a algo que ainda será dito, portanto tem valor catafórico.

Valores subjetivos dos pronomes demonstrativos

Assim como os pronomes possessivos, os demonstrativos podem ser usados para expressar certos valores subjetivos. Observe:

Frank & Ernest   Bob Thaves

THAVES, Bob. Frank & Ernest. *O Estado de S. Paulo*.
São Paulo, 13 maio 2015.

Na fala do planetinha, o pronome *aquele* ("*aquele* cabeção") expressa, além do distanciamento normalmente ligado aos demonstrativos de 3ª pessoa, certo desprezo pelo planeta maior.

Conforme o contexto, os demonstrativos podem carregar uma diversidade de valores subjetivos, tais como admiração ou apreço (*isso é que é amigo!*), intensidade (*quando chegar em casa, vou tomar aquele banho*), humor ou malícia (*esse João é uma figura!*), entre outros.

O(s) e a(s) como demonstrativos

Leia um trecho de uma crônica:

> [...] meu lar é humilde, como a maior parte dos lares do Brasil, e desde que casamos minha mulher está sempre querendo comprar umas coisas que jamais compramos. Nunca **o** fizemos por falta de dinheiro [...].
>
> BRAGA, Rubem. História do caminhão. *200 crônicas escolhidas*. 18. ed.
> Rio de Janeiro: Record, 2002. p. 98. (Fragmento).

A princípio, poderíamos pensar que o pronome destacado é o oblíquo *o*, que substitui um substantivo citado antes, como neste exemplo: *Queremos um fogão, mas não podemos comprá-lo* (= comprar o fogão). No entanto, se observamos o enunciado com atenção, entendemos que o pronome *o* não substitui nenhum substantivo. Na verdade, ele retoma toda a ideia presente em "comprar umas coisas"; ou seja, o pronome *o* tem, nesse caso, um sentido equivalente ao de *isso*: *Minha mulher está sempre querendo comprar umas coisas. Nunca fizemos isso por falta de dinheiro*.

De fato, os pronomes *o(s)* e *a(s)* podem ser empregados como demonstrativos, com o sentido de *isso*, como no exemplo acima, ou de *aquilo*, *aqueles* e *aquelas*: *Os* [= Aqueles] *que terminarem a prova mais cedo poderão sair. O* [= Aquilo] *que mais queremos é paz*.

Combinação com a preposição

Assim como os artigos, os pronomes demonstrativos podem combinar-se com preposições. Observe:

de + *esse* = *desse*   **em** + *isso* = *nisso*   **a** + *aquele* = *àquele*

Capítulo 12 • Pronome   179

A língua da gente

Pronomes pessoais no português brasileiro

Leia esta tira.

BESPALOFF, Nat. *NATirinhas*. Disponível em: <http://mod.lk/3anau>. Acesso em: 26 abr. 2017.

A última frase surpreende o leitor, pois não combina com o espírito de mudança e otimismo que parece dominar a personagem nos primeiros quadros. Do ponto de vista linguístico, porém, a frase "E... estragar ela também" soa bem natural para os brasileiros. Isso porque, com frequência, usamos o pronome reto (*ela*) como complemento de verbos. De acordo com a norma-padrão, essa função deveria ser cumprida por um pronome oblíquo, já que, em tese, apenas os oblíquos podem ser complementos verbais: "E... estragá-*la* também".

Outra situação em que o uso brasileiro difere do padrão diz respeito à uniformidade do tratamento dirigido à pessoa com quem se fala. Como dissemos, embora o pronome *você* se refira à 2ª pessoa do discurso, do ponto de vista gramatical pertence à 3ª pessoa, por isso deve ser empregado em conjunto com outros pronomes da 3ª pessoa. Mas não é o que ocorre nos versos desta letra de canção, por exemplo:

Nosso pequeno castelo

Já longe de tanta fumaça
Menina que manda seus beijos com graça
Me faça rir, me faça feliz
Sentada na areia, brincando com a sorte
Não chove não molha
Não olhe agora, estou olhando pra **você**
Não olhe agora, estou olhando pra **você**
Me faça um gesto, me faça perto

Me dê a lua que eu *te* faço adormecer
Me faça um gesto, me faça perto
Me dê a lua que eu *te* faço adormecer
[...]

SOUZA, Danilo. O Teatro Mágico. CD *A sociedade do espetáculo*.
Independente, 2011. Disponível em: <http://mod.lk/rvmnm>.
Acesso em: 26 abr. 2017.

Note que, para dirigir-se à pessoa amada, o eu lírico usa o pronome *você* ("Não olhe agora, estou olhando para *você*"), mas também um pronome oblíquo da 2ª pessoa ("Me dê a lua que eu *te* faço adormecer"). Embora não seja aceita pela norma-padrão, essa mistura de pronomes é muito comum na fala e na escrita informais do Brasil.

De acordo com as regras da norma-padrão, as construções deveriam ser feitas inteiramente na 2ª pessoa (*estou olhando para ti / eu te faço adormecer*), ou inteiramente na 3ª pessoa (*estou olhando para você / eu a faço adormecer*).

Como você sabe, para lidar bem com os diferentes usos da língua precisamos levar em conta o contexto. Assim como não seria adequado usar terno e gravata em uma festa de amigos, tampouco bermuda e chinelo em um casamento, não é adequado usar construções formais em um contexto comunicativo informal, nem vice-versa.

As construções "estragá-la também" ou "eu a faço adormecer" não soariam tão naturais em uma tirinha ou em uma letra de canção, pois esses gêneros textuais geralmente empregam linguagem coloquial. Por outro lado, ao apresentar um trabalho oralmente na escola, ao redigir um relatório de pesquisa, um artigo de opinião ou qualquer outro gênero que peça linguagem formal, devemos obedecer às regras da norma-padrão no que diz respeito aos pronomes pessoais: usar os pronomes do caso oblíquo, e não os do caso reto, como complementos verbais; e evitar a mistura entre a 3ª pessoa gramatical (*você*) e os pronomes de 2ª pessoa (*te*, *ti*, *contigo*, *teu*, *tua*, etc.).

Observe, agora, como esse assunto foi abordado em um exame vestibular recente:

(Unifesp)

(*Folha de S.Paulo*, 30.9.2014. Adaptado.)

Considerando-se a situação de comunicação entre Garfield e seu dono, a frase, em linguagem coloquial, que preenche o balão do último quadrinho é:

a) Tenho de saboreá-lo bem?
b) Devo saborear a ele muito bem?
c) Convém que eu o saboreie bem?
d) Saboreá-lo-ei muito bem?
e) Eu tenho de saborear bem ele?

ATIVIDADES

Leia os textos a seguir para responder às questões de 1 a 3.

Texto 1

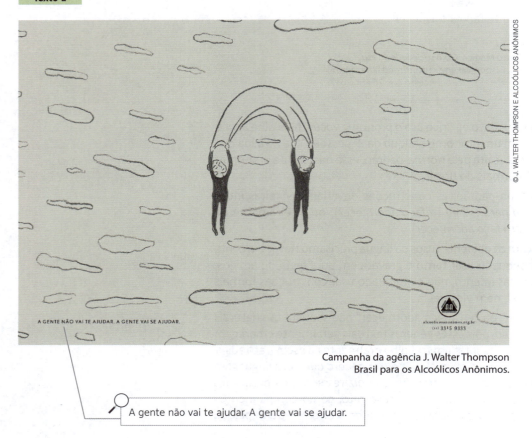

Campanha da agência J. Walter Thompson Brasil para os Alcoólicos Anônimos.

A gente não vai te ajudar. A gente vai se ajudar.

Texto 2

O exemplo dos grupos de autoajuda

Os agrupamentos de pessoas com problemas em comum têm proliferado. [...]

[...] O precursor desse movimento foi o Alcoólicos Anônimos. Dependentes de álcool se unem e tentam entender o que se passa com eles, buscando com quem padece da mesma dificuldade força e motivação para atingir a difícil meta de parar de beber.

[...]

GIKOVATE, Flávio. *O exemplo dos grupos de autoajuda*. 15 ago. 2012. Disponível em: <http://mod.lk/yog7f>. Acesso em: 26 abr. 2017. (Fragmento).

1. Relacione os textos 1 e 2 e responda: qual é o objetivo do anúncio publicitário (Texto 1)?

2. No texto do anúncio, o contraste estabelecido entre dois pronomes é fundamental para a construção do sentido.

   a) Identifique esses pronomes, classifique-os e explique como o contraste entre eles se relaciona à natureza do grupo responsável pelo anúncio.

   b) Explique qual é, em sua opinião, a relação entre a linguagem visual e a ideia comunicada pelo texto verbal do anúncio.

3. Reescreva o texto do anúncio usando *nós* em lugar de *a gente*.

   - Compare sua versão com a original. Explique, então, por que os redatores preferiram a forma *a gente*.

▶ Leia a tira e responda às questões de 4 a 7.

GALHARDO, Caco. Daiquiri. *Folha de S.Paulo*. São Paulo, 27 abr. 2013. Ilustrada, p. E15. © Folhapress.

4. A tira faz uma alusão a uma situação comum no relacionamento entre pais e filhos. Que situação é essa?

5. A tira se torna engraçada ao introduzir, nessa situação comum, elementos inesperados. Explique como isso ocorre.

6. Para entender a tira, o leitor precisa ter certos conhecimentos de biologia. Quais são esses conhecimentos?

7. Na tira, qual figura de linguagem está presente no emprego do pronome de tratamento? Escolha a opção adequada e justifique sua resposta.

   a) Sinestesia, pois há uma mistura entre sensações captadas por órgãos distintos.

   b) Metáfora, pois o enunciador aproxima elementos que guardam semelhança simbólica.

   c) Metonímia, porque um termo é empregado no lugar de outro, havendo entre eles relação objetiva.

   d) Ironia, porque o enunciador declara o oposto do que realmente pretende comunicar.

▶ Leia o parágrafo inicial de uma crônica. Depois, responda às questões de 8 a 12.

Poetas e tipógrafos

1   Vice-cônsul do Brasil em Barcelona em 1947, o poeta João Cabral de Melo
2   Neto foi a um médico por causa de sua crônica dor de cabeça. Ele lhe receitou
3   exercícios físicos, para "canalizar a tensão". João Cabral seguiu o conselho.
4   Comprou uma prensa manual e passou a produzir à mão, domesticamente, os
5   próprios livros e os dos amigos. E, com tal "ginástica poética", como a chamava,
6   tornou-se essa ave rara e fascinante: um editor artesanal.
    [...]

CASTRO, Ruy. Poetas e tipógrafos. *Folha de S.Paulo*. São Paulo, 17 ago. 2013. Opinião, p. A2. (Fragmento). © Folhapress.

8. Podemos dizer que João Cabral de Melo Neto seguiu à risca as recomendações do médico? Por quê?

9. Na linha 2, o pronome possessivo *sua* pode ter mais de uma interpretação, mas o contexto desfaz eventuais ambiguidades. Explique essa afirmação.

10. O pronome oblíquo *lhe* (l. 2) poderia ser substituído por *o*? Por quê?

11. A palavra *tal* (l. 5) pode ser usada no lugar de um pronome. Com base no exemplo visto aqui, indique qual tipo de pronome ela substitui.

12. No contexto em que é usado, o pronome demonstrativo *essa* (l. 6) tem valor:

    a) dêitico, porque identifica diretamente um elemento da situação comunicativa.

    b) anafórico, porque retoma uma referência já apresentada no texto.

    c) catafórico, porque antecipa uma referência que ainda será apresentada.

Capítulo 12 • Pronome **183**

Pronomes indefinidos

Leia a tira abaixo.

Níquel Náusea   Fernando Gonsales

Para produzir o humor, a tira atribui à vaca uma fala absurda: obviamente, seria impossível impedir que os outros membros da boiada pisassem na sua comida — o pasto. Ao referir-se ao indivíduo que teria cometido a "grosseria", a vaca usa o pronome *alguém*, pois não tem certeza de quem fez isso: "*Alguém* pisou na minha comida!". Da mesma forma, orienta o boi de maneira imprecisa: "Faça *alguma* coisa!!".

Alguém e *alguma* pertencem à categoria dos **pronomes indefinidos**, aqueles que fazem referência à 3ª pessoa do discurso de forma genérica ou vaga. Os pronomes indefinidos podem ser variáveis ou invariáveis. Observe:

Pronomes indefinidos		
Variáveis		Invariáveis
Masculino	Feminino	
algum(ns)	alguma(s)	algo
certo(s)	certa(s)	alguém
muito(s)	muita(s)	cada
nenhum	nenhuma	nada
outro(s)	outra(s)	ninguém
pouco(s)	pouca(s)	outrem
qualquer (quaisquer)	—	tudo
quanto(s)	quanta(s)	
tanto(s)	tanta(s)	
todo(s)	toda(s)	
vários	várias	

> **Pronomes indefinidos** são aqueles que fazem referência à 3ª pessoa do discurso de forma vaga, imprecisa.

Emprego dos pronomes indefinidos

Alguns pronomes indefinidos são sempre usados como pronomes substantivos (*alguém* pisou), enquanto outros são sempre pronomes adjetivos (*cada* pessoa). Há, ainda, aqueles que podem ser substantivos ou adjetivos (*alguns* são mais pacientes que os *outros*; faça *alguma* coisa).

Certos pronomes indefinidos têm seu sentido alterado conforme a posição que ocupam na frase.

Observe:

Pronome	Antes do substantivo	Depois do substantivo
algum	É pronome indefinido, que indica de modo indeterminado um ou mais elementos de uma espécie: **Alguns** alunos estão doentes.	É pronome indefinido, mas equivale a *nenhum*: Não vi aluno **algum** no refeitório.
certo	É pronome indefinido: **Certas** pessoas têm o dom de nos encantar.	É adjetivo, com o sentido de "correto, adequado": Você precisa encontrar a pessoa **certa**.
qualquer	É pronome indefinido: **Qualquer** ajuda será bem-vinda.	Assume valor adjetivo, com sentido depreciativo: Não vou comer em um restaurante **qualquer**.

Todo × *todo o*

O pronome *todo(a)*, sem artigo, tem sentido de "qualquer, cada um": **Toda** cidade [= qualquer cidade] *precisa de um bom sistema de coleta de lixo.*

Quando, porém, vem acompanhado pelo artigo (*todo o*, *toda a*), adquire o sentido de "inteiro, total": *Pontos de coleta seletiva foram espalhados por* **toda a** *cidade* [= a cidade inteira]. Essa diferença de sentido aplica-se somente no singular, pois no plural o artigo é obrigatório: **Todas as** *cidades devem ter um bom sistema de coleta de lixo.*

Pronomes relativos

Pense e responda

▶ Leia a tira e responda às questões 1 e 2.

UOL TECNOLOGIA   RAPHAEL SALIMENA

1. A tira vale-se do humor para:
   a) aconselhar os jovens a dedicar menos tempo às redes sociais.
   b) questionar o conceito de sucesso na sociedade digital.
   c) ironizar a sociedade capitalista, que só se preocupa com dinheiro.

2. A legenda do último quadro dá uma informação importante para a construção do sentido da tira: "que não serviram para absolutamente nada".
   a) Nessa oração, a palavra *que* tem função anafórica, pois retoma algo que foi dito anteriormente. Qual ideia ela retoma?
   b) Se não fosse possível usar a palavra *que*, como essa legenda teria de ser escrita?
   c) Pronomes como *que* têm um papel importante para a coesão e a progressão do texto. Explique essa afirmação, de acordo com o que observou ao responder à pergunta anterior.

Saiba mais

A expressão *Parla!*, que aparece no primeiro quadrinho da tira, é da língua italiana e significa "Fala!". Reza a tradição que, ao terminar sua escultura *Moisés*, Michelangelo (1475-1564) ficou tão fascinado com o realismo da estátua que bateu com o martelo em seu joelho, gritando-lhe: "Parla! Parla!". Até hoje, essa expressão é usada quando se quer sugerir que certa obra ficou perfeita.

MICHELANGELO. *Moisés*. 1515. Escultura em mármore.

Ao analisar a tira, você observou que, sem o pronome *que*, o texto poderia ficar longo e repetitivo:

Recebeu milhões de curtidas e compartilhamentos.	**1ª oração**
Esses milhões de curtidas e compartilhamentos não serviram para absolutamente nada.	**2ª oração**

Com o pronome *que*, torna-se possível retomar uma ideia da primeira oração e relacioná-la à segunda. A palavra ou expressão retomada pelo pronome denomina-se **antecedente**. Observe:

antecedente

"Recebeu milhões de curtidas e compartilhamentos, que não serviram para absolutamente nada."

1ª oração — 2ª oração

O pronome *que* pertence à categoria dos **pronomes relativos**. Eles são essenciais para a coesão textual, pois, além de ter função anafórica, ou seja, de remeter a uma informação anterior, relacionam orações, tornando o texto mais conciso e fluente.

Os pronomes relativos podem ser variáveis ou invariáveis:

Pronomes relativos	
Variáveis	**Invariáveis**
o qual, a qual, os quais, as quais	que
cujo, cuja, cujos, cujas	quem
quanto, quanta, quantos, quantas	onde

> **Pronomes relativos** são aqueles que relacionam orações, retomando uma palavra ou expressão anterior, denominada **antecedente**.

Emprego dos pronomes relativos

Os pronomes relativos são *substantivos*, com exceção do variável *cujo*, que é *adjetivo*. Veja detalhes sobre o uso de cada um a seguir.

Emprego de *que*

O relativo básico e mais utilizado é o invariável *que*. Veja mais alguns exemplos de seu emprego na sinopse de um livro:

sinopse — Apresentação breve de um livro, peça de teatro, capítulo de novela, filme, etc., que dá ao leitor uma visão geral da obra comentada.

Neste livro, **uma carta que** ficou guardada por muito tempo revela ao adolescente Georg uma história extraordinária. O autor da carta é o pai do menino, morto há onze anos. Ele escreveu esta mensagem de despedida para que o garoto pudesse ler quando estivesse mais maduro. A história contada pelo pai é **do tempo em que** era um jovem estudante de medicina e de sua busca por **uma moça desconhecida**, **que** ele vê por acaso nas ruas de Oslo, sempre carregando um saco cheio de laranjas. Apaixonado, o rapaz persegue **os mistérios que** cercam os seus encontros fugidios com a garota das laranjas.

Livraria Cultura. Disponível em: <http://mod.lk/e0qbt>. Acesso em: 26 abr. 2017.

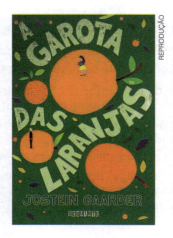

Que é sempre pronome relativo?

Atenção: a palavra *que* nem sempre corresponde a um pronome relativo. Em "Ele escreveu esta mensagem de despedida para *que* o garoto pudesse ler quando estivesse mais maduro", *que* é uma conjunção; ela faz parte da locução conjuntiva *para que*, a qual introduz a oração "o garoto pudesse ler [...]". Para certificar-se de que a palavra *que* é um pronome relativo, você precisa identificar seu antecedente. Quando tiver dúvidas, basta substituir *que* por *o qual* ou suas variações; se a frase fizer sentido, trata-se do pronome relativo.

Observe que os antecedentes destacados são retomados pelo relativo *que* e integrados a uma nova oração. Note, ainda, que o relativo pode vir antecedido por uma preposição ("é do tempo *em* que era um jovem").

Emprego de *o qual*

O pronome relativo *o qual* e suas variações (*a qual, os quais, as quais*) têm o mesmo sentido de *que*. Em geral, são usados no lugar de *que* nestas situações:

- quando precedidos de certas preposições, como *sem, com, durante*: Recebemos uma doação **sem a qual** não poderíamos realizar o evento. Esse é o período **durante o qual** estudamos para as provas;
- para dar maior clareza e fluidez ao enunciado, ou para evitar a repetição de *que*. Veja a tira seguir.

GARFIELD   JIM DAVIS

Nessa tira, Liz, a namorada de Jon, vai visitá-lo e fica espantada com a sujeira da casa. No último quadrinho, o pensamento de Garfield produz o humor, ao confirmar o desleixo do dono. Para referir-se ao aspirador, o gato poderia ter usado o pronome *que*, mas o enunciado ficaria repetitivo: "O **que** é esse tal de 'aspirador' de **que** você fala?"; em casos assim, é comum a substituição por *o qual*.

Emprego de *onde* e *quem*

Os relativos *onde* e *quem* têm como característica o fato de retomarem antecedentes de natureza específica: o antecedente de *onde* designa um lugar físico, e o de *quem*, um ser humano, ou então um animal ou objeto personificado. Veja estas manchetes:

Prédio **onde** foi filmado "Aquarius" pode ser tombado como patrimônio de PE

O antecedente designa lugar físico.

ARAÚJO, Mateus. *UOL Entretenimento*, 20 out. 2016.
Disponível em: <http://mod.lk/hbz5e>. Acesso em: 26 abr. 2017.

Nos EUA, enfermeira vira paciente de criança de **quem** cuidou 25 anos atrás

O antecedente designa ser humano.

UOL Notícias, 12 jan. 2016. Disponível em: <http://mod.lk/ucaw6>.
Acesso em: 26 abr. 2017.

Capítulo 12 • Pronome **187**

Outra característica dos pronomes *onde* e *quem* é que eles podem ser usados sem antecedente. Observe, por exemplo, este anúncio publicitário:

O objetivo do anúncio é alertar o público sobre o perigo das queimadas. A ideia comunicada pela combinação das linguagens visual e verbal é de que a destruição das florestas leva à perda do hábitat de muitas espécies, como, por exemplo, o tamanduá.

Note que, no texto principal do anúncio, o pronome relativo *quem* não tem antecedente. O sentido, nesse caso, é "aquele que": aquele que mata a mata. O pronome relativo *onde* também pode ser empregado sem antecedente, com o sentido de "o lugar em que": *Onde eu moro quase não passa ônibus*.

Combinação com a preposição: *aonde*

Observe o título de uma matéria jornalística:

> "Podemos chegar **aonde** quisermos", diz jogadora de badminton nascida na favela

LIMA, Samantha. *Época*. São Paulo: Globo, 13 ago. 2016. Disponível em: <http://mod.lk/ybwo6>. Acesso em: 26 abr. 2017.

Nesse título, foi usada a forma *aonde*, que representa a combinação da preposição *a* com o advérbio relativo *onde*. Essa forma é usada com verbos que indicam movimento, como *chegar*, porque eles exigem a preposição (*podemos chegar a algum lugar*). Além de *chegar*, são verbos de movimento *ir*, *vir*, *voltar*, *dirigir-se*, *encaminhar-se*, etc.

Emprego de *quanto*

O pronome *quanto* e suas variações (*quantos*, *quantas*) têm como antecedentes os pronomes indefinidos *tudo* ou *todos*, *todas*. Veja alguns exemplos:

> Machado de Assis pôs a marca do seu talento singular em **tudo quanto** escreveu: teatro, crítica, crônica, poesia, correspondência, conto, romance.
>
> MOISÉS, Massaud. *Machado de Assis*: ficção e utopia. São Paulo: Cultrix, 2001. p. 41.

> [...] seria perfeito poder reunir em um só lugar, sem diferença de países, de raças, de credos e de línguas, **todos quantos** me leem, e passar o resto dos meus dias a conversar com eles.
>
> SARAMAGO, José. *Cadernos de Lanzarote*. São Paulo: Companhia das Letras, 2014. (Fragmento).

Emprego de *cujo*

O pronome *cujo* tem valor simultaneamente relativo e possessivo; seu sentido equivale, aproximadamente, a *de quem*, *de que* ou *do qual*. Veja um exemplo de seu uso na descrição de Nundu, uma das criaturas do filme *Animais fantásticos e onde habitam*, dirigido por David Yates, em 2016:

> "Esse animal da África Oriental é indiscutivelmente o mais perigoso do mundo. **Um enorme leopardo** que se desloca em silêncio, apesar do seu tamanho, e **cujo** hálito causa uma doença capaz de eliminar um povoado inteiro, o nundu nunca foi subjugado por menos de cem bruxos qualificados, juntos."
>
> DINIZ, Aline. Animais fantásticos e onde habitam: conheça as 11 criaturas que aparecem no novo *trailer*. Omelete, 28 set. 2016. Disponível em: <http://mod.lk/cojba>. Acesso em: 26 abr. 2017.

Nundu.

Como se nota, o pronome *cujo* retoma o antecedente ("Um enorme leopardo") e, ao mesmo tempo, indica que o substantivo seguinte, *hálito*, tem vínculo de posse com esse antecedente. Ou seja, o leitor compreende que o hálito *do leopardo* causa uma doença capaz de eliminar um povoado inteiro.

Cujo é o único pronome relativo de valor adjetivo, pois sempre precede um substantivo, concordando com ele em gênero e número: *Animais fantásticos,* **cujas** *propriedades causam espanto, estão presentes nesse filme.*

Pronomes interrogativos

Você estudou neste capítulo o emprego de *que* como pronome relativo. Esse pronome também pode ter outros usos, como se observa na tira a seguir:

ZOÉ E ZEZÉ

J. SCOTT E R. KIRKMAN

SCOTT, J.; KIRKMAN, R. Zoé e Zezé. *O Globo*. Rio de Janeiro, 17 jul. 2016.

A menina Zoé demora para aceitar a bronca da mãe. Primeiro, ela pergunta o motivo da proibição do computador: "Por *quê*?". Depois, reage indignada à acusação de ter visitado *sites* inadequados: "O *quê*?". E, por fim, ainda propõe uma "alternativa" à ideia de leiloar o irmão: "[...] se eu fizer apenas uma doação, o *que* acontece com ele?".

As perguntas de Zoé, que dão graça à tira, são introduzidas pelo pronome *que*, que nesse caso funciona como pronome interrogativo. Além de *que*, podem ser pronomes interrogativos o também invariável *quem* e os variáveis *qual* e *quanto*. Todos eles podem introduzir interrogações diretas, ou seja, encerradas por ponto de interrogação, como as da menina, e também interrogações indiretas, isto é, que representam um questionamento, mas não terminam com ponto de interrogação. Veja:

• *Em* **qual** *site posso participar de leilões?* (interrogação direta)
• *Queria saber o* **que** *a menina estava fazendo nesses sites.* (interrogação indireta)

Pronomes interrogativos também podem ser empregados em frases exclamativas, expressando uma série de emoções e sensações. Veja um exemplo nos versos iniciais deste famoso poema do escritor romântico Casimiro de Abreu (1839-1860):

Meus oito anos

Oh! **que** saudades que tenho
Da aurora da minha vida,
Da minha infância querida
Que os anos não trazem mais!
Que amor, **que** sonhos, **que** flores,

Naquelas tardes fagueiras
À sombra das bananeiras,
Debaixo dos laranjais!
[...]

ABREU, Casimiro de. Meus oito anos. In: BARBOSA, F. (Org.). *Cinco séculos de poesia*: antologia da poesia clássica brasileira. 3. ed. rev. São Paulo: Landy, 2003. p. 207. (Fragmento).

Glossário
Fagueiras: amenas, agradáveis.

Pronomes interrogativos são aqueles empregados para introduzir interrogações diretas ou indiretas. Também podem ser usados em frases exclamativas, assumindo valor subjetivo.

A língua da gente

Onde ou *em que*?

As frases a seguir foram extraídas de *sites* jornalísticos. Leia-as, prestando atenção ao pronome relativo empregado, em verde, e a seu antecedente, destacado com negrito:

[...] Saem as lições expositivas e entra **o método de pesquisa**, onde cada aluno avança de acordo com a sua velocidade de aprendizado.

> Duas escolas públicas vão testar um sistema de ensino sem provas e aulas. *O Dia*. Teresina, 10 fev. 2016. Disponível em: <http://mod.lk/ukl5t>. Acesso em: 26 abr. 2017. (Fragmento).

[...] agora, um número relevante de economistas e acadêmicos começa a acreditar que entramos em **um período** onde não somente a quantidade de empregos será reduzida, mas também o tipo dessa redução irá mudar [...].

> PERELMUTER, Guy. Robôs: aqui, ali, em todo lugar. *O Estado de S. Paulo*. São Paulo, 9 fev. 2017. Disponível em: <http://mod.lk/lz1ub>. Acesso em: 26 abr. 2017. (Fragmento).

É preciso acabar com **o nefasto procedimento** onde os prefeitos "compram" os votos dos vereadores através de cargos e benesses [...].

> GONÇALVES, Dirceu C. Novos governos, esperança de novos rumos... *Diário de Cuiabá*. Cuiabá, 4 jan. 2017. Disponível em: <http://mod.lk/xxfmc>. Acesso em: 26 abr. 2017. (Fragmento).

Neste capítulo, você estudou que o pronome relativo *onde* deve ser empregado quando o antecedente designa um lugar. Não é o que ocorre em nenhum desses exemplos, já que as expressões *método de pesquisa*, *período* e *procedimento* não se referem a lugares.

Segundo os linguistas, a explicação para esse emprego fora do padrão é que muitos usuários da língua deixaram de reconhecer o papel de *onde* como relativo de lugar e passaram a associá-lo a outras noções, como tempo ("período onde") ou processo ("método onde"). É importante lembrar, contudo, que nas situações em que é necessária obediência à norma-padrão, devemos continuar utilizando esse pronome somente com referência a lugares. Quando não está presente a ideia de lugar, deve-se utilizar *em que* ou *no qual* e suas variantes. Observe:

- *Saem as lições expositivas e entra o método de pesquisa, em que cada aluno avança...*
- *Entramos em um período no qual não somente a quantidade de empregos será reduzida...*
- *É preciso acabar com o nefasto procedimento em que os prefeitos "compram"...*

Veja como um exame vestibular recente abordou o emprego desse pronome relativo:

(Fuvest-SP – Adaptado)

A praga dos *selfies*

De uma coisa tenho certeza. A foto pelo celular vale apenas pelo momento. Não será feito um álbum de fotografias, como no passado, onde víamos as imagens, lembrávamos da família, de férias, de alegrias. As imagens ficarão esquecidas em um imenso arquivo. Talvez uma ou outra, mais especial, seja revivida. Todas as outras, que ideia. Só valem pelo prazer de fazer o *selfie*. Mostrar a alguns amigos.

Mas o significado original da foto de família ou com amigos, que seria preservar o momento, está perdido. Vale pelo instante, como até grandes amores são hoje em dia. É o sorriso, o clique, e obrigado. A conquista: uma foto com alguém conhecido.

> W. Carrasco, "A praga dos selfies". *Época*, 26.9.2016.

- Para que o emprego da palavra "onde", sublinhada no texto, seja considerado correto, a que termo antecedente ela deve se referir? Justifique sua resposta.

---

190 Gramática: uma reflexão sobre a língua

ATIVIDADES

▲ Leia a tira e responda às questões 1 e 2.

A CABEÇA É A ILHA   André Dahmer

DAHMER, André. A cabeça é a ilha. *O Globo*.
Rio de Janeiro, 20 set. 2016.

1. No primeiro e no último quadrinho, a palavra *muito* deve ser classificada como pronome? Por quê?

2. Um contraste entre duas palavras é fundamental para o sentido da tira. Identifique essas palavras e classifique-as do ponto de vista morfológico.
   - Explique como o contraste entre elas produz, no texto, uma crítica bem-humorada.

▲ Leia o texto a seguir e depois responda às questões 3 e 4.

Livros que li e indico para uma leitora querida, mas que não lembro o nome

18 de dezembro de 2015 *por* MARIANA

Estava cá eu procurando onde raios foi parar a mensagem que recebi de uma leitora querida pela página do *site* no Facebook. Ela me pedia indicações de livros tããããooo legais e tããããooo divertidos quanto os meus (uma vez que já leu todos os três). Aeeeeeee!!!!

Queria muito encontrar essa mensagem para chamar essa querida leitora pelo nome, mas, se eu continuar procurando, vou continuar me atrasando — e este *post* nunca vai sair. E ela merece que saia. [...]

KALIL, Mariana. *Mariana Kalil*. Disponível em: <http://mod.lk/m7duw>.
Acesso em: 26 abr. 2017. (Fragmento).

3. Identifique o pronome possessivo usado no texto. Nesse contexto, pode-se deduzir que ele expressa:
   a) propriedade.
   b) autoria.
   c) afeto.
   d) intimidade.

4. Releia: "Livros que li e indico para uma leitora querida, mas *que* não lembro o nome".
   a) De acordo com o que você estudou neste capítulo, qual outro pronome relativo deveria ter sido usado no lugar do pronome destacado? Justifique sua resposta. Depois, reescreva a frase com o pronome relativo que indicou.
   b) O título que você escreveu estaria de acordo com o nível de formalidade empregado no restante do *post*? Justifique sua resposta e explique por que foi escolhido o relativo *que*, em vez daquele que você indicou.

▲ Os parágrafos a seguir foram extraídos de um editorial. Leia-os e responda às questões 5 a 8.

> Gênero textual argumentativo que apresenta o ponto de vista de um jornal ou outro órgão da imprensa sobre certo assunto da atualidade.

ATIVIDADES

Os jovens querem outra política

[...]

Os jovens continuam se encantando pela política. A questão é que o fazem à sua maneira, nem sempre verificável. Uma extensa pesquisa sobre juventude, publicada em 2008 pelo Datafolha, endossava o que os especialistas dizem sobre essa faixa etária: são pessoas em busca de uma experiência. Como os jovens já sabem que não vão salvar a África da pobreza nem o Oriente Médio de seus conflitos, procuram o que lhes é possível: tocar uma parte do mundo. Daí a preferência por participar de uma religião, de uma ONG, de um projeto social, a se filiar num partido.

A lamentar? Não, a considerar. O pesquisador Jean Pisani-Ferry – da Hertie de Berlim e da France-Stratégie de Paris, está entre os muitos que põem como princípio que os "jovens do milênio", como se diz, nasceram e crescem em meio ao medo por um cataclismo ecológico, em países atolados em dívidas públicas e brindados com a possibilidade nefasta de um futuro sem ocupação formal. Eles têm de se virar com altíssimas doses de complexidade. Logo, a terem de tentar de explicar o inexplicável, preferem fazer o que podem, nem que seja se resumir a levar agasalhos num asilo. Para os jovens, a política tradicional perdeu seu poder de apresentar soluções aos problemas que lhes interessam.

[...]

Os jovens querem outra política. *Gazeta do Povo*. Curitiba, 13 ago. 2016. Disponível em: <http://mod.lk/1ybrh>. Acesso em: 26 abr. 2017. (Fragmento).

Glossário
Endossava: confirmava, corroborava.
Cataclismo: catástrofe, desastre de grandes proporções.
Nefasta: terrível, trágica.

5. Para compreender adequadamente textos argumentativos formais e complexos como esse, é preciso entender todas as remissões feitas pelos pronomes. Classifique os pronomes destacados a seguir; depois, indique a palavra, expressão ou ideia a que cada um deles se refere, no texto:
   a) "é que **o** fazem" (l. 1);
   b) "**essa** faixa etária" (l. 4);
   c) "de **seus** conflitos" (l. 7);
   d) "o que **lhes** é possível" (l. 7 e 8);
   e) "**Eles** têm" (l. 18);
   f) "problemas que **lhes** interessam" (l. 23).

6. Identifique as passagens do texto em que a palavra *que* é pronome relativo. Justifique sua resposta.

7. Na linha 13, o pronome indefinido *muitos* foi usado como substantivo. Reescreva a frase empregando esse pronome como adjetivo, ou seja, como determinante de um substantivo. Escolha um substantivo que seja coerente com o sentido da frase.

8. Com base nos parágrafos reproduzidos, identifique a opção que melhor resume o objetivo do texto:
   a) Propor uma reflexão sobre as concepções políticas dos "jovens do milênio", as quais se traduzem em ações práticas e diretas.
   b) Celebrar as novas formas de participação política dos jovens, mais eficazes que as tradicionais para a resolução de problemas.
   c) Apresentar os resultados de uma pesquisa sobre juventude, bem como as teses do professor Jean Pisani-Ferry sobre "os jovens do milênio".

Trocando ideias

Você acabou de ler um trecho de um editorial que fala sobre a participação política dos jovens. Discuta com os colegas:

1. O que você entende por política? Sua visão se aproxima mais da concepção tradicional (filiação a partidos, participação nas eleições) ou das práticas mencionadas no editorial ("participar de uma religião, de uma ONG, de um projeto social")? Explique.

2. Você se interessa por alguma dessas formas de política? Por quê? Se já se envolveu com alguma delas, compartilhe sua experiência com a turma.

3. De acordo com o pesquisador Jean Pisani-Ferry, os jovens de hoje "têm de se virar com altíssimas doses de complexidade".
   a) Você concorda que hoje o mundo é mais complexo do que antes? Por quê?
   b) Em sua opinião, quais seriam as possíveis alternativas para solucionar os problemas enfrentados por sua geração?

Jovens fazem protesto por melhorias na educação. São Paulo, 2015.

ENEM E VESTIBULARES

1. (Enem)

Apesar de

Não lembro quem disse que a gente gosta de uma pessoa não por causa de, mas apesar de. Gostar daquilo que é gostável é fácil: gentileza, bom humor, inteligência, simpatia, tudo isso a gente tem em estoque na hora em que conhece uma pessoa e resolve conquistá-la. Os defeitos ficam guardadinhos nos primeiros dias e só então, com a convivência, vão saindo do esconderijo e revelando-se no dia a dia. Você então descobre que ele não é apenas gentil e doce, mas também um tremendo casca-grossa quando trata os próprios funcionários. E ela não é apenas segura e determinada, mas uma chorona que passa 20 dias por mês com TPM. E que ele ronca, e que ela diz palavrão demais, e que ele é supersticioso por bobagens, e que ela enjoa na estrada, e que ele não gosta de criança, e que ela não gosta de cachorro, e agora? Agora, convoquem o amor para resolver essa encrenca.

MEDEIROS, M. Revista *O Globo*, n. 790, 12 jun. 2011 (adaptado).

Há elementos de coesão textual que retomam informações no texto e outros que as antecipam. Nos trechos, o elemento de coesão sublinhado que antecipa uma informação do texto é

a) "Gostar daquilo que é gostável é fácil [...]".
b) "[...] tudo isso a gente tem em estoque [...]".
c) "[...] na hora em que conhece uma pessoa [...]".
d) "[...] resolve conquistá-la".
e) "[...] para resolver essa encrenca".

(FGV-SP – Adaptado) Leia o texto para responder às questões de números 2 e 3.

Sua excelência

[O ministro] vinha absorvido e tangido por uma chusma de sentimentos atinentes a si mesmo que quase lhe falavam a um tempo na consciência: orgulho, força, valor, satisfação própria etc. etc.

Não havia um negativo, não havia nele uma dúvida; todo ele estava embriagado de certeza de **seu** valor intrínseco, das **suas** qualidades extraordinárias e excepcionais de condutor dos povos. A respeitosa atitude de todos e a deferência universal que o cercavam, reafirmadas tão eloquentemente naquele banquete, eram nada mais, nada menos que o sinal da convicção dos povos de ser ele o resumo do país, vendo nele o solucionador das **suas** dificuldades presentes e o agente eficaz do **seu** futuro e constante progresso.

[...]

Lima Barreto. *Os bruzundangas*. Porto Alegre: L&PM, 1998, pp. 15-6

2. Assinale a alternativa que interpreta corretamente o emprego dos pronomes possessivos destacados nas passagens do segundo parágrafo.

a) Os dois primeiros fazem referência ao personagem descrito; os dois últimos, a "país".
b) Os dois primeiros fazem referência ao personagem descrito; os dois últimos, a "agente eficaz".
c) Todos os pronomes fazem referência ao personagem descrito.
d) Os dois primeiros fazem referência ao enunciador do texto (o narrador); os dois últimos, ao personagem que aquele descreve.
e) Os dois primeiros fazem referência ao enunciador do texto (o narrador); os dois últimos, a "povos".

3. O emprego da forma de tratamento "Sua excelência", no título do texto, indica que o enunciador está:

a) falando do ministro, o que equivaleria a dizer: "ele".
b) se referindo diretamente ao ministro, como se dissesse a este: "você".
c) falando do ministro, o que equivaleria a tratá-lo por "vós".
d) se referindo diretamente ao ministro, como se dissesse a este: "tu".
e) falando ao ministro e ao leitor, o que equivaleria a dizer "vocês".

4. (FGV-SP – Adaptado)

A tão falada lição

Passam os anos menos depressa do que dizem, quando dizem que o tempo corre. Passam mais depressa do que se pensa, quando se trata de vivê-los. São 64 anos. Por exemplo, entre este e 1950, ano de muitas agitações.

Na política, pela volta de Getúlio, se não para redimir-se da ditadura encerrada cinco anos antes, porque ditadura nenhuma tem redenção, para um governo que, mesmo inconcluído, legou ao Brasil os instrumentos que permitiriam fazer o grande país que não foi feito — Petrobras, BNDE, uma infinidade de outros.

[...]

Janio de Freitas, *Folha de S.Paulo*, 03/06/2014. Adaptado.

Acerca dos seguintes pronomes presentes nos dois primeiros parágrafos do texto, a única afirmação correta é:

a) "vivê-los" deveria ser substituído por "vivê-lo", uma vez que o pronome se refere à palavra "tempo".
b) No trecho "entre este e 1950", o mais adequado seria usar "esse" em lugar de "este", tendo em vista que, aí, ocorre ideia de presente.
c) Em "porque ditadura nenhuma", a palavra sublinhada poderia ser substituída por "alguma", sem prejuízo para o sentido.
d) No trecho "uma infinidade de outros", o pronome sublinhado refere-se a uma expressão subentendida, no caso, "órgãos do governo".

Mais questões no livro digital, em **Vereda Digital Aprova Enem** e **Vereda Digital Suplemento de revisão e vestibulares**; no *site*, em **AprovaMax**.

CAPÍTULO 13

VERBO I: MODOS E TEMPOS

ENEM
C1: H2, H4
C7: H21, H22, H23, H24
C8: H25, H26, H27

OBJETIVOS DE APRENDIZAGEM

- Identificar o papel dos verbos na construção dos enunciados.
- Reconhecer as diferentes noções expressas pela flexão dos verbos.
- Identificar os modos e tempos verbais e compreender seus principais usos.
- Identificar o uso coloquial do Imperativo, sem uniformidade de tratamento.

Saiba mais

O livro *Todo mundo tem uma história pra contar* reúne vinte relatos inspiradores, entre os milhares que fazem parte do acervo do Museu da Pessoa, espaço colaborativo dedicado a valorizar a diversidade cultural e a história de toda e qualquer pessoa.

Para conhecer mais sobre essa instituição, acesse: <www.museudapessoa.net>.

Observação

As classes gramaticais estudadas até aqui (substantivo, adjetivo, artigo, numeral, pronome) permitem descrever o mundo de forma estática (sem movimento): *uma preguiçosa tarde de sol*, *meu corpo relaxado na rede*. É claro que isso não é suficiente para comunicarmos nossas ideias, pois a vida tem movimento, ação, e é para expressar esse dinamismo que usamos os *verbos*. Observe esta capa de livro e responda às perguntas.

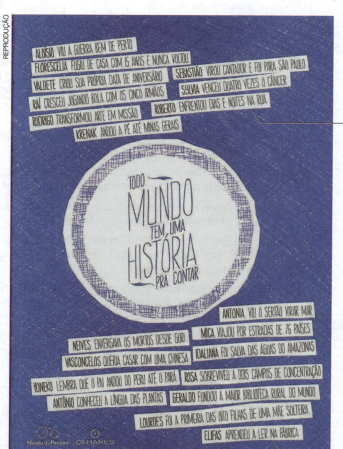

Aloísio viu a guerra bem de perto
Florescelia fugiu de casa com 15 anos e nunca voltou
Valdete criou sua própria data de aniversário / **Sebastião** virou cantador e foi para São Paulo
Raí cresceu jogando bola com os cinco irmãos / **Sylvia** venceu quatro vezes o câncer
Rodrigo transformou arte em missão / **Roberto** enfrentou dias e noites na rua
Krenak andou a pé até Minas Gerais

Antonia viu o sertão virar mar
Neives enxergava os mortos desde guri / **Mica** viajou por estradas de 76 países
Vasconcelos queria casar com uma chinesa / **Idaliana** foi salva das águas do Amazonas
Yoneko lembra que o pai andou do Peru até o Pará / **Rosa** sobreviveu a dois campos de concentração
Antônio conheceu a língua das plantas / **Geraldo** fundou a maior biblioteca rural do mundo
Lourdes foi a primeira das oito filhas de uma mãe solteira
Elifas aprendeu a ler na fábrica

> **Análise**

1. Essa capa provavelmente é diferente das capas de livro que você conhece. Explique o que seu arranjo visual tem de incomum e como essas características se relacionam ao conteúdo da obra.
2. Selecione as três frases da capa que lhe pareçam mais curiosas ou sugestivas.
   a) Identifique, em cada uma delas, uma única palavra que exprime o que a pessoa fez ou vivenciou e que resultou em uma história notável, motivando sua inclusão no livro.
   b) As palavras que você identificou se referem ao presente, ao passado ou ao futuro? Por que foi escolhido esse tempo?

Conceito

Na capa que você analisou, cada frase resume uma das vinte histórias de vida contadas no livro. Em cada uma delas, certa palavra exprime o que a pessoa fez ou vivenciou:

"Sylvia *venceu* quatro vezes o câncer."

"Krenak *andou* a pé até Minas Gerais."

"Geraldo *fundou* a maior biblioteca rural do mundo."

Essas palavras são **verbos**, uma classe de palavras variáveis que exprimem ações ("Krenak *andou* a pé"), processos ("Rosa *sobreviveu* a dois campos de concentração"), bem como condições, estados ou mudanças de estado ("Lourdes *foi* a primeira das oito filhas de uma mãe solteira", "Sebastião *virou* cantor"). O verbo pode, ainda, referir-se a fenômenos da natureza: *No dia em que Sebastião chegou a São Paulo, chovia, relampejava e fazia frio*.

Na maioria das situações, o verbo atribui a ação, processo ou estado a uma das pessoas do discurso. Nas frases da capa do livro, todos os processos são atribuídos à 3ª pessoa do discurso, aquela de quem se fala: *Sylvia* **venceu**, *Krenak* **andou**, etc.

Os verbos permitem não apenas que relacionemos os fatos às pessoas do discurso, mas também – como você percebeu ao responder à última pergunta sobre a capa do livro – que situemos esses fatos no passado, no presente ou no futuro. Com os verbos podemos, portanto, falar de tudo que acontece no mundo ao longo do tempo, e é por esse motivo que tal classe gramatical é essencial na construção da maioria dos enunciados.

> **Verbo** é uma classe de palavras variáveis que exprimem ações, processos, condições, estados, situando-os no tempo e geralmente relacionando-os a uma das pessoas do discurso.

Flexão dos verbos

Compare estas frases:

"Elifas **aprendeu** a ler na fábrica."

Aprenderemos a ler na fábrica.

Entendemos que a primeira frase se refere a um processo vivenciado, no passado, pela 3ª pessoa do singular (*ele*), ao passo que a segunda se refere a um processo que ainda ocorrerá e envolverá outra pessoa do discurso, a 1ª pessoa do plural, *nós*. Todas essas diferenças são perceptíveis por causa da forma assumida pelos verbos: a terminação de *aprendeu* indica que o fato ocorre no passado e envolve a 3ª pessoa do singular, enquanto a terminação de *aprenderemos* aponta para o futuro e para a 1ª pessoa do plural.

Tais alterações na forma dos verbos são chamadas de **flexões verbais**. Elas podem indicar variações de pessoa, número, modo, tempo, aspecto e voz. Veremos, a seguir, cada uma delas, exceto as de aspecto e voz, que serão estudadas no próximo capítulo.

Pessoa e número

Os verbos flexionam-se para indicar as três pessoas do discurso, no singular e no plural. A 1ª pessoa refere-se a quem fala; a 2ª pessoa, àquele com quem se fala; e a 3ª pessoa indica de quem ou de que se fala. Observe:

1ª pessoa		*eu* am**o**
2ª pessoa	singular	*tu* am**as**
3ª pessoa		*ele(a)* am**a**
1ª pessoa		*nós* am**amos**
2ª pessoa	plural	*vós* am**ais**
3ª pessoa		*eles(as)* am**am**

Modo

Leia a tira a seguir e observe os verbos destacados.

Os verbos estão flexionados em *modos* diferentes. No título, *esperamos* está no modo Indicativo, pois apresenta uma opinião definida, categórica, sobre o que as mulheres de fato querem dos relacionamentos. Já os verbos que expressam expectativas – "que *seja* com o cara", "que *tenha* muito romance", "[que] não nos *aborreça* quando *estivermos*" – estão no Subjuntivo, o modo que indica incerteza. Na tira, esses verbos exprimem desejos e hipóteses que podem ou não se realizar.

Como se percebe, a flexão de modo está ligada à *atitude* que o enunciador assume diante daquilo que declara por meio do verbo. Veja:

- **Modo Indicativo** – o enunciador está certo dos fatos que declara: *Meu namorado é o mais gato da escola.*
- **Modo Subjuntivo** – o enunciador não tem certeza de que os fatos ocorreram ou vão ocorrer; sua intenção é exprimir dúvida, hipótese, suposição, desejo: *Gostaria que meu namorado fosse o mais gato da escola.*
- **Modo Imperativo** – a atitude do enunciador é de quem dá ordens, sugestões, conselhos ou faz pedidos ao interlocutor: *Adote um gatinho abandonado.*

Tempo

Nos modos Indicativo e Subjuntivo, as formas verbais também apresentam flexão de tempo. Observe:

Os três tempos verbais básicos são o **presente**, o **pretérito** (passado) e o **futuro**, esses dois últimos com subdivisões. Os tempos podem ser **simples**, quando expressos por um único verbo (*amei, amava*), ou **compostos**, quando expressos por mais de um verbo (*tivesse amado, terei amado*). Observe:

		Presente	Pretérito			Futuro	
			perfeito	imperfeito	mais-que-perfeito	do presente	do pretérito
Indicativo	Simples	eu amo	eu amei	eu amava	eu amara	eu amarei	eu amaria
Indicativo	Compostos	—	eu tenho amado	—	eu tinha amado	eu terei amado	eu teria amado
Subjuntivo	Simples	que eu ame	—	se eu amasse	—	quando eu amar	—
Subjuntivo	Compostos	—	que eu tenha amado	—	se eu tivesse amado	quando eu tiver amado	—

Formas nominais

Observe o texto principal do cartaz abaixo.

BRASIL. Ministério da Saúde. *Portal da Saúde*. Disponível em: <http://mod.lk/1gdch>. Acesso em: 11 maio 2017.

Os verbos *doar* e *compartilhar* não estão flexionados em nenhum dos modos ou tempos que mencionamos antes. Eles se referem às ações em si, portanto têm valor semântico equivalente ao de substantivos: *A **doação** de sangue é um **compartilhamento** de vida*.

Damos o nome de **formas nominais** a formas verbais como essas, que não expressam modo ou tempo de maneira explícita e que equivalem a nomes (substantivos, adjetivos, advérbios). Existem três formas nominais no português:

Forma nominal	Terminação	Emprego	Exemplo
Infinitivo	-r	Refere-se à ação em si, equivalendo ao **substantivo**.	*Viver* bem é uma arte.
Particípio	-do	Apresenta o resultado do processo verbal. Equivale a um **adjetivo**.	*Terminada* a partida, os vencedores comemoraram.
Gerúndio	-ndo	Refere-se ao processo verbal em curso. Equivale a um **advérbio** ou a um **adjetivo**.	Vim *correndo* ao seu encontro.

Infinitivo: pessoal e impessoal

As formas nominais, como dito, não se flexionam em modo e tempo. O Infinitivo, porém, pode flexionar-se em número e pessoa. Trata-se do **Infinitivo pessoal**, empregado quando se quer deixar claro a qual pessoa do discurso a ação se refere. Veja um exemplo no título de um artigo de opinião, publicado após a cantora estadunidense Selena Gomez ter assumido que sofria de depressão:

Selena Gomez e a importância de **falarmos** sobre depressão

MINGO, Marcela de. *Superela*, 31 ago. 2016.
Disponível em: <http://mod.lk/k5v61>.
Acesso em: 11 maio 2017.

No título, a enunciadora optou por flexionar o Infinitivo (*falarmos*) para deixar claro que, em sua opinião, todos nós temos de discutir esse assunto. Se ela usasse o **Infinitivo impessoal**, sem flexão ("Selena Gomez e a importância de *falar* sobre depressão"), a ideia de incluir a si e aos leitores no debate não ficaria clara.

Para expressar o Infinitivo nas diferentes pessoas, basta acrescentar ao Infinitivo impessoal (*falar*) as terminações *-es* (2ª pessoa do singular), *-mos* (1ª pessoa do plural), *-des* (2ª pessoa do plural) ou *-em* (3ª pessoa do plural). As formas da 1ª e da 3ª pessoa do singular são iguais às do Infinitivo impessoal. Observe:

A importância de   eu falar   sobre a depressão.

tu falar**es**

ele(a) falar

nós falar**mos**

vós falar**des**

eles(as) falar**em**

Formas nominais compostas

O Infinitivo (tanto o pessoal quanto o impessoal) e o Gerúndio apresentam também uma forma composta. Enquanto a forma simples representa o processo como algo não concluído, que se prolonga no tempo, a composta o representa como um fato já concluído.

Veja a diferença:

	Forma simples (*processo não concluído*)	Forma composta (*processo concluído*)
Infinitivo	Manoel Carlos nega **fazer** tramas realistas e diz que "audiência tem muita importância" PECCOLI, Vitor. *TV Foco*. Disponível em:<http://mod.lk/ohvsu>. Acesso em: 11 maio 2017.	Globo nega **ter feito** proposta para diretor de Hollywood VIVAQUA, Artur. *RD1*, 6 ago. 2014. Disponível em: <http://mod.lk/nocsw>. Acesso em: 11 maio 2017.
Gerúndio	"Gostaria de vê-lo **fazendo** jogadas mais úteis", diz técnico sobre lance de efeito de Gabigol *Diário Catarinense*. Florianópolis, 22 dez. 2016. Disponível em: <http://mod.lk/nfwzh >. Acesso em: 11 maio 2017.	Mesmo já **tendo vencido** o Peñarol, Coutinho pede cautela ao Santos [...] *ESPN*, 2 set. 2016. Disponível em: <http://mod.lk/pz4id >. (Fragmento). Acesso em: 11 maio 2017.

Conjugação dos verbos

Conjugar um verbo significa flexioná-lo em determinado modo, tempo, pessoa e número.

No Capítulo 8, você aprendeu que, de acordo com sua vogal temática – *a*, *e* ou *i* –, os verbos são divididos em três **paradigmas de conjugação**. Recorde:

1ª conjugação	2ª conjugação	3ª conjugação
am*ar*	com*er*	divid*ir*

A palavra **paradigma** significa modelo ou padrão. Portanto, quando dizemos que existem três paradigmas, queremos dizer que, ao serem conjugados, os verbos recebem as mesmas desinências (terminações) conforme o paradigma a que pertençam.

Por exemplo, os verbos da primeira conjugação, ao serem conjugados no pretérito imperfeito, recebem a desinência *-va* (enxerga**va**, baila**va**), mas os da segunda e os da terceira conjugação recebem a desinência *-ia* (com**ia**, sorr**ia**).

Conhecendo os paradigmas de conjugação, somos capazes de flexionar a maioria dos verbos em qualquer modo, tempo, pessoa e número.

Verbo *pôr* e derivados

O verbo *pôr* e seus derivados (*repor*, *depor*, *contrapor*, *opor*, etc.) são os únicos da língua portuguesa terminados em *-or*. Eles são, porém, categorizados na segunda conjugação, pois se originam de uma forma antiga que tinha *e* como vogal temática: *poer*.

Classificação dos verbos quanto à conjugação

Pense e responda

O *slogan* abaixo é utilizado por vários vendedores de tapioca no Nordeste brasileiro. Observe-o e responda às perguntas.

1. Quais formas verbais do *slogan* estão em desacordo com a norma-padrão? Justifique sua resposta.
2. Reescreva o *slogan* trocando o verbo *fazer* por *cozer* e *pedir* por *exigir*.
3. Compare as formas originais com as que você escreveu. Considere os paradigmas de conjugação aos quais pertencem os verbos e, então, levante hipóteses coerentes para explicar como surgiram as formas *fazida* e *pida*.
4. Selecione o comentário mais pertinente sobre o texto analisado.
   a) As formas em desacordo com a norma-padrão foram escolhidas pelos vendedores para criar um *slogan* marcante e engraçado.
   b) Por desconhecerem a norma-padrão, os vendedores acabaram criando, de forma não intencional, um *slogan* marcante e engraçado.
   c) Por desconhecimento da norma-padrão, os vendedores criaram um *slogan* incorreto, que impede a identificação do produto oferecido.

Nem todos os verbos seguem exatamente os paradigmas de sua conjugação. Dessa forma, podemos classificá-los em quatro categorias:

- **Regulares**: são aqueles que seguem totalmente o paradigma da conjugação. *Preparar* (primeira conjugação), *cozer* (segunda conjugação) e *exigir* (terceira conjugação) são exemplos de verbos regulares.
- **Irregulares**: são verbos que, em pelo menos algum dos tempos ou pessoas, apresentam variações em relação ao paradigma. *Fazer* e *pedir*, por exemplo, são irregulares, porque têm formas diferentes do padrão, como *fiz* e *peço*.
- **Defectivos**: são verbos que não apresentam todas as formas, geralmente por motivos de eufonia (qualidade do som). O verbo *demolir*, por exemplo, não é conjugado na 1ª pessoa do singular do presente do Indicativo, porque, se fosse, geraria uma palavra de som desagradável ("demolo" ou "demulo"). Outros exemplos de verbos nessa categoria são *adequar*, *abolir*, *colorir*, *emergir*, *falir* e *precaver-se*.
- **Abundantes**: outros verbos, pelo contrário, têm mais de uma forma para a mesma conjugação. No português atual, esse fenômeno só se manifesta no Particípio: diversos verbos têm Particípio regular (*acendido*, *elegido*, *imprimido*) e também Particípio irregular (*aceso*, *eleito*, *impresso*).

> *Tinha aceitado* ou *tinha aceito*?
>
> No caso dos verbos abundantes, a regra para o emprego do Particípio é esta: usam-se as formas regulares com os verbos *ter* ou *haver* (*tinha aceitado*, *havia aceitado*) e as irregulares com *ser* ou *estar* (*é aceito*, *está aceito*).
>
> É importante notar que certos verbos, como *fazer*, têm apenas o Particípio irregular: só se usa a forma *feita*, por isso a forma "fazida" do *slogan* provoca graça. Os outros verbos que só têm Particípio irregular são *abrir* (*aberto*), *cobrir* (*coberto*), *dizer* (*dito*), *escrever* (*escrito*), *pôr* (*posto*), *ver* (*visto*) e *vir* (*vindo*), assim como seus derivados (*reescrever*, *desdizer*, *descobrir*, etc.).

Ver De olho na escrita: "Flexão de alguns verbos irregulares", ao final da Unidade 4.

Formação dos tempos verbais simples

O fato de muitos verbos da língua portuguesa serem irregulares não significa que sua conjugação seja imprevisível. Na verdade, mesmo os verbos irregulares seguem certos padrões de flexão nos diversos tempos e modos.

Pense, por exemplo, nos verbos *perder* e *dormir*. Em uma frase como *Espero que você durma bem e não perca o sono novamente*, usamos o presente do Subjuntivo desses verbos. Embora essas formas sejam irregulares, pois o radical sofreu alteração (dorm- → durm-, perd- → perc-), elas são previsíveis – são, de fato, muito parecidas com as formas da 1ª pessoa do singular do presente do Indicativo, nas quais também aparecem os radicais modificados: eu d**urm**o, eu p**erc**o.

Essa semelhança se explica porque o presente do Indicativo é um dos três **tempos verbais primitivos**, e dele se origina o presente do Subjuntivo, um dos **tempos verbais derivados**. Observe como acontece a formação dos tempos derivados a partir dos tempos primitivos:

Tempos primitivos		Tempos derivados
Presente do Indicativo	(1ª pessoa do plural) cantamos + -va perd(e)mos + -ia dorm(i)mos + -ia	**Pretérito imperfeito do Indicativo** cantava perdia dormia
	(1ª pessoa do singular) canto + -e perco + -a durmo + -a	**Presente do Subjuntivo** cante perca durma
Pretérito perfeito do Indicativo	(2ª pessoa do singular) cantaste + -ra perdeste + -ra dormiste + -ra	**Pretérito mais-que-perfeito do Indicativo** cantara perdera dormira
	(2ª pessoa do singular) cantaste + -sse perdeste + -sse dormiste + -sse	**Pretérito imperfeito do Subjuntivo** cantasse perdesse dormisse
	(2ª pessoa do singular) cantaste + -r perdeste + -r dormiste + -r	**Futuro do Subjuntivo** cantar perder dormir
Infinitivo impessoal	cantar + -re, -ra perder + -re, -ra dormir + -re, -ra	**Futuro do presente do Indicativo** cantarei, cantaremos (cantará, cantarás), perderei, perderemos (perderá, perderás), dormirei, dormiremos (dormirá, dormirás)
	cantar + -ria perder + -ria dormir + -ria	**Futuro do pretérito do Indicativo** cantaria perderia dormiria

Os tempos do Indicativo e seu emprego

Como vimos, os tempos do Indicativo são o presente, o pretérito e o futuro, estes dois últimos com subdivisões e com formas simples e compostas. Vamos analisá-los a seguir.

O presente do Indicativo e seu emprego

O presente do Indicativo apresenta apenas uma forma simples. Confira os paradigmas das três conjugações e, a seguir, o seu emprego.

	Presente do Indicativo					
	Eu	Tu	Ele(a)	Nós	Vós	Eles(as)
1ª conjugação	amo	amas	ama	amamos	amais	amam
2ª conjugação	como	comes	come	comemos	comeis	comem
3ª conjugação	divido	divides	divide	dividimos	dividis	dividem

O **presente do Indicativo** é usado para falar de fatos que:
• estão ocorrendo no momento da fala ou escrita: *Começa agora mais uma edição do nosso telejornal.*

- ocorrem na atualidade ou de forma frequente: *A senhora Marta **é** a diretora desta escola. **Acordo** às seis da manhã e **vou** para a escola às sete.*
- ocorrerão no futuro próximo: *Não pude comprar o presente hoje, mas **compro** no sábado.*
- são tidos como verdades permanentes: *A água **ferve** a cem graus Celsius.*
- já ocorreram no passado, mas o enunciador quer lhes dar maior vivacidade, "trazendo-os" para o momento da fala: *Em 20 de maio de 1498, o português Vasco da Gama **torna-se** o primeiro europeu a chegar a Índia pelo mar.* Quando utilizado dessa forma, o presente é chamado de **presente histórico** ou **narrativo**.

Os pretéritos do Indicativo e seu emprego

O pretérito do Indicativo tem três subdivisões: o perfeito, o imperfeito e o mais-que-perfeito. Apresenta, ainda, duas formas compostas: o pretérito perfeito composto e o pretérito mais-que-perfeito composto. Confira os paradigmas de conjugação abaixo e, em seguida, veja como cada tempo é empregado.

	Pretérito perfeito do Indicativo					
	Eu	Tu	Ele(a)	Nós	Vós	Eles(as)
1ª conjugação	amei	amaste	amou	amamos	amastes	amaram
2ª conjugação	comi	comeste	comeu	comemos	comestes	comeram
3ª conjugação	dividi	dividiste	dividiu	dividimos	dividistes	dividiram

	Pretérito imperfeito do Indicativo					
	Eu	Tu	Ele(a)	Nós	Vós	Eles(as)
1ª conjugação	amava	amavas	amava	amávamos	amáveis	amavam
2ª conjugação	comia	comias	comia	comíamos	comíeis	comiam
3ª conjugação	dividia	dividias	dividia	dividíamos	dividíeis	dividiam

	Pretérito mais-que-perfeito do Indicativo					
	Eu	Tu	Ele(a)	Nós	Vós	Eles(as)
1ª conjugação	amara	amaras	amara	amáramos	amáreis	amaram
2ª conjugação	comera	comeras	comera	comêramos	comêreis	comeram
3ª conjugação	dividira	dividiras	dividira	dividíramos	dividíreis	dividiram

	Pretérito perfeito composto do Indicativo					
	Eu	Tu	Ele(a)	Nós	Vós	Eles(as)
1ª conjugação	tenho amado	tens amado	tem amado	temos amado	tendes amado	têm amado
2ª conjugação	tenho comido	tens comido	tem comido	temos comido	tendes comido	têm comido
3ª conjugação	tenho dividido	tens dividido	tem dividido	temos dividido	tendes dividido	têm dividido

	Pretérito mais-que-perfeito composto do Indicativo					
	Eu	Tu	Ele(a)	Nós	Vós	Eles(as)
1ª conjugação	tinha / havia amado	tinhas / havias amado	tinha / havia amado	tínhamos / havíamos amado	tínheis / havíeis amado	tinham / haviam amado
2ª conjugação	tinha / havia comido	tinhas / havias comido	tinha / havia comido	tínhamos / havíamos comido	tínheis / havíeis comido	tinham / haviam comido
3ª conjugação	tinha / havia dividido	tinhas / havias dividido	tinha / havia dividido	tínhamos / havíamos dividido	tínheis / havíeis dividido	tinham / haviam dividido

Leia esta tira.

NÍQUEL NÁUSEA   FERNANDO GONSALES

O rato ancião tenta relatar um episódio de sua vida à barata, mas a memória falha, produzindo o humor da tira. Apesar de não descobrirmos o que ele queria contar, os tempos verbais utilizados permitem entender a sequência temporal. Observe:

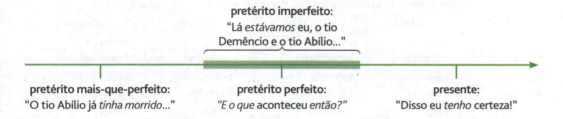

Note que, embora as três formas do pretérito se refiram ao passado, têm empregos distintos:

- **Pretérito imperfeito** – refere-se a fatos não concluídos, que se estenderam durante certo período de tempo. Estar lá com os tios é um processo que se prolongou no tempo (por horas ou minutos), por isso o rato usa esse pretérito: "Lá **estávamos** eu, o tio Demêncio e o tio Abílio..."
- **Pretérito perfeito** – refere-se a fatos pontuais e concluídos: "O que **aconteceu**, então?"
- **Pretérito mais-que-perfeito** – refere-se a fatos que aconteceram antes de outros fatos passados. Neste caso, a morte do tio Abílio ocorreu *antes* da ocasião em que o rato se reuniu aos parentes: "O tio Abílio já **tinha morrido**".

Formas simples e compostas do pretérito

Na tira de Níquel Náusea, você observou que o pretérito mais-que-perfeito apareceu na forma composta: *tinha morrido*. Essa é a forma mais comum na linguagem coloquial; por sua vez, a forma simples desse tempo verbal – *morrera* – geralmente ocorre em contextos formais.

Apesar dessa diferença no nível de formalidade, as formas simples e composta do pretérito-mais-que-perfeito têm o mesmo sentido. Não é o que ocorre, porém, em relação ao pretérito perfeito: enquanto a forma simples designa, como vimos, um fato pontual e concluído no passado (*tirei nota boa na prova*), o **pretérito perfeito composto** indica um processo que se estende no tempo, desde o passado até o presente: ***tenho tirado*** boas notas em todas as provas este ano.

Os futuros do Indicativo e seu emprego

Por fim, o futuro do Indicativo também apresenta uma subdivisão: futuro do presente e futuro do pretérito, ambas com suas respectivas formas compostas. Observe, a seguir, os paradigmas de conjugação desses tempos e, adiante, reflita sobre seu emprego.

	Futuro do presente do Indicativo					
	Eu	Tu	Ele(a)	Nós	Vós	Eles(as)
1ª conjugação	amarei	amarás	amará	amaremos	amareis	amarão
2ª conjugação	comerei	comerás	comerá	comeremos	comereis	comerão
3ª conjugação	dividirei	dividirás	dividirá	dividiremos	dividireis	dividirão

	Futuro do pretérito do Indicativo					
	Eu	Tu	Ele(a)	Nós	Vós	Eles(as)
1ª conjugação	amaria	amarias	amaria	amaríamos	amaríeis	amariam
2ª conjugação	comeria	comerias	comeria	comeríamos	comeríeis	comeriam
3ª conjugação	dividiria	dividirias	dividiria	dividiríamos	dividiríeis	dividiriam

	Futuro do presente composto do Indicativo					
	Eu	Tu	Ele(a)	Nós	Vós	Eles(as)
1ª conjugação	terei / haverei amado	terás / haverás amado	terá / haverá amado	teremos / haveremos amado	tereis / havereis amado	terão / haverão amado
2ª conjugação	terei / haverei comido	terás / haverás comido	terá / haverá comido	teremos / haveremos comido	tereis / havereis comido	terão / haverão comido
3ª conjugação	terei / haverei dividido	terás / haverás dividido	terá / haverá dividido	teremos / haveremos dividido	tereis / havereis dividido	terão / haverão dividido

	Futuro do pretérito composto do Indicativo					
	Eu	Tu	Ele(a)	Nós	Vós	Eles(as)
1ª conjugação	teria / haveria amado	terias / haverias amado	teria / haveria amado	teríamos / haveríamos amado	teríeis / haveríeis amado	teriam / haveriam amado
2ª conjugação	teria / haveria comido	terias / haverias comido	teria / haveria comido	teríamos / haveríamos comido	teríeis / haveríeis comido	teriam / haveriam comido
3ª conjugação	teria / haveria dividido	terias / haverias dividido	teria / haveria dividido	teríamos / haveríamos dividido	teríeis / haveríeis dividido	teriam / haveriam dividido

Como vimos, o modo Indicativo é o que exprime certeza acerca dos fatos declarados. Porém, os tempos do futuro também podem expressar dúvidas ou hipóteses. Observe, por exemplo, os pensamentos de Garfield nesta tira:

GARFIELD — JIM DAVIS

Glossário

Cheesecake: (inglês) torta preparada com queijo cremoso.

Garfield usa o futuro do pretérito ("Eu *poderia* salvar o mundo") para referir-se a um acontecimento hipotético: ele tomaria a atitude heroica caso o mundo fosse atacado por um doce gigante; imagina-se, então, que o gato, com sua famosa gulodice, devoraria o "inimigo".

As formas do futuro do Indicativo podem ser usadas para fazer declarações categóricas, mas também hipotéticas ou duvidosas.

O **futuro do presente** pode ser empregado com referência:

- a fatos do futuro, de forma categórica: *Sexta-feira haverá prova de matemática.*
- a fatos do presente, exprimindo dúvida: *Será que tem alguém em casa?*

O **futuro do pretérito**, por sua vez, pode ser empregado com referência:

- a fatos do passado, de forma categórica: *Após sua primeira aventura, Vasco da Gama ainda retornaria duas vezes à Índia.*
- a fatos do futuro ou do presente, de forma categórica: *Desde a semana passada, a professora vinha avisando que hoje haveria prova.*
- a fatos hipotéticos do futuro ou do presente, que se realizariam caso determinada condição fosse cumprida: *Se o inventor tivesse vendido sua fórmula, hoje estaria rico.*
- a fatos que representam dúvidas, desejos e hipóteses em geral: *Gostaria de viajar pelo espaço sideral. Você deveria beber mais água.*

Futuro expresso por *ir* + Infinitivo

Observe ao lado o cartaz de um filme estadunidense lançado em 2015.

Dirigido por Alfonso Gomez-Rejon, o filme conta a história da amizade entre três adolescentes – Greg, Earl e a garota Rachel, que sofre de leucemia. Na tradução do título para o português, em vez do futuro do presente (*a garota que morrerá*), foi empregada a locução *ir* + Infinitivo (*a garota que vai morrer*), que expressa a mesma ideia.

O uso de *ir* + Infinitivo tanto para o futuro do presente (*vai morrer*) quanto para o futuro do pretérito (*iria morrer*) é muito comum no português contemporâneo. Geralmente, a forma tradicional, marcada pela desinência (*morrerá* ou *morreria*), é utilizada em contextos mais formais.

Tempos compostos do futuro

De modo geral, o enunciador utiliza o **futuro do presente composto** quando quer falar de um fato do futuro tomando como referência certo acontecimento também do futuro. Por exemplo:

Aos 25 anos, eu já terei terminado a faculdade.

- Aos 25 anos — ponto de referência do futuro
- terei terminado — futuro do presente composto

Já o **futuro do pretérito composto** geralmente se refere a um fato hipotético, dependente de uma condição do passado:

Se eu soubesse que a prova seria tão difícil, teria estudado mais.

- Se eu soubesse que a prova seria tão difícil — condição do passado
- teria estudado — futuro do pretérito composto

ATIVIDADES

▪ Leia a tira e responda às perguntas.

LAERTE. *Manual do Minotauro*. Disponível em: <http://mod.lk/0zinf>. Acesso em: 11 maio 2017.

1. Na composição da tira foi empregada uma flexão verbal incomum. Identifique-a e explique por que foi usada, nesse contexto.

2. No último quadrinho, a linguagem visual e o emprego do adjetivo *espertinho* são fundamentais para a construção do humor. Explique como isso acontece.

3. Compare a última fala da tira com as dos demais quadrinhos. Como o contraste entre os estilos de linguagem contribui para o humor?

▪ No romance *A cidade e as serras*, de Eça de Queirós (1845-1900), os dois personagens principais são os amigos Jacinto e José Fernandes. Leia o trecho que conta como os rapazes se conheceram.

> Jacinto e eu, José Fernandes, ambos nos encontramos e acamaradamos em Paris, nas Escolas do Bairro Latino — para onde me mandara meu bom tio Afonso Fernandes Lorena de Noronha e Sande, quando aqueles malvados me riscaram da Universidade por eu ter esborrachado, numa tarde de procissão, na Sofia, a cara sórdida do dr. Pais Pita. Ora nesse tempo Jacinto concebera uma ideia... Este Príncipe concebera a ideia de que o "homem só é superiormente feliz quando é superiormente civilizado". [...]
>
> QUEIRÓS, Eça de. *A cidade e as serras*. p. 3. Disponível em: <http://mod.lk/utg1g>. Acesso em: 11 maio 2017.

4. Escolha a alternativa que indica a correta sequência cronológica das ações verbais narradas nesse fragmento, de acordo com a lógica e com os tempos verbais utilizados.

   a) nos encontramos e acamaradamos — me mandara — me riscaram — ter esborrachado — concebera

   b) me mandara — me riscaram — ter esborrachado — nos encontramos e acamaradamos — concebera

   c) ter esborrachado — me riscaram — me mandara — concebera — nos encontramos e acamaradamos

   d) me riscaram — me mandara — concebera — ter esborrachado — nos encontramos e acamaradamos

▪ Leia o título e o fragmento inicial de uma notícia e responda às questões a seguir.

Arábia Saudita *teria usado* no Iêmen munição brasileira proibida por vários países

> Armas de fragmentação fabricadas no Brasil *estariam* sendo usadas pelas forças lideradas pela Arábia Saudita no Iêmen. A denúncia é da organização de defesa dos direitos humanos Human Rights Watch [...].
>
> LOPES, Rodrigo. *Zero Hora*. Porto Alegre, 23 dez. 2016. Disponível em: <http://mod.lk/9kibu>. Acesso em: 11 maio 2017. (Fragmento).

5. Em que tempo e modo estão flexionadas as formas verbais destacadas?

6. Reescreva o título e a primeira frase da notícia passando as duas formas verbais para, respectivamente, o pretérito perfeito composto e o presente do Indicativo.

- Compare as frases originais com as que você reescreveu. Levando em conta o sentido do fragmento como um todo, explique por que o jornalista escolheu os tempos verbais identificados no item **5**, e não os sugeridos no item **6**.

Os tempos do Subjuntivo e seu emprego

A charge a seguir critica a falta de compromisso de alguns políticos com a mobilidade urbana. Veja:

LUTE. *Hoje em Dia*. Belo Horizonte, 18 ago. 2014. Disponível em: <http://mod.lk/leq4h>. Acesso em: 11 maio 2017.

Observe a fala do prefeito candidato à reeleição:

"Se eu *for* reeleito, *lutarei* por obras que *deixarão* o trânsito da cidade uma maravilha."
  Subjuntivo   Indicativo   Indicativo

Para expressar o fato ainda incerto de sua reeleição, o candidato usa o modo Subjuntivo (*se eu for reeleito*) e, para expressar as consequências desse fato hipotético, o modo Indicativo (*lutarei por obras que deixarão*). Quase sempre, verbos flexionados no Subjuntivo aparecem em frases nas quais há um ou mais verbos no Indicativo. Como veremos adiante, é importante combinar com coerência o tempo dos diferentes verbos; na fala do prefeito, por exemplo, todas as formas estão no futuro (*for*, *lutarei*, *deixarão*).

O Subjuntivo também apresenta os tempos presente, pretérito e futuro, estes dois últimos com formas compostas. Vejamos a seguir o emprego de cada um deles.

O Subjuntivo e as conjunções

Nas frases em que há uma oração com verbo no Indicativo e outra com verbo no Subjuntivo, normalmente a oração em que aparece o verbo no Subjuntivo é introduzida por uma conjunção – na frase da charge, é utilizada a conjunção *se* (*se eu for reeleito*).

Veja exemplos de outras conjunções e locuções conjuntivas que introduzem orações com verbos no Subjuntivo: ***Caso*** eu **seja** reeleito, melhorarei a mobilidade urbana. ***Quando*** o prefeito **assumir**, teremos de fiscalizá-lo. ***Embora*** **tenha prometido** resolver os problemas de trânsito, ele não tomou medidas eficazes. ***Para que*** a mobilidade urbana **melhore**, é preciso investir em transporte público. A população espera ***que*** o prefeito **cumpra** suas promessas.

O presente do Subjuntivo e seu emprego

Observe os paradigmas de conjugação do presente do Subjuntivo:

	Presente do Subjuntivo					
	Eu	Tu	Ele(a)	Nós	Vós	Eles(as)
1ª conjugação	ame	ames	ame	amemos	ameis	amem
2ª conjugação	coma	comas	coma	comamos	comais	comam
3ª conjugação	divida	dividas	divida	dividamos	dividais	dividam

O **presente do Subjuntivo** geralmente é empregado com referência a fatos incertos:
- do presente: *Duvido que você **conheça** esse cantor.*
- do futuro; nesse caso, a ideia quase sempre é de expectativa ou desejo: *Torço para que **façam** boa viagem.*

Os pretéritos do Subjuntivo e seu emprego

Existem três tempos pretéritos no modo Subjuntivo: há uma forma simples, o pretérito imperfeito, e dois tempos que só apresentam a forma composta, o pretérito perfeito e o pretérito mais-que-perfeito. Observe:

	Pretérito imperfeito do Subjuntivo					
	Eu	Tu	Ele(a)	Nós	Vós	Eles(as)
1ª conjugação	amasse	amasses	amasse	amássemos	amásseis	amassem
2ª conjugação	comesse	comesses	comesse	comêssemos	comêsseis	comessem
3ª conjugação	dividisse	dividisses	dividisse	dividíssemos	dividísseis	dividissem

	Pretérito perfeito composto do Subjuntivo					
	Eu	Tu	Ele(a)	Nós	Vós	Eles(as)
1ª conjugação	tenha/haja amado	tenhas/hajas amado	tenha/haja amado	tenhamos/hajamos amado	tenhais/hajais amado	tenham/hajam amado
2ª conjugação	tenha/haja comido	tenhas/hajas comido	tenha/haja comido	tenhamos/hajamos comido	tenhais/hajais comido	tenham/hajam comido
3ª conjugação	tenha/haja dividido	tenhas/hajas dividido	tenha/haja dividido	tenhamos/hajamos dividido	tenhais/hajais dividido	tenham/hajam dividido

	Pretérito mais-que-perfeito composto do Subjuntivo					
	Eu	Tu	Ele(a)	Nós	Vós	Eles(as)
1ª conjugação	tivesse/houvesse amado	tivesses/houvesses amado	tivesse/houvesse amado	tivéssemos/houvéssemos amado	tivésseis/houvésseis amado	tivessem/houvessem amado
2ª conjugação	tivesse/houvesse comido	tivesses/houvesses comido	tivesse/houvesse comido	tivéssemos/houvéssemos comido	tivésseis/houvésseis comido	tivessem/houvessem comido
3ª conjugação	tivesse/houvesse dividido	tivesses/houvesses dividido	tivesse/houvesse dividido	tivéssemos/houvéssemos dividido	tivésseis/houvésseis dividido	tivessem/houvessem dividido

O **pretérito imperfeito do Subjuntivo** pode ser empregado com referência a:
- fatos possíveis do passado: *A diretora pediu que a **seguíssemos**.*
- fatos pouco prováveis ou mesmo impossíveis, situados em uma dimensão temporal hipotética: *Se eu **ganhasse** na loteria, daria a volta ao mundo.*

Já o **pretérito perfeito do Subjuntivo** (*tenha feito*) expressa um fato do futuro tomando como referência certo acontecimento, também do futuro. Nesse aspecto, ele se parece com o futuro do presente composto do Indicativo (*terei feito*); a diferença é que o pretérito perfeito do Subjuntivo exprime tal fato como algo incerto, hipotético. Por exemplo:

Aos 25 anos, é provável que eu já **tenha terminado** a faculdade.

ponto de referência do futuro — pretérito perfeito do Subjuntivo

Esse tempo composto pode ser usado, ainda, com o presente do Indicativo, referindo-se a um fato hipotético do passado: *Espero que **tenham apreciado** o jantar*.

Também existente apenas na forma composta, o **pretérito mais-que-perfeito do Subjuntivo** geralmente é usado com o futuro do pretérito (simples ou composto) do Indicativo, expressando uma condição ou fato hipotético do passado. Observe o emprego desses tempos na tira a seguir:

Os futuros do Subjuntivo e seu emprego

O Subjuntivo tem dois tempos futuros: o futuro simples e o futuro composto. Veja:

Futuro do Subjuntivo						
	Eu	Tu	Ele(a)	Nós	Vós	Eles(as)
1ª conjugação	amar	amares	amar	amarmos	amardes	amarem
2ª conjugação	comer	comeres	comer	comermos	comerdes	comerem
3ª conjugação	dividir	dividires	dividir	dividirmos	dividirdes	dividirem

Futuro composto do Subjuntivo						
	Eu	Tu	Ele(a)	Nós	Vós	Eles(as)
1ª conjugação	tiver / houver amado	tiveres / houveres amado	tiver / houver amado	tivermos / houvermos amado	tiverdes / houverdes amado	tiverem / houverem amado
2ª conjugação	tiver / houver comido	tiveres / houveres comido	tiver / houver comido	tivermos / houvermos comido	tiverdes / houverdes comido	tiverem / houverem comido
3ª conjugação	tiver / houver dividido	tiveres / houveres dividido	tiver / houver dividido	tivermos / houvermos dividido	tiverdes / houverdes dividido	tiverem / houverem dividido

O **futuro do Subjuntivo** geralmente é empregado com referência a fatos incertos:
- do futuro: *Quando eu **for** reeleito, investirei no transporte público.*
- do presente: *Quem **quiser** usar o banheiro precisa ir já.*

Observe que, se comparado ao pretérito imperfeito do Subjuntivo, o futuro do Subjuntivo expressa um grau maior de probabilidade: a frase *Se eu **for** reeleito prefeito*, embora se refira a um fato incerto, implica maior probabilidade do que *Se eu **fosse** reeleito prefeito*.

Por fim, o **futuro composto do Subjuntivo** é usado para falar de fatos hipotéticos do futuro ou do passado, relacionando-os a um fato do futuro. Geralmente é empregado, portanto, com o futuro do presente do Indicativo:

*Quando eu **tiver terminado** a faculdade, provavelmente começarei o mestrado.*

futuro composto do Subjuntivo (expressa hipótese do futuro) — futuro do presente do Indicativo

*Só quem **tiver estudado** bastante conseguirá responder a esta pergunta.*

futuro composto do Subjuntivo (expressa hipótese do passado) — futuro do presente do Indicativo

Capítulo 13 • Verbo I: modos e tempos **209**

As formas do Imperativo e seu emprego

O modo Imperativo é aquele usado para dar ordens, conselhos, instruções, orientações. Tipicamente, é utilizado em gêneros textuais que têm como objetivo persuadir ou instruir o interlocutor, tais como anúncios publicitários (*compre esse refrigerante*), manual de instruções (*abra a caixa*), receitas culinárias (*bata três ovos*), provérbios (*não julgue o livro pela capa*).

Observe como o Imperativo foi utilizado em um ponto de coleta para descarte de medicamentos. Os verbos que dão instruções aos usuários estão flexionados nesse modo: *descarte, acesse, clique*.

Ponto de descarte de medicamentos, São Paulo (SP), fev. 2016.

Formação do Imperativo

O Imperativo afirmativo tem formação mista, pois algumas flexões vêm do presente do Indicativo e as outras, do presente do Subjuntivo.

A 2ª pessoa do singular e a do plural vêm do presente do Indicativo, sem o -s:

Presente do Indicativo	Imperativo
tu ama~~s~~	→ ama (tu)
vós amai~~s~~	→ amai (vós)

Já as demais pessoas vêm do presente do Subjuntivo, sem qualquer alteração: *que você ame* → *ame você*, *que nós amemos* → *amemos nós*, *que vocês amem* → *amem vocês*.

O Imperativo negativo, por sua vez, tem todas as suas formas originadas do presente do Subjuntivo, inclusive as da 2ª pessoa (singular e plural): *não ames tu, não ameis vós*.

O Imperativo não tem a 1ª pessoa do singular, pois, em tese, é impossível que alguém "dê ordens" a si mesmo. Esse modo também não admite flexão temporal, apresentando-se sob apenas duas formas: a **afirmativa** (*descarte, acesse*), pela qual se exorta o interlocutor a fazer algo, e a **negativa**, pela qual se exorta o interlocutor a deixar de fazer algo (*não descarte, não acesse*).

Observe o paradigma de conjugação do Imperativo afirmativo e do negativo nas três conjugações.

	Imperativo afirmativo				
1ª conjugação	ama **tu**	ame **você**	amemos **nós**	amai **vós**	amem **vocês**
2ª conjugação	come **tu**	coma **você**	comamos **nós**	comei **vós**	comam **vocês**
3ª conjugação	divide **tu**	divida **você**	dividamos **nós**	dividi **vós**	dividam **vocês**

	Imperativo negativo				
1ª conjugação	não ames **tu**	não ame **você**	não amemos **nós**	não amai **vós**	não amem **vocês**
2ª conjugação	não comas **tu**	não coma **você**	não comamos **nós**	não comais **vós**	não comam **vocês**
3ª conjugação	não dividas **tu**	não divida **você**	não dividamos **nós**	não dividais **vós**	não dividam **vocês**

Substitutos do Imperativo

Frases no Imperativo podem soar autoritárias, por isso muitas vezes esse modo verbal é substituído por outras fórmulas. Podem ser empregados, no lugar do Imperativo, o presente do Indicativo (*Você me **traz** uma xícara de chá, por favor?*), o futuro do pretérito (***Poderia** me ajudar?*), o Infinitivo, como no aviso abaixo (*manter*), entre outros.

Correlação de modos e tempos

A norma-padrão determina que os modos e tempos verbais sejam combinados de uma forma específica. Em muitos casos, não se trata meramente de obedecer a regras, mas também de garantir a clareza do enunciado. Se alguém diz, por exemplo, *Se você me ajudasse, conseguirei terminar o trabalho*, uma parte da frase aponta para uma hipótese pouco provável (*ajudasse*), enquanto a outra parte aponta para uma consequência determinada (*conseguirei*). Seria mais coerente expressar pouca probabilidade na frase inteira (*Se você me ajudasse, eu conseguiria terminar o trabalho*) ou maior probabilidade do início ao fim (*Se você me ajudar, conseguirei terminar o trabalho*).

Audiovisual
Verbo (I)

Veja, no quadro a seguir, as combinações de modos e tempos mais recomendadas.

Correlação entre modos e tempos verbais	
Presente do Indicativo **Futuro do presente do Indicativo**	→ **Presente do Subjuntivo**
O presente do Indicativo e o futuro do presente do Indicativo são usados com o **presente do Subjuntivo** principalmente quando exprimem expectativa (*espero, torço*), pedido ou ordem (*peço, exijo*), crença ou dúvida (*acredito, duvido*), etc. Exemplos: *Espero que se divirtam na festa.* *Na próxima assembleia, pediremos que o diretor renuncie.*	
Todos os pretéritos do Indicativo **Futuro do pretérito do Indicativo**	→ **Pretérito imperfeito do Subjuntivo**
Os pretéritos do Indicativo e o futuro do pretérito do Indicativo combinam com o **pretérito imperfeito do Subjuntivo** porque esse tempo expressa fatos incertos do passado (inclusive não realizados) ou hipóteses pouco prováveis. Exemplos: *Pensei que conhecessem o dono da casa.* *Esperava que eles se divertissem na festa.* *Na assembleia do ano passado, havíamos pedido que o diretor renunciasse.* *Se a humanidade tomasse providências, seria possível amenizar as mudanças climáticas.*	
Futuro do presente do Indicativo **Presente do Indicativo (com sentido de futuro próximo)** **Imperativo**	→ **Futuro do Subjuntivo**
Com o futuro do presente do Indicativo, que exprime mais certeza, e com o Imperativo (usado porque se espera, obviamente, que a ordem seja cumprida), é melhor usar o **futuro do Subjuntivo**, que indica maior probabilidade do que o imperfeito do Subjuntivo. Exemplos: *Se a humanidade tomar providências, será possível amenizar as mudanças climáticas.* *Telefono quando puder.* *Telefone quando puder.*	

A língua da gente

O Imperativo e a uniformidade de tratamento

Leia esta tira.

Laerte

A graça da tira vem do desfecho surpreendente: depois de exortar o interlocutor a iniciar uma jornada rumo ao autoconhecimento, mesmo que seja necessário ir "até o fim dos mundos e dos tempos", o personagem termina sua fala com um pedido banal – que, na volta, o outro lhe traga um item de farmácia.

Ao dirigir-se ao interlocutor, o personagem usa aquela mistura de pronomes da 3ª pessoa (*você*) e da 2ª pessoa (*te*, *teu*, etc.) que, como vimos no capítulo anterior, é característica do português brasileiro informal:

"**Você** bloqueou o acesso aos sentimentos [...]."

"Por isso deve partir [...] em busca de pessoa, coisa ou evento que **te** desencalacre."

Além disso, nessa tira, a falta de uniformidade no tratamento se manifesta também no uso do Imperativo. Observe as formas de Imperativo utilizadas:

"**Parta** já e **vá** até o fim dos mundos [...]."

"Na volta **passa** na farmácia e me **traz** uma caixa de luvas cirúrgicas [...]."

Como vimos neste capítulo, o Imperativo afirmativo é composto pelas formas da 2ª pessoa do singular e do plural do presente do Indicativo, sem o -*s*, e pelas demais formas do presente do Subjuntivo. Concluímos, então, que os dois primeiros verbos na fala do personagem estão flexionados na 3ª pessoa, pois as formas são idênticas às do presente do Subjuntivo: *que você parta, que você vá* → "**Parta** [você] já e **vá** [você] até o fim". Os dois verbos seguintes, porém, referem-se à 2ª pessoa, pois equivalem às formas do presente do Indicativo sem o -*s*: *tu passas, tu trazes* → "**Passa** na farmácia e **traz** uma caixa de luvas".

O personagem empregou, portanto, formas do Imperativo da 3ª pessoa (*parta* e *vá*) misturadas a formas do Imperativo da 2ª pessoa (*passa* e *traz*). Isso acontece porque, na linguagem coloquial, utilizamos o Imperativo da maneira que soa mais natural, independentemente da pessoa do discurso. Por exemplo, uma forma terminada em -*a*, como *passa*, soa mais natural que a terminada em -*e* ("*passe* na farmácia"), por isso é comum no uso coloquial, mesmo quando a pessoa trata a outra por *você*. Porém, em situações nas quais se exige obediência à norma-padrão, essa mistura deve ser evitada.

Veja como a questão da uniformidade de tratamento no uso do Imperativo apareceu em um vestibular recente:

(Fuvest-SP)

Já na segurança da calçada, e passando por um trecho em obras que atravanca nossos passos, lanço à queima-roupa:
— Você conhece alguma cidade mais feia do que São Paulo?
— Agora você me pegou, retruca, rindo. Hã, deixa eu ver... Lembro-me de La Paz, a capital da Bolívia, que me pareceu bem feia. Dizem que Bogotá é muito feiosa também, mas não a conheço. Bem, São Paulo, no geral, é feia, mas as pessoas têm uma disposição para o trabalho aqui, uma vibração empreendedora, que dá uma feição muito particular à cidade. Acordar cedo em São Paulo e ver as pessoas saindo para trabalhar é algo que me toca. Acho emocionante ver a garra dessa gente.

R. Moraes e R. Linsker. Estrangeiros em casa: uma caminhada pela selva urbana de São Paulo. *National Geographic Brasil*. Adaptado.

Ao reproduzir um diálogo, o texto incorpora marcas de oralidade, tanto de ordem léxica, caso da palavra "garra", quanto de ordem gramatical, como, por exemplo,
a) "lanço à queima-roupa".
b) "Agora você me pegou".
c) "deixa eu ver".
d) "Bogotá é muito feiosa".
e) "é algo que me toca".

Aprender a aprender

Estilos de aprendizagem

Você já deve ter percebido que você e seus colegas têm jeitos diferentes de estudar. Alguns preferem silêncio total quando estudam, ao passo que outros gostam de ouvir música ou conversar; alguns fazem anotações detalhadas durante a aula, enquanto outros apenas ouvem o professor, e assim por diante.

Há algum tempo, pesquisadores descobriram que as pessoas têm diferentes *estilos de aprendizagem* e que conhecer qual é o estilo de cada um ajuda a estudar com mais eficiência.

Uma das teorias a esse respeito foi desenvolvida por Neil Flemming e Colleen Mills, professores da Universidade Lincoln, na Nova Zelândia. Segundo esses estudiosos, existem quatro estilos básicos de aprendizagem:

- Aprende por meio de diagramas, figuras, gráficos.
- Seu estudo fica mais eficiente quando usa cores, setas, ícones e outros recursos gráficos para resumir e relacionar as informações.

- Aprende pela audição e pela fala. Gosta de assistir a videoaulas, *podcasts* e participar de grupos de estudo.
- Pode estudar apresentando oralmente o conteúdo, seja para uma plateia, seja para si mesmo.

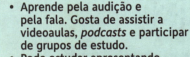

Visual — **Auditivo** — **Leitor e escritor** — **Cinestésico**

- Lê rápido e escreve bem.
- Estuda melhor lendo o conteúdo e preparando listas, frases- -síntese, resumos em parágrafos.

- Aprende fazendo.
- Estuda melhor realizando experimentos ou participando de projetos.

Para identificar seu perfil, você deve levar em conta não apenas o que faz em sala de aula, mas, de maneira geral, o modo como se relaciona com informações e conhecimentos.

Imagine, por exemplo, que você precise explicar a alguém como chegar à rodoviária ou ao centro da cidade: você preferiria desenhar um mapa, dar as instruções oralmente, colocá-las por escrito, sem desenhos, ou então acharia melhor simplesmente acompanhar a pessoa até o destino? Cada uma dessas atitudes está ligada a um estilo específico de lidar com as informações: respectivamente, visual, auditivo, leitor/escritor e cinestésico.

É importante conhecer esses estilos na hora de estudar, pois, conforme mostrado no diagrama acima, eles pedem táticas e ferramentas específicas para aprender melhor.

ATIVIDADES

▣ Observe a capa desta revista e responda às perguntas de 1 a 3.

1. Em que tempo e modo está flexionado o verbo *subir*, no título da chamada principal?

   a) Reescreva o título flexionando o verbo no pretérito imperfeito do Subjuntivo.

   b) Com base em seus conhecimentos de mundo, explique por que a revista escolheu o tempo que você identificou, e não o pretérito imperfeito do Subjuntivo.

2. Espera-se que, no interior da revista, o leitor encontre respostas para a pergunta da capa.

   a) Complete a frase "Se o nível do mar subir, ..." com uma das consequências que você esperaria encontrar na reportagem principal da revista.

   b) Na frase que você acrescentou, em que tempo e modo está flexionado o verbo? Explique o emprego desse tempo e modo.

3. Qual é o monumento retratado na capa? Explique por que foi escolhida essa imagem e o que significa a montagem fotográfica que fizeram com ela.

4. Nos trechos a seguir, extraídos da produção escrita de vestibulandos e graduandos, os tempos verbais destacados foram empregados de forma inadequada. Explique por que são inadequados e corrija as frases.

   a) "Eu disse que isso era ajuda demais, mas que, se ele [aluno] pelo menos começasse, eu *poderei* ajudá-lo a desenvolver o texto."

   b) "Num futuro não muito distante, não haverá mais normas, leis, [...], pois as pessoas já *se adaptaram* a viver em seus limites."

   c) "Por mais que *achamos* que a nossa vida está excelente, nosso salário está bom, o carro é o ideal, sempre *poderemos* melhorar."

   d) "Desde o início da vida em sociedade, os líderes, muitas vezes, não *têm* consciência e bom senso para governar um grupo de pessoas."

Fontes das frases: BARZOTTO, Valdir H. et al. Tinta sobre papel: técnicas de escrita e de representações de ilusões. In: *Web Revista Discursividade, Estudos Linguísticos*, ed. 6, jun. 2010. Disponível em: <http://mod.lk/3dc3s>. Acesso em: 11 maio 2017. GONZÁLEZ, César Augusto. *Os tempos verbais na sala de aula de língua portuguesa*. Universidade Federal do Rio Grande do Sul. Instituto de Letras. Trabalho de conclusão do curso de Licenciatura em Letras. Porto Alegre, 2010, p. 66, 68. (Adaptado).

▶ Leia a tira e responda às questões 5 e 6.

5. Explique como certa expressão idiomática do português foi utilizada para produzir o humor do texto.

6. Uma das formas verbais na fala de Armandinho não está de acordo com as regras de correlação modo-temporal que você estudou. Identifique-a e justifique sua resposta.

- Considerando o grau de formalidade da linguagem adotada em tirinhas, o emprego dessa forma verbal é adequado? Por quê?

▶ Leia o anúncio e responda às questões a seguir.

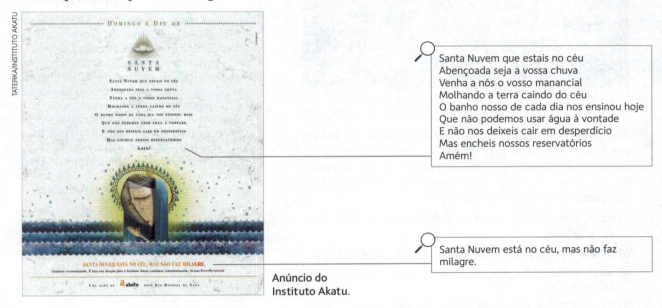

Santa Nuvem que estais no céu
Abençoada seja a vossa chuva
Venha a nós o vosso manancial
Molhando a terra caindo do céu
O banho nosso de cada dia nos ensinou hoje
Que não podemos usar água à vontade
E não nos deixeis cair em desperdício
Mas encheis nossos reservatórios
Amém!

Santa Nuvem está no céu, mas não faz milagre.

Anúncio do Instituto Akatu.

7. O anúncio faz uma adaptação de um texto bem conhecido do público. Qual é esse texto?

8. Indique o objetivo do anúncio, relacionando-o a seu *slogan* ("Santa Nuvem está no céu, mas não faz milagre").

- A adaptação do texto original faz parte da estratégia do anúncio para atingir seu objetivo. Explique por quê.

9. Identifique duas formas verbais do texto flexionadas no Imperativo e duas no Subjuntivo. Explique por que foram escolhidos esses modos verbais.

10. Uma das formas no Imperativo foi flexionada incorretamente. Identifique-a e justifique sua resposta.

11. Compare um trecho do texto original com o trecho correspondente no anúncio:

O pão nosso de cada dia nos dai hoje.

O banho nosso de cada dia nos ensinou hoje que não podemos usar água à vontade.

Se o anúncio usasse uma construção com verbo no Imperativo (por exemplo, *O banho nosso de cada dia nos dai hoje*), não seria coerente com seu objetivo. Explique essa afirmação de acordo com as respostas que deu na questão 8.

Capítulo 13 • Verbo I: modos e tempos

ENEM E VESTIBULARES

1. (Enem)

Disponível em: www.behance.net.
Acesso em: 21 fev. 2013 (adaptado).

A rapidez é destacada como uma das qualidades do serviço anunciado, funcionando como estratégia de persuasão em relação ao consumidor do mercado gráfico. O recurso da linguagem verbal que contribui para esse destaque é o emprego

a) do termo "fácil" no início do anúncio, com foco no processo.
b) de adjetivos que valorizam a nitidez da impressão.
c) das formas verbais no futuro e no pretérito, em sequência.
d) da expressão intensificadora "menos do que" associada à qualidade.
e) da locução "do mundo" associada a "melhor", que quantifica a ação.

2. (Enem)

Em junho de 1913, embarquei para a Europa a fim de me tratar num sanatório suíço. Escolhi o de Clavadel, perto de Davos-Platz, porque a respeito dele me falara João Luso, que ali passara um inverno com a senhora. Mais tarde vim a saber que antes de existir no lugar um sanatório, lá estivera por algum tempo Antônio Nobre. "Ao cair das folhas", um de seus mais belos sonetos, talvez o meu predileto, está datado de "Clavadel, outubro, 1895". Fiquei na Suíça até outubro de 1914.

BANDEIRA, M. *Poesia completa e prosa*.
Rio de Janeiro: Nova Aguilar, 1985.

No relato de memórias do autor, entre os recursos usados para organizar a sequência dos eventos narrados, destaca-se a

a) construção de frases curtas a fim de conferir dinamicidade ao texto.
b) presença de advérbios de lugar para indicar a progressão dos fatos.
c) alternância de tempos do pretérito para ordenar os acontecimentos.
d) inclusão de enunciados com comentários e avaliações pessoais.
e) alusão a pessoas marcantes na trajetória de vida do escritor.

3. (Unesp – Adaptado) A questão focaliza uma passagem do romance *Água-Mãe*, de José Lins do Rego (1901-1957).

Água-Mãe

Jogava com toda a alma, não podia compreender como um jogador se encostava, não se entusiasmava com a bola nos pés. Atirava-se, não temia a violência e com a sua agilidade espantosa, fugia das entradas, dos pontapés. Quando aquele back[1], num jogo de subúrbio, atirou-se contra ele, recuou para derrubá-lo, e com tamanha sorte que o bruto se estendeu no chão, como um fardo. E foi assim crescendo a sua fama. Aos poucos se foi adaptando ao novo Joca que se formara nos campos do Rio. Dormia no clube, mas a sua vida era cada vez mais agitada. Onde quer que estivesse, era reconhecido e aplaudido. Os garçons não queriam cobrar as despesas que ele fazia e até mesmo nos ônibus, quando ia descer, o motorista lhe dizia sempre:

— Joca, você aqui não paga.
[...]

[1] Beque, ou seja, o zagueiro de hoje.

(*Água-Mãe*, 1974.)

No primeiro parágrafo, predominam verbos empregados no

a) pretérito perfeito do modo Indicativo.
b) pretérito imperfeito do modo Indicativo.
c) presente do modo Indicativo.
d) presente do modo Subjuntivo.
e) pretérito mais-que-perfeito do modo Indicativo.

4. (Unesp – Adaptado) A questão toma por base uma passagem de um livro de José Ribeiro sobre o folclore nacional.

Curupira

Na teogonia* tupi, o anhangá, gênio andante, espírito andejo ou vagabundo, destinava-se a proteger a caça do campo. Era imaginado, segundo a tradição colhida pelo Dr. Couto de Magalhães, sob a figura de um veado branco, com olhos de fogo.

Todo aquele que perseguisse um animal que estivesse amamentando corria o risco de ver Anhangá e a visão determinava logo a febre e, às vezes, a loucura. [...]

(*O Brasil no folclore*, 1970.)

(*) **Teogonia**, s.f.: 1. Filos. Doutrina mística relativa ao nascimento dos deuses, e que frequentemente se relaciona com a formação do mundo. 2. Conjunto de divindades cujo culto forma o sistema religioso dum povo politeísta. (*Dicionário Aurélio Eletrônico – Século XXI*.)

Todo aquele que perseguisse um animal que estivesse amamentando corria o risco de ver Anhangá [...].

Se a frase apresentada for reescrita trocando-se *perseguisse*, que está no pretérito imperfeito do modo Subjuntivo, por *perseguir*, futuro do mesmo modo, as formas *estivesse* e *corria* assumirão, por correlação de modos e tempos, as seguintes flexões:

a) *estiver* e *correu*.
b) *estaria* e *correria*.
c) *estará* e *corria*.
d) *esteja* e *correra*.
e) *estiver* e *correrá*.

5. (PUC-RS – Adaptado)

```
 1    Dois caminhos se abriram diante do paulista Marcus Smolka em 2007, quando
 2  ele concluiu o pós-doutorado no Ludwig Institute for Cancer Research, em San
 3  Diego (EUA).
 4    Um deles era retornar ao Brasil e associar-se a um centro de pesquisa dota-
 5  do de espectrômetro de massa, um equipamento novo, que ele dominava como
 6  poucos. Nesse caso, trabalharia como uma espécie de operador da máquina, ro-
 7  dando os trabalhos de outros cientistas. Nas horas vagas, poderia usá-la para dar
 8  continuidade a suas próprias pesquisas. A outra opção era aceitar um convite da
 9  Universidade Cornell, no Estado de Nova York. Por essa proposta, ganharia um
10  laboratório e teria um espectrômetro só para si, aos 33 anos de idade.
11    Para Smolka, nenhuma das duas opções era a ideal. O que ele queria mesmo era
12  voltar ao Brasil e ter um espectrômetro. Mas a proposta que apresentou ao Fundo
13  de Amparo à Pesquisa de São Paulo (Fapesp) esbarrou no custo do equipamento,
14  da ordem de US$ 1 milhão. O brasileiro acabou escolhendo Cornell.
15    Smolka é hoje parte de uma expressiva comunidade de cientistas brasileiros que
16  estão radicados no Exterior, produzindo pesquisa de ponta e ajudando a mudar
17  os rumos do conhecimento. Tradicionalmente encarado como fuga de cérebros,
18  o fenômeno é, na verdade, uma tendência global.
```

Adaptado de: Histórias de cientistas brasileiros ajudam a explicar o fenômeno da exportação de cérebros. *Zero Hora*, Planeta Ciência. 24/7/2015.

Assinale a alternativa correta sobre o emprego das formas verbais no texto.

a) No primeiro parágrafo, "abriram" (linha 01) e "concluiu" (linha 02) expressam atitudes que começaram a se concretizar num passado recente.

b) As ocorrências de "era" (linhas 04, 08 e 11) podem ser substituídas por "poderia ser", sem prejuízo para o sentido e para a coerência do texto.

c) O emprego do futuro do pretérito (linhas 06 e 10) indica uma hipótese que não será confirmada no final do texto.

d) O uso de "havia escolhido" no lugar de "acabou escolhendo" (linha 14), além de correto, seria mais coerente com o nível de formalidade do texto.

e) A utilização do presente do Indicativo no quarto parágrafo determina a caracterização de um cenário atual.

CAPÍTULO 14

VERBO II: LOCUÇÃO VERBAL E VOZES VERBAIS

OBJETIVOS DE APRENDIZAGEM

- Definir locução verbal.
- Identificar noções temporais, aspectuais e modais expressas por verbos auxiliares.
- Reconhecer as diferentes vozes verbais e seus principais empregos.

ENEM
C1: H2, H4
C7: H21, H22, H24
C8: H25, H26, H27

Observação

Agora que você já estudou sobre os modos e tempos dos verbos, passaremos a dois outros temas relacionados a essa classe gramatical: as locuções verbais e as vozes verbais. O domínio desse conteúdo é importante para reconhecer sutilezas de sentido, como a diferença entre *estou fazendo* e *venho fazendo*. Também é útil para entender certos detalhes da norma-padrão a serem observados em situações de maior formalidade.

Leia a tira e responda às perguntas.

GARFIELD — JIM DAVIS

Análise

1. Observe estas falas:

   "Você precisa perder peso."

   "Eu deveria perder peso."

   - Apesar de haver duas formas verbais em cada fala (*precisa perder* e *deveria perder*), Jon e Garfield referem-se a um único processo verbal, que é o tema da discussão entre eles. Qual é esse processo?

2. Concentre-se nas formas verbais que aparecem nas falas: *precisa perder* e *deveria perder*. Uma delas expressa a noção de obrigação, enquanto a outra expressa noção de necessidade.

   - Identifique a noção expressa em cada forma verbal e explique como esse contraste produz o humor da tira.

218 Gramática: uma reflexão sobre a língua

Locução verbal

As expressões *precisa perder* e *deveria perder*, que aparecem na tira, são **locuções** ou **perífrases verbais**. Uma **locução verbal** ou **perífrase verbal** é uma expressão formada por duas ou mais formas verbais que se referem a uma única ação ou processo. Na locução, um dos verbos concentra o significado da ação e é denominado **verbo principal**. Ele é sempre o último da locução e se apresenta em uma forma nominal (Infinitivo, Gerúndio ou Particípio). Nas falas de Garfield e Jon, o verbo principal é *perder*.

Os outros verbos da locução são os **verbos auxiliares**. Eles em geral recebem as flexões usuais de modo, tempo, número e pessoa – como *precisa* e *deveria*, flexionados respectivamente no presente e no futuro do pretérito do Indicativo, ambos na 3ª pessoa do singular. Contudo, também há casos em que o verbo auxiliar está no Infinitivo ou no Gerúndio. Veja estes outros exemplos de locuções verbais:

Garfield só **vai ganhar** biscoitos aos domingos.
- vai: verbo auxiliar (presente do Indicativo)
- ganhar: verbo principal (Infinitivo)

Jon **vinha insistindo** nesse assunto há muito tempo.
- vinha: verbo auxiliar (pretérito imperfeito do Indicativo)
- insistindo: verbo principal (Gerúndio)

Jon **está começando a perder** a paciência.
- está: verbo auxiliar (presente do Indicativo)
- começando: verbo auxiliar (Gerúndio)
- perder: verbo principal (Infinitivo)

A refeição de Garfield **será preparada** por Jon.
- será: verbo auxiliar (futuro do presente do Indicativo)
- preparada: verbo principal (Particípio)

> **Locução verbal** ou **perífrase verbal** é uma expressão formada por dois ou mais verbos que se refere a uma única ação ou processo. O último verbo da locução é o **verbo principal**; ele concentra o significado e vem sempre em uma forma nominal. O verbo que atribui noções acessórias ao principal e recebe as flexões é o **verbo auxiliar**.

Verbos auxiliares

Os verbos auxiliares mais comuns são *ter*, *haver*, *ser* e *estar*. Mas vários outros podem exercer esse papel, tais como *ir*, *vir*, *andar*, *começar*, *continuar*, etc.

É importante ressaltar que o verbo só será considerado auxiliar quando atribuir uma noção acessória ao verbo principal. Quando ele mantiver seu sentido independente, não será considerado auxiliar e, portanto, não formará locução verbal com o outro verbo.

Compare, por exemplo, estas frases:

Venho sentindo dores no joelho.	Chamei o cachorro e ele **veio latindo**.
João **anda tirando** boas notas.	O cavalo tinha uma pata machucada, por isso **andava mancando**.

Nas frases da esquerda, os verbos *vir* e *andar* são auxiliares porque atribuem aos verbos *sentir* e *tirar* uma noção acessória – indicam que o processo verbal vem acontecendo de forma contínua e frequente ao longo do tempo. Formam, portanto, locuções com os verbos principais. Já nas frases da direita, *vir* e *andar* não são auxiliares porque designam, respectivamente, as ações de aproximar-se (o cachorro latia enquanto se aproximava) e caminhar (o cavalo mancava enquanto caminhava). Nesse caso, não se trata de locuções verbais, mas de formas verbais que, embora colocadas lado a lado, preservam seu sentido independente.

Emprego dos verbos auxiliares

Ao participar da formação de locuções verbais, os verbos auxiliares podem expressar noções temporais, aspectuais e modais. Discutiremos esses empregos a seguir.

Noções temporais

Como você observou no capítulo anterior, os verbos auxiliares entram na formação dos **tempos compostos** do Indicativo e do Subjuntivo. O verbo principal do tempo composto aparece sempre no Particípio, e é o verbo auxiliar que dá as diferentes noções temporais. Observe estes exemplos:

Não **tenho dormido** bem nos últimos meses.
pretérito perfeito composto do Indicativo

Embora eu **tenha dormido** bem, ainda me sinto cansada.
pretérito perfeito composto do Subjuntivo

Se eu **tivesse dormido** bem, agora estaria mais disposta.
pretérito mais-que-perfeito composto do Subjuntivo

O verbo auxiliar típico dos tempos compostos é *ter*, mas, em alguns casos, como no pretérito mais-que-perfeito composto do Indicativo, também pode ser usado o verbo *haver*. Observe:

> **Rainha Elizabeth embarca em viagem de Natal que havia adiado**

O Globo. Rio de Janeiro, 22 dez. 2016. Disponível em: <http://mod.lk/w3hlj>. Acesso em: 27 abr. 2017.

Hei de vencer!

O auxiliar *haver* também pode ser utilizado com a preposição *de* + Infinitivo, formando locuções que se referem ao tempo futuro: *hei de fazer, hás de fazer, havemos de fazer,* etc. Esse tipo de construção está caindo em desuso, mas ainda é empregado em certas circunstâncias, principalmente quando se quer demonstrar domínio da norma-padrão ou provocar humor.

Observe o uso dessa expressão na tira a seguir.

PIRATAS DO TIETÊ   LAERTE

A frase "Por que não hei de criar hamsters?" significa "Por que não criarei (ou criaria) hamsters?". A rebuscada expressão *hei de* combina com a grandiosidade dos feitos mostrados nos quadros anteriores (criar a luz, o céu, a Terra), mas contrasta com a banalidade do tipo de criação ao qual o personagem pretende se dedicar agora. É desse contraste entre atividades grandiosas e banais, reforçado pelo uso de *hei de*, que nasce a graça da tira.

Noções aspectuais

No capítulo anterior, dissemos que as flexões verbais, além de modo, tempo, número e pessoa, podem exprimir a noção de *aspecto*. O **aspecto** diz respeito a certos detalhes do processo verbal, como sua duração ou se ele está no começo, meio ou fim.

A principal diferença de aspecto na língua portuguesa está relacionada à oposição entre processo *concluído* e *não concluído*. Por meio das desinências, essa oposição se manifesta nos pretéritos do Indicativo: como vimos no capítulo anterior, o perfeito indica o aspecto de ação concluída no passado (**criei** hamsters), enquanto o imperfeito indica ação não concluída no passado (**criava** hamsters).

Outras noções aspectuais podem ser expressas por meio de locuções verbais. Observe algumas delas:

- **aspecto durativo**: a ação se prolonga no tempo – *O hamster* **está crescendo**. *Uma mulher misteriosa* **andou rondando** *a escola durante toda a manhã*.
- **aspecto iterativo**: a ação se repete – **Tenho jogado** *futebol todo sábado. Você* **vive brigando** *com esse garoto*.
- **aspecto incoativo**: a ação está se iniciando – **Comecei a ler** *o livro*.
- **aspecto permansivo**: a ação permanece em curso – **Continuo lendo** *o livro. Ele* **segue ignorando** *minhas mensagens*.
- **aspecto conclusivo**: a ação terminou – **Acabo de chegar** *à escola*.

• Gerundismo

Como você acabou de estudar, a locução verbal formada por *estar* + Gerúndio expressa *aspecto durativo*, ou seja, indica que a ação se prolonga no tempo. Nem sempre, porém, ela é empregada dessa forma. Leia a tira a seguir.

CHICLETE COM BANANA — ANGELI

ANGELI. Chiclete com Banana. *Folha de S.Paulo*. São Paulo, 14 abr. 2015. ©Folhapress.

Observe as locuções com Gerúndio usadas pelos telefonistas que atendem o personagem:

"[...] *vou estar transferindo* para o setor de cancelamento."

"*Estarei transferindo* para setor de 'pós'!"

"O senhor *pode estar digitando* a senha [...]."

Quanto tempo se demora para transferir uma ligação ou para digitar uma senha? Alguns segundos no máximo, não é mesmo? Como essas ações não se estendem no tempo, a locução com Gerúndio não é a mais adequada para expressá-las. Os atendentes poderiam ter dito simplesmente: "*Vou transferir* para o setor de cancelamento", "*Transferirei* para o setor de 'pós'", "O senhor *pode digitar* a senha".

Examine, agora, estas outras frases:

*Ano que vem será mais difícil nos vermos, pois **vou estar estudando** em outra escola.*

*Durante o feriado, não adianta me procurar: **estarei descansando** em uma bela praia.*

Nesses casos, o uso da locução com Gerúndio está correto, pois tanto a ação de estudar ao longo do ano quanto a de descansar durante o fim de semana são processos que se prolongam no tempo. Concluímos, portanto, que a locução *estar* + Gerúndio é perfeitamente aceita na língua portuguesa e pode ser usada em várias situações, inclusive com referência a eventos futuros: *vou estar estudando*, *estarei descansando*. Para que seu emprego seja considerado adequado, a condição é que o processo tenha aspecto durativo, ou seja, estenda-se no tempo.

O uso desnecessário do Gerúndio denomina-se **gerundismo** e é comum na comunicação profissional, especialmente por telefone, pois muitas pessoas acreditam que a locução com Gerúndio torna a fala mais gentil. Contudo, às vezes o efeito pode ser inverso, como mostra a tira: por ter seu problema empurrado de um atendente para o outro e, ainda por cima, ouvir tantas construções com Gerúndio, o personagem vai ficando cada vez mais irritado e sua cabeça vai crescendo e ficando gigantesca, com aspecto inflamado, como se fosse "explodir" de raiva a qualquer momento.

Noções modais

Leia o cartaz publicitário ao lado.

Para incentivar os cidadãos a se tornarem doadores de órgãos, o cartaz explora o duplo significado do substantivo *coração*. Ele pode ser considerado a sede das emoções — e é com esse sentido que geralmente aparece na expressão "ter um bom coração", apropriado a alguém que protege um cachorro de rua, como sugere a imagem. Mas também é um órgão do corpo humano e, assim como os outros, é "bom" para ser doado e ajudar quem precisa de transplante. Observe a locução verbal utilizada no texto principal:

"Se o seu coração é bom, os outros órgãos também *devem ser*".

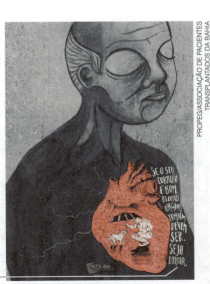

Cartaz feito para a Associação de Pacientes Transplantados da Bahia, 2015.

Se o seu coração é bom, os outros órgãos também devem ser. Seja doador.

Capítulo 14 • Verbo II: locução verbal e vozes verbais

Nesse caso, o verbo auxiliar não indica uma noção temporal nem aspectual, mas uma probabilidade: é provável que os outros órgãos do leitor sejam tão bons quanto seu coração. Verbos auxiliares como *dever*, *precisar* ou *poder* são chamados de **modais** porque, assim como o modo verbal, exprimem a atitude do enunciador diante dos fatos declarados. Ao utilizá-los em uma locução, o enunciador pode indicar seu ponto de vista sobre a ação do verbo principal, exprimindo se ela é:

- **provável**: *Aquela médica **deve** ser muito experiente.*
- **possível**: *Além do coração, vários órgãos **podem** ser transplantados.*
- **obrigatória**: *Você **deve** chegar bem cedo à aula amanhã.*
- **necessária**: *Você **precisa** estudar mais. O gato **tem de** perder peso.*

"Preciso de fazer"?

Quando os verbos *dever* e *precisar* são modais e entram em locuções verbais, a norma-padrão não admite o uso da preposição *de*. Portanto, em situações formais **não** se deve falar ou escrever "eu preciso **de** entregar um documento" ou "essa praia deve **de** ser bonita". A exceção é o verbo *ter*, que, para exprimir o sentido de necessidade, exige a preposição *de*: *tenho **de** me apressar*.

Vozes verbais

Pense e responda

Leia esta tira e responda às perguntas.

Níquel Náusea — Fernando Gonsales

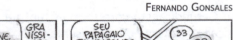

GONSALES, Fernando. Níquel Náusea. *Folha de S.Paulo*. São Paulo, 16 out. 2013. © Folhapress.

1. Muitos textos humorísticos valem-se do *nonsense*, ou seja, de pressupostos absurdos ou ilógicos. Identifique pelo menos dois fatos nessa tira que representam um *nonsense*.

2. A quebra de expectativa no último quadrinho produz o humor da tira. Explique como isso acontece.

3. Releia a última fala do veterinário: "Seu papagaio *foi engolido* por um cachorro".
   a) Quem praticou a ação indicada pelo verbo principal da locução destacada? E quem sofreu a ação?
   b) Reescreva a fala do veterinário colocando o animal que praticou a ação verbal no início da frase.
   c) Compare sua frase com a original. Explique por que o quadrinista escolheu a construção que aparece na tira. Considere: a intenção dele era colocar em evidência o animal que sofre ou o que pratica a ação verbal? Por quê?

Ao analisar a tira, você contrastou duas formas de representar o comportamento do sujeito do verbo em relação à ação verbal: em uma delas, o sujeito era o agente da ação:

O cachorro engoliu o papagaio.

Na outra, era o paciente, ou seja, aquele que sofre ou experimenta seus efeitos:

O papagaio foi engolido pelo cachorro.

As diferentes formas de representar o comportamento do sujeito diante da ação verbal são denominadas **vozes verbais**.

> Ser ao qual se atribui o processo verbal. Por exemplo, em "O veterinário examina o cachorro", o sujeito do verbo *examina* é *O veterinário*.

> **Voz verbal** é cada uma das formas de representar o comportamento do sujeito diante da ação verbal. De acordo com a voz escolhida, ele pode ser identificado como o agente e/ou o paciente da ação.

Voz ativa

A **voz ativa** é a maneira convencional de representar a ação verbal, por meio de tempos simples ou compostos e de diversas locuções verbais. Na maioria das vezes em que o verbo está na voz ativa, o sujeito é o **agente** da ação: *O cachorro engoliu o papagaio. O veterinário está examinando o cachorro. A menina tinha estranhado o comportamento do animal.*

Voz passiva

Quando o verbo está na **voz passiva**, o sujeito é sempre o **paciente** da ação. Portanto, essa é a construção escolhida quando o enunciador quer colocar esse sujeito paciente em evidência. Você percebeu isso ao analisar a tira: a última fala do veterinário foi construída na voz passiva porque, para criar o efeito-surpresa, era necessário dar destaque ao animal engolido, o papagaio.

A voz passiva pode ser expressa de duas formas: por meio de uma locução verbal (**voz passiva analítica**) ou por meio do pronome *se* (**voz passiva sintética** ou **pronominal**).

Voz passiva analítica

É a maneira mais comum de expressar a voz passiva. Tipicamente, a **voz passiva analítica** se constrói da seguinte forma:

"**Seu papagaio foi engolido por um cachorro.**"
- sujeito paciente
- verbo *ser* + Particípio
- agente da passiva

O **sujeito paciente** é o ser que sofre o processo verbal. Esse processo é expresso por uma locução formada pelo auxiliar *ser* + o Particípio do verbo principal. Por fim, o ser que pratica a ação – denominado **agente da passiva** – pode aparecer após a locução, introduzido pela preposição *por*.

Como na voz passiva o mais importante é aquele que sofre a ação (sujeito paciente) e a ação em si, o agente muitas vezes é omitido, seja porque não é relevante, seja porque se desconhece sua identidade. Observe, por exemplo, esta manchete:

> **Jiboia *é encontrada* em jardim da Prefeitura em Patos de Minas**

G1, 10 jan. 2017. Disponível em: <http://mod.lk/wd1ix>.
Acesso em: 27 abr. 2017.

Capítulo 14 • Verbo II: locução verbal e vozes verbais **223**

O agente da passiva (que poderia ser "por moradores" ou "por funcionários") foi omitido, pois o mais importante é o achado em si – uma cobra no jardim da Prefeitura –, e não quem o realizou.

Voz passiva sintética ou pronominal

Observe a capa desta revista:

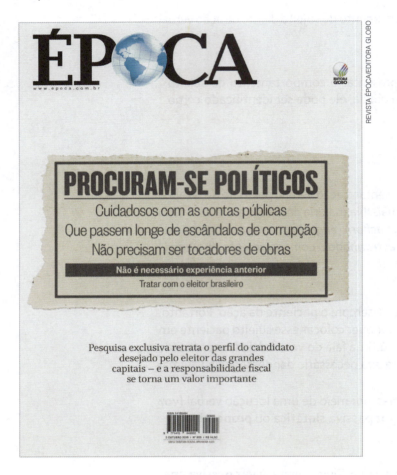

A chamada principal imita um anúncio classificado. Em geral, os títulos dos classificados apresentam-se da seguinte forma: **Aluga-se** *casa na praia*, **Vendem-se** *pranchas de surfe*, **Procura-se** *cuidador de idoso*. Esse tipo de construção está na **voz passiva sintética** ou **pronominal**. Observe:

> Gênero textual voltado à compra, à venda, a oportunidades de trabalho, etc., geralmente publicado em jornais ou *sites* específicos.

"Procuram-se políticos."
- verbo na 3ª pessoa
- pronome *se* (partícula apassivadora)
- sujeito paciente

Na voz passiva sintética, o verbo fica na 3ª pessoa e deve concordar com o sujeito paciente: se ele está no plural, o verbo vai para o plural (***procuram**-se políticos*); se está no singular, o verbo fica no singular (***vende**-se moto*). O pronome *se* indica a voz passiva e é chamado, nesse caso, de **partícula apassivadora**. Já o agente da passiva nunca aparece explícito nesse tipo de construção, pois o objetivo é justamente omitir quem pratica a ação, dando destaque máximo ao processo verbal e ao sujeito paciente. Pela lógica e por seu conhecimento de mundo, o interlocutor pode deduzir quem é o agente: no caso da capa da revista, imagina-se que quem procura por políticos "cuidadosos com as contas públicas" e "que passem longe de escândalos" é o povo brasileiro de modo geral.

Observe que a voz passiva sintética é equivalente à voz passiva analítica, portanto sempre é possível fazer a transformação de uma para a outra:

Procuram-se políticos. → *Políticos são procurados.*
Não se abre esta porta há anos. → *Esta porta não é aberta há anos.*
Ouviam-se passos no corredor. → *Passos eram ouvidos no corredor.*

Voz reflexiva

Leia esta tira do Recruta Zero.

RECRUTA ZERO   GREG E MORT WALKER

WALKER, Greg e Mort.
Recruta Zero. *O Estado de S. Paulo.*
São Paulo, 18 maio 2015.

O Recruta Zero alega estar se movendo "o mais rápido" possível, mas a cena contradiz suas palavras, confirmando a natureza preguiçosa desse personagem. Para referir-se à ação que supostamente está tomando, o soldado usa a seguinte construção: "Estou *me movendo* o mais rápido que posso!". Nesse caso, o processo verbal foi construído de tal maneira que se atribui ao sujeito, ao mesmo tempo, o papel de **paciente** e **agente** da ação: *estou movendo a mim mesmo.*

Quando o processo verbal é representado dessa forma, dizemos que está na **voz reflexiva**. Sua marca é o emprego do pronome oblíquo, de acordo com a pessoa do discurso à qual a ação se refere: *eu me movo, tu te moves, ele se move, nós nos movemos, eles se movem.*

A voz reflexiva também abrange situações em que o sujeito representa mais de um ser, e ocorre uma ação recíproca entre eles. Por exemplo: *Depois da briga, eu e o Sargento Tainha nos abraçamos* (= abraçamos um ao outro). *Os opostos se atraem* (= atraem um ao outro). Nesse caso, dizemos que o verbo está na **voz reflexiva recíproca**.

Audiovisual
Verbo (II)

> ### Verbos pronominais e pronomes de realce
>
> Alguns verbos da língua portuguesa que designam sentimentos ou atitudes são sempre usados com pronome oblíquo, sendo por isso denominados **verbos pronominais**: *arrepender-se, queixar-se, atrever-se, desfazer-se, comportar-se.* Nesse caso, o pronome oblíquo é empregado por tradição e já faz parte do verbo, não havendo a ideia de reflexividade. Se alguém diz, por exemplo, *Eu me assustei com o barulho*, não quer dizer que ao mesmo tempo causou e sofreu a ação. O que provocou o susto, na verdade, foi o barulho.
>
> Outra situação que pode ser confundida com a voz reflexiva é a que observamos neste provérbio: "Vão-*se* os anéis, ficam os dedos". Nesse caso, o pronome *se* serve somente para reforçar o sentido do verbo *ir.* Quando o pronome oblíquo (normalmente o pronome *se*) é utilizado para conferir maior expressividade a um verbo, é denominado **pronome de realce** ou **expletivo**. Veja outros exemplos: *Fui-me embora aquela noite. A menina ria-se toda. Passaram-se os anos.* Observe que, se retirarmos o pronome de realce dos exemplos, as frases permanecerão completas e compreensíveis.

ATIVIDADES

▶ Leia a charge e responda às perguntas a seguir.

LUTE. *Hoje em Dia*. Belo Horizonte, 26 set. 2014.

1. Charges geralmente se referem a fatos da atualidade. Escreva a manchete de uma notícia que poderia ter dado origem a essa charge.

2. A charge sugere que o problema retratado não se deve meramente a fenômenos climáticos. Identifique dois elementos, um do texto verbal, outro do não verbal, que sustentam essa afirmação.

3. Reescreva a fala do peixe trocando o verbo auxiliar da locução pelo verbo *estar*.
- O sentido e, consequentemente, a crítica da charge permaneceriam os mesmos com essa nova redação? Por quê?

▶ Leia um miniconto da escritora contemporânea Rosa Amanda Strausz e responda às questões de 4 a 6.

Conto prateado

O jogo de prata para chá era a coisa mais bonita da casa. Mas só era usado aos domingos, no lanche com biscoitos finos e visita. Nos seis dias restantes, era exaustivamente polido para que jamais se tornasse esbranquiçado e deixasse de refletir a inutilidade dos dias.

STRAUSZ, Rosa Amanda. *Mínimo múltiplo comum*.
Rio de Janeiro: José Olympio, 1990. p. 11

4. A descrição, feita no conto, de como o jogo de chá era utilizado e tratado leva o leitor a deduzir o estilo de vida dos moradores da casa.
- Descreva o estilo de vida que eles parecem ter, de acordo com o conto.

5. Observe as frases reproduzidas a seguir:

   "Mas só *era usado* aos domingos [...]."

   "Nos seis dias restantes, *era exaustivamente polido* [...]."

   - Em que voz estão as formas verbais em destaque?

6. Considerando as características da voz verbal identificada por você na questão anterior, responda: por que o narrador do conto optou pelo uso intenso dessa voz verbal?

Leia os três primeiros artigos do Estatuto da Criança e do Adolescente (ECA), um conjunto de normas com o objetivo de regulamentar os direitos das crianças e dos adolescentes previstos na Constituição Federal. Depois, responda às questões 7 a 10.

Título I
Das Disposições Preliminares

Art. 1º Esta Lei dispõe sobre a proteção integral à criança e ao adolescente.

Art. 2º Considera-se criança, para os efeitos desta Lei, a pessoa até doze anos de idade incompletos, e adolescente aquela entre doze e dezoito anos de idade.

Parágrafo único. Nos casos expressos em lei, aplica-se excepcionalmente este Estatuto às pessoas entre dezoito e vinte e um anos de idade.

Art. 3º A criança e o adolescente gozam de todos os direitos fundamentais inerentes à pessoa humana, sem prejuízo da proteção integral de que trata esta Lei, assegurando-se-lhes, por lei ou por outros meios, todas as oportunidades e facilidades, a fim de lhes facultar o desenvolvimento físico, mental, moral, espiritual e social, em condições de liberdade e de dignidade.

Parágrafo único. Os direitos enunciados nesta Lei aplicam-se a todas as crianças e adolescentes, sem discriminação de nascimento, situação familiar, idade, sexo, raça, etnia ou cor, religião ou crença, deficiência, condição pessoal de desenvolvimento e aprendizagem, condição econômica, ambiente social, região e local de moradia ou outra condição que diferencie as pessoas, as famílias ou a comunidade em que vivem.

[...]

Disponível em: <http://mod.lk/l9ylz>. Acesso em: 27 abr. 2017. (Fragmento).

7. Textos legais podem ser divididos em títulos. Com base no conteúdo desses artigos, explique por que o Título I do ECA se chama "Das disposições preliminares".

8. Observe esta passagem da lei:

   "*Considera-se* criança, para os efeitos desta Lei, a pessoa até doze anos de idade incompletos [...]."

   A forma destacada está na voz passiva sintética. Reescreva a passagem transpondo essa forma para a voz passiva analítica e, então, identifique seu sujeito paciente.

9. Identifique as outras formas verbais do texto que se encontram na voz passiva sintética.

10. Como você observou, a voz passiva sintética foi utilizada várias vezes nesse trecho do ECA. Volte agora à questão 8, compare a construção original com a que você reescreveu e, então, escolha a opção que completa de forma mais coerente a declaração a seguir.

    Pode-se afirmar que a voz passiva sintética, e não a analítica, foi a escolhida nesse trecho do ECA porque a redação de uma lei precisa ser:

    a) concisa e formal.
    b) detalhada e formal.
    c) formal e sugestiva.
    d) acessível a toda a população.

Capítulo 14 • Verbo II: locução verbal e vozes verbais

ENEM E VESTIBULARES

(Unesp – Adaptado) Leia o excerto do livro *Violência urbana*, de Paulo Sérgio Pinheiro e Guilherme Assis de Almeida, para responder à questão 1.

[...] Faz tempo que a ideia de integrar uma comunidade e sentir-se confiante e seguro por ser parte de um coletivo deixou de ser um sentimento comum aos habitantes das grandes cidades brasileiras. As noções de segurança e de vida comunitária foram substituídas pelo sentimento de insegurança e pelo isolamento que o medo impõe. [...]

(*Violência urbana*, 2003.)

1. O trecho "As noções de segurança e de vida comunitária foram substituídas pelo sentimento de insegurança e pelo isolamento que o medo impõe." foi construído na voz passiva. Ao se adaptar tal trecho para a voz ativa, a locução verbal "foram substituídas" assume a seguinte forma:

a) substitui.
b) substituíram.
c) substituiriam.
d) substituiu.
e) substituem.

2. (Insper-SP) Leia estas manchetes:

I. *Câncer mata Hugo Chávez, líder populista da Venezuela* (Folha de S. Paulo, 06/03/2013)

II. *Chorão é achado morto em apartamento de Pinheiros* (Folha de S. Paulo, 07/03/2013)

Considerando que as vozes verbais abrem um leque de possibilidades expressivas, é correto afirmar que

a) em I, a opção pela voz ativa assume caráter de deboche ao enfatizar que o poderoso líder foi vencido por uma doença.

b) em II, a construção na voz passiva analítica tem o intuito de colocar em evidência quem é o agente da ação expressa pelo verbo.

c) em I, a predicação do verbo "matar" não permite, segundo a norma-padrão, a transposição para a voz passiva analítica.

d) em II, a omissão do agente da passiva acentua o mistério em torno da morte do cantor; já em I, o sujeito agente esclarece a causa da morte.

e) em I, a opção pela voz ativa produz marcas de subjetividade que revelam um enunciador simpatizante do chavismo.

3. (Fuvest-SP)

Leia este aviso, comum em vários lugares públicos:

a) As pessoas que não gostam de ser filmadas prefeririam uma mensagem que dissesse o contrário. Para atender a essas pessoas, reescreva o aviso, usando a primeira pessoa do plural e fazendo as modificações necessárias.

b) Criou-se, recentemente, a palavra "gerundismo", para designar o uso abusivo do Gerúndio. Em sua opinião, esse tipo de desvio ocorre no aviso acima? Explique.

Mais questões: no livro digital, em **Vereda Digital Aprova Enem** e **Vereda Digital Suplemento de revisão e vestibulares**; no *site*, em **AprovaMax**.

A língua em contexto

Voz passiva e estratégias de impessoalização

Em geral, a linguagem científica é formal e bastante técnica. Veja um exemplo disso nos parágrafos a seguir, extraídos de um artigo científico. Preste atenção, também, às construções destacadas e ao efeito que provocam.

> Gênero textual que tem como objetivo apresentar os resultados de uma pesquisa científica.

> **Manejo de lagartas na cultura da soja com aplicação de controle localizado**
> **RESUMO**
>
> [...] O objetivo desse trabalho foi estudar os efeitos e a viabilidade técnica da utilização do controle localizado de lagartas em soja. O experimento **foi realizado** a campo em duas áreas de cultivo de soja, totalizando 26,44ha, nas safras agrícolas 2010/2011 e 2011/2012. As amostragens **foram realizadas** semanalmente numa malha amostral de 50×50m, **anotando-se** o número de lagartas de *Anticarsia gemmatalis*, *Chrysodeixis includens* e *Spodoptera eridania*. **Foram confeccionados** mapas de aplicação de inseticida a partir da área infestada por lagartas, demarcando os limites no terreno, **sendo** por conseguinte **realizada** a aplicação localizada de inseticida somente nas áreas que ultrapassaram o nível de controle de lagartas e/ou desfolha > 15%. **Foi registrada** a ocorrência de lagartas de forma concentrada em algumas regiões da lavoura, o que permitiu o controle localizado, proporcionando uma economia média de 57% na quantidade de inseticida aplicado. [...]
>
> AITA, Valmir et al. Manejo de lagartas na cultura da soja com aplicação de controle localizado. In: *Interciência*, Caracas, v. 40, n. 11, nov. 2015, p. 784. (Fragmento).

Lagarta na folha de soja. Santo Antônio da Patrulha, RS, 2013.

Compare, agora, algumas das construções destacadas no texto com versões alternativas.

"O experimento **foi realizado** a campo em duas áreas de cultivo de soja [...]."	**Realizamos** o experimento a campo em duas áreas de cultivo de soja.
"**Foram confeccionados** mapas de aplicação de inseticida [...]."	**Confeccionamos** mapas de aplicação de inseticida.
"**Foi registrada** a ocorrência de lagartas [...]."	**Registramos** a ocorrência de lagartas.

Observe que, nas frases da direita, ao utilizar a voz ativa e a 1ª pessoa do plural, os pesquisadores apresentam-se explicitamente como os autores das ações. Já nas frases originais, construídas na voz passiva, é como se eles "apagassem" sua presença no experimento. Dessa forma, além de formal e técnica, a linguagem científica se torna também *impessoal*.

No discurso científico, é comum que os enunciadores recorram a **estratégias de impessoalização**. Uma das principais é, como você observou, a voz passiva, já que ela confere maior relevância ao alvo da ação (sujeito paciente) e à ação em si do que àqueles que as realizaram.

Estratégias de impessoalização aumentam a credibilidade e o poder persuasivo de textos como esse, pois o leitor tem a impressão de que não há interferência humana nas descobertas científicas.

Na prática

Sob a coordenação do professor, reúna-se com um colega para realizar esta atividade. Imagine que vocês precisem editar o relatório de um experimento de Biologia elaborado por colegas mais novos, que não estavam familiarizados com a linguagem científica. Ao editar o texto, vocês devem deixá-lo adequado à comunicação científica – ou seja, formal, técnico e impessoal. Para tanto, vão precisar trocar palavras e reorganizar as frases; além disso, devem trocar a voz ativa pela passiva, sempre que apropriado.

Relato de um experimento: cultivo de bactérias

Eu, a Débora e o Rodrigo fizemos esse experimento na aula de Biologia do dia 3 de março de 2018. A gente achou muito legal, porque deu pra comprovar a existência de micróbios e também ver como eles contaminam o meio de cultura. A gente usou os seguintes materiais:

- Para o meio de cultura: 1 pacote de gelatina incolor, 1 xícara de caldo de carne, 1 copo de água
- Para a experiência: 2 placas de Petri; cotonetes

> placas de Petri: Recipientes de vidro ou plástico, cilíndricos e achatados, utilizados em laboratório.

Primeiro, a gente preparou o meio de cultura. O Rodrigo dissolveu a gelatina incolor na água e misturou o caldo de carne. Ele então distribuiu essa mistura nas duas placas de Petri.

Depois, a gente foi começar a experiência em si. A Débora passou o cotonete entre os dedos dos pés. Então, eu esfreguei de leve o cotonete sobre o meio de cultura e tampei a placa de Petri. Na outra placa de Petri, a gente esfregou uma nota de 2 reais, que o professor disse que também era uma coisa bem cheia de bactérias. Então a gente também fechou essa placa de Petri.

Daí a gente esperou três dias. Quando a gente voltou ao laboratório... surpresa: as duas placas de Petri estavam cheias de colônias de bactérias! A gente via que tinha colônias por causa das cores. Nós tiramos fotos e fizemos um mural de "antes" e "depois", explicando o que aconteceu.

Depois de realizar a atividade, troquem o texto final com outra dupla. Verifiquem se eles cumpriram o objetivo de deixar o relatório formal, técnico e impessoal e, se necessário, deem sugestões.

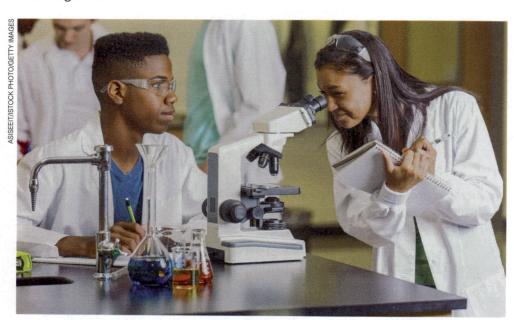

230 Gramática: uma reflexão sobre a língua

CAPÍTULO 15

ADVÉRBIO

OBJETIVOS DE APRENDIZAGEM

- Identificar advérbios, locuções adverbiais e palavras denotativas.
- Compreender o emprego dessas palavras e expressões nos enunciados.
- Reconhecer o uso de adjetivos como advérbios na linguagem coloquial.

ENEM
C1: H1, H3, H4
C6: H18
C7: H21, H22, H23, H24
C8: H25, H26, H27

Observação

Neste capítulo, começaremos a estudar as classes de palavras invariáveis: advérbio, preposição, conjunção e interjeição. A primeira delas – a dos advérbios – está diretamente relacionada aos verbos, que examinamos nos capítulos anteriores. Ao longo do estudo, você perceberá que os advérbios abrem um leque de possibilidades expressivas, por isso são fundamentais para o sentido dos enunciados.

Leia a tira e responda às perguntas.

A CABEÇA É A ILHA   ANDRÉ DAHMER

Ontem nos divertimos verdadeiramente.

Tão verdadeiramente...

...que ninguém tirou fotos.

DAHMER, André. A cabeça é a ilha. *O Globo*. Rio de Janeiro, 2 maio 2014.

Análise

1. A tira critica um comportamento bastante comum atualmente. Que comportamento é esse?

2. Na tira, uma palavra é fundamental para a construção da crítica, ao expressar uma circunstância do processo verbal, no caso, o modo como as pessoas se divertiram.
   - Identifique essa palavra e explique como ela contribui para a crítica.

3. A palavra *ontem* também expressa determinada circunstância relacionada ao verbo *divertir*. Que tipo de circunstância é essa (lugar, tempo, modo, intensidade, etc.)?

Advérbio e locução adverbial

Na tira, você identificou palavras que indicam as circunstâncias em que ocorre o processo verbal. Essas palavras pertencem à categoria dos **advérbios**. Observe:

"**Ontem** nos **divertimos verdadeiramente**."
advérbio — verbo — advérbio

Além de tempo (**ontem**) e modo (**verdadeiramente**), os advérbios podem expressar outras circunstâncias do processo verbal, tais como lugar (*dormiremos **aqui***), dúvida (***talvez** a festa seja boa*), intensidade (*comi **demais***), etc. Os advérbios dessa última categoria — os que expressam intensidade — também podem modificar o sentido de adjetivos e de outros advérbios. Observe:

*A festa estava **muito** divertida.*
adjetivo

*Levanto **bem** cedo todos os dias.*
advérbio

Já entre os advérbios que indicam modo, existem alguns que podem modificar o sentido de uma frase inteira, expressando o ponto de vista do enunciador sobre a declaração feita:

***Sinceramente**, não achei a festa tão divertida assim.*

*Fiquei sabendo que, **felizmente**, nossos amigos estão bem.*

> **Advérbio** é uma classe de palavras invariáveis que modificam o sentido do verbo, expressando certas circunstâncias ou ideias acessórias sobre o processo verbal. Podem, também, modificar o sentido de adjetivos, outros advérbios e até de frases inteiras.

Locuções adverbiais

Pense e responda

Snoopy é um cãozinho de muitas habilidades. Em algumas tiras, pilota aviões e, em outras, escreve livros. Leia uma das tiras em que ele assume sua identidade de escritor; depois, responda às perguntas.

MINDUIM — CHARLES SCHULZ

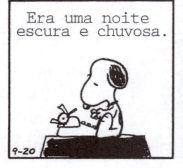

1. Observe: "Era uma noite escura e chuvosa".

   a) Provavelmente, a qual parte da história que está sendo escrita por Snoopy pertence essa frase: começo, meio ou fim? Por quê?

   b) Como será, provavelmente, a história de Snoopy: engraçada, dramática ou assustadora? Justifique sua resposta.

   c) Por que a frase desse aspirante a escritor pode ser considerada pouco sutil, como insinua sua amiga?

2. Após ouvir a crítica da amiga, quais palavras e expressões Snoopy acrescentou à frase inicial?

   • Essas expressões têm valor adverbial? Por quê?

3. Com a inclusão dessas palavras, Snoopy resolveu o problema apontado pela amiga? Justifique sua resposta e explique como isso produziu o humor na tira.

Na análise da tira, você observou que o advérbio *meio* modifica o sentido do adjetivo *escura*, expressando uma circunstância de intensidade (nesse caso, diminuição da intensidade). Você constatou, também, que a expressão *mais ou menos* desempenha o mesmo papel em relação ao adjetivo *chuvosa*. Quando duas ou mais palavras formam uma expressão com valor adverbial, como *mais ou menos*, trata-se de uma **locução adverbial**.

> **Locução adverbial** é uma expressão formada por duas ou mais palavras que assume valor adverbial.

Classificação dos advérbios e locuções adverbiais

Os advérbios e locuções adverbiais são classificados de acordo com a circunstância ou noção acessória que expressam. Veja a seguir as principais categorias a que podem pertencer:

Principais categorias de advérbios e locuções adverbiais	
Tempo	*hoje, ontem, amanhã, agora, cedo, depois, já, nunca, sempre, raramente, frequentemente, de vez em quando, à noite* Exemplo: "Órgãos impressos em 3D poderão ser usados por humanos **em breve**" (*Exame*, 31 jan. 2017. Disponível em: <http://mod.lk/vscic>. Acesso em: 18 maio 2017.)
Lugar	*aqui, ali, aí, atrás, dentro, fora, lá, à direita, à esquerda, ao lado, em cima* Exemplo: "Deixava o celular **longe**, diz aprovado em 8 vestibulares de medicina" (*UOL*, 8 fev. 2017. Disponível em: <http://mod.lk/gc3ju>. Acesso em: 18 maio 2017.)
Modo	*mal, bem, depressa, devagar*; quase todos os advérbios em *-mente*: *ansiosamente, desesperadamente, alegremente; à vontade, em vão* Exemplo: "Nasa divulga imagens **incrivelmente** detalhadas dos anéis de Saturno" (*Tecmundo*, 2 fev. 2017. Disponível em: <http://mod.lk/7l62h>. Acesso em: 18 maio 2017.)
Intensidade	*bastante, bem, mais, menos, meio, muito, pouco, quase, mais ou menos* Exemplo: "Curitiba espera **quase** o triplo de visitantes em 2017" (*Bem Paraná*. Curitiba, 7 fev. 2017. Disponível em: <http://mod.lk/xvr58>. Acesso em: 18 maio 2017.)
Afirmação	*sim, certamente, efetivamente, realmente, com certeza, sem dúvida* Exemplo: "Cachorros pequenos **realmente** são mais agressivos?" (*G1*, 13 dez. 2016. Disponível em: <http://mod.lk/3ybli>. Acesso em: 18 maio 2017.)
Negação	*não* Exemplo: "Estudantes **não** conseguem recarregar o cartão por falha no sistema" (*Jornal de Jundiaí*. Jundiaí, 6 fev. 2017. Disponível em: <http://mod.lk/szzvn>. Acesso em: 18 maio 2017.)
Dúvida	*talvez, quiçá, porventura, possivelmente, provavelmente* Exemplo: "FGTS – **Talvez** você não precise esperar para sacar o dinheiro" (*Jornal Contábil*. Araguari, 27 jan. 2017. Disponível em: <http://mod.lk/1dmbx>. Acesso em: 18 maio 2017.)

Repetição de advérbios em -mente

Talvez você tenha notado que os advérbios variam bastante em relação à sua forma. O único elemento mórfico característico dessa classe gramatical é o sufixo *-mente*, que cria advérbios de modo, em geral a partir de adjetivos: *completo* → *completamente*, *suave* → *suavemente*.

Na tira a seguir, aparecem dois desses advérbios. Observe:

BICHINHOS DE JARDIM   CLARA GOMES

GOMES, Clara. *Bichinhos de Jardim*. 30 jul. 2016. Disponível em: <http://mod.lk/y9xlq>. Acesso em: 18 maio 2017.

O leitor compreende a frase final como: "Vamos apenas nos alienar, *docemente* e *pacificamente*", embora o sufixo *-mente* tenha sido suprimido do primeiro advérbio. Quando dois ou mais advérbios terminados em *-mente* aparecem em uma sequência modificando a mesma palavra, é possível juntar o sufixo apenas ao último deles, como foi feito na tira. O objetivo, nesse caso, é deixar a frase mais leve e fluente.

Advérbios interrogativos

Observe este cartaz do Ministério da Saúde:

BRASIL. Ministério da Saúde. *Blog da Saúde*. Disponível em: <http://mod.lk/6jins>. Acesso em: 18 maio 2017.

Para indicar com clareza o conteúdo do cartaz, os redatores elaboraram o título na forma de uma interrogação direta: "Como prevenir o câncer de pele?". Quando usada para introduzir interrogações diretas ou indiretas, a palavra *como* é considerada um **advérbio interrogativo**. Além de *como*, outras três expressões encaixam-se nessa categoria. Observe:

Advérbios interrogativos	
De modo: *como*	**Como** prevenir o câncer de pele? Gostaria de saber **como** prevenir o câncer de pele.
De causa: *por que*	**Por que** Marcos faltou à aula ontem? Ignoro **por que** Marcos faltou à aula ontem.
De lugar: *onde*	**Onde** estão meus óculos? Não faço ideia de **onde** estejam meus óculos.
De tempo: *quando*	**Quando** será a final do campeonato? Ninguém sabe **quando** será a final do campeonato.

Palavras denotativas

Existe, ainda, um grupo de palavras que cumprem papel semelhante ao dos advérbios na construção dos enunciados. Apesar disso, por formarem um grupo muito diversificado, a gramática tradicionalmente as considera em uma categoria à parte, a das **palavras denotativas**. Conheça algumas dessas palavras, segundo a noção que expressam:

Principais categorias de palavras denotativas	
Inclusão	*até, inclusive, mesmo, também* Exemplo: "Proliferação desordenada de espécies, **inclusive** exóticas, indica desequilíbrio ambiental" (*Agência Brasília*, 5 fev. 2017. Disponível em: <http://mod.lk/51blt>. Acesso em: 18 maio 2017.)
Exclusão ou limitação	*apenas, só, somente, sequer* Exemplo: "Supermercado vende **apenas** alimentos que seriam jogados fora" (*Terra*, 7 fev. 2017. Disponível em: <http://mod.lk/cewkt>. Acesso em: 18 maio 2017.)
Retificação	*aliás, isto é, ou melhor* Exemplo: "'Counter Strike' tem seu mapa mais famoso removido, **ou melhor**, substituído" (*Krump*, 8 fev. 2017. Disponível em: <http://mod.lk/pn0dw>. Acesso em: 18 maio 2017.)
Situação	*afinal, então, agora* Exemplo: "**Afinal**, quais os horários mais perigosos para tomar sol?" (*Veja*, 9 jan. 2017. Disponível em: <http://mod.lk/vlkxb>. Acesso em: 18 maio 2017.)
Designação	*eis* Exemplo: "R$ 550 mil, **eis** o preço da picape que chega em fevereiro" (*Seminovos BH*, 24 jan. 2017. Disponível em: <http://mod.lk/0onr4>. Acesso em: 18 maio 2017.)
Realce	*cá, lá, é que, só* Exemplo: "Leitura e desenvolvimento: 'A família **é que** faz a diferença'" (*Catraquinha*. Disponível em: <http://mod.lk/u5t4l>. Acesso em: 18 maio 2017.)

Advérbios e palavras denotativas na expressão do ponto de vista

Observe estas manchetes:

> **Só** 7,3% dos alunos atingem aprendizado adequado em matemática no ensino médio

TOKARNIA, Mariana. *Agência Brasil*, 18 jan. 2017. Disponível em: <http://mod.lk/jgvux>. Acesso em: 18 maio 2017.

> Figura **supostamente** feita por ETs em plantação fará parte de documentário

FONSECA, Alana. *G1 PR*, 8 out. 2015. Disponível em: <http://mod.lk/i6oes>. Acesso em: 18 maio 2017.

> Prêmio ESPN Esports 2016: imbatível, SKT foi **indiscutivelmente** o melhor time do ano

ERZBERGER, Tyle. *ESPN*, 7 jan. 2017. Disponível em: <http://mod.lk/8onis>. Acesso em: 18 maio 2017.

Nessas manchetes, seria possível eliminar a palavra denotativa *só* e os advérbios *supostamente* e *indiscutivelmente* sem afetar a compreensão geral das frases. Contudo, essas palavras trazem informações importantes acerca do ponto de vista assumido pelo enunciador diante de cada fato.

Ao declarar que "só 7,3% dos alunos" atingem aprendizado adequado, a primeira manchete deixa claro que essa taxa é insuficiente, inferior à esperada. Já na segunda manchete, o advérbio *supostamente* indica o distanciamento do enunciador diante da declaração: o jornal admite que, segundo algumas pessoas, a figura foi feita por extraterrestres, mas não se compromete com essa afirmação. Por fim, na terceira manchete, o enunciador faz exatamente o oposto: ele não apenas noticia a vitória do time SKT em uma competição de jogos eletrônicos, mas, por meio do advérbio *indiscutivelmente*, expõe sua concordância com a premiação.

Esses exemplos mostram que, muitas vezes, os advérbios, as locuções adverbiais e as palavras denotativas ajudam na expressão de avaliações subjetivas sobre os fatos. Nesse sentido, aproximam-se dos adjetivos, pois estes também são empregados para exprimir juízo de valor. Note que, nas manchetes, as outras palavras que indicam juízo de valor pertencem à classe dos adjetivos: *adequado*, *imbatível* e *o melhor*.

Gradação dos advérbios

Assim como os adjetivos, alguns advérbios admitem a expressão do grau comparativo e do superlativo. Essa possibilidade normalmente se aplica a advérbios de modo. Veja mais detalhes a seguir.

Grau comparativo

Leia esta frase, extraída de uma reportagem sobre a importância do sono para os estudantes:

> Alunos que deixam de dormir ou dormem menos para estudar mais se saem *pior* na escola do que os outros, mesmo que estudem durante mais horas no dia.
>
> Sacrificar o sono para estudar mais piora desempenho acadêmico. *Veja*. São Paulo: Abril, 21 ago. 2012. Disponível em: <http://mod.lk/9613g>. Acesso em: 18 maio 2017. (Fragmento.)

Sair-se pior do que os outros significa sair-se "mais mal" do que os outros, ou seja, o advérbio de modo *mal* está sendo utilizado para realizar uma comparação. Quando isso ocorre, dizemos que o advérbio está no **grau comparativo**.

Assim como no caso dos adjetivos, o grau comparativo dos advérbios pode ser:

- **de superioridade**: *Pedro dorme **mais** profundamente (do) que Paulo.*
- **de inferioridade**: *Pedro dorme **menos** profundamente (do) que Paulo.*
- **de igualdade**: *Pedro dorme **tão** profundamente quanto/como Paulo.*

Melhor e pior, mais mal e mais bem

No Capítulo 10, você viu que as palavras *melhor* e *pior* podem corresponder ao grau comparativo de superioridade e ao grau superlativo relativo dos adjetivos *bom* e *mau*: *Pedro é **melhor/pior** aluno do que Paulo*; *sou **o melhor/o pior** jogador do time*. Agora, pelo exemplo apresentado aqui ("se saem *pior* na escola"), você está percebendo que essas palavras também podem corresponder ao grau comparativo de superioridade dos advérbios *bem* e *mal*: *eu me saí **melhor/pior** na prova do que Pedro*.

Um detalhe relevante sobre o comparativo de superioridade de *bem* e *mal* é que, diante de Particípios, a norma-padrão recomenda que se usem as construções regulares (*mais bem* e *mais mal*) em vez de *melhor* e *pior*. Veja:

> Chuva no Ceará. A maior e **mais bem** distribuída do ano
> ⎯⎯⎯⎯ Particípio

O Povo. Fortaleza, 11 fev. 2017. Disponível em: <http://mod.lk/0djg4>. Acesso em: 18 maio 2017.

> Ed Sheeran é eleito o homem **mais mal** vestido no Reino Unido
> ⎯⎯⎯ Particípio

Vagalume, 3 jan. 2013. Disponível em: <http://mod.lk/hah6e>. Acesso em: 18 maio 2017.

Grau superlativo

Leia o fragmento inicial de um conto de Rachel de Queiroz (1910-2003). É o momento em que uma garota brasileira tem seu primeiro contato com o *blimp* — um tipo de dirigível utilizado pela Marinha norte-americana durante a Segunda Guerra Mundial.

> De princípio a interessou o nome da aeronave: não "zepelim" nem dirigível, ou qualquer outra coisa antiquada; o grande fuso de metal brilhante chamava-se *modernissimamente* blimp. [...]
>
> QUEIROZ, Rachel de. Tangerine-Girl. *Os cem melhores contos brasileiros do século*. Rio de Janeiro: Objetiva, 2001. p. 159. © by herdeira de Rachel de Queiroz.

Para expressar com intensidade quão moderno o nome da aeronave pareceu à personagem, o narrador usa o advérbio *modernamente* no grau superlativo: "chamava-se *modernissimamente* blimp".

Diferentemente dos adjetivos, que admitem o grau superlativo relativo (*era o nome mais moderno que ela já havia ouvido*), os advérbios admitem apenas o **grau superlativo absoluto**, que pode ser:

- **sintético**: com acréscimo do sufixo *-íssimo*: *Muitíssimo obrigado pelo que você fez. Minha casa fica pertíssimo.* Observe que, no caso dos advérbios terminados em *-mente*, esse sufixo se junta à forma superlativa feminina do adjetivo do qual o advérbio deriva: "Chamava-se **modernissimamente** blimp". *O pai tocou **delicadissimamente** a face da filha doente.*
- **analítico**: com o auxílio de um advérbio de intensidade: *Os alunos que dormiram pouco saíram-se **muito mal** nas provas. Na véspera da prova, eles tinham ido dormir **bem tarde**.*

Diminutivo com sentido superlativo

Leia esta tira.

ARMANDINHO — ALEXANDRE BECK

A graça da tira vem do duplo sentido da expressão *corpo perfeito*: deduz-se que, para a irmã da menina, um corpo perfeito é aquele que está de acordo com certos padrões estéticos; para Armandinho, corpo perfeito é o que funciona bem, ou seja, o saudável. Para mostrar que o seu está ótimo, o menino diz: "funciona tudo *direitinho*!".

Nesse caso, a palavra *direito* classifica-se como advérbio (modifica o sentido do verbo *funcionar*) e, a fim de expressar maior intensidade, recebe o sufixo formador de diminutivo *-inho*. Em outras palavras, *funcionar direitinho* significa *funcionar muito bem*.

Esse processo é semelhante ao que você já observou no uso coloquial dos adjetivos: um café *quentinho*, por exemplo, não é um café *pouco quente*, e sim um café *bem quente*. Da mesma forma, certos advérbios podem receber o sufixo diminutivo para expressar o grau superlativo: *Acordei **cedinho** (= muito cedo). O gato andava **devagarinho** (= bem devagar).*

A língua da gente

Adjetivo ou advérbio?

Ao longo deste capítulo, você provavelmente notou que adjetivos e advérbios são classes gramaticais próximas. Aliás, acabamos de ver na tira de Armandinho o emprego, como advérbio, de uma palavra que também pode ser usada como adjetivo: *direito*. De fato, existem algumas palavras que admitem ambas as classificações. Veja a diferença de emprego:

Adjetivo: refere-se ao substantivo e pode variar	Advérbio: refere-se ao verbo e não varia
• Machuquei a <u>perna</u> **direita**.	• Meu corpo <u>funciona</u> **direito**.
• Sua <u>voz</u> está muito **baixa**.	• <u>Fale</u> mais **baixo**, por favor.

Em geral, esse uso duplo ocorre quando o adjetivo não tem um advérbio correspondente em *-mente* (não se diria "*direitamente*" ou "*baixamente*", por exemplo). Existem muitos casos, porém, em que as duas formas estão à disposição do falante e ambas têm o mesmo significado. Nesses casos, o emprego do adjetivo no lugar do advérbio geralmente confere um tom mais informal ao texto. Leia, por exemplo, esta tira de Calvin:

O MELHOR DE CALVIN BILL WATTERSON

WATTERSON, Bill. O melhor de Calvin. *O Estado de S. Paulo*. São Paulo, 24 jun. 2016.

A última fala do tigre é cômica porque, obviamente, o que provocou a queda de Calvin não foi o fato de o menino não ter segurado o balão com firmeza, mas sim a evidente impossibilidade de um simples balão de gás "puxar para cima" uma criança.

Na frase "Você devia ter segurado *firme*" o adjetivo foi usado no lugar do advérbio *firmemente*. Podemos afirmar que a escolha foi acertada, pois a fala do tigre não ficaria tão natural com o advérbio: "Você devia ter segurado *firmemente*".

Por outro lado, em situações de maior formalidade, o advérbio em *-mente* é mais adequado que o adjetivo. Veja, por exemplo, como o advérbio *firmemente* combina com a linguagem e o vocabulário técnico deste artigo de divulgação científica:

Estudo mostra como baratas conseguem fugir em frações de segundo

As baratas não são apenas invasores insidiosos do lar. Um novo estudo descobriu que elas também são ótimas escapistas, artistas com o dom de escapar de confinamentos. A barata pode se mover em sacudidelas bruscas para debaixo da prateleira, balançando o corpo como um pêndulo, e agarrar-se embaixo. Ela usa garras que se assemelham a ganchos para se segurar *firmemente*. [...]

Último Segundo, 9 jul. 2012. Disponível em: <http://mod.lk/bgtzq>. Acesso em: 18 maio 2017. (Fragmento).

Portanto, nos casos em que há um adjetivo e também um advérbio terminado em *-mente* dele derivado é aconselhável, na linguagem formal, manter o emprego tradicional de cada classe gramatical: adjetivos associados a substantivos, e advérbios associados a verbos. Além de conferir maior formalidade ao texto, isso ajuda a comunicar as ideias com mais precisão.

Aprender a aprender

O método SQ3R

Na seção "Aprender a aprender" do Capítulo 13, você viu que as pessoas podem ter diferentes estilos de aprendizagem.

Pensando em uma alternativa para aqueles que têm dificuldade em se concentrar diante de textos escritos, o psicólogo estadunidense Francis Pleasant Robinson criou um método chamado SQ3R. O nome é um acrônimo formado por verbos em inglês, cada um representando uma etapa sugerida para o processo de estudo. Veja a seguir como o método funciona e tente aplicá-lo ao conteúdo que você acabou de estudar.

Etapa	Descrição
Survey (pesquisar)	Na primeira etapa, o estudante deve tomar um primeiro contato com aquilo que vai ler. Ao estudar um capítulo deste livro, por exemplo, você deve examinar os objetivos de aprendizagem, os subtítulos, os assuntos tratados, a fim de ter uma ideia geral.
Question (perguntar)	Antes de começar a ler, formule uma pergunta relativa a cada subtítulo do capítulo. As perguntas devem começar com palavras como *o que*, *qual*, *como* ou *por quê*. Por exemplo, neste capítulo, você poderia perguntar: *o que é advérbio? O que é locução adverbial? Como se classificam? Quais são os graus do advérbio?*
Read (ler)	Leia o conteúdo de cada subtítulo, buscando a resposta para a pergunta elaborada antes.
Recite (recitar)	Ao terminar de ler cada subtítulo, recite – isto é, fale em voz alta – sua resposta para a pergunta. Tente fazê-lo de cor; se for necessário, consulte novamente o livro. Anote, então, sua resposta, pois você vai utilizá-la na próxima etapa.
Review (revisar)	Esta última etapa só deve ser realizada depois que você já tiver estudado todos os subtítulos do capítulo. Então, no fim, você deve revisar suas anotações referentes a cada subtítulo e tentar, sem consultar o livro, mencionar os conceitos-chave do capítulo. Pronto! O capítulo inteiro estará estudado.

ATIVIDADES

▪ Leia a tira e responda às questões 1 e 2.

DAHMER, André. A cabeça é a ilha. *O Globo*. Rio de Janeiro, 12 out. 2016.

ATIVIDADES

1. A tira faz alusão a uma figura comum nas ruas de muitas cidades. Identifique a opção que melhor descreve esse personagem.

   a) Um religioso que distribui bênçãos e faz longos sermões.

   b) Um músico popular que se apresenta em troca de moedas.

   c) Um profeta que anuncia previsões para o futuro da humanidade.

   d) Um vendedor ambulante que oferece balas e outros produtos aos motoristas.

2. No imaginário popular, esse personagem normalmente carrega um cartaz com uma frase que é quase idêntica à da tira, exceto por conter um outro advérbio.

   a) Escreva a frase que seria esperada no cartaz.

   b) O que essa frase significa? Nela, qual tipo de circunstância o advérbio expressa?

   c) Na frase da tira, o advérbio *longe* exprime o mesmo tipo de circunstância? Explique como a circunstância expressa por *longe*, aliada à linguagem visual, produz o humor na tira.

   d) Além de divertir o leitor, essa tira procura fazer uma crítica social. Qual seria o alvo da crítica?

3. Todos os fragmentos abaixo representam um uso formal da língua. Levando isso em conta, responda: qual das opções entre colchetes é a mais aconselhável em cada situação – o adjetivo ou o advérbio? Por quê?

   a) "Uma barreira de recifes é uma formação de corais comprida e estreita que se estende [paralelo – paralelamente] à linha costeira de um território [...]".

   Grande Barreira de Coral. *Britannica Escola Online*.
   Disponível em: <http://mod.lk/yqkg0>. Acesso em:
   18 maio 2017. (Fragmento adaptado).

   b) "MSF pede investigação [independente – independentemente] de ataque a hospital. O grupo humanitário Médicos Sem Fronteiras pediu neste domingo que um órgão internacional independente investigue o ataque aéreo que atingiu um hospital afegão, matando 22 pessoas."

   Exame. São Paulo: Abril, 4 out. 2015. Disponível em:
   <http://mod.lk/zte1t>. Acesso em: 18 maio 2017.
   (Fragmento adaptado).

   c) "Os candidatos não convocados na primeira chamada da lista de espera do Sistema de Seleção Unificada (Sisu) 2017, [independente – independentemente] da classificação, devem confirmar o interesse em permanecer na lista."

   Hoje em Dia. Belo Horizonte, 20 fev. 2017. Disponível em:
   <http://mod.lk/sn5yz>. Acesso em: 18 maio 2017.
   (Fragmento adaptado).

▶ Leia este anúncio publicitário e responda às questões 4 e 5.

9mm Propaganda. Disponível em:
<http://mod.lk/usfml>.
Acesso em: 18 maio 2017.

Se dirigir, não use o telefone.

Com um celular na mão, nada tira a sua atenção.
Nem mesmo um dedo a mais.

4. O anúncio alia a linguagem visual à verbal para denunciar a consequência de determinado hábito. Que hábito é esse e qual é sua consequência?

   • Qual foi a estratégia utilizada pelo anúncio para comprovar essa consequência?

5. No texto verbal, a palavra denotativa *mesmo* contribui para a argumentação ao sugerir que, se o motorista está com o celular na mão,

   a) algumas coisas podem tirar sua atenção, até mesmo um dedo a mais.

   b) algumas coisas podem tirar sua atenção, mas não um dedo a mais.

   c) a distração pode impedi-lo de perceber coisas tão óbvias quanto um dedo a mais.

   d) a distração pode impedi-lo de perceber detalhes sutis, como um dedo a mais.

▶ Leia a tira e responda às questões 6 a 8.

MOON, Gabriel; BÁ, Fábio. Quase nada. *10 pãezinhos*. Disponível em: <http://mod.lk/cfqdy>. Acesso em: 18 maio 2017.

6. Qual advérbio se destaca na tira? Que tipo de circunstância ele indica?

7. As quatro primeiras legendas têm a mesma estrutura: advérbio + verbo na 3ª pessoa do singular. Esse arranjo estabelece um paralelo entre as frases, sugerindo que elas têm algo em comum. Levando em conta também a linguagem visual, responda:

   a) Nos dois primeiros quadros, o que parece haver em comum entre as ações mencionadas?

   b) Os dois quadros seguintes provocam um estranhamento no leitor, porque as ações mencionadas não parecem estar na mesma categoria que as duas primeiras. Explique por quê.

8. Releia: "Nosso meteoro ainda não chegou".

   a) Ao usar o pronome *nosso*, o personagem inclui-se em um grupo de indivíduos. De acordo com o resto da tira, o que esse grupo teria em comum?

   b) Nas tiras de Gabriel Moon e Fábio Bá, são frequentes os animais personificados. Explique a escolha do animal, nesse caso.

   c) Em sua opinião, qual mensagem a tira pretende comunicar sobre as ações retratadas? Como o advérbio identificado na questão 6 contribui para a construção dessa mensagem?

▶ Leia o fragmento inicial de um conto do escritor moçambicano Mia Couto. Depois, responda às perguntas.

Noventa e três

Foram entrando um por um. O velho estava na cabeceira, cabeceando. À medida que entravam, alguém anunciava os nomes, descrevendo em alta voz o jeito dos vestidos. Os netos encheram a sala, os bisnetos sobraram no quintal. O avô levantava um olhar silencioso, sem luz. Sorria o tempo todo: não queria cometer indelicadeza. O avô fingia, aniversariamente. Porque em nenhum outro dia os outros dele se recordavam. Deixavam-no poeirando com os demais objetos da sala.

[...]

COUTO, Mia. *Estórias abensonhadas*. São Paulo: Companhia das Letras, 2012. p. 57. (Fragmento).

ATIVIDADES

9. A que provavelmente o numeral do título se refere?

10. Releia: "[...] alguém anunciava os nomes, descrevendo em alta voz o jeito dos vestidos". Identifique a locução adverbial presente nesse trecho e explique como ela contribui para a caracterização do personagem principal, o avô.

11. Certo verbo do texto é um neologismo e expressa o tratamento que o avô normalmente recebia dos familiares. Identifique esse neologismo, aponte como foi formado e explique o que ele indica sobre a situação do avô na casa.

12. Outro neologismo usado no texto inclui-se na classe dos advérbios. Qual é ele? Explique que tipo de circunstância ele expressa e o sentido que adquire, no contexto.

ENEM E VESTIBULARES

1. **(Uerj – Adaptado)**

Astroteologia

[...]

O que ocorreria se travássemos contato com outra civilização inteligente? Deixando de lado as inúmeras dificuldades de um contato dessa natureza – da raridade da vida aos desafios tecnológicos de viagens interestelares – tudo depende do nível de inteligência dos membros dessa civilização.

Se são eles que vêm até aqui, não há dúvida de que são muito mais desenvolvidos do que nós. Não necessariamente mais inteligentes, mas com mais tempo para desenvolver suas tecnologias. [...]

Marcelo Gleiser, *Folha de São Paulo*, 01/03/2009.

Se são eles que vêm até aqui, <u>não há dúvida de que</u> são muito mais desenvolvidos do que nós.

O vocábulo que melhor representa o sentido da expressão sublinhada é:

a) certamente
b) provavelmente
c) prioritariamente
d) fundamentalmente

2. **(Unifesp)** Considere a charge e as afirmações.

(www.acharge.com.br)

I. O advérbio *já*, indicativo de tempo, atribui à frase o sentido de mudança.

II. Entende-se pela frase da charge que a população de idosos atingiu um patamar inédito no país.

III. Observando a imagem, tem-se que a fila de velhinhos esperando um lugar no banco sugere o aumento de idosos no país.

Está correto o que se afirma em

a) I apenas.

b) II apenas.

c) I e II apenas.

d) II e III apenas.

e) I, II e III.

3. **(Insper-SP)** Num título de uma notícia veiculada no Portal UOL em março de 2014, com conteúdo de *O Estado de S. Paulo*, lê-se "Vereador de SP lava até BMW particular com dinheiro público". O uso do "até" no contexto leva a pressupor que

a) é inesperado lavar carros particulares com dinheiro público.

b) é aceitável usar dinheiro público para lavar carros nacionais.

c) nem carros oficiais devem ser lavados com dinheiro público.

d) os vereadores de SP pagam todas as suas despesas com dinheiro público.

e) os vereadores de SP usam somente BMWs como carros oficiais.

4. **(FGV-SP – Adaptado)**

Qual o poder da leitura nestes tempos difíceis?

Hoje, é possível dizer que o mundo inteiro é um "espaço em crise". Uma crise se estabelece de fato quando transformações de caráter brutal – mesmo se preparadas há tempos –, ou ainda uma violência permanente e generalizada, tornam extensamente inoperantes os modos de regulamentação, sociais e psíquicos, que até então estavam sendo praticados. Ora, a aceleração das transformações, o crescimento das desigualdades, das disparidades, a extensão das migrações alteraram ou fizeram desaparecer os parâmetros nos quais a vida se desenvolvia, vulnerabilizando homens, mulheres e crianças, de maneira obviamente bastante distinta, de acordo com os recursos materiais, culturais, afetivos de que dispõem e segundo o lugar onde vivem.

[...]

Michèle Petit, *A arte de ler ou como resistir à adversidade*.
São Paulo: ed. 34, 2009.

Após analisar o seguinte comentário sobre certa passagem do texto, responda se ele é pertinente ou não, justificando sua resposta.

- Ao empregar, no final do primeiro parágrafo, o advérbio "obviamente", a autora pretende dizer que a "vulnerabilização", tal como ela ocorre, dispensa comprovação.

5. **(Fuvest-SP – Adaptado)** Leia a seguinte mensagem publicitária, referente a carros, e responda ao que se pede:

> POTÊNCIA, ROBUSTEZ E TRAÇÃO 4WD. PORQUE TEM LUGARES QUE SÓ COM ESPÍRITO DE AVENTURA VOCÊ NÃO CHEGA.

- Se a palavra "só" fosse excluída do texto, o sentido seria alterado? Justifique sua resposta.

Mais questões no livro digital, em **Vereda Digital Aprova Enem** e **Vereda Digital Suplemento de revisão e vestibulares**; no *site*, em **AprovaMax**.

CAPÍTULO 16

PREPOSIÇÃO, CONJUNÇÃO E INTERJEIÇÃO

OBJETIVOS DE APRENDIZAGEM

- Identificar os principais valores semânticos das preposições e locuções prepositivas.
- Reconhecer o papel das conjunções e locuções conjuntivas na coesão textual.
- Compreender a importância das interjeições na expressão de emoções.

ENEM
C1: H1, H2
C5: H16
C6: H18
C7: H21, H23

Observação

"Vc tá bravo com o pai?" "Puxa! Já te disse que não". Até para trocar mensagens curtas como essas, você não pode abrir mão de palavras que ligam as ideias, como *com* e *que*. Neste capítulo, para encerrar nosso estudo das classes gramaticais, examinaremos essas palavras aparentemente simples, mas indispensáveis para a construção das frases – as preposições e as conjunções. Também estudaremos interjeições como *puxa*, que, por sua força expressiva, equivalem a uma frase inteira.

Leia o cartaz a seguir e responda às perguntas.

21 de setembro.
Dia da Defesa da Fauna.

Análise

1. Quem são os seres a que o texto se refere como *eles*? Explique como a linguagem visual é importante para que o leitor os identifique.

2. O texto fala de uma suposta migração. Identifique as duas palavras que mostram a direção dessa migração.

3. Com base em seus conhecimentos gerais, explique quais seriam as prováveis causas da "migração" mencionada.

4. Releia o texto principal: "Não deixe que eles migrem da floresta para o museu". Damos o nome de **oração** a cada parte da frase que contém um verbo; portanto, essa frase contém duas orações.
   - Qual palavra relaciona as orações, tornando possível a compreensão da frase como um todo?

5. Com base em todas as análises que fez, indique o objetivo do cartaz.

Ao analisar o cartaz, você observou que as palavras *do*, *para* e *que* são capazes de relacionar termos e orações e, com isso, tornam-se essenciais à construção da frase. As palavras *de* (que aqui aparece combinada ao artigo definido *o*) e *para* são preposições, enquanto *que* é uma conjunção. A seguir, vamos nos dedicar ao estudo dessas duas classes gramaticais.

Preposição

Pense e responda

Leia a tira e responda às perguntas.

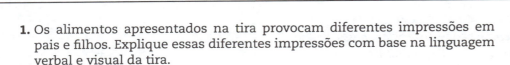

BAX, Júlia. *Folha de S.Paulo*. São Paulo, 29 out. 2012. Folhateen, p. E4. © Folhapress.

1. Os alimentos apresentados na tira provocam diferentes impressões em pais e filhos. Explique essas diferentes impressões com base na linguagem verbal e visual da tira.

2. A palavra *para*, no primeiro quadrinho, e a palavra *com*, nos quadrinhos seguintes, ligam outras palavras. Respectivamente, elas estabelecem entre os termos que ligam uma relação de:
   a) finalidade e acompanhamento.
   b) finalidade e sensação.
   c) destino e acompanhamento.

3. Explique como as relações que você identificou são importantes para criar o humor da tira.

4. Qual seria a faixa etária do público-alvo da tira? Justifique sua resposta.

Ao analisar a tira, você observou que o sentido dependia da relação estabelecida pelas palavras *para* e *com* entre outros termos do texto: "Delícias exóticas **para** incomodar seus pais", "Biscoito creme cráquer **com** manteiga e açúcar", "iaquissoba **com** queijo ralado", etc. Afinal, é a combinação inusitada de ingredientes, escolhidos com a finalidade de incomodar os pais, que produz o humor na tira.

Capítulo 16 • Preposição, conjunção e interjeição 245

As palavras *para* e *com* pertencem à classe das **preposições**. Essas palavras invariáveis ligam outras palavras, estabelecendo entre elas uma relação em que o termo introduzido pela preposição explica, qualifica ou completa o anterior. Observe:

*Delícias exóticas **para** incomodar seus pais*.

O termo introduzido pela preposição explica o anterior, indicando sua finalidade.

*Biscoito **com** açúcar*.

O termo introduzido pela preposição qualifica o anterior (biscoito com açúcar = biscoito açucarado).

*Essa tira se dirige **a** adolescentes*.

O termo introduzido pela preposição completa o anterior.

> **Preposição** é uma classe de palavras invariáveis que ligam dois termos de uma frase, estabelecendo entre eles uma relação de sentido na qual o termo introduzido pela preposição completa, explica ou qualifica o anterior.

Preposições essenciais e acidentais

Damos o nome de **preposições essenciais** às palavras que sempre ou quase sempre são empregadas como preposição. São elas:

> a, ante, até, com, contra, de, desde, em, entre, para, perante, por, sem, sob, sobre, etc.

Existem, ainda, palavras que, conforme o contexto, podem cumprir o papel de preposição. Elas são chamadas de **preposições acidentais**. Observe as principais:

> afora, como, conforme, durante, exceto, mediante, salvo, senão, etc.

Veja alguns exemplos do emprego dessas palavras como preposições:
- ***Salvo/Exceto** em caso de emergência, não se deve acionar esse alarme.*
- *Quem, **senão** eu, poderia ajudá-lo naquele momento difícil?*
- *O réu foi solto **mediante** fiança.*

Combinação de preposições com outras palavras

Conforme você estudou nos capítulos anteriores, as preposições essenciais *a*, *de*, *em* e *por* podem se combinar com artigos, pronomes (pessoais e demonstrativos) e até com alguns advérbios, o que resulta em formas como à (*a + a*), àquele (*a + aquele*), dela (*de + ela*), dali (*de + ali*), nesse (*em + esse*), pelos (*por + os*), entre outras.

Na linguagem coloquial, também se combina a preposição *para* com os artigos: pro (*para + o*), pras (*para + as*), etc.

Valores semânticos das preposições

O sentido das preposições varia conforme o contexto; logo, só conseguimos apreender o tipo de relação que elas estabelecem se considerarmos o enunciado como um todo. Conheça, a seguir, alguns dos valores semânticos que as principais preposições essenciais podem assumir.

Preposição	Valores semânticos mais comuns
a	**direção** – Foram *à* praia. **tempo futuro** – Vou me mudar daqui *a* dois dias. **finalidade** – Viajou *a* negócios. **modo** – Vieram *a* pé. **posição** – Sente-se *à* mesa, por favor. **distância** – Moro *a* dois quarteirões.
com	**companhia, acompanhamento** – Jantei *com* meus pais. **meio** – Corte o fio *com* a tesoura. **sensação** – Estou *com* dor de cabeça. **modo** – Jogou *com* valentia.
de	**procedência** – As aves migram *do* norte para o sul. **assunto** – Falamos *de* você ontem. **matéria** – Adoro sorvete *de* baunilha. **posse, propriedade** – Dormirei na casa *dos* meus avós. **autoria** – O museu exibe pinturas *de* Cândido Portinari. **agente, causa** – Estou farto *de* suas reclamações.
em	**lugar** – Moro *em* uma casa térrea. **tempo** – Estarei aí *em* dez minutos. **modo** – Caminhavam *em* silêncio.
para	**destino** – Esse ônibus vai *para* Maceió. **finalidade** – Faço isso *para* incomodar meus pais.
por	**lugar** – O casal viajou *por* todo o país. **meio** – Recebi o recado *pela* Glorinha. **causa** – Não quis falar *por* vergonha. **tempo, duração** – Moraram no Chile *por* cinco anos. **agente** – Esse prédio foi projetado *por* duas engenheiras.
sobre	**posição superior** – Seu celular está *sobre* a mesa. **assunto** – Discutiram *sobre* política. **incidência, dominância** – O desconto é calculado *sobre* o preço normal.

Preposições cheias ou vazias de significado

Leia esta charge.

KAYSER. Rotulagem. *Blog do Kayser*.
Disponível em: <http://mod.lk/zakme>.
Acesso em: 8 jun. 2017.

Para realizar uma crítica bem-humorada, a charge evoca uma frase normalmente empregada em outro contexto – em filmes ou programas de TV, às vezes se diz que "qualquer semelhança com pessoas ou fatos reais terá sido mera coincidência". Na charge, essa frase é modificada para expressar uma crítica: o processo de industrialização dos alimentos é, às vezes, tão intenso que eles nem se parecem mais com os encontrados na natureza.

Observe que, na primeira fala da consumidora, se trocássemos a preposição *com* por *sem*, o sentido seria completamente diferente: "Produzido **sem** transgênicos, agrotóxicos, aromatizantes [...]". Em situações como essa, o enunciador escolhe uma preposição ou outra para comunicar ideias distintas.

Há contextos, porém, em que a preposição não é escolhida pelo sentido que carrega, mas porque é exigida pela palavra que a antecede. É o que ocorre na segunda fala: em "Qualquer semelhança *com* alimentos naturais [...]", a personagem usa a preposição *com* não porque queira dar algum sentido específico à frase, mas porque essa é a preposição utilizada com o substantivo *semelhança*. Veja outros casos: *conversar com amigos*, *cuidar de um bebê*, *ser nocivo à saúde*. Nessas situações, dizemos que a preposição tem seu sentido esvaziado, funcionando apenas como elo sintático entre os termos. A escolha da preposição é, nesses casos, determinada pela tradição e pelas regras da norma-padrão.

Ver Capítulo 26: "Regência e crase".

Locução prepositiva

Observe esta manchete:

Cratera de 3 metros se abre embaixo de residência em Ribeirão Bonito, SP

G1, 7 fev. 2017. Disponível em: <http://mod.lk/pv9g6>. Acesso em: 8 jun. 2017.

A expressão destacada relaciona os termos e indica a posição da cratera; no contexto, poderia ser substituída pela preposição *sob*: "Cratera de 3 metros se abre *sob* residência em Ribeirão Bonito". Expressões que equivalem a preposições, como *embaixo de*, são denominadas **locuções prepositivas**.

A maioria das locuções prepositivas é composta da seguinte forma:

(preposição) + substantivo ou advérbio + preposição *a*, *de*, *com*

Veja alguns exemplos:
*Você já sabe o que fazer **em relação** àquele problema?*
*A caixa foi montada **de acordo com** as instruções.*
*Procurou o banco **a fim de** obter um empréstimo.*
***Além de** guitarrista, Bruna é cantora e compositora.*

Locução prepositiva é uma expressão formada por duas ou mais palavras que atua como preposição. A última palavra da locução é sempre uma preposição.

ATIVIDADES

Leia a tira e responda às questões de 1 a 3.

NÍQUEL NÁUSEA — FERNANDO GONSALES

GONSALES, Fernando. Níquel Náusea. *Folha de S.Paulo*. São Paulo, 22 nov. 2013. Ilustrada, p. E12. © Folhapress.

1. Com base na linguagem visual e verbal, explique o que o leitor entende dos dois primeiros quadrinhos e quais expectativas são criadas.

2. O desfecho explora a ambiguidade de uma preposição para criar o efeito humorístico. Identifique a preposição e explique por que ela é ambígua, no contexto.

3. Escreva o pedido da senhora ao super-herói utilizando uma preposição que não provocaria ambiguidade.

O relato a seguir foi publicado pela roqueira Pitty em seu *blog*. Leia alguns trechos e responda às questões de 4 a 7.

Barriga ostentação

1 Sabe, eu não sabia se ia gostar de estar grávida. Eu queria ter filho com certeza,
2 mas eu tinha dúvidas se iria gostar de passar por todo o processo de uma gravidez.
3 Ao contrário da visão romantizada dos filmes e revistas, na minha fantasia era uma
4 coisa muito difícil, uma renúncia gigantesca, especialmente com minha profissão e
5 estilo de vida. [...]
6 Eu nunca podia imaginar o quanto estava enganada.
7 Ainda bem que passei por isso e pude, como se diz no popular, "pagar a língua". Eu
8 tô amando estar grávida. Amando, amando, besta, apaixonada. De ficar horas obser-
9 vando mexer, conversando, me admirando no espelho. Achando lindo e fascinante.
10 Me achando bonita apesar das mudanças físicas, ou melhor, por causa das mudanças
11 físicas. O olhar, os quadris que alargaram, os peitos cheios, o umbigo querendo pular;
12 tudo lindo.
13 Tudo o que eu imaginava que seriam motivos para não gostar de estar grávida foram
14 sendo desconstruídos um a um, mês a mês. [...]

PITTY. *O Boteco*, 10 ago. 2016. Disponível em: <http://mod.lk/dbszf>. Acesso em: 8 jun. 2017. (Fragmento).

4. No contexto, o que significa a expressão popular "pagar a língua" (l. 7)?

5. Aponte a única locução prepositiva que poderia substituir a preposição *De* (l. 8) sem prejuízo para o sentido do trecho:

a) A fim de b) Em vez de c) A ponto de d) Além de

6. Releia: "Me achando bonita apesar das mudanças físicas, ou melhor, por causa das mudanças físicas" (l. 10-11).

a) Identifique as duas locuções prepositivas empregadas na frase.

b) Pitty usa a expressão "ou melhor" para fazer uma correção nessa frase. Explique o motivo da correção e como ela se relaciona às locuções prepositivas identificadas.

7. Considerando as análises que fez, explique o título do relato.

Capítulo 16 • Preposição, conjunção e interjeição **249**

Conjunção

Pense e responda

Leia a tira e responda às perguntas.

MALVADOS　　　　　　　　　　　　　　　　　　　　　　　　　André Dahmer

palestra sobre os novos tempos

Enquanto a formiga fazia planilhas, a cigarra brincava no Facebook.

Quando o inverno chegou, o que aconteceu?

A cigarra e a formiga estavam com problemas de coluna.

DAHMER, André. Malvados. *Folha de S.Paulo*. São Paulo, 10 dez. 2014. Ilustrada, p. E7. © Folhapress.

1. A tirinha promove uma intertextualidade com uma conhecida fábula. Qual é ela?

   > Referência feita em certo texto verbal ou multimodal (tirinha, quadro, filme, poema, letra de música) a outro texto verbal ou multimodal.

2. Na fábula, que tipo de pessoa cada animal representa? Que lição de moral o desfecho da fábula pretende ensinar? Se necessário, pergunte aos colegas ou pesquise.

3. Na história contada pelo personagem da tira, o que há de comum e o que há de diferente em relação à fábula? Explique como as diferenças criam um efeito de humor.

4. Na fala do personagem, aparecem várias orações. Veja:

	1ª oração	2ª oração
1º quadrinho	"a formiga fazia planilhas"	"a cigarra brincava no Facebook"
2º quadrinho	"o inverno chegou"	"o que aconteceu?"

   a) Na tira, qual é a palavra responsável por relacionar as orações em cada quadrinho?

   b) Que tipo de relação essas palavras estabelecem entre as orações?
   - adição
   - condição
   - tempo
   - oposição

5. Na última fala do personagem, certa palavra relaciona dois termos equivalentes, estabelecendo entre eles uma relação de adição, acréscimo. Identifique essa palavra.

As palavras *enquanto*, *quando* e *e* são **conjunções**. Como você percebeu, elas relacionam termos equivalentes ("A cigarra **e** a formiga estavam com problemas de coluna") e também orações ("*Enquanto* a formiga fazia planilhas, a cigarra brincava no Facebook"). Ao articular os elementos, as conjunções estabelecem relações de sentido importantes, expressando, por exemplo, tempo, acréscimo, causa, condição, etc.

> **Conjunção** é uma classe de palavras invariáveis que unem termos ou orações, estabelecendo entre eles uma relação de sentido.

Locução conjuntiva

O papel da conjunção também pode ser desempenhado por uma **locução conjuntiva** – uma expressão formada por duas ou mais palavras, geralmente finalizada por *que*. Veja alguns exemplos:

Antes que o inverno chegasse, a formiga já havia acumulado muitos alimentos.
Por mais que a cigarra insistisse, o coração da formiga não se amolecia.
Essa fábula não valoriza a solidariedade, por isso nem todos a apreciam.

> **Locução conjuntiva** é uma expressão formada por duas ou mais palavras que desempenha o mesmo papel que as conjunções. Geralmente é finalizada por *que*.

Classificação das conjunções

As conjunções são divididas em duas categorias básicas: *conjunções coordenativas* e *conjunções subordinativas*.

Conjunções coordenativas

As **conjunções coordenativas** são aquelas que unem termos ou orações equivalentes. Observe:

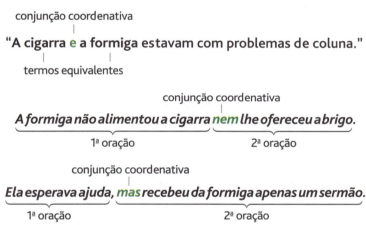

Note que os termos e as orações relacionados pelas conjunções coordenativas mantêm independência entre si, tanto do ponto de vista semântico (do sentido) quanto do sintático (na composição da frase). As orações relacionadas pelas conjunções coordenativas são chamadas de **orações coordenadas**.

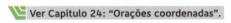
Ver Capítulo 24: "Orações coordenadas".

As conjunções coordenativas são classificadas em cinco tipos, conforme seu sentido:

- **Aditivas** – em geral, estabelecem uma relação de acréscimo entre termos ou orações correlatos. As mais básicas são *e* e *nem*. Exemplo: *Naquela época, Fernanda não estudava nem trabalhava.*

  Também são consideradas aditivas as sequências *não só... mas também* e semelhantes (*não apenas... como ainda, não somente... como*, etc.) empregadas quando se quer expressar com mais ênfase a relação de acréscimo. Exemplo: *A atividade física não só previne doenças, como também melhora o humor.*

- **Alternativas** – relacionam termos ou orações de sentido distinto, de modo que, se um dos fatos for válido, o outro não será. A conjunção alternativa mais frequente é *ou* (*Você se identifica com a cigarra ou com a formiga?*), mas também podem ser usadas as sequências *ou... ou, quer... quer, seja... seja, ora... ora*. Exemplo: *Enrique não sabe o que quer: ora termina o namoro, ora decide reatar.*

- **Adversativas** – expressam contraste ou oposição entre as ideias. As principais são *mas, porém, todavia, contudo, no entanto, entretanto*. Exemplo: *A cigarra entretinha as formigas com seu canto. Não foi, porém, recompensada por isso*.
- **Conclusivas** – introduzem uma oração que representa uma consequência lógica da anterior. As principais são *logo, pois, portanto, por isso, assim*. Exemplo: *Célia tem espírito de liderança; logo, é a pessoa indicada para coordenar nosso projeto*.
- **Explicativas** – introduzem uma oração que representa uma explicação da anterior. As mais comuns são *pois, que, porque*. Na tira a seguir, temos um exemplo de conjunção explicativa. Observe:

GARFIELD   JIM DAVIS

No pensamento de Garfield, a oração introduzida pela conjunção *que* ("passa") apresenta uma explicação para a ordem dada na oração anterior ("Come um *donut*"). Em outras palavras, o sentido da frase é: Coma um *donut*, pois isso fará você se sentir menos culpado por enganar a Liz sobre a dieta. A sugestão dá graça à tira porque, obviamente, comer o doce só vai piorar a sensação de culpa de Jon.

> **Conjunção coordenativa** é aquela que relaciona termos equivalentes ou orações sintaticamente independentes. Pode ser aditiva, alternativa, adversativa, conclusiva ou explicativa.

Pois: conclusiva e explicativa

Talvez você tenha notado que a conjunção *pois* aparece tanto na categoria das conclusivas quanto na das explicativas. Ela pode, de fato, assumir diferentes sentidos. Observe:

- *Não poderei pagar o aluguel, **pois** estou desempregado.*
- *Estou desempregado. Acredito, **pois**, que não conseguirei pagar o aluguel.*

Na primeira frase, a conjunção *pois* é explicativa porque introduz uma explicação para o fato anterior: o motivo para a pessoa não pagar aluguel é que ela está desempregada. Esse emprego de *pois* é, sem dúvida, o mais comum na atualidade. Em alguns textos, porém, podemos encontrar essa conjunção com sentido conclusivo, como na segunda frase: nesse caso, ela apresenta uma consequência lógica da ideia anterior, equivalendo a *portanto*: *Estou desempregado. Acredito, portanto, que não conseguirei pagar o aluguel*.

Observe que há uma diferença no emprego da vírgula: quando a conjunção *pois* é explicativa, é antecedida por vírgula; quando é conclusiva, usa-se a vírgula antes e depois dela.

Conjunções subordinativas

O anúncio a seguir foi produzido por uma ONG ambiental durante uma estiagem prolongada no estado de São Paulo. Leia-o.

Enquanto a crise da água não acaba, economize. Agora, carro sujo é bacana. Se São Paulo fosse uma pessoa, teria a maior garagem do mundo: 7 milhões de vagas. E a maior conta de água. Só para manter a frota limpa, são 3,5 bilhões de litros. Em tempos de chuva já é um exagero, mas vivemos a maior seca das últimas décadas. Por isso, enquanto as chuvas não voltam e nossas represas não enchem, não lave seu carro. [...]

Anúncio da ONG The Nature Conservancy.

Observe as frases que compõem a argumentação principal do anúncio: "*Toda vez que* você lava o carro, joga fora 500 litros de água. Está pensando *que* ela cai do céu?". As expressões destacadas são **conjunções subordinativas**, pois introduzem orações que se subordinam sintaticamente à outra oração da frase, especificando ou completando seu sentido.

A oração introduzida pela conjunção é denominada **oração subordinada**, e a outra oração, que tem seu sentido especificado ou completado por ela, chama-se **oração principal**. Veja:

locução conjuntiva subordinativa

"Toda vez que você lava o carro, joga fora 500 litros de água."

oração subordinada — oração principal

Especifica o momento em que ocorre o fato expresso na oração principal.

conjunção subordinativa

"Está pensando que ela cai do céu?"

oração principal — oração subordinada

Completa o sentido da oração principal.

Ver Capítulo 21: "Orações subordinadas substantivas" e Capítulo 23: "Orações subordinadas adverbiais".

As conjunções subordinativas também são classificadas segundo a relação de sentido que expressam. Elas podem ser:

- **Causais** – Expressam relação de causa. As principais são: *porque, como, visto que, já que, uma vez que, dado que*. Exemplo: *Como você não atendeu à porta, achamos que não havia ninguém em casa.*
- **Condicionais** – Expressam uma condição. As principais são: *se, caso, a não ser que, a menos que*. Exemplo: *Se chover amanhã, nosso piquenique será cancelado.*
- **Temporais** – Indicam relações de tempo. As principais são: *quando, enquanto, logo que, assim que, antes/depois que, desde que*. Exemplo: *Desde que comecei a meditar, tenho me sentido menos ansioso.*
- **Finais** – Indicam finalidade, propósito. As principais são *para que* e *a fim de que*. Exemplo: *Esvazie seu armário para que possamos limpá-lo.*
- **Concessivas** – Expressam um fato que contrasta com outro, mas não chega a impedi-lo. As principais são: *embora, ainda que, mesmo que, por mais/menos que, se bem que*. Exemplo: *Embora estivesse frio, resolvi sair de bermuda.*
- **Conformativas** – Expressam relação de conformidade. As principais são: *conforme, segundo, como*. Exemplo: *Conforme combinamos, cada um deve levar um prato de salgados.*
- **Comparativas** – Indicam uma comparação. As principais são: *como, tal como, assim como, bem como, que nem, que* ou *do que* (combinadas com *mais* ou *menos*). Exemplo: *Hoje tenho mais amigos do que tinha na infância.*
- **Consecutivas** – Indicam uma consequência. As principais são *de modo que, de forma que* e *que* (combinadas com *tão, tanto* ou similares na oração anterior). Veja um exemplo nesta tira:

Bichinhos de Jardim — Clara Gomes

GOMES, Clara. *Bichinhos de Jardim*, 13 jul. 2016. Disponível em: <http://mod.lk/b6l3r>. Acesso em: 8 jun. 2017.

A conjunção consecutiva *que*, no último quadrinho, em conjunto com o advérbio *tão*, repetido nos dois primeiros quadrinhos, exprime a consequência de a tristeza do personagem ser tão grande: ela é tão gigantesca que não pode ser expressa em um "textão" – uma postagem longa na internet, muitas vezes utilizada para desabafos.

- **Proporcionais** – Expressam uma proporcionalidade ou simultaneidade entre os fatos que relacionam. As principais são: *à medida que, ao passo que, quanto mais/menos... mais/menos* e sequências semelhantes. Exemplo: *Quanto mais trabalho, mais disposto me sinto.*
- **Integrantes** – Diferentemente das outras conjunções subordinativas, as integrantes não expressam um sentido específico. Como o nome indica, elas servem para *integrar* a oração subordinada à oração principal. A principal conjunção integrante é *que*, mas, quando a oração principal exprime incerteza, também pode ser usada a conjunção *se*. Exemplos: "Está pensando *que* ela cai do céu?". *O anúncio pede que economizemos água. Você tem certeza de que fechou bem a torneira? Não sei se a fechei bem.*

> **Conjunção subordinativa** é aquela que introduz uma oração que completa ou especifica o sentido de outra, subordinando-se sintaticamente a ela. Pode ser causal, condicional, temporal, final, concessiva, conformativa, comparativa, consecutiva, proporcional ou integrante.

As conjunções e a coesão textual

Assim como os sinônimos, os hiperônimos, as palavras semanticamente afins e os pronomes, as conjunções proporcionam coesão ao texto. A característica distintiva das conjunções é que elas não retomam as ideias, como fazem esses outros termos, e sim as *relacionam*. Veja exemplos disso no texto reproduzido a seguir; ele aparece na parte inferior do anúncio da campanha *Não Chove, Não Lavo*, lido no início deste tópico.

Observe como as conjunções e locuções conjuntivas ajudam o leitor a acompanhar o raciocínio do parágrafo, na medida em que estabelecem relações temporais e lógicas entre as ideias:

Enquanto a crise da água não acaba, economize. → Expressa período de tempo.
Agora, carro sujo é bacana. **Se** São Paulo fosse uma → Introduz uma hipótese.
pessoa, teria a maior garagem do mundo: 7 milhões de
vagas. **E** a maior conta de água. Só para manter a frota → Acrescenta um dado.
limpa, são 3,5 bilhões de litros. Em tempos de chuva já → Indica oposição de ideias.
é um exagero, **mas** vivemos a maior seca das últimas
décadas. **Por isso**, **enquanto** as chuvas não voltam **e** → Introduz uma explicação.
nossas represas não enchem, não lave seu carro. [...] → Acrescenta um fato.
→ Expressa um período de tempo.

ATIVIDADES

▲ Leia a tira e responda às questões 1 e 2.

GARFIELD   JIM DAVIS

1. A locução conjuntiva *contanto que* expressa, nesse contexto, uma relação:
   a) temporal.
   b) condicional.
   c) causal.
   d) aditiva.
   e) concessiva.

2. Justifique sua escolha na questão anterior e explique como a relação de sentido expressa pela locução, em conjunto com os elementos visuais, produz o humor da tira.

3. A seguir, você lerá um trecho de um verbete enciclopédico. Algumas palavras e expressões foram substituídas por números.

No início do século XXI, Tuvalu está no centro de debates relacionados às mudanças climáticas e ao aquecimento global. Cientistas previram que o país corre o risco de desaparecer daqui a cerca de cinquenta anos devido ao aumento do nível dos oceanos. Outros estudos indicam, **(1)**, que muitas ilhas de coral do oceano Pacífico (dentre elas o atol de Funafuti) estão na verdade aumentando de tamanho, o que as impediria de ser engolidas pela água. **(2)**, **(3)** as ilhas não desapareçam, os especialistas não sabem

ATIVIDADES

afirmar se elas continuarão habitáveis. O governo de Tuvalu já fez diversos apelos às autoridades internacionais, chamando atenção para a situação delicada do país e pedindo que sejam tomadas medidas para combater o aquecimento global.

Tuvalu. In: Britannica Escola Online. *Enciclopédia Escolar Britannica*, 2017. Disponível em: <http://mod.lk/swbzm>. Acesso em: 8 jun. 2017. (Fragmento adaptado).

Considerando as relações de sentido entre as ideias, identifique as palavras ou expressões que poderiam substituir, com coerência, os números inseridos no texto.

a) (1) ainda, (2) No entanto, (3) por mais que
b) (1) ainda, (2) Logo, (3) mesmo que
c) (1) porém, (2) No entanto, (3) desde que
d) (1) pois, (2) Portanto, (3) mesmo que
e) (1) porém, (2) No entanto, (3) mesmo que

▶ O *post* a seguir foi produzido e compartilhado nas redes sociais pela Secretaria Especial de Políticas para as Mulheres, um órgão ligado ao Ministério da Justiça. Leia-o para responder à atividade 4.

> Texto, geralmente curto, publicado em *blogs* ou redes sociais. Pode ser opinativo, narrativo ou de outra natureza.

BRASIL. Secretaria Especial de Políticas Públicas para as Mulheres. Disponível em: <http://mod.lk/vgctg>. Acesso em: 8 jun. 2017.

4. A conjunção *mas* normalmente estabelece uma relação de oposição ou incompatibilidade entre as ideias, como em *Sempre venho de ônibus,* **mas** *hoje vim a pé*.

   a) Quais ideias são colocadas em oposição na frase do *post*?
   b) Em sua opinião, o emprego da conjunção *mas* nessa frase é coerente? A frase expressa ou não a opinião de uma pessoa machista? Explique sua resposta.
   c) Os organizadores da campanha concordam que o autor da frase não é machista? Com base nas análises feitas, explique o objetivo da campanha.

Para assistir

A Secretaria Especial de Políticas para as Mulheres também promoveu a divulgação de vídeos institucionais contra o machismo, com ênfase no combate à violência contra a mulher. Um desses vídeos está disponível em: <www.youtube.com/watch?v=f-8TXId9n1Y>.

Trocando ideias

Levando em conta o que observou na atividade anterior, discuta com o professor e os colegas:

1. Você já tinha pensado que a atitude de um homem querer determinar como uma mulher deve maquiar-se ou vestir-se pode ser considerada machista? Qual é sua opinião a respeito?

2. Quais outras atitudes não assumidas como machistas poderiam ser alvo da campanha do Ministério da Justiça? Junto com um colega, escreva pelo menos mais um *post* que poderia figurar na campanha.

3. O *slogan* da campanha – "Machismo já passou da hora. Pode parar" – sugere que o machismo é algo antigo, que "já passou da hora" de ser detido. Você conversa com seus pais ou pessoas mais velhas sobre esses assuntos? O que eles pensam coincide com suas ideias? Você acha que está havendo uma mudança na percepção da sociedade sobre o machismo? Ou não? Explique suas respostas.

Interjeição

Pense e responda

Na série de tiras Monstirinhas, um dos personagens é sempre um monstro. Leia uma das criações da série e responda às perguntas.

MONSTIRINHA 1   FÁBIO COALA

COALA, Fábio. Monstirinha. *Mentirinhas*, 26 out. 2012. Disponível em: <http://mod.lk/utnsy>. Acesso em: 8 jun. 2017.

1. Explique, em poucas palavras, por que o menino se sente angustiado.
2. A última fala do monstro é essencial para o sentido da tira. Embora se constitua de um único som (representado na escrita por "Ô!"), ela vale por uma frase inteira.
   - Escreva uma frase que poderia substituir "Ô!" no último balão de fala do monstro. Seja coerente com o contexto.

Na tira, você percebeu que uma única vogal, pronunciada de modo expressivo, pode equivaler a uma frase inteira, exprimindo emoções e pensamentos íntimos. Os sons, as palavras ou expressões que desempenham tal papel são considerados **interjeições**.

As interjeições podem pertencer, basicamente, a cinco categorias:
- certos sons vocálicos, como *ô!*, *ah!*, *ih!*, *hum!*, *hein!*;
- expressões de origem onomatopaica, ou seja, que buscam reproduzir ruídos naturais, como *buá!* (choro) ou *zzz* (sono);
- palavras empregadas sempre ou quase sempre como interjeição: *affe!*, *bah!*, *puxa!*, *opa!*, *epa!*, *alô!*, *arre!*;
- palavras pertencentes a outras classes gramaticais, empregadas eventualmente como interjeição, como *adeus!*, *tomara!*, *avante!*, *fora!*, *viva!*, *basta!*;
- locuções interjetivas, formadas por mais de uma palavra: *Ora, essa!*; *Ora, bolas!*; *Valha-me Deus!*; *Pois bem!*

Observe, a seguir, uma relação das principais interjeições do português, de acordo com o sentimento ou intenção que costumam expressar.

Principais interjeições segundo a emoção ou intenção que expressam			
alegria, satisfação	iupi! oba! eba! ah!	dor	ai! ui!
alívio	ufa! ah! oh!	espanto, surpresa	oh! puxa! vixe! cruz-credo!
animação, aplauso	bravo! viva! avante! eia!	interrupção, suspensão	basta! chega! alto lá!
chamamento	psiu! psit! ei! oi! ó! ô!	irritação, reprovação	arre! irra! tsc, tsc! affe! ora! bah!
desejo	oxalá! tomara!	repetição	bis!

> **Interjeição** é uma classe de palavras invariáveis que exprime emoções, sentimentos, ordens ou apelos.

ATIVIDADES

■ Leia a tira e responda às perguntas 1 e 2.

GARFIELD   JIM DAVIS

1. Nessa tira, são fundamentais para a produção do humor o emprego de interjeições e onomatopeias e, ao mesmo tempo, a ausência de um dos personagens. Explique essa afirmação.

2. No último balão de Garfield também aparece uma interjeição. Identifique-a e explique o que ela expressa, nesse contexto.

■ Leia um miniconto do escritor contemporâneo Evandro Affonso Ferreira. Depois, responda às questões de 3 a 7.

> **Fu!**
>
> Sempre assim, quando estou azafamada, trânsito para, não anda nem que a vaca tussa, ai, ai, ai, gostaria de entrar para a história, noiva mais pontual de todos os tempos, essas coisas, ai, ai, ai, igreja apinhada de gente talvez, noivo padrinhos parentela toda, todos impacientes, ai, ai, ai, quarteirãozinho de nada de distância, vou a pé, dane-se o vexame, vou sim, ufa, dificuldade, pleque pleque pleque, eco, atolei o pé num curuzu de cachorro.
>
> FERREIRA, Evandro Affonso. *Grogotó!*
> São Paulo: Ed. 34, 2007. p. 25.

Glossário
Azafamada: apressadíssima.

3. Resuma com suas palavras o enredo do miniconto.

4. Foram usadas diversas interjeições no texto. Identifique-as e explique o que cada uma expressa.

5. Aponte o principal efeito que os fatos do enredo, aliados às interjeições identificadas, provocam no texto.

6. A pontuação nesse texto é diferente da usual. Explique como isso ocorre e que efeito provoca.

7. Leia o significado da palavra que dá título ao miniconto.

---

fu

■ interjeição

Estatística: pouco usado.

exprime enfado, desprezo ou até mesmo nojo por alguém ou algo

Grande Dicionário Houaiss da língua portuguesa. 2. ed.
Rio de Janeiro: Paracatu Editora, 2017. (Fragmento).

---

a) Segundo o dicionário, a palavra *fu* é pouco utilizada. Indique outra interjeição que poderia dar título ao miniconto e que seja mais comum entre pessoas de sua faixa etária e de sua região. Seja coerente com o texto.

b) Escolha outra interjeição do texto e indique também um substituto para ela, de modo que se expresse a mesma emoção ou sensação.

ENEM E VESTIBULARES

1. (Unifesp – Adaptado) Leia o excerto do "Sermão de Santo Antônio aos peixes" de Antônio Vieira (1608-1697) para responder à questão.

> A primeira cousa que me desedifica, peixes, de vós, é que vos comeis uns aos outros. Grande escândalo é este, mas a circunstância o faz ainda maior. Não só vos comeis uns aos outros, senão que os grandes comem os pequenos. [...] Santo Agostinho, que pregava aos homens, para encarecer a fealdade deste escândalo mostrou-lho nos peixes; e eu, que prego aos peixes, para que vejais quão feio e abominável é, quero que o vejais nos homens.
> [...]
>
> (Antônio Vieira. *Essencial*, 2011.)

"Santo Agostinho, que pregava aos homens, **para** encarecer a fealdade deste escândalo mostrou-lho nos peixes; e eu, que prego aos peixes, **para** que vejais quão feio e abominável é, quero que o vejais nos homens."

Nas duas ocorrências, o termo "para" estabelece relação de

a) consequência.
b) conformidade.
c) proporção.
d) finalidade.
e) causa

2. (FGV-SP – Adaptado)

> No primeiro aniversário da morte de Luís Garcia, Iaiá foi com o marido ao cemitério, a fim de depositar na sepultura do pai uma coroa de saudades. Outra coroa havia ali sido posta, com uma fita em que se liam estas palavras: — *A meu marido*. Iaiá beijou com ardor a singela dedicatória, como beijaria a madrasta se ela lhe aparecesse naquele instante. Era sincera a piedade da viúva. Alguma coisa escapa ao naufrágio das ilusões.
>
> (Machado de Assis. *Iaiá Garcia*, 1983. Adaptado.)

Explique que sentido assume a preposição "com" na formação das expressões nas passagens "Iaiá foi com o marido ao cemitério" e "Iaiá beijou com ardor a singela dedicatória".

3. (Mackenzie-SP)

Texto I

```
1    Temos uma notícia triste: o coração não é o órgão do amor! Ao contrário do que dizem,
2    não é ali que moram os sentimentos. Puxa, para que ele serve, afinal? Calma, não jogue
3    o coração para escanteio, ele é superimportante. "É um órgão vital. É dele a função de
4    bombear sangue para todas as células do nosso corpo", explica Sérgio Jardim, cardiolo-
5    gista do Hospital do Coração. Ele é um músculo oco, por onde passa o sangue, e tem dois
6    sistemas de bombeamento independentes. Com essas "bombas", ele recebe o sangue das
7    veias e lança para as artérias. Para isso, contrai e relaxa, diminuindo e aumentando de
8    tamanho. E o que tem a ver com o amor? "Ele realmente bate mais rápido quando uma
9    pessoa está apaixonada. O corpo libera adrenalina, aumentando os batimentos cardíacos
10   e a pressão arterial".
```

O Estado de S. Paulo, 09/06/2012, caderno suplementar, p. 6.

Capítulo 16 • Preposição, conjunção e interjeição

Texto II

1 Para os egípcios, o coração era o centro do pensamento. Eles acreditavam que o órgão
2 controlava as emoções e as funções nervosas e seria capaz de guardar as lembranças de
3 coisas boas e ruins. Eles até pesavam o coração em uma balança! Se fosse leve, queria
4 dizer que a pessoa era boa e teria um lugar junto aos deuses.
5 Já os sacerdotes astecas arrancavam o coração do peito do inimigo vivo para oferecê-
6 -lo aos deuses.
7 [...]

O Estado de S. Paulo, 09/06/2012,
caderno suplementar, p. 6.

Assinale a alternativa correta.

a) No texto I, os dois-pontos (linha 1) introduzem uma sequência linguística que se relaciona com a anterior estabelecendo uma relação de oposição.

b) No texto I, a expressão *puxa* (linha 2) indicia a presença de um tom de informalidade, uma vez que tem valor de interjeição.

c) No texto I, a pergunta *E o que tem a ver com o amor?* (linha 8) é na verdade retórica, prescindindo, assim, de uma resposta de fato, como se evidencia na sequência do texto.

d) No texto II, a partícula *até* (linha 3) denota a delimitação de um limite temporal relacionado à ideia central do fragmento.

e) No texto II, a expressão *Se fosse leve* (linha 3) relaciona-se com o fragmento que lhe é posterior, estabelecendo ideia de causalidade.

4. (Fatec-SP – Adaptado) Leia o texto.

Mais escolarizadas, mulheres ainda ganham menos e têm dificuldades de subir na carreira

As mulheres brasileiras já engravidam menos na adolescência, estudam mais do que os homens e tiveram aumento maior na renda média mensal, segundo mostram as Estatísticas de Gênero do IBGE, retiradas da base de dados do Censo de 2010, mas elas ainda ganham salários menores e têm dificuldades em ascender na carreira.

<http://tinyurl.com/gnbsmbs>.
Acesso em: 29.08.2016. Adaptado.

O título do artigo – Mais escolarizadas, mulheres ainda ganham menos e têm dificuldades de subir na carreira – poderia ser substituído, sem causar prejuízo de sentido, por:

a) Mulheres, mais escolarizadas, porventura ganham mais, entretanto possuem empecilhos para subir na carreira.

b) Mulheres, mais escolarizadas, ainda ganham menos, bem como enfrentam obstáculos para subir na carreira.

c) Mulheres, mais escolarizadas, às vezes ganham menos, por conseguinte apresentam especificidades para se elevarem na carreira.

d) Mais escolarizadas, mulheres, ainda que enfrentem dificuldades para progredirem na carreira, ganham o mesmo ou mais.

e) Mais escolarizadas, mulheres apresentam particularidades para subir na carreira, porquanto já ganham mais.

Mais questões: no livro digital, em **Vereda Digital Aprova Enem** e **Vereda Digital Suplemento de revisão e vestibulares**; no *site*, em **AprovaMax**.

De olho na escrita

Plural dos nomes

A flexão do plural de certos substantivos e adjetivos pode causar dúvidas. Confira os principais casos nos tópicos a seguir.

Plural dos substantivos terminados em -ão

1. O plural dos substantivos terminados em -ão forma-se de três maneiras:

> - A maioria (incluindo todos os aumentativos) muda a terminação -ão para -ões: coração → corações, tubarão → tubarões, pobretão → pobretões.
> - Um pequeno número muda a terminação -ão para -ães: capitão → capitães, pão → pães.
> - Alguns oxítonos e todos os paroxítonos acrescentam um -s à forma singular: cidadão → cidadãos, irmão → irmãos, sótão → sótãos.
>
> Há, ainda, um grupo pequeno que tem duas ou mais formas no plural, como aldeão, que admite o plural aldeãos, mas também aldeões ou aldeães.

- Levando em conta as diretrizes acima, indique o plural do substantivo entre colchetes nas frases a seguir. Sempre que necessário, consulte o dicionário.

    a) Algumas pessoas acreditam que a hipnose é uma estratégia usada por [charlatão] para iludir plateias, mas alguns cientistas defendem essa técnica [...].

    Meio Norte. Teresina, 1º ago. 2016. Disponível em: <http://mod.lk/bhqvb>. Acesso em: 8 jun. 2017. (Fragmento).

    b) Católicos buscam [bênção] no último dia de 2016

    Folha de Pernambuco. Recife, 30 dez. 2016. Disponível em: <http://mod.lk/4bthe>. Acesso em: 8 jun. 2017.

    c) [Tabelião] e notários podem responder por danos a terceiros, diz STJ

    Consultor Jurídico. São Paulo, 15 jul. 2016. Disponível em: <http://mod.lk/6f1s2>. Acesso em: 8 jun. 2017.

    d) No Brasil, recentemente, morreu a última falante da língua indígena xipaia, em Altamira, no Pará, e apenas dois [ancião] falam guató, vivendo em lugares diferentes [...].

    FREIRE, Diego. *Agência Fapesp*. São Paulo, 24 mar. 2016. Disponível em: <http://mod.lk/ecnus>. Acesso em: 8 jun. 2017. (Fragmento).

Plural dos substantivos e adjetivos compostos

Outra formação de plural que costuma provocar dúvidas é a dos substantivos e adjetivos compostos. As regras básicas são estas:

Substantivos compostos	Adjetivos compostos
Se o primeiro termo é verbo ou palavra invariável e o segundo é substantivo ou adjetivo, só o segundo vai para o plural: *porta-bandeiras*, *guarda-roupas*, *grão-duques*.	Geralmente, apenas o segundo varia: *bandeiras verde-amarelas*, *conflitos sino-japoneses*. Exceção: *estudantes surdos-mudos*.
Se os componentes forem ligados por preposição, só o primeiro varia: *flores-de-lis*, *porcos-do-mato*.	São invariáveis adjetivos compostos relativos a cores em que o segundo elemento é um substantivo: *paredes verde-água*, *saias azul-bebê*.
Se ambos os elementos forem substantivos, adjetivos ou numerais, geralmente ambos variam: *amores-próprios*, *águas-vivas*, *segundos-tenentes*.	

▸ Com base nessas regras, indique o plural dos substantivos e adjetivos que aparecem entre colchetes nas manchetes a seguir.

a) Unidos da Vila Maria é alvo de [abaixo-assinado] em protestos por enredo

NEVES, Marília. EGO. São Paulo, 7 fev. 2017.
Disponível em: <http://mod.lk/de46u>.
Acesso em: 8 jun. 2017.

b) Congresso das Cidades terá palestras para [primeira-dama]

Cidade Verde. Teresina, 3 mar. 2017.
Disponível em: <http://mod.lk/j1ddz>.
Acesso em: 8 jun. 2017.

c) Sexteto suspeito de vender ilegalmente [vale-transporte] é preso

O Povo. Fortaleza, 18 mar. 2016.
Disponível em: <http://mod.lk/tovvk>.
Acesso em: 8 jun. 2017.

d) Nova no mercado, Editora Malê promove escritores [afro-brasileiro]

TORRES, Bolívar. O Globo. Rio de Janeiro, 19 nov. 2016.
Disponível em: <http://mod.lk/ffarr>. Acesso em: 8 jun. 2017.
(Adaptado).

e) [Cirurgião-dentista] deverão compor equipes de UTIs

A Tribuna. Rondonópolis, 10 fev. 2017.
Disponível em: <http://mod.lk/mkhph>.
Acesso em: 8 jun. 2017.

f) 'Condomínio' de [joão-de-barro] chama atenção em chácara de SP

TITO, Fábio. G1, 21 set. 2013. Disponível em: <http://mod.lk/yketc>.
Acesso em: 8 jun. 2017.

Flexão de alguns verbos irregulares

No Capítulo 13, você estudou que verbos irregulares são aqueles que não seguem o paradigma de sua conjugação. Entre eles, os que mais provocam dúvidas são os verbos *pôr*, *ter*, *vir* e *ver*, sobretudo no pretérito perfeito do Indicativo e no pretérito imperfeito e futuro do Subjuntivo. Observe, a seguir, a conjugação desses verbos nos tempos mencionados. Fique atento, pois seus derivados – como *supor*, *deter*, *convir*, *rever* – seguem as mesmas conjugações.

	Pretérito perfeito do Indicativo	Pretérito imperfeito do Subjuntivo	Futuro do Subjuntivo
pôr	eu pus tu puseste você/ele pôs nós pusemos vocês/eles puseram	(se) eu pusesse tu pusesses você/ele pusesse nós puséssemos vocês/eles pusessem	(quando) eu puser tu puseres você/ele puser nós pusermos vocês/eles puserem
ter	eu tive tu tiveste você/ele teve nós tivemos vocês/eles tiveram	(se) eu tivesse tu tivesses você/ele tivesse nós tivéssemos vocês/eles tivessem	(quando) eu tiver tu tiveres você/ele tiver nós tivermos vocês/eles tiverem
vir	eu vim tu vieste você/ele veio nós viemos vocês/eles vieram	(se) eu viesse tu viesses você/ele viesse nós viéssemos vocês/eles viessem	(quando) eu vier tu vieres você/ele vier nós viermos vocês/eles vierem
ver	eu vi tu viste você/ele viu nós vimos vocês/eles viram	(se) eu visse tu visses você/ele visse nós víssemos vocês/eles vissem	(quando) eu vir tu vires você/ele vir nós virmos vocês/eles virem

1. Em todas as frases a seguir, adaptadas de textos jornalísticos, uma das formas verbais está em desacordo com a conjugação da norma-padrão. Identifique-a e corrija-a.

    a) Um polvo gigante do Pacífico foi transferido para um tanque que é lar de vários tubarões, e os guardas do aquário suporam que o polvo se camuflaria, ficando livre de ataques.

    D'ORNELAS, Stephanie. HypeScience, 19 out. 2011.
Disponível em: <http://mod.lk/nwspa>. Acesso em: 8 jun. 2017.
(Fragmento adaptado).

    b) Estão abertas até 15 de março as inscrições para o concurso de caricaturas Pery Guarany Blackman. O participante que obter melhor avaliação do júri receberá uma placa pela participação [...].

    G1, 2 mar. 2017. Disponível em: <http://mod.lk/as9yn>.
Acesso em: 8 jun. 2017. (Fragmento adaptado).

c) Agentes migratórios deteram uma imigrante salvadorenha de 26 anos em um hospital no Texas [...].

O Globo. Rio de Janeiro, 23 fev. 2017.
Disponível em: <http://mod.lk/helhq>.
Acesso em: 8 jun. 2017.
(Fragmento adaptado).

d) Moradores de Siliguri (Bengala Ocidental, Índia) tiveram momentos de pânico quando um elefante em fúria avançou contra casas e carros. A polícia interviu e usou um tranquilizante para deter o paquiderme.

O Globo. Rio de Janeiro, 10 fev. 2016.
Disponível em: <http://mod.lk/piwqa>. Acesso em: 8 jun. 2017.
(Fragmento adaptado).

e) A Lei da Aviação Civil chinesa determina que os passageiros que porem em perigo a segurança de voos poderão ser responsabilizados criminalmente.

R7, 30 mar. 2016. Disponível em: <http://mod.lk/lpt4k>.
Acesso em: 8 jun. 2017.
(Fragmento adaptado).

f) Aqueles que esperaram décadas pela transposição do São Francisco só vão acreditar quando verem o fluxo de água.

R7, 19 fev. 2017. Disponível em: <http://mod.lk/uunih>.
Acesso em: 8 jun. 2017. (Fragmento adaptado).

g) No século passado, os nomes dos personagens ficavam ao bel-prazer dos tradutores. As editoras, distribuidoras e franqueados nacionais escolhiam os nomes que melhor lhes convissem comercialmente, o que gerou algumas pérolas, como chamar Wolverine de Lobão.

SILVA, Paulo Henrique. *Hoje em Dia*. Disponível em:
<http://mod.lk/1rfhh>. Acesso em: 8 jun. 2017.
(Fragmento adaptado).

2. (Insper-SP)

[O ministro] disse que o governo está preferindo "procurar receitas que advenham de soluções e criação de oportunidade ao invés de aumentar a carga tributária".

Disponível em: http://epocanegocios.globo.com/Informacao/
Visao/noticia/2015/07/mudanca-de-meta-fiscal-visa-diminuir-
incerteza-da-economia-diz-levy.html
Acesso: 30/09/2015.

A respeito do verbo "advir", empregado na fala do ministro, é correto afirmar que:

a) contém um desvio de linguagem de natureza ortográfica.
b) obedece ao padrão formal, pois segue a mesma conjugação de "vir".
c) apesar de ser comum na linguagem popular, a forma culta é "advejam".
d) por ser defectivo, não poderia ser conjugado no presente do Subjuntivo.
e) por expressar ideia de possibilidade, deveria ser substituído por "adviessem".

UNIDADE 5
SINTAXE DO PERÍODO SIMPLES

Capítulo 17
Construção da oração I: o sujeito, 266

Capítulo 18
Construção da oração II: o predicado, 287

Capítulo 19
Termos ligados ao verbo, 298

Capítulo 20
Termos ligados ao nome e vocativo, 313

Na unidade anterior você examinou as dez classes gramaticais do português e, assim, completou seus estudos de morfologia.

Agora é a hora de nos dedicarmos à sintaxe. Essa palavra vem do grego *súntaksis*, que significa "organização, composição". E é justamente disso que trata a sintaxe: de como as palavras se organizam para compor as frases e textos que usamos no dia a dia. Bons estudos!

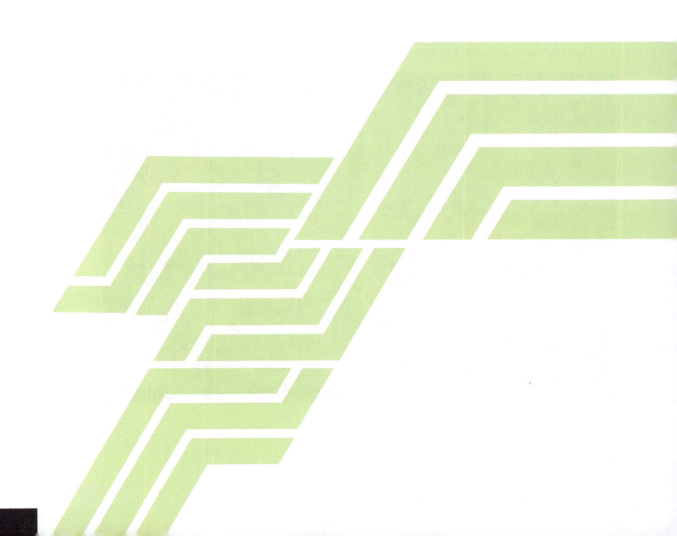

CAPÍTULO 17
CONSTRUÇÃO DA ORAÇÃO I: O SUJEITO

ENEM
C6: H18
C7: H21, H23
C8: H25, H26, H27

OBJETIVOS DE APRENDIZAGEM

- Identificar frases como unidades de sentido.
- Reconhecer frases nominais, orações, períodos simples e compostos.
- Compreender os princípios da análise sintática e o conceito de termos da oração.
- Identificar o sujeito, seu núcleo e os diversos tipos de sujeito.
- Reconhecer orações sem sujeito.
- Entender como a indeterminação do sujeito se manifesta no português brasileiro.

Observação

Conforme antecipamos no Capítulo 10, identificar a classe gramatical das palavras – como fizemos ao longo da unidade anterior – é uma das formas de analisá-las. A outra é refletir sobre como elas se relacionam umas às outras e a função que exercem na composição das frases. Esses conhecimentos ajudam a compreender textos com mais facilidade e, principalmente, a construir frases claras e coerentes.

Para começar, leia este anúncio e responda às perguntas.

Todos os anos, milhares de brasileiros são vítimas de armas de fogo. Cerca de 80% desses crimes são cometidos com armas compradas legalmente. Muitas vezes, são brigas de marido e mulher, discussões entre vizinhos, crianças brincando com a arma do pai e desentendimentos no bar, nas festas e no trânsito. Crimes que poderiam ser evitados se não houvesse uma arma por perto. Tire uma arma do futuro do Brasil. Entregue a sua no ponto de coleta mais próximo. Você terá anonimato garantido e indenização mais rápida, e a arma será inutilizada. [...]

Análise

1. Qual é o objetivo do anúncio?

2. Concentre-se no texto principal, grafado com letras maiores.

    a) Descreva o elemento visual que aparece após a conjunção *e*. Explique o que esse elemento simboliza, relacionando-o ao objetivo do anúncio.

    b) Imagine que os criadores do anúncio tivessem redigido o texto principal assim: "Meu filho Pedro brincava em casa quando abriu minha gaveta." e, em seguida, tivessem inserido o elemento que você identificou no item anterior. O efeito persuasivo do anúncio seria o mesmo? Explique por que o elemento gráfico foi colocado após a conjunção *e*.

Frase

Conforme você percebeu, o texto principal do anúncio foi redigido de tal forma que o leitor tem a sensação de que houve uma interrupção violenta – interrupção essa que remete aos acidentes com armas de fogo, que podem destruir a vida das pessoas repentinamente.

Para criar esse efeito, os publicitários apoiaram-se na capacidade que os falantes da língua têm de diferenciar entre uma sequência de palavras com sentido completo e uma sequência que parece interrompida, inacabada – como o texto principal do anúncio. Uma palavra ou sequência de palavras cujo sentido parece completo, no contexto em que aparece, é denominada **frase**.

A sequência a seguir, por exemplo, é uma frase:

Meu filho Pedro brincava em casa quando abriu minha gaveta e, acidentalmente, disparou a arma que eu guardava lá.

Na fala, a frase é marcada por uma entonação característica, que indica seu começo e seu término. Na escrita, geralmente é iniciada por letra maiúscula e finalizada por um sinal de pontuação. Esse sinal pode ser o ponto final, o de interrogação, o de exclamação, as reticências.

Além de indicar o término da frase, a pontuação reflete a entonação que lhe seria dada na fala, de modo que o leitor perceba a intenção do enunciador ao produzi-la. Ele pode ter a intenção, por exemplo, de:

- afirmar ou negar algo, e nesse caso teremos uma **frase declarativa**:
    "Todos os anos, milhares de brasileiros são vítimas de armas de fogo".

- fazer uma pergunta, papel desempenhado pela **frase interrogativa**:
    Você acha esse anúncio persuasivo?

- exprimir emoções ou pensamentos com veemência, em uma **frase exclamativa**:
    Que campanha interessante!

- dar uma ordem, por meio de uma **frase imperativa**:
    Fecha já essa gaveta, menino!

> **Frase** é uma palavra ou uma sequência de palavras que, em dado contexto, apresenta sentido completo.
>
> Na fala, é marcada por uma entonação particular; na escrita, geralmente é iniciada por letra maiúscula e encerrada por um sinal de pontuação (ponto final, de interrogação, de exclamação, reticências).

Frase nominal, oração, período

Leia esta tira.

BROWNE, Dik. Hagar. *Folha de S.Paulo*. São Paulo, 27 dez. 2014. © Folhapress.

O humor vem da forma como Helga interpreta a fala do marido. Evidentemente, ele quis dizer que, se ela se lembrasse, nos momentos difíceis, da presença dele, iria se sentir melhor porque perceberia que tem ao seu lado um companheiro cheio de qualidades. No entanto, Helga entende o conselho de outra forma: lembrar-se da presença dele é útil porque, quando comparados ao péssimo conjunto de atributos de seu companheiro, os problemas dela parecem insignificantes.

Nesse diálogo entre os personagens, aparecem três sequências de palavras com sentido completo, ou seja, três frases. Observe:

"– Helga, quando você tiver problemas, lembre-se de quem está com você."

"– Boa ideia..."

"– Os problemas parecerão nada diante disso."

Por esses exemplos, podemos observar que as frases podem ser construídas de diferentes maneiras. Em alguns contextos, é possível elaborar a frase sem qualquer verbo, como em "Boa ideia...". A frase construída dessa forma é chamada de **frase nominal**, pois, como o nome indica, só contém nomes (nesse caso, o adjetivo *boa* e o substantivo *ideia*).

Frases nominais são mais comuns na comunicação oral, pois geralmente remetem a um elemento da própria situação de interação (por exemplo, *Cuidado aí com essa tesoura!*) ou a uma frase dita antes no diálogo, como ocorre na fala de Helga. Contudo, mesmo na oralidade as frases nominais não predominam. A maioria dos enunciados que formulamos contém verbos, pois essa classe gramatical é essencial para relatar fatos, fazer declarações, defender opiniões, dar ordens, etc.

A frase ou a parte da frase construída em torno de um verbo ou locução verbal é denominada **oração**. Veja:

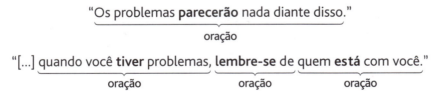

Como se nota, a frase pode conter uma única oração, como no primeiro exemplo, ou mais de uma, como no segundo. A frase que contém orações é chamada de **período**. Quando há só uma oração, ele é denominado **período simples**; quando há duas ou mais orações, **período composto**.

> **Frase nominal** é a frase composta sem verbos.
>
> **Oração** é a parte da frase que contém um verbo ou locução verbal.
>
> **Período** é a frase organizada em uma ou mais orações. **Período simples** é aquele construído com uma única oração. **Período composto** é aquele construído com duas orações ou mais.

A oração e a locução verbal

Como você observou nos exemplos, cada verbo da frase constitui uma oração. Devemos recordar, porém, que um único processo verbal pode ser expresso por mais de um verbo – uma *locução verbal*. Nesse caso, a frase ou a parte da frase que contém a locução verbal corresponde a uma oração. Observe:

Helga **estava sendo aconselhada** por Hagar.
oração

O guerreiro **vai preparar** um jantar especial para a esposa.
oração

Contudo, nos casos em que as formas verbais estão em sequência, mas não compõem uma locução, pois se referem a processos distintos, teremos orações também distintas:

Naquele dia, Hagar **guerreou** **pensando** na esposa.
oração   oração

EM EQUIPE

Construções mais comuns em diferentes gêneros textuais

Como será que essas diferentes formas de construir o enunciado aparecem nos textos do dia a dia? Junto com os colegas, você vai fazer uma pesquisa para descobrir isso.

Sob a orientação do professor, sigam as instruções abaixo.

1. A classe será dividida em cinco grupos, e cada grupo ficará responsável por pesquisar um gênero textual.

Grupo I	receita culinária
Grupo II	bate-papo por aplicativo de troca de mensagens
Grupo III	editorial (de jornal ou revista)
Grupo IV	manual de instruções
Grupo V	tirinha

2. Providenciem um texto que represente o gênero textual do grupo. Em seguida, transcrevam as primeiras dez frases desse texto (excluindo-se o título, caso haja). O Grupo I deve considerar apenas o "modo de preparo" da receita, desconsiderando os "ingredientes". Em alguns casos, como no gênero *tirinha*, pode ser necessário mais de um texto até juntarem-se as dez frases. Se a pontuação deixar dúvidas sobre onde começa ou termina cada frase, usem como critério a unidade de sentido.

3. Com a lista de dez frases em mãos, o grupo deve circular os verbos e locuções verbais. Lembrem que as formas nominais (Infinitivo, Gerúndio e Particípio) contam como oração quando não fazem parte de uma locução e se referem a um processo verbal independente.

4. Contem, então, o número de orações de cada enunciado. Identifiquem as frases nominais e classifiquem os períodos, como na ficha reproduzida a seguir.

Grupo I
Gênero textual: receita culinária
- *Frases nominais: 1   10%*
- *Períodos simples: 6   60%*
- *Períodos compostos: 3   30%*

5. Quando todos os grupos tiverem terminado a tarefa, transcrevam os resultados no quadro-negro, para que todos possam vê-los. Então, discutam:
a) Em quais gêneros é mais comum cada tipo de construção: frase nominal, período simples e período composto?
b) O que pode explicar as tendências? Vejam alguns fatores que podem influenciar: grau de formalidade do gênero, proximidade com a oralidade, necessidade de ser direto e claro, necessidade de expressar conteúdos complexos, etc.

Análise sintática: os termos da oração

Pense e responda

Leia a tira e responda às perguntas.

GARFIELD   JIM DAVIS

DAVIS, Jim. Garfield. *Folha de S.Paulo*. São Paulo, 28 maio 2014. © Folhapress.

1. Explique por que a expressão facial de Garfield muda ao longo dos quadrinhos da tira.

2. A mudança na expressão facial corresponde a uma alteração no texto verbal. Qual é essa alteração e por que é feita?

3. Se os pensamentos de Garfield tivessem sido compostos de outra forma (por exemplo, "Eu emprestei um livro pro Odie"; "Na verdade dei o livro, né?"), o efeito humorístico seria o mesmo? Por quê?

4. Reescreva a fala de Garfield de duas novas formas, trocando uma ou mais palavras pelas opções do quadro abaixo. Use apenas as opções do quadro e, a cada versão, faça no mínimo duas substituições. Se decidir trocar o verbo, flexione-o de modo coerente com sua oração.

eu e meu primo	pros cachorros do abrigo
levar	flores
à Liz	
pacotes de ração	entregar

5. É possível colocar qualquer termo em qualquer posição da oração? Levante uma hipótese para explicar por que isso ocorre.

Ao realizar as atividades, você percebeu que podemos fazer inúmeras trocas na estrutura de uma oração e, com isso, comunicar uma quantidade imensa de conteúdos. No entanto, como você também observou, essas trocas não ocorrem de maneira aleatória.

Para construir orações, lançamos mão de dois mecanismos básicos da língua: a *seleção* e a *combinação*. Selecionamos palavras ou expressões de diferentes classes gramaticais e as combinamos para formar os enunciados pretendidos.

Como falantes do português, sabemos quais palavras podem ser selecionadas para ocupar determinada posição dentro da combinação. Sabemos, por exemplo, que a posição ocupada por um substantivo ou pronome substantivo ao qual se atribui o processo verbal – como em "**Eu** dei um livro" – só pode ser ocupada por outros substantivos ou pronomes substantivos, como **Eu e meu primo** demos um livro. Não seria possível trocar esse componente da oração original por um verbo: não se diria, por exemplo, *Entregar* dei um livro.

Cada componente da oração, que ocupa certa posição e desempenha determinada função na combinação, é chamado de **termo da oração**. O termo pode corresponder a uma única palavra (*Eu*) ou a mais de uma palavra (*pro Odie*). Observe uma das orações que poderia ter sido formada nas atividades e os principais termos que participam de sua composição:

Os dois termos básicos são o **sujeito** e o **predicado**. Eles estão presentes em quase todas as orações e são fundamentais para sua construção, por isso são chamados de **termos essenciais**.

Note que, nesse caso, o predicado tem subcomponentes: o **objeto direto** e o **objeto indireto**, que completam o sentido da forma verbal *levamos*. Termos como esses, que não são obrigatórios, mas podem integrar os essenciais, completando o sentido dos verbos ou nomes que os compõem, são chamados de **termos integrantes**.

Por fim, percebemos que há mais um nível de análise. Seria possível, por exemplo, trocar *meu primo* por *seu primo*, ou *pacotes de ração* por *pacotes de biscoito*. Seria possível, ainda, introduzir uma circunstância do processo verbal: *Eu e meu primo levamos ontem pacotes de ração pros cachorros do abrigo*. Esses termos, que servem para especificar ou qualificar nomes e verbos que fazem parte dos outros termos, são chamados de **termos acessórios** da oração.

Ao identificar os termos de uma oração, realizamos sua **análise sintática**. Analisar significa decompor, e é exatamente isso o que se faz durante a análise sintática: decompomos a oração em diversas partes, determinando a **função sintática** que cada uma desempenha.

Veja abaixo a relação completa de todos os termos que podem ser encontrados em uma oração: os essenciais, os integrantes e os acessórios.

Termos essenciais	• Sujeito	• Predicado
Termos integrantes	• Objeto direto • Objeto indireto	• Complemento nominal • Agente da passiva
Termos acessórios	• Adjunto adnominal • Adjunto adverbial	• Aposto

Neste capítulo e no próximo, estudaremos os termos essenciais. Depois, no Capítulo 19, vamos nos dedicar aos termos integrantes e acessórios ligados aos verbos e, no Capítulo 20, aos termos integrantes e acessórios ligados aos nomes.

Termo da oração é cada componente da oração, ou seja, é uma palavra ou um grupo de palavras que exerce determinada **função sintática** dentro da oração. Realizar a **análise sintática** de uma oração equivale, portanto, a decompô-la, identificando seus termos.

Os **termos essenciais** da oração são o **sujeito** e o **predicado**, fundamentais para sua construção e presentes em quase todos os casos.

Os **termos integrantes** são aqueles que, embora não sejam obrigatórios, podem integrar os termos essenciais, completando o sentido dos nomes e verbos que os compõem. São eles: o **objeto direto**, o **objeto indireto**, o **complemento nominal** e o **agente da passiva**.

Os **termos acessórios** são aqueles que especificam ou qualificam certo nome ou verbo de um dos outros termos. São eles: o **adjunto adnominal**, o **adjunto adverbial** e o **aposto**.

Sujeito

Pense e responda

Leia este haicai da escritora paranaense Helena Kolody (1912-2004).

> **Alquimia**
>
> Nas mãos inspiradas
> nascem antigas palavras
> com novo matiz.
>
> KOLODY, Helena. *Viagem no espelho e vinte e um poemas inéditos*. Curitiba: Criar Edições, 2001. p. 22.

Poema de origem japonesa composto de três versos, com cinco, sete e cinco sílabas poéticas.

Glossário
Matiz: gradação ou nuança de cor.

1. De que tipo de profissional seriam as "mãos" mencionadas no poema? Justifique sua resposta.
2. Explique o título do poema. Se necessário, procure a palavra *alquimia* em dicionários ou enciclopédias.
3. Quantas orações há no poema? Justifique sua resposta.
4. O verbo que você identificou na questão anterior se refere a quê?
   - Às "mãos inspiradas".
   - Às "antigas palavras com novo matiz".
5. Reescreva o haicai colocando o verbo no singular. Faça apenas as alterações necessárias para que o texto continue coerente.
   - O que é possível concluir em relação ao verbo e ao termo a que ele se refere?

Ao analisar a estrutura sintática do haicai, você observou que o processo expresso pelo verbo *nascer* é atribuído ao sintagma nominal "antigas palavras com novo matiz". O termo da oração ao qual se atribui o processo, estado ou mudança de estado expresso pelo verbo é chamado de **sujeito**. Observe:

Conjunto formado por um substantivo e seus determinantes (artigos, numerais, adjetivos, pronomes).

Nas mãos inspiradas **nascem** *antigas palavras com novo matiz*.
　　　　　　　　　　　　　　sujeito

O sujeito quase sempre corresponde a um sintagma nominal. A palavra que figura no núcleo desse sintagma pode ser um substantivo, como *palavras*, ou uma palavra a ele equivalente. Por ocupar o núcleo do sintagma nominal que desempenha a função de sujeito da oração, essa palavra é denominada também **núcleo do sujeito**. Veja estes exemplos:

> Ver boxe "Sintagma nominal", no Capítulo 10: "Substantivo e adjetivo".

　　　　sujeito
Grupo de torcedores *faz* vídeo de incentivo aos atletas
núcleo do sujeito = substantivo

Disponível em: <http://mod.lk/jazev>. Acesso em: 5 jun. 2017.

　　　sujeito
Flamengo e **Vasco** *duelam* por vaga na decisão
núcleos do sujeito = substantivos

Disponível em: <http://mod.lk/xx7aw>. Acesso em: 5 jun. 2017.

272 Gramática: uma reflexão sobre a língua

*Todas **nós** **estamos** sujeitas a esses micos em festas de 15 anos*

sujeito: Todas **nós**
núcleo do sujeito = pronome substantivo

Disponível em: <http://mod.lk/gvye9>. Acesso em: 5 jun. 2017.

Cinco *ficam feridos após acidente com três carros em João Pessoa*

sujeito: Cinco
núcleo do sujeito = numeral substantivo

Disponível em: <http://mod.lk/e4d76>. Acesso em: 5 jun. 2017.

Viajar *pelo mundo é a melhor educação para as crianças*

sujeito: Viajar
núcleo do sujeito = verbo no infinitivo

Disponível em: <http://mod.lk/fewbb>. Acesso em: 5 jun. 2017.

Fortão *vira hit ao comprar regata que parece 'vestido'*

sujeito: Fortão
núcleo do sujeito = adjetivo substantivado

Disponível em: <http://mod.lk/1tu2i>. Acesso em: 5 jun. 2017.

Pelos exemplos, você pôde confirmar o que já havia observado ao analisar o poema: o núcleo do sujeito determina em que pessoa e número o verbo será flexionado. No poema, a forma verbal *nascem* está na 3ª pessoa do plural porque o núcleo do sujeito é o substantivo *palavras*, que corresponde à 3ª pessoa (aquela de quem se fala) e está no plural. Nas manchetes de jornal, observamos o mesmo padrão:

"**Grupo** de torcedores **faz**..."   (3ª pessoa do singular)

"Todas **nós estamos** sujeitas..."   (1ª pessoa do plural)

Se o sujeito tem mais de um núcleo, como em "**Flamengo** e **Vasco** duelam...", o verbo também vai, geralmente, para o plural.

Ver Capítulo 25: "Concordância".

> **Sujeito** é o termo da oração ao qual se atribui o processo, estado ou mudança de estado expresso pelo verbo ou locução verbal. Corresponde quase sempre a um sintagma nominal, cujo núcleo (substantivo ou palavra a ele equivalente) é denominado **núcleo do sujeito**. O núcleo do sujeito determina a flexão em número e pessoa do verbo ou locução verbal.

Ordem direta e ordem indireta da oração

Você observou que, no poema, o sujeito vinha depois do verbo ("[...] *nascem* **antigas palavras**"), mas, nas manchetes de jornal, ele aparece sempre antes do verbo: "**Grupo de torcedores** *faz*..." A posição do sujeito observada nas manchetes é a mais comum: usualmente, ele fica *anteposto* ao verbo. Mas o sujeito também pode estar *posposto* ao verbo, como no poema.

Quando uma oração tem a estrutura a seguir, com sujeito + verbo + complemento/predicativo, dizemos que está na **ordem direta**.

Flamengo e Vasco (sujeito) *duelam* (verbo) *por vaga na decisão* (complemento)

Quando há alguma inversão nessa sequência, como o sujeito posposto ao verbo, dizemos que a oração está na **ordem indireta**. Por exemplo: *Duelam Flamengo e Vasco por vaga na decisão.*

> **Ordem direta** da oração é aquela em que aparecem, nesta sequência: o sujeito, o verbo e o complemento ou predicativo. A **ordem indireta** é aquela em que tal sequência sofre alguma inversão.

ATIVIDADES

▰ Leia o cartum e responda às perguntas de 1 a 3.

1. Descreva a cena retratada no cartum.

2. Releia esta fala: "A passagem é barata. A estadia, caríssima".
   a) Na segunda frase, ocorre a figura de linguagem denominada *elipse*. Explique como essa figura é construída, no cartum.
   b) Indique se essa segunda frase é uma frase nominal ou um período. Justifique sua resposta.

   ▰ Ver "Figuras de construção", no Capítulo 7: "Figuras de linguagem".

3. Graças à elipse, certa palavra da fala recebe ênfase. Identifique essa palavra e explique como a elipse ajuda a realçá-la.
   • A palavra que você identificou é fundamental para o sentido do cartum. Em sua opinião, qual ideia sobre a liberdade esse cartum expressa?

▰ Leia o fragmento inicial de uma letra de canção e responda às questões a seguir.

Machuca

Sou morena bonita e galante
Tenho raios e setas no olhar
E nem pode uma lira de Dante
Os encantos que tenho cantar
[...]

GONZAGA, Chiquinha; FILHO, Patrocínio. Disponível em: <http://mod.lk/uvo2r>. Acesso em: 5 jun. 2017. (Fragmento).

Glossário
Lira: instrumento musical popular na Antiguidade, tocado durante a declamação de poemas; por extensão, a poesia lírica, a inspiração artística.
Dante: Dante Alighieri (1265-1321), considerado o primeiro e maior poeta da língua italiana. Sua obra-prima é *A divina comédia*.

Material complementar
Texto integral

ATIVIDADES

4. Na letra, o verbo *cantar* faz parte de uma locução verbal. Qual é o outro verbo da locução, ou seja, o verbo auxiliar?

- Identifique o sujeito e o núcleo do sujeito dessa locução verbal.

5. De acordo com a análise que fez, escreva na ordem direta a frase que compõe os dois últimos versos da estrofe. Mantenha as conjunções "E nem" no início.

   a) Explique, com suas palavras, o sentido dessa frase.

   b) Aponte por que, na letra da canção, essa frase não foi composta na ordem direta.

▶ Leia a tira e responda às perguntas.

GARFIELD   JIM DAVIS

DAVIS, Jim. Garfield. *Folha de S.Paulo*. São Paulo, 27 ago. 2014. © Folhapress.

6. Identifique as orações que compõem as falas de Jon no primeiro e no segundo quadrinhos. Depois, indique o sujeito e o núcleo do sujeito de cada oração.

7. No primeiro quadrinho, temos a impressão de que Jon está lendo para seus animais de estimação um texto pertencente a certo gênero textual. Qual é esse gênero? Explique por que a ordem (direta ou indireta) da primeira oração é importante para que o leitor forme essa impressão.

8. No segundo quadrinho, a forma de compor as orações confirma ou refuta a impressão sobre o gênero que está sendo lido? Por quê?

9. No último quadrinho, o leitor descobre em que realmente consiste a leitura feita por Jon. Explique como ocorre essa quebra de expectativa e como ela produz o humor da tira.

10. Reescreva a primeira fala de Jon de acordo com as informações apresentadas no último quadrinho. Substitua os sujeitos para que sejam reveladas suas verdadeiras identidades.

Tipos de sujeito

O sujeito de uma oração pode ser determinado ou indeterminado. Veja mais detalhes sobre essas duas categorias a seguir.

Sujeito determinado

O **sujeito determinado** é aquele que pode ser identificado. De acordo com a forma em que se apresenta, pode ser classificado como simples, composto ou oculto.

Sujeito simples

Sujeito simples é aquele que apresenta um único núcleo. Por exemplo:

Os deliciosos bolos de chocolate da minha avó Lourdes fazem sucesso no bairro.

um só núcleo = **sujeito simples**

Capítulo 17 • Construção da oração I: o sujeito **275**

Sujeito composto

Sujeito composto é aquele que apresenta mais de um núcleo. Por exemplo:

Eu, meus vizinhos e a professora Fábia organizamos um piquenique.
  |_____|
   mais de um núcleo = **sujeito composto**

Sujeito oculto

Leia a tira.

WILL LEITE   WILL TIRANDO

LEITE, Will. *Will Tirando*. Disponível em: <http://www.willtirando.com.br>. Acesso em: 5 jun. 2017.

Glossário
À paisana: sem uniforme; em traje civil.

Nessa tira, o humor vem de uma brincadeira entre o sentido figurado de *cão policial* (um dos nomes pelos quais é conhecida a raça pastor-alemão) e o sentido literal da expressão, isto é, um cachorro que seja realmente policial e, por isso, possa ficar "à paisana".

Note que alguns verbos e locuções verbais da tira não têm um sujeito expresso:

"[Você] **Tá vendo** aquele cachorro ali?"

"[Aquele cachorro] Não **tem** nada de cão policial."

Em muitas situações, é desnecessário explicitar o sujeito da oração porque ele é facilmente perceptível pela desinência ou pelo contexto. Ao ouvir ou ler a forma *estamos*, por exemplo, sabemos que ela se refere à 1ª pessoa do plural (*nós*), pois a desinência *-mos* é exclusiva dessa pessoa. No caso da forma *tá vendo*, que aparece no primeiro quadrinho, embora ela possa se referir tanto àquele de quem se fala (*ele tá vendo*) quanto àquele com quem se fala (*você tá vendo*), o contexto da tira nos permite entender que se trata da segunda opção, ou seja, o sujeito da locução verbal é o pronome *você*.

Já no terceiro quadrinho, o sujeito é expresso em uma das orações, mas omitido na subsequente, pois fica subentendido. Observe:

"Cara, na boa, mas **aquele cachorro** é um vira-lata. [Aquele cachorro] Não **tem** nada de cão policial."

A esse tipo de sujeito, que é determinado, pois pode ser identificado pela desinência ou pelo contexto, mas não vem explicitado na oração, damos o nome de **sujeito oculto**. Portanto, nas orações "*tá vendo* aquele cachorro ali" e "Não *tem nada* de policial", os sujeitos são, respectivamente, *você* e *aquele cachorro*, mas em ambos os casos eles estão ocultos.

> **Sujeito determinado** é o que pode ser identificado.
> Pode ser **simples**, quando tem um só núcleo, ou **composto**, quando tem mais de um núcleo. É, ainda, considerado **oculto** quando não vem expresso na oração, mas pode ser identificado pela desinência ou pelo contexto.

Sujeito paciente

Leia esta manchete.

Planeta semelhante a Júpiter é descoberto por equipe de brasileiros
   └─ sujeito paciente

Disponível em: <http://mod.lk/zddik>. Acesso em: 5 jun. 2017.

Conforme você estudou no Capítulo 14, essa forma de representar o processo verbal, na qual aquele que sofre o processo – o **sujeito paciente** – é colocado em destaque, denomina-se **voz passiva**. O sujeito paciente é um sujeito determinado, podendo ser simples, como na manchete, ou composto. E, assim como ocorre com os outros tipos de sujeito determinado, é seu núcleo ou seus núcleos que definem a concordância do verbo.

Recorde, também, que a voz passiva tem duas formas de apresentação: a *voz passiva analítica*, com sujeito paciente + verbo *ser* + particípio, como mostrado no exemplo, e a *voz passiva sintética*, com verbo na 3ª pessoa + pronome *se* (partícula apassivadora) + sujeito paciente. A voz passiva analítica e a sintética são equivalentes, portanto sempre é possível converter a oração de uma forma para a outra: "Planeta semelhante a Júpiter **é descoberto**" = ***Descobre-se** planeta semelhante a Júpiter*.

Sujeito indeterminado

Leia a tira a seguir.

Mulher de 30 — Cibele Santos

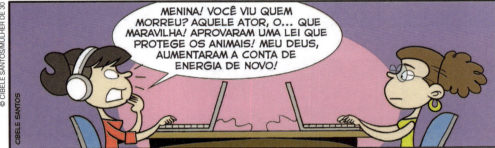

Em uma demonstração de como, nos dias de hoje, vivemos bombardeados por notícias, sem tempo para refletir sobre elas, a personagem vai citando rapidamente todos os acontecimentos mostrados em sua rede social. O primeiro fato, relacionado à morte de alguém, tem um sujeito definido – *aquele ator*; por outro lado, nada no texto nos permite identificar os sujeitos das duas formas verbais seguintes, *aprovaram* e *aumentaram*.

Ao flexionar o verbo na 3ª pessoa do plural, a personagem pretende justamente provocar esse efeito: omitir a identidade do sujeito. Existem situações em que o enunciador não revela o sujeito de uma oração, ou porque o desconhece, ou não quer se comprometer em indicá-lo, ou, ainda, não considera a informação importante. Essa última hipótese parece aplicar-se à tira: para a personagem, não é relevante indicar quem aprovou a lei de proteção aos animais, ou quem aumentou a conta de energia, mas apenas comentar a respeito dos fatos.

Note que não se trata aqui de sujeito oculto, pois não é possível identificá-lo nem pela desinência, nem pelo contexto. Dizemos, nesse caso, que a oração tem um **sujeito indeterminado**.

Há duas formas tradicionais de expressar essa indeterminação. A primeira é por meio do verbo na 3ª pessoa do plural, como feito na tira: "**Aprovaram** uma lei que protege os animais".

A segunda forma é pelo acréscimo do pronome *se* – chamado, nesse caso, de **índice de indeterminação do sujeito** – ao verbo flexionado na 3ª pessoa do singular. Veja um exemplo:

índice de indeterminação do sujeito

[...] **Diz-se** que a informática vai abolir o livro. Não acredito. Acho o contrário, que o livro eletrônico só vai valorizar a impressão. [...]

CAETANO, Antônio. Disponível em: <http://mod.lk/aa9hj>. Acesso em: 5 jun. 2017. (Fragmento).

Observe que a ação de *dizer* é atribuída a um sujeito genérico, indefinido – as pessoas de maneira geral.

> **Sujeito indeterminado** é aquele que não pode ser identificado; surge, na oração, quando o enunciador não pode ou não quer revelar a identidade do sujeito. Expressa-se pelo verbo na 3ª pessoa do plural ou pelo acréscimo do pronome *se* ao verbo na 3ª pessoa do singular. Nesse último caso, o pronome *se* é denominado **índice de indeterminação do sujeito**.

Oração sem sujeito

Pense e responda

O anúncio a seguir foi produzido pela Câmara Rio-Grandense do Livro. Leia-o e responda às questões.

Há quanto tempo você não lê?

278 Gramática: uma reflexão sobre a língua

1. A caveira da imagem remete a um conhecido personagem da literatura. Qual é esse personagem? Justifique sua resposta com elementos do texto visual.
2. Explique a relação entre a imagem da caveira e o texto verbal. Aponte também o objetivo do anúncio.
3. Releia o texto do anúncio:

   "Há quanto tempo você não lê?"

   Esse período está composto por duas orações, mas apenas uma delas tem sujeito. Explique essa afirmação.

Como dito, o sujeito é um dos termos essenciais das orações. De fato, ele está presente na maioria delas. Mas o português é uma língua que também permite a construção de orações sem sujeito. Quando isso ocorre, o verbo ou locução verbal da oração é denominado **impessoal**, e o sujeito é classificado como **inexistente**. Confira a lista dos principais verbos impessoais do português:

- verbos *haver*, *fazer*, *ir* (*para*) ou *passar* (*de*) quando indicam a passagem do tempo:
  Há quanto tempo você estuda nesta escola?
  Faz três anos que estudo aqui.
  Já *vai* para dez anos que meu avô faleceu.
  Passava das cinco quando chegamos em casa.

- verbo *ser* na indicação de tempo em geral:
  É tarde.
  Era meados de março.

- verbo *haver* na indicação de existência ou acontecimento:
  Há bons alunos nesta escola.
  Antigamente *havia* mais festas neste bairro.

- verbos que indicam fenômenos meteorológicos:
  Choveu a semana toda.
  Ontem *geou* na serra catarinense.
  Venta muito em Cabo Frio.
  Tem feito dias lindos.

Observe que o verbo impessoal é sempre expresso na 3ª pessoa do singular, mesmo quando vem acompanhado de expressões no plural:

Faz três anos.
Era meados de março.

> **Oração sem sujeito** é aquela construída com um **verbo impessoal**.
>
> São classificados desse modo: os verbos que designam fenômenos meteorológicos; os verbos *haver* e *fazer* na indicação da passagem do tempo; o verbo *haver* com sentido de existir, entre outros.

Saiba mais

O português admite orações sem sujeito, mas isso não ocorre em todas as línguas. Em francês e inglês, por exemplo, para expressar fenômenos meteorológicos e outros processos impessoais, precisamos inserir um sujeito na oração, representado por um pronome neutro. Compare uma frase com verbo impessoal expressa nas três línguas:

Chove. (português)   *Il pleut.* (francês)   *It rains.* (inglês)
                        sujeito   sujeito

A língua da gente

Sujeito indeterminado ou voz passiva sintética?

Observe esta capa de revista, que imita um anúncio classificado:

Galileu. São Paulo: Globo, edição 262, maio 2013.

Para simular a linguagem desse tipo de anúncio, utiliza-se uma estrutura frasal frequentemente encontrada nesse gênero: a voz passiva sintética. A oração "Procuram-se ideias inovadoras" está na passiva sintética, e a prova disso é que podemos convertê-la para a passiva analítica: *Ideias inovadoras são procuradas*.

Por sua vez, a outra oração do "anúncio" – "Paga-se bem" – não está na voz passiva sintética; ela tem sujeito indeterminado, marcado pelo índice de indeterminação do sujeito *se*. Do ponto de vista gramatical, a diferença é que essa segunda oração não tem sujeito paciente, portanto é impossível convertê-la para a voz passiva analítica.

Apesar de as duas orações serem classificadas de modo diferente pela gramática, o usuário da língua interpreta-as da mesma forma: ambas dão a ideia de impessoalidade. Sempre que o mais importante seja revelar a ação, e não aquele que a pratica (como em um anúncio classificado), são utilizadas tanto a voz passiva sintética quanto orações com sujeito indeterminado, pois ambas as estruturas servem para ocultar a identidade do agente.

Observe agora uma frase extraída de uma reportagem sobre as melhores bibliotecas do Brasil:

> Muita gente lembra dela por ser o local onde *se faz* registros autorais, porém, a Biblioteca Nacional, no Rio de Janeiro, é muito mais que isso. O espaço reúne mais de 9 milhões de itens no seu acervo e é considerado uma das maiores bibliotecas nacionais do mundo. [...].
>
> Disponível em: <http://mod.lk/i3u4y>. Acesso em: 5 jun. 2017. (Fragmento).

Como não é importante revelar quem faz os registros, o enunciador usa a voz passiva sintética: "o local onde *se faz* registros autorais". Contudo, a concordância não é realizada como determina a norma-padrão: uma vez que o sujeito paciente está no plural (*registros autorais*), o verbo também deveria estar no plural: *o local onde **se fazem** registros autorais*.

Esse "erro" de concordância é muito comum, inclusive entre os falantes mais cultos, pois o usuário da língua interpreta a passiva sintética como se fosse uma oração com sujeito indeterminado pelo pronome *se* e, assim, mantém o verbo no singular, mesmo quando o sujeito paciente está no plural. Em situações nas quais se exige obediência à norma-padrão, é preciso estar atento aos seguintes detalhes:

- na *voz passiva sintética*, sempre há sujeito paciente e ele não é antecedido por preposição; por conta disso, sempre é possível fazer a conversão para a passiva analítica: *se fazem registros = registros **são feitos***.
- na *oração com sujeito indeterminado*, não há sujeito paciente e não é possível, portanto, a passagem para a voz passiva analítica; pode haver um objeto indireto, introduzido por preposição: ***vive-se*** *bem nesta cidade*, ***trata-se de*** *animais anfíbios*, ***precisa-se de*** *operários*, ***luta-se por*** *moradias*.

Veja como um exame vestibular recente abordou essa relação entre sujeito indeterminado e voz passiva sintética:

(PUC-PR – Adaptado)

Leia o texto a seguir.

> [...] Ao lidar com a voz passiva sintética (também chamada de pronominal, por causa do *se*, que é um pronome apassivador), nosso maior problema é reconhecer o sujeito da frase. Em estruturas do tipo *aceitam-se cheques* ou *compram-se garrafas*, o elemento que vem posposto ao verbo é considerado o sujeito (o paciente da ação). Ocorre, no entanto, que a passiva sintética não é sentida como voz passiva pela maioria dos falantes, os quais, vendo em *cheques* e *garrafas* um simples objeto direto, deixam de concordar o verbo com eles. Nasce aqui o que um antigo gramático chamava de "erro da tabuleta": **aceita-se cheques*, **compra-se garrafas*, **vende-se terrenos*, **aluga-se barcos*. [...]
>
> Disponível em: <http://sualingua.com.br/2010/07/09/concordancia-com-a-passiva-sintetica/>. Acesso em: 27 jan. 2016.

Com base na leitura desse trecho e nos seus conhecimentos prévios sobre a estrutura gramatical da nossa língua, assinale a alternativa que traz um período escrito em conformidade com o que a norma culta prescreve.

a) Tratam-se de problemas cujas soluções são desconhecidas.
b) Não se discutiu os problemas mais importantes na reunião.
c) Neste bar, assistem-se aos jogos do Campeonato Brasileiro.
d) Por pressa, tomou-se decisões que não foram previamente discutidas.
e) Desenvolveram-se novas teorias sobre o acidente.

Aprender a aprender

Participação na aula I

O tempo que você passa em sala de aula é uma oportunidade preciosa de esclarecer dúvidas e debater ideias. Para aproveitar ao máximo esse tempo, você precisa participar adequadamente da dinâmica da aula.

Para começar, responda ao teste a seguir e avalie como é sua participação hoje. Depois, confira os resultados e comece a refletir sobre o que poderia ser melhorado.

Como é minha participação em sala de aula

1. Na sala de aula, eu poderia ser descrito como:
   a) aquele sentado no canto olhando pela janela.
   b) aquele que monopoliza as discussões.
   c) aquele que está sempre atento e pronto para participar.
   d) nenhuma das anteriores.

2. Durante a aula, meu professor provavelmente pensa que eu:
   a) sofro de tendinite, pois não pego a caneta para anotar nada.
   b) sou o próximo Picasso, pois rabisco e desenho o tempo todo.
   c) escrevi o livro didático, pois sei tudo que há nele sem precisar abri-lo.
   d) nenhuma das anteriores.

3. Escolha todas as opções cabíveis:
   a) Na sala de aula, geralmente contribuo para os debates.
   b) Confiro minhas mensagens no *smartphone* durante a aula.
   c) Eu poderia dar aulas de como estudar com eficiência, pois realmente sou bom nisso.
   d) Não leio a matéria antes da aula.

Resultado

Pergunta 1. Se você escolheu C, some 3 pontos.
Pergunta 2. Se escolheu D, some 3 pontos.
Pergunta 3. Se escolheu A, some 2 pontos; se escolheu C, some 2 pontos.

Agora totalize seus pontos e veja sua classificação:

8-10 Muito bem! Você sabe como participar em sala de aula. Na próxima seção "Aprender a aprender", encontrará algumas dicas para aproveitar ainda mais as aulas.

5-7 Você está no caminho certo. Talvez precise de algumas sugestões para ter uma participação ainda mais adequada.

0-4 Ops! Vamos melhorar isso. Ter uma boa participação não é algo que simplesmente acontece – você precisa fazer acontecer.

Fonte: *The center for teaching and faculty development*. San Francisco State University. Class participation: more than just raising your hand. p. 1-2. (Tradução livre). (Fragmento adaptado).

ATIVIDADES

▶ Leia a tira e responda às perguntas de 1 a 3.

BROWNE, Dik. Hagar. *Folha de S.Paulo*. São Paulo, 22 nov. 2014.

1. Identifique e classifique os sujeitos das formas verbais *casar*, *lembre-se* e *são*.

2. Ao ler o primeiro quadrinho, o leitor é levado, com base no senso comum, a interpretar de certa forma o conselho que Helga dá à filha. Na interpretação mais usual, quem praticaria as ações de falar e ouvir?

3. O segundo quadrinho quebra a expectativa criada. Identifique os sujeitos das orações, nesse segundo quadrinho, e explique como promovem essa quebra de expectativa e, assim, produzem o humor da tira.

4. Leia o anúncio e responda às perguntas a seguir.

Disponível em: <http://mod.lk/7proo>. Acesso em: 18 maio 2017.

a) Indique o objetivo do anúncio e explique como a linguagem visual se relaciona a ele.

b) No título do anúncio, seria possível substituir o verbo *ter* por um verbo classificado como impessoal. Reescreva o texto, fazendo a substituição.

c) Qual das versões parece mais adequada à linguagem do anúncio: a original ou a reescrita? Por quê?

ATIVIDADES

▸ Leia a tira e responda às perguntas de 5 a 7.

ZITS — SCOTT E BORGMAN

Glossário

Mendeleev: Dmitri Ivanovic Mendeleev (1834-1907), químico russo, criador da primeira versão da tabela periódica.

SCOTT, Jerry; BORGMAN, Jim. Zits. *O Globo*. Rio de Janeiro, 2 nov. 2015.

5. O terceiro quadrinho é essencial para a construção de sentidos da tira. Explique o que a expressão facial dos personagens e a ausência de falas nesse quadrinho indicam.

6. Releia: "Você não consegue estudar sem um iPod, mãe". Reescreva essa oração substituindo o sujeito simples *você* pelo sujeito indeterminado constituído pelo pronome *se* (índice de indeterminação do sujeito).
    - Verifique se o sentido da frase reescrita é semelhante ao da original e, então, conclua: ao usar o pronome *você*, nessa fala, Jeremy de fato se refere à sua interlocutora, isto é, à mãe? Explique sua resposta.

7. No último quadrinho, como a reação da mãe à justificativa do filho produz o humor na tira?

ENEM E VESTIBULARES

1. (FGV-SP – Adaptado)

   Examine esta propaganda da década de 1930:

   Assim como a imagem, também o texto da propaganda contém marcas da época em que ela foi criada.
   - Além da ortografia, em que essas marcas são mais numerosas e visíveis, é possível identificar, na sintaxe, pelo menos uma frase estruturada em ordem indireta (sujeito posposto ao verbo), tendência rara hoje em dia. Reescreva-a em ordem direta.

ENEM E VESTIBULARES

2. (Uerj)

Com base na charge abaixo, responda à questão.

Adaptado de blogdokayser.blogspot.com.br.

Ao formular sua crítica, o personagem demonstra certo distanciamento em relação à arte moderna. Uma marca linguística que expressa esse distanciamento é o uso de:

a) terceira pessoa
b) frase declarativa
c) reticências ao final
d) descrição do objeto

3. (PUC-SP – Adaptado)

Brasília 50 anos
Carta ao leitor
Uma janela para a história

A inauguração de Brasília, em 21 de abril de 1960, foi a realização de uma utopia, como foram todas as grandes epopeias fundadoras de nações. Erguer uma capital modernista no meio do cerrado, a centenas de quilômetros dos grandes centros urbanos, exigiu uma visão de mundo tão ampla, corajosa e ousada quanto a que levou o homem às grandes navegações e à conquista do espaço. Meio século depois, poucos se lembram das razões, das emoções e das poderosas forças, a favor e contra, desencadeadas pela construção de Brasília. Era fácil ser contrário à aventura do presidente Juscelino Kubitschek. A empreitada quebraria os cofres do país e traria a inflação, dizia-se. Quebrou mesmo. A inflação veio. O Brasil de hoje venceu a inflação e a desordem financeira.

Disponível em: <http://veja.abril.com.br/especiais/brasilia/janela-historia-p-14.html>. Acesso em: 29 maio 2017. (Texto adaptado).

"A empreitada quebraria os cofres do país e traria a inflação, dizia-se." Nesse trecho da carta ao leitor, qual o efeito de sentido gerado pelo uso de "dizia-se"?

a) O tempo verbal empregado não condiz com a intencionalidade do autor, o que confere problema de inteligibilidade no trecho.
b) O uso do verbo na 3ª pessoa do singular, acrescido do pronome que atua como índice de indeterminação do sujeito, confere uma imprecisão intencional para o enunciador eximir-se de nomear quem disse que o país iria à bancarrota.
c) O emprego da 3ª pessoa do singular e o do pronome apassivador funcionam como recurso estratégico para o autor não se envolver nessa complexa acusação.
d) O uso do verbo na 3ª pessoa do singular e a indeterminação do sujeito instaurada pelo pronome não produzem efeito de sentido de distanciamento do locutor em relação à sua enunciação.

Mais questões: no livro digital, em **Vereda Digital Aprova Enem** e **Vereda Digital Suplemento de revisão e vestibulares**; no *site*, em **AprovaMax**.

A língua em contexto

Retomada do sujeito e coesão textual

O sujeito oculto – que estudamos neste capítulo – pode funcionar como um recurso coesivo. Sempre que retomamos, por meio da desinência verbal ou pelo contexto, um sujeito mencionado anteriormente, mantemos o encadeamento das ideias sem a necessidade de repetir palavras.

Essa estratégia é útil nos mais diversos gêneros textuais, mas torna-se especialmente relevante nos gêneros narrativos ou nos de relato, em que há pessoas ou personagens cujos nomes são citados uma vez e, depois, precisam ser relacionados aos fatos subsequentes. Além do sujeito oculto, o enunciador pode valer-se da troca do nome próprio por uma expressão semanticamente afim, que remeta àquela pessoa. Também é possível, é claro, simplesmente repetir o nome da pessoa ou personagem; desde que usada com moderação, a repetição é um recurso coesivo igualmente válido.

A seguir você lerá uma sinopse do livro *Memórias de um sargento de milícias*, de Manuel Antônio de Almeida, produzida para um *site* voltado a estudantes de Ensino Médio e vestibulandos. Durante a leitura, observe como o enunciador utilizou as três estratégias de retomada do sujeito mencionadas:

- repetição
- substituição por expressão semanticamente relacionada
- sujeito oculto

Resumos de livros

Memórias de um sargento de milícias

> Primeira menção a Leonardo.
>
> A obra conta as aventuras de Leonardo ou Leonardinho, filho ilegítimo dos portugueses Leonardo Pataca e Maria da Hortaliça. Como os pais não desejassem criá-lo, Leonardo fica por conta de seu padrinho (um barbeiro) e de sua madrinha (uma parteira), após a separação dos seus progenitores.
>
> Sempre metido em travessuras, desde cedo Leonardo mostra-se um grande malandro. Já moço, apaixona-se por Luisinha, mas põe o romance a perder quando se envolve com a mulata Vidinha. A primeira decide, então, casar-se com outro. Tempos depois, Leonardo é preso pelo Major Vidigal, enfrenta diversos problemas, mas acaba sargento de milícias. Quando da viuvez de Luisinha, reaproxima-se da moça. Os dois casam-se e Leonardo é reabilitado. [...]
>
> Uol Vestibular. Disponível em: <http://mod.lk/3671c>. Acesso em: 5 jun. 2017. (Fragmento).

Primeira menção a Luisinha.

Na prática

Como você observou no texto lido, o objetivo de uma sinopse é resumir o enredo de um livro, um filme, uma série de TV, etc. Esse resumo pode servir, por exemplo, para que o leitor decida se aquela produção cultural desperta seu interesse.

Nesta atividade, você vai criar uma sinopse para apresentar aos colegas uma produção literária ou cultural da qual tenha gostado. Pode ser um livro, um filme, uma série, etc. Siga estas instruções:

- Faça uma lista dos personagens e dos fatos que compõem o enredo.

- Escreva uma frase inicial que apresente a obra como um todo e seu(s) protagonista(s). Use como modelo a primeira frase da sinopse lida: "A obra conta as aventuras de Leonardo ou Leonardinho, filho ilegítimo dos portugueses Leonardo Pataca e Maria da Hortaliça".

- Em seguida vá narrando, em sequência, os fatos do enredo. Você terá de decidir qual a melhor maneira de retomar os nomes dos personagens: substituindo-os por uma expressão semanticamente relacionada, repetindo-os ou identificando-os apenas pela desinência (sujeito oculto).

- Utilize advérbios e conjunções para relacionar os fatos: *primeiro, em seguida, depois de alguns anos, no final, por causa disso,* etc.

- Não opine sobre a obra. O objetivo da sinopse é resumir objetivamente o enredo.

- Quando terminar seu trabalho, troque-o com um colega. Utilizando cores diferentes, tal como feito no exemplo, indique os recursos de retomada do sujeito que o colega empregou: repetição, substituição ou sujeito oculto. Faça, por escrito, uma breve avaliação do texto, indicando se os recursos coesivos foram usados adequadamente e se há algo que poderia ser aprimorado.

- Depois de ler a avaliação que o colega fez sobre sua sinopse, passe-a a limpo e decida, com o resto da turma, a melhor forma de compartilhar os textos (no *blog* da turma, nos murais da sala, etc.). Vocês poderão, então, ler as sinopses da turma toda e decidir quais livros, filmes ou séries parecem mais interessantes.

CAPÍTULO

18

CONSTRUÇÃO DA ORAÇÃO II: O PREDICADO

ENEM
C6: H18
C7: H21, H23

OBJETIVOS DE APRENDIZAGEM

- Reconhecer o predicado como termo essencial da oração.
- Identificar os tipos de predicado e seu emprego em diferentes gêneros textuais.

Observação

No capítulo anterior, você estudou os princípios da análise sintática e examinou um dos componentes básicos da oração, o sujeito. Agora vamos avançar um pouco mais e analisar o outro termo essencial, o predicado. Ao longo do capítulo, você conhecerá os três tipos de predicado e perceberá que contribuem de forma diferente para a expressão das ideias.

Leia a tira a seguir e responda às perguntas.

Quadrinhos Ácidos

Pedro Leite

LEITE, Pedro. *Quadrinhos Ácidos*.
Disponível em: <http://mod.lk/bRSwp>.
Acesso em: 12 jun. 2017. (Adaptado).

Análise

1. Observe estas frases que aparecem em fundo escuro, ao lado dos personagens.

   "Mas conversa só com 3."

   "Confirma, mas nunca vai."

   "Ele dá um 'parabéns virtual' e não vai na festa por preguiça."

   a) Identifique e classifique os sujeitos das orações que formam essas frases.

   b) Cada uma dessas frases apresenta informações sobre o sujeito. Identifique essas informações.

   c) Essas informações revelam detalhes sobre a vida dos personagens que eles omitem em seus balões de fala. Explique como isso acontece.

2. No título dessa tira ocorre a figura de linguagem denominada ironia.

   - Explique por que o título é irônico e como as informações sobre os sujeitos das orações, identificadas por você na questão 1, ajudam a construir essa figura de linguagem.

Predicado

Ao analisar a tira, você observou que certa parte da oração dá informações sobre o sujeito. Essa parte sempre contém um verbo e pode trazer também palavras de outras classes gramaticais: "*conversa* só com 3", "*confirma*", "nunca *vai*", "*dá* um 'parabéns virtual'", "não *vai* na festa por preguiça".

O termo da oração que contém um verbo ou locução verbal e fornece informações sobre o sujeito é classificado sintaticamente como **predicado**. Veja:

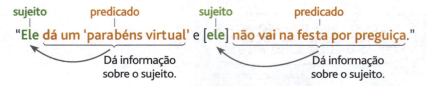

> **Predicado** é o termo da oração que contém um verbo ou locução verbal e fornece uma informação sobre o sujeito.

O predicado pode ter vários subcomponentes, e alguns deles – ou até mesmo todos – podem aparecer antes do sujeito. Veja, como exemplo, as orações que compõem o parágrafo a seguir, extraído de uma reportagem sobre o uso da internet no Brasil. Destacamos os sujeitos em verde e os predicados em laranja:

1ª oração: Em 2011, o acesso à internet no Brasil era maior entre jovens de 15 a 17 anos, faixa etária
2ª oração: em que 74,1% da população eram internautas.
3ª oração: Em seguida, vêm os jovens de 18 e 19 anos (71,8%).
4ª oração: Entretanto, entre 2005 e 2011, o aumento mais expressivo no acesso à internet foi verificado entre a população com 50 anos ou mais [...].

VILLELA, Flávia. *Exame*. São Paulo: Abril, 16 maio 2013. Disponível em: <http://mod.lk/p9p2z>. Acesso em: 12 jun. 2017. (Fragmento).

Note que, na primeira, na segunda e na quarta orações, alguns subcomponentes do predicado aparecem antes do sujeito e, na terceira oração, *todo* o predicado vem antes do sujeito. Se essa terceira oração estivesse na *ordem direta*, isto é, se o sujeito estivesse anteposto ao verbo, a redação ficaria assim: "Os jovens de 18 e 19 anos (71,8%) vêm em seguida".

Verbos de ligação e verbos significativos

Pense e responda

Leia a tira e responda às perguntas.

NAT BESPALOFF

1. Observe a estrutura das duas últimas falas:

   "– E vai fazer o que se passar?"
   "– Ficar muito surpreso."

   a) Quantas orações há em cada fala? Identifique o sujeito e o predicado de cada oração.

   b) Você sabe que o predicado fornece informações sobre o sujeito. Identifique qual ou quais dos predicados dessas falas exemplificam cada uma das descrições a seguir:
   - A informação mais importante dada pelo predicado é um estado, condição ou característica do sujeito.
   - A informação mais importante dada pelo predicado é a ação ou o processo expresso pelo próprio verbo.

2. Ao perguntar ao amigo "E vai fazer o que se passar?", que tipo de resposta a jovem esperava? Nesse tipo de resposta, a informação mais importante seria um estado ou característica do amigo, ou seria uma ação ou processo desenvolvido por ele?
   - Explique como a resposta do amigo e a forma como foi construída ajudam a produzir o humor da tira.

Ao analisar as orações da tira, você observou que o verbo do predicado pode contribuir de formas diferentes para a tarefa de dar informações sobre o sujeito.

Em alguns casos, o verbo em si não traz propriamente um dado novo sobre o sujeito; ele apenas o liga a certo estado, condição ou característica. Nesse caso, é denominado **verbo de ligação**. Veja:

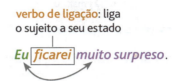

verbo de ligação: liga o sujeito a seu estado

Eu *ficarei* muito surpreso.

Os principais verbos de ligação são *ser*, *estar*, *andar*, *parecer*, *ficar*, *continuar*, *permanecer*, *tornar-se*, entre outros. Eles podem indicar:

- um estado temporário: *Bernardo **está** feliz. Esse gato **anda** arisco*;
- um estado permanente: *Bernardo **é** filho da minha tia. Amanda **é** engenheira*;
- uma mudança de estado: ***Ficou** surpreso ao passar no Enem. Mara **tornou-se** tenista profissional*;
- a continuidade de um estado: *O paciente **permanecia** febril. **Seguimos** confiantes em nosso técnico*;
- aparência: *O personagem **parece** pessimista*.

Por outro lado, ao analisar a tira, você observou que, na fala "E vai fazer o que se passar?", as informações mais importantes sobre o sujeito foram dadas pelos próprios verbos, *vai fazer* e *passar*.

Quando o verbo efetivamente traz uma informação nova sobre o sujeito, é denominado **verbo significativo** ou **verbo nocional**. Ele pode por si só fornecer toda a informação ou contar com complementos (objetos).

Observe:

verbo significativo: traz informação nova sobre o sujeito

O perigo *passou*.
Eles *passarão* as nossas camisas.
O espião *passou* informações aos inimigos.

Pode ter complementos (objetos) que completam seu sentido.

> **Verbo de ligação** é o que liga o sujeito a um estado, condição ou característica.
>
> **Verbo significativo** ou **nocional** é o que efetivamente traz uma informação nova sobre o sujeito.

Capítulo 18 • Construção da oração II: o predicado **289**

Significativo ou de ligação?

Para definir se o verbo é significativo ou de ligação precisamos examinar o contexto, pois o mesmo verbo pode exercer ambos os papéis. Observe, por exemplo, o sentido do verbo *estar* nestas duas manchetes:

> **Preço do aluguel está mais baixo em Divinópolis, aponta pesquisa**
>
> G1, 24 mar. 2017. Disponível em: <http://mod.lk/zmtjc>. Acesso em: 12 jun. 2017.

> **Maior avião do mundo está no Brasil e parte esta noite para o Chile**
>
> Portal BHAZ, 15 nov. 2016. Disponível em: <http://mod.lk/ds6pq>. Acesso em: 12 jun. 2017

Na primeira manchete, o verbo *estar* é um verbo de ligação, pois apenas relaciona o sujeito (*Preço do aluguel*) a sua característica (*mais baixo*). Já na segunda, o mesmo verbo é significativo, porque tem o sentido de "encontrar-se, estar presente".

Tipos de predicado

A distinção que você acabou de estudar entre verbos de ligação e verbos significativos é essencial para identificarmos os três tipos de predicado: nominal, verbal e verbo-nominal.

Predicado nominal

Leia um trecho de um conto de Lima Barreto (1881-1922). É o momento em que o narrador-protagonista vai pela primeira vez à residência de um nobre, onde pretende conseguir um emprego. Preste atenção aos trechos destacados:

> Era uma casa enorme que parecia estar deserta; estava maltratada, mas não sei por que me veio pensar que nesse mau tratamento havia mais desleixo e cansaço de viver que mesmo pobreza. Devia haver anos que não era pintada. As paredes descascavam e os beirais do telhado, daquelas telhas vidradas de outros tempos, estavam desguarnecidos aqui e ali, como dentaduras decadentes ou malcuidadas.
> [...]
>
> BARRETO, Lima. *Novas seletas*. O homem que sabia javanês. Rio de Janeiro: Nova Fronteira, 2004. p. 62. (Fragmento).

Para descrever o casarão, o narrador precisa apontar suas características. É natural, então, que as frases sejam construídas por meio de verbos de ligação: *era*, *parecia estar*, *estava*, *era*, *estavam*. As informações mais importantes sobre o sujeito são, justamente, suas características, indicadas pelos substantivos e adjetivos que vêm após o verbo de ligação: *uma casa enorme*, *deserta*, *maltratada*, etc.

Quando o predicado é formado por um verbo de ligação e um termo de natureza nominal que fornece a informação sobre o sujeito, é classificado como um **predicado nominal**. O termo que expressa a característica, o estado ou a condição do sujeito é denominado **predicativo do sujeito**. Observe:

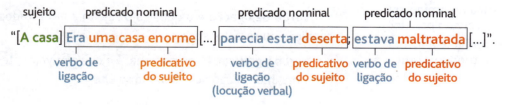

Como o termo mais importante do predicado nominal é o predicativo do sujeito, o núcleo desse predicativo será também o núcleo do predicado. Por exemplo:

sujeito | predicado nominal

"[...] os beirais do telhado [...] estavam **desguarnecidos aqui e ali, como dentaduras decadentes ou malcuidadas**".

núcleo do predicativo do sujeito = núcleo do predicado nominal

No núcleo do predicativo do sujeito, sempre encontraremos uma palavra de natureza nominal. Essa palavra pode ser:

- um substantivo ou palavra substantivada: *Antes de tornar-se escritor, Lima Barreto foi funcionário público. A vida neste bairro é um eterno festejar.*
- um adjetivo ou locução adjetiva: *A casa parecia deserta. A comida estava sem sal.*
- um pronome: *O primeiro da classe sou eu. A menor casa da rua é a nossa.*
- um numeral: *Lá em casa nós somos cinco.*

> **Predicado nominal** é aquele formado por um verbo de ligação e um termo que expressa um estado, condição ou característica do sujeito. Tal termo denomina-se **predicativo do sujeito** e tem, como núcleo, uma palavra de natureza nominal (substantivo, adjetivo, pronome, numeral). Essa palavra é considerada também o núcleo do predicado nominal.

Predicado verbal

A imaginação do menino Calvin está a todo vapor na tira a seguir. Leia:

Enquanto no exemplo anterior tínhamos uma descrição, aqui temos uma narração: referindo-se a si mesmo na 3ª pessoa, Calvin conta os fatos incríveis que está vivenciando (na sua imaginação, pelo menos). Para tanto, vale-se de verbos significativos – *encolher, discar, chamar, correr* –, pois o objetivo é apresentar ações, processos verbais, e não características. Quando o predicado é formado por um verbo significativo, é denominado **predicado verbal**. O núcleo do predicado, nesse caso, é o próprio verbo ou a locução verbal, que pode ter seu sentido completado ou especificado por outras expressões. Observe:

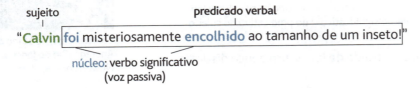

Capítulo 18 • Construção da oração II: o predicado

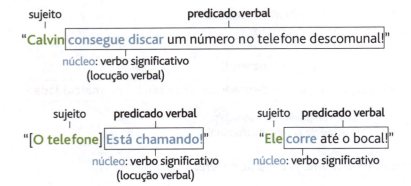

Predicado verbal é aquele que tem como núcleo um verbo significativo, que pode ou não estar acompanhado de outros termos que completem ou especifiquem seu sentido.

Predicado verbo-nominal

Leia um fragmento de um conto de Mário de Andrade (1893-1945). O narrador, Juca, então com 15 anos, levou "bomba" na escola – isto é, ficou de recuperação – e passa vergonha diante de todos, inclusive de Maria, seu primeiro amor. Leia o fragmento, prestando atenção às frases destacadas.

> [...] Eu entrava da aula do professor particular, quando enxerguei a saparia na varanda e Maria entre os demais. **Passei bastante encabulado**, todos em férias, e os livros que eu trazia na mão me denunciando, lembrando a bomba, me achincalhando em minha imperfeição de caso perdido. [...] Ia já voltar para o meio de todos, mas Matilde [...]:
> – Passou seu namorado, Maria.
> – Não caso com bombeado – ela respondeu imediato, numa voz tão feia, mas tão feia, que **parei estarrecido**. Era a decisão final, não tinha dúvida nenhuma. Maria não gostava mais de mim. [...]
>
> ANDRADE, Mário de. Vestida de preto. *Contos novos*. Rio de Janeiro: Nova Fronteira, 2015. (Fragmento).

Material complementar
Texto integral

Glossário
Achincalhando: ridicularizando, humilhando.

Para ler

Ao lado de Oswald de Andrade e Manuel Bandeira, Mário de Andrade foi um dos principais expoentes do Modernismo brasileiro. *Contos novos* é uma coletânea póstuma de nove contos, escritos em diferentes períodos da vida do autor, mas a maioria referente aos seus dez últimos anos. Os temas apresentados nos contos retratam, de modo intimista, o desencontro entre o indivíduo e o mundo moderno em rápida transformação à sua volta.

Nas orações destacadas, temos verbos significativos: *passar* e *parar*, nesse contexto, trazem informações novas sobre o sujeito, pois indicam ações que ele praticou. Mas também há, nas mesmas orações, adjetivos que expressam características do sujeito – *encabulado*, *estarrecido* –, ou seja, também há predicativos do sujeito.

A esse tipo de predicado, que contém um verbo significativo e também um termo predicativo, damos o nome de **predicado verbo-nominal**. Esse nome vem do fato de que ele tem dois núcleos: um de natureza *verbal*, que corresponde ao verbo (ou à locução verbal), e outro de natureza *nominal*, que corresponde ao núcleo do predicativo. Observe:

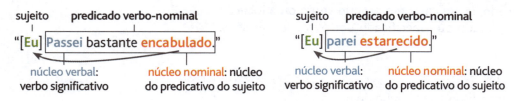

Contos novos, de Mário de Andrade (Rio de Janeiro: Nova Fronteira, 2015).

Na tira a seguir, o predicado verbo-nominal é construído de forma um pouco distinta. Observe.

Minduim — Charles M. Schulz

Lucy demonstra falta de empatia diante da angústia do amigo. Além do comportamento insensível da menina, contribui para o humor o jogo de sentidos que ela estabelece entre dois antônimos (**pequenos** episódios e **grandes** episódios), construindo uma figura de linguagem chamada *antítese*, conforme você estudou no Capítulo 7.

Releia a pergunta que Charlie Brown faz à menina, no segundo quadrinho: "Você acha isso errado?". Nessa frase, temos um verbo significativo, *achar*, mas também temos um adjetivo (*errado*) que expressa uma característica de outro termo da oração – no caso, uma característica do objeto do verbo *achar*, o pronome *isso*. O termo de natureza nominal que expressa uma característica do objeto de um verbo é denominado **predicativo do objeto** e, juntamente com o verbo significativo, também forma um predicado verbo-nominal. Observe:

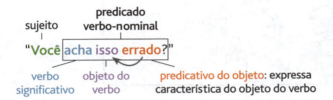

O predicativo do objeto é comum em orações com verbos que expressam julgamento (*achar*, *considerar*, *julgar*, *acreditar*), nomeação (*nomear*, *declarar*, *eleger*, *chamar*, *tratar*) ou transformação realizada por um agente externo (*tornar*, *deixar*). Muitas vezes, o objeto do verbo corresponde a um pronome oblíquo (*me*, *se*, *o*, etc.). Veja alguns exemplos de como os predicativos do objeto podem aparecer em diferentes orações:

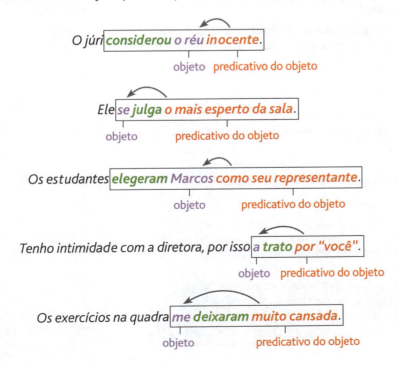

As únicas classes de palavras que podem figurar no núcleo do predicativo do objeto são o adjetivo, como em *se julga o mais esperto da sala*, e o substantivo (ou palavra a ele equivalente), como em *como seu representante* e *a trato por você*.

> **Predicado verbo-nominal** é aquele formado por um verbo significativo e um predicativo. Esse predicativo pode expressar característica do sujeito (*Mara olhou desconfiada*) ou do objeto (*Mara deixou o pai desconfiado*).
>
> Ao termo de natureza nominal que expressa uma característica ou um atributo do objeto de um verbo, damos o nome de **predicativo do objeto**.

ATIVIDADES

▶ Leia a tira e responda às questões 1 e 2.

Daiquiri   Caco Galhardo

GALHARDO, Caco. Daiquiri. *Folha de S.Paulo*. São Paulo, 24 set. 2016. Ilustrada, p. C5. © Folhapress.

1. Identifique e classifique o predicado da oração que aparece na tira. Justifique sua resposta.

2. O verbo do predicado expressa continuidade de estado. Pela linguagem visual, deduzimos que a personagem acreditava que, se tomasse certa atitude, seu estado se alteraria.

   a) Qual atitude é essa? Em sua opinião, por que a personagem acreditou que isso mudaria o estado em que ela se encontrava?

   b) A tira critica ou apoia a atitude da personagem? Ao responder, explique como a linguagem visual e a escolha do verbo ajudam a expressar o ponto de vista da tira.

Trocando ideias

A tira aborda os hábitos de consumo em nossa sociedade. Leia trechos de uma entrevista com uma filósofa a respeito desse tema.

> **"O jovem é especialmente suscetível aos apelos do consumismo"**
>
> *Especialista fala sobre as relações entre juventude e consumo desenfreado*
>
> Prazer, sucesso, felicidade, alívio. Todas essas sensações costumam surgir como consequência da realização de um objetivo ou meta. No entanto, são também esses sentimentos que costumam respaldar o ato de comprar compulsivamente [...].
>
> Na entrevista a seguir, a especialista falou sobre a diferença entre necessidades reais e supérfluas, os reflexos do consumo desenfreado e a relevância de formar cidadãos que sejam consumidores responsáveis. [...]

> **CE:** [...]. *Quais são os principais fatores que levam o jovem a querer comprar cada vez mais?*
>
> **Maria Helena Martins:** O jovem é especialmente suscetível aos apelos do consumismo. As mídias, tanto as mais antigas, como revistas, jornais, televisão, quanto as novas, difundidas pela internet, incluindo as mídias sociais, mostram propagandas de todos os tipos de produtos. Além disso, os *blogs* apresentam modos de vida considerados "desejáveis" pelos seus desenvolvedores, que ganham para mostrar certos produtos. O aval desses formadores de opinião tornou-se extremamente importante para os jovens que querem projetar uma determinada imagem. [...]
>
> PAIVA, Thais. O jovem é especialmente suscetível aos apelos do consumismo. *Carta Educação*, 24 jan. 2017. Disponível em: <http://mod.lk/1jazv>. Acesso em: 12 jun. 2017. (Fragmento).

Agora, discuta estas questões com o professor e os colegas.

1. Segundo o texto, boas sensações que surgem como consequência da realização de um objetivo também são associadas ao ato de consumir. Você já sentiu "prazer, sucesso, felicidade, alívio" após comprar determinada coisa? Em sua opinião, de onde surge essa associação? E já aconteceu de você "continuar deprimido" após as compras, como a personagem da tira? Se sim, por que acha que isso ocorre?

2. O texto fala sobre "formadores de opinião" que atuam nas mídias digitais. Você conhece blogueiros ou *youtubers* que são vistos como formadores de opinião pelos jovens? Em sua opinião, por que eles exercem tal influência?

    - Esses formadores de opinião das mídias digitais, segundo o texto, "ganham para mostrar certos produtos". Você já percebeu esse tipo de ocorrência em algum *blog* ou vídeo? Conte como foi.

3. Por que os jovens que "querem projetar uma determinada imagem" ficam mais suscetíveis ao consumismo? Quais seriam as consequências desse consumismo para a própria pessoa e para o ambiente onde ela vive?

3. Leia alguns fragmentos de um livro sobre artes visuais nos quais se fala sobre o grafite.

A linha do grafite

A pintura grafite é aquela realizada em muros ou paredes nos espaços urbanos. Reflexo das tensões da ocupação dos espaços na cidade, o grafite surgiu nos Estados Unidos entre as populações menos favorecidas economicamente como manifestação da sua maneira de pensar e existir na cidade. Um dos personagens que se tornaram ícone dessa ideia foi Jean-Michel Basquiat.

[...]

O artista iniciou-se na cena artística com o pseudônimo SAMO, grafitando pela periferia de Nova York. Seu estilo ácido atraiu a crítica e artistas como Andy Warhol. [...]

O grafite está associado ao ato de deixar uma marca pessoal no espaço coletivo. É possível encontrar ideia semelhante em vários momentos da história da arte: desde a arte rupestre até o movimento muralista mexicano, passando pelos afrescos renascentistas, pelos mosaicos romanos, etc.

PEREIRA, Kátia Helena. *Como usar artes visuais na sala de aula*. São Paulo: Contexto, 2009. p. 46-47. (Fragmento).

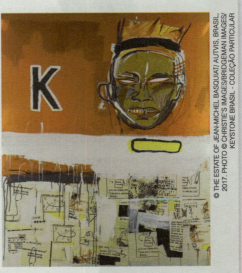

BASQUIAT, Jean-Michel. *Duas horas e meia de comida chinesa*. 1984. Acrílico, óleo e colagem sobre tela. 200 x 150 cm.

ATIVIDADES

Sobre a estrutura das frases nesses fragmentos, é correto afirmar que predominam predicados:

a) verbo-nominais, pois o objetivo é julgar criticamente a obra do pioneiro Jean-Michel Basquiat.

b) nominais, pois a intenção é descrever o grafite como arte e, principalmente, o histórico de Basquiat.

c) nominais, quando se descreve o trabalho do artista, e verbais, quando se fala da reação da crítica.

d) nominais, quando se define o que é grafite, e verbais, quando se narra a trajetória de Basquiat.

▪ Leia um anúncio feito por um jornal mineiro em homenagem ao Dia Internacional da Mulher. Depois, responda às perguntas de 4 a 7.

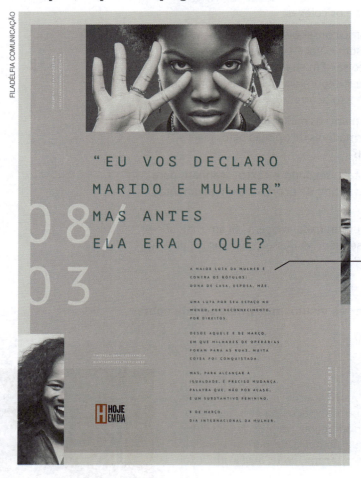

A maior luta da mulher é contra os rótulos: dona de casa, esposa, mãe.

Uma luta pelo seu espaço no mundo, por reconhecimento, por direitos.

Desde aquele 8 de março em que milhares de operárias foram para as ruas, muita coisa foi conquistada.

Mas, para alcançar a igualdade, é preciso mudança. Palavra que, não por acaso, é um substantivo feminino.

8 de março.
Dia Internacional da Mulher.

4. Por que a oração "Eu vos declaro marido e mulher" está entre aspas?

5. Relacione a pergunta feita no texto principal ("Mas antes ela era o quê?") aos dois primeiros parágrafos do texto secundário ("A maior luta [...] direitos."). Explique como os fatos apresentados nesses parágrafos justificam que se faça a pergunta.

6. Na frase entre aspas do texto principal, qual função sintática exerce o termo "marido e mulher"? Como se classifica, portanto, o predicado em que esse termo se encontra?

- Reformule esse termo da oração para que fique coerente com a ideia exposta no anúncio.

7. Faça um breve comentário crítico sobre as imagens utilizadas no anúncio, indicando se, em sua opinião, elas contribuem para a reflexão proposta.

ENEM E VESTIBULARES

1. (Ufscar-SP – Adaptado)

> Talvez a nordestina já tivesse chegado à conclusão de que vida incomoda bastante, alma que não cabe bem no corpo, mesmo alma rala como a sua. Imaginavazinha, toda supersticiosa, que se por acaso viesse alguma vez a sentir um gosto bem bom de viver – se desencantaria de súbito de princesa que era e se transformaria em bicho rasteiro. Porque, por pior que fosse sua situação, não queria ser privada de si, ela queria ser ela mesma. Achava que cairia em grave castigo e até risco de morrer se tivesse gosto. Então defendia-se da morte por intermédio de um viver de menos, gastando pouco de sua vida para esta não acabar. Essa economia lhe dava alguma segurança pois, quem cai, do chão não passa.
>
> (Clarice Lispector, *A hora da estrela*.)

No trecho tautológico construído por Clarice – *ela queria ser ela mesma*,

a) como pode ser entendido o predicado *ela mesma*?

b) Explique como podem ser entendidos os predicados das frases também tautológicas: *Criança é criança*; *Guerra é guerra*.

2. (UnB – Adaptado)

```
 1   Na verdade, o mestre fitava-nos. Como era mais severo para o filho, busca-
 2   va-o muitas vezes com os olhos, para trazê-lo mais aperreado. Mas nós também
 3   éramos finos, metemos o nariz no livro, e continuamos a ler. Afinal, cansou
 4   e tomou as folhas do dia, três ou quatro, que ele lia devagar, mastigando as
 5   ideias e as paixões. Não esqueçam que estávamos então no fim da Regência,
 6   e que era grande a agitação pública. Policarpo tinha, decerto, algum partido,
 7   mas nunca pude averiguar esse ponto. O pior que ele podia ter, para nós, era
 8   a palmatória. E essa lá estava, pendurada no portal da janela, à direita, com os
 9   seus cinco olhos do diabo. Era só levantar a mão, despendurá-la e brandi-la,
10   com a força do costume, que não era pouca. [...]
11   Estendi-lhe a mão direita, depois a esquerda, e fui recebendo os bolos uns
12   por cima dos outros, até completar doze, que me deixaram as palmas vermelhas
13   e inchadas. Acabou, pregou-nos outro sermão. Chamou-nos sem-vergonhas,
14   desaforados, e jurou que, se repetíssemos o negócio, apanharíamos tal castigo
15   que nos havíamos de lembrar para todo o sempre.
```

> Machado de Assis. *Contos de escola*. São Paulo: Cosac & Naify, 2002, p. 13 e 24.

Material complementar
Texto integral

Considerando o texto acima, extraído de *Contos de escola*, decida se a afirmação a seguir é falsa ou verdadeira.

- Os vocábulos "vermelhas" (l. 12) e "inchadas" (l. 13), assim como "sem-vergonhas" (l. 13) e "desaforados" (l. 14), exercem a função de predicativo, respectivamente, da expressão "as palmas" (l. 12) e da forma pronominal "nos" em "Chamou-nos" (l. 13).

> Mais questões: no livro digital, em **Vereda Digital Aprova Enem** e **Vereda Digital Suplemento de revisão e vestibulares**; no *site*, em **AprovaMax**.

CAPÍTULO 19
TERMOS LIGADOS AO VERBO

ENEM
C5: H16
C6: H18
C7: H21
C9: H28

OBJETIVOS DE APRENDIZAGEM

- Classificar os verbos quanto à transitividade.
- Identificar objetos diretos e indiretos e entender como completam o sentido dos verbos.
- Reconhecer adjuntos adverbiais e sua importância na construção dos enunciados.
- Entender o emprego dos pronomes oblíquos (em especial *o* e *lhe*) como complementos verbais.

Observação

Já estudamos os termos essenciais da oração: o sujeito e o predicado. Vamos agora nos dedicar aos termos que, embora nem sempre estejam presentes, também contribuem para a construção das frases, completando ou especificando o sentido de outros. São os termos integrantes e acessórios, que examinaremos em duas etapas: primeiro, neste capítulo, os ligados aos verbos e, no Capítulo 20, os ligados aos nomes.

Para começar, leia este anúncio produzido para o jornal gaúcho *Zero Hora* e responda às perguntas.

A todo momento, Zero Hora coloca o mundo na sua mão. E você, faz o que com ele?
Zero Hora
Tudo na **sua** mão.

Análise

1. O texto principal começa com a declaração "O mundo nos deu o mar" e, em seguida, traz uma série de orações que terminam com um verbo. Nessas orações, fica subentendida a ideia do substantivo *mar*, citado na primeira frase.

    - Reescreva as orações, explicitando em todas elas o substantivo *mar*.

298 Gramática: uma reflexão sobre a língua

2. Talvez você tenha percebido que, nas orações, o substantivo *mar* relaciona-se de maneiras diferentes com o verbo. Examine, por exemplo, estas quatro orações:

> "Muitos mergulham. Alguns pescam. [...] Existem os que admiram. Os que temem."

a) Quando você as reescreveu, em qual ou quais delas a expressão acrescentada completava o sentido do verbo, de modo que, sem ela, a oração pareceria inacabada?

b) Nos demais casos, a função da expressão acrescentada é indicar uma circunstância do processo verbal. Qual seria essa circunstância?
- de afirmação
- de lugar
- de causa
- de modo

3. O texto da parte inferior, em letras menores, revela ao leitor que o anúncio utiliza uma analogia (equiparação) como estratégia de persuasão.

a) Quais elementos são equiparados, por meio dessa analogia?

b) Indique o objetivo do anúncio e explique como essa analogia ajuda a alcançá-lo.

4. Imagine que os criadores do anúncio tivessem escolhido esta foto para ilustrá-lo:

- O efeito persuasivo seria o mesmo? Por quê? Explique a escolha da imagem original.

Ao analisar o anúncio, você percebeu que os redatores formularam orações que poderiam ser completadas com expressões formadas pelo substantivo *mar*. Percebeu, também, que essas expressões tinham diferentes papéis na construção da oração. Em alguns casos, elas eram imprescindíveis para o sentido geral. Se alguém diz, por exemplo, *Admiro* ou *Vou atravessar*, a frase parece inacabada, pois não sabemos o que a pessoa admira ou vai atravessar. Por outro lado, se alguém diz *Vou pescar*, a ideia já está completa. A pessoa pode até especificar o lugar ou momento da pescaria (*Vou pescar no mar* ou *Amanhã vou pescar*), mas essas informações não são indispensáveis.

Tal diferença nos permite identificar duas categorias de termos da oração ligados ao verbo: os *termos integrantes*, que completam seu sentido, e os *termos acessórios*, que o especificam, ao indicar as circunstâncias em que ocorre o processo verbal. Neste capítulo, estudaremos esses dois tipos de termo: o objeto direto e o objeto indireto (integrantes); e o adjunto adverbial (acessório).

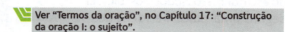

Ver "Termos da oração", no Capítulo 17: "Construção da oração I: o sujeito".

Transitividade verbal

No capítulo anterior, você estudou a diferença entre verbos de ligação, que unem o sujeito à sua característica ou condição (*o mar é fascinante*), e verbos significativos, que trazem uma informação nova sobre o sujeito (*o mar me fascina*). Conforme o contexto, um verbo significativo pode ou não exigir termos para lhe completar o sentido. Isso nos permite classificar os verbos significativos em intransitivos e transitivos.

Verbo intransitivo

Em certas situações, um verbo ou locução verbal pode expressar por si só todo o processo verbal, dispensando complementos. Quando isso ocorre, o verbo é classificado como **intransitivo**. Esse nome faz referência ao fato de que o sentido do verbo não "transita", ou seja, não se desloca para outros termos da oração. Veja estes exemplos:

Enquanto **dormia**, o velho cachorro **resmungava** e **roncava**.
     verbo intransitivo   verbo intransitivo   verbo intransitivo

O verbo intransitivo pode estar acompanhado de expressões de valor adverbial que indicam suas circunstâncias. Observe, por exemplo, esta frase:

> Vitória **resmunga** na cozinha, ratos famintos remexem latas e embrulhos no guarda-comidas, automóveis **roncam** na rua.
> [...]
> RAMOS, Graciliano. *Angústia*: 75 anos. Edição comemorativa. Rio de Janeiro: Record, 2011. p. 22. (Fragmento).

As locuções adverbiais "na cozinha" e "na rua" indicam o lugar onde ocorrem os processos de *resmungar* e *roncar*. Isso, porém, não altera a classificação desses verbos como intransitivos.

> **Verbo intransitivo** é aquele que expressa por si só o processo verbal, dispensando complementos.

Verbo transitivo

Leia o anúncio publicitário ao lado.

Essa campanha compara escritores famosos a "prisioneiros". Na foto, um ator de fisionomia semelhante à do escritor russo Fiódor Dostoiévski (1821-1881) segura uma placa de identificação típica de presidiários, como se estivesse detido desde 9 de maio de 1982. Na verdade, essa "detenção" acontece na estante do leitor: Dostoiévski está "preso" lá desde a última vez em que seus romances foram lidos e guardados. O objetivo do anúncio é incentivar o público a tirar esses livros da estante e doá-los, "libertando" os autores para que possam entreter outras pessoas.

Se o texto principal fosse composto apenas pelos verbos, seria quase impossível compreendê-lo: *Liberte. Doe*. Nesse caso, os verbos não contêm toda a ideia do processo verbal, exigindo a presença de complementos. São, então, classificados como **verbos transitivos**, e os termos que completam seu sentido são denominados **complementos verbais** ou **objetos**. Observe:

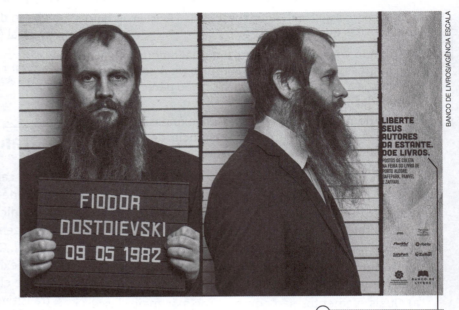

Liberte seus autores da estante. Doe livros.

No núcleo de um objeto, encontra-se uma palavra de natureza nominal. Pode ser um:

- substantivo ou palavra substantivada: *Sempre doo **roupas** e **livros**. Esse escritor tem um **"não sei quê"** especial*.
- pronome substantivo: *Já li **tudo** desse autor. Preciso de **alguém** na loja*.
- numeral: *Cachorro, gato e coelho: gosto dos **três***.
- um pronome oblíquo átono ou tônico, que retoma um substantivo ou indica uma das pessoas que participam da interação: *Separei os livros já lidos e doei-**os** [= doei os livros] à biblioteca. Vou **lhe** mostrar [= mostrar a você] minha coleção de moedas. A professora referiu-se a **mim***.

> **Verbos transitivos** são aqueles que exigem a presença de outro termo para lhes completar o sentido.
>
> Os termos que completam o sentido dos verbos transitivos são denominados **complementos verbais** ou **objetos**.

Tipos de verbo transitivo e de objetos

Veja novamente o texto do anúncio:

"Liberte seus autores da estante. Doe livros."
        objeto   objeto   objeto

Dois objetos, "seus autores" e "livros", completam o sentido dos verbos *libertar* e *doar* diretamente, sem a intermediação de uma preposição. O objeto "da estante", por sua vez, é introduzido por preposição (*de*). Quando se liga diretamente ao verbo, sem preposição, como no primeiro caso, o objeto é denominado **objeto direto**. Quando é introduzido por preposição, como em "da estante", denomina-se **objeto indireto**.

300 Gramática: uma reflexão sobre a língua

Se o verbo é completado por um objeto direto, dizemos que se trata de um **verbo transitivo direto**:

Doe livros.
verbo transitivo direto — objeto direto

Liberte suas emoções.
verbo transitivo direto — objeto direto

Se o verbo é completado por um objeto indireto, é classificado como **verbo transitivo indireto**:

Assisti a um documentário ótimo.
verbo transitivo indireto — objeto indireto

Desconfio de preços baixos demais.
verbo transitivo indireto — objeto indireto

Por fim, quando o verbo é completado por um objeto direto e também um indireto, é chamado **verbo transitivo direto e indireto**.

Liberte seus autores da estante.
verbo transitivo direto e indireto — objeto direto — objeto indireto

Doei meus livros à biblioteca do bairro.
verbo transitivo direto e indireto — objeto direto — objeto indireto

> **Verbo transitivo direto** é aquele que tem seu sentido completado por um objeto introduzido diretamente, sem preposição, e por isso denominado **objeto direto**.
>
> **Verbo transitivo indireto** é aquele que tem seu sentido completado por um objeto introduzido por preposição, denominado **objeto indireto**.
>
> **Verbo transitivo direto e indireto** é aquele que tem seu sentido completado por um objeto direto e também um objeto indireto.

Transitividade e contexto

Assim como a classificação de um verbo como significativo ou de ligação depende do contexto, para identificarmos a transitividade de certo verbo significativo devemos levar em conta todo o enunciado. Muitos verbos têm diferentes transitividades e, às vezes, cada uma corresponde também a um sentido distinto.

Pense, por exemplo, no verbo *dar*: na maioria dos contextos, ele é transitivo direto e indireto, pois indica a ação de conceder ou entregar algo a alguém, como em *a avó deu biscoitos aos netos*. Mas, na tira a seguir, o verbo é usado com outra transitividade. Observe:

ADÃO ITURRUSGARAI

O sentido do verbo *dar*, na tira, é "render, dar origem a": o texto sugere que, antigamente, a vida de uma pessoa poderia render uma ópera; alguns séculos mais tarde, um filme, e, hoje em dia, apenas um *gif* animado. Na verdade, a "evolução" retratada é uma crítica bem-humorada ao modo de vida acelerado e superficial de nossos tempos. Com o sentido usado na tira, o verbo *dar* é transitivo direto: os objetos diretos "uma ópera", "um filme" e "um *gif* animado" completam-no plenamente, não sendo necessário outro termo.

Glossário

Gif: sigla da expressão inglesa *Graphics Interchange Format* (traduzido livremente como "formato para intercâmbio gráfico"), que designa um formato de imagem facilmente compartilhável por meios digitais.

Emprego dos pronomes oblíquos como complementos verbais

Leia um fragmento do romance *Helena*, de Machado de Assis (1839-1908), prestando atenção nos pronomes destacados:

> Estácio levantou-se ao amanhecer. [...] passou à sala de jantar, depois à varanda. Aqui chegando, deu com os olhos em Helena, que *o* esperava ao pé da escada.
> — Silêncio! disse graciosamente a moça. Não faça espantos, que pode acordar titia. Vim saber se você precisa de alguma coisa.
> — De nada, respondeu Estácio comovido. Mas que imprudência foi essa de se levantar tão cedo?
> — Cedo! O sol não tarda a cumprimentar-nos. Adeus! [...] Não *lhe* falta nada, não é assim?
> — Nada.
> [...]
>
> ASSIS, Machado de. *Helena*. São Paulo: Moderna, 2006. p. 79. (Fragmento).

Os pronomes oblíquos, sejam átonos ou tônicos, são complementos verbais quando desempenham a função de objetos dos verbos, retomando substantivos ou indicando as pessoas do discurso. Observe:

"[...] deu com os olhos em Helena, que **o esperava** ao pé da escada."

objeto direto de *esperar*: esperava **Estácio**.

"Não **lhe falta** nada, não é assim?"

objeto indireto de *faltar*: não falta nada **a você**.

No início do fragmento, o pronome *o* retoma *Estácio*, citado na primeira frase, enquanto, na fala de Helena, o pronome *lhe* refere-se ao seu interlocutor, ou seja, à 2ª pessoa do discurso. Como Helena trata Estácio por *você* ("Vim saber se *você* precisa de alguma coisa"), foi usado o pronome da 3ª pessoa (*lhe falta*).

Os pronomes oblíquos átonos da 1ª pessoa (*me, nos*) e os da 2ª pessoa (*te, vos*) podem desempenhar tanto a função de *objeto direto* quanto a de *objeto indireto*. Veja:

- *Helena **me**/**te**/**nos**/**vos** esperava ao pé da escada.* (objeto direto)
- *Helena quer saber se **me**/**te**/**nos**/**vos** falta algo.* (objeto indireto)

Contudo, no caso dos pronomes oblíquos átonos referentes à 3ª pessoa, existe uma diferença: *o, os, a, as* são objeto direto dos verbos, enquanto *lhe, lhes* são objeto indireto. É por isso que, no texto, embora tanto o complemento do verbo *esperar* (*Estácio*) quanto o do verbo *faltar* (*você*) correspondam gramaticalmente à 3ª pessoa, foram usados pronomes distintos para representá-los – *que **o** esperava* (objeto direto) e *não **lhe** falta nada* (objeto indireto).

Ver A língua da gente: *"Isso 'lhe' atrai ou isso 'o' atrai?"*.

• Pronomes reflexivos como complementos

Releia a primeira frase do fragmento:

"Estácio levantou-se ao amanhecer".

Nessa frase, o verbo *levantar* está na voz reflexiva, que, conforme estudamos no Capítulo 14, é aquela empregada quando se quer indicar que o sujeito é ao mesmo tempo o agente e o paciente da ação verbal. Afinal, *levantar-se* significa levantar *a si mesmo*.

Quando o verbo está na voz reflexiva, o objeto é o próprio pronome reflexivo: *eu **me** levanto*, *tu **te** levantas*, *ele **se** levanta*, etc. Na maioria das vezes, a voz reflexiva é utilizada com verbos transitivos diretos, portanto a função sintática desse pronome é a de objeto direto. Existem, porém, alguns verbos transitivos indiretos que também admitem a voz reflexiva: *eu **me** atribuí tarefas demais* (= atribuí a mim). Nesse caso, o pronome reflexivo corresponderá ao objeto indireto do verbo.

Combinação de pronomes complementos

Principalmente em textos antigos, é possível encontrar algumas formas pronominais que podem soar até um pouco estranhas, mas estão gramaticalmente corretas. Leia a seguir um fragmento de um sermão de Antônio Vieira (1608-1697), prestando atenção nos trechos destacados.

[...] E se Deus em cada hora deste mesmo dia vos pode tirar quanto tendes, justiça tem para vos mandar que lhe peçais o pão de hoje. Por isso lhe pedimos que nos dê o pão nosso [...]. Pois, se é nosso, e ele *no-lo* deu já, por que *lho* havemos de tornar a pedir? [...]

VIEIRA, Antônio. *Maria, Rosa Mística*. Parte I, Sermão II, VII. Disponível em: <http://mod.lk/hbpmz>. Acesso em: 29 jun. 2017. (Fragmento).

A forma *no-lo* representa uma combinação dos pronomes *o* (objeto direto) e *nos* (objeto indireto), ou seja, a frase significa: *ele já deu o pão a nós*. Em *lho*, também temos o pronome objeto direto *o*, mas desta vez combinado ao indireto *lhe*: *por que havemos de tornar a pedir o pão a Deus*? Veja algumas outras combinações possíveis: *Solicitei as chaves ao mordomo, e ele **mas** deu.* (= deu as chaves a mim). *Foi firmada uma aliança com Esparta; seguiu-**se-lhe** a aliança com Corinto.* (= seguiu-se a ela)

Objeto direto preposicionado

Leia a tira.

BICHINHOS DE JARDIM — CLARA GOMES

No último quadrinho, a fala da Joaninha produz o humor – e a crítica – da tira ao afirmar que o preceito de "amar ao próximo", apesar de muito conhecido, "ainda não foi testado", ou seja, apesar de muito citado na teoria, ainda não foi verdadeiramente praticado pela humanidade. A frase "amar ao próximo" está entre aspas porque é uma citação, no caso, da Bíblia. Outro detalhe notável sobre essa frase é que o verbo *amar*, normalmente utilizado como transitivo direto (*a mãe ama **seus filhos**, amo **macarronada***), aparece aqui com um objeto antecedido de preposição: *amar **ao próximo***.

Quando certo verbo normalmente utilizado como transitivo direto é complementado por um objeto introduzido por preposição, esse objeto é chamado de **objeto direto preposicionado**. Normalmente, tal recurso linguístico é utilizado para enfatizar o complemento do verbo. Observe os principais casos em que ele ocorre:

- com verbos que exprimem sentimento ou sensação, especialmente quando se pretende valorizar o alvo da sensação: *Devemos amar ao próximo. A notícia surpreendeu a todos*.
- quando se quer indicar reciprocidade: *Vocês terminarão a tarefa mais rápido se ajudarem uns aos outros*.
- com o pronome relativo *quem*: *Faça o bem sem olhar a quem*.
- em comparações: *A família acolheu aquele rapaz como a um filho*. (= como acolheria um filho)

- quando há inversão da ordem sintática (o complemento verbal aparece antes do sujeito): *Ao lobo feriu o caçador*.
- com pronome oblíquo tônico. Nesse caso, o uso do objeto direto preposicionado é obrigatório: *Conhece a ti mesmo*. *O guia conduziu a nós todos com segurança*.

> **Objeto direto preposicionado** é aquele que, habitualmente, seria introduzido diretamente, mas vem antecedido por uma preposição por motivo de clareza ou ênfase.

Objeto direto e indireto pleonástico

Leia este fragmento extraído de um romance autobiográfico de Pedro Nava (1903-1984), escritor mineiro que morou muitos anos no Rio de Janeiro.

> Estou escrevendo no meu escritório, olhando lá fora o dia molhado, frio e gris que cobre o Aterro, a baía e, do outro lado, a linha de montanhas daqui visível – o horizonte que vai da ponta de Jurujuba à ilha de Boa Viagem. Namoro a paisagem áspera de outono [...].
>
> Esse encanto pelo Rio, eu o encontro em cada bairro que morei. Infância em Visconde de Figueiredo e Aristides Lobo. Depois Haddock Lobo e São Cristóvão. [...]
>
> NAVA, Pedro. *Galo das trevas*: as doze velas imperfeitas. São Paulo: Companhia das Letras, 2014. p. 33-34. (Fragmento).

Glossário
Gris: cinzento.

Na primeira frase do segundo parágrafo, o complemento da forma verbal *encontro* aparece duas vezes. Observe:

"**Esse encanto pelo Rio**, eu **o encontro** em cada bairro [...]."
    objeto   objeto

Em uma redação convencional, o objeto seria mencionado uma única vez: "*Esse encanto pelo Rio eu encontro em cada bairro*". Porém, da maneira como a frase foi construída, com uma vírgula após o objeto e o pronome oblíquo *o* retomando-o em seguida, foi possível dar um realce muito maior à parte mais importante da frase, que é exatamente o objeto: *Esse encanto pelo Rio*.

Para fins de ênfase, o objeto de um verbo pode ser retomado por meio de um pronome oblíquo, como ocorre na frase de Nava. Nesse caso, temos o chamado **objeto pleonástico**, que pode ser tanto direto quanto indireto. Veja mais exemplos:

Objeto direto pleonástico	Objeto indireto pleonástico
• *Essa moça*, conheço-*a* desde que era uma bebezinha.	• *Aos verdadeiros heróis*, sempre *lhes* prestarei homenagem.
• *A mim*, seu melhor amigo, traiu-*me* sem hesitar.	• *A nós*, coube-*nos* a tarefa mais dura.

As construções com objeto pleonástico assemelham-se à estrutura tópico-comentário (como em *Esse menino, eu conheço os pais dele*), pois em ambos os casos a parte que se quer enfatizar aparece no início da frase. A característica distintiva do objeto pleonástico é que a parte realçada (o objeto) é retomada por meio do pronome oblíquo, portanto não há desobediência à estrutura sintática tradicional. Há, sim, uma redundância – daí o nome *pleonástico*, que se refere à figura de linguagem chamada **pleonasmo**, a qual, conforme vimos no Capítulo 7, consiste na expressão redundante das ideias, a fim de realçá-las.

> **Objeto pleonástico** é o pronome oblíquo átono que retoma o objeto direto ou indireto, para fins de ênfase.

Agente da passiva: termo integrante ligado ao verbo

Leia o título e a linha-fina de uma reportagem, prestando atenção à parte destacada:

> **De volta ao futuro**
>
> Após fracassar na década de 1990, projetos de realidade virtual são retomados *pelas grandes empresas de tecnologia*
>
> ROMANI, Bruno. *Galileu*. São Paulo: Globo, jul. 2016. p. 7.

Você já sabe que, nessa frase, o verbo *retomar* está na voz passiva analítica ("são retomados") e que seu sujeito paciente é "projetos de realidade virtual". O termo destacado indica aquele que executa a ação expressa pelo verbo: são as grandes empresas de tecnologia que estão retomando os projetos. Conforme vimos no Capítulo 14, esse termo denomina-se **agente da passiva**.

Assim como o objeto direto e o objeto indireto, o agente da passiva é um termo integrante da oração. O que o distingue é que ele é sempre introduzido pela preposição *por* e só aparece quando o verbo está na voz passiva analítica. Outra característica do agente da passiva é que, diferentemente dos objetos, que são exigidos pela transitividade do verbo (se alguém diz *eu gosto* precisa dizer do que gosta), o agente da passiva só é inserido quando relevante. Muitas vezes, é possível construir a oração na voz passiva sem o agente: *Foram plantadas dez árvores nesta rua.*

Adjunto adverbial

Pense e responda

Leia a tira e responda às perguntas.

MINDUIM   CHARLES M. SCHULZ

1. Explique por que a linguagem visual no primeiro quadrinho é importante para o leitor compreender o sentido da tira.

2. A fala de Lucy apresenta uma figura de linguagem. Essa figura é:
   a) a hipérbole, pois a personagem expressa suas ideias com exagero, a fim de realçá-las.
   b) o eufemismo, pois certo termo é substituído por outro de sentido mais ameno.
   c) a ironia, pois a personagem declara o oposto daquilo que pretende comunicar.

3. Para construir essa figura de linguagem, Lucy usa certa expressão que modifica o sentido de um verbo. Identifique essa expressão e a forma verbal à qual ela se associa.

4. Explique como, no último quadrinho, a reação de Linus diante da figura de linguagem usada pela irmã ajuda a produzir o humor da tira.

Ao analisar a tira, você notou que a expressão *de maneira veemente* liga-se à forma verbal *me expressei*, modificando seu sentido e ajudando a construir o eufemismo usado pela personagem: segundo Lucy, ela não gritou, e sim expressou-se *de maneira veemente*.

Você sabe que expressões como *de maneira veemente* têm valor adverbial, pois indicam uma circunstância (no caso, de modo) em que ocorre o processo verbal. Na composição da oração, essas expressões são consideradas *termos acessórios*, pois, embora não sendo imprescindíveis, podem ligar-se ao verbo, modificando ou especificando seu sentido. O termo acessório formado por advérbios ou locuções adverbiais denomina-se **adjunto adverbial**. Observe:

"Eu me expressei **de maneira veemente**."
adjunto adverbial

A função de adjunto adverbial pode ser exercida por:
- um advérbio: **Amanhã** *vamos ao cinema*.
- uma locução adverbial: **De vez em quando** *aquela atriz se expressa* **de um jeito arrogante**.

Lembre-se que, no Capítulo 15, você viu que alguns advérbios e locuções adverbiais podem, também, modificar o sentido de adjetivos, advérbios e até de frases inteiras. Nesses casos, então, excepcionalmente o adjunto adverbial estará ligado a esses elementos, e não ao verbo. Veja:

Linus é **muito** *bonzinho. Lucy falou* **bem** *alto.* **Sinceramente**, *não gosto de gritos.*

> **Adjunto adverbial** é um termo acessório da oração formado por um advérbio ou locução adverbial. Geralmente se liga a um verbo ou locução verbal, modificando ou especificando seu sentido, mas também pode associar-se a adjetivos, outros advérbios ou, ainda, a uma frase inteira.

Circunstâncias expressas pelos adjuntos adverbiais

As circunstâncias que os adjuntos adverbiais indicam incluem todas as expressas pelos advérbios e locuções adverbiais, vistas no Capítulo 15, e ainda diversas outras, graças à variedade de formas que esse termo acessório pode assumir. Confira as principais circunstâncias que os adjuntos adverbiais podem expressar:

- tempo: *Todo dia estudo* **até umas oito horas da noite**.
- lugar (aonde, de onde, por onde, etc.): *Ontem fomos* **a uma feira de artes e ciências**. *Os imigrantes vieram* **de várias partes do mundo**. *O cavaleiro passou* **por uma fenda estreita na rocha**.
- modo: *Não escove os dentes* **com tanta força**.
- intensidade: *Era uma pessoa* **extremamente** *sensível*.
- afirmação: *Essa é,* **sem sombra de dúvida**, *a melhor opção no momento*.
- negação: **Em hipótese alguma** *aceitaremos o que nos propõe*.
- dúvida: **Quem sabe** *possamos ser amigos*.
- causa: **Por conta da chuva**, *não pudemos sair de casa*.
- instrumento ou meio: *Encontrei um amigo distante* **via redes sociais**.
- fim: *A cânfora é usada* **para fins medicinais**.

A língua da gente

Isso "lhe" atrai ou isso "o" atrai?

Você viu neste capítulo que, quando exercem função de complementos verbais, os pronomes oblíquos de 3ª pessoa *o, os, a, as* são empregados como objeto direto, e *lhe*, *lhes* como objeto indireto.

Acontece que, como já estudado anteriormente, os pronomes oblíquos *o* e *lhe* são pouco usados na fala e na escrita informais do português brasileiro. Em uma fala espontânea, em vez de *Meu celular está falhando; preciso levá-lo na assistência*, provavelmente diríamos *Meu celular está falhando; preciso levar ele na assistência*.

Essa falta de familiaridade com os pronomes *o* e *lhe* faz com que, nas situações em que é necessário utilizar linguagem mais formal, o falante tenha dúvidas sobre como empregá-los. Na prática, é muito comum que o pronome *lhe* seja utilizado como objeto direto, o que não é admitido na norma-padrão. Essa incorreção acontece até mesmo em jornais e *sites* de grande audiência, como mostram estas manchetes:

> **Sophia Abrahão afirma que está solteira e conta o que *lhe* atrai em um homem**

Gshow, 13 fev. 2015. Disponível em: <http://mod.lk/mwion>. Acesso em: 29 jun. 2017.

> **Novo golpe no Whatsapp promete revelar quem *lhe* adicionou no app**

Canaltech, 6 jan. 2017. Disponível em: <http://mod.lk/w8fxg>. Acesso em: 29 jun. 2017.

Nesses exemplos, como os verbos *atrair* e *adicionar*, no contexto em que são empregados, são transitivos diretos, deveriam ter sido usados os pronomes *a* e *o*: "conta o que *a* atrai em um homem" (= o que atrai *Sophia*), "promete revelar quem *o* adicionou no app" (= adicionou *você*).

Em situações comunicativas formais, é bom, portanto, estar atento à transitividade do verbo ao usar os oblíquos da 3ª pessoa, a fim de evitar trocas como essas. Observe que esse conhecimento seria imprescindível para responder à questão de vestibular reproduzida a seguir.

(Unifesp) Analise a capa de um *folder* de uma campanha de trânsito.

Explicitando-se os complementos dos verbos em "Eu cuido, eu respeito.", obtém-se, em conformidade com a norma-padrão da língua portuguesa:

a) Eu a cuido, eu respeito-lhe.
b) Eu cuido dela, eu lhe respeito.
c) Eu cuido dela, eu a respeito.
d) Eu lhe cuido e respeito.
e) Eu cuido e respeito-a.

Aprender a aprender

Participação na aula II

Ao responder ao questionário apresentado na seção "Aprender a aprender" do Capítulo 17, é possível que você tenha identificado algumas atitudes que contribuem para a boa participação em sala de aula. Vamos, agora, ver com mais detalhes as principais delas.

Preparação

- A boa participação começa, na verdade, antes da aula. Se sobraram dúvidas sobre o conteúdo visto anteriormente, anote-as para esclarecê-las no início da aula seguinte.
- Caso saiba qual conteúdo será abordado, dê uma lida rápida no capítulo para familiarizar-se com o assunto. Tome notas sobre o que sabe a respeito e o que imagina que vai aprender.

Escuta atenta

- Assim como desenvolvemos nossas habilidades orais e escritas, podemos aumentar a capacidade de escutar com atenção. Durante a aula, um cuidado básico é estar alerta a certas expressões, na fala de seu professor, que sinalizam os conceitos-chave; por exemplo: "O mais importante disso é...", "Em resumo...", "Os três aspectos principais são...". Aproveite para anotar esses conceitos (se necessário, reveja no Capítulo 11 orientações sobre como tomar notas).
- É natural distrair-se um pouco durante a aula. Mas, se você acha que os devaneios estão frequentes demais, experimente fazer um risquinho em uma folha a cada vez que se flagrar com a mente em outro lugar. O simples ato de monitorar sua distração pode ajudá-lo a concentrar-se: você perceberá que, com o passar do tempo, o número de risquinhos por aula vai diminuir.
- Nem é preciso dizer que usar o celular em sala de aula para jogos ou mensagens pessoais não contribui para a escuta atenta.

Perguntas

- Se você deu uma lida no material antes da aula e está prestando atenção, conseguirá fazer perguntas pertinentes e no momento adequado. Evite interromper o professor e, antes de participar, sinalize sua intenção (levantando a mão, por exemplo).

Participação em debates

- Uma das experiências mais ricas em sala de aula é a troca de ideias com o professor e os colegas. Para que ela se desenvolva adequadamente, lembre-se de ser um bom ouvinte: preste atenção na opinião dos colegas e não os interrompa enquanto estiverem desenvolvendo seu raciocínio.
- Mesmo que você se sinta envergonhado ou inseguro, não deixe de participar dos debates. Lembre-se que, com a prática, você vai adquirir a segurança necessária para expor suas ideias e opiniões.
- Ao manifestar-se, seja respeitoso com os colegas que pensam de forma diferente e, para que todos possam participar, não se estenda demais. Evite dizer simplesmente "essa é a minha opinião" ou "é assim que eu penso"; em vez disso, procure sustentar seu ponto de vista com exemplos, dados, comparações, etc.

ATIVIDADES

▶ Leia o poema e responda às questões de 1 a 3.

95

Tira
do rosto
a máscara:
fica
a máscara
do rosto.

PAIXÃO, Fernando. *Fogo dos rios*. São Paulo: Brasiliense, 1989.
Disponível em: <http://mod.lk/2mxky>. Acesso em: 29 jun. 2017.

1. A expressão *do rosto* aparece duas vezes no poema, no segundo e no último versos.
   a) Identifique em qual das ocorrências a expressão está ligada a um substantivo e em qual está ligada a um verbo.
   b) No verso em que está ligada ao verbo, qual é a função sintática dessa expressão?

2. O substantivo *máscara* também aparece duas vezes no poema. Identifique sua função sintática em cada ocorrência.

3. O emprego das mesmas expressões com função sintática distinta é essencial para a produção de efeitos rítmicos e semânticos nesse poema.
   a) Qual é, em sua opinião, o sentido de *máscara* em cada uma das ocorrências?
   b) O que esse poema sugere sobre nosso comportamento em sociedade?

▶ Leia a charge e responda às questões de 4 a 7.

GILMAR. Disponível em: <http://mod.lk/bp2oe>. Acesso em: 29 jun. 2017.

Glossário

Lei do Lixo: Lei nº 12.305, de 2 agosto de 2010, que estabeleceu prazos para a implantação de coleta seletiva nas cidades e para a substituição dos lixões por aterros sanitários. Os prazos iniciais não foram cumpridos e tiveram de ser prorrogados.

4. Qual problema o casal está enfrentando? Justifique sua resposta com elementos visuais da charge.

5. Na fala da mulher, o verbo *mudar* tem um complemento subentendido.
   a) Reescreva essa fala, explicitando tal complemento. Seja coerente com a cena retratada e com o sentido que a personagem atribui ao verbo *mudar*.
   b) Qual é, portanto, a transitividade do verbo *mudar* na fala da mulher?

Capítulo 19 • Termos ligados ao verbo

ATIVIDADES

6. Em sua resposta, o homem retoma a ideia do verbo *mudar*, porém com outra transitividade e com um sentido um pouco diferente. Explique essa afirmação.

7. Para criar um efeito humorístico mais impactante, o texto verbal das charges precisa ser conciso. Levando isso em conta, explique por que foi importante não explicitar, na fala da mulher, o complemento do verbo *mudar*.

▸ Leia a tira e responda às questões de 8 a 10.

MALVADOS — ANDRÉ DAHMER

palestra sobre os novos tempos

8. Na tira, o personagem contrasta duas fases da sua vida. Para descrevê-las, usa no primeiro e no terceiro quadrinhos uma estrutura frasal semelhante, porém com a troca de alguns termos.

a) Identifique a alteração que ocorreu nestes termos das orações:
- adjunto adverbial que expressa tempo;
- adjunto adverbial que expressa lugar;
- objeto do verbo *perder*.

b) Identifique, na tira, o adjunto adverbial que indica o porquê dessas mudanças.

9. No segundo quadrinho, o leitor (assim como o ouvinte da palestra que grita "Viva!") é levado a criar certa expectativa quanto ao que será dito em seguida. Qual é essa expectativa e por que somos levados a criá-la?

10. No último quadrinho, com as trocas de termos identificadas na questão 8, a expectativa é quebrada, o que produz o humor e também uma crítica na tira. Explique como isso acontece.

Glossário

Mobilidade tecnológica: diz respeito ao conjunto de tecnologias (redes, dispositivos eletrônicos, etc.) que permitem às pessoas estarem conectadas à internet em qualquer lugar.

ENEM E VESTIBULARES

1. (Uncisal)

A "língua" do pensamento

1 Por mais distintas que as línguas sejam, praticamente tudo o que pode ser
2 dito em uma língua pode ser dito nas demais. Certas palavras não encontram
3 equivalentes exatos em outros idiomas, as estruturas sintáticas são muito
4 diferentes, mas o sentido geral das frases tende a permanecer o mesmo. Tan-
5 to que, salvo em traduções de poesia, em que a expressão é tão importante
6 quanto o conteúdo, o que se traduz num texto é o seu sentido geral e não o
7 significado termo a termo, a chamada tradução literal, que muitas vezes conduz
8 a enunciados sem sentido.

9   Essa possibilidade quase irrestrita de tradução é possível porque o "sentido
10 geral" a que estou me referindo é algo que transcende a língua. Trata-se de uma
11 representação mental que fazemos da realidade e prescinde de palavras. Mas
12 tampouco se dá por imagens ou outros símbolos dotados de um significante
13 material. Tanto que cegos de nascença, surdos-mudos e indivíduos privados
14 da linguagem por alguma patologia são perfeitamente capazes de pensar e
15 compreender a realidade.

(BIZZOCCHI, Aldo. *Língua*. jan. 2012. p. 54).

Dadas as proposições seguintes,

I. As expressões "em uma língua" (linha 2) e "em outros idiomas" (linha 3) possuem a mesma função sintática.

II. No primeiro período do 2º parágrafo há uma ideia de causa e consequência.

III. Os verbos "encontrar" (linha 2) e "conduzir" (linha 7) recebem o mesmo tipo de complemento.

verifica-se que

a) somente I e III estão corretas.

b) somente I e II estão corretas.

c) somente a II está correta.

d) I, II e III estão corretas.

e) somente a I está correta.

2. **(Unesp – Adaptado)** A questão a seguir aborda uma passagem da peça teatral *Frei Luís de Sousa*, de Almeida Garrett (1799-1854).

Cena V – JORGE, MADALENA E MARIA

JORGE — Ora seja Deus nesta casa!

(Maria beija-lhe o escapulário¹ e depois a mão; Madalena somente o escapulário.)

MADALENA — Sejais bem-vindo, meu irmão!

MARIA — Boas tardes, tio Jorge!

JORGE — Minha senhora mana! A bênção de Deus te cubra, filha! Também estou desassossegado como vós, mana Madalena: mas não vos aflijais, espero que não há de ser nada. É certo que tive umas notícias de Lisboa...

MADALENA *(assustada)* — Pois que é, que foi?

JORGE — Nada, não vos assusteis; mas é bom que estejais prevenida, por isso vo-lo digo. Os governadores querem sair da cidade... é um capricho verdadeiro... Depois de aturarem metidos ali dentro toda a força da peste, agora que ela está, se pode dizer, acabada, que são raríssimos os casos, é que por força querem mudar de ares.

[...]

(*Teatro*, vol. 3, 1844.)

¹ escapulário: faixa de tecido que frades e freiras de certas ordens religiosas cristãs usam pendente sobre o peito.

"Nada, não vos assusteis; mas é bom que estejais prevenida, por isso vo-lo digo."

Em relação à forma verbal "digo", os pronomes oblíquos átonos "vo-lo" atuam, respectivamente, como

a) objeto direto e objeto indireto.

b) objeto indireto e objeto direto.

c) objeto direto e predicativo do objeto.

d) sujeito e objeto direto.

e) sujeito e predicativo do sujeito.

3. (Unifesp – Adaptado)

Leia os textos para responder à questão.

[...]

O crime era, como devem ter dito os jornais do tempo, um "crime passional", *Cherchez la femme**. Depois, a vítima um poeta – um artista. A mulher romantizara-se desaparecendo. Eu era um herói, no fim de contas. E um herói com seus laivos de mistério, o que mais me aureolava. Por tudo isso, independentemente do belo discurso de defesa, o júri concedeu-me circunstâncias atenuantes. E a minha pena foi curta.

Ah! foi bem curta – sobretudo para mim... Esses dez anos esvoaram-se-me como dez meses. É que, em realidade, as horas não podem mais ter ação sobre aqueles que viveram um instante que focou toda a sua vida. Atingido o sofrimento máximo, nada já nos faz sofrer. Vibradas as sensações máximas, nada já nos fará oscilar. Simplesmente, este momento culminante raras são as criaturas que o vivem. As que o viveram ou são, como eu, os *mortos-vivos*, ou – apenas – os *desencantados* que, muita vez, acabam no suicídio.

* *Cherchez la femme*: Procurem a mulher.

(Mário de Sá-Carneiro.
A confissão de Lúcio, 2011.)

Quando se quer chamar atenção para o Objeto Direto que precede o verbo, costuma-se repeti-lo. É o que se chama Objeto Direto Pleonástico, em cuja constituição entra sempre um pronome pessoal átono.

(Celso Cunha e Lindley Cintra. *Nova gramática do português contemporâneo*, 2000.)

Verifica-se a ocorrência de objeto direto pleonástico em:

a) "Por tudo isso, independentemente do belo discurso de defesa, o júri concedeu-me circunstâncias atenuantes."

b) "Simplesmente, este momento culminante raras são as criaturas que o vivem."

c) "As que o viveram ou são, como eu, os *mortos-vivos*, ou – apenas – os *desencantados*."

d) "Atingido o sofrimento máximo, nada já nos faz sofrer."

e) "Esses dez anos esvoaram-se-me como dez meses."

Mais questões: no livro digital, em **Vereda Digital Aprova Enem** e **Vereda Digital Suplemento de revisão e vestibulares**; no *site*, em **AprovaMax**.

CAPÍTULO 20

TERMOS LIGADOS AO NOME E VOCATIVO

OBJETIVOS DE APRENDIZAGEM
- Identificar complementos nominais, adjuntos adnominais e apostos.
- Compreender como esses termos complementam, especificam ou detalham os nomes.
- Identificar os vocativos e reconhecer seu papel na interação verbal.

ENEM
C1: H1
C6: H18
C7: H22

Observação

Animais fantásticos e onde habitam; *Mogli, o menino lobo*; *Estrelas além do tempo*. Provavelmente você já ouviu falar nesses filmes. No título de todos eles, há palavras de natureza nominal, como substantivos e advérbios (*animais*, *Mogli*, *além*). E, nos três títulos, essas palavras estão cercadas por outras, que completam seu sentido ou as especificam e detalham (*animais fantásticos*; *Mogli, o menino lobo*; *além do tempo*). Neste último capítulo dedicado aos termos da oração, vamos estudar essas palavras e expressões que se associam aos nomes, fornecendo informações nem sempre imprescindíveis, mas que deixam os enunciados mais completos e precisos. Estudaremos, ainda, o vocativo, um termo que, embora não faça parte da estrutura da oração, é fundamental em nossas interações cotidianas.

Leia a tira e responda às perguntas.

GARFIELD   JIM DAVIS

Análise

1. Normalmente, as tiras são compostas por três quadros que representam uma sequência cronológica: uma cena acontece depois da outra. Nessa tira, porém, a apresentação dos quadrinhos se dá de outra maneira. Explique como isso acontece e como contribui para a construção do humor.

2. Considerando sua resposta anterior, qual é a função da linguagem explorada pela tira? Justifique sua escolha.
   a) fática
   b) poética
   c) metalinguística
   d) referencial

Ver Capítulo 2: "A linguagem na comunicação".

3. O texto verbal da tira é composto por uma única frase imperativa. Nessa frase, aparecem as palavras *longe* e *filé*.

a) Qual é a classe gramatical de cada uma?

b) Transcreva a expressão que completa o sentido de *longe*.

c) Transcreva a expressão que indica uma característica de *filé*.

d) Em sua opinião, qual dessas duas expressões fornece informações mais importantes para o sentido geral do enunciado? Justifique sua resposta.

Na tira de Garfield, você observou que certas expressões se associavam ao advérbio *longe* e ao substantivo *filé*. Na análise sintática da oração, a expressão "do meu filé de pescado", que completa o sentido de *longe*, exerce a função de complemento nominal, ao passo que a expressão "de pescado", que caracteriza *filé*, é um adjunto adnominal.

Esses termos da oração têm algumas semelhanças; ambos podem, por exemplo, ser introduzidos pela preposição *de*, como ocorre na tira (*do* meu filé, *de* pescado). No entanto, eles também têm algumas diferenças importantes, e uma delas você identificou durante a análise: o complemento nominal geralmente fornece informações mais necessárias à construção do sentido geral do que o adjunto adnominal. É por esse motivo que ele é considerado um *termo integrante* da oração, enquanto o adjunto é um *termo acessório*.

Neste capítulo, estudaremos esses dois termos, além do aposto, que também é um termo acessório ligado aos nomes. Por fim, analisaremos o vocativo, que não integra a estrutura sintática da oração, mas quase sempre está presente nas interações verbais.

 Ver "Termos da oração", no Capítulo 17: "Construção da oração I: o sujeito".

Complemento nominal

Pense e responda

Leia a charge e responda às perguntas.

MANDRADE. *Folha de S.Paulo*. São Paulo, 27 ago. 2015. Mercado. p. A16. © Folhapress.

1. A charge remete a certo gênero textual. Identifique esse gênero e explique como é feita a remissão, levando em conta tanto os elementos verbais como os visuais.

2. Em relação à frase tradicional, que normalmente aparece no gênero identificado, a da charge difere apenas quanto ao predicativo do sujeito: *livres de dívidas*.

a) Se eliminássemos a expressão *de dívidas* desse termo, o sentido geral do enunciado seria o mesmo? Explique sua resposta.

b) Explique como a alteração do predicativo do sujeito, em relação à frase tradicional, ajuda a produzir o humor na charge. Em sua resposta, considere o perfil do público-alvo.

Assim como ocorre no caso dos verbos, o sentido de alguns nomes pode "transitar" para outros termos da oração. Ao analisar a charge, você observou que isso acontecia com o adjetivo *livres*: a expressão *de dívidas* completava seu sentido, acrescentando uma informação indispensável à compreensão do enunciado.

A expressão *de dívidas*, nesse contexto, é um **complemento nominal**, isto é, um termo da oração que se junta a um nome a fim de completar seu sentido. Observe:

"E eles viveram **livres de dívidas** para sempre..."
　　　　　　　　　　↖︎complemento nominal

O complemento nominal pode associar-se a substantivos, adjetivos ou advérbios e é sempre introduzido por preposição. Veja mais alguns exemplos:

Complementos nominais de...	
Substantivos	Meu **amor** *à leitura* não conhece limites. Recebemos o **convite** *para sua formatura*. Tenho **orgulho** *do meu trabalho*.
Adjetivos	Estou **acostumado** *a exercícios físicos vigorosos*. Era um homem **generoso** *com os amigos*. Todos estavam **ávidos** *por notícias*.
Advérbios	Fique **longe** *do meu filé*. Já assistiu ao filme Estrelas **além** *do tempo*? O juiz decidiu **favoravelmente** *ao réu*.

No núcleo de um complemento nominal, podemos encontrar palavras das seguintes classes gramaticais:

- substantivo: *A população ansiava pela captura do **criminoso**.*
- pronome: *Minha prima é igual a **mim**: adora vôlei.*
- numeral: *O pai era flamenguista e a mãe, vascaína; diferentemente de **ambos**, João torcia pelo Fluminense.*
- palavra ou expressão substantivada: *Tenho receio dos **nãos** que posso ouvir.*

Complemento nominal é o termo da oração que completa o sentido de um substantivo, adjetivo ou advérbio. É sempre introduzido por preposição.

Adjunto adnominal

Leia um anúncio produzido em homenagem aos 468 anos da cidade de Salvador, completados em 2017.

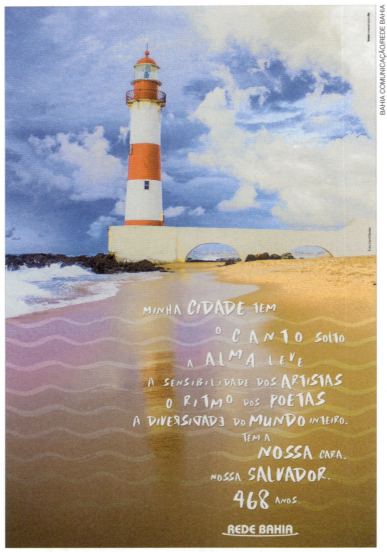

Bahia Comunicação. Disponível em: <http://mod.lk/7vftx>.
Acesso em: 27 abr. 2017.

Para descrever a cidade e suas atrações, o anúncio emprega uma série de substantivos (*cidade*, *canto*, *alma*, etc.). Como é característico dessa classe gramatical, todos os substantivos ocupam o núcleo do termo da oração em que se encontram:

"Minha **cidade** tem o **canto** solto"
núcleo do sujeito — núcleo do objeto direto

Podemos notar, também, que esses substantivos estão cercados por palavras e expressões que os determinam, especificam ou qualificam. Na análise sintática da oração, essas palavras e expressões são consideradas **adjuntos adnominais**. Observe:

Como você percebe, os adjuntos adnominais podem aparecer tanto antes do substantivo (*minha* cidade, *o* canto) quanto depois dele (canto *solto*, sensibilidade *dos artistas*). Os adjuntos adnominais correspondem às seguintes classes gramaticais:

- adjetivos e locuções adjetivas: *A cidade tem a alma **leve** e a sensibilidade **dos artistas**.*
- artigos: ***A** diversidade do mundo inteiro se encontra em Salvador. É **uma** cidade encantadora.*
- numerais: *Salvador foi fundada em 1549, **dezessete** anos depois de São Vicente (SP).*
- pronomes adjetivos: ***Esta** cidade tem a **nossa** cara.*

Adjunto adnominal é o termo da oração que, colocado antes ou depois de um substantivo que ocupa o núcleo de outro termo, serve para determinar, especificar ou qualificar tal substantivo.

Pronome oblíquo como adjunto adnominal

Leia esta frase de um conto de Artur Azevedo (1855-1908), em que se fala sobre a personagem Edviges, a Dudu.

> Dudu impressionou-se por um cavalheiro muito bem trajado, que começou a rondar-*lhe* a porta quase todos os dias, cumprimentando-a, depois sorrindo-lhe, e finalmente escrevendo-lhe, graças à cumplicidade de um molecote da casa.
> [...]
>
> AZEVEDO, Artur. Uma aposta. Disponível em: <http://mod.lk/hawqg>.
> Acesso em: 27 abr. 2017. (Fragmento).

No trecho em que há o destaque ("começou a rondar-*lhe* a porta quase todos os dias"), o pronome *lhe* equivale a um pronome possessivo: o cavalheiro começou a rondar *sua porta*, ou seja, a porta de Dudu. Quando os pronomes oblíquos são usados com sentido possessivo, exercem a função de adjunto adnominal, uma vez que equivalem a *meu, minha, teu, tua, seu, sua*, etc.

Adjunto adnominal ou complemento nominal?

Leia a tira.

ARMANDINHO   ALEXANDRE BECK

BECK, Alexandre. *Armandinho*. Disponível em:
<http://mod.lk/mbb8f>. Acesso em: 29 abr. 2017.

Com seu espírito questionador, o personagem Armandinho não aceita como verdade absoluta a versão dada pelo professor para o descobrimento do Brasil. Afinal, ela reflete apenas o ponto de vista dos conquistadores, desconsiderando os indígenas que já habitavam as terras brasileiras.

Nas falas da tira, são empregadas as expressões *descobrimento **do Brasil*** e *versão **dos índios***. As partes destacadas parecem semelhantes, porque ambas se referem a um substantivo e são introduzidas pela preposição *de*. No entanto, sua função sintática é distinta: *do Brasil* é complemento nominal, ao passo que *dos índios* é adjunto adnominal.

Por causa da semelhança formal entre alguns adjuntos adnominais e complementos nominais, é comum que surjam dúvidas quanto à sua identificação. Para distinguir esses dois termos, antes de mais nada é preciso levar em conta os seguintes aspectos:

- O adjunto adnominal somente se associa a substantivos; portanto, se a palavra à qual o termo se refere é um adjetivo (***capaz** de tudo*) ou advérbio (***perto** de casa*), o termo é um complemento nominal.
- Somente o complemento nominal pode ser introduzido por preposições diferentes da preposição *de* (*amor **à** pátria*, *queixa **contra** a direção*, *confiança **nos** amigos*, etc.).
- O adjunto adnominal pode juntar-se a substantivos concretos ou abstratos, mas o complemento nominal liga-se somente a substantivos abstratos. Portanto, se a expressão estiver associada a um substantivo concreto, como em ***braço** da cadeira* ou ***urso** de pelúcia*, será sempre um adjunto adnominal.

Considerando esses aspectos, percebemos que o único caso em que podem surgir dúvidas é o representado na tira – ou seja, situações em que o termo é introduzido por *de* e refere-se a um substantivo abstrato (*descobrimento*, *versão*). Em casos assim, precisamos considerar um último critério que distingue o complemento nominal do adjunto adnominal: o complemento nominal expressa uma ideia de *passividade* em relação ao substantivo ao qual se liga. Logo, em *descobrimento do Brasil*, o termo *do Brasil* é complemento nominal porque o Brasil *foi descoberto* por alguém. É o que também ocorre, por exemplo, em *medo **do escuro*** (= o escuro é temido), *lembrança **da infância*** (= a infância é lembrada) ou *venda **da casa*** (= a casa é vendida).

Já em *versão dos índios*, a expressão *dos índios* é adjunto adnominal porque os índios têm papel ativo: eles é que dão sua versão. Quando o adjunto adnominal se associa a um substantivo abstrato, ele pode expressar ideia de: agente da ação (*versão **dos índios***), posse (*sabedoria **do mestre***) ou característica (*fome **de leão***).

Adjunto adnominal ou predicativo do objeto?

Outra situação que costuma provocar dúvida a respeito do adjunto adnominal é a exemplificada nestas manchetes esportivas:

> **Geninho considera empate *justo*
> na partida entre ABC e Assu**

SIMONETTI, Diego. *Blog do Major*, 2 fev. 2017. Disponível em: <http://mod.lk/cz18h>. Acesso em: 27 abr. 2017.

> **Valdomiro comemora empate *"justo"*
> e garante: "Honramos a Lusa"**

ESPN, 8 jun. 2013. Disponível em: <http://mod.lk/v3kcp>. Acesso em: 27 abr. 2017.

Nas duas manchetes, o adjetivo *justo* aparece ao lado do substantivo *empate*. Em qual delas ele exerce a função de adjunto adnominal?

Para responder, precisamos voltar ao que estudamos no Capítulo 18 sobre o predicativo do objeto. Conforme vimos, esse termo aparece no predicado verbo-nominal e expressa uma característica do objeto de um verbo transitivo. Por exemplo, em "Você acha isso *errado*?", o adjetivo *errado* é um predicativo do objeto porque caracteriza *isso*, que é o objeto direto do verbo *achar*.

Uma vez que, em certos contextos, o adjunto adnominal também pode expressar características de um objeto verbal, às vezes é difícil distinguir os termos. Para fazê-lo, precisamos levar em conta a organização sintática da oração: o predicativo do objeto é um termo *externo* ao objeto, enquanto o adjunto adnominal *faz parte* dele.

Isso fica evidente se substituímos o núcleo do objeto por um pronome oblíquo. Observe:

"Geninho considera **empate** justo [...]"   *Geninho considera-o justo.*

"Valdomiro comemora **empate** 'justo' [...]"   *Valdomiro comemora-o.*

Como você percebe, no primeiro caso, o adjetivo *justo* permanece porque ele é *externo* ao objeto. Trata-se, portanto, de um predicativo do objeto. Já no segundo caso, quando trocamos o núcleo do objeto do verbo *comemorar* – o substantivo *empate* – pelo pronome oblíquo *o*, o adjetivo *justo*, que era um termo acessório em relação a esse substantivo, desaparece. Isso mostra que, nessa segunda manchete, *justo* é um adjunto adnominal.

Aposto

Pense e responda

Leia a tira e responda às perguntas.

1. Para entender a charge, é preciso relacioná-la a uma expressão idiomática bastante conhecida do português: "tirar leite de pedra". O que essa expressão significa? Se necessário, pesquise.

2. Que expressão da tira se relaciona diretamente a "tirar leite de pedra"?
   a) Qual é a relação entre essa expressão e a linguagem visual da tira?
   b) Sobre a expressão que você identificou, é correto afirmar que ela:
   - dá uma explicação sobre *Osvaldo*.
   - completa o sentido de *Osvaldo*.
   - relaciona *Osvaldo* ao resto da oração.

3. Em sua opinião, o que significa a declaração feita sobre Osvaldo? Por que se diz que, às vezes, até ele "entrava em crise com seu trabalho"? Em sua resposta, não deixe de considerar a expressão que analisou na questão 2.

Como você percebeu, na tira, a expressão *ordenhador de pedras* associa-se a um substantivo, *Osvaldo*, a fim de acrescentar uma explicação sobre ele. Na análise sintática da oração, *ordenhador de pedras* é um **aposto** do substantivo *Osvaldo*:

"Às vezes até **Osvaldo, ordenhador de pedras**, entrava em crise com seu trabalho."

aposto

Os apostos unem-se a substantivos ou a pronomes substantivos para expandir seu significado. Veja os principais tipos de apostos, de acordo com os papéis que cumprem em relação ao termo a que se referem:

- **aposto explicativo** – dá uma explicação sobre o termo: *Joana, minha prima em segundo grau, vem passar as férias conosco.*
- **aposto enumerativo** – detalha o termo, apresentando uma enumeração: *Ainda me lembro de **tudo**: os passeios pelo campo, os cuidados com a horta, as noites ao redor da fogueira.*
- **aposto especificador** – especifica ou particulariza o termo: *O **astrofísico** Neil deGrasse Tyson apresenta programas de divulgação científica na TV.*

Observe que os apostos explicativos e enumerativos vêm separados do termo ao qual se referem por algum sinal de pontuação. Esse sinal pode ser a vírgula, como no primeiro exemplo, os dois-pontos, como no segundo, ou ainda os travessões e os parênteses. Já o aposto especificador aparece diretamente após o substantivo ao qual se refere, sem qualquer sinal de pontuação.

No núcleo de um aposto sempre encontramos um substantivo ou palavra substantivada. Isso o distingue de expressões adjetivas que, ainda que eventualmente venham separadas por vírgulas do restante da oração, não devem ser classificadas como aposto. Veja a diferença:

*Osvaldo, **desanimado**, encarava a enorme pedra à sua frente.*

↳ É um adjetivo (*desanimado*), portanto não tem função de aposto. Corresponde, na verdade, a um predicativo do objeto deslocado (*Osvaldo encarava desanimado a enorme pedra...*).

*Pedro, **colega de trabalho de Osvaldo**, apareceu para lhe dar uma força.*

↳ Tem um substantivo (*colega*) em seu núcleo, portanto é aposto.

> **Aposto** é um termo da oração que se associa a um substantivo ou pronome substantivo a fim de expandir seu sentido, explicando-o, detalhando-o ou particularizando-o. Sempre tem um substantivo ou palavra substantivada em seu núcleo.

Vocativo

Pense e responda

Leia esta outra tira e responda às perguntas.

MULHER DE 30
O AMOR DO PAPAI

CIBELE SANTOS
WWW.MULHER30.COM.BR

SANTOS, Cibele. *Mulher de 30*. Disponível em: <http://mod.lk/bl9zq>. Acesso em: 30 abr. 2017.

- No primeiro quadrinho, ao se dirigir ao cachorro, o homem utiliza as expressões "nenezinho do papai", "amorzinho do papai" e "coisa mais linda do mundo". No segundo quadrinho, entendemos que ele usou uma palavra diferente ao se dirigir à mulher.

  a) Qual palavra foi essa?

  b) Com base na linguagem visual da tira, explique como a mulher reagiu, ao comparar as expressões utilizadas pelo homem. Por que ela reagiu assim?

Ao analisar a tira, você percebeu que certas palavras e expressões marcam a interação entre os personagens. No primeiro quadrinho, para dirigir-se ao cachorro, o homem usa as expressões "nenezinho do papai", "amorzinho do papai" e "coisa mais linda do mundo". Por outro lado, anteriormente, ao interagir com a mulher, ele usou a palavra *amor*: "Oi, *amor*".

Essas palavras e expressões empregadas pelos interlocutores para dirigir-se uns aos outros durante a interação verbal são chamadas de **vocativos**. Eles não fazem parte da estrutura da oração, não se subordinando nem se associando diretamente a outro termo, por isso são separados por vírgulas do restante do enunciado.

O vocativo pode aparecer em diferentes partes da oração. Observe:

- no início: *Turma, preste atenção ao que vou explicar agora.*
- intercalado aos termos: *Preste atenção, turma, ao que vou explicar agora.*
- no final: *Preste atenção ao que vou explicar agora, turma.*

> **Vocativo** é uma palavra ou expressão que os interlocutores usam para dirigir-se uns aos outros durante a interação verbal.

ATIVIDADES

- Leia a tira e responda às questões 1 e 2.

Jean Galvão

GALVÃO, Jean. Disponível em: <http://mod.lk/eox1c>.
Acesso em: 27 abr. 2017.

1. O humor da tira se apoia na dupla interpretação da frase do primeiro quadrinho, que, deduzimos, foi dita ao menino por algum adulto.

   a) Qual era o sentido pretendido pelo adulto nessa frase?

   b) Qual sentido o menino atribuiu à frase? Explique com base na linguagem visual da tira.

ATIVIDADES

2. A forma como a oração foi construída é essencial para possibilitar essa dupla leitura.

a) Na interpretação do adulto, a qual palavra se associa o termo *sem meias*? Qual é, portanto, a função sintática desse termo?

b) E na interpretação do menino, a qual palavra se associa o termo *sem meias*? Qual é a função sintática do termo, nesse caso?

▶ Leia esta anedota e responda às questões de 3 a 5.

> Em um supermercado, uma mulher vê um avô e o neto malcriado, de três anos.
> – Calma, William – diz o avô tranquilamente. – Falta pouco para irmos embora.
> No corredor dos biscoitos, a mulher ouve um grito estridente:
> – Quero biscoito! Me dá biscoito!
> – Está tudo bem, William, só mais alguns minutos e estaremos fora daqui. É só esperar um pouco; você está se saindo muito bem – elogia o avô.
> Diante da atendente de caixa do supermercado, a criança grita:
> – Bala! Eu quero bala!
> – William, William, relaxe, camarada. Não se irrite. Estaremos em casa em cinco minutos.
> A mulher fica impressionada.
> – O senhor é incrível – ela parabeniza o avô. – Manteve a linha não importando que ele gritasse. William tem muita sorte em tê-lo como avô.
> – Obrigado – responde o avô. – Mas EU sou o William. O pequeno pestinha é o Kevin.
>
> CAMPIGLIA, Miguel. *Seleções*. Rio de Janeiro: Reader's Digest Brasil, p. 139, jul. 2014.
> Apud CERQUEIRA, Maria G. B. *Uma proposta de sequência didática a partir do trabalho com o gênero piada*. Dissertação (mestrado). Universidade Federal de Goiás, Goiânia, 2015, p. 72. Disponível em: <http://mod.lk/xgesm>.
> Acesso em: 30 abr. 2017.

3. Na maioria das frases do texto em que o substantivo *William* aparece, qual é o seu papel? Dê dois exemplos que justifiquem sua resposta.

4. O emprego de *William* com esse papel foi fundamental para construir certas expectativas na anedota, as quais são quebradas ao final, produzindo um efeito humorístico. Explique como isso acontece.

5. Aponte outra palavra, no texto, utilizada com o mesmo papel que você identificou na questão 3.

- Essa palavra é adequada ao contexto, pois se trata da fala de um avô. Reescreva a fala em que ela aparece, porém utilizando, em seu lugar, uma palavra mais comum entre pessoas de sua idade.

Trocando ideias

Releia esta fala da personagem feminina na anedota: "William tem muita sorte em tê-lo como avô". Agora, discuta as questões a seguir com os colegas e o professor:

1. Se a expectativa da personagem estivesse correta, isto é, se William fosse de fato o menino, você concorda em que ele teria "muita sorte" por ter aquele senhor como avô? Em sua opinião, a atitude que o homem, aparentemente, mantinha em relação ao neto poderia ser considerada adequada? Por quê?

2. Conflitos entre familiares surgem em todas as fases da vida. Em sua opinião, que papel a paciência e a tolerância podem ter na resolução desses conflitos?

Leia a tira e responda às questões 6 e 7.

MALVADOS   ANDRÉ DAHMER

6. Em relação aos termos *de amor* e *ao dinheiro*, que aparecem na tira, responda:
   a) A qual palavra do texto cada um desses termos se refere?
   b) Qual é a função sintática de cada termo? Justifique sua resposta.

7. Esses termos contribuem de forma diferente para o sentido da tira.
   a) Explique como o emprego do termo *de amor*, pelo personagem no primeiro quadrinho, justifica o comentário do outro personagem no quadrinho seguinte.
   b) Na série de tirinhas *Malvados*, o humor geralmente se baseia em uma crítica aos valores da sociedade. Explique como isso ocorre na tira lida e como o termo *ao dinheiro* ajuda a construir essa crítica bem-humorada.

- Um leitor perguntou a uma revista de divulgação científica se era verdade que a flatulência do gado bovino agrava o efeito estufa. Reproduzimos, a seguir, parte da resposta dada pela revista, porém sem alguns sinais de pontuação. Leia o texto e responda às perguntas 8 e 9.

> É, sim! Durante a digestão, bois e vacas produzem muito metano um gás que contribui com 23% do efeito estufa e é 21 vezes mais ativo que o gás carbônico na retenção dos raios solares que aquecem o globo! No Brasil, os rebanhos de bovinos e outros ruminantes cabras, ovelhas, búfalos... são responsáveis por 90% do metano gerado no país – no mundo, esse índice cai para 28%. O gás é produzido por bactérias do rúmen uma das quatro cavidades do estômago dos bichos, que ajudam a retirar a energia dos alimentos que o gado come. O mais curioso é que a maior parte dos gases não sai estrondosamente pelo ânus do bicho, mas pela boca, como se fosse um arroto, junto com a respiração. [...]
>
> PALLADINO, Viviane. *Mundo Estranho*. São Paulo: Abril, 18 abr. 2017. Disponível em: <http://mod.lk/vgqzw>. Acesso em: 2 maio 2017. (Fragmento adaptado).

8. Identifique os três apostos explicativos ou enumerativos empregados no texto. Em seguida, reescreva as frases em que eles aparecem, separando-os dos outros termos por meio de sinais de pontuação (vírgulas, travessões, parênteses, dois-pontos). Em cada ocorrência, mais de um sinal é possível; opte pelo que lhe parecer mais adequado.

9. Considerando o substantivo ao qual cada aposto se refere, responda: por que apostos são importantes em textos como esse, que buscam divulgar conhecimentos científicos ao público em geral?

ENEM E VESTIBULARES

1. (Insper-SP) Texto para a questão.

Disponível em: https://emiliobarbosa.wordpress.com/2011/03/28/28-mar-o-alerta-e-geral-dengue-mata/28-marco-charge-dengue/

Considerando os objetivos da charge, sua posição crítica é feita a partir da repetição do sintagma "controle da dengue", em que "da dengue" assume diferentes funções sintáticas em cada ocorrência, sendo respectivamente

a) sujeito e objeto indireto.
b) adjunto adnominal e aposto.
c) complemento nominal e adjunto adnominal.
d) sujeito e predicativo do sujeito.
e) aposto e complemento nominal.

2. (Insper-SP – Adaptado) Utilize o texto abaixo para responder à questão.

LEBLON – "Socorro, por favor, deixa um guisadinho de abóbora com carne para o fim de semana. Obrigado, Chico." Escrito na última sexta-feira por Chico Buarque e endereçado à sua diarista Maria do Socorro, o bilhete veio a público ontem e foi imediatamente considerado excepcional por boa parte da crítica brasileira.
[...]

(http://revistapiaui.estadao.com.br/blogs/herald/cultura/bilhete-de-chico-buarque-a-diarista-e-considerado-magistral)

No bilhete transcrito no primeiro parágrafo, a função sintática exercida pelo termo "Socorro" também pode ser identificada em

a) Deus, ajuda-me nessa hora!
b) Maria, antes de sair, chorou.
c) Pedro já sabe de tudo.
d) Quando Socorro chegar, peça-lhe a chave.

3. (Unesp – Adaptado) A questão toma por base uma passagem de um livro de José Ribeiro sobre o folclore nacional.

[...] "Companheiro do curupira, ou sua duplicata, é o Caapora, ora gigante, ora anão, montado num caititu, e cavalgando à frente de varas de porcos do mato, fumando cachimbo ou cigarro, pedindo fogo aos viajores; à frente dele voam os vaga-lumes, seus batedores, alumiando o caminho".
[...]

(O Brasil no folclore, 1970.)

[...] à frente dele voam os vaga-lumes, seus batedores, alumiando o caminho.

Eliminando-se o aposto, a frase em destaque apresentará, de acordo com a norma-padrão, a seguinte forma:

a) à frente voam os vaga-lumes, seus batedores, alumiando o caminho.
b) à frente dele voam os vaga-lumes batedores, alumiando o caminho.
c) à frente dele voam seus batedores, alumiando o caminho.
d) à frente dele voam os vaga-lumes, alumiando o caminho.
e) à frente dele voam os vaga-lumes, seus batedores, alumiando.

4. (Unesp – Adaptado)
A questão aborda um poema do português Eugênio de Castro (1869-1944).

Mãos

Mãos de veludo, mãos de mártir e de santa,
o vosso gesto é como um balouçar de palma;
o vosso gesto chora, o vosso gesto geme, o vosso
[gesto canta!

[...]
Afilhadas do luar, mãos de rainha,
Mãos que sois um perpétuo amanhecer,
Alegrai, como dois netinhos, o viver
Da minha alma, velha avó entrevadinha.

(Obras poéticas, 1968.)

Na última estrofe do poema, os termos "Afilhadas do luar", "mãos de rainha" e "Mãos que sois um perpétuo amanhecer" funcionam, no período de que fazem parte, como

a) orações intercaladas.
b) apostos.
c) adjuntos adverbiais.
d) vocativos.
e) complementos nominais.

Mais questões: no livro digital, em **Vereda Digital Aprova Enem** e **Vereda Digital Suplemento de revisão e vestibulares**; no site, em **AprovaMax**.

De olho na escrita

Palavras e expressões que provocam dúvida I

Quando escrever *porque* "junto" e quando escrever *por que* "separado"? Certamente, essa é uma dúvida bastante comum entre estudantes. Nesta seção, vamos aprender a resolvê-la e, também, a empregar adequadamente certas expressões que são parecidas ou até iguais, mas têm sentido distinto, como *ao encontro de* e *de encontro a* ou *senão* e *se não*.

Por que, por quê, porque e porquê

1. Observe as diretrizes para o emprego de *porque, por que, por quê* e *porquê*:

> - **Por que:** esse advérbio interrogativo deve ser utilizado sempre que estiver explícita ou subentendida a palavra *razão* ou *motivo* depois dele. Exemplos: **Por que** *(razão) você não veio à aula ontem? Gostaria de saber* **por que** *(razão) eles estão sempre cochichando.*
> - **Por quê:** quando aparece no final da frase, o advérbio interrogativo *por que* recebe um acento circunflexo na letra *e*. Por exemplo: *Observei que você não fez os exercícios e quero saber* **por quê**.
> - **Porque:** a conjunção *porque* introduz uma oração que apresenta a causa ou a explicação de certo fato. Exemplos: *Não fiz os exercícios* **porque** *estive doente. Eles cochichavam o tempo todo, e isso era* **porque** *estavam combinando uma festa surpresa.*
> - **Porquê:** essa palavra é um substantivo e significa razão ou motivo. Exemplo: *Vou apresentar a vocês todos os* **porquês** *de minha decisão.*

- Levando em conta essas diretrizes, identifique qual das formas apresentadas entre colchetes completa adequadamente os fragmentos a seguir.

a)

Ô pai...
– Hum?
– [Por que / Porque / Por quê] é que a gente tem que colocar árvore no Natal?
– [Por que / Porque / Por quê]? Oras, [por que / porque / por quê]... [por que / porque / por quê] sim. Para enfeitar.

CARVALHO, Arthur de. A lenda da árvore de natal. *Projeto Releituras*.
Disponível em: <http://mod.lk/bjevi>. Acesso em: 2 maio 2017. (Fragmento adaptado.)

b)

Fico pensando no que meus três primos, que são filhos da tia Rebecca, se transformarão. Uma menina e dois meninos. Fico triste também [por que / porque / porquê] acho que a menina provavelmente terminará como a tia Rebecca, e um dos meninos provavelmente terminará como o pai dele. O outro menino deve terminar como o meu pai, [por que / porque / porquê] ele pratica esportes e teve um pai diferente dos irmãos dele. Meu pai conversa muito com ele e ensina como lançar e rebater no beisebol. Eu costumava sentir ciúmes disso quando era pequeno, mas não sinto mais. [Por que / Porque / Porquê] meu irmão disse que meu primo é o único dessa família que tem uma chance. Ele precisa do meu pai. Acho que compreendo isso agora.

O antigo quarto do meu pai está quase exatamente como ele deixou, exceto que agora parece mais desbotado. [...] Não sei o [por que / porque / porquê], mas eu entendo [por que / porque / porquê] meu pai teve de sair desta casa. [...]

CHBOSKY, Stephen. *As vantagens de ser invisível*. São Paulo: Rocco, 2007. (Fragmento adaptado).

Capítulo 20 • Termos ligados ao nome e vocativo **325**

De olho na escrita

2. Leia a charge.

MANDRADE. *É triste viver de humor*. Disponível em: <http://mod.lk/cocjg>. Acesso em: 2 maio 2017.

a) Como deve se iniciar a fala de cada personagem: com a conjunção *Porque* ou com o advérbio interrogativo *Por que*? Para responder, leve em conta os sinais de pontuação empregados e o sentido das falas.

b) A mulher de verde concorda com a mulher de azul a respeito da beleza e da felicidade das amigas dela? Explique sua resposta.

Expressões parônimas e homônimas I

Em nossa língua, existem algumas expressões parônimas (com forma semelhante, mas sentido distinto) ou homônimas (com pronúncia idêntica, mas sentido também distinto). Essas semelhanças podem gerar dúvidas na hora de empregar tais expressões. Conheça as principais delas e seus respectivos significados:

se não / senão

- *se não* – caso não, quando não: *Iremos à sua casa **se não** chover.*
- *senão* – de outro modo, do contrário: *Termine a lição, **senão** não vai jogar videogame.*

ao encontro de / de encontro a

- *ao encontro de* – em direção a; em atendimento a: *Os alunos comemoraram, pois a decisão do diretor veio **ao encontro de** suas expectativas.*
- *de encontro a* – em direção contrária, em desacordo com: *Não concordamos em nada; suas ideias vão **de encontro às** minhas.*

a cerca de / acerca de

- *a cerca de* – a aproximadamente: *A universidade fica **a cerca de** 10 quilômetros da cidade.*
- *acerca de* – a respeito de: *Conversamos **acerca de** vários assuntos.*

> **tampouco / tão pouco**
> - *tampouco* – também não: Não estudei durante o fim de semana, **tampouco** consegui relaxar.
> - *tão pouco* – muito pouco: Faz **tão pouco** tempo que nos falamos e já estou com saudades outra vez.
>
> **à medida que / na medida em que**
> - *à medida que* – tem sentido predominantemente proporcional: **À medida que** a noite caía, ficávamos mais apreensivos.
> - *na medida em que* – tem sentido proporcional, mas também causal (equivale a *porque*) ou condicional (equivale a *desde que*): Esse poema pode ser considerado romântico, **na medida em que** expressa uma visão idealizada do amor.

■ Indique qual das expressões entre colchetes deve ser usada em cada fragmento, de acordo com o contexto.

a) Se o proprietário quiser vender o imóvel, o restauro só será interessante [à medida que – na medida em que] o retorno compensar o gasto.

MUNIZ, Carolina. *Folha de S.Paulo*. São Paulo, 16 abr. 2017. Disponível em: <http://mod.lk/tow6c>. Acesso em: 2 maio 2017. (Fragmento adaptado). © Folhapress

b) Turquia diz que pode suspender acordo de migração com União Europeia [senão – se não] obtiver isenção de visto.

Extra. Rio de Janeiro, 14 abr. 2017. Disponível em: <http://mod.lk/zazjl>. Acesso em: 2 maio 2017. (Fragmento adaptado).

c) [À medida que – Na medida em que] os estudantes saíam das salas onde as provas do Enem foram realizadas, a internet foi sendo bombardeada com comentários que eram, em sua maioria, a favor do tema da redação.

ANTONIO, Niel. *Já é notícia*. Arapiraca, s.d. Disponível em: <http://mod.lk/1tnrl>. Acesso em: 2 maio 2017. (Fragmento adaptado).

d) Uma cooperativa de saúde realizou na quinta-feira a entrega de 15 carrinhos para transportar bagagens ao aeroporto de Ji-Paraná. A ação vai [ao encontro de – de encontro a] um dos princípios que norteiam o cooperativismo, o interesse da comunidade.

Diário da Amazônia. Porto Velho, 14 abr. 2017. Disponível em: <http://mod.lk/dwbqk>. Acesso em: 2 maio 2017. (Fragmento adaptado).

e) O cargo de presidente-executivo é muito solitário. Ninguém lhe diz a verdade e você [tampouco – tão pouco] pode dizer a verdade aos outros.

KELLAWAY, Lucy. *Folha de S.Paulo*. São Paulo, 17 abr. 2017. Disponível em: <http://mod.lk/og27c>. Acesso em: 2 maio 2017. (Fragmento adaptado). © Folhapress

f) Até agora, o acumulado de chuva em Santos já chega a 382 milímetros por metro quadrado, equivalendo [a cerca de – acerca de] 97% a mais do que a média.

A Tribuna. Santos, 17 abr. 2017. Disponível em: <http://mod.lk/uyxqw>. Acesso em: 2 maio 2017. (Fragmento adaptado).

g) A ciência nos insta a dizer: nem sempre você vai alcançar os seus objetivos e é preciso aceitar isso. [Se não – Senão], corre o risco de se tornar um velhinho ranzinza e amargurado.

PRADO, Ana Carolina. *Superinteressante*. São Paulo: Abril, 15 set. 2011. Disponível em: <http://mod.lk/ivbns>. Acesso em: 2 maio 2017. (Fragmento adaptado).

PARTE III

UNIDADE 6
Sintaxe do período composto, 331

UNIDADE 7
A construção do enunciado, 397

UNIDADE 6
SINTAXE DO PERÍODO COMPOSTO

Capítulo 21
Orações subordinadas substantivas, 332

Capítulo 22
Orações subordinadas adjetivas, 349

Capítulo 23
Orações subordinadas adverbiais, 361

Capítulo 24
Orações coordenadas, 378

Na unidade anterior, estudamos o período simples, isto é, aquele construído com uma única oração. Nosso próximo passo será examinar o período composto, formado por duas ou mais orações.

Enunciados construídos dessa forma são os mais comuns nos textos que você lê na escola, nos jornais, em livros e também naqueles que produz para se expressar como estudante e cidadão. Conhecer melhor esse tipo de construção sintática vai, portanto, ajudá-lo na interpretação e na produção desses textos mais complexos. Bons estudos!

CAPÍTULO 21

ORAÇÕES SUBORDINADAS SUBSTANTIVAS

OBJETIVOS DE APRENDIZAGEM
- Reconhecer o período composto por subordinação.
- Reconhecer as orações subordinadas substantivas, bem como seus diversos tipos e empregos.
- Identificar orações subordinadas substantivas reduzidas.

ENEM
C1: H1
C6: H18
C7: H21, H23, H24
C8: H25, H26, H27

Observação

"Quem canta seus males espanta." "O pior cego é aquele que não quer ver." "Quando um não quer, dois não brigam." "Vão-se os anéis, ficam os dedos." Todos esses provérbios têm algo em comum: são expressos por um período composto. Mas cada um é construído de uma maneira diferente. Ao longo desta unidade, você conhecerá essas diversas formas de construção. Vamos começar pelos períodos compostos com orações subordinadas substantivas, como o que aparece em "Quem canta seus males espanta".

Leia a tira e responda às perguntas.

ITURRUSGARAI, Adão. Mundo Monstro. *Folha de S.Paulo*, 21 ago. 2014.

Análise

1. O Homem-Legenda é um super-herói bem diferente criado pelo cartunista Adão Iturrusgarai. Com base nessa tira, identificamos que o poder desse herói consiste em:
   a) reconhecer a identidade secreta dos outros personagens.
   b) substituir palavras nos balões de fala dos personagens.
   c) revelar a verdadeira intenção da fala dos personagens.
   d) manifestar os verdadeiros interesses dos fiadores.

2. Relacione o poder do herói ao seu nome e explique por que ele se chama "Homem-Legenda".

3. Explique como os "poderes" desse herói produzem o humor nessa tirinha. Em sua resposta, considere os elementos visuais e verbais apresentados.

Glossário
Fiador: em um contrato de aluguel ou empréstimo, pessoa que assume o compromisso de quitar a dívida no lugar do devedor, caso ele não consiga pagá-la.
The Homem-Legenda is back!: misturando português e inglês, a frase significa "O Homem-Legenda está de volta!".

4. Quantas orações existem em cada balão de fala dessa tirinha (desconsidere a legenda do último quadrinho)? Lembre-se: cada verbo ou locução verbal constitui uma oração.

5. Como você observou, há mais de uma oração em cada balão de fala. Isso significa que cada balão contém um **período composto**.
   - Reescreva os três períodos, substituindo, em cada um deles, uma das orações por uma das expressões abaixo.

   > da sua demissão
   > por causa da nossa amizade
   > por causa da fiança

6. Com essa reescrita, você transformou os períodos compostos em períodos simples (uma só oração). Pense, agora, na função sintática das expressões que você utilizou para fazer as substituições. Em cada oração, as expressões acrescentadas exercem respectivamente a função de:
   a) objeto direto, adjunto adverbial, adjunto adverbial.
   b) objeto indireto, adjunto adverbial, adjunto adverbial.
   c) sujeito, predicativo do sujeito, predicativo do sujeito.
   d) objeto indireto, adjunto adnominal, adjunto adnominal.

Período composto por subordinação

Conforme estudamos anteriormente, o **período composto** é aquele constituído por duas ou mais orações. Existem duas formas básicas de construir esse tipo de período. Em uma delas, uma das orações (chamada **oração subordinada**) funciona como termo da outra (denominada **oração principal**). A oração subordinada recebe esse nome porque *se subordina* sintaticamente à outra, já que exerce uma função sintática em relação a ela.

O período construído dessa forma denomina-se **período composto por subordinação**. Nos balões de fala da tira, há períodos compostos por subordinação, pois, como você observou, há orações que funcionam como termo de outras. Veja:

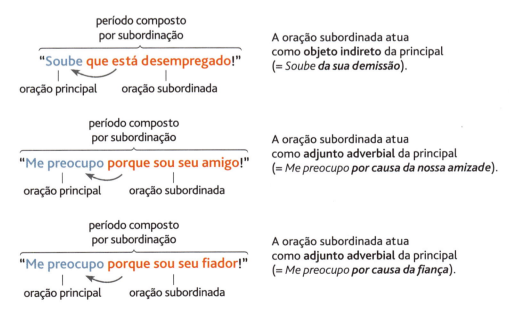

Neste capítulo e nos dois seguintes, estudaremos o período composto por subordinação. Por fim, no Capítulo 24, vamos nos dedicar à outra forma de construir o período composto: a coordenação.

Período composto por subordinação é aquele em que uma das orações (a **oração subordinada**) exerce certa função sintática em relação à outra (a **oração principal**).

Características das orações subordinadas substantivas

A série de tirinha Bananas, de Caco Galhardo, apresenta diálogos entre bananas personificadas. Leia uma dessas criações:

BANANAS — CACO GALHARDO

Na fala da banana, que brinca com os sentidos literal e figurado de *amadurecer*, temos um período composto por subordinação. A oração subordinada (*que nunca vou amadurecer*) atua como objeto direto em relação à principal (*Às vezes penso*): *Às vezes penso isso*.

Essa oração subordinada assemelha-se, sob certo aspecto, à da primeira fala na tirinha do Homem-Legenda (*soube que está desempregado*); como você observou ao fazer as atividades iniciais, essa subordinada exerce a função de objeto indireto da principal: *Soube disso*. O que essas duas orações têm em comum, portanto, é que ambas desempenham funções sintáticas típicas do substantivo. Afinal, como você estudou no Capítulo 19, os objetos diretos e indiretos geralmente têm como núcleo um substantivo: *Às vezes penso coisas engraçadas. Soube de sua formatura*.

Damos o nome de **oração subordinada substantiva** a uma oração subordinada que exerce, em relação à principal, funções sintáticas normalmente desempenhadas por um substantivo. Assim, além de objeto direto e objeto indireto, elas podem exercer a função de sujeito, predicativo do sujeito, complemento nominal e aposto.

As orações subordinadas substantivas podem ser substituídas pelo pronome *isso*, que, como já estudamos, é um pronome substantivo que retoma informações anteriores (tem função anafórica). Outra característica da subordinada substantiva é que, muitas vezes, ela vem introduzida por uma conjunção integrante (*que* ou *se*). Veja:

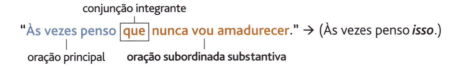

Estudaremos as orações subordinadas substantivas neste capítulo. Nos dois próximos capítulos, vamos nos dedicar aos outros dois tipos de oração subordinada: as adjetivas e as adverbiais.

Orações subordinadas substantivas são aquelas que exercem, em relação à oração principal, as funções sintáticas típicas dessa classe de palavras: sujeito, predicativo do sujeito, objeto direto, objeto indireto, complemento nominal e aposto.

Orações subordinadas substantivas introduzidas por pronomes e advérbios

Como dissemos, muitas vezes as orações subordinadas substantivas são introduzidas pelas conjunções integrantes *que* ou *se*: *Penso que nunca vou amadurecer. Imagine se pudéssemos voar.*

Mas, em certos contextos, essas orações também podem ser introduzidas por pronomes interrogativos e por advérbios interrogativos. Veja alguns exemplos:

Não sei onde deixei as chaves.

Adivinhem quem vem para nossa festa!

Conte quantas questões acertou.

Descobrimos por que o remédio não estava fazendo efeito.

Classificação das orações subordinadas substantivas

Como dito, a oração subordinada substantiva desempenha, em relação à oração principal, as funções sintáticas típicas do substantivo. Conforme a função que exerce, essa oração subordinada pode ser classificada como: *subjetiva*, *predicativa*, *objetiva direta*, *objetiva indireta*, *completiva nominal* ou *apositiva*. Nos tópicos a seguir, examinaremos os seis tipos de oração subordinada substantiva.

Oração subordinada substantiva subjetiva

Leia o cartum.

DUKE. *O Tempo*. Belo Horizonte, 8 mar. 2016. Disponível em: <http://mod.lk/i6kum>. Acesso em: 25 maio 2017.

Como se nota, o cartum explora a antítese – figura de linguagem que consiste em aproximar palavras de sentido oposto (*achados* x *perdidos*, *certezas* x *dúvidas*, *perder* x *encontrar*). Observe a pergunta que o personagem faz à atendente: "Será possível que eu consiga encontrá-las?". Nesse período, a oração *que eu consiga encontrá-las* exerce a função de sujeito em relação à oração principal (*Será possível*), por isso se classifica como uma **oração subordinada substantiva subjetiva**. Veja:

A oração subordinada exerce função de sujeito da oração principal: *Isso será possível?*

Em geral, a oração subordinada substantiva subjetiva aparece:
- com orações principais formadas por verbo *ser* + adjetivo: "Será possível *que eu consiga encontrá-las*?". *É incrível que o maratonista não esteja cansado.*
- com construções como *Acontece que*, *Ocorre que* ou similares: *Acontece que ninguém apareceu nas aulas de reforço. Parece que não há gente em casa.*
- com verbos que exprimem um efeito provocado em algo ou alguém: *Alegra-me que você tenha vindo à minha festa. Interessa ao mundo inteiro que todos lutem contra a fome.*
- com verbos na voz passiva (analítica ou sintética): *Ficou decidido que a entrada seria gratuita. Não se sabe quanto tempo a reforma levará.*
- com *quem* e *o que* introduzindo a subordinada; nesse caso, geralmente a oração subordinada substantiva subjetiva vem antes da principal: *Quem canta seus males espanta. O que eu quero é a felicidade da minha família.*

> **Oração subordinada substantiva subjetiva** é aquela que exerce a função de sujeito da oração principal.

Oração subordinada substantiva predicativa

Leia algumas estrofes de um dos mais conhecidos poemas de Álvaro de Campos, um dos heterônimos de Fernando Pessoa (1888-1935).

> Personalidade imaginária a quem um criador atribui suas obras.

Todas as cartas de amor são
Ridículas.
Não seriam cartas de amor se não fossem
Ridículas.

Também escrevi em meu tempo
                    cartas de amor,
Como as outras,
Ridículas.

[...]

A verdade é que hoje
As minhas memórias
Dessas cartas de amor
É que são
Ridículas.

[...]

PESSOA, Fernando. In: GALHOZ, Maria Aliete (Org.). *Fernando Pessoa*: obra poética. Rio de Janeiro: Nova Aguilar, 1999. p. 399-400. (Fragmento).

A última estrofe reproduzida faz, de certo modo, uma avaliação acerca dos pensamentos expressos nas estrofes anteriores. É como se, ao rememorar suas cartas de amor da juventude, o eu lírico não as considerasse mais ridículas; o que lhe parece ridículo, nesse momento, são suas lembranças sobre essas cartas.

Para expressar tal avaliação, o eu lírico usa um período composto, iniciado pela oração principal "A verdade é". Essa oração contém um sujeito – *A verdade* – e o verbo *ser*, que normalmente liga o sujeito a uma característica ou condição; por exemplo: *A verdade é dolorosa*. No período simples, o termo que expressa tal característica ou condição chama-se, como você estudou, predicativo do sujeito. Nessa estrofe do poema, o predicativo do sujeito é representado por uma oração inteira: "A verdade é *que hoje as minhas memórias dessas cartas de amor é que são ridículas*". Essa oração classifica-se, portanto, como uma **oração subordinada substantiva predicativa**. Veja:

"A verdade é **que** hoje as minhas memórias dessas cartas (é que) são ridículas."

- A verdade é → oração principal
- que → conjunção integrante
- hoje as minhas memórias dessas cartas (é que) são ridículas → oração subordinada substantiva predicativa

A oração subordinada exerce função de predicativo do sujeito da oração principal: *A verdade é isso*.

Na maioria das vezes, a oração subordinada substantiva predicativa vem em construções como a exemplificada, ou seja, após uma oração principal formada por sujeito + verbo *ser*: *Minha esperança é que todos tenham chegado sãos e salvos*. *O mais importante é que sairemos fortalecidos desse processo*.

> **Oração subordinada substantiva predicativa** é aquela que exerce, em relação à oração principal, a função de predicativo do sujeito.

Predicativa ou subjetiva?

É comum que a oração substantiva predicativa (*O importante é que durmamos bem*) seja confundida com a substantiva subjetiva (*É importante que durmamos bem*). Para identificarmos corretamente esses dois tipos de oração, devemos ter em mente que a oração **predicativa** somente se liga a uma oração principal formada por [sujeito] + [verbo de ligação (VL)]. Como estudamos no Capítulo 17, o sujeito sempre tem como núcleo um *substantivo* (ou palavra a ele equivalente), que pode estar cercado por *determinantes* (artigo, pronome, adjetivo, numeral). Veja:

      sujeito   VL   oração predicativa
*A **conclusão** do detetive é que o ladrão entrou pela janela*.
  substantivo

      sujeito   VL   oração predicativa
*Nosso **medo** era que ninguém aparecesse na festa*.
  substantivo

No caso das orações **subjetivas**, a oração principal pode até conter o verbo *ser*, mas ele não estará depois do sujeito, como nos exemplos acima, e sim antes de um predicativo (geralmente um adjetivo); por exemplo: ***É provável** que nosso time vença*.

Oração subordinada substantiva objetiva direta

Leia a tirinha.

ZITS   SCOTT E BORGMAN

SCOTT, Jerry; BORGMAN, Jim. Zits. *O Globo*. Rio de Janeiro, 25 fev. 2017.

Pelas onomatopeias e pelas expressões da mãe no segundo quadrinho, parece que o personagem Jeremy usou as calças por um tempo um pouco maior do que o recomendado. Observe a pergunta que ele faz à mãe: "Mãe, você acha **que essas calças estão limpas**?" Nesse período, a oração destacada exerce a função de objeto direto em relação à principal (*você acha isso?*):

                 conjunção integrante
"Mãe, você acha [que] essas calças estão limpas?"
vocativo   oração   oração subordinada
         principal   substantiva objetiva direta

A oração subordinada exerce função de objeto direto da oração principal: *Você acha isso?*

Capítulo 21 • Orações subordinadas substantivas   **337**

Orações subordinadas substantivas objetivas diretas são comuns quando há, na oração principal:

- verbos que expressam percepções ou raciocínios: *acho que nos saímos bem*, *eu me perguntava se chegaria tarde demais*, *supôs que ninguém viria*;
- verbos *dicendi*: *afirmou que haverá punição*, *alegam que não conheciam as regras*;
- verbos que indicam uma atitude em relação a outra pessoa: *pediu que viessem*, *proibiu que entrassem*;
- verbos que expressam vontade: *espero que apreciem o jantar*, *quero que sejam felizes*.

> Verbos *dicendi* ou "de dizer" são aqueles que introduzem o discurso direto ou indireto. Por exemplo: *O governador disse / afirmou / alegou / prometeu / explicou que...*

Oração subordinada substantiva objetiva direta é aquela que exerce, em relação à oração principal, a função de objeto direto.

Oração subordinada substantiva objetiva indireta

Leia este trecho de um artigo de divulgação científica:

> Os cientistas já desenvolveram um quadro geral sobre as origens dos cachorros. Para começar, pesquisadores concordam *em que eles evoluíram do lobo,* na antiguidade.
>
> GORMAN, James. A grande busca para descobrir de onde vieram os cachorros. *Folha de S.Paulo*. São Paulo, 21 jan. 2016. Disponível em: <http://mod.lk/seu8u>. Acesso em: 25 maio 2017. © Folhapress.

De modo semelhante ao observado no tópico anterior, a oração subordinada destacada exerce a função de complemento em relação ao verbo da oração principal (*concordam*). Como o verbo, nesse caso, é transitivo indireto (*concordar em algo*), a oração é considerada **subordinada substantiva objetiva indireta**.

Pesquisadores concordam [oração principal] **em** *que* [conjunção integrante] *os cachorros evoluíram do lobo.* [oração subordinada substantiva objetiva indireta]

A oração subordinada exerce função de objeto indireto da oração principal: *Pesquisadores concordam nisso.*

Segundo as regras da norma-padrão, se o verbo exige as preposições *em* ou *de*, é opcional inseri-las. Por exemplo:

Pesquisadores concordam (em) que o ancestral comum é o lobo.
Ninguém duvida (de) que será um campeonato incrível.
Lembre-se (de) quem são seus verdadeiros amigos.

Contudo, a preposição *em* é obrigatória com verbos como *consistir* (em), *residir* (em), *estar* (em): *O segredo do trabalho em equipe reside em que todos contribuam igualmente.* No caso da preposição *a*, ela só é obrigatória quando o verbo é pronominal: *Ninguém se opôs a que a quadra fosse reformada.*

Oração subordinada substantiva objetiva indireta é aquela que exerce, em relação à oração principal, a função de objeto indireto.

Oração subordinada substantiva completiva nominal

Pense e responda

Leia o cartum e responda às perguntas.

KAYSER. Segurança alimentar, 2013.

1. Considerando o que você já aprendeu sobre orações subordinadas substantivas, identifique a única oração desse tipo que aparece no cartum.
2. A qual palavra da oração principal ela se relaciona? Qual é a classe gramatical dessa palavra?
3. A oração que você identificou e o termo que ela completa são fundamentais para a construção da crítica nesse cartum.
   a) Explique como eles se relacionam ao título "Segurança alimentar".
   b) O que a resposta dada pelo funcionário sugere sobre o tema abordado no cartum?

As orações subordinadas substantivas que vimos até agora se relacionavam ao verbo da oração principal: correspondiam ao seu sujeito (subjetivas), ao predicativo pedido pelo verbo de ligação (predicativas) ou ao complemento do verbo (objetivas diretas e indiretas). Ao analisar o cartum, porém, você notou que a oração "de que não tem nenhum agrotóxico" não se relaciona a um verbo, e sim ao substantivo *certeza*, cujo sentido ela completa (*você tem certeza disso?*).

O termo que completa o sentido de substantivos, adjetivos ou advérbios, como você sabe, é o complemento nominal, portanto orações que cumprem essa função sintática são classificadas como **orações subordinadas substantivas completivas nominais**. Observe:

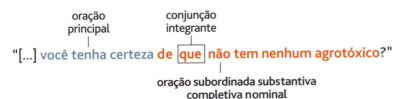

A oração subordinada exerce função de complemento nominal de um substantivo presente na oração principal: *[...] tenha certeza **disso**?*

A preposição exigida pelo complemento nominal (*certeza **de** que não tem nenhum agrotóxico*) muitas vezes é suprimida no uso coloquial. No entanto, em contextos formais, recomenda-se empregá-la:

*Recebemos a denúncia **de** que houve fraude na votação.*

*Sou favorável **a** que realizemos a festa.*

*Discutiram relativamente **a** quais meios de transporte seriam utilizados.*

Oração subordinada substantiva completiva nominal é aquela que exerce a função de complemento nominal em relação a um substantivo, adjetivo ou advérbio presente na oração principal.

Completiva nominal como agente da passiva

As orações iniciadas pelo pronome indefinido *quem* que se juntam ao Particípio de uma oração na voz passiva analítica, equivalendo ao agente da passiva, também são consideradas completivas nominais:

*A lasanha será preparada **por** quem mais entende de massa nesta casa.*

Oração subordinada substantiva apositiva

Um de nossos maiores cronistas, Rubem Braga (1913-1990) foi também correspondente de jornais brasileiros na Itália, durante a Segunda Guerra Mundial. Em uma das crônicas relacionadas a essa experiência internacional, Braga conta sobre seu envolvimento com uma suposta espiã nazista. Leia um fragmento da crônica, prestando atenção à oração destacada:

> [...] Mas além, ou antes de ser uma espiã, ela era também mulher; não tinha nascido espiã; teria tido algum prazer verdadeiro em minha companhia? Foi então que ela me pediu um favor: *que através de minha correspondência eu mandasse um recado para um seu tio*, que morava em São Paulo, dizendo que ela estava em Roma e pedindo que lhe enviasse, em meu nome, através de meu jornal e do Banco do Brasil, uma determinada importância em dinheiro. [...]
>
> BRAGA, Rubem. Em Roma, durante a guerra. *200 crônicas escolhidas*. 18. ed. Rio de Janeiro: Record, 2002. p. 477. (Fragmento).

Conforme você estudou no Capítulo 20, damos o nome de aposto ao termo que se associa a um substantivo ou pronome substantivo a fim de explicá-lo, detalhá-lo ou particularizá-lo. Você viu, também, que os apostos explicativos e enumerativos vêm separados do termo ao qual se referem por vírgulas, travessões, parênteses ou dois-pontos. Por exemplo, na frase a seguir, a parte destacada após os dois-pontos é um aposto explicativo que detalha o substantivo *favor*:

*Foi então que ela me pediu um favor: **o envio de um recado ao tio**.*

No trecho da crônica de Braga, a função sintática de aposto é desempenhada por uma **oração subordinada substantiva apositiva**. Observe:

"Foi então que ela me pediu um favor: que através de minha correspondência eu mandasse um recado para um seu tio [...]."

- oração principal: "Foi então que ela me pediu um favor"
- conjunção integrante: que
- oração subordinada substantiva apositiva: "que através de minha correspondência eu mandasse um recado para um seu tio [...]"

A oração subordinada exerce função de aposto em relação a um substantivo presente na oração principal (*favor*): [...] *ela me pediu um favor: isso.*

Oração subordinada substantiva apositiva é aquela que exerce a função de aposto em relação a um substantivo ou pronome substantivo presente na oração principal.

EM EQUIPE

Indicativo ou Subjuntivo?

Talvez você tenha observado que, nas orações subordinadas substantivas que examinamos, o verbo às vezes estava flexionado no modo Indicativo ("você acha que essas calças *estão* limpas?"), às vezes no modo Subjuntivo ("Será possível que eu *consiga* encontrá-las?"). Normalmente, a opção por um modo ou outro está ligada ao verbo que aparece na oração principal. Verbos que expressam percepção (*achar, ver, ouvir, perceber*, etc.) ou declaração (*dizer, declarar, garantir*, etc.) pedem o Indicativo na subordinada: *Acho que você **trouxe** as malas erradas. Garanto que as peças **serão** entregues no sábado.* Os demais verbos, em geral, pedem o Subjuntivo: *Peço que você **traga** as malas certas. Consigo que as peças **sejam** entregues no sábado.*

Há, ainda, outros fatores que levam à escolha do modo verbal na subordinada substantiva. Você e seus colegas, divididos em seis grupos, vão investigar esses fatores.

1. Organizem-se em grupos. Cada grupo ficará encarregado de pesquisar, na internet, uma das seguintes expressões:

é verdade que	é curioso que
é evidente que	é pena que
é certo que	é lamentável que

Lembrem-se que, para localizar a expressão exata, é necessário colocá-la entre aspas no buscador *on-line*. Naveguem em *sites* que apresentem textos com linguagem predominantemente formal, como os jornalísticos ou portais com textos acadêmicos e de divulgação científica.

2. Cada grupo deve localizar e copiar dez períodos em que sua expressão apareça. Depois, deve separar os períodos em dois grupos: aqueles em que a oração subordinada substantiva subjetiva que se segue à expressão tem verbo no Indicativo, e aqueles em que essa oração tem verbo no Subjuntivo. Por exemplo:

Indicativo	Subjuntivo
É pena que o jogo não <u>saiu</u> como planejamos.	É pena que <u>tenha</u> havido tanta reprovação.

3. Em seguida, compartilhem os resultados dos grupos. Com quais das expressões do quadro foi mais comum o uso do Indicativo? E com quais delas foi mais comum o uso do Subjuntivo?

4. Agora, discutam estas questões: quais das expressões do quadro revelam a opinião do enunciador sobre o fato expresso na oração subordinada? Em quais delas o enunciador parece assumir uma postura mais objetiva? Esses fatores estão relacionados ao uso do Indicativo ou do Subjuntivo na subordinada? Escrevam um pequeno comentário explicando o que observaram.

Orações subordinadas substantivas reduzidas

Pense e responda

Leia a tira e responda às perguntas.

1. Reescreva a fala do personagem, substituindo a expressão *me entregar* por *minha entrega*.

2. Considerando a função sintática do substantivo *entrega* na frase reescrita, classifique a oração subordinada da tira.

   - O verbo dessa oração subordinada se encontra flexionado:
     a) no modo Indicativo.
     b) no modo Subjuntivo.
     c) em uma forma nominal, o Gerúndio.
     d) em uma forma nominal, o Infinitivo.

3. Explique como o contraste entre a linguagem visual da tira e a ideia expressa pela oração subordinada provoca um efeito humorístico.

As orações subordinadas também são categorizadas de acordo com a flexão verbal que apresentam. Orações subordinadas que têm o verbo flexionado em determinado tempo dos modos Indicativo ou Subjuntivo e são introduzidas por uma conjunção ou pronome são denominadas **orações subordinadas desenvolvidas**. Esse é o caso de todas as orações analisadas até agora neste capítulo. Por outro lado, orações subordinadas que apresentam o verbo em uma das formas nominais (Infinitivo, Gerúndio ou Particípio) são chamadas de **orações subordinadas reduzidas**.

Na tira, temos um exemplo de oração subordinada reduzida, pois, como você observou, seu verbo está no Infinitivo (*entregar*). Ao classificar orações desse tipo, devemos mencionar primeiro a função que exercem na composição do período (seguindo os mesmos critérios que usaríamos para a classificação das orações desenvolvidas) e, em seguida, mencionar se elas são reduzidas de Infinitivo, de Gerúndio ou de Particípio. Desse modo, a oração da tira se classifica como uma **oração subordinada substantiva completiva nominal reduzida de Infinitivo**. Veja:

"**Finalmente estou pronto** *para me entregar* *àquele amor sem fronteiras*."

- oração principal
- verbo no Infinitivo
- oração subordinada substantiva completiva nominal reduzida de Infinitivo

As orações subordinadas reduzidas podem ser introduzidas por uma preposição (*para me entregar*) ou outro conectivo. Mas, muitas vezes, são introduzidas diretamente: *Quero me entregar àquele amor sem fronteiras*.

Todos os tipos de oração subordinada substantiva desenvolvida que estudamos podem se apresentar na forma reduzida, mas apenas com o verbo no Infinitivo. Observe os exemplos:

Oração subordinada substantiva subjetiva reduzida de Infinitivo	*Tirar o dia inteiro de folga* é o meu sonho.
Oração subordinada substantiva predicativa reduzida de Infinitivo	Minha tarefa é *preparar um belo jantar*.
Oração subordinada substantiva objetiva direta reduzida de Infinitivo	O infrator prometeu *mudar de conduta*.
Oração subordinada substantiva objetiva indireta reduzida de Infinitivo	Não gosto de *emprestar minhas roupas*.
Oração subordinada substantiva completiva nominal reduzida de Infinitivo	Ele tinha certeza de *ter trancado a porta*.
Oração subordinada substantiva apositiva reduzida de Infinitivo	Consegui uma façanha: *tirar notas boas durante todo o ano*.

Oração subordinada desenvolvida é aquela que apresenta o verbo no modo Indicativo ou Subjuntivo e é introduzida por conjunção ou pronome. **Oração subordinada reduzida** é aquela que apresenta o verbo em uma forma nominal (Infinitivo, Gerúndio ou Particípio); muitas vezes é introduzida diretamente.

As **orações subordinadas substantivas** só apresentam a **forma reduzida** com verbos no **Infinitivo**.

Aprender a aprender

Como revisar sua redação I

Nesta seção, você receberá algumas orientações para revisar sua produção textual. Elas se aplicam, de modo geral, a qualquer situação na qual você tenha de se comunicar por escrito. Porém, como nesta etapa da vida escolar é comum os estudantes produzirem várias redações dissertativo-argumentativas, focalizaremos esse gênero textual em particular.

Conheça, a seguir, os principais pontos que você deve avaliar no esboço de sua redação antes de corrigi-lo e finalizá-lo.

Número e extensão dos parágrafos

Comece a revisão pelo aspecto mais evidente, ou seja, a estrutura da redação. Uma redação dissertativo-argumentativa compõe-se, em geral, de quatro a cinco parágrafos. Normalmente o primeiro apresenta a *introdução*, o segundo e o terceiro (e também o quarto, caso haja), o *desenvolvimento*, e finalmente o último fornece uma *conclusão* para o raciocínio exposto.

Observe se seus parágrafos seguem esse padrão. Confira, também, se eles têm recuo na primeira linha, de modo que seja fácil identificá-los. Finalmente, verifique se estão bem distribuídos, com uma quantidade semelhante de linhas. É claro que você pode construir um parágrafo marcadamente maior ou menor que os demais, caso isso convenha à sua estratégia argumentativa. Porém, se a diferença não cumpre uma função expressiva, é melhor evitá-la, deixando os parágrafos com extensão similar.

Construção dos parágrafos

O ideal é que cada parágrafo de sua redação contenha no mínimo dois períodos. Geralmente, o primeiro período traz a *ideia principal* do parágrafo, e os seguintes, *ideias secundárias* que a detalham ou explicam. Veja um exemplo:

> Apesar de alguns avanços conquistados nas últimas décadas, como a Lei Maria da Penha, de 2006, **a violência contra a mulher** persiste na sociedade brasileira. — ideia principal
>
> Manifestada não apenas por agressões físicas, mas também psicológicas e morais, **essa violência** nasce de **uma cultura machista** profundamente enraizada na mente de boa parte da população. — ideia secundária
>
> Para alterá-**la**, é necessário um esforço conjunto do sistema educacional, das famílias, da mídia, dos governantes; enfim, de toda a sociedade. — ideia secundária

Observe que, nesse caso, foram utilizados pronomes para manter a unidade temática de uma frase para a outra: a ideia da "violência contra a mulher", citada no primeiro período, é retomada no segundo por um pronome demonstrativo ("*essa violência*"), e a ideia de "uma cultura machista", mencionada no segundo período, é retomada no terceiro por um pronome oblíquo ("Para alterá-*la*").

Ao revisar sua redação, verifique se os parágrafos obedecem a esse modelo de **ideia principal + ideias secundárias**. Um equívoco comum é construir um único e longo período, que acaba se tornando bem confuso. Veja, no quadro a seguir, uma sugestão de como solucionar esse tipo de problema:

Parágrafo formado por um único período	Sugestão de reformulação
A era das notícias falsas A sociedade tem se questionado muito sobre o problema das notícias falsas, principalmente no que diz respeito aos sites especializados em sua publicação, que ao divulgar fatos inverídicos prejudicam a reputação das pessoas envolvidas, trazendo também desinformação aos leitores, provocando conflitos e até mesmo situações mais graves, como a ocorrida com a dona de casa que sofreu agressões após ter seu nome falsamente associado a um caso de maus-tratos contra um animal.	**A era das notícias falsas** A sociedade tem se questionado muito sobre o problema das notícias falsas, principalmente no que diz respeito aos sites especializados em sua publicação. Ao divulgar fatos inverídicos, *esses sites* prejudicam a reputação das pessoas envolvidas, além de trazer desinformação aos leitores e provocar conflitos. *Sua atitude irresponsável pode até provocar* situações mais graves, como a ocorrida com a dona de casa que sofreu agressões após ter seu nome falsamente associado a um caso de maus-tratos contra um animal.

Note que o período original foi separado em três. No entanto, obviamente, não basta colocar pontos-finais; é preciso estabelecer a coesão de uma frase para a outra. Para tanto, além do pronome demonstrativo (*esses sites*), foi utilizada uma expressão que resume as ideias anteriores (*atitude irresponsável*). Portanto, antes de revisar sua redação, reveja nesta obra mais detalhes sobre como utilizar esses recursos (pronomes e vocabulário) para estabelecer a coesão.

> Ver A língua em contexto: "Semântica na construção da coesão e da coerência", no Capítulo 6.
> Ver Capítulo 12: "Pronome".

ATIVIDADES

Leia um anúncio produzido por um jornal do Espírito Santo e responda às questões 1 e 2.

Saiba mais

Galvão Bueno é um narrador e apresentador esportivo brasileiro. O grito de "É tetra, é tetra, é tetra" ficou marcado em sua carreira por traduzir a emoção da conquista do tetracampeonato de futebol pela seleção brasileira em 1994 – um título esperado por 24 anos.

1. Identifique e classifique as orações destacadas nos períodos abaixo:

   "Tudo depende de *quem fala*."

   Ter Renato Maurício Prado faz toda a diferença.

2. Esses períodos são essenciais para entendermos a brincadeira feita pelo anúncio com os sentidos da palavra *tetra*.

   a) Indique quais são os dois sentidos de *tetra* explorados no anúncio e que pistas o texto dá para que o leitor os identifique.

   b) Explique qual é o objetivo do anúncio, ou seja, do que ele pretende convencer o leitor, e como os períodos analisados na questão 1 ajudam nesse convencimento.

ATIVIDADES

▰ Leia o fragmento inicial de uma notícia. Depois, responda às questões de 3 a 5.

Pesquisa mostra que escola os jovens querem

A pesquisa revela que os jovens veem vários defeitos na escola, mas ainda têm vínculo afetivo com ela

A pesquisa **Nossa Escola em (Re)Construção** feita pelo Porvir e a Rede Conhecimento Social apontou as críticas e desejos dos jovens quando o assunto é a educação recebida por eles. A pesquisa ouviu 132 mil adolescentes e jovens de 13 a 21 anos de todo o Brasil para chegar à conclusão de que a maioria não está satisfeita com a escola atual.

De acordo com a pesquisa, 90% dos jovens não estão satisfeitos com a educação que recebem. Metade dos jovens vê a estrutura das suas escolas como inadequada, e 8 em cada 10 jovens afirmaram que a relação entre a equipe escolar e os alunos precisa melhorar. Mas apesar das críticas, 70% dos alunos afirmam que gostam de estudar na sua escola.

[...]

Universia Brasil. Disponível em: <http://mod.lk/rmroo>. Acesso em: 25 maio 2017. (Fragmento).

3. Nesse fragmento, há cinco orações subordinadas substantivas desenvolvidas. Identifique-as e classifique-as.

4. Qual tipo de oração subordinada substantiva predomina?

5. Qual é o objetivo dessa notícia?
- Explique por que o tipo de oração subordinada substantiva que você identificou na questão 4 é utilizado com tanta frequência em textos com esse objetivo.

Trocando ideias

Releia a notícia e, depois, discuta as questões a seguir com os colegas e o professor:

1. Em relação aos pontos mencionados na notícia (satisfação com a educação que recebe, adequação da estrutura da escola, relação entre a equipe escolar e os alunos, gostar de estudar em sua escola), como você responderia à pesquisa? Suas respostas coincidiriam com as dadas pela maioria dos participantes?

2. Segundo o texto integral da notícia, entre os participantes dessa pesquisa, 86% estudavam em escola pública e 13% na rede privada. Em sua opinião, as respostas podem diferir de uma rede para a outra? Por quê?

3. De acordo com o texto original, a pesquisa também perguntou qual deve ser o foco da escola. Havia as seguintes opções:
   a) desenvolver conhecimentos em disciplinas;
   b) desenvolver habilidades artísticas e culturais;
   c) preparar para o Enem e vestibular;
   d) preparar para a cidadania;
   e) preparar para lidar com emoções;
   f) preparar para o mercado de trabalho;
   g) preparar para relações humanas e sociais.

- Qual ou quais dessas opções você escolheria? Troque ideias com os colegas e justifique suas respostas.

■ Na tira a seguir, a personagem Joaninha dialoga com o "minhoco" Mauro. Leia-a e responda às perguntas 6 e 7.

Bichinhos de Jardim   Clara Gomes

GOMES, Clara. *Bichinhos de Jardim*. *O Globo*, 25 abr. 2016.

6. A tira contém duas orações subordinadas substantivas apositivas reduzidas de Infinitivo. Identifique-as.

   a) Transforme essas orações em desenvolvidas.

   b) Qual das versões parece mais adequada à linguagem da tira? Por quê?

7. A expressão "zona de conforto", empregada por Mauro, pode ter um sentido figurado e outro literal. Explique esses dois sentidos.

   • Identifique a oração subordinada substantiva completiva nominal da tira e explique por que ela é importante para a construção do efeito humorístico. Indique, em sua resposta, se essa oração refere-se ao sentido figurado ou literal de "zona de conforto".

■ Leia o trecho de uma entrevista realizada pelo jornal paranaense *Gazeta do Povo* com a psicóloga Rosely Sayão, especializada em educação de crianças e adolescentes. Depois, responda às perguntas 8 e 9.

> **GP:** Pais separados têm mais dificuldades para criar filhos?
>
> **Rosely Sayão:** O maior problema é *o ex-casal conseguir se dar conta de que mais do que ex-casal eles são pais*. O casamento acaba, mas a relação com pai e mãe do filho continua. As figuras continuam as mesmas, mas há o acréscimo de novas figuras como madrasta, padrasto, que também têm que ser figuras de autoridade. A maior dificuldade é *conseguir que pai e mãe conversem sem mágoas ou ressentimentos*.
>
> **GP:** Os pais querem que seus filhos não sejam nem moles nem inflexíveis demais. Como estimular o equilíbrio?
>
> **Rosely Sayão:** O melhor que pais podem fazer é *ajudar o filho a se conhecer, saber o que quer, o que não gosta, desviar o que não gosta, escolher o que quer*. Os pais hoje têm interferido demais na vida do filho. Eles deveriam interferir menos e passar mais valores a eles. Os filhos não estão para satisfazer os pais. O que podemos querer é *que eles sigam em frente* e *que sejam independentes*.
>
> [...]
>
> SAYÃO, Rosely. *Gazeta do Povo*. Curitiba, 12 ago. 2016. Disponível em: <http://mod.lk/rei1l>. Acesso em: 25 maio 2017. (Fragmento).

8. Observe as orações em itálico. Embora algumas delas sejam desenvolvidas e outras reduzidas, todas têm a mesma classificação. Como elas se classificam?

9. Esse tipo de oração é frequentemente utilizado em textos argumentativos. Observe o trecho em que cada uma delas está inserida (destacado em vermelho) e conclua: podemos afirmar que orações desse tipo contribuem para uma estratégia argumentativa baseada em:

   a) comparações, que transferem características de um objeto para outro.

   b) relações de causa e consequência, que indicam uma ação e seus efeitos.

   c) oposições, que revelam os pontos fracos da argumentação do adversário.

   d) definições, que soam como evidências ou verdades inquestionáveis.

   e) exemplificações, que mostram casos reais de conflitos entre pais e filhos.

ENEM E VESTIBULARES

1. (ITA-SP – Adaptado) A questão refere-se ao texto a seguir.

Vídeos falsos confundem o público e a imprensa

Por Jesper Jackson, tradução de Jo Amado

[...] A disseminação e divulgação de falsas informações não têm nada de novo, mas a internet tornou mais fácil plantar matérias e provas falsas e ilusórias, que serão amplamente compartilhadas pelo Twitter e pelo Facebook.

Alastair Reid, editor administrativo do site *First Draft*, que é uma coalizão de organizações que se especializam em checar informações e conta com o apoio do Google, disse que parte do problema é que qualquer pessoa que publique em plataformas como o Facebook tem a capacidade de atingir uma audiência tão ampla quanto aquelas que são atingidas por uma organização jornalística. [...]

Adaptado de: http://observatoriodaimprensa.com.br/terrorismo/videos-falsos-confundem-o-publico-e-a-imprensa/. Publicado originalmente no jornal *The Guardian* em 23/3/2016. Acesso em: 30 mar. 2016.

No segundo parágrafo, a palavra QUE constitui conjunção integrante em

a) [...] que é uma coalizão [...]
b) [...] que se especializam [...]
c) [...] que parte do problema [...]
d) [...] que publique em plataformas [...]
e) [...] que são atingidas por uma organização jornalística [...]

2. (Insper-SP – Adaptado) Leia o texto e responda a questão a seguir.

Babuíno aprende a "ler" em experimento

Babuínos não falam inglês, é óbvio. Mas cientistas na França conseguiram treinar meia dúzia deles para que reconhecessem quando letras na tela de um computador formavam uma palavra de verdade e quando eram só sequência sem sentido.

Ao ler, uma pessoa usa dados sobre o posicionamento das letras em uma palavra, a "informação ortográfica", para ter acesso aos sons e ao sentido, dizem Jonathan Grainger e seus colegas da Universidade Aix-Marseille, em Marselha, na França.

Eles queriam saber se o processamento da informação ortográfica poderia ser feito mesmo na ausência de conhecimento linguístico. E foram atrás de primatas com boas habilidades visuais, mas sem conhecimento da linguagem humana.

"Nossos resultados demonstram que as aptidões básicas de processamento de ortografia podem ser adquiridas na ausência de representações linguísticas", escreveu a equipe na edição de hoje da revista "Science".

[...]

A descoberta explode uma noção antiga entre os linguistas e biólogos: a de que a capacidade de reconhecer palavras seria inseparável da linguagem. Aparentemente, reconhecer combinações de objetos visuais em sequências é algo que pode ter surgido na evolução bem antes de os seres humanos divergirem de seus ancestrais comuns com outros primatas.

(*Folha de S.Paulo*, 13 abr. 2012.)

Na passagem "Nossos resultados demonstram **que as aptidões básicas de processamento de ortografia podem ser adquiridas na ausência de representações linguísticas**", a oração destacada exerce a mesma função sintática que a oração sublinhada em

a) "... meia dúzia deles para que reconhecessem quando letras na tela de um computador formavam uma palavra..."
b) "Eles queriam saber se o processamento da informação ortográfica poderia ser feito..."
c) "... entre os linguistas e biólogos: a de que a capacidade de reconhecer palavras seria inseparável da linguagem..."
d) "... reconhecer combinações (...) é algo que pode ter surgido na evolução bem antes de os seres humanos..."

Mais questões: no livro digital, em **Vereda Digital Aprova Enem** e **Vereda Digital Suplemento de revisão e vestibulares**; no *site*, em **AprovaMax**.

 348 Gramática: uma reflexão sobre a língua

CAPÍTULO 22

ORAÇÕES SUBORDINADAS ADJETIVAS

OBJETIVOS DE APRENDIZAGEM
- Identificar orações subordinadas adjetivas.
- Distinguir orações adjetivas restritivas e explicativas e os diferentes empregos que têm na construção dos enunciados.

Observação

Neste capítulo, vamos estudar mais um tipo de oração subordinada: as subordinadas adjetivas. Como você perceberá, elas ajudam a definir e descrever os elementos mencionados nos textos, por isso são fundamentais para a comunicação dos sentidos pretendidos. Conhecer melhor esse tipo de oração contribui, também, para empregar a vírgula com mais propriedade, pois um dos usos desse sinal de pontuação está relacionado justamente às orações adjetivas.

Leia a tira e responda às perguntas.

MENTIRINHAS   FÁBIO COALA

COALA, Fábio. *Mentirinhas*. Disponível em: <http://mod.lk/xctez>. Acesso em: 25 maio 2017.

Análise

1. Releia: "Amigo diz a verdade e não só as coisas *que você quer ouvir*".
   a) Reescreva esse período, substituindo a oração destacada por um adjetivo ou locução adjetiva. Mantenha o sentido semelhante ao original.
   b) Qual é a função sintática da palavra ou expressão que você usou na substituição? A qual outra palavra da frase ela se relaciona?
   c) Identifique, na tirinha, a oração que exerce essa mesma função sintática em relação ao substantivo próprio *Pururuca*.

2. A oração identificada no item **c** da questão anterior é essencial para a construção dos sentidos da tira, pois expressa a característica de Pururuca que, na opinião do porquinho do meio, faz dele um "amigo de verdade".
   - A tira retrata essa opinião do porquinho de maneira favorável ou crítica? Justifique sua resposta com elementos verbais e visuais da tira.

Características das orações subordinadas adjetivas

Você observou que, na tira, certas orações expressam propriedades ou características dos substantivos *coisas* e *Pururuca*. Essas orações desempenham, portanto, um papel semelhante ao dos adjetivos, sendo por isso consideradas **orações subordinadas adjetivas**. Na forma desenvolvida, essas orações são introduzidas por um **pronome relativo**: o mais comum é *que*, mas também podem ser usados *o qual*, *cujo*, *quanto*, *quem*, *onde*. Observe:

pronome relativo

Amigo diz a verdade e não [diz] só as **coisas** que você quer ouvir.
|_____| |_____|
  oração principal   oração subordinada adjetiva

A oração subordinada adjetiva caracteriza o substantivo *coisas*, exercendo papel semelhante ao de um adjetivo: *Amigo não diz só as coisas agradáveis*.

Do ponto de vista sintático, as orações adjetivas exercem a função de *adjunto adnominal* em relação ao substantivo ou pronome substantivo a que se referem. Nesse exemplo, a oração adjetiva é um adjunto adnominal do substantivo *coisas*.

> **Oração subordinada adjetiva** é aquela que equivale semanticamente a um adjetivo. Ela exerce a função de adjunto adnominal em relação a um substantivo ou pronome substantivo presente na oração principal. Na forma desenvolvida, é introduzida por um pronome relativo.

Funções sintáticas do pronome relativo na oração adjetiva

Releia mais uma vez a fala da tirinha: *Amigo diz [...] não só as coisas que você quer ouvir.*

(você quer ouvir *coisas*)

Além de relacionar as orações, os pronomes relativos retomam uma palavra ou expressão mencionada anteriormente – o *antecedente*. No período acima, o antecedente do pronome *que* é o substantivo *coisas*. Ao fazer essa retomada, o pronome exerce certa função sintática *dentro* da oração adjetiva que introduz. Nesse caso, ele tem a função de objeto direto: *as coisas que você quer ouvir = você quer ouvir coisas*.

Para identificar a função do pronome relativo na oração adjetiva, basta substituí-lo pelo antecedente: a função que seria exercida por essa palavra é a função do pronome. Assim, o pronome relativo pode ter a função de:

- **sujeito** – "Amigo de verdade é o Pururuca, **que** só me faz elogios." (= **Pururuca** *me faz elogios*);
- **predicativo** – *Admiro o grande amigo* **que** *você é*. (= *você é* **um grande amigo**);
- **objeto direto** – *A ideia* **que** *tenho sobre amizade não é igual à sua*. (= *tenho* **essa ideia**);
- **objeto indireto** – *Os amigos de* **quem** *mais gosto são os sinceros*. (= *gosto mais desses amigos*);
- **adjunto adverbial** – *A situação em* **que** *você se encontra é excelente*. (= *você se encontra nessa situação*);
- **complemento nominal** – *Uma das coisas* **das quais** *tenho orgulho em meu país é a simpatia do povo*. (= *tenho orgulho* **dessas coisas**);
- **adjunto adnominal** – essa função é desempenhada exclusivamente pelo relativo *cujo*: *O porquinho com* **cuja** *opinião mais concordo é o de pele rosada*. (= *concordo com a opinião* **dele**).

Classificação das orações subordinadas adjetivas

As orações subordinadas adjetivas classificam-se em restritivas e explicativas. Vejamos cada caso.

Oração subordinada adjetiva restritiva

Pense e responda

A seguir, você encontrará um *post* divulgado nas redes sociais pelo Instituto Terra. Clicando no *post*, o leitor é direcionado a uma página que arrecada doações para uma campanha ambiental. Leia-o e responda às perguntas.

Instituto Terra. Disponível em: <http://mod.lk/iuby9>. Acesso em: 12 jun. 2017.

1. O período que forma o texto principal do *post* contém duas ideias, articuladas pelo pronome relativo *que*: *A árvore deu nome ao nosso país. A árvore está dizendo adeus.*
   - Considerando essa análise, identifique a oração principal e a oração subordinada adjetiva que compõem esse período. Lembre: orações adjetivas são *iniciadas* pelo pronome relativo.

2. Com base em seus conhecimentos gerais, identifique qual é a árvore de que trata a campanha.
   - Qual das orações do texto permite responder a essa pergunta?

3. Reescreva o texto do anúncio trocando a oração identificada na questão anterior pelo nome da árvore. Faça adaptações, se necessário.
   - Compare a versão reescrita com a original e responda: qual das duas tem mais chance de sensibilizar o leitor e estimulá-lo a participar da campanha? Por quê?

Em muitos contextos, a oração adjetiva limita o sentido do substantivo a que se refere, apresentando uma informação essencial para particularizá-lo e distingui-lo dos demais. No texto do *post*, você observou que a oração *que deu nome ao nosso país* cumpre esse papel: ela indica uma característica indispensável para identificarmos a árvore tema da campanha, o pau-brasil. Justamente por restringir o sentido do antecedente, a oração que cumpre tal papel é classificada como uma **oração subordinada adjetiva restritiva**. Observe:

A oração subordinada restringe o sentido do antecedente: não se trata de uma árvore qualquer, mas especificamente daquela que deu nome ao nosso país.

"A **árvore** que deu nome ao nosso país está dizendo adeus."
— pronome relativo / oração subordinada adjetiva restritiva / oração principal —

Como as orações adjetivas restritivas apresentam uma informação indispensável para a identificação do antecedente, eliminá-las do período normalmente afeta bastante o sentido geral. No *post*, por exemplo, se a frase fosse redigida sem a oração adjetiva ("A árvore está dizendo adeus"), a interpretação seria bem diferente. Veja outros exemplos de orações subordinadas adjetivas restritivas:

O gatinho *que minha tia adotou* completou três anos ontem.

Vencemos todos os campeonatos *dos quais participamos*.

Fiz o *que pude* para salvar o pássaro doente.

Os estudantes *cujas notas não atingirem a média* receberão aulas de reforço.

> **Oração subordinada adjetiva restritiva** é aquela que restringe o sentido do substantivo ou pronome a que se refere, apresentando uma informação essencial para particularizá-lo.

Orações adjetivas restritivas sem oração principal

No romance *A menina que roubava livros*, de Markus Zusak, a história da alemã Liesel Meminger é contada pela própria Morte, de quem Liesel conseguiu escapar três vezes, em meio aos horrores da Segunda Guerra Mundial.

No título desse livro, aparece uma oração adjetiva restritiva (*que roubava livros*), mas não há uma oração principal; afinal, a única forma verbal do título é *roubava*. Alguns tipos de oração subordinada, como as adjetivas restritivas, podem aparecer desacompanhadas de uma oração principal. Isso geralmente ocorre em enunciados curtos, como títulos. Veja estes outros exemplos: *A mulher que matou os peixes* (livro de Clarice Lispector), *O homem que sabia javanês* (conto de Lima Barreto), *O ano em que meus pais saíram de férias* (filme de Cao Hamburger). Note que, nesses enunciados, a oração adjetiva restritiva tem um forte papel identificador, já que expressa a característica mais marcante do personagem ou do elemento que será tema da produção.

Oração subordinada adjetiva explicativa

Leia o fragmento de uma notícia.

Em iniciativa inédita, SP terá cafeteria comandada só por pessoas com Down

O menu estampado na parede do mais novo café da rua Augusta, na altura dos Jardins (zona oeste), dá a dica de como o local irá contribuir para ampliar o já famoso espírito de diversidade da via: "Aqui serve-se respeito, oportunidades, amor e inclusão".

A cafeteria de São Paulo será comandada quase exclusivamente por pessoas com síndrome de Down, iniciativa inédita no país e semelhante a uma de Dublin, na Irlanda. [...]

À frente da iniciativa estarão Rodrigo Botoni, 39 (*que teve uma participação no aclamado filme "Colegas"*), Luiza Camargo, 19, Danielle Carnevale, 22, e Maria Carolina, 23, *que foram treinados pelo Instituto Chefs Especiais* [...].

"Pessoas com Down têm possibilidade de fazer tudo, o que falta a elas é oportunidade. Estar neste espaço é um passo muito importante para tentar diminuir estigmas de coitadinhos, de incapazes", afirma Simone Berti, gestora do Instituto Chefs Especiais. [...]

Atendentes do mais novo café da rua Augusta.

MARQUES, Jairo. *Folha de S.Paulo*. São Paulo, 8 jun. 2017. p. B6. Cotidiano. (Fragmento). © Folhapress.

Para assistir

O filme mencionado na notícia, *Colegas* (2012), conta a história de três jovens que vivem em um instituto para portadores de síndrome de Down. Um dia, eles decidem fugir no carro do jardineiro para realizar seus sonhos: Stalone (vivido pelo ator Ariel Goldenberg) quer ver o mar, Márcio (Breno Viola) sonha em voar e Aninha (Rita Pokk) busca um marido para se casar. Dirigido por Marcelo Galvão, o filme narra as aventuras do trio, que parte do interior de São Paulo e chega até Buenos Aires, envolvendo-se em muitas confusões pelo caminho.

As duas orações destacadas no penúltimo parágrafo são subordinadas adjetivas. Contudo, nesse caso, diferentemente do que ocorre no *post* da campanha ambiental, elas não trazem uma informação indispensável para particularizar o antecedente e distingui-lo dos demais. Afinal, esse papel *já* é cumprido pelos nomes próprios: *Rodrigo Botoni*, *Luiza Camargo*, *Danielle Carnevale* e *Maria Carolina* são pessoas específicas, identificadas pelo nome.

Em vez de uma informação que particulariza o antecedente, essas orações adjetivas apresentam uma explicação adicional sobre ele. Se as elimínássemos, o enunciado ficaria menos completo, mas seu sentido não seria radicalmente afetado:

"*À frente da iniciativa estarão Rodrigo Botoni, 39, Luiza Camargo, 19, Danielle Carnevale, 22, e Maria Carolina, 23*".

Orações adjetivas como essas, que não trazem informações indispensáveis para a identificação do antecedente, mas, em vez disso, apresentam informações adicionais sobre ele, são denominadas **orações subordinadas adjetivas explicativas**. Observe:

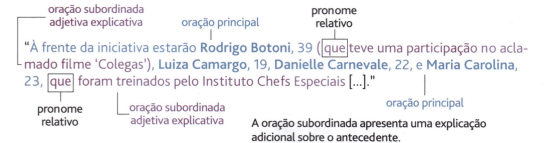

A oração subordinada apresenta uma explicação adicional sobre o antecedente.

As orações adjetivas explicativas normalmente se juntam a antecedentes que já estão identificados de algum modo no texto. Dessa forma, elas são mais frequentes após nomes próprios, pronomes pessoais ou substantivos antecedidos por artigo definido. Veja mais exemplos de orações subordinadas adjetivas explicativas:

Nós, *que fundamos esse grêmio estudantil*, estamos preocupados com as últimas decisões da diretoria.

Meu pai, *que nunca fica doente*, desta vez pegou uma gripe daquelas.

O município paraense de Floresta do Araguaia, *onde meus avós nasceram*, é considerado o maior produtor de abacaxis do Brasil.

O filme Colegas, *cuja trilha sonora traz canções de Raul Seixas*, mostra as aventuras de três jovens com síndrome de Down.

Como se nota nos exemplos, uma característica essencial das orações adjetivas explicativas é que elas são separadas da oração principal por vírgulas ou outro sinal de pontuação, como os parênteses. Esses sinais refletem a breve pausa que fazemos, na fala, para destacar esse tipo de oração. É importante pontuar corretamente as orações explicativas, pois é isso o que as distingue formalmente das restritivas.

> **Oração subordinada adjetiva explicativa** é aquela que apresenta uma explicação adicional sobre o substantivo ou pronome a que se refere. Na escrita, é isolada da oração principal por vírgulas ou, em alguns contextos, por parênteses, travessões ou outros sinais.

Pontuação das orações adjetivas: uma questão de clareza

Leia esta manchete:

> **Moradores de Jaboatão que recebem auxílio moradia devem passar por recadastramento**
>
> G1 PE. Recife, 17 maio 2017. Disponível em: <http://mod.lk/wfc72>. Acesso em: 26 maio 2017.

Como a oração adjetiva *que recebem auxílio moradia* não está isolada por vírgulas, deduzimos que se trata de uma adjetiva restritiva. Com isso, entendemos que, de todos os moradores de Jaboatão, *apenas* os que recebem auxílio moradia devem passar por recadastramento. Se houvesse a vírgula, o sentido seria outro:

Moradores de Jaboatão, que recebem auxílio moradia, devem passar por recadastramento.

Nesse caso, interpretaríamos a oração adjetiva como uma oração explicativa, que se refere ao antecedente como um todo. Portanto, o sentido da frase seria: todos os moradores de Jaboatão recebem auxílio moradia, e todos devem ser recadastrados.

Enunciados como esse mostram a relevância de estarmos atentos à pontuação das orações adjetivas, pois a inserção ou não da vírgula pode causar ambiguidades e prejudicar a clareza.

Orações subordinadas adjetivas reduzidas

Pense e responda

Leia a tira e responda às perguntas.

Devaneios com Sigmund e Freud — Yorhán Araújo

ARAÚJO, Yorhán. *Devaneios com Sigmund e Freud*. Disponível em: <http://mod.lk/oio0v>. Acesso em: 26 maio 2017.

1. A tira explora a polissemia do substantivo *humanidade* para produzir o humor. Explique como isso ocorre.

   Ver "Polissemia e homonímia", no Capítulo 6: "Introdução à semântica".

2. Reescreva a primeira fala de Sigmund, trocando a forma verbal no Gerúndio por uma oração adjetiva.

3. Levante uma hipótese coerente para explicar por que se usou a forma no Gerúndio, em vez da oração que você escreveu.

As orações adjetivas também podem se apresentar na forma reduzida. Elas podem ser:
- **reduzidas de Infinitivo**: *Haroldo, o primeiro **a chegar à festa**, veio de bicicleta.* (= que chegou à festa)
- **reduzidas de Gerúndio**: *Vi o motorista **aproximando-se devagar**.* (= que se aproximava devagar)
- **reduzidas de Particípio**: *A leitura atenta das obras **selecionadas para o vestibular** é imprescindível.* (= que foram selecionadas para o vestibular)

No português brasileiro, são mais comuns os dois últimos tipos, ou seja, as adjetivas reduzidas de Gerúndio e de Particípio. Em relação à sua classificação e, consequentemente, à pontuação, elas seguem o mesmo padrão das desenvolvidas: quando dão uma informação indispensável à identificação do antecedente, são consideradas restritivas e não são separadas por vírgulas; quando apresentam uma explicação sobre o antecedente, são explicativas e se separam por vírgulas ou outros sinais.

Audiovisual
Orações subordinadas adjetivas

Capítulo 22 • Orações subordinadas adjetivas **355**

ATIVIDADES

Leia os quadrinhos e responda às questões de 1 a 3.

BYTES DE MEMÓRIA — GUS MORAIS

MORAIS, Gus. Bytes de memória. *Folha de S.Paulo*. São Paulo, 29 jul. 2014. Disponível em: <http://mod.lk/igevj>. Acesso em: 26 maio 2017. © Folhapress.

Saiba mais

Nessa criação de Gus Morais, o segundo quadrinho faz referência a uma conhecida obra do artista gráfico holandês M. C. Escher (1898-1972) intitulada *Drawing hands* (*Mãos desenhando*). Escher criou obras impactantes e originais, que desafiam a lógica e provocam instigantes ilusões de ótica.

Outro quadrinho da série que requer conhecimento prévio é o último: nele se retrata um *smart glass* (óculos inteligentes), equipamento tecnológico de realidade aumentada que projeta informações diretamente no campo de visão do usuário. Os óculos podem ser usados para acessar mapas, mensagens, jogos, e também para gravar vídeos.

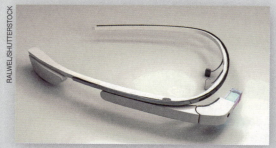

Óculos inteligentes.

1. Cite dois motivos pelos quais devemos classificar como adjetivas as orações dos quadrinhos. Dê exemplos que justifiquem sua resposta.

2. Cada oração indica uma característica dos "gestos", os quais são revelados ao leitor por meio da linguagem visual. Explique brevemente as características expressas pelas orações adjetivas nos oito primeiros gestos representados.

3. O nono quadrinho recebeu uma legenda diferente. Explique como a legenda desse quadrinho se diferencia das demais e como isso contribui para expressar certa avaliação sobre o objeto retratado. Indique, em sua resposta, se essa avaliação é positiva ou negativa.

▶ Leia a apresentação de um clássico da literatura de suspense – *A outra volta do parafuso*, do inglês Henry James, publicado pela primeira vez em 1898. Depois, responda às perguntas de 4 a 8.

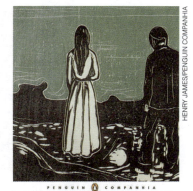

1   *A outra volta do parafuso* conta a história da jovem filha de um pároco que, iniciando-se na carreira de professora, aceita mudar-se para a propriedade de Bly, em Essex, arredores de Londres. Seu patrão é tio e tutor de duas crianças, Flora e Miles, cujos pais morreram na Índia, e
5   deseja que a narradora (que não é nomeada) seja a governanta da casa de Bly. Ao chegar a Essex, a jovem logo percebe que duas aparições, atribuídas a antigos criados já mortos, assombram a casa. O triunfo íntimo da protagonista, mais que desvendar o mistério de Bly, consiste em vencer o silêncio imposto pela diferença de condição social entre ela
10   e seus pequenos alunos.
        Desde que foi publicada, sucessivas gerações de leitores, críticos e artistas têm se inspirado na maestria narrativa desta novela, cuja tradução de Paulo Henriques Britto reconstitui com precisão a elegante contundência do original inglês.

Grupo Companhia das Letras. *A outra volta do parafuso*: apresentação.
Disponível em: <http://mod.lk/qzrly>.
Acesso em: 26 maio 2017.

Capa do livro *A outra volta do parafuso*.

Glossário
Pároco: padre responsável por uma paróquia.
Contundência: qualidade daquilo que é contundente, capaz de provocar impressões profundas.

4. Além de resumir a história, que outro objetivo tem esse texto de apresentação? Justifique sua resposta com passagens do próprio texto.

5. Identifique e classifique as quatro orações adjetivas desenvolvidas presentes no texto.
   • Indique qual é o antecedente do pronome relativo em cada oração e, também, qual função sintática esse pronome desempenha.

6. Explique o emprego dos parênteses na oração adjetiva da linha 5. Por que não foram usadas vírgulas, nesse caso?

7. Releia: "a jovem logo percebe que duas aparições, *atribuídas a antigos criados já mortos*, assombram a casa". Classifique a oração destacada e explique por que ela foi colocada entre vírgulas.

8. Considerando as análises que fez sobre as orações adjetivas do primeiro parágrafo do texto, explique a importância desse tipo de oração quando se pretende narrar ou resumir uma história.

▶ Na tira a seguir, Depryzinha sugere alternativas para que sua interlocutora se sinta melhor. Leia-a e depois responda às perguntas.

ATIVIDADES

VIEIRA, Pryscila. *Folha de S.Paulo*. São Paulo, 7 jul. 2014. Ilustrada, p. E7. © Folhapress.

9. O sentido da tira é construído com base em uma figura de linguagem. Qual é essa figura?

  a) Sinestesia, pois há mescla de sensações provenientes de diferentes sentidos.

  b) Metonímia, já que a personagem usa um termo em lugar de outro.

  c) Ironia, uma vez que a personagem declara o oposto do que pretende expressar.

  d) Prosopopeia, pois se atribuem características humanas a conceitos abstratos.

10. Justifique sua escolha na pergunta anterior e explique como a figura de linguagem contribui para o humor do texto.

11. No texto, há uma oração adjetiva pontuada de forma equivocada. Identifique-a e explique em que consiste o equívoco.

▶ A seguir reproduzimos, sem alguns dos sinais de pontuação, o fragmento inicial de um artigo publicado em um *blog*. Leia-o e responda às perguntas.

Geração Z – uma (nova) relação com o consumo

1 O estudo do comportamento das gerações tem sido pauta em livros, filmes e pesquisas. Primeiro, os *Baby Boomers* nascidos entre 1946 e 1964 fruto de uma explosão populacional logo após o fim da
5 Segunda Guerra Mundial. Pacifistas, quebraram barreiras políticas e de gênero, além de terem criado o movimento *hippie*. A seguir, a Geração X nascida entre as décadas de 60 e 80 apaixonada pelo trabalho aderente a regras e que desenvolveu
10 os principais avanços tecnológicos que conhecemos alguns dos quais iniciados pela geração anterior. Logo depois veio a Geração Y nascida a partir do final da década de 70 até meados dos anos 90 imersa na revolução tecnológica, com notável
15 facilidade material e exigente como consumidora. Agora uma nova geração aparece, a Z, e já está virando assunto.

  A Geração Z não diferencia a vida *online* da *off-line*, trabalha com o conceito de *all-line* e quer
20 tudo para agora. É crítica, dinâmica, exigente, sabe o que quer, é autodidata, não gosta das hierarquias e muda de opinião toda hora. Nascidos a partir de 1995 os nativos digitais da Geração Z nunca conceberam o planeta sem computador,
25 *chats*, telefone celular e internet. Por isso, são menos deslumbrados que os da Geração Y com *gadgets* e afins.

  Em novembro de 2015 a Nielsen publicou a pesquisa Estilo de Vida das Gerações, que entrevistou
30 30.000 pessoas em 60 países. [...] As preferências encontradas nesta pesquisa revelam que as atividades favoritas são parecidas entre as gerações – o que muda, em algumas delas, é o canal, a interface (impressa, digital, *online*). [...]

Aldeia. Disponível em: <http://mod.lk/pdwpw>. Acesso em: 8 jun. 2017. (Fragmento adaptado).

Glossário
All-line: conceito que transmite a ideia de que as pessoas que fazem parte da Geração Z estão sempre conectadas.
Gadgets: equipamentos eletrônicos.
Nielsen: empresa germano-americana especializada em pesquisa de mercado.

12. Os trechos sublinhados correspondem a orações subordinadas adjetivas reduzidas de Particípio. Quais delas devem ser separadas por vírgulas ou outro sinal? Justifique suas escolhas.

Trocando ideias

Discuta estas questões com o professor e os colegas.

1. Você já tinha ouvido falar nestes nomes dados às gerações: *Baby Boomers*, Gerações X, Y e Z?

2. De acordo com as datas de nascimento indicadas no artigo, a qual dessas gerações você pertence? Você conhece pessoas das outras gerações? Explique se as características dessas pessoas e as suas próprias coincidem com as mencionadas no artigo.

3. O título do artigo faz referência ao *consumo* dessa nova geração e o texto cita uma pesquisa de mercado. Em sua opinião, por que as empresas têm interesse em saber o estilo de vida e as preferências de cada geração?

ENEM E VESTIBULARES

1. (Unesp – Adaptado) A questão toma por base uma passagem de um romance de Autran Dourado (1926--2012).

A gente Honório Cota

Quando o coronel João Capistrano Honório Cota mandou erguer o sobrado, tinha pouco mais de trinta anos. Mas já era homem sério de velho, reservado, cumpridor.

[...]

O passo vagaroso de quem não tem pressa – o mundo podia esperar por ele, o peito magro estufado, os gestos lentos, a voz pausada e grave, descia a rua da Igreja cumprimentando cerimoniosamente, nobremente, os que por ele passavam ou os que chegavam na janela muitas vezes só para vê-lo passar.

[...]

(*Ópera dos mortos*, 1970.)

No início do segundo parágrafo, por ter na frase a mesma função sintática que o vocábulo "vagaroso" com relação a "passo", a oração "de quem não tem pressa" é considerada

a) coordenada sindética.
b) subordinada substantiva.
c) subordinada adjetiva.
d) coordenada assindética.
e) subordinada adverbial.

2. (Famerp-SP – Adaptado) Leia o trecho inicial do texto de Tales Ab'Sáber para responder à questão.

Há em Berlim uma casa que nunca fecha. Aquela noite que não termina jamais pode de fato começar a qualquer momento do dia, às sete da manhã ou ainda às dez. Lá todos os tempos se estendem e noite e dia se transformam em outra coisa. Naquela imensa boate que pretende expandir o seu plano de existência, seu tempo infinito, sobre a vida e a cidade, construída em uma antiga fábrica – uma antiga usina de energia nazista –, todo tipo de figura da noite se encontra, em uma festa fantástica alucinada que deseja não terminar jamais.

[...]

(*A música do tempo infinito*, 2012. Adaptado.)

"Há em Berlim uma casa **que nunca fecha**."

No período em que está inserida, a oração destacada tem valor e função, respectivamente, de

a) advérbio e adjunto adverbial.
b) substantivo e sujeito.
c) adjetivo e adjunto adnominal.
d) substantivo e objeto direto.
e) adjetivo e predicativo.

3. (Unesp – Adaptado) A questão toma por base o seguinte fragmento do diálogo *Fedro*, de Platão (427--347 a.C.).

Fedro

SÓCRATES: – Vamos então refletir sobre o que há pouco estávamos discutindo; examinaremos o que seja recitar ou escrever bem um discurso, e o que seja recitar ou escrever mal.

FEDRO: – Isso mesmo.

SÓCRATES: – Pois bem: não é necessário que o orador esteja bem instruído e realmente informado sobre a verdade do assunto de que vai tratar?

FEDRO: – A esse respeito, Sócrates, ouvi o seguinte: para quem quer tornar-se orador consumado não é indispensável conhecer o que de fato é justo, mas sim o que parece justo para a maioria dos ouvintes, que são os que decidem; nem precisa saber tampouco o que é bom ou belo, mas apenas o que parece tal – pois é pela aparência que se consegue persuadir, e não pela verdade.

[...]

(Platão. *Diálogos*. Porto Alegre: Editora Globo, 1962.)

[...] para quem quer tornar-se orador consumado não é indispensável conhecer o que de fato é justo, mas sim o que parece justo para a maioria dos ouvintes, que são os que decidem; nem precisa saber tampouco o que é bom ou belo, mas apenas o que parece tal [...]

Neste trecho da tradução da segunda fala de Fedro, observa-se uma frase com estruturas oracionais recorrentes, e por isso plena de termos repetidos, sendo notável, a este respeito, a retomada do demonstrativo o e do pronome relativo *que* em *o que de fato é justo, o que parece justo, os que decidem, o que é bom ou belo, o que parece tal*. Em todos esses contextos, o relativo *que* exerce a mesma função sintática nas orações de que faz parte. Indique-a.

a) Sujeito.
b) Predicativo do sujeito.
c) Adjunto adnominal.
d) Objeto direto.
e) Objeto indireto.

Capítulo 22 • Orações subordinadas adjetivas **359**

ENEM E VESTIBULARES

4. (Unifesp – Adaptado) Leia o texto para responder à questão.

Por causa do assassinato do caminhoneiro Pascoal de Oliveira, o Nego, pelo – também caminhoneiro – japonês Kababe Massame, após uma discussão, em 31 de julho de 1946, a população de Osvaldo Cruz (SP), que já estava com os nervos à flor da pele em virtude de dois atentados da *Shindô-Renmei** na cidade, saiu às ruas e invadiu casas, disposta a maltratar "impiedosamente", na palavra do historiador local José Alvarenga, qualquer japonês que encontrasse pela frente. O linchamento dos japoneses só foi totalmente controlado com a intervenção de um destacamento do Exército, vindo de Tupã, chamado pelo médico Oswaldo Nunes, um herói daquele dia totalmente atípico na história de Osvaldo Cruz e das cidades brasileiras.

Com o final da Segunda Guerra Mundial, o eclipse do Estado Novo e o desmantelamento da *Shindô-Renmei*, inicia-se um ciclo de emudecimento, de ambos os lados, sobre as quatro décadas de intolerância vividas pelos japoneses. [...]

(Matinas Suzuki Jr. *Folha de S.Paulo*, 20.04.2008. Adaptado.)

* *Shindô-Renmei* foi uma organização nacionalista, que surgiu no Brasil após o término da Segunda Guerra Mundial, formada por japoneses que não acreditavam na derrota do Japão na guerra. Possuía alguns membros mais fanáticos que cometiam atentados, tendo matado e ferido diversos cidadãos nipo-brasileiros.

No texto, as orações (...) *que já estava com os nervos à flor da pele em virtude de dois atentados da Shindô-Renmei na cidade* (...) e (...) *que encontrasse pela frente* (...) são exemplos, respectivamente, de oração subordinada adjetiva explicativa e subordinada adjetiva restritiva, porque:

a) a primeira limita o sentido do termo antecedente (a população de Osvaldo Cruz), enquanto a segunda explica o sentido do termo antecedente (qualquer japonês).

b) a pausa, antes e depois da primeira oração, revela seu caráter de restrição e precisão do sentido do termo antecedente, tal como se dá com a segunda oração.

c) na primeira, a oração é indispensável para precisar o sentido da anterior, enquanto, na segunda, a oração pode ser eliminada.

d) a primeira explica o sentido do termo antecedente (a população de Osvaldo Cruz), enquanto a segunda limita o sentido do termo antecedente (qualquer japonês).

e) o sentido do termo "qualquer japonês", explicado na segunda oração, é determinante para a compreensão da primeira.

5. (Fatec-SP)

É boa a notícia para os fãs da natação, vôlei de praia, futebol, hipismo, ginástica rítmica e tiro com arco **que buscam ingressos para os Jogos Olímpicos Rio 2016**. Entradas para catorze sessões esportivas dessas modalidades, que tinham se esgotado na primeira fase de sorteio de ingressos, estão à venda.

<http:/tinyurl.com/qapfdjt> Acesso em: 12.09.2015. Adaptado.

A oração subordinada destacada nesse fragmento é

a) adjetiva restritiva.
b) adjetiva explicativa.
c) substantiva subjetiva.
d) substantiva apositiva.
e) substantiva predicativa.

6. (Faculdade Albert Einstein-SP – Adaptado)

Médicos expõem pacientes em redes sociais

GIULIANA MIRANDA   DE SÃO PAULO - 20/08/2014 01h50

Médicos e outros profissionais da saúde registram cada vez mais suas rotinas nas redes sociais. O problema é que, frequentemente, expõem também os pacientes, algumas vezes em situações constrangedoras.

No aplicativo de paquera Tinder – em que os usuários exibem uma seleção de fotos para atrair a atenção do potencial pretendente –, é possível encontrar imagens de profissionais em centros cirúrgicos, UTIs e outros ambientes hospitalares.

[...]

Folha de S.Paulo. Disponível em: http://www1.folha.uol.com.br/equilibrioesaude/2014/08/1503001- medicos-expoem-pacientes-em-redes-sociais.shtml. Acesso em: 5 set. 2015.

No segundo parágrafo da matéria da *Folha de S.Paulo*, os travessões são empregados de modo a

a) enaltecer o problema da exposição nas redes sociais.
b) destacar a ideia que os usuários têm a respeito do aplicativo.
c) direcionar a opinião do leitor para as implicações das redes sociais.
d) explicitar a finalidade do aplicativo.

Mais questões: no livro digital, em **Vereda Digital Aprova Enem** e **Vereda Digital Suplemento de revisão e vestibulares**; no *site*, em **AprovaMax**.

CAPÍTULO 23

ORAÇÕES SUBORDINADAS ADVERBIAIS

ENEM
C1: H1
C6: H18
C7: H23, H24

OBJETIVOS DE APRENDIZAGEM
- Identificar e classificar as orações subordinadas adverbiais.
- Compreender o papel dessas orações na organização lógica dos enunciados.

Observação

Chegamos ao último tipo de oração subordinada: as adverbiais. Como você perceberá ao longo do estudo, essas orações estabelecem relações temporais e lógicas entre as ideias do texto, sendo, por isso, importantes tanto na narração de fatos como na exposição de informações ou na defesa de opiniões.

Para começar a examinar as orações adverbiais, leia o anúncio e responda às perguntas.

Violência doméstica infantil. Quando você ignora, você também participa.

Assembleia Legislativa do Rio de Janeiro. Comissão de Assuntos da Criança, do Adolescente e do Idoso. Disponível em: <http://mod.lk/gxijz>. Acesso em: 2 jun. 2017.

Análise

1. Descreva a cena retratada no anúncio.

2. Releia: "Quando você ignora, você também participa".
   a) Identifique as orações que compõem esse período.
   b) Uma dessas orações indica uma circunstância em que ocorre a ação expressa pela outra. Qual é essa oração? Que tipo de circunstância ela indica (modo, tempo, lugar, etc.)?

3. O período analisado na questão anterior é representado, na imagem, por um detalhe que não seria possível na vida real.
▶ Identifique esse detalhe e explique como ele se relaciona ao período destacado. Indique também sua ligação com o objetivo do anúncio.

Características das orações subordinadas adverbiais

Ao responder às perguntas iniciais, você observou que, no texto do anúncio, a oração *quando você ignora* indica uma circunstância – no caso, temporal – em que ocorre o processo verbal apresentado na outra oração, *você também participa*. A primeira oração desempenha, portanto, um papel semelhante ao dos advérbios, por isso é considerada uma **oração subordinada adverbial**. Veja:

A oração subordinada adverbial expressa uma circunstância (no caso, de tempo) relativa ao processo verbal da oração principal.

"**Quando** você ignora, você também participa."

conjunção subordinativa | oração subordinada adverbial | oração principal

Em relação à oração principal, as orações subordinadas adverbiais desempenham a função sintática própria dos advérbios, ou seja, a de adjunto adverbial. Do ponto de vista formal, elas se caracterizam pelo fato de, na forma desenvolvida, serem introduzidas por uma conjunção ou locução conjuntiva subordinativa.

As conjunções e locuções conjuntivas que introduzem a oração adverbial estabelecem certa relação de sentido entre essa oração e a principal. Na frase do anúncio, por exemplo, a conjunção *quando* estabelece uma relação temporal entre as orações.

Outra característica das orações adverbiais é que, assim como os advérbios, elas geralmente têm grande mobilidade dentro do enunciado, podendo ocupar diferentes posições em relação à oração principal. Veja como a oração adverbial do anúncio poderia ser colocada depois da principal, ou intercalada a ela: *Você também participa quando ignora. Você, quando ignora, também participa.*

> **Oração subordinada adverbial** é aquela que equivale a um advérbio e exerce a função de adjunto adverbial em relação à oração principal. Na forma desenvolvida, é introduzida por uma conjunção ou locução conjuntiva subordinativa que estabelece relações de sentido entre as orações.

Classificação das orações subordinadas adverbiais

No Capítulo 16, você estudou que as conjunções subordinativas (à exceção da integrante, que introduz as orações substantivas) são classificadas segundo a relação de sentido que expressam. Dessa forma, elas podem ser *causais, condicionais, temporais, finais, concessivas, conformativas, comparativas, consecutivas* ou *proporcionais*.

A classificação das conjunções subordinativas estende-se às orações subordinadas adverbiais que elas introduzem. Assim, as orações adverbiais podem pertencer às mesmas categorias mencionadas, de acordo com a relação de sentido que mantêm com a oração principal. Nos tópicos a seguir, vamos examinar com mais detalhes cada uma dessas categorias.

Oração subordinada adverbial causal

Um leitor perguntou a uma revista de divulgação científica por que o gelo boia na água. Leia o início da resposta.

> A densidade de uma substância (o peso em relação ao volume) varia com sua temperatura. O gelo boia *porque sua densidade é menor do que a da água líquida em temperatura ambiente.* [...]
>
> GARCIA, Rafael. Sem dúvida. *Galileu*. São Paulo: Globo, ed. 187, fev. 2007. Disponível em: <http://mod.lk/u8win>. Acesso em: 2 jun. 2017. (Fragmento).

A oração destacada apresenta a *causa* ou a razão do fato expresso na oração principal: a densidade menor do gelo em relação à da água é a razão para que ele boie. A oração que cumpre esse papel classifica-se como **oração subordinada adverbial causal**. Veja:

A oração subordinada apresenta a causa do fato expresso na oração principal.

oração principal | conjunção causal | oração subordinada adverbial causal

"O gelo boia **porque** sua densidade é menor do que a da água líquida em temperatura ambiente."

A conjunção causal mais utilizada é a que aparece no exemplo: *porque*. Mas também podem ser empregadas as conjunções e locuções conjuntivas *como, visto que, já que, uma vez que, dado que, na medida em que,* etc. Veja mais exemplos de oração adverbial causal:

Como não tinha certeza da fonte, achei melhor não compartilhar a notícia.

Os estudantes não conseguiram se cadastrar, *uma vez que o sistema esteve inoperante durante todo o dia.*

Nossa feira de ciências ajuda na aprendizagem dos alunos, *na medida em que eles desenvolvem um projeto científico do início ao fim.*

> **Oração subordinada adverbial causal** é aquela que apresenta ideia de causa ou razão em relação ao fato expresso na oração principal.

Oração subordinada adverbial condicional

Leia o cartum.

B., Cynthia. *Folha de S.Paulo*. São Paulo, 9 mar. 2015. Ilustrada, p. E7. © Folhapress.

Segundo a personagem de camiseta listrada, "julgar impiedosamente" faz parte da amizade. De fato, ela é bastante franca nos comentários que faz às amigas. Deduzimos que o último deles se dirige a uma moça que sonha em morar sozinha, mas não o faz por falta de dinheiro. Para essa amiga, a personagem faz uma pergunta que pretende levá-la à autocrítica: "Quem sabe você consegue sair de casa *se* trabalhar?".

No cartum, a conjunção *se* é grafada com letras mais grossas para indicar a entonação enfática da personagem: sua intenção é realçar que o trabalho da amiga é uma *condição* para que ela consiga sair de casa. Portanto, a oração introduzida por essa conjunção é uma **oração subordinada adverbial condicional**. Veja:

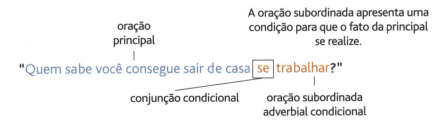

Além da conjunção *se*, também podem introduzir orações condicionais as conjunções e locuções conjuntivas *caso*, *a não ser que*, *a menos que*, *desde que*, *contanto que*, etc. Veja outros exemplos:

Caso esteja com dificuldades, procure o professor responsável pela disciplina.
A menos que possam provar a inocência do réu, ele será condenado à pena máxima.
Podemos acampar na praia, *desde que você providencie a barraca.*

> **Oração subordinada adverbial condicional** é aquela que expressa uma condição a ser cumprida para que o fato da oração principal se realize.

Oração subordinada adverbial temporal

No anúncio analisado no início deste capítulo, havia uma relação temporal entre as orações ("Quando você ignora, você também participa"). A conjunção *quando* é a mais frequentemente utilizada para estabelecer relações temporais entre orações e, também, a que apresenta sentido mais genérico. Outras conjunções podem ser empregadas quando queremos dar indicações de tempo mais específicas.

Na tira a seguir, por exemplo, a conjunção *enquanto* indica que o processo da oração subordinada acontece *simultaneamente* ao da principal. Observe:

GONSALES, Fernando. Níquel Náusea. *Folha de S.Paulo.*
© Folhapress.

A oração que traz um fato relacionado temporalmente ao fato de outra é considerada uma **oração subordinada adverbial temporal**. Veja:

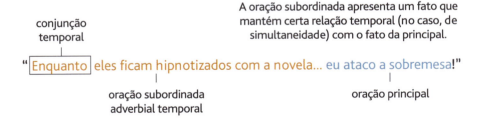

As conjunções e locuções conjuntivas temporais podem expressar, além de simultaneidade (*enquanto, ao passo que*), relações de anterioridade (*antes que*), posteridade (*depois que*), limites inicial e final (*desde que, até que*) e várias outras noções mais específicas, como o pouco tempo transcorrido entre os fatos (*assim que, logo que*). Veja outros exemplos:

Antes que eu tivesse tempo de reagir, ele me encheu de cócegas.
Levantou-se da cama *assim que / logo que o despertador tocou.*
Desde que comecei a nadar, minhas crises de asma diminuíram.

> **Oração subordinada adverbial temporal** é aquela que estabelece certa relação temporal (de anterioridade, posteridade, simultaneidade, etc.) com o fato da oração principal.

Oração subordinada adverbial final

Leia esta tira.

DESEQUILÍBRIO AMBIENTAL — WILL LEITE

LEITE, Will. *Will Tirando*. Disponível em: <http://mod.lk/nep2s>.
Acesso em: 3 jun. 2017.

O último quadrinho traz um desfecho irônico para a tira, pois concluímos que o pássaro só teve acesso ao livro porque contrariou a principal premissa da obra: deixou seu *habitat* natural para ir ao *shopping*. A regra estabelecida pela obra ("animais não devem ser inseridos fora do seu *habitat* natural") tem certa finalidade: "para que não interfiram e prejudiquem o ecossistema". As orações que expressam essa finalidade são classificadas como **orações subordinadas adverbiais finais**. Veja:

As orações subordinadas expressam a finalidade do fato apresentado na oração principal.

oração principal
"[...] animais não devem ser inseridos fora do seu *habitat* natural para que não interfiram e prejudiquem o ecossistema."

locução conjuntiva final — orações subordinadas adverbiais finais

Na forma desenvolvida, as orações finais são introduzidas principalmente pela locução conjuntiva *para que*, mas também por *a fim de que*, *de modo que*, *de maneira que*, etc. Veja mais exemplos de orações adverbiais finais:

Limparemos e adubaremos o solo da praça, a fim de que as mudas de árvore possam ser plantadas.

Use letra legível em sua redação, de modo que o examinador consiga compreendê-la com facilidade.

> **Oração subordinada adverbial final** é aquela que indica a finalidade ou objetivo do fato expresso na oração principal.

Oração subordinada adverbial concessiva

Certas orações subordinadas expressam um fato que se opõe ao da oração principal, mas não chega a impedir sua realização. Veja um exemplo disso em um verbete enciclopédico:

> O macaco-aranha é um macaco grande e extremamente ágil que vive desde as florestas do sul do México até a região central do Brasil. *Embora suas mãos não tenham polegar,* esse primata magricela e barrigudo se movimenta velozmente pelas árvores usando sua longa cauda como um quinto membro. É considerado o macaco mais evoluído da América do Sul.
>
> O macaco-aranha pesa cerca de 6 quilos e tem entre 35 e 66 centímetros de comprimento, fora a cauda muito peluda, que é mais longa que o corpo. [...]
>
> *Britannica Escola*. Disponível em: <http://mod.lk/ddwd5>. Acesso em: 15 jun. 2017. (Fragmento).

Macaco-aranha pendurado pela longa cauda em árvore no Parque Nacional Santa Rosa, na Costa Rica.

Em tese, o fato de o macaco-aranha não ter polegar poderia limitar sua capacidade de mover-se velozmente pelas árvores; contudo, a ausência do polegar não chega a impedi-lo de ser veloz. A oração que estabelece esse tipo de relação entre as ideias se denomina **oração subordinada adverbial concessiva**. Veja:

A oração subordinada apresenta um fato que se opõe ao da principal, mas não chega a impedi-lo.

conjunção concessiva | oração subordinada adverbial concessiva

"**Embora** suas mãos não tenham polegar, esse primata magricela e barrigudo se movimenta velozmente pelas árvores [...]."

oração principal

Na forma desenvolvida, as orações concessivas são introduzidas pelas conjunções e locuções conjuntivas *embora, ainda que, mesmo que, por mais/menos que, se bem que, apesar de que,* etc. Veja outros exemplos:

Ainda que / Mesmo que não vença o campeonato, ficarei satisfeito por ter participado.
A reunião foi produtiva, *apesar de que* não conseguimos resolver todas as pendências.
Por mais que Vinícius provocasse a irmã, ela permanecia serena.

> **Oração subordinada adverbial concessiva** é aquela que expressa um fato que contraria o da oração principal, mas não chega a impedi-lo.

Oração subordinada adverbial conformativa

Leia esta tira.

ARMANDINHO — ALEXANDRE BECK

O último quadrinho provoca o humor ao revelar o sujeito do verbo *combinamos*: não foram Armandinho e o pai, como pensamos a princípio, e sim Armandinho e a mãe, que assumiu um compromisso em nome do companheiro, prometendo ao filho que o pai o levaria ao cinema.

No primeiro quadrinho, a conjunção que articula as orações estabelece uma relação de *conformidade* entre elas. Logo, a oração que ela introduz se classifica como **oração subordinada adverbial conformativa**. Veja:

"Pai, vamos no cinema como combinamos?"

- oração principal
- conjunção conformativa
- oração subordinada adverbial conformativa
- A oração subordinada apresenta um fato que está em conformidade com o da oração principal.

Além de *como*, podem ser usadas as conjunções *conforme*, *segundo*, *consoante*. Veja outros exemplos de adverbiais conformativas:

Conforme diz o provérbio, em boca fechada não entra mosca!
Faça tudo *segundo planejamos.*

> **Oração subordinada adverbial conformativa** é aquela que expressa ideia de conformidade ou consonância em relação ao conteúdo da principal.

Oração subordinada adverbial comparativa

Comparações são muito utilizadas na exposição de ideias em geral e principalmente na argumentação. Veja como essa estratégia foi utilizada em uma campanha pela redução de consumo de copos plásticos:

Reduza o consumo de copos descartáveis.
Eles são tão poluentes quanto automóveis.

Estação Saúde. Disponível em: <http://mod.lk/lruer>.
Acesso em: 17 jun. 2017.

A maioria de nós sabe que automóveis emitem gás carbônico, mas nem todos se lembram que diversos processos produtivos – como o dos copinhos plásticos – também são poluentes. Para recordar ao público que esses produtos devem ser usados com racionalidade, os anunciantes montaram um porta-copos na forma de automóvel, de cujo "escapamento" saem os copinhos. Para expressar sua ideia, formularam o enunciado com uma **oração subordinada adverbial comparativa**:

A oração subordinada apresenta um elemento com o qual se compara o elemento da oração principal.

oração principal
"Eles são tão poluentes quanto automóveis [são]."
conjunção comparativa
oração subordinada adverbial comparativa

Como ocorre no exemplo, a oração comparativa pode ser introduzida pela conjunção *quanto* (ou *como*, *que*), combinada com os advérbios *tão*, *tanto*, *mais*, *menos*, na oração principal. Também pode ser introduzida por *assim como*, *como*, *como se*, *da mesma forma que* e similares. Veja mais exemplos:

Assim como a maioria dos jovens da sua idade [adora], Josué adora jogos eletrônicos.
Nenhuma banda do festival teve **tantas** críticas positivas *quanto a nossa [teve]*.
Naquele ano Márcia dedicou-se com afinco aos estudos, *da mesma forma que havia se dedicado ao esporte no ano anterior.*

Observe que, muitas vezes, o verbo da oração comparativa fica subentendido, pois já foi mencionado na oração principal.

> **Oração subordinada adverbial comparativa** é aquela que apresenta um elemento com o qual se compara o elemento mencionado na oração principal.

Oração subordinada adverbial consecutiva

Leia um trecho de uma resenha a respeito de um programa de TV comandado pela apresentadora Xuxa Meneghel:

[...] O sucesso do "Dancing" é tanto *que uma segunda temporada já é dada como certa*, e Xuxa não deve nem ter férias.

BITTENCOURT, Carla. De frente para a TV. *Extra*. Rio de Janeiro, 21 maio 2017. Disponível em: <http://mod.lk/4ua5h>. Acesso em: 3 jun. 2017. (Fragmento).

O conteúdo da oração subordinada destacada (a segunda temporada do programa) é uma consequência do fato da principal (o sucesso que o programa vem fazendo). Orações que estabelecem esse tipo de relação com a principal são chamadas de **orações subordinadas adverbiais consecutivas**. Veja:

A oração subordinada expressa uma consequência do fato da principal.

oração principal
"O sucesso do "Dancing" é tanto que uma segunda temporada já é dada como certa."
conjunção consecutiva
oração subordinada adverbial consecutiva

Geralmente, as adverbiais consecutivas são introduzidas pela conjunção *que*, combinada com os advérbios *tão*, *tanto* ou similares na oração principal. As locuções conjuntivas *de modo que* e *de forma que* também podem introduzir orações consecutivas. Confira mais exemplos:

O jogador estava tão exausto que quase desmaiou no gramado.
Os alunos papearam tanto no corredor que acabaram perdendo a hora.
Não teremos outra oportunidade igual a essa, de modo que devemos aproveitá-la ao máximo.

Oração subordinada adverbial consecutiva é aquela que indica uma consequência do fato expresso na oração principal.

Oração subordinada adverbial proporcional

O último tipo de oração adverbial é aquele que estabelece uma relação de proporcionalidade com o fato da oração principal. Veja um exemplo disso no cartaz a seguir:

Bees Publicidade. Disponível em: <http://mod.lk/gubsz>. Acesso em: 3 jun. 2017.

Para convencer o público a doar sangue, o cartaz se vale da linguagem figurada. Primeiro, emprega uma comparação ("Sangue é igual amor"). Depois, a fim de justificá-la, estabelece uma proporção entre a quantidade de amor (ou sangue) que a pessoa doa e a quantidade que ela tem. Para tanto, o texto emprega uma **oração subordinada adverbial proporcional**. Veja:

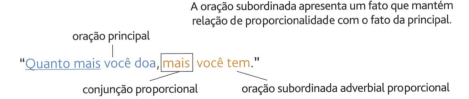

As orações proporcionais são introduzidas por sequências como *quanto mais/menos ...mais/menos* ou pelas locuções conjuntivas *à medida que, ao passo que, à proporção que.* Veja mais exemplos:

À medida que a noite avançava, a temperatura caía.
Sua memória parecia apagar-se à proporção que os dias passavam.
Quanto menos dou bola para suas provocações, mais irritado ele fica.

Oração subordinada adverbial proporcional é aquela que expressa uma relação de proporcionalidade com o fato da oração principal.

Orações subordinadas adverbiais reduzidas

Pense e responda

Leia a tira e responda às perguntas.

ARMANDINHO   ALEXANDRE BECK

1. Por que a expressão facial dos personagens muda do segundo para o terceiro quadrinho? Justifique sua resposta com elementos verbais e visuais da tira.

2. Releia: "Para proteger as aves, coloquei um sino na coleira do meu gato!". Reescreva esta fala, trocando a preposição *para* por uma das locuções conjuntivas do quadro. Faça as alterações que julgar necessárias, mas mantenha sentido semelhante ao da frase original.

| ainda que | se bem que | para que | desde que |

3. Considerando a transformação que fez, explique a relação de sentido que a oração *para proteger as aves* estabelece com a outra (*coloquei um sino na coleira do meu gato!*).

4. Qual das versões combina melhor com a linguagem da tira, a original ou a que você escreveu no item b? Por quê?

Ao responder às perguntas, você concluiu que a oração *para proteger as aves* indica a finalidade de o menino ter colocado um sino na coleira do gato. Ela se classifica, portanto, como uma *oração adverbial final*. E, como seu verbo se encontra em uma forma nominal, o Infinitivo, ela também é considerada *reduzida*.

As orações adverbiais podem ser reduzidas de Infinitivo, Particípio ou Gerúndio e, muitas vezes, são introduzidas por uma preposição ou locução prepositiva:

*Fiz isso **para manter as aves seguras**. **Apesar de espantar alguns dos passarinhos**, o sino não era infalível.*

As adverbiais reduzidas de Infinitivo geralmente expressam uma única relação de sentido. Na tira, por exemplo, fica nítido que a oração *para proteger as aves* expressa *finalidade*. Contudo, as adverbiais reduzidas de Particípio ou de Gerúndio, especialmente quando não são introduzidas por preposição ou outro conectivo, às vezes expressam mais de uma noção ao mesmo tempo. Pense, por exemplo, nesta frase:

***Recebendo um aumento de salário**, poderei comprar roupas novas.*

A oração adverbial reduzida de Gerúndio expressa, ao mesmo tempo, a ideia de condição (**se** *receber um aumento de salário, poderei comprar...*), tempo (**quando** *receber um* *aumento de salário, poderei comprar...*) e até causa (*poderei comprar roupas novas **porque terei recebido um aumento***).

Observe, a seguir, alguns exemplos das relações de sentido que as orações adverbiais reduzidas podem expressar:

- **Causa** – ***Por ser muito orgulhoso***, recusou a ajuda que lhe demos. ***Temendo a reação da mãe***, Paulo não lhe contou sobre a briga na escola.
- **Condição** – *Ninguém pagará meia-entrada **sem apresentar a carteirinha de estudante**. **Precisando de algo**, é só me telefonar. **Amarrados com barbante**, esses pacotes certamente abrirão.*
- **Tempo** – ***Antes de sair***, por favor, apague a luz. ***Passando pela praça***, vimos o casal de mãos dadas no banco. ***Fechados os portões***, ninguém mais entrou no ginásio.
- **Finalidade** – ***Para encontrar o resultado***, basta a boa e velha regra de três.
- **Concessão** – ***Apesar de não conhecer Osvaldo tão bem**, simpatizo com ele. **Mesmo não sendo fã de futebol**, resolvi assistir à partida. **Apesar de pintado há pouco**, o quarto cheirava a mofo.*
- **Consequência** – *O inverno foi tão rigoroso **a ponto de usarmos agasalho até dentro de casa**.*

Audiovisual
Orações subordinadas adverbiais

Aprender a aprender

Como revisar sua redação II

Na última seção "Aprender a aprender", você recebeu orientações sobre como revisar aspectos estruturais de sua redação, tais como o número, a extensão e a composição dos parágrafos. Observou, também, a necessidade de manter a unidade temática de um período para o outro, retomando as ideias por meio de pronomes, sinônimos ou outros mecanismos.

Além de retomar as ideias, é necessário relacioná-las de maneira lógica. As orações adverbiais que você estudou neste capítulo são um dos recursos úteis para isso. Nesta seção, veremos esse e alguns outros aspectos que você deve revisar antes de finalizar sua redação.

Organização lógica das ideias

A redação dissertativo-argumentativa deve defender uma *tese*, isto é, uma opinião a respeito do tema proposto, e essa tese deve ser sustentada por *argumentos* consistentes. Verifique se a tese de sua redação está clara e se os argumentos apresentados para respaldá-la são válidos, coerentes, e se estão organizados de maneira lógica.

Uma falha comum é o emprego de conjunções que estabelecem uma relação de sentido inadequada entre as ideias, prejudicando a exposição do raciocínio. Considere, por exemplo, a frase a seguir:

Não podemos impedir a substituição de trabalhadores braçais por máquinas e robôs, até porque é necessário pensar em como realocar os desempregados no mercado de trabalho.

As ideias da frase estão relacionadas, mas o vínculo entre elas não é de causa, como a conjunção *porque* dá a entender. Na verdade, trata-se de uma situação em que as ideias se opõem, porém uma não chega a impedir a outra – ou seja, em vez de uma oração causal, deve ser usada uma oração *concessiva*. Veja como a frase poderia ser reformulada:

Embora *não possamos impedir a substituição de trabalhadores braçais por máquinas e robôs, é necessário pensar em como realocar os desempregados no mercado de trabalho.*

Substituição ou eliminação de palavras repetidas

Quando tiver conferido a coerência de seus argumentos e das conexões estabelecidas entre eles, examine as frases com atenção em busca de palavras repetidas. Tome cuidado especial com a palavra *que*: como ela tem múltiplos usos (pronome relativo, interrogativo, conjunção), às vezes a repetimos exageradamente. Observe, por exemplo, como a frase da esquerda, cheia de "quês", poderia ficar mais concisa e direta se alguns deles fossem eliminados:

Muitos candidatos afirmaram que desconheciam os conteúdos que constavam da prova que foi organizada pela banca que os examinava.

→ Substituição por oração reduzida de Infinitivo.

Muitos candidatos afirmaram desconhecer os conteúdos da prova organizada pela banca examinadora.

→ Algumas orações adjetivas trazem informações óbvias, que podem ser eliminadas.

→ Substituição por adjetivo.

Verifique também construções formadas pelos **verbos ter, dar, fazer, tornar, etc. + substantivo ou adjetivo**. Em muitos casos, elas podem ser substituídas por um único verbo, o que proporciona maior concisão ao texto; por exemplo: *ter um desejo* → *desejar*; *dar informação* → *informar*; *fazer um resumo* → *resumir*; *tornar simples* → *simplificar*.

Outro tipo de substituição que pode deixar o texto mais claro e direto é a troca da construção **não + verbo** por um verbo de sentido oposto. Veja:

O novo regulamento não exige que os vendedores ambulantes apresentem alvará. → *O novo regulamento dispensa os vendedores ambulantes de apresentar alvará.*

O criminoso usava um capuz que não mostrava seu rosto. → *O criminoso usava um capuz que ocultava seu rosto.*

As regras da escola não permitem que se use celular em sala de aula. → *As regras da escola proíbem o uso do celular em sala de aula.*

Adequação à norma-padrão

O último passo de sua revisão deve ser um exame cuidadoso do texto no que diz respeito à grafia das palavras (inclusive acentuação gráfica e emprego de letras maiúsculas e minúsculas), à concordância, ao emprego do acento indicador de crase, à colocação pronominal e à pontuação.

Os capítulos da Unidade 7 serão úteis para essa revisão. Além deles, considere as seções "De olho na escrita" apresentadas no final de cada unidade desta obra, bem como as seções "A língua da gente", em especial as que abordam o emprego dos pronomes pessoais e dos relativos *onde* e *em que* (Capítulo 12); de adjetivos e advérbios (Capítulo 15) e dos pronomes oblíquos *o* e *lhe* (Capítulo 19).

ATIVIDADES

■ Leia a tira e responda às perguntas 1 e 2.

O MELHOR DE CALVIN   BILL WATTERSON

1. Identifique e classifique as orações adverbiais do último quadrinho. A qual outra fala da tira essas orações se referem?

2. As relações de sentido estabelecidas por essas orações permitem que os personagens expressem, na tira, certa opinião sobre os dias de verão. Explique qual é a opinião deles e por que o advérbio *especialmente* também é importante para comunicá-la.

■ Leia este anúncio e responda às perguntas de 3 a 5.

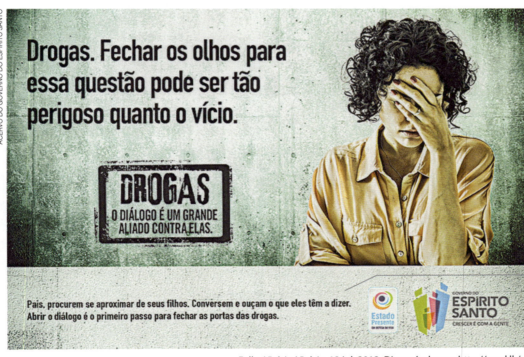

Pais, procurem se aproximar de seus filhos. Conversem e ouçam o que eles têm a dizer. Abrir o diálogo é o primeiro passo para fechar as portas das drogas.

Folha Vitória. Vitória, 12 jul. 2012. Disponível em: <http://mod.lk/p0rcn>. Acesso em: 4 jun. 2017.

3. Qual é o objetivo do anúncio?

4. Qual é a estratégia argumentativa empregada no texto principal do anúncio?
   a) exemplificação
   b) definição
   c) contraste
   d) comparação

   • Explique como essa estratégia argumentativa se reflete na oração adverbial utilizada. Para tanto, identifique e classifique essa oração adverbial.

Capítulo 23 • Orações subordinadas adverbiais **373**

ATIVIDADES

5. Indique como a estratégia argumentativa do texto principal reflete-se também na linguagem visual do anúncio.

▶ Leia os quadrinhos e responda às questões de 6 a 8.

QUADRINHOS ÁCIDOS   PEDRO LEITE

LEITE, Pedro. *Quadrinhos ácidos*.
Disponível em: <http://mod.lk/g6kv1>. Acesso em: 4 jun. 2017.

6. A legenda do primeiro quadrinho contém duas orações subordinadas adverbiais: "Se os professores fossem / como jogadores de futebol [são]". De acordo com o sentido que expressam, elas se classificam, respectivamente, como:

a) condicional e conformativa.
b) condicional e comparativa.
c) consecutiva e comparativa.
d) consecutiva e conformativa.

7. Copie essas orações e complete o período com uma oração principal, de maneira coerente. Para criar essa oração principal, baseie-se na cena apresentada no segundo quadrinho.

• Escolha dois outros quadrinhos e, com base neles, escreva mais duas orações semelhantes às que você criou no item anterior.

8. A tira expressa certo ponto de vista quanto ao tratamento dispensado pela sociedade aos jogadores de futebol e aos professores. Identifique esse ponto de vista e explique como as orações do primeiro quadrinho ajudam a expressá-lo.

• O texto que você lerá a seguir faz parte da introdução feita pela escritora Ana Maria Machado para o livro *Comédias para se ler na escola*, de Luis Fernando Verissimo. Leia-o e responda às questões de 9 a 11.

1   Volta e meia a gente encontra alguém que foi alfabetizado, mas não sabe ler. Quer dizer, até domina a técnica de juntar as sílabas e é capaz de distinguir no vidro dianteiro o itinerário de um ônibus. Mas passa longe de livro, revista, material impresso em geral. Gente que diz que não curte ler.

374 Gramática: uma reflexão sobre a língua

5   Esquisito mesmo. Sei lá, nesses casos, sempre acho que é como se a pessoa estivesse dizendo que não curte namorar. Talvez nunca tenha tido a chance de descobrir como é gostoso. Nem nunca tenha parado para pensar que, se teve alguma experiência desastrosa em um namoro (ou em uma leitura), isso não quer dizer que todas vão ser assim. É só trocar de namorado ou namorada. Ou
10   de livro. De repente, pode descobrir delícias que nem imaginava, gostosuras fantásticas, prazeres incríveis. Ninguém devia ser obrigado a namorar quem não quer. Ou ler o que não tem vontade. [...]

   Durante 18 anos, eu tive uma livraria infantil. De vez em quando, chegavam uns pais ou avós com a mesma queixa: "O Joãozinho não gosta de ler, o que é
15   que eu faço?" Como eu acho que o ser humano é curioso por natureza e qualquer pessoa alfabetizada fica doida pra saber o segredo que tem dentro de um livro (desde que ninguém esteja tentando lhe impingir essa leitura feito remédio amargo pela goela abaixo), não acredito mesmo nessa história de criança não gostar de ler. Então, o que eu dizia naqueles casos não variava muito.

20   A primeira coisa era algo como "para de encher o saco do Joãozinho com essa história de que ele tem que ler". Geralmente, em termos mais delicados: "Por que você não experimenta aliviar a pressão em cima dele, e passar uns seis meses sem dar conselhos de leitura".

   O passo seguinte era uma sugestão: "Experimente deixar um livro como este
25   ao alcance do Joãozinho, num lugar onde ele possa ler escondido, sem parecer que está fazendo a sua vontade. No banheiro, por exemplo." E o que eu chamava de um livro como este, já na minha mão estendida em oferta, podia ser um exemplar de *O Menino Maluquinho*, do Ziraldo, ou do *Marcelo, marmelo, martelo*, da Ruth Rocha, ou de *O gênio do crime*, do João Carlos Marinho. [...] Mas o fato é
30   que, em 18 anos de experiência, NUNCA, nem uma única vez, apareceu depois um pai reclamando que aquela sugestão não tinha dado certo.

MACHADO, Ana Maria. In: VERISSIMO, Luis Fernando. *Comédias para se ler na escola*. Rio de Janeiro: Objetiva, 2001. p. 9-10. (Fragmento). © by Luis Fernando Verissimo.

Glossário
Impingir: impor; empurrar.

9. A oração iniciada por *como se* na linha 5 estabelece uma comparação. Quais elementos são comparados?
- Com que objetivo a autora recorre a essa estratégia argumentativa?

10. As orações introduzidas por *como* (linha 15) e *desde que* (linha 17) também são importantes para a argumentação da autora. Em relação às orações a que se subordinam, elas expressam, respectivamente, ideia de:
a) causa e tempo.
b) comparação e condição.
c) comparação e causa.
d) causa e condição.

11. Os conselhos que a autora dava aos pais quando era dona de livraria são coerentes com a comparação que ela estabelece inicialmente no texto (analisada na questão 9)? Explique sua resposta.

Trocando ideias

Com base no texto lido, discuta com os colegas e o professor:

1. Segundo a autora, quem diz que "não curte ler" pode não ter encontrado ainda a leitura certa. Você concorda com essa ideia? Explique seu ponto de vista.

2. Você já foi obrigado a ler algo que não tivesse vontade? E já passou pela experiência de ler um livro por desejo próprio? Se sim, compare como se sentiu em cada situação.

3. Você conhece algum dos livros mencionados pela autora (*O Menino Maluquinho*; *Marcelo, marmelo, martelo*; *O gênio do crime*)? Se conhece, acha que são adequados para despertar o gosto pela leitura em uma criança? Quais outros você recomendaria para essa finalidade?

ENEM E VESTIBULARES

1. (Enem)

> O senso comum é que só os seres humanos são capazes de rir. Isso não é verdade?
>
> Não. O riso básico – o da brincadeira, da diversão, da expressão física do riso, do movimento da face e da vocalização – nós compartilhamos com diversos animais. Em ratos, já foram observadas vocalizações ultrassônicas – que nós não somos capazes de perceber – e que eles emitem quando estão brincando de "rolar no chão". Acontecendo de o cientista provocar um dano em um local específico no cérebro, o rato deixa de fazer essa vocalização e a brincadeira vira briga séria. Sem o riso, o outro pensa que está sendo atacado. O que nos diferencia dos animais é que não temos apenas esse mecanismo básico. Temos um outro mais evoluído. Os animais têm o senso de brincadeira, como nós, mas não têm senso de humor. O córtex, a parte superficial do cérebro deles, não é tão evoluído como o nosso. Temos mecanismos corticais que nos permitem, por exemplo, interpretar uma piada.
>
> Disponível em: http://globonews.globo.com.
> Acesso em: 31 maio 2012 (adaptado).

A coesão textual é responsável por estabelecer relações entre as partes do texto. Analisando o trecho "Acontecendo de o cientista provocar um dano em um local específico no cérebro", verifica-se que ele estabelece com a oração seguinte uma relação de

a) finalidade, porque os danos causados ao cérebro têm por finalidade provocar a falta de vocalização dos ratos.
b) oposição, visto que o dano causado em um local específico no cérebro é contrário à vocalização dos ratos.
c) condição, pois é preciso que se tenha lesão específica no cérebro para que não haja vocalização dos ratos.
d) consequência, uma vez que o motivo de não haver mais vocalização dos ratos é o dano causado no cérebro.
e) proporção, já que à medida que se lesiona o cérebro não é mais possível que haja vocalização dos ratos.

2. (Insper-SP – Adaptado) Utilize o texto abaixo para responder à questão.

> O amor acaba. Numa esquina, por exemplo, num domingo de lua nova, depois de teatro e silêncio; acaba em cafés engordurados, diferentes dos parques de ouro onde começou a pulsar; [...] na floração excessiva da primavera; no abuso do verão; na dissonância do outono; no conforto do inverno; em todos os lugares o amor acaba; a qualquer hora o amor acaba; por qualquer motivo o amor acaba; para recomeçar em todos os lugares e a qualquer minuto o amor acaba.
>
> (Paulo Mendes Campos, **O amor acaba**.)

No final do texto, a motivação que leva o amor a acabar aparece sob a forma de uma oração reduzida, que é equivalente, na forma expandida, a:

a) **em todos os lugares e a qualquer hora** o amor acaba.
b) **por causa de um motivo qualquer** o amor acaba.
c) **embora sem um motivo qualquer** o amor acaba.
d) **por recomeçar em todos os lugares e a qualquer minuto** o amor acaba.
e) **para que recomece em todos os lugares e a qualquer minuto** o amor acaba.

3. (Unesp – Adaptado) Leia a fábula "O morcego e as doninhas" do escritor grego Esopo (620 a.C.?-564 a.C.?) para responder à questão.

> Um morcego caiu no chão e foi capturado por uma doninha[1]. Como seria morto, rogou à doninha que poupasse sua vida.
> – Não posso soltá-lo – respondeu a doninha –, pois sou, por natureza, inimiga de todos os pássaros.
> – Não sou um pássaro – alegou o morcego.
> – Sou um rato.
> E assim ele conseguiu escapar.
> [...]
>
> (Fábulas, 2013.)

[1] doninha: pequeno mamífero carnívoro, de corpo longo e esguio e de patas curtas (também conhecido como furão).

"**Como seria morto**, rogou à doninha que poupasse sua vida." (1º parágrafo)

Em relação à oração que a sucede, a oração destacada tem sentido de

a) proporção.
b) comparação.
c) consequência.
d) causa.
e) finalidade.

4. (Unesp – Adaptado) A questão toma por base um poema satírico do poeta português João de Deus (1830-1896).

Ossos do ofício

Uma vez uma besta do tesouro,
Uma besta fiscal,
Ia de volta para a capital,
Carregada de cobre, prata e ouro;
E no caminho
Encontra-se com outra carregada
De cevada,
Que ia para o moinho.

Passa-lhe logo adiante
Largo espaço,
Coleando arrogante
E a cada passo
Repicando a choquilha
Que se ouvia distante.

Mas salta uma quadrilha
De ladrões,
Como leões,
E qual mais presto
Se lhe agarra ao cabresto.
Ela reguinga, dá uma sacada
Já cuidando
Que desfazia o bando;
Mas, coitada!
Foi tanta a bordoada,
Ah! que exclamava enfim
A besta oficial:
– Nunca imaginei tal!
Tratada assim
Uma besta real!...
[...]

(Campo de flores, s/d.)

Na terceira estrofe, com relação à oração principal do período de que faz parte, a oração *que exclamava enfim* expressa

a) causa.

b) consequência.

c) finalidade.

d) condição.

e) negação.

5. (FGV-SP)

Jornais impressos são coisas palpáveis, concretas, estão materializados em papel. No papel está seu suporte físico. Do papel, assim como da tinta, podem-se examinar a idade e a autenticidade. Já em televisão, como em toda forma de mídia eletrônica, é cada vez mais difícil encontrar o suporte físico original da informação. A bem da verdade, na era digital, quando já não se tem mais sequer o negativo de uma fotografia, posto que as fotos passaram a ser produzidas em máquinas digitais, praticamente não há mais o suporte físico primeiro, original, do documento que depois será objeto de pesquisa histórica. São tamanhas as possibilidades de alteração da imagem digital que, anos depois, será difícil precisar se aquela imagem que se tem corresponde exatamente à cena que foi de fato fotografada. E não se terá um negativo original para que seja tirada a prova dos nove.

Eugênio Bucci e Maria R. Kehl, *Videologias*: ensaios sobre televisão.
São Paulo: Boitempo, 2004.

Os conectivos sublinhados nos trechos "**posto que** as fotos passaram a ser produzidas em máquinas digitais" e "**que**, anos depois, será difícil precisar", tendo em vista as relações sintático-semânticas estabelecidas no texto, introduzem, respectivamente, orações que exprimem ideia de

a) concessão e explicação.

b) finalidade e conformidade.

c) condição e tempo.

d) modo e conclusão.

e) causa e consequência.

6. (Fatec-SP) Leia o texto para responder à questão.

Viagem sem volta a Marte

Duzentas mil pessoas se candidataram para participar do projeto MarsOne para colonizar o Planeta Vermelho. Representantes de mais de 140 países inscreveram-se para a viagem sem volta, sendo que os Estados Unidos (EUA) lideram em número de candidatos, seguidos por Índia, China, Brasil e Grã-Bretanha.

A equipe do MarsOne garante que a tecnologia disponível já permite viajar para Marte e sobreviver lá. [...]

Embora a equipe demonstre constante otimismo, a missão obviamente contém riscos. Os principais, durante o voo de sete meses, são a exposição à radiação e a microgravidade, prejudiciais ao sistema músculo-esquelético, e o ambiente hostil de Marte. [...]

[...]

<http://tinyurl.com/zp6l8lq> Acesso em: 27.02.2016. Adaptado.

Assinale a alternativa em que o período "Embora a equipe demonstre constante otimismo, a missão obviamente contém riscos." está gramaticalmente correto e sem alteração do sentido original do texto.

a) Como a equipe demonstrara constante otimismo, a missão obviamente apresentaria riscos.

b) Caso a equipe demonstrasse constante otimismo, a missão obviamente apresentará riscos.

c) Apesar de a equipe demonstrar constante otimismo, a missão obviamente apresenta riscos.

d) Mesmo que a equipe demonstre constante otimismo, a missão obviamente apresentou riscos.

e) No caso de a equipe demonstrar constante otimismo, a missão obviamente apresentará riscos.

CAPÍTULO 24

ORAÇÕES COORDENADAS

OBJETIVOS DE APRENDIZAGEM

- Identificar o período composto por coordenação e alguns dos contextos em que é empregado.
- Distinguir orações coordenadas assindéticas e sindéticas.
- Reconhecer os diversos tipos de oração coordenada sindética e o papel de cada um na construção dos enunciados.

ENEM
C1: H1
C6: H18
C7: H21, H24

Observação

Examinaremos neste capítulo orações que se relacionam de uma forma diferente da que você estudou até agora. Elas são independentes sintaticamente, mas, ainda assim, mantêm um vínculo lógico importante para a construção dos sentidos no texto.

Para começar a estudar esse tipo de oração, leia a tira e responda às perguntas.

MALVADOS   ANDRÉ DAHMER

Saiba mais

Durante muito tempo se acreditou que as pirâmides egípcias tivessem sido construídas por escravos, como mencionado na tira, mas descobertas arqueológicas recentes vêm contestando essa ideia. Em El Giza, foram encontradas tumbas destinadas aos construtores das Grandes Pirâmides e, como elas estavam ao lado da pirâmide do rei, arqueólogos acreditam que os mortos tinham prestígio social. É mais provável, então, que fossem trabalhadores livres em vez de escravos.

Análise

1. A tira critica, com bom humor, certo aspecto das redes sociais existentes hoje na internet. Qual é esse aspecto? Explique.

378 Gramática: uma reflexão sobre a língua

2. O texto verbal da tira contém dois períodos, um no primeiro quadrinho e outro que começa no segundo quadrinho e termina no último.

a) Identifique as orações que compõem cada período.

b) Se eliminássemos uma das orações no primeiro quadrinho, o período ainda faria sentido? Com base em tudo que você já estudou sobre períodos compostos, explique por quê.

c) E no outro período: as orações dependem uma da outra para fazer sentido? Uma delas "faz parte" da outra? Explique.

Período composto por coordenação

Dedicamos os capítulos anteriores ao *período composto por subordinação* – aquele em que as orações mantêm dependência sintática: uma completa o sentido da outra, funcionando como um de seus termos. Na primeira fala da tira, temos um exemplo desse tipo de período, pois, como você observou, a oração principal "Imagine" pede um complemento (objeto direto), representado pela oração subordinada "se a internet existisse na época dos faraós". Ou seja, o sentido aproximado do período é *Imagine a existência da internet na época dos faraós*.

No segundo período da tira, porém, você observou que as orações são independentes, isto é, nenhuma delas exerce função sintática em relação à outra. Esse tipo de período chama-se **período composto por coordenação**, e as orações que o formam recebem o nome de **orações coordenadas**. Veja:

período composto por coordenação

"Todos os escravos teriam Facebook e as pirâmides nunca ficariam prontas."
  oração coordenada   oração coordenada

As orações coordenadas mantêm uma relação de sentido entre si – nesse caso, uma relação de acréscimo marcada pela conjunção *e* –, mas são autônomas. Uma evidência disso é que não é possível transformar uma delas em termo da outra oração, como se pode fazer no caso das subordinadas ("Imagine a *existência*...").

> **Período composto por coordenação** é aquele em que as orações – denominadas **orações coordenadas** – são sintaticamente independentes.

Período composto por coordenação e subordinação

É muito comum que as duas formas de construção dos períodos compostos, a coordenação e a subordinação, apareçam juntas. Nesse caso, temos um **período composto por coordenação e subordinação**. Por exemplo:

Sei que as redes sociais consomem muito tempo e isso às vezes me preocupa.
oração   oração subordinada   oração coordenada
principal

Imagine se a internet existisse na época dos faraós e todos tivessem Facebook.
oração principal   orações coordenadas entre si e, ao mesmo tempo, subordinadas à oração principal

No período composto por coordenação, a relação de sentido entre as orações pode ou não ser explicitada por uma conjunção. Esse fato nos permite classificar as orações coordenadas em dois grandes grupos que examinaremos a seguir: as assindéticas e as sindéticas.

Capítulo 24 • Orações coordenadas

Orações coordenadas assindéticas

Pense e responda

O anúncio abaixo divulga os *blogs* relacionados a determinada revista. Leia-o e responda às perguntas.

Blogs da Piauí. Aqui, tudo se cria, nada se copia.

1. Considerando as informações do boxe "Saiba mais", explique com que objetivo o anúncio se refere à famosa frase de Chacrinha.
   - Explique como a linguagem visual do anúncio contribui para o alcance desse objetivo.

2. Reescreva o período que aparece no texto principal, inserindo uma conjunção entre as duas orações que o compõem. Mantenha um sentido próximo do original. Se necessário, altere a pontuação.
   - Levante uma hipótese para explicar por que o anúncio não utiliza conjunção entre as orações.

Como você percebeu, o texto principal desse anúncio contém um período formado por duas orações independentes, sem qualquer conjunção ou outro conectivo que as relacione. Orações combinadas dessa forma são classificadas como **orações coordenadas assindéticas** ou **justapostas**. Veja:

Aqui, tudo se cria, nada se copia.
oração coordenada assindética · oração coordenada assindética

A denominação dessas orações vem de uma palavra já mencionada no Capítulo 7: *síndeto*, que significa "presença de conjunção coordenativa". Como o prefixo *a-* exprime negação, a oração é *assindética* porque não existe conjunção.

Embora não haja um conectivo que explicite a relação de sentido entre as coordenadas assindéticas, o interlocutor consegue determinar seu vínculo lógico. Veja exemplos das relações de sentido que elas podem manter:
- simultaneidade ou coexistência: *O novo funcionário é muito experiente, fala vários idiomas, trabalha bem em equipe.*
- sequência cronológica: *Aproximei-me da porta, girei a maçaneta, entrei silenciosamente.*
- contraste: *Não sou arrogante; apenas tenho ciência de minhas qualidades.*
- causa-efeito: *Fique tranquilo, já resolveremos seu problema.*

Saiba mais

Chacrinha, em seu programa, no início da década de 1970.

O texto principal do anúncio faz referência a uma frase atribuída ao comunicador de rádio e TV Abelardo Barbosa, o Chacrinha (1917- -1988): "Na televisão, nada se cria, tudo se copia". A frase de Chacrinha, por sua vez, aludia a um princípio enunciado pelo químico Antoine Laurent de Lavoisier (1743- -1794): "Na natureza nada se cria, nada se perde, tudo se transforma".

O bordão de que "nada se cria, tudo se copia" é repetido por várias pessoas não apenas em relação à televisão, mas também ao jornalismo, à propaganda, à literatura, ao cinema, enfim, a todas as formas de criação cultural ou intelectual.

Oração coordenada assindética ou **justaposta** é uma oração independente sintaticamente, introduzida sem qualquer conjunção ou outro conectivo.

Assíndeto

Conforme estudamos no Capítulo 7, a ausência de conjunções entre as orações pode constituir uma figura de linguagem denominada **assíndeto**. De fato, é comum que uma sequência de coordenadas assindéticas seja utilizada para criar um efeito de dinamismo ou de grande volume de informações em um enunciado. Leia, por exemplo, esta tira de Snoopy:

MINDUIM   CHARLES M. SCHULZ

Ao saber que, na natureza, os animais se alimentam comendo uns aos outros, Snoopy reage com espanto e desagrado, o que provoca o humor na tira. No segundo quadrinho, as orações coordenadas assindéticas ("Peixes comem insetos, pássaros comem peixes, gatos comem pássaros...") ajudam a explicar a reação de Snoopy, pois dão a ideia de que o programa de TV está apresentando muitas informações sobre a cadeia alimentar dos animais.

Orações intercaladas

Leia o trecho de uma reportagem em que se fala sobre Fernando de Noronha, arquipélago pertencente ao estado de Pernambuco. Preste atenção à oração destacada:

> Se, acima da linha do horizonte, Noronha é linda, debaixo d'água é – *perdoem o trocadilho* – de tirar o fôlego. O fundo do mar reúne esculturas de rocha impactantes e milhares de peixes de diversas cores [...].
>
> MONTEIRO, Bettina. Dez destinos do Brasil para curtir o verão com a molecada. *Veja*. São Paulo: Abril, 1º jun. 2017. Disponível em: <http://mod.lk/tseaq>. Acesso em: 8 jun. 2017. (Fragmento).

A oração destacada ("perdoem o trocadilho") é um tipo de oração justaposta denominada **oração intercalada**. As orações intercaladas representam uma pequena pausa no desenvolvimento do raciocínio, a qual o enunciador utiliza para indicar o autor da frase (no caso de citações), dar uma opinião, fazer um comentário sobre sua própria maneira de conduzir o texto, etc. Essa última possibilidade é a que ocorre no fragmento lido. Como você viu, o enunciador faz uma pausa para pedir perdão aos leitores pelo trocadilho que fará em seguida, ao dizer que as belezas subaquáticas de Noronha são "de tirar o fôlego" – obviamente, uma referência bem-humorada ao fato de que o turista terá de mergulhar para conhecê-las.

Na fala, as orações intercaladas são marcadas por uma pausa característica e, na escrita, normalmente são isoladas por vírgulas, travessões ou parênteses. Veja mais alguns exemplos desse tipo de oração:

Como vocês estão? – *perguntou a professora*. – Parecem um pouco ansiosos...

Minha infância na fazenda (*já lhe contei isso*) era feliz e movimentada, mas também cheia de responsabilidades.

Carolina tirou a nota máxima na prova e, *diga-se de passagem*, isso não surpreendeu a ninguém.

Orações coordenadas sindéticas

Leia a tira.

MONTANARO, João. Disponível em: <https://raviere.wordpress.com/2012/08/page/2/>. Acesso em: 8 jun. 2017.

Para reforçar a ideia de que o super-herói tem uma grande quantidade de habilidades incríveis – mas que, humoristicamente, são insuficientes para a vaga de emprego –, foram empregadas várias orações coordenadas. Quase todas são simplesmente justapostas, sem conectivos (assindéticas), exceto a última, que é introduzida por uma conjunção ("e tenho..."). O mesmo ocorre com a segunda oração na fala do entrevistador ("*mas* tem..."). Essas orações recebem o nome de **orações coordenadas sindéticas** (porque há síndeto), e as conjunções que as introduzem chamam-se **conjunções coordenativas**. Veja:

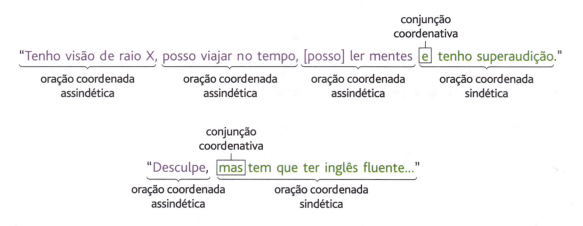

Oração coordenada sindética é uma oração independente sintaticamente introduzida por uma **conjunção coordenativa**.

382 Gramática: uma reflexão sobre a língua

Classificação das orações coordenadas sindéticas

Conforme estudamos no Capítulo 16, as conjunções coordenativas são classificadas segundo a relação de sentido que estabelecem, podendo ser *aditivas*, *adversativas*, *alternativas*, *conclusivas* ou *explicativas*. Essa classificação estende-se às orações coordenadas que elas introduzem, como veremos nos tópicos a seguir.

Oração coordenada sindética aditiva

Leia este anúncio publicitário.

Secretaria Municipal de Trânsito e Transportes. Prefeitura de São Luís. Disponível em: <http://mod.lk/robmi>. Acesso em: 8 jun. 2017.

O anúncio visa persuadir os motoristas a não usar o celular enquanto dirigem. Para tanto, menciona duas ações que, como deduzimos, são atribuídas a uma possível vítima de acidente: atender o celular, desligar a vida. A oração que expressa a segunda dessas ações ("desligou a vida") representa um acréscimo ou adição em relação à primeira; junta-se a ela, portanto, por meio de uma conjunção aditiva e é, consequentemente, considerada uma **oração coordenada sindética aditiva**. Observe:

conjunção aditiva

"Atendeu o celular [e] desligou a vida."

oração coordenada assindética / oração coordenada sindética aditiva

As conjunções aditivas mais usuais são *e* e *nem* – essa última com sentido negativo: *Durante o fim de semana, não fiz meus deveres **nem** me diverti.*

Quando o enunciador pretende dar maior ênfase a cada um dos elementos enumerados, utiliza uma **série aditiva enfática**, formada por expressões como *não só* (*não apenas*)... *mas também* (*como também*) e similares. Observe:

[Não só] aprendi a jogar beisebol, [como também] me tornei a capitã do time.
└──── série aditiva enfática ────┘

> **Oração coordenada sindética aditiva** é aquela que estabelece uma ideia de acréscimo ou adição em relação à oração anterior.

Oração coordenada sindética alternativa

A oração coordenada também pode expressar um fato que se alterna ou se exclui em relação ao de outra oração. É o que ocorre na manchete a seguir:

> **Presente do Dia dos Namorados não serviu *ou não agradou*?**
> **Veja seus direitos na troca**

BARBOSA, Talita. *Jornal do Commercio*. Recife, 12 jun. 2017. Disponível em: <http://mod.lk/s4pt0>. Acesso em: 19 jun. 2017.

O fato de o presente não ter agradado representa uma *alternativa* ao fato de ele não ter servido. A oração que expressa esse tipo de relação é considerada, portanto, uma **oração coordenada sindética alternativa**. Veja:

"Presente do Dia dos Namorados não serviu [ou] não agradou?"
- oração coordenada assindética
- conjunção alternativa
- oração coordenada sindética alternativa

A conjunção alternativa típica é *ou*. Ela pode aparecer introduzindo somente a última oração, como na manchete, ou repetida em todas as coordenadas: *Este é o momento em que **ou** vencemos a batalha, **ou** desistimos de uma vez por todas*.

As outras conjunções alternativas ocorrem sempre repetidas: *quer... quer, seja... seja, ora... ora*. Veja estes exemplos:

Quer o síndico concorde, quer discorde, vamos replantar as árvores na entrada do prédio.
Não conseguia fazer a lição: ora alguém o interrompia, ora se distraía sozinho.

> **Oração coordenada sindética alternativa** é aquela que exprime um conteúdo que se alterna ou se exclui em relação ao conteúdo de outra oração.

Oração coordenada sindética adversativa

A tirinha a seguir debocha de um comportamento comum na sociedade atual. Observe:

FRANK & ERNEST — BOB THAVES

ELE NÃO COSPE FOGO PESSOALMENTE, MAS SOLTA A BRASA NOS COMENTÁRIOS DA INTERNET.

Assim como o dragão da tira, há pessoas que, ao fazer comentários na internet, assumem postura bem mais crítica e agressiva do que teriam pessoalmente. Para relacionar as duas orações que, metaforicamente, representam essas atitudes contrastantes (*não cuspir fogo pessoalmente* x *soltar a brasa nos comentários*), o personagem usa a conjunção adversativa *mas*. A oração introduzida por essa conjunção se classifica como **oração coordenada sindética adversativa**. Veja:

"Ele não cospe fogo pessoalmente, **mas** solta a brasa nos comentários da internet."

oração coordenada assindética — conjunção adversativa — oração coordenada sindética adversativa

Além da conjunção *mas*, também são adversativas *porém*, *todavia*, *contudo*, *no entanto*, *entretanto*, etc. Dessas conjunções, a única que aparece necessariamente no início da oração é *mas*. As outras adversativas, por sua vez, podem aparecer no início da oração ou deslocadas:

*Bruno era herdeiro de uma grande fortuna, **contudo** levava uma vida simples e despojada.* Ou: *Bruno era herdeiro de uma grande fortuna; levava, **contudo**, uma vida simples e despojada.*

*A família tentou manter as aparências, **porém** os vizinhos acabaram descobrindo seu segredo.* Ou: *A família tentou manter as aparências; os vizinhos acabaram, **porém**, descobrindo seu segredo.*

> **Oração coordenada sindética adversativa** é aquela que expressa uma ideia oposta à de outra oração.

Conjunção e com valor adversativo

Em certos contextos, a conjunção aditiva *e* pode assumir valor adversativo. Veja um exemplo neste cartum:

CACO GALHARDO

Em vez de um acréscimo, existe um *contraste* entre as ideias expressas pela mulher, tanto que seria possível relacioná-las pela conjunção *mas*. Veja: *Você está há um ano trancado pra escrever um romance, **mas** não passou da terceira página!*

Oração coordenada sindética conclusiva

Há um tipo de oração coordenada que representa uma *conclusão* do pensamento exposto anteriormente. Veja um exemplo no parágrafo a seguir, extraído do romance *Ventania*, de Alcione Araújo (1945-2012). Nesse trecho, o narrador-personagem tenta se aproximar da bibliotecária Lorena, por quem é apaixonado. Leia:

> [...] na primeira vez que li *Bovary*, quando fui devolver o livro puxei conversa com Lorena pra que falasse da história. Com delicadeza, ela tentou escapar, repetindo que não é necessário haver coincidência de opiniões, o interessante é ter percepções diferentes e, se houver conversa, não é pra se chegar a um acordo. Somos diferentes, ela disse, olhamos o mundo de modos diferentes, sentimos a vida de jeitos diferentes, *logo*, temos dos livros visões diferentes.
>
> ARAÚJO, Alcione. *Ventania*. Rio de Janeiro: Record, 2011. (Fragmento).

Glossário
Bovary: referência a *Madame Bovary*, romance do francês Gustave Flaubert (1821-1880). Publicado em 1857, é considerado uma das primeiras obras da literatura realista.

A oração destacada representa uma *conclusão* lógica das anteriores: levando em conta que somos diferentes, olhamos o mundo e sentimos a vida de modos diferentes, concluímos que, naturalmente, teremos visões diferentes dos livros. A oração que expressa esse tipo de relação se classifica como uma **oração coordenada sindética conclusiva**. Veja:

"Somos diferentes, [...], olhamos o mundo de modos diferentes, sentimos a vida de jeitos diferentes, logo, temos dos livros visões diferentes."

- oração coordenada assindética
- oração coordenada assindética
- oração coordenada assindética
- conjunção conclusiva
- oração coordenada sindética conclusiva

As principais conjunções e locuções conjuntivas conclusivas são *logo, portanto, pois, por isso, assim, então*. Veja outros exemplos de oração coordenada sindética conclusiva:

*Esse assunto é confidencial, **portanto** seja discreto.*

*O suposto detetive não apresentou nenhum documento – **logo**, como poderíamos ter certeza de sua identidade?*

*O sal eleva a pressão sanguínea, **por isso** deve ser usado com moderação.*

Assim como algumas das adversativas, conjunções conclusivas podem aparecer deslocadas, em meio à oração. Veja um exemplo:

*Não estava acostumado a falar em público; não sabia, **portanto**, como se comportar diante daquela imensa plateia.*

A conjunção conclusiva *pois* sempre aparece nessa posição deslocada. De fato, conforme comentamos no Capítulo 16, essa conjunção só adquire sentido conclusivo quando vem entre vírgulas, após o verbo da oração. No exemplo anterior, seria possível usar *pois* no lugar de *portanto*, já que o sentido é o mesmo: *Não estava acostumado a falar em público; não sabia, **pois**, como se comportar diante daquela imensa plateia.*

> **Oração coordenada sindética conclusiva** é aquela que representa uma conclusão lógica do conteúdo expresso em outra oração.

Oração coordenada sindética explicativa

Leia esta tira.

O MELHOR DE CALVIN   BILL WATTERSON

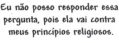

Um dos fatores para o humor da tira é a explicação inusitada que Calvin apresenta para não resolver a conta matemática. Essa explicação é introduzida pela conjunção explicativa *pois*, e a oração que a expressa se denomina **oração coordenada sindética explicativa**. Veja:

conjunção explicativa

"Eu não posso responder essa pergunta, **pois** ela vai contra meus princípios religiosos."
   oração coordenada assindética   oração coordenada sindética explicativa

As conjunções explicativas mais comuns são *pois*, *porque* e *que*. Veja outros exemplos:

Preste atenção, **porque** eu não vou repetir outra vez.

Preparem-se, **que** em poucos minutos vamos partir.

Na atualidade, o uso de *pois* como conjunção explicativa é o mais comum. Note que, nesse caso, a conjunção aparece antes do verbo e não há vírgula depois dela.

> **Oração coordenada sindética explicativa** é aquela que apresenta uma explicação para o fato da oração que a antecede.

> **Audiovisual**
> Orações coordenadas

Coordenação interfrástica

Devido à independência das orações coordenadas, é comum ocorrer uma **coordenação interfrástica**, isto é, uma coordenação entre orações que aparecem em frases diferentes. Veja um exemplo disso no texto abaixo, que explica como surgiu o aplauso.

> Ninguém sabe ao certo. De acordo com uma das teorias mais bizarras, ele teria surgido entre os homens das cavernas como forma de comemorar caçadas bem-sucedidas. A princípio, nossos antepassados celebrariam o banquete dando cabeçadas uns nos outros, até que, finalmente, algum sujeito cansado dos galos na cabeça sugeriu a troca da dolorosa celebração. *A versão mais plausível,* **contudo,** *aponta que o surgimento do aplauso, ocorrido há cerca de 3 mil anos, teria conotação religiosa*: seria o instrumento usado por membros de tribos pagãs para chamar a atenção dos deuses nos rituais. [...]
>
> VASCONCELOS, Yuri. *Mundo estranho*. São Paulo: Abril, 19 ago. 2016. Disponível em: <http://mod.lk/bmsgt>. Acesso em: 19 jun. 2017. (Fragmento).

A conjunção *contudo* estabelece um contraste não apenas com a oração imediatamente anterior ("algum sujeito cansado [...]"), mas com as frases anteriores como um todo. Ou seja, a existência de uma versão mais plausível opõe-se à teoria "bizarra" exposta nas primeiras frases do texto.

Observe que a coordenação entre frases é importante para a **coesão**: ao recuperar ideias de outra parte do texto e estabelecer com elas certa relação lógica, ela ajuda a manter e desenvolver a linha de raciocínio.

> ***Porque*: explicativa e causal**
>
> Você acabou de ver um exemplo em que a conjunção *porque* introduz uma oração coordenada explicativa (*Preste atenção,* **porque** *eu não vou repetir*). Talvez você tenha se lembrado de que essa conjunção também pode introduzir orações subordinadas causais (*Faltei à aula* **porque** *fiquei resfriado*). Veja a diferença entre esses dois usos:
>
> • *Venha jantar,* **porque** *já está tarde.* → Nesse caso, a conjunção é **explicativa**, porque o fato de estar tarde é uma *explicação* para a ordem dada.
>
> • *Você perdeu o jantar* **porque** *não veio a tempo.* → Nesse caso, a conjunção é **causal**, porque o fato de a pessoa não ter chegado a tempo é a *causa* de ela ter perdido o jantar.

ATIVIDADES

▸ Leia a tira e responda às perguntas 1 e 2.

1. Na fala da mãe de Armandinho, o emprego da locução conjuntiva *por isso* estabelece uma relação de sentido entre duas orações. Qual é essa relação de sentido?
   a) adição
   b) oposição
   c) explicação
   d) conclusão

2. Entendendo essa relação, Armandinho apresenta um questionamento no último quadrinho. Aponte se o menino concorda ou não com sua mãe, explique o posicionamento dele e como esses elementos ajudam a produzir o humor da tira.

▸ Leia o anúncio e responda às perguntas de 3 a 6.

3. Que tipo de serviço é divulgado no anúncio?

4. O anúncio alia linguagem verbal e visual para ressaltar, ao consumidor, certas características do serviço oferecido. De acordo com o *slogan* ("Mandou, chegou."), quais seriam essas características? Escolha todas as opções possíveis.
   a) agilidade
   b) preço baixo
   c) garantia de entrega
   d) musicalidade
   e) diversidade cultural

5. Essas características são reforçadas pela linguagem visual do anúncio, ajudando a promover o serviço. Explique como isso ocorre.

6. As orações que compõem esse *slogan* e, também, as que compõem o texto principal do anúncio ("Comprou pela internet, Sedex entrega.") têm a mesma classificação. Qual é ela?
- Explique como a escolha desse tipo de oração ajuda o anunciante a desenvolver a estratégia argumentativa que você analisou na questão 3.

Leia o fragmento inicial de uma crônica e responda às questões de 7 a 10.

Segurança

1   O ponto de venda mais forte do condomínio era a sua segurança. Havia as belas casas, os jardins, os *playgrounds,* as piscinas, mas havia, acima de tudo, segurança.

   Toda a área era cercada por um muro alto. Havia um portão principal com muitos guardas que controlavam tudo por um circuito fechado de TV. Só entravam no
5 condomínio os proprietários e visitantes devidamente identificados e crachados.

   Mas os assaltos começaram assim mesmo. Ladrões pulavam os muros e assaltavam as casas.

   Os condôminos decidiram colocar torres com guardas ao longo do muro alto. Nos quatro lados. As inspeções tornaram-se mais rigorosas no portão de entrada.
10 Agora não só os visitantes eram obrigados a usar crachá. Os proprietários e seus familiares também. Não passava ninguém pelo portão sem se identificar para a guarda. Nem as babás. Nem os bebês.

   Mas os assaltos continuaram. Decidiram eletrificar os muros. Houve protestos, mas no fim todos concordaram. O mais importante era a segurança. [...]
15 Mas os assaltos continuaram.
   [...]

VERISSIMO, Luis Fernando. *Comédias para se ler na escola*.
Rio de Janeiro: Objetiva, 2001. p. 97. (Fragmento). © by Luis Fernando Verissimo.

Material complementar
Texto integral

7. Na linha 2, a oração adversativa não sinaliza propriamente um contraste, e sim:
 a) a conclusão lógica de um pensamento iniciado na frase anterior.
 b) uma afirmação que será contrariada no parágrafo seguinte.
 c) a introdução de um argumento mais forte que os anteriores.
 d) a explicação para a existência de um condomínio tão atraente.

8. Releia: "Agora não só os visitantes eram obrigados a usar crachá. Os proprietários e seus familiares também".
 a) Indique a relação de sentido entre essas frases (contraste, conclusão, adição, etc.) e quais conectivos são responsáveis por estabelecê-la.
 b) Reescreva esse trecho formando um único período composto por coordenação.
 c) Explique que efeito provoca, no original, a separação dos elementos em duas frases.
 d) Identifique outra passagem do texto em que o mesmo recurso é utilizado.

9. A crônica vale-se de uma gradação, ou seja, as ideias são apresentadas de forma cada vez mais intensa. Explique como isso ocorre.
- Certo tipo de oração coordenada repete-se ao longo do texto. Qual é o tipo de oração? Explique como seu emprego ajuda a construir a ideia de gradação comentada no item anterior.

10. Essa crônica fala de muros e isolamento. Considerando as ideias expostas nesse fragmento inicial, em sua opinião o texto parece expressar uma opinião crítica ou favorável à atitude dos moradores do condomínio? Justifique sua resposta.

ENEM E VESTIBULARES

1. (Enem)

Disponível em: http://clubedamafalda.blogspot.com.br.
Acesso em: 21 set. 2011.

Nessa charge, o recurso morfossintático que colabora para o efeito de humor está indicado pelo(a)

a) emprego de uma oração adversativa, que orienta a quebra da expectativa ao final.

b) uso de conjunção aditiva, que cria uma relação de causa e efeito entre as ações.

c) retomada do substantivo "mãe", que desfaz a ambiguidade dos sentidos a ele atribuídos.

d) utilização da forma pronominal "la", que reflete um tratamento formal do filho em relação à "mãe".

e) repetição da forma verbal "é", que reforça a relação de adição existente entre as orações.

2. (Unifesp – Adaptado)

[...] Um poeta dizia que o menino é o pai do homem. Se isto é verdade, vejamos alguns lineamentos do menino.

Desde os cinco anos merecera eu a alcunha de "menino diabo"; e verdadeiramente não era outra coisa; fui dos mais malignos do meu tempo, arguto, indiscreto, traquinas e voluntarioso. Por exemplo, um dia quebrei a cabeça de uma escrava, porque me negara uma colher do doce de coco que estava fazendo, e, não contente com o malefício, deitei um punhado de cinza ao tacho, e, não satisfeito da travessura, fui dizer à minha mãe que a escrava é que estragara o doce "por pirraça"; e eu tinha apenas seis anos.

[...]

(Machado de Assis. *Memórias póstumas de Brás Cubas*.)

Para reforçar a caracterização do "menino diabo" atribuída ao narrador, é utilizado principalmente o seguinte recurso estilístico:

a) amplo uso de metáforas que se reportam aos comportamentos negativos do menino.

b) seleção lexical que emprega muitos vocábulos raros à época, particularmente os adjetivos.

c) recurso frequente ao discurso direto para exemplificar as traquinagens do garoto.

d) utilização recorrente de orações coordenadas sindéticas aditivas.

e) emprego significativo de orações subordinadas adjetivas restritivas.

3. (Fuvest-SP – Adaptado) Leia este texto.

> O tempo personalizou minha forma de falar com Deus, mas sempre termino a conversa com um pai-nosso e uma ave-maria.
>
> [...]
>
> Metade da ave-maria é uma saudação floreada para, só no final, pedir que ela rogue por nós. No pai-nosso, sempre será um mistério para mim o "mas" do "não nos deixeis cair em tentação, mas livrai-nos do mal". Me parece que, a princípio, se o Pai não nos deixa cair em tentação, já estará nos livrando do mal.
>
> Denise Fraga, www1.folha.uolcom br, 07/07/2015. Adaptado.

- Mantendo-se a relação de sentido existente entre os segmentos "não nos deixeis cair em tentação" / "mas livrai-nos do mal", a conjunção "mas" poderia ser substituída pela conjunção *e*, de modo a dissipar o "mistério" a que se refere a autora? Justifique.

4. (FGV-SP – Adaptado)

Leia os textos para responder à questão.

> Não sei, pois, a quantas edições do programa eu assisti, mas acredito que uma única experiência já teria sido o bastante, porque a mensagem era clara para as crianças da minha geração.
>
> (IstoÉ, 14.07.2010. Adaptado.)

> Dedos frios e trêmulos tocaram-no, prenderam seu braço. Não se voltou, pois sabia a quem pertenciam. Num segundo, recordou os finos cabelos de Aline à brisa da noite, a alegria sufocada, culposa, a ânsia de fugir, o desejo de voltar, seu belo rosto ardente, as mãos frias...
>
> (Osman Lins, Os gestos.)

a) O sentido expresso pela conjunção *pois*, nas ocorrências verificadas nos dois textos, não é o mesmo. Explicite a diferença entre ambas.

b) Comente o papel da pontuação, na caracterização desse termo, nas duas passagens.

5. (Enem)

> Os filhos de Ana eram bons, uma coisa verdadeira e sumarenta. Cresciam, tomavam banho, exigiam para si, malcriados, instantes cada vez mais completos. A cozinha era enfim espaçosa, o fogão enguiçado dava estouros. O calor era forte no apartamento que estavam aos poucos pagando. Mas o vento batendo nas cortinas que ela mesma cortara lembrava-lhe que se quisesse podia parar e enxugar a testa, olhando o calmo horizonte. Como um lavrador. Ela plantara as sementes que tinha na mão, não outras, mas essas apenas.
>
> LISPECTOR, C. Laços de família.
> Rio de Janeiro: Rocco, 1998.

A autora emprega por duas vezes o conectivo *mas* no fragmento apresentado. Observando aspectos da organização, estruturação e funcionalidade dos elementos que articulam o texto, o conectivo *mas*

a) expressa o mesmo conteúdo nas duas situações em que aparece no texto.

b) quebra a fluidez do texto e prejudica a compreensão, se usado no início da frase.

c) ocupa posição fixa, sendo inadequado seu uso na abertura da frase.

d) contém uma ideia de sequência temporal que direciona a conclusão do leitor.

e) assume funções discursivas distintas nos dois contextos de uso.

A língua em contexto

Período composto na organização do texto

A seguir, você lerá alguns fragmentos de um *artigo de opinião* – gênero textual em que o enunciador expõe uma tese (ponto de vista) sobre um tema da atualidade e a defende com argumentos. O autor do artigo é o psiquiatra Daniel Martins de Barros, que mantém o *blog* Psiquiatria e Sociedade em um jornal paulista. Nesse texto, Barros fala sobre um filme que o fez refletir: a animação *Divertida Mente*, dirigida pelo estadunidense Peter Docter, em 2015.

Além de examinar como o autor do artigo expõe seu ponto de vista, observe o papel que os diferentes tipos de oração, subordinadas e coordenadas, desempenham na articulação das ideias. Guie-se pelo código de cores.

- oração subordinada substantiva
- oração subordinada adjetiva
- oração subordinada adverbial
- oração coordenada

Deixe seu filho ficar triste

Divertida Mente é o melhor filme já produzido pela Pixar. Pode não vir a ser o preferido da audiência e dos críticos, nem seu mais estrondoso sucesso. Mas o melhor **na medida em que** cumpre com maestria inigualável a missão do estúdio, de contar boas histórias que sejam, a um tempo, inovadoras e emocionantes. [...] — causa

A história se passa na mente da pré-adolescente Riley, onde Alegria – narradora do filme – trabalha **para** manter a menina sempre feliz. É ela que apresenta seus colegas de trabalho. O Medo a protege dos muitos perigos do mundo. A Nojinho previne que seja envenenada ("tanto física como socialmente"). Raiva garante que a menina não sofra injustiças. E há também a Tristeza, que ninguém sabe muito bem **para que** serve. — finalidade / finalidade

[...]

O filme impressiona pelo grau de precisão com que os elementos psíquicos são apresentados. De fato, existem emoções básicas, chamadas de emoções primárias, tão instintivas **que** independem de palavras ou pensamentos. Ocorrem **antes mesmo que** tenhamos consciência do que estamos sentindo. Os cientistas ainda discutem quantas e quais são elas, mas o time na cabeça de Riley as representa muito bem. [...] — consequência / tempo

Os conflitos de Riley só serão finalmente resolvidos **quando** Alegria aprender a trabalhar em conjunto com a Tristeza. Sempre empolgada e falante, a primeira não é capaz de ouvir, tem dificuldade em ser empática **e** se colocar no lugar dos outros. Isso ficará ao encargo da melancólica colega. A cena em que ambas pilotam a mesa de controle em parceria mostra o que as neurociências demoraram para descobrir: Alegria e Tristeza não são opostos, **mas** podem ocorrer ao mesmo tempo, na mesma situação, cada uma emprestando um pouco de suas cores ao momento. — tempo / adição / contraste

Essa talvez seja a grande mensagem do filme. Não adianta fugir da tristeza. **Quando** a abafamos, a tarefa que cabia a ela fazer termina sendo assumida pela raiva, pelo medo, o que pode ser bem pior. **Mas quando** nos permitimos chorar – e **quando** não tentamos inutilmente privar nossos filhos das lágrimas – as emoções podem finalmente entrar em sintonia. — tempo / contraste / tempo

BARROS, Daniel Martins de. Deixe seu filho ficar triste. *E+*, 17 jun. 2015. Disponível em: <http://mod.lk/l3vqz>. Acesso em: 9 jun. 2017. (Fragmento).

Desde o título, fica claro que o artigo se dirige principalmente a pais ("Deixe seu filho ficar triste"). Ao longo da leitura, entendemos que o autor pretende persuadir os adultos de que não é boa ideia tentar impedir que crianças e jovens sintam a tristeza, pois essa emoção também é importante para a harmonia dos sentimentos e a construção da personalidade, como demonstra a animação *Divertida Mente*.

Em relação à organização do texto, notamos que todos os tipos de período composto dão sua contribuição para a coesão e a coerência, mas cada um à sua maneira. As orações subordinadas substantivas mostram o que os personagens fazem: "A Nojinho previne *que seja envenenada*", "Raiva garante *que a menina não sofra injustiças*". As orações subordinadas adjetivas, por sua vez, são indispensáveis para as descrições e definições: "boas histórias *que sejam, a um tempo, inovadoras e emocionantes*", "a tarefa *que cabia a ela fazer*".

Nos trechos mais propriamente argumentativos, as subordinadas adverbiais são as mais utilizadas, pois permitem estabelecer relações lógicas entre as ideias. Elas são empregadas, por exemplo, para justificar por que o autor considera essa animação o melhor filme da Pixar ("o melhor *na medida em que cumpre com maestria inigualável a missão do estúdio*"). E, no último parágrafo, as adverbiais temporais são fundamentais para que o autor conclua seu raciocínio, ao indicar os diferentes caminhos que podemos seguir para lidar com a tristeza, relacionando-os às consequências que trazem: "*Quando a abafamos*, a tarefa [...] termina sendo assumida pela raiva, pelo medo"; "*quando nos permitimos chorar* [...] as emoções podem finalmente entrar em sintonia".

Por fim, as coordenadas assindéticas e aditivas cumprem um importante papel na enumeração de itens ("*a primeira não é capaz de ouvir, tem dificuldade* [em ser empática] *e se colocar no lugar dos outros*") e no estabelecimento de contraste entre as ideias ("Alegria e Tristeza não são opostos, *mas podem ocorrer ao mesmo tempo*").

Na prática

Você também vai escrever um artigo de opinião com base em um filme do qual tenha gostado e que o tenha feito refletir. Defina seu ponto de vista (sua tese) sobre a temática abordada e selecione argumentos para sustentá-la. Esses argumentos podem ser fornecidos pelo próprio filme; por exemplo, as falas dos personagens, as transformações por que passam e o que elas nos mostram, etc.

Ao compor seu texto, siga uma organização semelhante à de Daniel Barros:

- na introdução, justifique por que escolheu esse filme, indicando suas qualidades;
- em seguida, faça uma breve sinopse do enredo e apresente os personagens;
- depois, exponha o ponto de vista a que chegou após ver o filme e apresente argumentos para sustentá-lo;
- na conclusão, explique qual é, em sua opinião, a mensagem do filme e quais ensinamentos ele deixa ao espectador.

Cena de *Divertida Mente*. Na "sala de controle" do cérebro da menina Riley, reúnem-se suas emoções: Raiva, Nojinho, Alegria, Medo e Tristeza.

Quando terminar seu esboço, troque-o com um colega e peça que ele opine sobre a clareza e a organização do texto. Após considerar as observações do colega, passe o artigo a limpo.

Para finalizar, localize e marque em seu texto, com cores diferentes, pelo menos um exemplo de cada tipo de oração estudado nesta unidade: subordinada substantiva, subordinada adjetiva, subordinada adverbial e coordenada. Depois, comente com o professor e os colegas: foi fácil fazer essa identificação? Os usos que você fez desses tipos de oração coincidem com os que mencionamos na análise do artigo de Daniel Barros?

De olho na escrita

Palavras e expressões que provocam dúvida II

Nesta seção, você praticará o uso de mais algumas palavras e expressões homônimas e parônimas, ou seja, de pronúncia igual ou semelhante, mas sentido distinto. Depois, verá algumas expressões redundantes que, ao serem eliminadas dos textos, proporcionam uma redação mais clara e direta.

Expressões parônimas e homônimas II

Leia as orientações a seguir sobre o emprego de determinadas expressões da língua.

---

ao invés de / em vez de

Pelas regras da norma-padrão, a expressão *ao invés de* só deve ser usada com o sentido de "ao contrário de": *Ao invés de subir as escadas, desceu correndo ao porão.*

Quando não houver a ideia de oposição, mas apenas de substituição ("no lugar de"), deve-se usar *em vez de*: *Vou usar saia em vez de vestido.* Essa expressão é mais versátil, pois também pode ser usada com sentido de "ao contrário de": *Em vez de fechada, a porta estava aberta.*

a fim de

A expressão *a fim de* significa "com a intenção de": *Economizaram o ano todo a fim de fazer a sonhada viagem.*

A palavra *afim* também existe, mas é um adjetivo e significa "que tem afinidade": *Talvez você se interesse por Biomedicina, Farmácia ou carreiras afins.*

tudo a ver, nada a ver

Quando queremos dizer que certo assunto tem (ou não) relação com outro, usamos as expressões *tudo a ver* ou *nada a ver*: *Seu projeto tem tudo a ver com minha pesquisa. Não temos nada a ver com os seus problemas.*

Devido à semelhança com o verbo *haver*, algumas pessoas grafam equivocadamente "nada haver" ou "tudo haver", mas essas expressões não fazem sentido.

nem um / nenhum

Nem um significa "nem um sequer, nem um ao menos": *Não quero ouvir nem um pio!*

Essa expressão não deve, portanto, ser confundida com o pronome indefinido *nenhum*: *Nenhum comércio pode funcionar sem o alvará da prefeitura.*

> Com base nas informações do quadro, identifique e corrija o erro propositalmente inserido em algumas das manchetes a seguir. Atenção: nem todas as manchetes apresentam erro.
>
> a) Games do Switch vêm ao Brasil por R$ 400 e ninguém parece a fim de comprar
>
> UOL Jogos. São Paulo, 26 maio 2017. Disponível em:
<http://mod.lk/xtfon>. Acesso em: 11 jun. 2017.
>
> b) "Amamentação tem tudo haver com a emoção"
>
> MENDONÇA, Tatiana. A Tarde. Salvador, 15 maio 2017.
Disponível em: <http://mod.lk/kupg7>. Acesso em: 11 jun. 2017.

c) Nem um ônibus circula em Paulínia no 3º dia de greve dos motoristas

G1. Campinas, 7 dez. 2016. Disponível em: <http://mod.lk/mqp8e>. Acesso em: 11 jun. 2017.

d) United manda passageira para Califórnia ao invés de Paris

Época Negócios. Globo: São Paulo, 8 maio 2017. Disponível em: <http://mod.lk/qoskr>. Acesso em: 11 jun. 2017.

e) Taxa de inscrição do Enem 'não cobre nenhum terço do custo do exame', diz Inep

G1, 10 abr. 2017. Disponível em: <http://mod.lk/zufwg>. Acesso em: 11 jun. 2017.

f) Em vez de pegar brinquedos e roupas, menina escolhe salvar livros em enchente

AMORIM, Mariana. *Fatimanews*. Fátima do Sul, 5 jun. 2017. Disponível em: <http://mod.lk/hxn0w>. Acesso em: 11 jun. 2017.

Expressões redundantes

Você sabe que o pleonasmo é uma figura de linguagem que busca, por meio de informações redundantes, dar maior expressividade às ideias. É o que ocorre, por exemplo, neste trecho do romance *Jubiabá*, de Jorge Amado:

> Olhou e viu os olhos de fogo do lobisomem. Até não acreditava muito em histórias de lobisomem e mulas de padre. Mas daquela vez **ela tinha visto com os seus olhos**. [...]
>
> AMADO, Jorge. *Jubiabá*. São Paulo: Cia. das Letras, 2008. p. 37. (Fragmento).

Evidentemente, uma pessoa só pode ver algo com seus olhos. Mas, no texto, essa informação óbvia é inserida para deixar claro que ninguém falou à personagem sobre o acontecimento; ela mesma o testemunhou. Há situações, porém, em que o pleonasmo não cumpre funções expressivas e deve ser evitado. Você praticará a identificação dessas situações nas atividades a seguir.

1. Em cada um dos fragmentos abaixo, inserimos propositalmente uma palavra redundante, que deve ser eliminada. Identifique-a.

   a) "Estudantes ganham livros infantis grátis em campanha de incentivo à leitura. O projeto Leitura na Cabeça irá distribuir 17 mil livros em escolas públicas de Porto Alegre e Florianópolis."

   Zero Hora. Porto Alegre, 10 mar. 2014. Disponível em: <http://mod.lk/m7tw6>. Acesso em: 11 jun. 2017. (Fragmento adaptado).

   b) "Formigas já eram boas agricultoras há 30 milhões de anos atrás. Novo estudo demonstra que, milhões de anos antes dos humanos, as formigas controlavam o ambiente para cultivar alimentos, mesmo em condições desfavoráveis."

   Veja. São Paulo: Abril, 12 abr. 2017. Disponível em: <http://mod.lk/uqlng>. Acesso em: 11 jun. 2017. (Fragmento adaptado).

   c) "Tom Holland já está em São Paulo para promover o filme 'Homem-Aranha: De Volta ao Lar', que ainda vai demorar mais dois meses para chegar aos cinemas brasileiros [...]."

   PRADO, Pedro. *Pipoca Moderna*, 2 maio 2017. Disponível em: <http://mod.lk/jdxcp>. Acesso em: 11 jun. 2017. (Fragmento adaptado).

   d) "Em 2007, então com seis anos, a criança sofreu um grave acidente ao cair de uma altura de sete metros na casa dos avós. [...] Três dias depois, ela evoluiu para uma cura completa. Todos os médicos foram unânimes em dizer que não havia explicação, dentro da medicina, para uma recuperação como aquela."

   Jornal do Commercio. Recife, 23 abr. 2017. Disponível em: <http://mod.lk/93bcr>. Acesso em: 11 jun. 2017. (Fragmento adaptado).

2. **(Insper-SP – Adaptado)** Utilize o texto abaixo para responder à questão.

   > Há pleonasmos e pleonasmos. Uns têm a força expressiva que os torna em figuras de linguagem, outros não passam de redundâncias, apêndices desnecessários ao discurso. Estes costumam causar enfado no leitor, que os sente como "obviedades".
   >
   > (Thaís Nicoleti, http://educacao.uol.com.br/dicasportugues/descobrir-o-desconhecido.jhtm)

   Assinale a alternativa que apresenta um exemplo de pleonasmo cuja força expressiva cria um efeito estilístico.

   a) "Há um consenso geral de que o problema da bioenergia no Brasil se resume à logística."

   (*Folha de S.Paulo*, 06/07/2007)

   b) "Qual o impacto distributivo de tudo isso? É um ótimo tema para encarar de frente"

   (*O Estado de S. Paulo*, 13/04/2014)

   c) "A não ser que tenha certeza absoluta, fuja do presente prático."

   (Walcyr Carrasco)

   d) "Sorriu para Holanda um sorriso ainda marcado de pavor."

   (Viana Moog)

UNIDADE 7

A CONSTRUÇÃO DO ENUNCIADO

Capítulo 25
Concordância, 398

Capítulo 26
Regência e crase, 416

Capítulo 27
Colocação pronominal, 434

Capítulo 28
Pontuação, 448

Você está quase completando seus estudos de gramática no Ensino Médio. Nesta última unidade, vamos reunir conhecimentos construídos em capítulos anteriores para examinar certos aspectos relativos à organização dos enunciados.

Veremos como a concordância e o uso de preposições marcam relações de sentido entre os termos da oração. Examinaremos, também, a colocação dos pronomes na frase e, por fim, o emprego de um recurso fundamental da comunicação escrita: a pontuação.

Todos esses conhecimentos serão úteis não só nestes últimos momentos do Ensino Médio, mas também, principalmente, na vida acadêmica e profissional que espera por você. Bons estudos!

CAPÍTULO 25

CONCORDÂNCIA

ENEM
C1: H1
C5: H16
C6: H18
C7: H23
C8: H25,
H26, H27

OBJETIVOS DE APRENDIZAGEM

- Compreender as regras gerais da concordância nominal e da concordância verbal.
- Conhecer os principais casos especiais de concordância nominal e concordância verbal.
- Reconhecer a concordância como fator de coesão textual, importante para a identificação de relações semânticas entre as palavras.

Observação

Certamente você não diria uma frase como "Eles estamos de calça amarelo". Como falante de português, você sabe que, se o sujeito é *eles*, o verbo deve estar na 3ª pessoa do plural (*eles estão*) e, se o substantivo é do gênero feminino, o adjetivo deve acompanhá-lo (*calça amarela*). Na maioria dos contextos, a concordância entre as palavras é natural para os falantes da língua. Neste capítulo, vamos estudar alguns casos específicos, que costumam provocar dúvida. Ao conhecê-los, você notará que a concordância adequada não é apenas uma questão de obediência à norma-padrão, mas também de clareza e coerência.

Leia a tira e responda às perguntas.

LEITE, William. *Will Tirando*, 6 fev. 2017. Disponível em: <http://mod.lk/pwmii>. Acesso em: 8 maio 2017.

398 Gramática: uma reflexão sobre a língua

Análise

1. Leia alguns sentidos da palavra *mesmo* reproduzidos de um dicionário:

- adjetivo
  1. de igual identidade; não outro
     Ex.: *a m. testemunha foi chamada ao tribunal*
  [...]
  5. que se representa em pessoa; próprio
     Ex.: *ele m. veio receber-nos*

- advérbio
  [...]
  12. de fato, de verdade; realmente
      Ex.: *foi m. uma notícia que alegrou a todos*

Grande Dicionário Houaiss da língua portuguesa.
2. ed. Rio de Janeiro: Paracatu Editora. 2017.

- Com base na correção feita pela menina no terceiro quadrinho, deduza: qual desses sentidos ela atribuiu à palavra *mesmo*, na fala da avó? Considerando a classe gramatical de *mesmo*, nessa acepção, por que seria necessário empregar o feminino?

2. Em sua resposta no quarto quadrinho, a avó emprega a palavra *mesmo* com um sentido diferente do atribuído pela neta. Qual é esse outro sentido, dentre os reproduzidos acima? Nesse caso, a palavra deveria ser colocada no feminino? Por quê?

3. Nas tiras da personagem Anésia, normalmente o humor se baseia em certos traços de sua personalidade. Com base na linguagem verbal e visual da tira, explique quais são esses traços de personalidade e como eles produzem um efeito humorístico.

Princípio da concordância

Ao analisar a tira, você observou que a palavra *mesmo* pode ser empregada com diferentes sentidos. Podemos empregá-la com o sentido de "realmente, de fato" em frases como "Dona Anésia é rabugenta *mesmo*"; nesse caso, ela não se flexiona, pois pertence à classe dos advérbios, que são palavras invariáveis.

Já na frase "Acredito em mim *mesmo*", a palavra *mesmo* tem o sentido de "próprio" e é um adjetivo. Concorda, portanto, em gênero e número com o substantivo ou pronome ao qual se refere: *Eu, Bárbara, acredito em mim* **mesma**. *Eu, Gabriel, acredito em mim* **mesmo**. *Nós, os estudantes do 3º ano, acreditamos em nós* **mesmos**.

Para marcar a existência dessas relações entre os termos e garantir a coerência dos enunciados, é necessário que as palavras variáveis se ajustem, ou melhor, se flexionem de acordo com o termo ao qual se referem. A esse mecanismo damos o nome de **concordância**, que pode ser **nominal** ou **verbal**.

> **Concordância** é o princípio segundo o qual as palavras variáveis se flexionam para adaptar-se aos termos aos quais se referem. Pode ser **nominal**, quando diz respeito a como os determinantes adaptam-se ao substantivo, ou **verbal**, quando diz respeito a como o verbo adapta-se ao sujeito.

Concordância nominal

Leia o fragmento a seguir, extraído do romance *O ateneu*, de Raul Pompeia (1863-1895).

> Frequentara como externo, durante alguns meses, uma escola familiar do Caminho Novo [...]. Entrava às nove horas, timidamente, ignorando as lições com a maior regularidade, e bocejava até às duas, torcendo-me de insipidez sobre os carcomidos bancos que o colégio comprara, de pinho e usados, lustrosos do contato da malandragem de não sei quantas gerações de pequenos. [...]
>
> POMPEIA, Raul. *O ateneu*. 3. ed. São Paulo: Nova Cultural, 1987. p. 6. (Fragmento).

Observe que os artigos, numerais, adjetivos e pronomes do texto concordam em **gênero** (masculino ou feminino) e **número** (singular ou plural) com os substantivos aos quais se referem:

"Entrava às nove horas [...], ignorando as lições [...], e bocejava até às duas [horas] torcendo-me de insipidez sobre os carcomidos bancos que o colégio comprara, de pinho e usados, lustrosos do contato da malandragem de não sei quantas gerações de pequenos."

A concordância persiste mesmo quando os termos estão separados no texto – como é o caso dos adjetivos *usados* e *lustrosos*, distantes de *bancos* – e mesmo quando o substantivo fica subentendido, como em "bocejava até às duas [horas]".

> O princípio básico da **concordância nominal** é que os determinantes do substantivo (artigos, numerais, pronomes e adjetivos) concordam com ele em gênero e número.

Casos especiais

À parte desse princípio básico da concordância nominal, é importante conhecer certos casos especiais, que vamos analisar a seguir.

Determinante referido a mais de um substantivo

Leia esta manchete:

> Veja 9 dicas para ter **pele, cabelo** e **maquiagem** perfeitos
>
> *Correio do Estado*. Campo Grande, 13 dez. 2011. Disponível em: <http://mod.lk/8knjn>. Acesso em: 24 maio 2017.

Em situações assim, ou seja, quando o determinante (no caso, o adjetivo *perfeito*) refere-se a mais de um substantivo (*pele*, *cabelo* e *maquiagem*), a norma-padrão estabelece as seguintes regras de concordância:

- **Se o determinante vem antes dos substantivos** – geralmente, o determinante concorda em gênero e número com o substantivo mais próximo: *Aprendi a fazer os mais modernos penteados e maquiagens. Aprendi a fazer as mais modernas maquiagens e penteados. Sinto por minha avó muito carinho e afeição. Sinto por minha avó muita afeição e carinho.*

Contudo, se o substantivo for um nome próprio ou indicar parentesco, o determinante irá para o plural: *Encontrei na entrada os gatos da casa, os carinhosos Mafalda e Tufão. Atrás da criança fujona, corriam os desesperados pai e mãe*.

- **Se o determinante vem depois dos substantivos**

    a) Se os substantivos são do mesmo gênero e estão no singular, o determinante geralmente fica no singular: *Aprecio a música e a culinária nordestina*. Mas também pode ir para o plural: *Aprecio a música e a culinária nordestinas*.

    b) Se os substantivos são de gêneros diferentes e estão no singular, o determinante geralmente concorda com o gênero do mais próximo, permanecendo no singular: *A bota estava com o solado e a ponta gasta*. Também pode, porém, ir para o masculino plural: *A bota estava com o solado e a ponta gastos*.

    c) Se os substantivos são do mesmo gênero, mas de número diverso, o determinante concorda com eles em gênero e vai, geralmente, para o plural: *Comprei duas camisas e uma bermuda pretas*. Opcionalmente, também pode concordar com o mais próximo, embora o sentido não fique tão claro: *Comprei duas camisas e uma bermuda preta*.

    d) Se os substantivos são de gêneros diferentes e estão no plural, o determinante geralmente concorda com o mais próximo: *A cidade enfrentou ventos e chuvas ameaçadoras*. Também pode, contudo, ir para o masculino plural: *A cidade enfrentou ventos e chuvas ameaçadores*.

    e) Se os substantivos são de gêneros e números diferentes, o determinante geralmente vai para o masculino plural: *Para a festa, trouxemos os petiscos e a bebida preferidos do aniversariante*. Mas também pode concordar com o mais próximo (especialmente se este for feminino e plural): *Para a festa, trouxemos o bolo e as iguarias preferidas do aniversariante*.

Adjetivo como predicativo do sujeito composto

Leia esta tira.

GOMES, Clara. *Bichinhos de Jardim*. Disponível em: <http://mod.lk/3igac>. Acesso em: 10 maio 2017.

A personagem Joana lança mão da personificação para referir-se às figuras teatrais da comédia e da tragédia, falando delas como se fossem verdadeiras amigas, que até "vão juntas à academia". Observe que, nas falas da personagem, há adjetivos que expressam características do sujeito, ou seja, são predicativos do sujeito:

A comédia e a tragédia andam sempre próximas... Às vezes até vão juntas à academia...

Quando os adjetivos exercem a função de predicativos de um sujeito composto (com dois núcleos, como em "A *comédia* e a *tragédia*"), geralmente seguem estes padrões:

- Se os substantivos são do mesmo gênero, o adjetivo acompanha esse gênero e vai para o plural, mesmo que os substantivos estejam no singular: *A comédia e a tragédia andavam sempre juntas*.

- Se os substantivos forem de gêneros diferentes, o adjetivo vai para o masculino plural: *O **teatro** e a **biblioteca** ficam próximos*.
- Se o verbo de ligação estiver anteposto ao sujeito composto, o adjetivo pode concordar com o substantivo mais próximo: *Como era bela a **noite** e as estrelas!*

Outros casos especiais de concordância nominal

Você provavelmente já viu avisos como este:

Esse enunciado parece contrariar os princípios de concordância que estudamos, pois o substantivo é feminino (*entrada*), mas o adjetivo está no masculino (*proibido*). Situações como essa constituem certos casos especiais de concordância nominal, os quais examinaremos a seguir.

- **É proibido, é preciso, é bom**

Expressões como *é proibido, é preciso, é bom*, etc. mantêm-se invariáveis quando se referem ao substantivo de modo genérico. Por exemplo: *É preciso paciência*, *Manga é bom*. Isso vale também para casos em que o verbo *ser* fica subentendido, como no cartaz: *[É] Proibido entrada*.

Contudo, se o substantivo vier antecedido por algum determinante, como artigo, numeral ou pronome, o verbo e o adjetivo concordam normalmente com o determinante: *É proibida a entrada*. *Essas mangas são boas*.

- **Mesmo, só, meio, bastante**

Algumas palavras podem ser usadas como adjetivo e advérbio, com sentidos distintos. Você viu um exemplo disso na tira apresentada no início do capítulo: a palavra *mesmo* podia ser advérbio ("só em mim, *mesmo*") ou adjetivo (só acredito em mim *mesma*). Quando empregadas como advérbio, tais palavras permanecem, evidentemente, invariáveis; porém, quando usadas como adjetivo, seguem as regras gerais da concordância nominal. Observe:

Como advérbios (não variam)	Como adjetivos (variam)
Andava **meio** adoentada. (= um pouco)	O relógio marcava duas e meia [hora]. (= metade)
Os dois viviam **só** reclamando. (= somente)	Os dois viviam sós. (= sozinhos)
Suas receitas são **bastante** saborosas. (= muito)	Temos provas bastantes para incriminar o réu. (= suficientes)

- *Anexo* e *dado*

Essas palavras são usadas como adjetivos, portanto concordam com o substantivo a que se referem:
- *Seguem anexas as fotos solicitadas.*
- *Dadas as circunstâncias, até que nossa apresentação foi razoável.*

- **Nomes de cores representados por substantivo**

Quando o nome de uma cor é representado por um substantivo, fica invariável, apesar de equivaler a um adjetivo. Por exemplo: *calças creme*, *tons pastel*, *bolsas rosa*, *ternos cinza*, *sofás abóbora*.

Concordância verbal

Leia a tira.

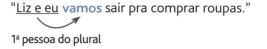

Nesse diálogo, em que Garfield mais uma vez debocha do dono, aparece três vezes o verbo auxiliar *ir*. Em cada ocorrência, ele se flexiona para concordar com o sujeito ao qual se refere em **pessoa** (1ª, 2ª ou 3ª) e **número** (singular ou plural).

"Liz e eu vamos sair pra comprar roupas."
1ª pessoa do plural

"Quando eu voltar [eu] vou estar na moda!"
1ª pessoa do singular

"[Você] Vai. Na moda de 1967."
3ª pessoa do singular
(pronome de tratamento)

> O princípio básico da **concordância verbal** é que o verbo deve acompanhar o sujeito em pessoa e número.

Com o **sujeito simples**, a regra geral é que o verbo concorde em pessoa e número com o núcleo do sujeito, esteja este anteposto ou posposto ao verbo:

*Um **cacho** de flores amarelas pendia do galho do ipê.*

*Bastam três **gotas** de essência para a cozinha ficar perfumada.*

***Nós**, seres humanos, nem sempre somos racionais.*

Capítulo 25 • Concordância **403**

No caso do **sujeito composto**, observam-se as seguintes regras gerais:

- se os núcleos do sujeito composto representarem a 3ª pessoa do discurso, o verbo vai para a 3ª pessoa do plural: *O **gato** e seu **dono** vivem caçoando um do outro*.
- se um dos núcleos representar a 1ª pessoa (*eu* ou *nós*), o verbo vai para a 1ª pessoa do plural: ***Liz** e **eu** vamos às compras*. ***Nós** e **vocês** trabalharemos juntos*.
- se um dos núcleos representar a 2ª pessoa (*tu* ou *vós*) e não houver outro de 1ª pessoa, o verbo vai para a 3ª pessoa do plural ou, mais raramente, para a 2ª pessoa do plural: ***Tu** e **teus familiares** serão (ou sereis) bem recebidos nesta casa*.

Pense e responda

▶ Leia o parágrafo a seguir, extraído de uma publicação *on-line* sobre a história dos bairros paulistanos:

> O crescimento [...] de São Paulo nas últimas décadas do século 19 propiciou a ocupação das várzeas dos rios na cidade e o surgimento de novos bairros. Chácaras foram loteadas e a construção de estações de trem trouxeram novas atividades econômicas para estas regiões.
>
> BANCO DE DADOS FOLHA. História dos bairros paulistanos: Barra Funda. *Almanaque*. Disponível em: <http://mod.lk/kvvge>. Acesso em: 9 maio 2017. (Fragmento). © Folhapress.

1. Um dos verbos desse fragmento não foi flexionado de acordo com as regras que acabamos de apresentar. Qual é ele? Justifique sua resposta.
2. Desvios em relação às regras da norma-padrão não são aleatórios. Levante uma hipótese coerente para explicar o desvio nesse caso.

Casos especiais de concordância com o sujeito simples

Dentro das regras da norma-padrão, a concordância do sujeito simples pode sofrer algumas alterações em contextos específicos. Examinaremos os principais a seguir.

Com *a maioria de* e outras expressões partitivas

Caso o sujeito seja representado por expressões como *a maioria de*, *a maior parte de*, *(grande) parte de*, etc., seguidas de um substantivo no plural, o verbo pode ficar no singular ou no plural: ***A maioria dos alunos** compareceu à formatura*. Ou: ***A maioria dos alunos** compareceram à formatura*.

Em geral, a forma no plural é utilizada quando se quer enfatizar a ideia do conjunto. Leia, por exemplo, esta frase extraída de um conto de João Ubaldo Ribeiro (1941-2014), na qual se fala sobre o personagem Peneluque, que adora oferecer banquetes de Natal aos vizinhos:

> Peneluque [...] mandou fazer uma renca de mesas que vai como daqui aonde você quiser mais ou menos, e estamos sabendo que vão aparecendo a maior parte dos comilões da Ilha que Peneluque convida de propósito [...].
>
> RIBEIRO, João Ubaldo. Jingobel, Jingobel (Uma história de Natal). *Projeto Releituras*. Disponível em: <http://mod.lk/wxchz>. Acesso em: 10 maio 2017. (Fragmento).

A concordância no plural dá uma sensação de grande volume de pessoas. Se a locução verbal concordasse com "maior parte" (*estamos sabendo que **vai aparecendo** a maior parte dos comilões da Ilha*), esse efeito expressivo seria perdido.

Com porcentagens

Observe este anúncio, feito para celebrar o Dia Mundial da Água.

- 40% da população do planeta já sofre as consequências da falta de água.
- Até 2025, dois terços da população podem ser afetados pelas condições críticas de água.
- Em 2030 será necessário 40% a mais de água para suprir a necessidade de consumo no mundo.
- A ÁGUA DESPERDIÇADA HOJE VAI FAZER FALTA AMANHÃ. 22 DE MARÇO. DIA MUNDIAL DA ÁGUA.

Agência Municipal de Regulação dos Serviços de Água e Esgotos de Joinville. Disponível em: <http://mod.lk/locxd>. Acesso em: 10 maio 2017.

Para mostrar a situação preocupante da água no mundo, o texto apresenta vários dados numéricos, alguns deles expressos por porcentagens. Quando o sujeito é representado por uma porcentagem, geralmente o verbo concorda com o substantivo ao qual a porcentagem se refere:

"40% da **população** do planeta já sofre as consequências da falta de água."

*40% dos **habitantes** do planeta já sofrem as consequências da falta de água.*

Contudo, quando a porcentagem vem especificada por alguma outra palavra, como um artigo ou adjetivo, o verbo geralmente concorda com essa palavra:

***Os restantes** 60% da população desfrutam de acesso satisfatório à água.*

Por fim, caso o termo ao qual a porcentagem se refere venha antes dela, o verbo concorda com o próprio dado numérico:

*Do público ouvido, **30%** declararam não ter acesso à água.*

Com os pronomes relativos *que* e *quem*

Quando o sujeito é representado pelo pronome relativo *que*, o verbo geralmente concorda com a pessoa ao qual o pronome se refere. Por exemplo: *Fui **eu que** fiz essa redação*.

Por outro lado, se o sujeito é representado pelo pronome relativo *quem*, normalmente o verbo fica na 3ª pessoa do singular: *Fui **eu quem** fez essa redação*.

Com a expressão *um dos que* e similares

Leia uma frase extraída de uma reportagem sobre educação:

> O Fórum Econômico Mundial apontou recentemente a Coreia como uma das economias mais dinâmicas do mundo e atribuiu a valorização da educação como **um dos fatores que** transformaram uma sociedade rural em uma das mais inovadoras no século 21.
>
> Veja. Abril: São Paulo, 4 out. 2012. Disponível em: <http://mod.lk/jhc2n>. Acesso em: 10 maio 2017.

Quando o sujeito vem representado por uma expressão como *um dos que...*, *um daqueles que...* ou similares, o verbo em geral vai para o plural, como ocorre nessa frase. Veja outros exemplos: *Sou* **um dos que** *mais* lutaram *pela reforma do auditório. João não era* **daqueles que** fugiam *do compromisso.*

Concordância com o verbo *ser*

Observe esta capa de revista.

Viagem e Turismo. São Paulo: Abril: ed. 245, mar. 2016.

Apesar de aparentemente contrariar as regras de concordância do sujeito simples, o título da chamada principal – "Tudo são flores na Holanda" – está de acordo com a norma-padrão. Isso se explica porque o verbo *ser*, quando empregado como verbo de ligação ou verbo impessoal, segue alguns padrões específicos de concordância. Observe:

- **Com os pronomes *tudo*, *isso*, *aquilo*, etc. e com os pronomes interrogativos *quem*, *que*, *o que*** – geralmente o verbo *ser* concorda com o predicativo. Exemplos: "*Tudo* são *flores na Holanda*". *Aquilo* eram *manhas da criança. Não sei quem* são *os convidados. O que* são *alguns reais a menos na carteira?*

- **Na indicação de horas, distâncias, etc.** – normalmente, verbos que indicam passagem do tempo são impessoais e, por isso, permanecem na 3ª pessoa do singular. Exemplo: *Faz três anos que não viajo.* Contudo, o verbo *ser*, quando utilizado como impessoal, concorda com o predicativo. Exemplos: *Era uma hora da tarde. Eram duas horas da tarde. Daqui até a escola* são *três quilômetros*.

- **Na expressão *é que*** – a expressão de realce *é que*, utilizada para enfatizar o sujeito de uma oração, é invariável. Exemplos: *Nós* é que *estamos sempre ao seu lado. Os filhos* é que *aproveitaram a fortuna do pai.*

Sujeito indeterminado e oração sem sujeito

Leia o cartum.

GALVÃO, Bruno. *Charges Bruno.* Disponível em: <http://mod.lk/wu0lx>. Acesso em: 10 maio 2017.

Nesse cartum, que ironiza a interferência das redes sociais na comunicação entre as pessoas, aparecem dois verbos flexionados na 3ª pessoa do plural: "*Dizem* que as redes sociais *afastam* as pessoas!". Na última ocorrência, o verbo foi flexionado nessa pessoa do discurso para adaptar-se ao sujeito simples *as redes sociais*. Na primeira, porém, a flexão indica que a oração tem **sujeito indeterminado**, ou seja, o enunciador não quer ou não pode revelar sua identidade.

Conforme visto no Capítulo 17, existem casos em que a concordância do verbo é determinada pelo tipo de construção sintática escolhido. Para construir a oração com sujeito indeterminado, o enunciador deve flexionar o verbo na 3ª pessoa do plural, como feito no cartum ("*Dizem* que as redes..."), ou então deixá-lo na 3ª pessoa do singular e acrescentar o pronome *se* (índice de indeterminação do sujeito): *Por aí se diz que as redes sociais afastam as pessoas.*

Outra situação em que a flexão verbal é determinada pela construção sintática é a das **orações sem sujeito**, aquelas com verbos que indicam fenômenos naturais, passagem do tempo, ou que usam o verbo *haver* no sentido de "existir" ou "acontecer". Nessas orações, o verbo é impessoal, por isso fica sempre na 3ª pessoa do singular. Isso vale também para situações em que o verbo impessoal integra uma locução verbal: ***Fazia*** (ou ***Devia fazer***) *cinco meses que eu tinha me mudado.* ***Há*** (ou ***Pode haver***) *mais pessoas no pátio.* ***Houve*** (ou *Talvez* ***tenha havido***) *mudanças em sua programação.*

Casos especiais de concordância com o sujeito composto

Vimos que o sujeito composto geralmente leva o verbo para o plural. No entanto, ele pode permanecer no singular, concordando com o elemento mais próximo, nas seguintes situações:

- quando os sujeitos vêm depois do verbo: ***Andava*** *o pobre homem e seus filhos à procura de um abrigo.*
- quando os sujeitos formam uma gradação: *Um beijo da pessoa amada, algumas palavras carinhosas, um aceno que fosse* ***poderia*** *deixá-lo feliz.*
- quando os sujeitos são sinônimos ou parecem constituir um único ser: *A tristeza, a melancolia* ***invadiu*** *sua alma.*
- quando os sujeitos são resumidos por um pronome indefinido: *Dinheiro, promessas, ameaças,* **nada** *o* ***faria*** *mudar de ideia.*
- quando os sujeitos são verbos no Infinitivo: ***Alimentar-se*** *bem e* ***exercitar-se é*** *a receita para uma vida saudável.*

Sujeitos unidos por conjunções

Leia o parágrafo a seguir, extraído de uma reportagem sobre achados pré-históricos em Santarém, no Pará:

> Os povos que viveram em Santarém no passado pré-colonial – guerreiros orgulhosos, artistas sofisticados – deram seu nome ao rio. Mas **a Bacia do Tapajós, assim como o patrimônio arqueológico local,** *está hoje ameaçada* pelo projeto de sete usinas hidrelétricas em seu curso. [...]
>
> NEVES, Eduardo Góes. A cidade de todos os tempos. *National Geographic Brasil*. National Geographic Partners: São Paulo, dez. 2015. p. 89. (Fragmento).

Quando os sujeitos vêm unidos por conjunções ou locuções conjuntivas que indicam comparação (*assim como, bem como, como*), a concordância depende de qual elemento se quer enfatizar. Caso a intenção seja destacar o primeiro elemento, o verbo fica no singular, como no fragmento lido – note que o realce vai, nitidamente, para a Bacia do Tapajós. Se, por outro lado, pretende-se dar igual destaque aos dois sujeitos, a concordância deve ser feita no plural: *A Bacia do Tapajós, assim como o patrimônio arqueológico local,* **estão hoje ameaçados**...

Quando os sujeitos vêm unidos pela conjunção *ou*, também é preciso observar o sentido do enunciado:

- caso a ação ou processo se refira a apenas um dos sujeitos, o verbo fica no singular: ***João ou Pedro** levará a encomenda à sua casa*;
- caso a ação ou processo se refira aos dois sujeitos, o verbo vai para o plural: *O que meu pai ou minha mãe* **fariam** *nessa situação?*

Por fim, se os sujeitos estão unidos pela conjunção *nem*, geralmente o verbo vai para o plural: ***Nem eu nem Paola** comparecemos à aula ontem*.

Silepse ou concordância ideológica

Neste capítulo você estudou as principais regras de concordância nominal e verbal determinadas pela norma-padrão. Lembre-se, porém, de que, conforme vimos no Capítulo 7, todas essas regras podem ser quebradas para produzir efeitos expressivos. Quando isso ocorre, dizemos que está presente a figura de construção denominada **silepse** ou **concordância ideológica**. Veja exemplos disso no parágrafo a seguir, extraído de um artigo de opinião:

> Talvez tenhamos que repensar o caráter do brasileiro. Afirmar que *os brasileiros somos* naturalmente alegres é desconhecer a insatisfação latente que vigora nos trens, ônibus e vagões de metrô lotados. Falar que *os brasileiros somos* tolerantes é desconhecer nosso machismo, nossa homofobia, nosso racismo. Dizer que *os brasileiros somos* solidários é desconhecer nossa imensa covardia para assumir causas coletivas. A frustração, como já alertou uma canção do Racionais MC's, é uma máquina de fazer vilão. [...].
>
> RUFFATO, Luiz. O brasileiro cordial. *El País*, 3 jun. 2015. Disponível em: <http://mod.lk/64jgr>. Acesso em: 24 maio 2017. (Fragmento).

O sujeito *os brasileiros* normalmente levaria o verbo *ser* para a 3ª pessoa do plural (*os brasileiros são*). Contudo, como o enunciador quer salientar a ideia de que se inclui nesse grupo, ele opta pela 1ª pessoa do plural (*os brasileiros somos*); com isso, sua crítica passa a ser também uma autocrítica. Na última frase do parágrafo, mais uma vez a concordância se faz com a ideia, não com a palavra: no trecho "já alertou uma canção *do* Racionais MC's", a palavra *do* foi mantida no singular para concordar com a ideia de "grupo" (uma canção do grupo Racionais MC's). Em casos como esses, o desvio em relação às regras da norma-padrão é intencional e tem como propósito obter certo efeito de sentido.

A língua da gente

Concordância e variação linguística

Observe o cartaz abaixo, feito para divulgar uma conferência nacional que reuniu comunicadores populares e midialivristas.

> Pessoas que atuam na mídia livre, ou seja, na produção de jornais, revistas, programas de rádio, TV ou internet sem ligação com os veículos tradicionais.

É Nois Que Fala – Conferência Livre Nacional de Juventude e Comunicação. Disponível em: <http://mod.lk/bzduf>. Acesso em: 24 maio 2017.

O título do cartaz – *É nóis que fala* – busca reproduzir uma linguagem despojada, que combina bem com uma conferência sobre mídia independente e comunicação jovem. O primeiro detalhe que chama a atenção nesse título é a grafia do pronome *nóis* (com ditongo), refletindo uma pronúncia comum no uso coloquial. Outro detalhe notável é a concordância dos verbos *ser* e *falar*. De acordo com o que estudamos neste capítulo, esses verbos deveriam ter sido flexionados na 1ª pessoa do plural, para concordar com o sujeito *nós* (*Somos nós que falamos*); mas, no título, estão na 3ª pessoa do singular.

Em diferentes contextos, encontramos enunciados em que a concordância das palavras não segue as regras da norma-padrão. Isso pode acontecer tanto na fala de pessoas pouco escolarizadas, que não tiveram oportunidade de aprender essas regras, quanto na fala daqueles que as aprenderam, mas nem sempre as utilizam.

Contudo, não devemos pensar que esses usos fora do padrão ocorrem de maneira desregrada ou aleatória; na verdade, todas as formas de concordância seguem alguma lógica. Por exemplo, uma tendência frequente na concordância não padrão é eliminar algumas das marcas de plural, mantendo apenas aquelas indispensáveis à compreensão da frase. Pense, por exemplo, neste enunciado: "os meninos saíram todos correndo". Há, nele, quatro marcas de plural: no artigo (*os*), no substantivo (*meninos*), no verbo (*saíram*) e no pronome (*todos*). No uso fora do padrão, provavelmente apenas a primeira dessas marcas seria mantida ("*os* menino saiu tudo correndo"), porque ela é a única indispensável para comunicar a ideia de que há mais de um menino.

Outra tendência no uso fora do padrão está ligada à concordância com os pronomes pessoais, que segue moldes diferentes dos ditados pela gramática normativa: *nós fala*, como no cartaz, *tu fala, a gente falamos*. Esta última construção, aliás, foi abordada em uma questão de vestibular recente, em que um dos itens trata justamente da concordância não padrão. Confira:

Pancho. *Gazeta do Povo*, 3 set. 2015.

(FGV-SP) Leia a charge.

Na fala da personagem, a concordância verbal está em desacordo com a norma-padrão da língua portuguesa.

a) Explique por que a concordância na frase está em desacordo com a norma-padrão, esclarecendo o que pode levar os falantes a adotá-la.

b) Escreva duas versões da frase da charge: na primeira, substitua a expressão "a gente" por "Nosso clube é um dos que"; na segunda, substitua o verbo *ter* pela locução "deve haver" e passe para o plural a expressão "uma proposta irrecusável".

Capítulo 25 • Concordância 409

Aprender a aprender

Como responder a questões de múltipla escolha

Na atual etapa de sua vida escolar, é comum que você se submeta a exames com questões de múltipla escolha. Nesta seção, apresentaremos uma sugestão de como analisar e resolver esse tipo de avaliação. Tomaremos como exemplo a questão abaixo, extraída de uma das edições do Exame Nacional do Ensino Médio (Enem). Leia-a.

(Enem)

BAGNO, M. *Não é errado falar assim!*: em defesa do português brasileiro. São Paulo: Parábola, 2009 (adaptado).

A situação social em que o falante está inserido é determinante para o uso da língua. Dessa forma, cabe ao usuário adequar-se a cada contexto, a seus condicionantes: formalidade/informalidade, intimidade/hierarquias etc. Considerando-se a situação comunicativa, há, na charge,

a) displicência de ambos os falantes, já que desconsideram a situação em que estão inseridos e usam um registro inadequado ao contexto.

b) dualidade de registros entre os dois falantes, já que ambos usam regras distintas quanto à concordância.

c) inobservância do personagem vestido de preto quanto à informalidade da situação e o consequente uso de um registro bastante formal.

d) inadequação, do ponto de vista da norma-padrão, do registro de um e de outro falante.

e) consenso entre os registros dos dois falantes no tocante à norma-padrão, já que ambos usam as mesmas regras de regência.

1. Na maioria dos casos, questões de múltipla escolha são compostas de três partes: a) um texto, que pode ser multimodal, como a charge apresentada aqui, ou somente verbal; b) o enunciado da questão; c) as alternativas.

2. Uma tática útil é começar a leitura pelo *enunciado*, pois é ele que determina qual aspecto do texto será abordado. Nessa questão do Enem, o enunciado mostra que não será focalizada a *temática* da charge, e sim os diferentes *usos da língua* que nela aparecem.

3. O próximo passo, então, é ler o texto e procurar identificar, nele, o aspecto indicado no enunciado. Com base nos conhecimentos sobre concordância que construiu neste capítulo, você é capaz de identificar que, na charge apresentada, ocorrem *dois* usos distintos da língua:

- na fala do homem de preto, a concordância não obedece à norma-padrão, pois o verbo está no singular, apesar de o sujeito estar no plural: "Já *chegou todos os convidados*?";
- na fala do homem de terno listrado, a concordância segue a norma-padrão, pois o verbo se adapta ao sujeito, cujo núcleo está no plural: "Não, só *chegaram os familiares da noiva*".

4. Além de *identificar* esses usos da língua, é importante dar um passo além e *analisá-los*. Como vimos na seção "A língua da gente", uma tendência comum da concordância fora do padrão é eliminar algumas das marcas de plural, mantendo apenas aquelas indispensáveis à compreensão. É exatamente o que ocorre na fala do homem de preto, pois há marcas de plural em alguns termos (*todos os convidados*), mas não no verbo (*chegou*). Como a situação comunicativa apresentada – diálogo entre convidados de um casamento – é informal, o homem de preto não monitora tanto sua fala, portanto não acha necessário colocar todas as marcas de plural exigidas pela norma-padrão.

5. Feitas a identificação e a análise, vamos ao exame das alternativas. Para aumentar as chances de acerto, é interessante descartar de imediato as opções claramente incorretas. Está nessa condição a alternativa *e*, pois ela fala em "regras de regência", enquanto o problema apresentado aqui é, evidentemente, de concordância. Também pode ser descartada rapidamente a alternativa *c*, segundo a qual o homem de preto faz "uso de um registro bastante formal"; afinal, sabemos que a fala desse homem não seguiu a norma-padrão. De modo análogo, como sabemos que o outro homem obedeceu à norma, podemos descartar a alternativa *d*, segundo a qual há inadequação, do ponto de vista da norma-padrão, no "registro de um e de outro falante".

6. Após a eliminação dessas alternativas pouco pertinentes, sobram apenas duas: *a* e *b*. Segundo a alternativa *a*, ambos os falantes teriam agido com "displicência", usando um "registro inadequado ao contexto". *Displicência* significa desleixo, falta de cuidado. Não podemos dizer que o homem de preto foi displicente, pois a situação comunicativa não exigia obediência rigorosa à norma-padrão. Essa acusação aplica-se muito menos ao homem de terno listrado, que seguiu a norma. Podemos, então, eliminar a alternativa *a*, e com isso nos resta a *b*, segundo a qual há, na charge, "dualidade de registros entre os dois falantes, já que ambos usam regras distintas quanto à concordância". De fato, como dissemos, os dois falantes usam registros e regras diferentes: o homem de terno listrado segue rigorosamente a norma-padrão, colocando marcas de plural no sujeito e também no verbo (*chegaram os familiares*), enquanto o homem de preto só coloca marca de plural no sujeito, deixando de colocá-la no verbo (*chegou todos os convidados*), uma atitude condizente com o registro informal. Concluímos, então, que foi possível chegar à alternativa correta, a *b*, após um processo de análise que envolveu as seguintes etapas:

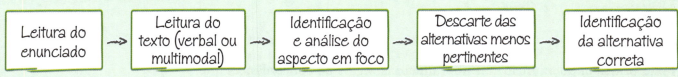

ATIVIDADES

▶ Leia a tira e responda às perguntas de 1 a 3.

FRANK & ERNEST — BOB THAVES

1. Levando em conta os princípios de concordância que estudou neste capítulo, explique o emprego do acento circunflexo na forma verbal *têm*, na fala da estrela personificada.

2. Para produzir um efeito humorístico, a personagem explora o sentido literal e o sentido figurado da expressão "cinco estrelas". Explique como isso acontece.

3. Nessa fala da personagem, ocorre uma silepse ou concordância ideológica. Explique por quê.

▶ Leia este anúncio e responda às questões 4 e 5.

Camaleões mudam de cor. Muitos estão virando cinzas.

Denuncie as queimadas e proteja a vida.

Mater Natura Instituto de Estudos Ambientais, out. 2014.

4. O texto principal do anúncio contraria uma das regras de concordância que você estudou neste capítulo. Identifique essa regra e reescreva o texto de acordo com ela.

- A desobediência à regra tem a intenção de proporcionar uma segunda interpretação ao texto. Identifique essa segunda interpretação e explique como ela se relaciona à linguagem visual do anúncio.

5. Qual é o objetivo do anúncio? Explique como a concordância fora do comum e a imagem ajudam a alcançá-lo.

▶ Leia o fragmento a seguir, extraído de uma crônica sobre a língua portuguesa, e responda à questão 6.

Economia linguística

Um dos critérios mais comuns na evolução das línguas humanas chama-se "lei do menor esforço". E não se trata daquela brasilidade, imortalizada por Mário de Andrade em Macunaíma, o qual a toda hora repetia: "ai, que preguiça". Trata-se da "economia linguística", algo universal, que vai sumindo com fonemas que, ou são de difícil pronúncia, ou se mostram desnecessários para o entendimento imediato. Vai daí que, só depois de muitos anos, é que se percebe a mudança. Tal fenômeno só será dado como fato consumado através da chancela de filólogos, gramáticos, escritores, professores, esse tipo de gente que vive da palavra dos outros.

[...] Ora, a forma escrita até pode mudar devagar, mas a forma oral é absurdamente dinâmica. Basta prestar atenção para ver, por exemplo, que o "r" no final dos verbos no infinitivo está em vias de desaparecer. O "s" do plural em que os substantivos já estão marcados por um determinante – "os prato", "as mão" – tendem igualmente ao extermínio.

[...]

FONSECA, Orlando. Economia linguística. *Diário Gaúcho*. Porto Alegre, 25 nov. 2014. Disponível em: <http://mod.lk/fs65j>. Acesso em: 10 maio 2017. (Fragmento).

6. Nesse texto, o autor desenvolve uma reflexão a respeito do princípio da economia linguística, observado na evolução das línguas humanas em geral. Com base nessa reflexão, o autor conclui que formas como "os prato" ou "as mão":
   a) são preferidas pelos brasileiros porque exigem menos esforço.
   b) surgem na oralidade porque o "s" do plural é de difícil pronúncia.
   c) surgem porque o segundo "s" é desnecessário à compreensão.
   d) devem ser aceitas na escrita, pois estão em extinção na língua falada.
   e) são utilizadas pelas camadas populares, que têm menos acesso à escrita.

▶ Leia este soneto da poeta portuguesa Florbela Espanca (1894-1930). Depois, responda às questões de 7 a 10.

Florbela Espanca.

Se tu viesses ver-me...

Se tu viesses ver-me hoje à tardinha,
A essa hora dos mágicos cansaços,
Quando a noite de manso se avizinha,
E me prendesses toda nos teus braços...

Quando me lembra: esse sabor que tinha
A tua boca... o eco dos teus passos...
O teu riso de fonte... os teus abraços...
Os teus beijos... a tua mão na minha...

Se tu viesses quando, linda e louca,
Traça as linhas dulcíssimas dum beijo
E é de seda vermelha e canta e ri

E é como um cravo ao sol a minha boca...
Quando os olhos se me cerram de desejo...
E os meus braços se estendem para ti...

ESPANCA, Florbela. *Poemas de Florbela Espanca*.
Estudo introdutório, organização e notas de Maria Lúcia Dal Farra.
São Paulo: Martins Fontes, 1999. p. 218.

Glossário

Dulcíssimas: extremamente doces.

7. Explique por que o pronome *toda*, no último verso da primeira estrofe, está flexionado no feminino.

8. Releia: "Quando me lembra: esse sabor que tinha".
   a) Qual é o sujeito da forma verbal *lembra*? Que ser, já mencionado no poema, desperta as lembranças no eu lírico?
   b) Em uma das interpretações possíveis para o verso, a forma verbal *tinha* tem um sujeito simples e, por isso, está no singular. Qual seria esse sujeito simples?
   c) Também seria possível atribuir à forma verbal *tinha* um sujeito composto. Qual seria esse sujeito composto? Por que a forma verbal estaria no singular, nesse caso?
   d) Em sua opinião, qual é a interpretação mais plausível? Qual é, afinal, o sujeito de *tinha*?

9. Explique a concordância dos adjetivos *linda* e *louca* e das formas verbais *traça*, *é*, *canta* e *ri*, na terceira estrofe. A que ser todos esses termos se referem? Para responder, considere também a última estrofe.

10. Explique a importância da concordância nominal e verbal para a construção de sentidos desse poema. Em sua opinião, por que o eu lírico optou por nem sempre deixar os sujeitos explícitos?

ENEM E VESTIBULARES

1. (Uerj – Adaptado)

As descontroladas

1 [...] Há cem anos as mulheres que circulam pela Rio Branco já foram chamadas de
2 tudo e, diga-se a bem da verdade, algumas atenderam. Por aqui passou o "broto",
3 o "avião", o "violão", a "certinha", o "pedaço", a "deusa", a "boazuda", o "pitéu",
4 a "gata" e tantas outras que podem não estar mais no mapa, como as mulatas do
5 Sargentelli, mas já estão no Houaiss eletrônico. [...]
6 Agora está entrando em cena, perfilada num funk do grupo As Panteras – um
7 rótulo que, a propósito, notou a evolução das "gatas" –, a mulher do tipo "descon-
8 trolada". [...] Não é exatamente o que o almofadinha lá do início diria no encaminha-
9 mento do eterno processo sedutivo, mas, afinal, homem nenhum também carrega
10 mais almofadas para se sentar no bonde. Sequer bondes há. Já fomos "pães". Muito
11 doce, não pegou. Somos todos lamentáveis "tigrões" em nossa triste sina de matar
12 um leão por dia.
13 Elas mereciam verbetes melhores, que se lhes ajustassem perfeitos, redondos,
14 como a tal calça da Gang. A língua das ruas anda avacalhando com as nossas
15 "minas", para usar a última expressão em que as mulheres foram saudadas com
16 delicadeza e exatidão – dentro da mina, afinal, cabe tanto a pepita de ouro como a
17 cavidade que se enche de pólvora para explodir e destruir tudo o que estiver em cima.
18 [...]

JOAQUIM FERREIRA DOS SANTOS. *O que as mulheres procuram na bolsa*: crônicas.
Rio de Janeiro: Record, 2004.

Observe os verbos sublinhados nas passagens abaixo, todos no singular:

Há cem anos as mulheres que circulam pela Rio Branco já foram chamadas de tudo (l. 1-2) *Sequer bondes há.* (l. 10)

Por aqui passou o "broto", o "avião", [...] e tantas outras que podem não estar mais no mapa, (l. 2-4)

dentro da mina, afinal, cabe tanto a pepita de ouro como a cavidade que se enche de pólvora (l. 16-17)

Explique, com base nas regras de concordância da norma-padrão, por que, nesses exemplos, o verbo **haver** fica sempre no singular, e por que **passar** e **caber** poderiam estar no plural: *passaram* e *cabem*.

2. (PUC-RS – Adaptado)

As transformações que _____ ocorrido na sociedade contemporânea, em especial a partir dos anos 70, _____ propiciando mudanças nas relações científicas estabelecidas com o ambiente internacional. Um evento norteador das transformações societais e decisivo para essas mudanças foi a globalização, que _____ fortes evidências do entrosamento entre ciência e sociedade e _____ a dinâmica de produção do conhecimento, com efeitos no ensino superior sobretudo, realçando a importância da internacionalização nas funções de transmitir e produzir conhecimento.

Universidade, ciência, inovação e sociedade.
36º Encontro Anual da ANPOCS. (Texto adaptado).

Assinale a alternativa que completa, correta e respectivamente, as lacunas do texto.

a) tem – vem – trouxe – alterou
b) têm – vêm – trouxe – alterou
c) tem – veem – trouxe – alterou
d) tem – veem – trouxeram – alteraram
e) têm – vêm – trouxeram – alteraram

3. **(PUC-PR)** Às vezes, textos publicados em periódicos da imprensa apresentam alguma impropriedade gramatical. É o que acontece no excerto de uma entrevista intitulada *Marilena Chauí no Espaço Cult*:

> Pensadora lança livros, participa de bate-papo, fala sobre sua obra, as manifestações e o Black Bloc.
>
> Para Marilena Chauí, os protestos observados no Brasil a partir de junho de 2013 não <u>configuram</u> (1) uma retomada dos movimentos sociais, tampouco carregam as características libertárias de 1968. A pensadora acredita que os movimentos existentes em meados dos anos 1970 até meados dos anos 1990, no país, foram capazes de ressaltar os novos sujeitos políticos que entraram em cena. "Eles valorizavam a política, visavam produzir uma transformação, trouxeram um saldo organizativo para a sociedade e para a política brasileira. <u>Inovaram</u> (2) na forma de fazer política. Eu não vejo isso hoje", afirma.
>
> Hoje, os movimentos estariam diluídos no interior de uma massa que, de acordo com ela, é trabalhada pela mídia como se fosse única, homogênea: a juventude. <u>Ignora-se</u> (3) as divisões de classe, econômicas, sociais, políticas ou culturais. "Por um lado, os movimentos atuais se caracterizam pela dispersão e pela ideia de que o evento da manifestação em si esgota a ação social, a ação política. <u>Termina</u> (4) ali. Não produz um saldo de pensamento, de organização e de historicidade para a sociedade." Estes estariam, ainda, ligados à institucionalidade, uma vez que dirigem suas demandas ao Estado – ao contrário do ocorrido na França e nos Estados Unidos, em 1968, quando as transformações <u>se davam</u> (5) no interior da sociedade, pois a figura do Estado era completamente rejeitada.
>
> Fonte: Adaptado de: <http//revistacult.uol.com.br>.
> Acesso em: 11 de set. 2013.

Há uma impropriedade quanto à **concordância verbal** do verbo indicado pelo número:

a) 3.   b) 1.   c) 2.   d) 4.   e) 5.

4. **(PUC-PR)** Leia o texto a seguir.

> Sentar em frente a um computador para escrever é fazer uma escolha. Escolhemos um caminho em que há várias características que nos encantam.
>
> Martha Medeiros. *Zero Hora*, 18/01/17, p. 4.

Assinale o que for adequado sobre o uso do verbo *haver* nesse trecho.

a) Foi deixado no singular porque é impessoal.
b) Pode ser substituído pelo verbo *existir* no singular.
c) Tem valor de preposição e pode ser substituído por *a*.
d) Pode ser empregado no plural na mesma frase em que está.
e) Caracteriza uma situação futura em relação ao leitor.

Mais questões: no livro digital, em **Vereda Digital Aprova Enem** e **Vereda Digital Suplemento de revisão e vestibulares**; no *site*, em **AprovaMax**.

CAPÍTULO 26

REGÊNCIA E CRASE

OBJETIVOS DE APRENDIZAGEM

- Compreender as relações de regência nominal.
- Reconhecer variações na regência verbal ligadas ao sentido dos verbos e ao nível de formalidade.
- Reconhecer a ausência da devida preposição antes do pronome relativo como uma marca de informalidade nos textos.
- Compreender o fenômeno da crase e os casos em que ele ocorre.

ENEM
C1: H1
C5: H16
C6: H18
C7: H23, H24
C8: H25, H26, H27

Observação

Qual é a diferença entre estas frases: "Chegou a noite." e "Chegou à noite."? Como se nota, o que provoca a mudança de sentido é a crase – o encontro da preposição *a* com o artigo *a*, marcado na escrita pelo acento grave (à). Neste capítulo, vamos examinar essas e outras questões relacionadas ao uso das preposições. Leia a tira e responda às perguntas.

QUINO. *Toda Mafalda*. São Paulo: Martins Fontes, 1998. p. 394.

Análise

1. Descreva a cena retratada na tira.
2. Na tira, há diferença entre a forma como foram retratados o espaço da calçada e o espaço do asfalto. Explique essa diferença e aponte que efeito os recursos visuais utilizados na área do asfalto provocam.
3. Releia a pergunta feita por Mafalda.
   a) Podemos relacionar essa pergunta a fatos da natureza estudados por crianças da idade dela. Que fatos são esses?
   b) Explique por que a pergunta da menina, no contexto em que é feita, provoca estranhamento no leitor.

4. Relacionando o que observou sobre a linguagem visual e verbal da tira, reflita sobre sua intenção comunicativa: a intenção é apenas humorística, ou há outro objetivo? Explique.

5. Examine mais uma vez a pergunta de Mafalda: "Mãe, os carros são seres que atacam o homem para defender-se *de quê*?".
    - Se a menina perguntasse apenas "Mãe, os carros são seres que atacam o homem para defender-se?", o sentido seria o mesmo? Explique por que ela usa as palavras *de quê* no final da pergunta.

Saiba mais

A menina que faz a pergunta nessa tira é Mafalda, uma personagem icônica dos quadrinhos, criada pelo desenhista argentino Joaquín Salvador Lavado Tejón, o Quino. As tiras de Mafalda foram publicadas entre 1964 e 1973 e estiveram entre as mais famosas e traduzidas do mundo. Fosse comentando fatos políticos e sociais de sua época, fosse questionando os hábitos dos pais ou amigos, Mafalda era sempre irreverente e cheia de personalidade.

Regência

Você já estudou que alguns termos da oração completam o sentido de outros. Quando alguém usa o verbo *defender-se*, por exemplo, geralmente o completa com uma expressão como *de inimigos*, *de predadores*, *de ameaças*. Na tira, as palavras *de quê* aparecem no final da pergunta porque Mafalda quer saber, justamente, qual é esse complemento, ou seja, do que os carros estão se defendendo.

No funcionamento da língua, damos o nome de **regência** a essa relação em que uma palavra ou expressão completa o sentido de outra. A palavra ou expressão que tem seu sentido completado é o **termo regente**, e a palavra que a ela se subordina, fornecendo informações que a completam, é o **termo regido**. Observe:

Os felinos usam as garras para **defender-se** *de predadores*.
　　　　　　　　　　　　　　　　　termo regente　termo regido

De maneira específica, dentro da área da sintaxe, os estudos de regência investigam como os complementos nominais completam o sentido dos nomes (substantivos, adjetivos ou advérbios) e como os complementos verbais e certos adjuntos adverbiais completam ou modificam o sentido dos verbos. No primeiro caso, dizemos que esses estudos focalizam a **regência nominal** e, no segundo, a **regência verbal**.

> **Regência** é a relação que se estabelece entre palavras e expressões na qual uma delas (o **termo regido**) completa o sentido da outra (o **termo regente**). De modo específico, os estudos de regência investigam como os complementos nominais se relacionam aos nomes – **regência nominal** – e como os complementos verbais e alguns adjuntos adverbiais se relacionam aos verbos – **regência verbal**.

Regência nominal

Pense e responda

Leia a tira e responda às perguntas.

BECK, Alexandre. Armandinho. *Tiras Armandinho*. Disponível em: <http://mod.lk/dhxnl>. Acesso em: 16 maio 2017.

1. Pela leitura da tira, podemos deduzir que Armandinho e sua mãe estavam conversando antes, e que o menino tentava convencê-la de algo. Explique essas deduções.

2. Por seu caráter incomum, os argumentos usados por Armandinho e pela mãe no último quadrinho ajudam a dar graça à tira. Explique como isso ocorre.

3. Observe: "Não tenho preconceito *de lagartixas*...", "Você já teve medo *do sapo*, lembra?".

    a) Qual é a função sintática das expressões destacadas? Escolha entre as opções abaixo.
    - objeto direto
    - complemento nominal
    - adjunto adnominal
    - aposto

    b) Na primeira expressão (preconceito *de lagartixas*), a preposição *de* poderia ser trocada por outra. Dê exemplo de uma preposição que poderia substituí-la, sem prejuízo para o sentido da frase.

    c) Considerando o texto da tira como um todo, levante uma hipótese para explicar por que foi escolhida a preposição *de*, nessa expressão.

Conforme você estudou no Capítulo 20, os complementos nominais – isto é, os termos da oração que completam o sentido de substantivos, adjetivos ou advérbios – são sempre introduzidos por preposição. Observe como isso acontece na tira que você acabou de ler:

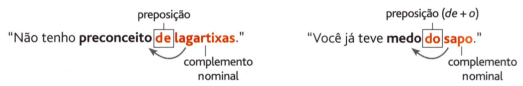

Em alguns casos, é possível optar por diferentes preposições para ligar os complementos ao nome: ao analisar a tira de Armandinho, você notou que seria possível dizer *preconceito de lagartixas*, *preconceito* **contra** *lagartixas* ou *preconceito* **com** *lagartixas*. Em situações assim, a escolha da preposição é uma questão de estilo, já que todas proporcionam sentido semelhante ao enunciado.

Há casos, porém, em que a opção por uma ou outra preposição leva a uma diferença no significado. Compare, por exemplo, estas manchetes:

Gazeta Esportiva, 7 abr. 2017. Disponível em: <http://mod.lk/ad4bj>. Acesso em: 17 maio 2017.

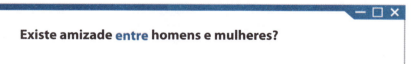

ROCHA, Paulo. *Isto É*. São Paulo: Ed. Três, 1º jun. 2012. Disponível em: <http://mod.lk/yfhfi>. Acesso em: 17 maio 2017. © Três Editorial Ltda.

Seria impossível trocar entre si as preposições destacadas, pois o primeiro enunciado ficaria sem sentido e o segundo teria seu sentido alterado. Veja: "Em boa fase no Barça, Neymar enaltece amizade *entre* Messi"; "Existe amizade *com* homens e mulheres?".

418 Gramática: uma reflexão sobre a língua

Nos quadros a seguir, você encontrará alguns dos principais substantivos, adjetivos e advérbios que costumam ser acompanhados por complemento nominal, bem como as preposições que eles regem – ou seja, as preposições normalmente utilizadas, na norma-padrão, para introduzir seus complementos.

Regência de alguns adjetivos			
acostumado	a, com	contrário	a
afável	com, para com	devoto	a, de
aflito	por, para	equivalente	a
alheio	a	favorável	a
ansioso	por, para	idêntico	a
apto	a, para	igual	a
assíduo	a	indiferente	a, com
avesso	a	obediente	a
ávido	de, por	nocivo	a
compatível	com	paralelo	a
condizente	a, com	preferível	a
confiante	em	relativo	a
contemporâneo	a, de	residente	em

Regência de alguns substantivos			
amor	a, por	indiferença	a, para com, por
antipatia	por	obediência	a
atentado	a, contra	preferência	por, sobre
aversão	a, por	prevenção	a, de
confiança	em	respeito	a, com, para com, por
desprezo	a, por	temor	a, de

Regência de alguns advérbios	
favoravelmente	a
paralelamente	a
relativamente	a

"É preferível X do que Y"?

Se examinar com atenção o quadro apresentado aqui, você perceberá que algumas regências comuns no uso coloquial não são admitidas pela norma-padrão. Pense, por exemplo, nesta frase:

*É preferível ter poucos amigos, mas confiáveis, **do que** ter muitos amigos, mas não poder contar com eles na hora do aperto.*

Essa frase soa natural para a maioria dos brasileiros, pois na linguagem coloquial são comuns as construções *preferível que* ou *preferível do que*. No entanto, pelas regras da norma-padrão o adjetivo *preferível* deve ter seu complemento introduzido pela preposição *a*. Logo, a construção de acordo com a gramática normativa seria:

*É preferível ter poucos amigos, mas confiáveis, **a** ter muitos amigos, mas não poder contar com eles na hora do aperto.*

Regência verbal

Pense e responda

Leia o anúncio e responda às perguntas.

Jornadas exaustivas de trabalho são consideradas escravidão. E isso ainda é uma realidade no Brasil. Mesmo assim, alguns projetos de lei querem restringir a definição de trabalho escravo no país. Ajude a defender a legislação que protege o trabalhador.

Somos Livres. Comissão Nacional para a Erradicação do Trabalho Escravo. Disponível em: <http://mod.lk/t02x3>. Acesso em: 17 maio 2017.

Para navegar

As peças da campanha *#Somos Livres* estimulam as pessoas a pensarem no pior dia de trabalho de suas vidas a partir de perguntas provocadoras: "Você desmaiou de cansaço?", "Você recebeu comida podre?". O objetivo dessas perguntas é conscientizar essas pessoas de que, mesmo nos seus piores dias de trabalho, elas não foram submetidas a jornadas exaustivas ou a condições degradantes como aquelas que alguns trabalhadores brasileiros enfrentam, mesmo em pleno século XXI. Visite o *site* somoslivres.org e saiba mais sobre a campanha.

1. Qual é o objetivo desse anúncio?

2. O texto principal do anúncio poderia ser escrito destas duas outras formas:

Lembre-se do pior dia de trabalho de sua vida

Lembre o pior dia de trabalho de sua vida

- Considerando o nível de formalidade do anúncio e o sentido da frase, indique se, em sua opinião, essas versões alternativas seriam boas substitutas para a redação original. Justifique sua resposta.

Conforme vimos, a regência nominal estuda a relação entre os nomes e seus complementos; como os complementos nominais são *sempre* introduzidos por preposição, as diretrizes da regência nominal dizem respeito apenas a *qual* preposição será utilizada. Já na regência verbal, temos de considerar, antes de mais nada, *se* será empregada alguma preposição. Afinal, como estudamos no Capítulo 19, os verbos podem ter diferentes transitividades, podendo receber um complemento introduzido sem preposição (objeto direto) ou com preposição (objeto indireto). Os verbos podem, ainda, ser pronominais, quando incluem um pronome oblíquo que não atua como objeto: *lembrar-se*, *assustar-se*, *espantar-se*, etc.

O verbo *lembrar*, que aparece no anúncio, é um bom exemplo de verbo com diferentes transitividades – ou diferentes *regências*. Veja as regências que esse verbo pode ter, segundo as regras da norma-padrão:

a) com o sentido de "recordar(-se)", o verbo *lembrar* pode ser:

- transitivo direto – *Lembra o dia em que fomos ao parque de diversões?*
- transitivo indireto (na forma pronominal) – *Lembre-se do pior dia de trabalho de sua vida*.

b) com o sentido de "parecer, sugerir, trazer à lembrança", ele pode ser:

- transitivo direto – *A criança lembra muito o tio. O cheiro do mar lembra minha infância.*
- transitivo direto e indireto – *Tudo naquela casa lembrava-lhe os pais ausentes.*

c) com o sentido de "informar, alertar", é transitivo direto e indireto; nesse caso, a pessoa alertada pode ser o objeto direto, e o elemento recordado, o objeto indireto (*Lembrei os alunos da prova que haverá amanhã*) ou vice-versa (*Lembrou o compromisso ao amigo*).

Analisando essa lista, percebemos que a regência utilizada no anúncio ("**Lembre do** pior dia de trabalho da sua vida"), apesar de muito comum na linguagem coloquial, não é aceita pela norma-padrão. Afinal, quando o sentido é "recordar(-se)", a gramática normativa só admite as construções *lembrar algo* ou *lembrar-se de algo*. Por exemplo:

> *Não lembro o enredo do filme.* (objeto direto)
>
> *Não me lembro do enredo do filme.* (pronominal + objeto indireto)

Se o elemento recordado vier representado por uma oração iniciada pela conjunção *que*, não é obrigatório usar o pronome *de*:

Lembre-se (de) que muitos trabalhadores brasileiros enfrentam condições indignas.

Conhecer a regência de um verbo significa conhecer esses detalhes, que devem ser observados principalmente em situações comunicativas de maior formalidade. A seguir, apresentaremos os casos de regência verbal que mais provocam dúvida.

Agradecer

O verbo *agradecer* admite várias regências, mas a pessoa ou entidade à qual se agradece, se for mencionada, será sempre o objeto indireto. Exemplos: *Agradeço **ao público** pela paciência. Agradecemos **a Deus** a graça alcançada. Recebi as flores que o Pedro enviou, mas ainda não **lhe** agradeci. Agradeço (por) sua atenção.*

Aspirar

Com o sentido de "sorver; inalar", é transitivo direto: *O novo robô aspira rapidamente o pó da sala.*

Com o sentido de "almejar, ter a pretensão de", é transitivo indireto: *Aspiro **a** um cargo mais alto nesta empresa.*

Assistir

É transitivo direto com o sentido de "prestar assistência, ajuda": *Aquele rico industrial assiste os mais carentes.*

No sentido de "estar presente; ver como espectador", embora seja largamente usado com regência direta na linguagem coloquial (*assisti o filme*), em situações de maior formalidade deve ser empregado com regência indireta: *Assisti **ao** filme.*

Pode, ainda, ser usado como transitivo direto e indireto com o sentido de "caber ou competir (algo a alguém)": *Assiste **à** viúva o direito de receber a aposentadoria do falecido.*

Chegar, ir, voltar

Leia a tira.

LEITE, Will. *Will Tirando*. Disponível em: <http://mod.lk/iyaew>. Acesso em: 16 maio 2017.

Segundo a tira, a atitude dos vendedores se altera radicalmente de acordo com o objetivo do cliente: comprar algo ou trocar o produto.

Para fazer sua crítica bem-humorada, o texto usa dois verbos que indicam movimento, *chegar* e *voltar*: "Quando *chegamos* em uma loja", "Quando *voltamos* à loja para trocar um produto com defeito".

Na linguagem coloquial, é comum usarmos a preposição *em* com verbos de movimento ("chegamos *em* uma loja"). Contudo, na norma-padrão, esse tipo de verbo rege as preposições *a* ou *para*: *chegar **a** uma loja, ir **a** uma exposição, ir **para** a escola, voltar **à** escola, voltar **para** a escola.*

Uma exceção é a expressão *chegar em casa* (com referência à moradia da pessoa), na qual se admite o emprego da preposição *em*.

> **Ir a ou ir para?**
>
> Leia este trecho de uma notícia, prestando atenção às preposições destacadas:
>
> > Os 98 estudantes selecionados em um programa de bolsas de estudo da Prefeitura de Fortaleza embarcarão hoje e na quarta-feira [...].
> >
> > Metade dos estudantes vai *para* o Canadá (Toronto e Vancouver) e a outra metade vai *para* Salamanca, na Espanha.
> >
> > *Diário do Nordeste*. Fortaleza, 18 abr. 2017. Disponível em: <http://mod.lk/9k8kk>. Acesso em: 17 maio 2017. (Fragmento adaptado).
>
> O verbo *ir* pode ser usado tanto com *a* quanto com *para*, mas há uma pequena diferença de sentido. A expressão *ir para* dá ideia de uma permanência relativamente longa, como no texto da notícia: ao ler que "metade dos estudantes vai para o Canadá", entendemos que eles vão permanecer por um período considerável no país. Por outro lado, a expressão *ir a* sugere uma permanência mais curta, por isso é mais adequada em uma frase como "Vou *a* Salvador na sexta, mas no domingo já estarei de volta".

Cheirar

Com o sentido de "sentir o aroma, usar o olfato", é transitivo direto: *Desconfiado, o cachorro cheirava o tapete freneticamente*. Com o sentido "ter cheiro de" (literal ou figurado), é transitivo indireto: *O velho hotel cheirava a mofo. Isso está cheirando a trapaça*.

Esquecer

Tem regência semelhante à do verbo *lembrar*. Isso significa que, na norma-padrão, só são admitidas as formas *esquecer-se de algo* ou *esquecer algo*.

Obedecer, desobedecer

Na norma-padrão, os verbos *obedecer* e *desobedecer* têm regência indireta: *obedecer aos pais, desobedecer às regras*.

Pedir

Em situações formais, convém utilizar a forma *pedir para* apenas com o sentido de "pedir licença ou permissão". Por exemplo: *O aluno pediu para ir ao banheiro*. Nos demais casos, deve-se usar a forma *pedir que*: *Pediu aos alunos que fizessem uma pesquisa sobre protozoários. Vou pedir à mamãe que me ensine a pescar*.

Preferir

Assim como ocorre com o adjetivo *preferível*, a regência do verbo *preferir* no uso coloquial difere da exigida pela norma-padrão. No registro informal, é comum dizermos "prefiro morango *que/do que* framboesa" ou "prefiro morango *ao invés de* framboesa". Contudo, na gramática normativa, esse verbo só admite a preposição *a*: *Prefiro morango a framboesa. Prefiro me dedicar noite adentro aos estudos a acordar cedo para estudar pela manhã*.

Responder

A regência desse verbo varia conforme o sentido. Com o sentido de simplesmente "dar resposta, atender", é intransitivo: *Chamei à porta, mas ninguém respondeu*.

Com o sentido de "dizer algo em resposta", pode ser transitivo indireto, com aquilo ou aquele ao qual se responde como objeto indireto (*responder às questões, aos desafios, à carta*), e transitivo direto, com a resposta como objeto direto (*respondeu o que queria, respondeu um sonoro não*). Os dois objetos podem, ainda, aparecer juntos, caso em que o verbo será transitivo direto e indireto: *Respondeu um sonoro não à proposta do diretor*.

A língua da gente

As preposições e os pronomes relativos

O desenhista Yorhán Araújo produz tiras e cartuns protagonizados por um cachorro e uma raposa, chamados respectivamente Sigmund e Freud – uma alusão ao médico austríaco Sigmund Freud (1856-1939), considerado o pai da psicanálise. Leia um dos cartuns da dupla.

ARAÚJO, Yorhán. *Devaneios com Sigmund e Freud*. Disponível em: <http://mod.lk/jfsrx>. Acesso em: 17 maio 2017.

Como se nota, o cartum tem intenção mais reflexiva do que humorística. Observe a pergunta de Sigmund: "O que pode ser pior que perder pessoas que eu gosto?". O verbo *gostar* é transitivo indireto (*gosto de pessoas*). Então, a rigor, como o pronome relativo *que* retoma o substantivo *pessoas*, a preposição exigida pelo verbo deveria aparecer antes dele:

eu gosto de pessoas

O pronome relativo *que* retoma *pessoas*.

O que pode ser pior que perder pessoas de que eu gosto?

No uso coloquial, refletido no cartum, praticamente não se emprega a preposição com *que* e outros pronomes relativos. Contudo, em situações comunicativas que pedem obediência à norma-padrão, convém inserir a preposição exigida pelo nome ou verbo. Em alguns casos, será necessário trocar o pronome *que* por outros relativos (*o qual* e suas variações, *quem*, *cujo*).

Veja estes exemplos:

O jogador fez cinco gols nas três partidas de que (ou das quais) participou.

(*participou das partidas*)

Nossa era é marcada por mudanças tecnológicas, às quais é necessário adaptar-se.

(*é necessário adaptar-se às mudanças tecnológicas*)

Meus pais são as pessoas em quem eu mais confio.

(*eu confio em pessoas*)

Sua opinião, com a qual concordo plenamente, foi a mais lúcida do debate.

(*concordo com sua opinião*)

No momento em que os cantores subiram ao palco, a plateia foi ao delírio.

(os cantores subiram ao palco em certo momento)

Esse advogado respeita os moradores de rua, de cujos direitos é um grande defensor.

(é um grande defensor dos direitos dos moradores de rua)

O emprego da preposição com o pronome relativo é frequentemente abordado em questões de vestibular. Veja um exemplo a seguir:

(PUC-PR) Leia as sentenças abaixo e assinale a alternativa que preencha adequadamente as lacunas.

I. Questões sobre virtude e honra são óbvias demais para ser negadas. Considere-se o debate sobre ____ seria merecedor da medalha "Coração Púrpura". Desde 1932, o exército dos Estados Unidos outorga essa honraria a soldados feridos ou mortos pelo inimigo durante um combate.

(SANDEL, M. *Justiça*. Rio de Janeiro: Civilização Brasileira, 2014. p. 18).

II. Indivíduos ____ recebem vacinas fazem ____ haja diminuição da circulação do agente infeccioso na comunidade. Ao diminuir o número de pessoas suscetíveis, diminui também a chance de transmissão da doença para todos.

(*Superinteressante*, São Paulo: Abril, p. 44-45, set. 2015).

III. No mês anterior ao ataque às Torres Gêmeas do World Trade Center, em Nova York, o FBI e a CIA receberam diversos indicativos ____ algo grande estava sendo tramado, mas não conseguiram conectar as pistas e prever o atentado.

(*Superinteressante*, São Paulo: Abril, p. 35, ago. 2015).

IV. Algumas celebrações regionais, como o Vinte de Setembro, no Rio Grande do Sul, ou o Nove de Julho, em São Paulo, exaltam confrontos históricos ____ nem todos os brasileiros conhecem, porém, ____ a população local fortemente se identifica.

(GOMES, L. *1889*. São Paulo: Globo, 2013. p. 17. Adaptado).

V. Recostado na confortável poltrona, Luís Bernardo via desfilar a paisagem através da janela do trem, observando como aos poucos o céu de chuva ____ deixara em Lisboa ia timidamente abrindo clareiras ____ espreitava um reconfortante sol de inverno.

(TAVARES, M. S. *Equador*. São Paulo: Companhia das Letras, 2011. p. 13. Adaptado).

a) o que, os quais, que, que, os quais, com que, o qual, em que.
b) o que, que, que, que, os quais, com os quais, o qual, com que.
c) quem, os quais, que, que, os quais, dos quais, com que, que.
d) quem, que, com que, de que, que, com os quais, que, pelas quais.
e) que, que, de que, com que, que, de que, que, pelas quais.

Crase

Pense e responda

Leia o cartaz a seguir e responda às perguntas.

1. Explique como a imagem principal se relaciona aos dois temas do cartaz (trabalho infantil e educação de qualidade).

2. No texto principal do cartaz, fica subentendido o verbo *dizer*. Portanto, o significado aproximado das frases é:

   Diga não ao trabalho infantil.

   Diga sim à educação de qualidade.

   a) Na primeira frase, identifique:

      I. o objeto direto e o objeto indireto da forma verbal *diga*;

      II. a preposição e o artigo.

   b) Deduza: considerando suas respostas anteriores, a oração "Diga sim à educação de qualidade" também apresenta uma preposição e um artigo? Justifique.

Em sentido amplo, *crase* é um fenômeno fonético em que duas vogais idênticas se fundem. Na língua portuguesa, quando falamos em **crase**, referimo-nos a um fato mais específico: à combinação da preposição *a* com o artigo definido feminino (*a*, *as*) ou com os pronomes demonstrativos iniciados pela vogal *a*, isto é, *aquele(s)*, *aquela(s)*, *aquilo*. Na escrita, a crase é marcada pelo **acento grave** (`). Observe:

preposição *a*	+	artigos *a*, *as*	**à, às**
		pronomes *aquele*, *aqueles*	**àquele, àqueles**
		pronomes *aquela*, *aquelas*	**àquela, àquelas**
		pronome *aquilo*	**àquilo**

> **Crase** é a combinação da preposição *a* com o artigo definido feminino (*a*, *as*) ou com os pronomes demonstrativos iniciados pela vogal *a* – *aquele(s)*, *aquela(s)*, *aquilo*. Na escrita, é marcada pelo acento grave.

A compreensão de que a crase só ocorre quando estão presentes esses elementos – a preposição *a* e o artigo feminino (ou o pronome demonstrativo) – nos ajuda a resolver a maioria das dúvidas sobre quando empregar seu acento indicativo. Nos tópicos a seguir, veremos com mais detalhes as situações em que ocorre e em que não ocorre a crase.

Quando empregar o acento indicativo de crase

Basicamente, o acento grave deve ser utilizado nestas duas situações:
- o verbo ou o nome exige um complemento introduzido pela preposição *a*;
- a palavra que vem em seguida é um substantivo feminino que, no contexto, deve ser antecedido pelo artigo definido *a(s)*.

Veja os exemplos:

*Diga sim **à** **educação** de qualidade.*

Nessa oração, *dizer* é um verbo transitivo direto e indireto (*dizer algo a alguém*). Portanto, o segundo objeto deve ser introduzido pela preposição *a*.

Educação é um substantivo feminino e, nesse contexto, deve ser antecedido pelo artigo *a* (*a educação de qualidade* é um direito de todas as crianças).

*Todos os passageiros **sobreviveram à queda** do avião.*

Sobreviver é um verbo transitivo indireto, e seu objeto deve ser introduzido pela preposição *a* (*sobreviver a algo*).

Queda é um substantivo feminino e, nesse contexto, deve ser antecedido pelo artigo *a* (*a queda do avião* não feriu nenhum passageiro).

*Você é **favorável às cotas** no ensino superior?*

O adjetivo *favorável* pede complemento nominal introduzido pela preposição *a*.

Cotas é um substantivo feminino e, nesse contexto, deve ser antecedido pelo artigo *as* (*as cotas no ensino superior* foram implantadas há vários anos).

Também ocorre crase quando o verbo ou o nome exige um complemento introduzido pela preposição *a*, e esse complemento é determinado ou representado pelos pronomes *aquele(s)*, *aquela(s)*, *aquilo*:

*O professor fez **referência àquele** livro que lemos no semestre passado.*

*Por favor, **entregue** estas flores **àquelas** duas **senhoras** sentadas no banco.*

*Não vou ao cinema para **assistir àquilo**. Detesto filme água com açúcar!*

Ocorre crase, ainda, nas seguintes situações:

- Na indicação das horas: *O ônibus chegou à uma hora da manhã. O museu abre das oito às quinze horas.*
- Em locuções adverbiais, prepositivas ou conjuntivas formadas com substantivo feminino: *Vire à esquerda. Fez tudo às pressas. Paguei à vista os produtos que estavam à venda. Namoravam às escondidas. Às vezes almoçamos aqui. Madalena estava à espera do professor. À medida que a tinta saía, revelava-se o fundo dourado. Você pode escrever à caneta ou a lápis, desde que seja à mão.*
- Com os relativos *a qual* ou *as quais*, caso sejam o complemento de um nome ou verbo que exige preposição: *Essas são as pessoas às quais me referi.*
- Antes do relativo *que*, quando houver uma palavra feminina subentendida: *Minha situação é semelhante à que você vivia antes de mudar-se.* (= *à situação* que você vivia)

Quando não empregar o acento indicativo de crase

De modo geral, o acento grave não deve ser utilizado antes de substantivos masculinos, pois obviamente eles não são antecedidos pelo artigo feminino: *chegar a tempo, pagar a prazo, andar a esmo, carro a álcool.* A exceção a essa regra são as situações em que há uma palavra feminina subentendida antes da masculina: *Cortou o cabelo à Neymar.* (= à moda do jogador Neymar). *Quando se fala em bibliotecas grandiosas, sempre se faz menção à Mário de Andrade.* (= à Biblioteca Mário de Andrade).

Tampouco ocorre crase antes de substantivos femininos que, no contexto em que aparecem, não devem ser usados com artigo definido. Por exemplo: *O produto só será entregue a pessoas cadastradas.* Nesse caso, o substantivo *pessoas* é empregado em sentido genérico, portanto não vem determinado pelo artigo (pessoas cadastradas receberão o produto).

Confira outros casos em que o acento indicativo de crase não é empregado:

- antes de verbos no Infinitivo: *Começou a chover.*
- antes do nome de cidades: *Vou a Olinda na sexta. Chegamos a Brasília.* Exceção: se a cidade estiver determinada por alguma qualidade: *Voltei à Roma dos meus antepassados.*
- antes de *ela(s), esta(s), essa(s)*: *Entregaram a ela o livro. Sou imune a essas doenças.*
- antes de *uma(s)* (exceto quando indicar hora): *Espero que essa discordância não nos leve a uma briga.*
- antes de pronomes indefinidos que não admitem artigo (*ninguém, alguém, qualquer, toda, tudo, cada, alguma,* etc.): *Faremos uma redação a cada semana. Cumprimentou a todas. A vacina será fornecida a qualquer pessoa.*

Casos especiais

Leia a tira.

NÍQUEL NÁUSEA FERNANDO GONSALES

Dessa vez o personagem Níquel Náusea quase cai, literalmente, em uma armadilha. Releia a fala do cachorro: "Meu dono fez uma casa igual **à** *minha* pra você!".

Como estudado no Capítulo 11, é facultativo o uso de artigo antes de pronome possessivo: pode-se dizer "a minha casa é espaçosa" ou "minha casa é espaçosa". Logo, também é facultativo o emprego do acento indicativo de crase antes do pronome possessivo – estão corretas tanto a forma "casa igual **à** minha" quanto "casa igual **a** minha".

Em relação a nomes de pessoas, é preciso lembrar que o artigo indica intimidade: *Vou jantar com a Paula*. Logo, haverá crase apenas antes de nomes de mulheres com quem se tem familiaridade: *Entreguei as chaves* **à** *Amanda*. Mas: *Organizamos um sarau em homenagem* **a** *Cecília Meireles*.

Um último detalhe diz respeito a países, estados ou regiões que têm nome feminino. Nesse caso, ocorre crase se o nome admitir artigo: *Fui* **à** *Austrália,* **à** *Inglaterra,* **à** *Amazônia*. Mas: *Fui* a *Fortaleza,* **a** *Rondônia,* a *Cuba*. Para saber se o nome admite artigo, basta trocar a preposição *a* por *de* ou *para*: *vim* **da** *Austrália, fui* **para a** *Austrália,* mas *vim* **de** *Fortaleza, fui* **para** *Fortaleza*.

> Ver De olho na escrita: "*A, à e há*", ao final da Unidade 7.

ATIVIDADES

▶ Leia a tira e responda às perguntas de 1 a 3.

ZITS — SCOTT E BORGMAN

1. No segundo balão de pensamento, foi empregada a preposição *em* antes do pronome relativo *o qual* ("um produto *no qual* ninguém"). Essa não é, porém, a preposição exigida pela expressão *ficar bem*.
Reescreva a frase com a preposição adequada, de acordo com as regras da norma-padrão.

2. Levante uma hipótese para explicar por que, na tira, foram empregadas as preposições destacadas: *deve ter sido difícil de se chegar a um produto no [em + o] qual ninguém ficasse bem com ele!*

3. Explique como esse último balão de pensamento, em conjunto com a linguagem visual da tira, produz um efeito humorístico. Em sua resposta, contemple a importância da divisão da cena em dois quadrinhos.

▶ No conto "A maior ponte do mundo", de Domingos Pellegrini, o narrador-protagonista é um eletricista paulista convocado para trabalhar em uma gigantesca construção no Rio de Janeiro. Leia um fragmento desse conto e responda às questões de 4 a 6.

ATIVIDADES

> Quando vi o Cristo Redentor, dali a um minuto a caminhoneta parou. Era a ponte.
>
> Aquilo é uma ponte que você, na cabeça dela, não enxerga o rabo. Me disseram depois que é a maior do mundo, mas eu adivinhei na hora que vi; só podia ser a maior ponte do mundo. Faltava um mês pra inauguração e aquilo fervia de peão pra cima e pra baixo, você andava esbarrando em engenheiro, serralheiro, peão bate-estaca, peão especializado igual eu, mestre de obras, contramestre, submestre, assistente de mestre e todos os tipos de mestre que já inventaram [...].
>
> PELLEGRINI, Domingos. A maior ponte do mundo. In: *Os cem melhores contos brasileiros do século*. Seleção de Ítalo Moriconi. Rio de Janeiro: Objetiva, 2001. p. 364. (Fragmento).

Saiba mais

O conto faz referência à construção da Ponte Rio-Niterói (oficialmente denominada Ponte Presidente Costa e Silva), que liga a capital fluminense ao norte do estado. Com seus 13,2 quilômetros, a ponte era, em 1974 – ano em que foi inaugurada –, a terceira mais extensa do mundo, ficando atrás apenas de duas concorrentes estadunidenses. Equivocadamente, chegou a ser proclamada como "a maior ponte do mundo". Atualmente, a ponte Danyang-Kunshan, na China, é a maior do mundo, com mais de 164 quilômetros de extensão.

Ponte Rio-Niterói. Baía de Guanabara, Rio de Janeiro, 2008.

4. Identifique um trecho do texto em que a regência nominal não obedece às regras da norma-padrão. Reescreva esse trecho de acordo com as regras.

5. Releia: "Me disseram depois que é a maior do mundo, mas eu adivinhei na hora que vi [...]". Nessa passagem, a preposição deixou de ser usada antes do pronome relativo. Reescreva a frase inserindo a preposição exigida pela norma-padrão.

6. Compare as frases reescritas com as originais e responda: qual das versões confere maior verossimilhança ao conto? Por quê?

> Coerência interna em um texto ficcional, que faz com que ele pareça possível para o leitor.

- Leia a tira e responda às questões de 7 a 10.

OCUPAÇÃO LAERTE

LAERTE. Itaú Cultural. *Ocupação*: Laerte. Disponível em: <http://mod.lk/rpyni>. Acesso em: 18 maio 2017.

Glossário

Sinótico: que faz uma sinopse, que sintetiza, resume.

7. Justifique o emprego do acento indicativo de crase no terceiro quadrinho.

8. A construção *à qual* confere formalidade a esse quadrinho. Identifique mais dois exemplos de registro formal na tira.

9. Até o terceiro quadrinho, o leitor é levado a imaginar que o personagem está participando de determinada situação comunicativa. Indique qual seria essa situação (onde o personagem parece estar, com que finalidade, dirigindo-se a quem) e justifique sua resposta com elementos verbais e visuais da tira.

10. No último quadrinho, ocorre uma quebra de expectativa que provoca o humor da tira. Explique como isso acontece.

- Leia o fragmento inicial de uma coluna de jornal dedicada a responder dúvidas de português. Depois, responda às questões.

Sutilezas da crase

Tenho certeza, caro leitor, que você sabe muito bem que só os ingênuos acreditam em soluções simples para problemas complexos – e isso vale também para a gramática. O acento de crase é um bom exemplo: há tantos fatores envolvidos em seu emprego que, percebendo que o gelo é fino e a mata é espessa, nenhum de nós se arrisca a usá-lo sem antes fazer uma pausa para pensar. Uma certa dose de angústia é inevitável aqui (há até quem se benza!), mas asseguro que um pouco de calma e reflexão hão de nos pôr no bom caminho.

Pois é exatamente sobre crase a consulta feita por uma enfermeira que, por razões pessoais, pede que eu não publique seu nome. Em seu trabalho na transcrição de consultas médicas, recorre constantemente a dicionários e a gramáticas, mas não consegue entender por que o A não deve ser acentuado em construções do tipo "paciente submetido **A** cirurgia de catarata". Diz ela: "Um médico afirmou que é sem acento, mas, para mim, as duas condições de crase estão presentes: **submetido** pede a preposição **A** e o segundo termo é um substantivo **feminino**: não seria o suficiente?".

[...]

MORENO, Cláudio. *Zero Hora*, Porto Alegre, 17 nov. 2016. Disponível em: <http://mod.lk/mb4w6>. Acesso em: 18 maio 2017. (Fragmento).

11. Imagine que, na frase que provoca dúvida, em vez de *cirurgia de catarata* o procedimento médico fosse *exame de raio X*. Haveria diferença de sentido entre as construções "paciente submetido *a* exame de raio X" e "paciente submetido *ao* exame de raio X"? Explique sua resposta.

12. Levando em conta o que observou, imagine que você é o responsável pela coluna do jornal e responda à pergunta da enfermeira.

ENEM E VESTIBULARES

1. (Enem)

Cabeludinho

Quando a Vó me recebeu nas férias, ela me apresentou aos amigos: Este é meu neto. Ele foi estudar no Rio e voltou de ateu. Ela disse que eu voltei de ateu. Aquela preposição deslocada me fantasiava de ateu. Como quem dissesse no Carnaval: aquele menino está fantasiado de palhaço. Minha avó entendia de regências verbais. Ela falava de sério. Mas todo-mundo riu. Porque aquela preposição deslocada podia fazer de uma informação um chiste. E fez. E mais: eu acho que buscar a beleza nas palavras é uma solenidade de amor. E pode ser instrumento de rir. De outra feita, no meio da pelada um menino gritou: Disilimina esse, Cabeludinho. Eu não disiliminei ninguém. Mas aquele verbo novo trouxe um perfume de poesia à nossa quadra. Aprendi nessas férias a brincar de palavras mais do que trabalhar com elas. Comecei a não gostar de palavra engavetada. Aquela que não pode mudar de lugar. Aprendi a gostar mais das palavras pelo que elas entoam do que pelo que elas informam. Por depois ouvi um vaqueiro a cantar com saudade: Ai morena, não me escreve / que eu não sei a ler. Aquele a preposto ao verbo ler, ao meu ouvir, ampliava a solidão do vaqueiro.

BARROS, M. *Memórias inventadas*: a infância.
São Paulo: Planeta, 2003.

No texto, o autor desenvolve uma reflexão sobre diferentes possibilidades de uso da língua e sobre os sentidos que esses usos podem produzir, a exemplo das expressões "voltou de ateu", "disilimina esse" e "eu não sei a ler". Com essa reflexão, o autor destaca

a) os desvios linguísticos cometidos pelos personagens do texto.
b) a importância de certos fenômenos gramaticais para o conhecimento da língua portuguesa.
c) a distinção clara entre a norma culta e as outras variedades linguísticas.
d) o relato fiel de episódios vividos por Cabeludinho durante as suas férias.
e) a valorização da dimensão lúdica e poética presente nos usos coloquiais da linguagem.

2. (Insper-SP – Adaptado)

Nada além

O amor bate à porta
e tudo é festa.
O amor bate a porta
e nada resta.

Cineas Santos.
http://www.jornaldepoesia.jor.br

Em relação ao jogo de ideias presente no par "bate à porta" e "bate a porta" nos versos acima, é correto afirmar que o emprego do acento grave está associado a

a) fatores sintáticos que determinam diferentes significados.
b) opções estilísticas que conferem sonoridade e ritmo ao poema.
c) mecanismos fonológicos que promovem a tonicidade das palavras.
d) recursos argumentativos que explicitam efeitos de subjetividade nos textos.

3. (Insper-SP – Adaptado)

Material complementar
Texto integral

Demorou, já é

Do Rio de Janeiro gosto de muitas coisas: da malabarística eficiência das casas de suco, do orgulho aristocrático dos garçons, das árvores alienígenas do Aterro, dos luminosos dos armarinhos em Copacabana, da língua: essa língua tão parecida com a falada pelos paulistanos e, ao mesmo tempo, tão diferente.

Veja o "demorou!", por exemplo. Lembro bem da primeira vez que ouvi um amigo carioca usar a expressão, anos atrás. Acabávamos de nos sentar num bar, numa rua pacata do Leblon, ajeitei minha cadeira e propus: "Vamos pedir umas empadas?". "Demorou!". "Como? A gente acabou de chegar!". "Então, pede aí, demorou!". "Ué, se tá achando que eu demorei, porque cê não pediu antes da gente sentar?". A conversa seguiu truncada por mais algum tempo, até que este obtuso paulista compreendesse, admirado, que o "demorou!" não era uma reclamação, mas uma manifestação de júbilo.

[...]

(Antonio Prata, *Folha de S. Paulo*,
22/08/2012)

Considere os aspectos linguísticos presentes no segundo parágrafo do texto e identifique a alternativa que apresenta uma análise correta sobre eles:

a) Do ponto de vista da gramática normativa, há um erro de regência em "Lembro bem da primeira vez...", uma vez que, quando transitivo indireto, o verbo "lembrar" é pronominal.

b) No diálogo estabelecido com o amigo num bar no Leblon, o cronista lança mão de marcas de oralidade, imitando a fala de um caipira, para debochar dos cariocas.

c) Ao definir a conversa que teve com o amigo como "truncada", o cronista quer revelar a ambiguidade presente nos dialetos regionais.

d) Ao referir-se a si mesmo como "obtuso", o cronista admite que era uma pessoa intransigente, incapaz de reconhecer seus próprios erros.

e) Em "mas uma manifestação de júbilo", a conjunção adversativa estabelece uma relação de causa em relação ao que foi dito antes.

4. (FGV-SP) De acordo com a norma-padrão, assinale a alternativa correta quanto à regência e ao uso ou não do acento indicativo da crase.

a) Coube à moeda alemã à garantia que o euro chegasse com segurança a países europeus.

b) Coube a moeda alemã à garantia de que o euro chegasse com segurança nos países europeus.

c) Coube à moeda alemã a garantia de que o euro chegasse com segurança aos países europeus.

d) Coube à moeda alemã a garantia que o euro chegasse com segurança à países europeus.

e) Coube a moeda alemã a garantia que o euro chegasse com segurança nos países europeus.

5. (FGV-SP – Adaptado)

Bem parecida com a pera-do-campo é a cabacinha-do-campo, do mesmo gênero, *Eugenia*, mas de outra espécie, *lutescens*. Ocorre no mesmo hábitat, tem o mesmo cultivo, a árvore é do mesmo porte...

(Revista *Terra da Gente*,
setembro de 2013.
Adaptado)

- Reescreva o trecho, substituindo a expressão *Bem parecida* por *Semelhante* e a forma verbal *ocorre* por *frequenta*.

6. (UFT-TO) Avalie as assertivas abaixo e assinale a alternativa INCORRETA:

a) Em "A audiência terminou em confusão" e "Você precisa perseverar nos seus propósitos", os verbos **terminar** e **perseverar** são regidos pela preposição **em**.

b) Em "Isto é para mim" e "Isto é para mim fazer", a preposição **para** rege o pronome **mim**, estando, portanto, de acordo com a norma-padrão da língua.

c) O verbo **formar-se**, quando se refere a **graduar-se**, é reflexivo, resultando em orações como: "Paulo formou-se em Medicina muito cedo".

d) Em "Pedi para ele um favor", a regência do verbo **pedir**, seguido da preposição **para**, pede objeto direto (um favor) e indireto (ele).

e) Em "Prejudicial à saúde", temos que a preposição **a** rege o adjetivo **prejudicial**, gerando a crase com o artigo **a**, que precede **saúde**.

Mais questões: no livro digital, em **Vereda Digital Aprova Enem** e **Vereda Digital Suplemento de revisão e vestibulares**; no *site*, em **AprovaMax**.

CAPÍTULO 27
COLOCAÇÃO PRONOMINAL

ENEM
C1: H1
C6: H20
C7: H22, H23, H24
C8: H25, H26, H27

OBJETIVOS DE APRENDIZAGEM
- Identificar a ênclise, a próclise e a mesóclise.
- Reconhecer, no emprego dessas colocações pronominais, variações ligadas à formalidade ou ao estilo da linguagem.
- Identificar particularidades da colocação dos pronomes no português brasileiro.

Observação

A ordem em que os termos são colocados em um enunciado pode alterar, ainda que sutilmente, o seu significado. Afinal, dizer "foi-se o tempo" não é exatamente o mesmo que dizer "o tempo foi-se". Neste capítulo, vamos nos dedicar a um campo da gramática que estuda a colocação na frase de um componente específico: os pronomes oblíquos átonos.

Para começar a pensar sobre esse assunto, leia a tira e responda às perguntas.

HAGAR — Dik Browne

Análise

1. Em que forma do Imperativo está flexionado o verbo *preocupar-se* na fala de Hagar?
   - Explique como o contraste entre o emprego dessa flexão verbal e a situação em que os personagens se encontram ajuda a produzir o humor na tira.

2. Reescreva a fala de Hagar usando a outra forma do Imperativo, a que seria mais condizente com a situação. Altere o resto da frase para que fique coerente com o novo sentido.

3. Na frase que você reescreveu, o pronome oblíquo *se* ficou antes ou depois do verbo? Reescreva-a alterando a posição do pronome.
   - Na frase original da tira, também é possível mudar a posição do pronome em relação ao verbo? A construção resultante soaria natural? Explique.

Princípio da colocação pronominal

Ao analisar a tira, você observou que o pronome oblíquo pode ocupar diferentes posições em relação ao verbo. Algumas dessas posições soam mais ou menos naturais para o falante do português. A forma "não preocupem-se", por exemplo, não nos soa bem e dificilmente seria utilizada.

O principal critério empregado para definir a posição do pronome oblíquo em relação ao verbo é a *eufonia* (do grego *eu-*, "bom", + *-phone*, "som"), isto é, a qualidade do som produzido pela combinação. É por isso que, na maioria das vezes, o falante do português sabe naturalmente onde inserir o pronome.

Contudo, na linguagem formal, sobretudo na modalidade escrita, existem algumas regras a serem seguidas para a colocação do pronome oblíquo. A parte da gramática que determina essas regras é denominada **colocação pronominal**.

Existem três posições que os pronomes oblíquos átonos podem ocupar em relação ao verbo:
- **Ênclise**: o pronome vem depois do verbo – *Enfrentou o dragão e* **derrotou-o**.
- **Próclise**: o pronome vem antes do verbo – *Não* **se sabe** *como escaparam do perigo*.
- **Mesóclise**: o pronome vem inserido no verbo – **Preocupar-me-ia** *com o dragão, se estivesse no lugar de Hagar*.

> **Colocação pronominal** é o estudo da posição que o pronome oblíquo átono pode ocupar em relação ao verbo. Existem três posições possíveis: **ênclise** (depois do verbo), **próclise** (antes do verbo) e **mesóclise** (no meio do verbo).

Estudaremos, primeiro, o posicionamento dos pronomes em relação às formas verbais simples e, depois, seu posicionamento nas locuções verbais.

Colocação pronominal com formas verbais simples

As colocações mais comuns no português atual são, sem dúvida, a próclise e a ênclise. Examinaremos, a seguir, as situações em que a norma-padrão recomenda o uso de cada uma e, adiante, os casos em que pode ocorrer a mesóclise.

Emprego da ênclise

Na norma-padrão, a ênclise é obrigatória em início de período. Além disso, salvo em casos especiais que veremos adiante, a posição enclítica também é recomendada após vírgula, ponto e vírgula ou dois-pontos. Veja alguns exemplos no fragmento inicial de um conto do escritor russo Antón P. Tchekhov (1860-1904), que narra a angústia de um jovem ao submeter-se a uma prova escolar importante:

> **Preparando-se** para prestar exame de grego, Vânia Otiepielev beijou todos os ícones. Algo lhe rolava no ventre e, ante o desconhecido, seu coração, transido de frio, ora batia acelerado, ora quase estacava de medo. O que vai acontecer hoje? [...] **Aproximou-se** da mãe umas seis vezes para a bênção, e, saindo de casa, pediu à tia que rezasse por ele. [...]
>
> Voltou do ginásio tarde, depois das quatro. Entrando em casa, **deitou-se** sem fazer barulho. Seu rosto magro estava pálido. Círculos escuros apareciam-lhe junto aos olhos congestionados.
>
> TCHEKHOV, A. P. Caso com um clássico. In: *A dama do cachorrinho e outros contos*. São Paulo: Ed. 34, 1999. p. 31. (Fragmento).

Glossário

Vânia: diminutivo de Ivan.
Ícones: na Igreja Ortodoxa, representações de figuras sagradas em madeira, mosaico ou outro material.

A ênclise também pode ser usada com formas verbais simples em qualquer parte da frase, desde que não haja uma palavra que atraia o pronome para antes do verbo: "Círculos escuros **apareciam-lhe** junto aos olhos congestionados". Você conhecerá essas palavras e expressões atrativas a seguir.

Emprego da próclise

Observe o título desta animação brasileira:

Cartaz da animação cômica *Até que a Sbórnia nos separe*, dirigida em 2013 por Otto Guerra e Ennio Torresan Jr.

Se, em vez da próclise, tivesse sido adotada a ênclise, o título não soaria nada natural: "Até que a Sbórnia *separe-nos*". O que leva à próclise, nesse caso, é a presença da locução conjuntiva *até que*, a qual atrai o pronome para antes do verbo.

No português, existem certas *palavras* e *expressões atrativas*, que conduzem o pronome para a posição proclítica. Veja quais são elas, de acordo com a norma-padrão:

- Conjunção ou locução conjuntiva subordinativa: *Confesso que essa história me pareceu absurda. Quando nos despedimos, ele estava emocionado. Estou confiante na vitória, uma vez que me dediquei muito aos treinos.*
- Pronome relativo: *Esse é o cliente que se negou a pagar a conta. Temos de rever certos costumes aos quais nos habituamos. O irmão, de quem se separou muito cedo, acabou reencontrando-o na vida adulta.*
- Palavras de sentido negativo: *Não se preocupem. Nunca nos atrasamos para a aula. Jamais me interessei por esses assuntos. Ninguém me contou sobre a festa.*
- Pronomes e advérbios interrogativos, inclusive quando empregados em frases exclamativas: *Por que te preocupas tanto com problemas banais? Onde se escondiam os fugitivos? Quem me dera ter mais amigos como você!* A ênclise também ocorre em orações que expressam desejo ou expectativa, mesmo que o pronome *que* não esteja explícito: *(Que) Bons ventos o levem! (Que) Os anjos os protejam!*
- Advérbios e locuções adverbiais: *Já lhe ocorreu que podemos estar enganados? Mal me recuperei da gripe, caí doente outra vez. Às vezes se perguntava se tudo estava bem.* Mas atenção: se após o advérbio ou locução adverbial há uma pausa, costuma ocorrer a ênclise. Por exemplo: *Primeiro se mistura a farinha ao açúcar; depois, acrescenta-se o leite suavemente.*
- Pronomes indefinidos (*todo, tudo, alguém, outro, qualquer*, etc.) ou o numeral *ambos*: *Tudo lhe dizia para recuar. Alguém nos escutava atrás da porta. Ambos se irritaram com o garçom.*
- Conjunções alternativas, principalmente quando repetidas: *Ora se queixava de cansaço, ora se espreguiçava longamente.*
- A preposição *em*, quando a forma verbal está no Gerúndio: *Em se tratando de vídeos educativos, esse canal é imbatível.*

Note que, no título da animação ("Até que a Sbórnia nos separe"), a locução *até que* exerce seu poder atrativo apesar de haver, entre ela e o pronome *nos*, a expressão *a Sbórnia*. De fato, caso a palavra atrativa esteja separada do pronome oblíquo por uma expressão relativamente curta, ela continuará mantendo-o em posição proclítica. Isso pode acontecer mesmo quando a expressão intercalada vier separada por vírgulas, travessões ou parênteses. Veja este exemplo:

> [...] ainda temos grandes desigualdades e injustiças em nosso planeta *que*, em parte, *se* **devem** justamente à energia e à tecnologia.
>
> SCHARF, Caleb. Entrevista concedida a André Jorge de Oliveira. *Galileu*. São Paulo: Globo, set. 2016. p. 13. (Fragmento).

Apesar de a forma verbal *devem* vir depois de uma vírgula – situação que, pelas regras, normalmente levaria à ênclise –, ocorre a próclise por causa do pronome relativo *que*, o qual atrai o pronome *se*.

Casos opcionais

A tira a seguir faz uma brincadeira com o fruto que, no Jardim do Éden, a cobra teria oferecido a Eva:

FRANK & ERNEST   BOB THAVES

Conforme insinua a personagem, é fácil resistir a uma maçã — mas não a um *cheesecake*. Observe sua fala: "[...] mas aí **ele me ofereceu** um *cheesecake*!". Com pronomes pessoais do caso reto, como *ele*, *eu*, *nós*, a norma-padrão permite tanto a ênclise, como na tira (*ele me ofereceu*), quanto a próclise: *ele ofereceu-me um cheesecake*.

A colocação do pronome junto a Infinitivos soltos (que não integram uma locução verbal) também é opcional. Portanto, estas duas formas são aceitas:

*Precisou de algum tempo para **adaptar-se** à nova rotina.*

*Precisou de algum tempo para **se adaptar** à nova rotina.*

Contudo, se o pronome oblíquo for *o, os, a, as*, e o Infinitivo vier antecedido pelas preposições *a* ou *por*, a posição enclítica será obrigatória: *Vilma está descansando; não torne a **incomodá-la**. Durante muito tempo escondi minhas angústias e, por **escondê-las**, não recebi ajuda.*

Emprego da mesóclise

Você encontrará a seguir um fragmento de um texto humorístico de Millôr Fernandes (1923-2012), em que se ensina ao leitor como matar, com um jornal dobrado, uma barata que se escondeu entre os livros. Leia o trecho, prestando atenção à forma verbal destacada.

Não tenha pena de bater. Bata firme, forte, decididamente. É a vida dela ou a sua. [...] Se falhar, só a paciência lhe dará outra oportunidade. A barata não lhe dará outra tão cedo, enquanto permanecer em sua memória o trauma da pancada que quase lhe tirava a vida. Não adianta você sacudir livro após livro porque se recusará a aparecer. *Agarrar-se-á* às páginas e, se cair ao chão, correrá rapidamente, escondendo-se por trás do guarda-roupa. [...]

FERNANDES, Millôr. Barata à vista. *Projeto Releituras*. Disponível em: <http://www.releituras.com/millor_barata.asp>. Acesso em: 5 jun. 2017. (Fragmento adaptado). © by Ivan Rubino Fernandes.

Na passagem destacada, o verbo *agarrar* está flexionado no futuro do presente do Indicativo (*agarrará*), e o pronome oblíquo *se* foi inserido entre o radical do verbo (*agarrar-*) e a desinência da 3ª pessoa do singular no futuro do presente (*-á*). Nesse caso, dizemos que ocorre a **mesóclise**, ou que o pronome está em posição *mesoclítica*. A mesóclise incide apenas em verbos flexionados no futuro do presente ou no futuro do pretérito do Indicativo. Observe:

*Ela **agarrar-se-á**.*   *Ele **beijar-te-ia**.*
(Ela se agarrará.)   (Ele te beijaria.)

*Os senhores **perdoar-nos**-ão.*   *Os documentos **ser-lhes**-iam entregues.*
(Os senhores nos perdoarão.)   (Os documentos lhes seriam entregues.)

Como você provavelmente percebeu, essa colocação pronominal está quase extinta no português contemporâneo. Hoje em dia, de modo geral, a mesóclise só é utilizada quando se quer produzir no enunciado um efeito humorístico ou expressivo, como no texto de

Millôr. Essa colocação é empregada, ainda, em contextos extremamente formais, como na redação de leis, regulamentos ou contratos jurídicos.

Na norma-padrão atual, quando o verbo está no futuro do presente ou no futuro do pretérito do Indicativo e seu complemento vem representado por um pronome oblíquo átono, há três opções básicas:

- se há uma palavra atrativa antes da forma verbal, ocorre a próclise: *Jamais **nos** afastaremos, querida.*
- se a forma verbal não está no início do período, a norma-padrão admite a próclise, mesmo que não haja palavra atrativa antes: *O novo diretor **se** encarregará das tarefas pendentes.*
- no início do período ou após pausa (marcada por vírgula ou outro sinal), para evitar que a frase se inicie com pronome oblíquo, pode-se trocar a forma simples do futuro por uma locução com o verbo *ir*; por exemplo: *Neste capítulo, **vamos nos** aprofundar no estudo dos seres invertebrados.*

Nos dois últimos casos é possível ainda, evidentemente, utilizar a mesóclise: *O novo diretor encarregar-se-á... Neste capítulo, aprofundar-nos-emos...* A única opção vetada com verbos no futuro do presente ou do pretérito é a ênclise.

Colocação pronominal com locuções verbais

Leia a tirinha.

Ao contrário de Garfield, que parece entender bem a angústia de Fluffy, quem interage com o gatinho no programa de TV não consegue compreendê-lo. Na tentativa de "conversar" com o animal, o personagem usa duas locuções verbais:

"– O que você **está tentando me dizer**, Fluffy?"

"– Como eu **queria te entender**, Fluffy!"

Observe que, em ambos os casos, o pronome oblíquo ocupa posição proclítica em relação ao verbo principal (*dizer, entender*). No português atual, quando o verbo principal da locução está no **Infinitivo** (como na tira) ou no **Gerúndio**, o pronome pode vir antes ou depois dele. Veja:

*O professor **vai lhes devolver** as provas.* *Esse método **está se tornando** popular.*

*O professor **vai devolver-lhes** as provas.* *Esse método **está tornando-se** popular.*

Caso haja uma palavra atrativa antes da locução, também é possível colocar o pronome antes do verbo auxiliar. Por exemplo: *Não **se** deve tomar remédio sem receita.*

Por fim, nas locuções verbais em que o verbo principal está no **Particípio**, o pronome pode ficar antes ou depois do verbo auxiliar. Se houver palavra atrativa, a primeira opção (pronome antes do auxiliar) é preferível:

*As autoridades **haviam nos** prometido uma ciclovia.*

*As autoridades **nos** haviam prometido uma ciclovia.*

*Ficou preocupada com o avô: **nunca o** tinha visto tão pálido.*

Não se deve, porém, posicionar o pronome oblíquo depois do Particípio – ou seja, formas como "prometido-nos" e "visto-o" não são aceitas.

A língua da gente

Colocação dos pronomes oblíquos átonos no português brasileiro

Você está acostumado a ler as tirinhas de Calvin traduzidas para o português brasileiro. Leia, agora, uma dessas tiras publicadas em Portugal – ou melhor, uma *banda desenhada*, nome que as tirinhas recebem naquele país.

CALVIN   BILL WATTERSON

Logo de imediato, vários usos característicos do português lusitano chamam a atenção do leitor brasileiro: o termo *mamã* (em vez de *mamãe*), o fato de a mãe utilizar a 2ª pessoa do singular para dirigir-se ao filho (*disseste, gostarias*) ou o emprego da flexão *comêssemos*, incomum na fala brasileira. Outro aspecto notável é a colocação dos pronomes oblíquos átonos: na linguagem coloquial das tirinhas, muito dificilmente seriam empregadas, no Brasil, construções enclíticas como "Recuso-*me* a comer!" ou "[...] mas agora odeio-*o*".

O ritmo da fala é diferente em Portugal e no Brasil. Para os lusitanos, colocar o pronome após a forma verbal – ou seja, executar a ênclise – é algo natural, inclusive em uma conversa descontraída entre mãe e filho. Já no Brasil, a próclise é a colocação mais comum em quase todas as situações, inclusive em início de período. Ao traduzir a primeira fala de Calvin, por exemplo, um brasileiro certamente usaria a próclise: "*Me* recuso a comer!"

Pesquisas sugerem que a preferência pela próclise no falar brasileiro é muito antiga, remontando pelo menos ao século XVIII. Alguns escritores nacionais, como o romântico José de Alencar (1829-1877) e o modernista Oswald de Andrade (1890-1954), defenderam o emprego da próclise na escrita brasileira culta. Contudo, os gramáticos conservadores tachavam essa colocação de "incorreta", simplesmente porque contrariava o padrão lusitano.

Nessa batalha de intelectuais, a colocação pronominal natural do falar brasileiro saiu perdendo: até hoje, a ênclise em início de período ou após pausas é exigida em contextos formais, conforme estudamos neste capítulo. Na questão de vestibular a seguir, aborda-se essa divergência entre a norma-padrão e "a situação comunicativa da narrativa literária", a qual reflete as características do português brasileiro. Confira:

(FGV-SP – Adaptada)

Pela tarde apareceu o Capitão Vitorino. Vinha numa burra velha, de chapéu de palha muito alvo [...] O mestre José Amaro estava sentado na tenda, sem trabalhar. E quando viu o compadre alegrou-se. Agora as visitas de Vitorino faziam-lhe bem. Desde aquele dia em que vira o compadre sair com a filha para o Recife, fazendo tudo com tão boa vontade, que Vitorino não lhe era mais o homem infeliz, o pobre bobo, o sem-vergonha, o vagabundo que tanto lhe desagradava. Vitorino apeou-se para falar do ataque ao Pilar. Não era amigo de Quinca Napoleão, achava que aquele bicho vivia de roubar o povo, mas não aprovava o que o capitão fizera com a D. Inês.

– Meu compadre, uma mulher como a D. Inês é para ser respeitada.

– E o capitão desrespeitou a velha, compadre?

– Eu não estava lá. Mas me disseram que botou o rifle em cima dela, para fazer medo, para ver se D. Inês lhe dava a chave do cofre. Ela não deu. José Medeiros, que é homem, borrou-se todo quando lhe entrou um cangaceiro no estabelecimento. Me disseram que o safado chorava como bezerro desmamado. [...]

(José Lins do Rego, *Fogo Morto*)

A colocação do pronome está adequada à situação comunicativa da narrativa literária, mas está em desacordo com a norma-padrão, na seguinte passagem do texto:

a) *E quando viu o compadre alegrou-se.*
b) *Agora as visitas de Vitorino faziam-lhe bem.*
c) *... Vitorino não lhe era mais o homem infeliz, o pobre bobo...*
d) *... para ver se D. Inês lhe dava a chave do cofre.*
e) *Me disseram que o safado chorava como bezerro desmamado.*

Aprender a aprender

Como responder a questões discursivas

Na seção "Aprender a aprender" do Capítulo 25, sugerimos um roteiro para a resolução de questões de múltipla escolha. Vamos agora refletir sobre a melhor maneira de responder a questões discursivas, também comuns em exames oficiais e de vestibulares.

Ao responder a esse tipo de questão, é importante considerar dois aspectos. Em primeiro lugar, a resposta deve ser *completa*, fornecendo todas as informações pedidas no enunciado. Mas também, por outro lado, ela deve ser *objetiva*, isto é, não deve divagar nem trazer dados não relacionados à pergunta. Para exemplificar como alcançar esses objetivos, vamos examinar a questão discursiva a seguir:

(FGV-SP – Adaptado)

Duzentos dos que gozam da mesma cidadania que ela e quase o mesmo número dos que gozam da mesma que eu figuram entre os oitocentos mortos no naufrágio de 18 de abril de 2015 na costa da Sicília. Muitos são aqueles de quem já não se fala mais, aqueles dos quais nunca se falará, jogados nas fossas comuns que se tornaram o Deserto do Saara e o Mar Mediterrâneo.

Seu filho único, um dia, partiu para a Europa com 89 outros jovens de Thiaroye (Senegal) a bordo de uma embarcação que o mar engoliu. Nós nos encontramos porque, no meu país, outras mães de migrantes desaparecidos que não querem esquecer nem baixar os braços me interpelaram: "Não vimos de novo nossos filhos nem vivos nem mortos. O mar os matou. Por quê?" Elas também não sabiam nada sobre esse mar assassino, já que nosso país não tem litoral.

Me lembrarei para sempre, corajosa Yayi, deste profundo momento de acolhimento e de partilha que foi o "Círculo do Silêncio" que organizamos juntas no Fórum Social Mundial (FSM) de Dacar, em fevereiro de 2011.

(Aminata D. Traoré. "São nossas crianças". Em: *Le Monde Diplomatique Brasil*, setembro de 2016. Adaptado.)

▶ Observe a colocação dos pronomes destacados nas passagens:
- "Muitos são aqueles de quem já não **se** fala mais, aqueles dos quais nunca **se** falará, jogados nas fossas comuns que **se** tornaram o Deserto do Saara e o Mar Mediterrâneo." (1º parágrafo)
- "**Me** lembrarei para sempre, corajosa Yayi, deste profundo momento de acolhimento e de partilha..." (último parágrafo)

Comente, segundo os princípios da norma-padrão, a colocação desses pronomes nos respectivos contextos.

---

1. Assim como no caso das questões de múltipla escolha, podemos ler primeiro o enunciado para verificar o que é pedido e, depois, o texto apresentado.

2. O enunciado das questões discursivas muitas vezes traz um verbo no Imperativo (*identifique*, *explique*, *reescreva*) – um elemento-chave para entendermos o que é solicitado. Nesse caso, o verbo é *comente*. Comentar é algo mais do que identificar; envolve explicação e análise.

3. O alvo dos comentários, nesse caso, será a colocação dos pronomes destacados "nos respectivos contextos". Essa última indicação nos leva a concluir que não basta examinar as passagens destacadas; será preciso voltar ao texto de terceiros (o artigo de Aminata D. Traoré) para considerar, também, o contexto em que cada pronome aparece.

4. Por fim, o enunciado indica que os comentários devem ser feitos não sob o ponto de vista pessoal do candidato ou outro critério qualquer, mas "segundo os princípios da norma-padrão".

5. Com base em todos esses elementos, concluímos: o enunciado pede um comentário sobre a colocação pronominal nas passagens destacadas, considerando o respectivo contexto de cada uma e segundo os princípios da norma-padrão. Levando tudo isso em conta, a resposta poderia ser redigida desta forma, por exemplo:

> Nas quatro ocorrências destacadas ocorre próclise do pronome oblíquo. Nas três primeiras, essa colocação está de acordo com a norma-padrão porque há palavras atrativas antes do verbo — os advérbios "*não*" e "*nunca*" e o pronome relativo "*que*". Na última ocorrência destacada, porém, a próclise não está de acordo com a norma-padrão, pois a forma verbal está no futuro do presente do Indicativo ("lembrarei") e, também, no início do período. Nesse caso, a norma-padrão recomendaria a mesóclise ("Lembrar-me-ei"). Contudo, foi empregada a próclise ("me lembrarei") porque é a posição mais natural no português brasileiro e a que combina melhor com o caráter coloquial do relato.

6. O ideal é fazer um esboço da sua resposta antes de transcrevê-la no local definitivo. Em muitos cadernos de provas, é fornecido um espaço de rascunho que pode ser utilizado para esse fim.

7. Após preparar o esboço, releia-o com atenção e verifique se sua resposta, além de completa e objetiva, está clara e coerente, sem erros de pontuação ou ortografia. Faça as correções necessárias e passe a resposta a limpo no lugar adequado.

8. Como se vê, o processo de resolução da questão discursiva pode ser sintetizado deste modo:

442 Gramática: uma reflexão sobre a língua

ATIVIDADES

▶ O cartaz a seguir faz parte de uma campanha em que foram produzidos cartazes de plástico, madeira, metal e papel. Esse, em particular, foi feito de metal. Leia-o e responda às perguntas 1 e 2.

1. O texto principal do cartaz faz referência a uma frase utilizada com frequência em filmes de ação. Indique qual é essa frase e em que contexto ela costuma aparecer. Se necessário, pesquise.
   - Entre a frase dos filmes e a do cartaz, há uma diferença que tem como objetivo provocar uma reflexão e conscientizar o interlocutor. Indique qual é essa diferença e a reflexão que ela provoca.

2. Identifique a colocação pronominal utilizada no texto principal do anúncio e explique se ela está de acordo com a norma-padrão.
   - Qual outra colocação pronominal seria possível? Aponte dois motivos coerentes para explicar por que ela não foi utilizada.

▶ Leia a tira e responda às perguntas 3 e 4.

Capítulo 27 • Colocação pronominal   443

ATIVIDADES

3. Por que "telefones fixos despertam o idoso" que há no personagem? Justifique sua resposta com elementos visuais do primeiro e do último quadrinhos.

4. As linguagens verbal e visual do segundo quadrinho comprovam a afirmação do personagem.

a) Como ele está visualmente caracterizado nesse segundo quadrinho?

b) Explique como o emprego da ênclise é fundamental para a caracterização do personagem e para a construção do humor na tira.

▶ Leia esta letra de canção da cantora e compositora Céu. Depois, responda às perguntas de 5 a 7.

Arrastar-te-ei

Quando ele vem
Meu bem
Eu viro o mar
O mar
Eu viro o mar
Para lhe curar

Rede no mar
No mar
Meia arrastão
Para o meu mundo
Arrastar-te-ei
[...]

Estendo o lençol
Leito oceânico
Um amor abissal
Em banho brando
Banho no seu amor
Espelho do azul
Escalda os pés em mim
Longe do vento sul

CÉU. Arrastar-te-ei. *Tropix*. Disponível em: <http://mod.lk/rehre>. Acesso em: 9 jun. 2017.

Material complementar
Texto integral

Para ouvir

Céu é o nome artístico da cantora e compositora paulistana Maria do Céu Whitaker Poças, que iniciou sua carreira em 2005. A música "Arrastar-te-ei" faz parte do álbum *Tropix*, lançado em 2016 e definido pela própria cantora como "sintético, noturno e reluzente".
É possível ouvir essa canção em: <https://www.youtube.com/watch?v=Dc-9qU_HAZc>.

5. A *meia arrastão* tem esse nome por causa de sua semelhança com um objeto chamado *arrastão*. Identifique esse objeto. Se necessário, pesquise no dicionário ou na internet.

a) Transcreva outras três palavras ou expressões da letra relacionadas ao arrastão ou ao contexto em que ele é utilizado.

b) As referências ao arrastão compõem certa figura de linguagem na letra. Identifique essa figura de linguagem, dentre as opções abaixo, e explique quais ideias ela aproxima, no texto.

- metonímia
- metáfora
- personificação
- ironia

6. No verso "Para lhe curar", o pronome oblíquo não foi empregado de acordo com a norma-padrão. Explique por quê. Para responder, leve em conta a transitividade do verbo *curar*.

▶ Ver A língua da gente: "*Isso 'lhe' atrai* ou *isso 'o' atrai?*", no Capítulo 19.

7. Identifique a mesóclise da letra. Em seguida, explique se ela está de acordo com a norma-padrão.

a) No lugar da mesóclise, qual colocação pronominal seria mais comum na atualidade? Reescreva o verso utilizando essa colocação mais comum.

b) Compare o verso reescrito com o original e, então, levante uma hipótese para explicar por que o eu lírico utilizou a mesóclise. Para responder, considere os aspectos sonoros e expressivos do gênero *letra de canção*.

ENEM E VESTIBULARES

1. (PUC-PR) Observe a tirinha.

Disponível em: <https://tiroletas.wordpress.com/>. Acesso em: 4 maio 2015.

A fala da garota na tirinha explica-se porque o

a) pronome "me" não poderia estar depois das formas verbais "Abrace" e "Beije", de acordo com as normas da gramática tradicional.

b) menino não usou a colocação pronominal prescrita pela norma culta em "Nunca deixe-me".

c) uso de "me" em "Beije-me" fere a prescrição gramatical, que recomenda o uso de "eu" nesse caso.

d) menino ora usa o pronome "me" depois do verbo, ora antes dele, o que não mantém a uniformidade pronominal.

e) emprego do pronome de primeira pessoa "me" não pode ocorrer junto de uma forma verbal no imperativo.

2. (FGV-SP – Adaptado)

> Há meses que eu não encontrava o Doutor Pundonor de Azevedo. Os primeiros ares de outono devem ter encorajado o ilustre personagem a voltar às ruas, já que é conhecida a sua aversão ao contato humano durante o calor. Encontrei o Doutor na praça da Alfândega, agitadíssimo. Temendo seu gênio irascível, procurei começar nossa conversa num tom de otimismo.
>
> (Luís Fernando Veríssimo, *O gigolô das palavras*. Adaptado)

- Fazendo as adaptações necessárias, reescreva as passagens – *Os primeiros ares de outono devem ter encorajado o ilustre personagem a voltar às ruas...* – e – *Encontrei o Doutor na praça da Alfândega...* – substituindo na primeira a expressão *o ilustre personagem* por um pronome oblíquo e o verbo **voltar** por **caminhar**; e, na segunda, a expressão *o Doutor* por um pronome oblíquo.

3. (Fuvest-SP – Adaptado) Examine a seguinte citação:

> É menor pecado elogiar um mau livro, sem lê-lo, do que depois de o haver lido. Por isso, agradeço imediatamente depois de receber o volume.
>
> Carlos Drummond de Andrade, **Passeios na ilha**.

- Levando em conta o contexto, reescreva duas vezes o trecho "sem lê-lo", substituindo "sem" por "sem que", na primeira vez, e por "mesmo não", na segunda.

A língua em contexto

Colocação pronominal: passado e presente

Publicado originalmente em 1887, o conto "Eterno!", de Machado de Assis, discute a noção de "eternidade" que os apaixonados atribuem ao seu sentimento. O enredo gira em torno de dois estudantes de Medicina: o próprio narrador e seu amigo Norberto. Este último apaixonou-se perdidamente por uma mulher casada (a "baronesa"), que nem tem conhecimento desse amor. Após saber que ela e o marido mudarão de cidade, Norberto entra em desespero e desabafa com o amigo.

Mais de cem anos depois, em 2008, "Eterno!" ganhou uma versão contemporânea, composta pela escritora Claudia Lage. A seguir, você poderá comparar alguns trechos da versão original com os da releitura de Lage. Observe as alterações feitas na condução do enredo e na linguagem.

Eterno!
Machado de Assis

– Não me expliques nada, disse eu entrando no quarto; é o negócio da baronesa.

Norberto enxugou os olhos e sentou-se na cama, com as pernas pendentes. Eu, cavalgando uma cadeira, pousei a barba no dorso, e proferi este breve discurso:

– Mas, meu pateta, quantas vezes queres que te diga que acabes com essa paixão ridícula e humilhante? Sim, senhor, humilhante e ridícula, porque ela não faz caso de ti; e demais, é arriscado. Não? Verás se o é, quando o barão desconfiar que lhe arrastas a asa à mulher. Olha que ele tem cara de maus bofes.

Norberto meteu as unhas na cabeça, desesperado. [...]

Já acostumado às lágrimas do meu amigo, desde a vinda da baronesa, esperei que elas acabassem, mas não acabavam. Descavalguei a cadeira, fui a ele, bradei-lhe que era uma criançada [...].

[...] Norberto chorava, arrepelava-se, pedia a morte, construía planos absurdos ou terríveis [...].

[...] afirmou que o desengano matá-lo-ia, porque esse amor, eterno como era, iria fartar-se na morte e na eternidade. [...]

MACHADO DE ASSIS, Joaquim Maria. Eterno! Disponível em: <http://mod.lk/tylel>. Acesso em: 23 maio 2017. (Fragmento).

Feito tatuagem
Claudia Lage

É ridículo como ele sofre, se contorce, engasga, crava as unhas nos cabelos, aperta os olhos, espreme lágrimas. Quase rio com a cena. [...]

[...] Lá pelas tantas, sacudi meu amigo Norberto três vezes. A primeira, para que parasse de derramar em meus ombros aquelas lágrimas de moleque enamorado. A segunda, para que visse a realidade como homem: a sua amada podia não amar o marido, mas também não o amava. A terceira, para que não se jogasse da ponte nem se atirasse debaixo de nenhuma carruagem, só porque ela e a família estavam de mudança do Rio de Janeiro. [...]

[...] Eu o consolava com um único mantra: vai passar, vai passar. Mas Beto não estava para consolos. Respondia, nunca, nunca! Duvidei. Se o amor correspondido já tem prazo de validade determinado, o amor platônico tem prazo vencido. Beto arregalou os olhos e rasgou a blusa para mostrar o peito nu, coberto por uma tatuagem que não era tribal, nem de caveira, de roqueiro, nem nada. Era a palavra *para sempre* escrita em português, inglês, francês, árabe, japonês, espanhol e italiano. Beto amava em sete línguas. E sete vezes prometia a eternidade.

LAGE, Claudia. Feito tatuagem. In: AGUIAR, Luiz Antonio (Org.). *Recontando Machado*. Rio de Janeiro: Record, 2008. p. 91-92. (Fragmento).

Material complementar
Texto integral

Como você percebe, o tema de fundo permanece o mesmo: um jovem apaixonado que julga seu amor eterno. A maneira de narrar a história, porém, foi atualizada na versão de Claudia Lage. Se antes o compromisso de eternidade firmado por Norberto era apenas verbal, nas declarações que fazia ao amigo ("afirmou que [...] esse amor, eterno como era, iria fartar-se na morte e na eternidade"), no conto de Lage materializa-se na forma de uma tatuagem – manifestação cultural pouco conhecida na época de Machado de Assis, mas muito comum em nossos dias.

A época em que cada conto foi escrito também se reflete no vocabulário. Se no conto de Machado temos *pateta* e *maus bofes*, termos corriqueiros no fim do século XIX, o de Lage traz outros que só se popularizariam muito depois, como *mantra* e *tribal*, ou nem sequer existiam (*roqueiro*). Além disso, no texto de Lage o narrador refere-se ao amigo por um apelido, *Beto*, informalidade inexistente no original. Por outro lado, o narrador de Machado trata o amigo por *tu* ("quantas vezes *queres* que *te* diga que *acabes* com essa paixão"), pronome hoje substituído por *você* na maior parte do país.

Outra diferença marcante é a maior frequência de pronomes oblíquos no original. De fato, usamos hoje menos oblíquos do que no passado, ou porque simplesmente os eliminamos, ou porque os substituímos por outros pronomes. Pense, por exemplo, nesta frase do conto original: "quando o barão desconfiar que *lhe* arrastas a asa à mulher". Hoje, para comunicar a mesma ideia, em vez do oblíquo *lhe* provavelmente usaríamos o possessivo *dele*: "quando o barão desconfiar que você arrasta a asa para a mulher *dele*".

Por fim, também percebemos alterações na colocação desses pronomes. Compare:

"Norberto chorava, arrepelava-**se**, pedia a morte [...]".

↓

ênclise após a vírgula

"É ridículo como ele sofre, **se** contorce, engasga [...]".

↓

próclise após a vírgula

O conto de Machado obedece de modo mais rígido à norma-padrão de colocação – que, como vimos na seção "A língua da gente", baseia-se no falar lusitano. Assim, o pronome oblíquo nunca é colocado no início de período ou após a vírgula. Já o texto de Lage é mais flexível, aproximando-se da colocação natural no português brasileiro.

Finalmente, não podemos deixar de mencionar que a mesóclise empregada no texto de Machado ("afirmou que o desengano *matá-lo-ia*") certamente não apareceria em um conto contemporâneo. Percebemos, portanto, duas tendências básicas no emprego dos pronomes oblíquos no português brasileiro ao longo do tempo, mesmo na escrita culta: eles são hoje utilizados em menor número e, de modo geral, as regras para a colocação não são seguidas tão rigidamente, sobretudo quando podem tirar a naturalidade do texto.

Na prática

Agora é sua vez de, junto com um colega, adaptar um texto do século XIX para o Brasil de hoje. Vocês podem escolher um trecho de um conto ou romance, seja de autoria de Machado de Assis ou de outros escritores daquele século (Álvares de Azevedo, José de Alencar, Aluísio Azevedo, Raul Pompeia, etc.).

Selecionem um trecho de extensão semelhante ao apresentado aqui e que tenha unidade temática, ou seja, que dê ao leitor uma ideia do enredo. Se necessário, façam supressões e as indiquem com reticências entre colchetes: [...]

Pensem, então, em quais elementos do enredo vocês poderiam alterar para aproximar a história aos nossos dias. Se o protagonista é um pianista, talvez possa ser um *rapper* ou cantor sertanejo na nova versão; se a personagem feminina busca um bom casamento, talvez seu sonho agora seja formar-se em uma faculdade conceituada, e assim por diante.

Depois de definirem as atualizações no enredo, comecem a recontar a história. Usem linguagem natural, própria de nossa época, apenas evitando erros que comprometam a clareza (como os de ortografia ou pontuação). Quando tiverem terminado o texto, montem um quadro como o apresentado neste capítulo, com o original e a reescrita lado a lado.

Troquem o trabalho com outra dupla e verifiquem se a atualização deles ficou pertinente e envolvente; se necessário, deem sugestões. Além disso, façam estas análises:

a) comparem o número de pronomes oblíquos do original com o da versão reescrita – a quantidade se alterou?

b) comparem as ocorrências de próclise, ênclise ou mesóclise – houve mudanças? Se sim, quais foram?

Baseados nas análises, escrevam um pequeno comentário crítico com suas observações. Depois, compartilhem os resultados com o restante da classe.

Atividade interativa
Partes da Gramática

CAPÍTULO 28

PONTUAÇÃO

OBJETIVOS DE APRENDIZAGEM

- Compreender o papel da pontuação no texto escrito.
- Identificar as situações em que a vírgula é utilizada no interior da oração e entre orações.
- Reconhecer o valor expressivo dos demais sinais de pontuação e a função de cada um na organização textual.

ENEM
C1: H1, H4
C6: H18
C7: H21
C9: H28, H29

Observação

Neste último capítulo sobre a construção do enunciado, vamos nos dedicar a um dos mais importantes recursos da língua escrita: a pontuação. É graças às vírgulas, às aspas, às reticências, aos diferentes tipos de pontos e outros sinais que o autor do texto escrito consegue dar ao leitor pistas essenciais sobre a organização de seu raciocínio e os sentidos que pretende comunicar.

Para começar, leia este cartaz e responda às perguntas.

Procure qualquer um dos Centros de Testagem e Aconselhamento (CTA) ou a Unidade Básica de Saúde mais próxima da sua casa e faça o teste de HIV. Mais do que prevenção, é um gesto de amor por você e por quem você gosta.
WWW.PIORNAOSABER.COM.BR

Gramática: uma reflexão sobre a língua

Análise

1. Qual é o sentido da expressão *colocar um ponto final*, no contexto em que é usada no cartaz?
    - Qual é a provável origem desse sentido figurado?
2. O sentido literal da expressão aparece na linguagem visual do cartaz, contribuindo para o convencimento do leitor. Explique como isso ocorre.

Sinais de pontuação

No cartaz do Ministério da Saúde, como você observou, a expressão *colocar um ponto final* foi usada com o sentido de colocar término em algo. Esse sentido figurado remete a uma das principais funções dos **sinais de pontuação**: demarcar limites sintáticos e semânticos (de sentido) entre as unidades que compõem o enunciado. Quando colocamos o ponto final após um grupo de palavras, indicamos que elas se separam das demais, formando uma unidade de sentido.

Além de marcar esses limites, alguns dos sinais de pontuação também ajudam a reproduzir a entonação que seria dada aos enunciados na fala, permitindo ao leitor identificar se são afirmações, perguntas, exclamações, ordens, etc.

Veja abaixo os principais sinais de pontuação da língua portuguesa:

Sinais de pontuação			
,	vírgula	:	dois-pontos
.	ponto final	–	travessão
;	ponto e vírgula	...	reticências
!	ponto de exclamação	( )	parênteses
?	ponto de interrogação	" "	aspas

Nos tópicos a seguir, veremos os principais empregos de cada um dos sinais apresentados no quadro.

> **Sinais de pontuação** são recursos gráficos que marcam os limites sintáticos e semânticos entre as unidades que formam os enunciados. Alguns deles servem, ainda, para indicar a entonação, assinalando se as frases devem ser entendidas como perguntas, exclamações, ordens, hesitações, etc.

Vírgula

Apesar de muitas vezes o emprego da **vírgula** coincidir com uma pausa na fala, não devemos limitá-la apenas a essa função, pois nem sempre vírgulas representam pausas. Como você verá a seguir, para empregar adequadamente esse sinal é preciso considerar o sentido das unidades que compõem o enunciado, bem como as ligações sintáticas existentes entre elas.

Emprego da vírgula entre os termos da oração

A vírgula é empregada principalmente para separar, em uma enumeração, **palavras ou expressões com a mesma função sintática**. Veja:

O ar puro, os rios limpos, as cachoeiras cristalinas e *a arquitetura colonial* são algumas das atrações desta cidade.

Observe que a oração apresenta uma enumeração: o ar puro, os rios limpos, as cachoeiras cristalinas, a arquitetura colonial. Todos esses elementos exercem a mesma função sintática na oração: fazem parte do sujeito composto.

Se o último item da enumeração vem separado pelas conjunções *e*, *ou*, *nem*, geralmente não há vírgula antes delas:

Esse filme é uma comédia, um drama ou um suspense?

Não quero ouvir desculpas, explicações nem lamentos.

Veja, na tirinha a seguir, mais um emprego da vírgula no interior da oração.

GALHARDO, Caco. Daiquiri. *Folha de S. Paulo*. São Paulo, 10 set. 2013. © Folhapress.

Nesse inesperado diálogo, em que a menina revela preferir o papel impresso ao meio digital, as personagens usam as palavras *filha* e *mãe* para dirigir-se uma à outra. Conforme estudamos no Capítulo 20, palavras ou expressões empregadas pelos interlocutores para dirigir-se uns aos outros durante a interação verbal recebem o nome de **vocativos**. Os vocativos são sempre separados por vírgulas, estejam no início, no meio ou no fim da oração:

"Filha, não quer mesmo um iPad?" "Não, mãe, eu gosto de impresso!"
  vocativo   vocativo

A vírgula também separa o aposto explicativo. Conforme estudamos, o **aposto** é um termo da oração que se associa a um substantivo ou pronome a fim de explicá-lo ou detalhá-lo. Veja dois exemplos do emprego da vírgula para separar o aposto:

> aposto
>
> O Vaticano, sede da Igreja Católica Apostólica Romana, é o menor país soberano do mundo. Fica no centro de Roma, capital da Itália, em um território que não chega a meio quilômetro quadrado e onde vivem cerca de 900 pessoas. [...]
>
> ROSA, Cida C. de. O que é o Vaticano? *Superinteressante*. São Paulo: Abril, ed. 376, p. 6, jun. 2017. (Fragmento).

A vírgula também é utilizada para marcar a **elipse** (supressão) de uma ou mais palavras na frase, principalmente o verbo. Veja um exemplo:

> Para que os pesquisadores consigam se dedicar aos seus trabalhos acadêmicos de maneira integral, órgãos como o CNPq e a Capes concedem bolsas de estudo para estudantes da pós-graduação. [...] Normalmente, as bolsas de mestrado têm duração de 24 meses; as de doutorado, de 48 meses.
>
> A vírgula marca a elipse da expressão *têm duração*, mencionada na oração anterior.
>
> TANJI, Thiago. Tem diploma, mestre? *Galileu*. São Paulo: Globo, ed. 310, p. 26, maio 2017. (Fragmento).

A vírgula é empregada, ainda, para isolar o **adjunto adverbial deslocado**, isto é, aquele que aparece no início ou no meio da oração. Quando esse termo está em sua posição habitual, no fim da oração, geralmente não é separado por vírgula. Veja exemplos extraídos de um verbete enciclopédico:

> A paisagem africana é variada. O norte e o oeste do continente são, de modo geral, regiões mais baixas e mais planas que o leste e o sul. A África é o continente geologicamente mais antigo do mundo. Por essa razão, suas montanhas não são tão altas quanto as de outros continentes. Elas foram desgastadas pela ação do vento e da água ao longo de milhões de anos.
> [...]
>
> Britannica Escola. Disponível em: <http://mod.lk/myjhr>. Acesso em: 14 jun. 2017. (Fragmento).

Adjunto adverbial é separado por vírgulas porque está no *meio* da oração.

Adjunto adverbial é separado por vírgula porque está no *início* da oração.

Como está na posição habitual (no *fim* da oração), o adjunto adverbial não é separado por vírgula.

Contudo, se o adjunto adverbial deslocado for relativamente curto, não é necessário separá-lo por vírgula. Caso o sinal seja empregado, dará maior destaque ao advérbio ou locução adverbial. Veja a diferença:

O corpo de bombeiros felizmente chegou a tempo de evitar a tragédia. (sem realce)

O corpo de bombeiros, felizmente, chegou a tempo de evitar a tragédia. (com realce)

Por fim, a vírgula também é empregada no interior da oração para separar **expressões explicativas** como *por exemplo, isto é, ou seja, aliás,* etc.

> No interior da oração, a **vírgula** é usada para separar: **a)** termos com a mesma função sintática em uma enumeração; **b)** o vocativo; **c)** o aposto explicativo; **d)** a elipse de palavras, principalmente do verbo; **e)** o adjunto adverbial deslocado; **f)** expressões explicativas.

- **Casos em que a vírgula não deve ser empregada entre os termos da oração**

Termos da oração que mantêm estreita relação sintática não devem ser separados entre si por vírgula. Isso significa que não deve haver vírgula entre:

- o sujeito e o predicado: *Os alunos do terceiro ano do ensino médio poderão participar do simulado no sábado.*
- o verbo, o objeto direto e o objeto indireto: *Muitos países vêm substituindo os combustíveis fósseis por fontes de energia renováveis.*

Se houver alguma expressão ou oração intercalada entre esses termos, ela deve vir separada por vírgulas. É importante notar que, nesse caso, deve haver uma vírgula *antes* e outra *depois* da expressão. Por exemplo:

Os alunos do terceiro ano do ensino médio, desde que tenham se inscrito previamente, poderão participar do simulado no sábado.

Expressão/oração intercalada entre o sujeito e o predicado.

Muitos países vêm substituindo os combustíveis fósseis, finitos e em geral muito poluentes, por fontes de energia renováveis.

Expressão/oração intercalada entre o objeto direto e o objeto indireto.

Emprego da vírgula entre as orações

Quando compreendemos os empregos da vírgula entre os termos da oração, torna-se mais fácil saber quando usar esse sinal de pontuação entre as orações, pois alguns dos princípios básicos são os mesmos. Considere, por exemplo, o emprego da vírgula nesta tirinha:

João Montanaro

A fala da menina e a do menino têm a mesma estrutura sintática: ambas são compostas por três orações, sendo as duas primeiras coordenadas assindéticas (independentes sintaticamente e colocadas em sequência, sem conjunção entre elas), e a última uma oração coordenada sindética introduzida pela conjunção aditiva e. Essa estrutura idêntica é importante para a construção do humor, pois evidencia o contraste entre o conteúdo das falas: enquanto a menina lista habilidades normalmente apreciadas em um animal de estimação, o menino lista as "qualidades" não tão admiráveis de seu caracol. Assim como as vírgulas são usadas em uma enumeração de termos sintaticamente equivalentes, elas também são empregadas entre as **orações coordenadas assindéticas**. Veja:

orações coordenadas assindéticas

"O meu cão late, rola e se finge de morto!"

orações coordenadas assindéticas

"O meu caracol rasteja, demora para andar e lança uma gosma nojenta!"

Já as **orações coordenadas sindéticas** (independentes sintaticamente e introduzidas por conjunção), quando iniciadas pela conjunção e, geralmente não são antecedidas por vírgula, como visto nos exemplos da tirinha: "rola e se finge de morto!"; "demora para andar e lança uma gosma nojenta!".

Contudo, se as orações tiverem sujeitos diferentes, geralmente haverá vírgula antes da conjunção e. Por exemplo:

O sujeito da 1ª coordenada é um...   ... e o da 2ª coordenada é outro.

O menino tinha um caracol como animal de estimação, e todos os colegas se surpreendiam com isso.

Em geral, todas as outras coordenadas sindéticas que não sejam introduzidas pela conjunção e são antecedidas por vírgula. Veja:

oração coordenada sindética

Prepare o casaco, pois a temperatura vai cair neste fim de semana.

oração coordenada sindética

O grupo reuniu-se várias vezes, mas não conseguiu chegar a um consenso.

Lembre-se que, conforme estudamos no Capítulo 24, algumas das conjunções coordenativas podem aparecer deslocadas em meio à oração. Nesse caso, deve haver uma vírgula *antes* e outra *depois* da conjunção. Veja:

conjunção deslocada

As vendas nas lojas físicas caíram; o comércio realizado pela internet, porém, teve um crescimento significativo.

Outro uso da vírgula no período composto relaciona-se às orações subordinadas adverbiais. Leia o cartaz a seguir:

Sábado da faxina
Não dê folga para o mosquito da dengue.

O mosquito da dengue transmite zika, que pode causar microcefalia.

A vírgula deve ser empregada para separar a **oração subordinada adverbial** que aparece *antes* da oração principal, como ocorre no cartaz:

oração subordinada adverbial
anteposta à principal

"Se o mosquito da dengue pode matar, ele não pode nascer."

Quando a oração adverbial vem depois da principal, o emprego da vírgula não é obrigatório e depende de uma série de fatores, entre eles o ritmo da frase. Observe:

Quando a oração subordinada adverbial vem *posposta* à principal, a vírgula é opcional.

Nossa escola realizou uma campanha informativa sobre o controle da dengue, a fim de que alunos, pais, professores e toda a comunidade se mobilizem contra o mosquito.

Por fim, um último importante emprego da vírgula no período composto também pode ser observado no cartaz do Ministério da Saúde. Conforme estudamos no Capítulo 22, as **orações subordinadas adjetivas explicativas**, isto é, aquelas que apresentam uma informação adicional sobre o antecedente, são separadas por vírgula:

oração subordinada
adjetiva explicativa

"O mosquito da dengue transmite zika, que pode causar microcefalia."

Essa regra também vale para as orações adjetivas explicativas reduzidas. Por exemplo:

A malária, transmitida pelos mosquitos do gênero Anopheles, e a dengue, transmitida pelo Aedes aegypti, serão discutidas em um congresso de saúde pública.

Entre as orações, a **vírgula** é usada para separar: **a)** orações coordenadas assindéticas; **b)** orações coordenadas sindéticas, exceto a introduzida pela conjunção *e*; **c)** orações subordinadas adverbiais que vêm antes da oração principal; **d)** orações subordinadas adjetivas explicativas.

- **Casos em que a vírgula não deve ser empregada entre as orações**

No período composto, a vírgula não deve ser empregada entre a oração principal e uma **oração subordinada substantiva**. Observe:

A prefeitura informou que os agentes de saúde visitarão hoje as casas deste bairro.

As **orações subordinadas adjetivas restritivas** tampouco são separadas por vírgula, justamente para que se diferenciem na escrita das adjetivas explicativas:

O zika é uma das doenças que o mosquito Aedes aegypti *pode transmitir.*

Ponto final

Pense e responda

Leia este anúncio produzido para uma campanha de arrecadação de roupas.

Cada mudança na sua vida deixa uma pilha de roupas pra trás. Doe e mude a vida de alguém.

1. Como os fatos narrados no texto principal se relacionam a esta frase do *slogan*: "Cada mudança na sua vida deixa uma pilha de roupas pra trás."?
   - Explique que tipo de reflexão e de atitude essas duas partes do anúncio pretendem incentivar no leitor.

2. Vários recursos foram utilizados para tornar o anúncio expressivo e atraente. Mencione dois desses recursos, um deles referente à linguagem visual e o outro ao aspecto sonoro do texto verbal.

3. Releia: "Cada mudança na sua vida deixa uma pilha de roupas pra trás. Doe e mude a vida de alguém." Seria adequado substituir o ponto final destacado por uma vírgula? Por quê?

4. Observe agora este trecho: "Vivia com o uniforme do time do coração. Mas perder aquele jogo foi como uma traição.". O ponto final destacado poderia ser substituído por uma vírgula, mas os redatores utilizaram-no para provocar certo efeito expressivo no trecho. Qual é esse efeito?

O **ponto final** é o sinal que encerra as frases declarativas, isto é, aquelas em que o enunciador afirma ou nega algo. Como você observou ao analisar o anúncio, ele geralmente é utilizado para demarcar um limite maior entre as unidades de sentido do texto, separando ideias que não estão tão diretamente relacionadas a ponto de figurarem no mesmo período:

"Cada mudança na sua vida deixa uma pilha de roupas pra trás. Doe e mude a vida de alguém."

> Marca um limite maior entre as unidades de sentido do texto.

Em certos contextos, o ponto final pode ser utilizado entre unidades que normalmente seriam separadas por vírgulas, como duas orações coordenadas, por exemplo. Nesse caso, ele produz uma *pausa enfática*, proporcionando maior destaque às ideias:

"Vivia com o uniforme do time do coração. Mas perder aquele jogo foi como uma traição."

> Separa elementos que poderiam estar isolados por vírgulas, a fim de destacá-los.

Ponto final é o sinal utilizado para encerrar as frases declarativas.

Ponto e vírgula

Como o nome sugere, o **ponto e vírgula** delimita as unidades de sentido com mais intensidade do que a vírgula, mas menos do que o ponto final. Com frequência, ele é empregado quando se faz uma *enumeração de itens* que estejam acompanhados por expressões ou orações já isoladas por vírgulas. Assim, para maior clareza, o ponto e vírgula marca a enumeração principal. Veja um exemplo disso no fragmento de um romance do escritor italiano Italo Calvino (1923-1985):

> O frio tem mil formas e mil modos de se mover no mundo: no mar, corre como uma cavalaria; no campo, se lança como uma nuvem de gafanhotos; nas cidades, como lâmina de faca corta as ruas e penetra pelas fissuras das casas não aquecidas. Na casa de Marcovaldo, naquela noite, haviam terminado os últimos gravetos, e a família, toda encapotada, observava as brasas empalidecendo na estufa, e as nuvenzinhas saindo de suas bocas a cada respiração. Não diziam mais nada; as nuvenzinhas falavam por eles: a mulher as expelia longas como suspiros, os filhos, extasiados, sopravam-nas como bolas de sabão, e Marcovaldo disparava-as para cima como clarões de gênio que logo se desvanecem.
> [...]
>
> CALVINO, Italo. O bosque na rodovia. In: *Marcovaldo ou as estações na cidade*. São Paulo: Companhia das Letras, 1994. p. 45. (Fragmento).

> Separa itens de uma enumeração, especialmente quando estão acompanhados por expressões ou orações já separadas por vírgulas.
>
> Separa orações coordenadas assindéticas.

Observe que, em outro trecho do fragmento, o ponto e vírgula separa *orações coordenadas assindéticas*: "Não diziam mais nada; as nuvenzinhas falavam por eles". Como essas orações são sintaticamente independentes, é comum que sejam isoladas por uma pausa maior que a da vírgula.

O ponto e vírgula também pode ser utilizado antes de *orações coordenadas sindéticas*, especialmente quando são longas. Por exemplo:

Tínhamos pouco dinheiro; optamos, portanto, pela refeição mais simples e econômica possível.

        oração coordenada sindética

Por fim, o ponto e vírgula costuma ser empregado antes de uma oração cujo verbo sofre uma elipse marcada pela vírgula:

Eu e Madalena fomos à sorveteria. Eu pedi um sundae; Madalena, uma casquinha de baunilha.

    A vírgula marca a elipse do verbo (*pediu*).

> Em geral, o **ponto e vírgula** é usado para separar: **a)** itens de uma enumeração, principalmente quando estão acompanhados por expressões já separadas por vírgula; **b)** orações coordenadas assindéticas; **c)** orações coordenadas sindéticas, especialmente quando extensas; **d)** antes de uma oração cujo verbo sofre uma elipse marcada pela vírgula.

Ponto de exclamação

Pense e responda

Criados pelo cartunista norte-americano Nick Seluk, os cartuns e tiras dos personagens Coração e Cérebro são populares nas redes sociais. Observe uma dessas criações e responda às perguntas.

CORAÇÃO X CÉREBRO   NICK SELUK

SELUK, Nick. Coração x Cérebro. *Tudo interessante*. Disponível em: <http://mod.lk/fwejy>. Acesso em: 20 jun. 2017.

456   Gramática: uma reflexão sobre a língua

1. Os dois personagens têm diferentes reações diante da noite estrelada.
   a) Explique resumidamente como essa diferença se manifesta nas ideias que eles expressam.
   b) A diferença nas reações também é revelada pela pontuação que marca a fala dos personagens. Explique como isso ocorre.
2. Com base na tira lida, explique como esses dois personagens de Seluk simbolizam diferentes aspectos do ser humano.

Assim como o ponto final, o **ponto de exclamação** encerra frases, delimitando as unidades constituintes do texto. Porém, ele indica que a frase receberia, na fala, não uma entonação neutra como a do ponto final, e sim uma entonação exclamativa.

Esse tom exclamativo pode indicar contentamento, como em algumas das falas do personagem Coração ("Melhor ainda!"), mas também várias outras atitudes e emoções, tais como:

- ordem: "Veja essas estrelas!", *Saia já daí!*
- pedido ou súplica: *Ajude-me! Uma esmola, por favor!*
- reclamação ou zanga: *Faça-me o favor! Este quarto está imundo!*

O ponto de exclamação é ainda frequentemente utilizado com *interjeições*, como na primeira fala da tira ("Minha nossa!"), e com *vocativos* (*Dudu! Chiquinha! Estão aí?*). Nesses casos, nem sempre o sinal encerra a frase, podendo apenas conferir um tom expressivo à passagem. Veja um exemplo:

> Capitão América, Homem de Ferro, Batman, Superman, Homem-Formiga, Viúva Negra e (ufa!) Homem-Aranha. Nem a crise mais profunda tem a força para derrubar esses super-heróis.
> [...]
>
> *Folha de S.Paulo*, 22 maio 2016. Disponível em: <http://mod.lk/bbble>. Acesso em: 20 jun. 2017. (Fragmento).

> **Ponto de exclamação** é o sinal que encerra as frases exclamativas. Pode indicar uma variedade de atitudes e emoções, tais como alegria, ordem, pedido, reclamação.

Ponto de interrogação

Como o nome sugere, o **ponto de interrogação** é usado nas frases interrogativas diretas, indicando que se trata de perguntas. Na capa de revista ao lado, o título da chamada principal deve ser entendido como um questionamento lançado ao leitor: *Por que ela ainda é exceção?*, ou seja, por que são raros os executivos negros no Brasil, embora a maior parte da população seja afrodescendente?

Você S/A, n. 227, abr. 2017. Editora Abril.

"Vejo olhares curiosos quando estou em um evento sentada à mesa de presidentes"
Rachel Maia, da Joalheria Pandora, a única CEO negra do Brasil

Glossário

CEO: do inglês *Chief Executive Officer*. Geralmente é o cargo mais alto de uma organização, equivalente a presidente ou executivo-chefe.

No atual ritmo, as empresas brasileiras levarão 150 anos para igualar o número de negros em seus quadros à proporção de afrodescendentes na população. O que companhias e profissionais ganham com a igualdade racial e como combater o preconceito no mercado de trabalho

Conforme o contexto, o ponto de interrogação pode ser combinado ao ponto de exclamação ou às reticências, a fim de indicar uma variedade de sentidos. Por exemplo:

Você teve coragem de fazer isso?! (espanto)

Ouvi um barulho... Tem alguém aí?... (dúvida, hesitação)

Ponto de interrogação é o sinal que encerra as frases interrogativas diretas.

Interrogativa direta e interrogativa indireta

Releia a última frase da chamada na capa da revista: "O que companhias e profissionais ganham com a igualdade racial e como combater o preconceito no mercado de trabalho". Se essa frase fosse encerrada pelo ponto de interrogação, seria lida como uma *interrogativa direta*. Como, porém, o sinal não foi usado, dizemos que se trata de uma *interrogativa indireta*, ou seja, uma frase que deixa um questionamento subentendido. Deduz-se que esse questionamento será respondido no interior da revista, pois a reportagem provavelmente vai apresentar as vantagens da igualdade racial no trabalho e sugerir formas de combater o preconceito.

Na fala, as interrogativas diretas e as indiretas diferem pela entonação. Você pode comprovar isso lendo em voz alta o título da chamada e essa frase final da capa da revista.

ATIVIDADES

▸ Leia a tira e responda às questões 1 e 2.

Piratas do Tietê — Laerte

1. Embora as falas dos dois personagens terminem com o mesmo sinal de pontuação, esse sinal expressa atitudes diferentes em cada contexto. Explique como isso ocorre.

2. Textos humorísticos muitas vezes utilizam elementos de *nonsense* (absurdos, ilógicos). Aponte os elementos de *nonsense* da tirinha e explique como eles se relacionam aos diferentes sentidos da pontuação nas falas, produzindo o humor.

▸ Leia outra tira e responda às perguntas de 3 a 5.

Zits — Scott e Borgman

458 Gramática: uma reflexão sobre a língua

3. Com base na linguagem visual da tira, explique o que o personagem quer dizer quando afirma que a mente da mãe "está em modo aleatório".

4. Nos dois primeiros quadrinhos, o emprego dos sinais de pontuação é essencial para a construção da *sequência narrativa*, isto é, para indicar como se chegou à cena do terceiro quadrinho. Explique essa afirmação.

5. Explique o emprego da vírgula no último balão de fala.

▶ Leia o trecho da crônica a seguir e responda às perguntas de 6 a 10.

Sobre o vento Noroeste

[...]

1   Ah, sopra, vento, atiça as fagulhas; anda; vá; torce-te, vento; nas esquinas; dá lufadas contra o prédio de apartamento, tira o zinco da favela, joga cisco no olho da jovem datilógrafa, irrita os nervos do dentista que extrai um nervo, dá um tapa de folha seca na cara daquele senhor. Venham lu-
5   fadas e poeira: fique perigoso o mar e inquietante a vida sobre a terra, e tenhamos sol amarelo e lua fosca, e garganta seca. Todos os telefones em comunicação; mas todos, todos, fazendo guem-guem-guem até enjoar. Os sonâmbulos acordam cansadíssimos; pois é o vento Noroeste; a empregada perde o cartão de racionamento, o funcionário o ponto, o rapaz o dinheiro, o
10 homem do escritório o documento, o estrangeiro o passaporte, o professor a caneta-tinteiro, [...] a mulher o dinheiro que gastou no penteado, o mundo a graça, e a mãe a paciência com esses meninos que estão impossíveis, impossíveis, açoitados pelo vento Noroeste, carregado de germes de espírito de porco em pó. Que voe o pó; não adianta defesa; ao pó voltaremos, que somos
15 pó, não mais.

[...]

BRAGA, Rubem. Sobre o vento noroeste. In: *200 crônicas escolhidas*.
18. ed. Rio de Janeiro: Record, 2002. p. 122. (Fragmento).

6. Explique o emprego das vírgulas destacadas na linha 1.

7. Em relação aos dois pontos e vírgulas destacados em vermelho nas linhas 1 e 2, seu emprego está de acordo com o que estudamos neste capítulo? Por quê?
   • Qual efeito expressivo o emprego desses dois sinais provoca? Para responder, leve em conta os demais sinais usados na frase.

8. A vírgula destacada na linha 6 contraria as regras apresentadas nesse capítulo. Explique por que e indique qual efeito foi possível obter com a violação da regra.

9. Releia o trecho:

   "a empregada perde o cartão de racionamento, o funcionário o ponto, o rapaz o dinheiro, o homem do escritório o documento [...]".

   a) Indique onde poderiam ser empregadas vírgulas nesse trecho. Justifique sua resposta.

   b) Considerando o ritmo e a clareza da frase, levante uma hipótese para explicar por que não foram empregadas as vírgulas.

10. Como você observou, a pontuação foi empregada de forma original nessa crônica, conferindo um ritmo incomum às frases, ora ágil, ora entrecortado. Em conjunto com o conteúdo das frases, a pontuação ajuda a caracterizar o vento Noroeste como uma entidade principalmente:

    a) conhecida.
    b) poderosa.
    c) impura.
    d) tranquilizadora.

Dois-pontos

Observe o emprego dos dois-pontos no anúncio a seguir, que divulga uma série de reportagens na TV sobre adolescentes infratores.

Como se percebe, os **dois-pontos** são utilizados para introduzir uma explicação ou detalhamento referente ao elemento antecedente:

"Faça com essa série o que não fizeram por esses jovens: acompanhe."

Introduz explicação sobre a oração antecedente.

Do ponto de vista sintático, a expressão que vem após os dois-pontos se classifica como uma oração coordenada assindética (é o caso de *acompanhe*, no anúncio), como aposto ou, ainda, como oração subordinada substantiva apositiva. Veja outros exemplos:

Introduz o aposto.

Trouxemos todos os equipamentos necessários ao acampamento: barraca, sacos de dormir, fogareiro, pratos e talheres de plástico.

Introduz a oração subordinada substantiva apositiva.

Só te desejo isto: que sejas sempre muito feliz.

Observe que, em todas as situações, a pausa promovida pelos dois-pontos ajuda a destacar o elemento que vem em seguida.

Os dois-pontos também são utilizados para introduzir uma *citação direta: O sapo disse: "Coitado do jacaré!".*

Os **dois-pontos** são usados para introduzir: **a)** uma explicação ou detalhamento sobre o elemento antecedente; **b)** citações diretas.

Pontuação do vocativo nas correspondências

Quando escrevemos uma carta, e-mail ou outro tipo de correspondência, costumamos colocar um vocativo no início do texto. Um dos sinais que podem ser empregados após esse vocativo são os dois-pontos. Também é possível utilizar o ponto final ou a vírgula. Veja:

Prezados senhores: Prezados senhores.   Prezados senhores,

Travessão

Os travessões cumprem um papel semelhante ao das vírgulas, podendo separar o aposto, o adjunto adverbial deslocado, expressões e orações intercaladas em geral, orações coordenadas e orações subordinadas adjetivas explicativas. Geralmente, eles são empregados em frases nas quais a vírgula já foi usada para separar outros elementos, ou quando se quer dar maior realce ao segmento isolado. Veja um exemplo:

Anitta fala da investida no mercado internacional: 'Eu que faço acontecer'

Se tem uma coisa que a cantora Anitta não está, nos últimos dias, é "paradinha" — como batizou seu mais recente *single*, cantado em espanhol e com clipe gravado numa estação de metrô e num supermercado de Nova York. [...]

> Substitui a vírgula, dando maior realce ao trecho que introduz.

O Globo. Rio de Janeiro, 11 jun. 2017. Disponível em: <http://mod.lk/hfjki>. Acesso em: 17 jun. 2017. (Fragmento).

Além disso, em textos narrativos os travessões também são usados para introduzir a fala dos personagens e os comentários do narrador. Veja:

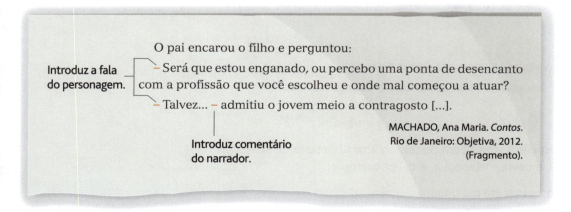

O pai encarou o filho e perguntou:
— Será que estou enganado, ou percebo uma ponta de desencanto com a profissão que você escolheu e onde mal começou a atuar?
— Talvez... — admitiu o jovem meio a contragosto [...].

Introduz a fala do personagem.

Introduz comentário do narrador.

MACHADO, Ana Maria. *Contos*. Rio de Janeiro: Objetiva, 2012. (Fragmento).

O **travessão** serve para: **a)** destacar um trecho do enunciado; **b)** aumentar a clareza, quando já há expressões separadas por vírgulas; **c)** introduzir falas de personagens e comentários do narrador.

Reticências

Pense e responda

Leia a tirinha e responda às perguntas.

GARFIELD — JIM DAVIS

1. Reescreva a última fala de Garfield deixando sua declaração explícita e encerrando a frase com ponto final. Seja coerente com a situação retratada.

2. Com base no que observou, explique o que as reticências indicam nesta fala.

3. Compare a frase que você escreveu na questão 1 com a original e responda: como o emprego das reticências contribui para a construção do humor na tira?

Como você observou na tira de Garfield, as reticências podem ser usadas para indicar uma suspensão na fala, por meio da qual o enunciador deixa uma ideia subentendida. Esse sinal também pode indicar uma interrupção brusca no enunciado, por exemplo:

Boa noite, senhores, agradeço a todos pela oportu... ai! uma barata!

Em outros contextos, as reticências não indicam interrupção, e sim uma pausa dentro do enunciado, a qual enfatiza a informação que vem em seguida. É o que ocorre neste título de um artigo sobre crise econômica. Veja:

> **Jantar fora... só na varanda, lazer... só se for de graça**
>
> ALMEIDA, Cássia; CORRÊA, Marcelo. *O Globo*. Rio de Janeiro, 4 set. 2016, p. 38.

Colocadas no final da frase, as reticências também podem indicar uma série de sensações e emoções, tais como dúvida, enlevo, melancolia, etc. Por exemplo:

Que saudades desse tempo!... Nossa vida era tão boa...

Lá vai o trem... Cada vez mais distante... Sumindo atrás da montanha...

> As **reticências** indicam: **a)** uma suspensão ou interrupção na fala; **b)** uma pausa dentro do enunciado, a fim de destacar o elemento seguinte; **c)** emoções e atitudes variadas, como hesitação, dúvida, saudade, enlevo.

Parênteses

Os **parênteses** geralmente são empregados para apresentar informações acessórias em um texto, tais como datas, traduções, explicações de termos técnicos, etc. Veja exemplos desses usos em uma página do *site Povos Indígenas no Brasil*:

> Últimos remanescentes da nação Guaná no Brasil, os Terena falam uma língua Aruak e possuem características culturais essencialmente chaquenhas (de povos provenientes da região do Chaco). [...] Os estudiosos dos povos chaquenhos afirmam que os Chané ou Guaná dispunham de uma base social muito mais sofisticada do que seus vizinhos Mbayá. Estavam estratificados em camadas hierárquicas: os "nobres" ou "capitães" (os *Naati* ou "os que mandam") e a "plebe" ou "soldados" (*Wahêrê-xané*, ou "os que obedecem"). [...]

— Explicação sobre termo técnico.
— Palavras estrangeiras traduzidas no texto.

Povos indígenas no Brasil. Disponível em: <http://mod.lk/feauc>. Acesso em: 17 jun. 2017. (Fragmento).

Além disso, assim como os travessões, os parênteses também podem ser usados no lugar das vírgulas para separar apostos, orações adjetivas explicativas, expressões intercaladas, etc. Em certos contextos, eles são empregados simplesmente para destacar certa palavra ou expressão, a qual geralmente tem um caráter opinativo. É o que ocorre na manchete a seguir:

> **Medo da volta às aulas? Diálogo é (sempre) a solução**

Uol Educação. Disponível em: <http://mod.lk/y2xyc>. Acesso em: 17 jun. 2017.

> Os **parênteses** geralmente separam informações acessórias no texto.

Aspas

Nesta tirinha, podemos observar um dos principais empregos das **aspas**. Veja:

BICHINHOS DE JARDIM — CLARA GOMES

No primeiro quadrinho, a frase está entre aspas porque se trata de uma *citação direta*: Joaninha está lendo a mensagem que aparece na tela de seu computador. Às vezes, em vez de uma frase inteira, as aspas assinalam apenas uma palavra ou expressão que o enunciador incorpora ao seu texto, mas faz questão de indicar que foi dita por outra pessoa. Temos um exemplo disso na manchete a seguir, em que o jornalista emprega as aspas para ressaltar que a expressão *gols bobos* não é dele, e sim dos próprios jogadores:

> **Jogadores do São Paulo admitem que sofreram 'gols bobos' em clássico**

O Estado de S. Paulo. São Paulo, 11 jun. 2017.
Disponível em: <http://mod.lk/prwzh>. Acesso em: 17 jun. 2017.

Além de indicar citações, as aspas são empregadas para destacar certas palavras e expressões do texto, tais como:

- **títulos:** *Você já leu "O Senhor dos Anéis"? Não, mas já li "O Hobbit".*
- **palavras estrangeiras:** *Uma empresa como aquela deve ter um "mainframe", isto é, um computador de grande porte.*
- **neologismos:** *O menino desenhou um "cachorrótamo", mistura de cachorro e hipopótamo.*
- **ironias:** *Esse seu chinelo de dedo está "perfeito" para nosso jantar formal de hoje à noite.*
- **palavras usadas em sentido figurado:** *As crianças fizeram um "túnel" com as embalagens de cereais.*
- **palavras ou expressões tomadas por si mesmas:** *Você sabe como se escreve "exceção"?*
- **palavras que destoam do tom geral do enunciado;** por exemplo, um termo coloquial em meio a um texto formal: *Soube-se que, na última hora, um dos competidores tentou "passar a perna" no rival, mas foi descoberto a tempo.*

> As **aspas** assinalam citações. Servem também para destacar palavras e expressões que, por uma série de motivos, diferenciam-se do restante do enunciado.

Aspas simples ou duplas?

Talvez você tenha observado que, na manchete reproduzida neste tópico, a expressão *gols bobos* vinha assinalada por aspas simples: 'gols bobos'. Em títulos de jornais, as aspas simples são utilizadas por diversos motivos, entre eles a necessidade de economizar espaço. Em outros contextos, porém, o critério para usar **aspas simples** é diferente: elas devem ser empregadas no interior de uma passagem já marcada por aspas duplas. Por exemplo:

> Philip Lubin mal pôde acreditar quando soube que sua pesquisa cativara um bilionário russo. [...] "Ter alguém que, em dez semanas, diga 'sim e, a propósito, investiremos US$ 100 milhões na sua ideia' é algo com que eu simplesmente não estou acostumado", confessa o astrofísico.
>
> OLIVEIRA, André Jorge. Expresso interestelar. *Galileu*. São Paulo: Globo, ed. 300, p. 50, jul. 2016. (Fragmento).

Aspas simples são empregadas dentro de uma passagem já assinalada por aspas duplas.

ATIVIDADES

▶ Reproduzimos a tirinha a seguir sem alguns sinais de pontuação. Leia-a e responda às questões.

BICHINHOS DE JARDIM — CLARA GOMES

1. Transcreva o texto da tirinha, inserindo nos lugares adequados os seguintes sinais: aspas, dois-pontos e reticências.

2. Explique o uso de cada sinal inserido.

3. Os sinais inseridos permitem compreender o raciocínio que o personagem desenvolve no diário. Explique como esse raciocínio e a fala do último quadrinho se relacionam à ocupação do personagem, produzindo o humor da tira.

▶ Uma revista de divulgação científica preparou uma reportagem sobre dez profissões do futuro. Leia a descrição de uma delas e, depois, responda às perguntas 4 e 5.

Planejador de velhice

1 As pessoas estão vivendo cada vez mais, e a ciência já desenvolve técnicas para que cheguemos aos 120 anos. Com o aumento da longevidade, seremos aposentados por bem mais tempo – logo, todo mundo vai precisar de um planejador de velhice. Será um especialista
5 que ajuda as pessoas a formarem patrimônio durante a vida e quando elas chegam à terceira idade, administra seu dinheiro (que tende a ser mais curto) e o seu tempo (que será abundante), programando atividades para preencher os dias da pessoa e mantê-la feliz. Esse equilíbrio que hoje os próprios idosos tentam manter sozinhos, terá
10 muito a melhorar com a ajuda de um gestor profissional. [...]

LEONARDI, Ana Carolina; GARATTONI, Bruno; GERMANO, Felipe. 10 profissões que estão prestes a existir. *Superinteressante*. São Paulo: Abril, p. 62, maio 2017. (Fragmento adaptado).

---

4. No lugar do travessão (linha 3) e dos parênteses (linhas 6 e 7) seria possível usar vírgulas. Explique por quê.
- Levante uma hipótese coerente para explicar por que foram empregados o travessão e os parênteses, em vez da vírgula, nessas passagens.

5. Em duas passagens do texto, eliminamos uma das vírgulas necessárias para isolar certa oração. Descubra as duas vírgulas que faltam e explique por que elas são importantes para a clareza do enunciado.

▶ Leia um trecho de um artigo de opinião sobre atividades culturais na periferia das cidades.

[...]
A chamada cultura periférica ou arte de periferia é composta de um conjunto de ações, tais como saraus com poetas e escritores moradores desses bairros, produções de audiovisual, músicas, grafites, danças, cortejos e batucadas, que apontam para outro imaginário simbólico desses locais. Em São Paulo, por exemplo, há mais de uma década, diferentes ações culturais que acontecem nas periferias têm-se caracterizado por um novo movimento político na cidade, tamanha a força dessas produções culturais, protagonizadas, sobretudo, por jovens. Trata-se de produções que acontecem, na maioria das vezes, em espaços públicos: praças, ruas, centros culturais, bares etc. Não é uma arte que "tira o jovem da rua", mas que o coloca na rua, no centro da disputa pelo espaço público.
[...]

ALMEIDA, Renato Souza de. Cultura e periferia. *Revista E*, Sesc-SP, n. 223, jan. 2015. Disponível em: <http://mod.lk/mvjh5>. Acesso em: 20 jun. 2017. (Fragmento).

ATIVIDADES

6. Como estudamos neste capítulo, as aspas muitas vezes são usadas quando o enunciador incorpora certa palavra ou expressão a seu texto, mas quer deixar claro que ela não pertence a seu discurso. Considerando esse fato, responda:

a) Ao falar de atividades culturais na periferia, algumas pessoas usam a expressão "tirar o jovem da rua". Para essas pessoas, o que o espaço da rua simboliza? Para elas, qual deveria ser, então, o papel das atividades culturais?

b) O autor do artigo concorda com essas ideias? Explique sua resposta e indique por que ele utiliza aspas na expressão "tira o jovem da rua".

ENEM E VESTIBULARES

1. (Enem)

> Quem procura a essência de um conto no espaço que fica entre a obra e seu autor comete um erro: é muito melhor procurar não no terreno que fica entre o escritor e sua obra, mas justamente no terreno que fica entre o texto e seu leitor.
>
> OZ, A. *De amor e trevas*. São Paulo: Cia. Das Letras, 2005 (fragmento).

A progressão temática de um texto pode ser estruturada por meio de diferentes recursos coesivos, entre os quais se destaca a pontuação. Nesse texto, o emprego dos dois-pontos caracteriza uma operação textual realizada com a finalidade de

a) comparar elementos opostos.
b) relacionar informações gradativas.
c) intensificar um problema conceitual.
d) introduzir um argumento esclarecedor.
e) assinalar uma consequência hipotética.

2. (Enem)

L.J.C.

– 5 tiros?
– É.
– Brincando de pegador?
– É. O PM pensou que...
– Hoje?
– Cedinho.

COELHO, M. In: FREIRE, M. (Org.). *Os cem menores contos brasileiros do século*. São Paulo: Ateliê Editorial, 2004.

Os sinais de pontuação são elementos com importantes funções para a progressão temática.

Nesse miniconto, as reticências foram utilizadas para indicar

a) uma fala hesitante.
b) uma informação implícita.
c) uma situação incoerente.
d) a eliminação de uma ideia.
e) a interrupção de uma ação.

3. (PUC-PR) As alternativas a seguir apresentam cinco versões da introdução de um texto cujo título é *Torneira aberta* (Galileu, nº 273). Indique em qual delas a pontuação está **corretamente** empregada.

a) Se você come um hambúrguer, consome também a água usada para produzi-lo (e não é pouca) um simples x-salada exige 2,5 mil litros, usados para criar o boi e produzir o queijo, cultivar tomates e alface, além do trigo que virou farinha e, depois, pão. Essa água embutida na produção é chamada de virtual.

b) Se você come um hambúrguer consome, também, a água usada para produzi-lo e não é pouca. Um simples x-salada exige 2,5 mil litros, usados para criar o boi e produzir o queijo, cultivar tomates e alface, além do trigo que virou farinha e depois pão. Essa água embutida na produção é chamada de virtual.

c) Se você come um hambúrguer, consome também a água usada, para produzi-lo – e não é pouca. Um simples x-salada exige 2,5 mil litros, usados para criar o boi e produzir o queijo, cultivar tomates e alface, além do trigo (que virou farinha e, depois, pão). Essa água embutida na produção, é chamada de virtual.

d) Se você come um hambúrguer, consome também a água usada para produzi-lo – e não é pouca. Um simples x-salada exige 2,5 mil litros, usados para criar o boi e produzir o queijo, cultivar tomates e alface, além do trigo (que virou farinha e, depois, pão). Essa água embutida na produção é chamada de virtual.

e) Se você come um hambúrguer, consome também a água usada para produzi-lo? E não é pouca? Um simples x-salada exige 2,5 mil litros, usados para criar o boi e produzir o queijo, cultivar tomates e alface, além do trigo (que virou farinha e, depois, pão). Essa água embutida na produção é chamada de virtual.

4. (PUC-SP – Adaptado)

Software corrige redações

Por JOHN MARKOFF
The New York Times InternationalWeekly
Em colaboração com Folha de S.Paulo – 15 abr. 2013

1   Imagine que, ao fazer um exame da faculdade, em vez de você receber sua nota do professor algumas semanas depois, você possa clicar no botão "Enviar" ao terminar o teste e receber de volta instantaneamente o resultado, tendo sua redação avaliada por um programa de computador. Agora imagine que esse sistema permita que você imediatamente refaça o exame para tentar melhorar a nota.

2   EdX, uma empresa sem fins lucrativos fundada pela Universidade Harvard e pelo MIT (Instituto de Tecnologia de Massachusetts) para oferecer cursos online, lançou esse sistema e vai disponibilizar seu software automatizado de graça na internet para qualquer instituição que queira usá-lo. [...]

3   Mas os céticos dizem que o sistema automático não se compara a professores reais.

4   Um antigo crítico, LesPerelman, chamou a atenção várias vezes ao criar redações absurdas que enganaram o software, fazendo-o dar notas altas.

5   "Minha primeira e maior objeção à pesquisa é que eles não fizeram um teste estatístico válido comparando o software com avaliadores humanos", disse Perelman, diretor de redação aposentado e atual pesquisador no MIT. [...]

6   A EdX não é a primeira a usar tecnologia automatizada de avaliação, que data dos primeiros computadores "mainframe" dos anos 1960. Várias companhias oferecem programas comerciais para dar notas a respostas em testes escritos. Em alguns casos, o software é usado como um "segundo leitor" para verificar a confiabilidade dos avaliadores humanos. [...]

Disponível em: http://www1.folha.uol.com.br/fsp/newyorktimes/103891-softwarecorrige-redacoes.shtml. Acesso em: 17 abr. 2013.

I. **A função das vírgulas empregadas no 5º parágrafo é**
   a) evidenciar quem fez a pesquisa.
   b) destacar o autor do software.
   c) esclarecer quem fez o teste estatístico.
   d) indicar a autoria da pesquisa desenvolvida no MIT.
   e) assinalar quem criticou a pesquisa.

II. **No 6º parágrafo, as aspas estão empregadas, respectivamente, para assinalar**
   a) expressões em sentido figurado.
   b) expressões decorrentes do âmbito educacional.
   c) palavra de uso estritamente coloquial e expressão estrangeira.
   d) palavra de origem estrangeira e expressão em sentido figurado.
   e) palavras de origem estrangeira.

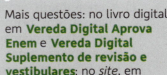

Mais questões: no livro digital, em **Vereda Digital Aprova Enem** e **Vereda Digital Suplemento de revisão e vestibulares**; no *site*, em **AprovaMax**.

De olho na escrita

Paralelismo semântico

Quando construímos um enunciado, muitas vezes utilizamos estruturas que se correlacionam. Pense, por exemplo, neste parágrafo:

Nosso grupo vai fazer uma pesquisa de opinião entre estudantes do ensino médio. Por meio de entrevistas virtuais, planejamos colher depoimentos de jovens paulistanos, cariocas, cuiabanos e soteropolitanos.

Os adjetivos *paulistanos, cariocas, cuiabanos* e *soteropolitanos* estão correlacionados, pois todos indicam a origem dos jovens que se pretende entrevistar. Para manter a coerência, é importante que haja simetria entre esses elementos; no caso, todos se referem a capitais de estados brasileiros – *paulistano* é o indivíduo nascido na cidade de São Paulo, *carioca* é o nascido na cidade do Rio de Janeiro, *cuiabano*, o nascido em Cuiabá, e *soteropolitano*, o nascido em Salvador. Há, portanto, **paralelismo semântico** (de sentido) entre os termos.

Imagine agora que, em vez dessa sequência, usássemos a seguinte: *planejamos colher depoimentos de jovens paulistanos, cariocas, cuiabanos e amazonenses*. O paralelismo seria rompido, pois o adjetivo *amazonense* designa um indivíduo nascido em um estado (Amazonas), e não em sua capital.

Em alguns casos, a ruptura do paralelismo pode ser proposital. Por exemplo:

Preparei seu bolo com farinha, açúcar, chocolate – e, principalmente, muito carinho.

Nesse caso, obviamente, o acréscimo de um item diferente dos demais tem o objetivo de expressar que, além dos ingredientes normais, quem preparou o bolo usou algo especial, o carinho. Há situações, porém, em que a ruptura não é proposital e compromete a coerência do enunciado. Vamos discutir situações desse tipo nas atividades a seguir.

1. Em cada frase ou parágrafo abaixo, identifique a quebra do paralelismo semântico. Em seguida, proponha uma reformulação que estabeleça a simetria entre as ideias.

   a) A diferença entre os convidados do jantar e as cadeiras disponíveis era grande.

   b) Os alunos ingressantes na academia devem se submeter a um exame médico. O tempo do exame é de aproximadamente 40 minutos e não tem custos para o aluno.

   c) A engenharia ambiental é uma carreira promissora, em primeiro lugar porque há cada vez mais preocupação em diminuir os impactos ambientais das atividades produtivas e, em segundo lugar, porque minha mãe exerce essa profissão e sua rotina sempre me fascinou.

2. (Famerp – Adaptado) Leia o texto de Machado de Assis para responder à questão.

   Uma noite destas, vindo da cidade para o Engenho Novo, encontrei num trem da Central um rapaz aqui do bairro, que eu conheço de vista e de chapéu. Cumprimentou-me, sentou-se ao pé de mim, falou da lua e dos ministros, e acabou recitando-me versos.

   (*Dom Casmurro*, 2008)

   "um rapaz aqui do bairro, que eu conheço de vista e de chapéu."

   Nessa frase, são associados dois substantivos semanticamente díspares: "vista" e "chapéu". A quebra de paralelismo semântico provoca um curioso efeito de estilo. Entre as frases, retiradas de outro romance de Machado de Assis, a que produz efeito de estilo semelhante é:

   a) "Algum tempo hesitei se devia abrir estas memórias pelo princípio ou pelo fim."

   b) "Já o leitor compreendeu que era a Razão que voltava à casa, e convidava a Sandice a sair."

   c) "Um emplasto anti-hipocondríaco, destinado a aliviar a nossa melancólica humanidade."

   d) "A minha ideia, depois de tantas cabriolas, constituíra-se ideia fixa."

   e) "Marcela amou-me durante quinze meses e onze contos de réis."

Paralelismo sintático

A simetria entre os termos correlacionados deve ser observada não apenas no plano semântico, mas também no sintático. Isso significa que, em estruturas paralelas, todos os elementos devem pertencer à mesma classe gramatical, representar o mesmo tipo de oração, etc. Considere esta frase, por exemplo:

O novo aparelho permite a leitura de e-mails e acessar mapas.

Não há paralelismo sintático, pois o primeiro elemento tem natureza nominal (*a leitura de e-mails*), e o segundo, natureza verbal (*acessar mapas*). Para estabelecer a simetria, a frase poderia ser reformulada com substantivos em ambas as posições (*O novo aparelho permite a leitura de e-mails e o acesso a mapas*) ou então apenas com verbos (*O novo aparelho permite ler e-mails e acessar mapas*).

Pratique o estabelecimento do paralelismo sintático realizando as atividades a seguir.

1. Em cada uma das passagens abaixo: **a)** identifique os termos correlacionados; **b)** proponha uma reformulação para estabelecer o devido paralelismo sintático entre eles.

    I. A solução dos problemas ambientais em nosso bairro depende tanto da coleta regular do lixo como de revitalizarmos o córrego.

    II. O líder do partido está sendo pressionado pelos colegas, que o acusam de tomar decisões sem consultá-los, e a opinião pública, que não confia mais em suas declarações.

    III. É preferível uma roupa artesanal, produzida localmente e com pouco impacto ambiental, a gastar uma fortuna com uma peça industrializada que precisa cruzar os oceanos até chegar às suas mãos.

    IV. A organização de um festival de teatro na escola pode não só ensinar aos alunos a importância do trabalho em equipe, como também a necessidade de planejar as etapas de um projeto.

2. **(Fuvest – Adaptado)** Avalie a redação das seguintes frases:

    I. O futebol conquistou um papel na sociedade tanto culturalmente como econômico e político.

    II. Os clubes buscam a expansão do número de associados bem como reduzir gastos com publicidade.

    - Reescreva as frases I e II, corrigindo a falta de paralelismo nelas presente.

A, à e há

No Capítulo 26, você estudou as situações em que ocorre o fenômeno da crase, marcado na escrita pelo acento grave. Devido à semelhança formal entre a preposição *a*, a combinação da preposição com o artigo feminino, *à*, e, por fim, a forma *há*, do verbo *haver*, podem surgir dúvidas quanto ao emprego de cada uma dessas palavras – emprego esse que leva, é claro, a sentidos bem diferentes nos enunciados. Neste último tópico, você vai fazer algumas atividades envolvendo a ocorrência ou não de crase e o emprego de *há*.

▶ Indique como devem ser completadas as manchetes a seguir. Escolha dentre as opções do quadro.

| a | à | há |

a) ◆ cada uma hora, um roubo de carga acontece no RJ

   G1, 25 abr. 2017. Disponível em: <http://mod.lk/xs62l>. Acesso em: 23 maio 2017.

b) Blog maravilhoso dá foco ◆ mulheres que fizeram história

   WARKEN, Júlia. *M de Mulher*, 17 abr. 2017. Disponível em: <http://mod.lk/py3uz>. Acesso em: 23 maio 2017.

c) Faxineira ◆ quase 10 anos, acreana se forma em recursos humanos e sonha em mudar de vida

   RODRIGUES, Iryá. *G1 AC*, 1º maio 2017. Disponível em: <http://mod.lk/z9fkd>. Acesso em: 23 maio 2017.

d) Em Blumenau ◆ 4,2 mil crianças ◆ espera de creche

   Jornal de Santa Catarina. Santa Catarina, 19 jun. 2017. Disponível em: <http://mod.lk/bf20y>. Acesso em: 20 jun. 2017.

e) ◆ seis dias do 2º turno, candidatos ◆ presidência da França defendem empregos

   Diário de Pernambuco. Recife, 1º maio 2017. Disponível em: <http://mod.lk/vftxx>. Acesso em: 23 maio 2017.

f) "◆ carência de lideranças políticas"

   Tribuna do Norte. Natal, 30 abr. 2017. Disponível em: <http://mod.lk/oos2h>. Acesso em: 23 maio 2017.

REFERÊNCIAS BIBLIOGRÁFICAS

ANTUNES, Irandé. *Aula de português*: encontro e interação. 7. ed. São Paulo: Parábola Editorial, 2003.

AVELAR, Juanito; CYRINO, Sonia. Sintagmas locativos, construções com *se* e mudança sintática no português brasileiro. Disponível em: <http://www4.iel.unicamp.br/projetos/afrolatinos/workshop2014AVELAR_CYRINO.pdf>. Acesso em: 19 jun. 2017.

AZEREDO, José Carlos de. *Gramática Houaiss da língua portuguesa*. 3. ed. São Paulo: Publifolha, 2010.

_____. *Iniciação à sintaxe do português*. Rio de Janeiro: Zahar Editores, 1990.

BAGNO, Marcos. Estratégias de relativização. In: *Português ou brasileiro?*: um convite à pesquisa. São Paulo: Parábola Editorial, 2001.

_____. *Nada na língua é por acaso*: por uma pedagogia da variação linguística. São Paulo: Parábola Editorial, 2007.

BARROS, Diana Luz Pessoa de. A comunicação humana. In: FIORIN, José Luiz (Org.). *Introdução à linguística*: São Paulo: Contexto, 2012. v. 1.

BECHARA, Evanildo. *Moderna gramática portuguesa*. 37. ed. rev. e ampl. Rio de Janeiro: Lucerna, 2004.

BONVINI, Emilio. Os vocábulos de origem africana na constituição do português falado no Brasil. In: FIORIN, José Luiz; PETTER, Margarida. *África no Brasil*: a formação da língua portuguesa. São Paulo: Contexto, 2008.

CASTILHO, Ataliba T. de. *Nova gramática do português brasileiro*. São Paulo: Contexto, 2014.

CUNHA, Celso; CINTRA, Lindley. *Nova gramática do português contemporâneo*. 3. ed. rev. Rio de Janeiro: Nova Fronteira, 2001.

FÁVERO, Leonor L.; ANDRADE, Maria Lúcia C. V. O.; AQUINO, Zilda. Reflexões sobre oralidade e escrita no ensino de língua portuguesa. In: ELIAS, Vanda Maria (Org.). *Ensino da língua portuguesa*: oralidade, escrita e leitura. São Paulo: Contexto, 2011.

FIORIN, José Luiz. O projeto hjelmsleviano e a semiótica francesa. *Galáxia*, São Paulo, n. 5, abr. 2003.

_____. A linguagem em uso. In: FIORIN, José Luiz (Org.). *Introdução à linguística*: objetos teóricos. 6. ed. São Paulo: Contexto, 2012. v. 1.

_____. Teoria dos signos. In: FIORIN, José Luiz (Org.). *Introdução à linguística*: objetos teóricos. 6. ed. São Paulo: Contexto, 2012. v. 1.

GERALDI, João Wanderley. *Portos de passagem*. 4. ed. São Paulo: Martins Fontes, 2002.

GONÇALVES, Carlos Alexandre. *Iniciação aos estudos morfológicos*: flexão e derivação em português. São Paulo: Contexto, 2011.

LIMA, Gercina Ângela de. Mapa conceitual. MHTX: modelagem hipertextual para organização de documentos. Rio de Janeiro: Interciência, 2015. p. 91-106.

LIMA, Renira Lisboa de Moura. *O ensino da redação*: como se faz um resumo. 3. ed. rev. e ampl. Maceió: Edufal, 2004.

LUFT, Celso Pedro. *Moderna gramática brasileira*. 2. ed. rev. e atual. São Paulo: Globo, 2002.

MACHADO, Anna Rachel; LOUSADA, Eliane Gouvêa; ABREU-TARDELLI, Lilia Santos. *Resumo*. São Paulo: Parábola Editorial, 2004.

MARCUSCHI, Luiz Antônio. *Análise da conversação*. 6. ed. São Paulo: Ática, 2007.

_____. *Produção textual, análise de gêneros e compreensão*. São Paulo: Parábola Editorial, 2008.

MARTINS, Nilce S. *Introdução à estilística*. São Paulo: Edusp, 1989.

NEVES, Maria Helena de Moura. *Texto e gramática*. São Paulo: Contexto, 2006.

NÓBREGA, Maria José. *Especial ortografia reflexiva*: caminhos entre letras e sons. Plataforma do Letramento, Cenpec, 2015. Disponível em: <www.plataformadoletramento.org.br/hotsite/especial-ortografia-reflexiva/#ap>. Acesso em: 19 jun. 2017.

PERINI, Mário A. *Gramática do português brasileiro*. São Paulo: Parábola Editorial, 2010.

POSSENTI, Sírio. Por que falamos como falamos? *Ciência Hoje*, 28 jun. 2013. Disponível em: <www.cienciahoje.org.br/noticia/v/ler/id/3119/n/por_que_falamos_como_falamos>. Acesso em: 19 jun. 2017.

RODRIGUES, Aryon Dall'Igna. Tupi, tupinambá, línguas gerais e português do Brasil. In: NOLL, Volker; DIETRICH, Wolf (Orgs.). *O português e o tupi no Brasil*. São Paulo: Contexto, 2010.

SARTORI, Adriane T.; MENDES, Lucíola Z.; COSTA, Bárbara R. Ensino-aprendizagem de língua portuguesa: a questão da ortografia no ensino médio. *Caminhos em Linguística Aplicada*, v. 12, n. 1, 2015. Disponível em: <http://periodicos.unitau.br/ojs-2.2/index.php/caminhoslinguistica/article/viewFile/1935/1443>. Acesso em: 19 jun. 2017.

TRAVAGLIA, Luiz Carlos. *Gramática e interação*: uma proposta para o ensino de gramática no 1º e 2º graus. 8. ed. São Paulo: Cortez, 2002.